谨以此书献给

为中国水运基础设施建设事业作出贡献的决策者、建设者、管理者

"十四五"时期国家重点出版物出版专项规划项目

Record of
Port and Waterway Engineering
Construction in

China

中国水运工程建设实录

（1978 — 2015）

第五卷·内河港口工程（下）

中华人民共和国交通运输部

人民交通出版社股份有限公司
北京

内 容 提 要

本书分为发展篇、管理篇、科技篇、开放篇、成就篇，共九卷十三章。内容包括改革开放以来的中国水运事业、水运基础设施建设规划及前期工作、水运工程建设法律法规、水运工程建设与管理、水运工程建设技术标准、水运工程建设科技创新与应用、水运工程建设对外合作与交流、沿海港口与航道工程、内河港口工程、内河航道工程、内河通航建筑物（船闸与升船机）、水运支持保障系统工程、重要水工工程等。

本书集中梳理了改革开放以来我国水运事业的发展历程，特别是水运基础设施建设方面的巨大成就，较为系统地总结了我国水路交通发展的实践经验，具有很强的学术价值和史料价值，可供水运工程建设行业相关人员阅读、学习与查询参考。

图书在版编目（CIP）数据

中国水运工程建设实录：1978—2015 / 中华人民共和国交通运输部组织编写. — 北京：人民交通出版社股份有限公司，2021.6

ISBN 978-7-114-17354-7

Ⅰ.①中… Ⅱ.①中… Ⅲ.①航道工程—工程建设—中国—1978—2015 Ⅳ.①U61

中国版本图书馆 CIP 数据核字（2021）第 100900 号

审图号：GS（2021）2063 号

Zhongguo Shuiyun Gongcheng Jianshe Shilu(1978—2015) Di-Wu Juan · Neihe Gangkou Gongcheng(Xia)

书　　　名：	中国水运工程建设实录（1978—2015）　第五卷·内河港口工程（下）
著　作　者：	中华人民共和国交通运输部
本卷责任编辑：	崔　建　张　斌
本卷责任校对：	刘　芹
责任印制：	张　凯
出版发行：	人民交通出版社股份有限公司
地　　　址：	（100011）北京市朝阳区安定门外外馆斜街 3 号
网　　　址：	http://www.ccpcl.com.cn
销售电话：	（010）59757973
总经销：	人民交通出版社股份有限公司发行部
经　　　销：	各地新华书店
印　　　刷：	北京印匠彩色印刷有限公司
开　　　本：	787×1092　1/16
印　　　张：	354.75
字　　　数：	6620 千
版　　　次：	2021 年 6 月　第 1 版
印　　　次：	2021 年 6 月　第 1 次印刷
书　　　号：	ISBN 978-7-114-17354-7
定　　　价：	2980.00 元（全九卷）

（有印刷、装订质量问题的图书由本公司负责调换）

《中国水运工程建设实录(1978—2015)》
编审委员会

参 编 单 位

交通运输部办公厅

交通运输部政策研究室

交通运输部综合规划司

交通运输部人事教育司

交通运输部财务审计司

交通运输部水运局

交通运输部科技司

交通运输部国际合作司

交通运输部海事局

交通运输部救助打捞局

天津市交通运输委员会

河北省交通运输厅

辽宁省交通运输厅

黑龙江省交通运输厅

上海市交通委员会

江苏省交通运输厅

浙江省交通运输厅

安徽省交通运输厅

福建省交通运输厅

江西省交通运输厅

山东省交通运输厅

河南省交通运输厅

湖北省交通运输厅

湖南省交通运输厅

广东省交通运输厅

广西壮族自治区交通运输厅

海南省交通运输厅

重庆市交通局

四川省交通运输厅

贵州省交通运输厅

云南省交通运输厅

陕西省交通运输厅

中国远洋海运集团有限公司

招商局集团有限公司

中国交通建设集团有限公司

交通运输部长江航务管理局

交通运输部珠江航务管理局

交通运输部规划研究院

交通运输部科学研究院

交通运输部水运科学研究院

交通运输部天津水运工程科学研究院

水利部交通运输部国家能源局南京水利科学研究院

人民交通出版社股份有限公司

中国交通通信信息中心

中国船级社

大连海事大学

重庆交通大学

上海海事大学

上海航运交易所

中国引航协会

参 编 人 员

丁军华	丁武雄	于广学	于传见	于金义	于海洋
万东亚	万 宇	万 亨	马兆亮	马进荣	马 良
马绍珍	马格琪	马朝阳	王大鹏	王义青	王文博
王平义	王 东	王目昌	王仙美	王永兴	王吉刚
王吉春	王达川	王 伟	王多银	王庆普	王阳红
王如正	王纪锋	王孝元	王 杨	王 坚	王 岚
王灿强	王 宏	王 坤	王 奇	王欣铭	王建华
王建军	王洪海	王艳欣	王晓明	王 晖	王 敏
王 烽	王 琳	王 辉	王瑞成	王 魁	王 鹏
王 新	王嘉琪	王慧宇	韦世荣	韦华文	韦国维
牙廷周	毛元平	毛亚伟	毛成永	尹海卿	邓 川
邓志刚	邓晓云	邓 强	孔令元	孔 华	孔德峰
石 晨	卢永昌	申 霞	叶建平	叶 智	田红旗
田佐臣	田轶群	田 浩	史超妍	付 广	付向东
付秀忠	付昌辉	付春祥	白雪清	冯小香	冯 玥
边 恒	母德伟	邢 艳	曲春燕	吕春江	吕勇刚
吕海林	朱立俊	朱吉全	朱红俊	朱 昊	朱剑飞
朱晓萌	朱逢立	朱悦鑫	朱 焰	乔 木	仲晓雯
任宏安	任建华	任建毅	任胜平	任 舫	任 超
向 阳	庄明刚	庄儒仲	刘 广	刘广红	刘元方
刘亚平	刘光辉	刘华丽	刘如君	刘孝明	刘 虎
刘国辉	刘明志	刘 岭	刘建纯	刘俊华	刘 洋

刘晓东	刘晓峰	刘润刚	刘雪青	刘常春	刘　祺
刘　颖	刘新勇	刘德荣	闫　军	闫岳峰	关云飞
许贵斌	许　麟	牟凯旋	纪成强	孙卫东	孙小清
孙百顺	孙林云	孙相海	孙洪刚	孙　敏	孙智勇
严　冰	严超虹	杨文武	杨立波	杨　华	杨宇民
杨远航	杨　武	杨国平	杨明昌	杨宝仁	杨建勇
杨树海	杨胜发	杨　艳	杨钱梅	杨　靓	杨　瑾
杨　鹤	杨　蕾	李一兵	李广涛	李天洋	李　云
李中华	李文正	李　玉	李东风	李永刚	李光辉
李　刚	李传光	李兆荣	李秀平	李作良	李　坦
李旺生	李国斌	李　明	李　凯	李佳轩	李金泉
李金海	李定国	李建宇	李建斌	李玲琳	李思玮
李思强	李俊涛	李　航	李　涛	李海涛	李培琪
李雪莲	李　博	李景林	李　锋	李　椿	李　群
李　静	李歌清	李德春	李　毅	李鹤高	李耀倩
李　巍	肖仕宝	肖　刚	肖胜平	肖　富	吴　天
吴凤亮	吴　昊	吴相忠	吴　俊	吴晓敏	吴彬材
吴　颖	吴新顺	吴蔚斌	吴　颜	时荣强	时梓铭
岑仲阳	邱志勇	邱逢埕	邱　梅	何升平	何月甫
何　杰	何国明	何海滨	何继红	何　斌	何静涛
何　睿	余高潮	余　辉	佘小健	邹　鸰	邹德华
应翰海	汪溪子	沈　忱	沈益华	宋伟巍	宋昊通
张子闽	张公振	张凤丽	张　平	张光平	张　伟
张　华	张华庆	张华麟	张　军	张红梅	张远红
张志刚	张志华	张志明	张　兵	张宏军	张　玮
张幸农	张金善	张怡帆	张学文	张宝华	张建林
张俊勇	张俊峰	张娇凤	张晓峰	张　涛	张　婧

张绪进	张越佳	张筱龙	张 鹏	张 黎	张 霞
张 懿	张懿慧	陆永军	陆 彦	陆培东	陈一梅
陈 飞	陈小旭	陈长荣	陈凤权	陈正勇	陈 竹
陈传礼	陈 冰	陈志杰	陈良志	陈 明	陈明栋
陈 佳	陈治政	陈 俊	陈美娥	陈娜妍	陈 勇
陈振钢	陈晓云	陈晓欢	陈晓亮	陈 峻	陈 鹏
陈源华	陈 飚	邵荣顺	范亚祥	范明桥	范海燕
范期锦	茅伯科	林一鹏	林小平	林 鸣	林和平
林鸿怡	林 琴	林 巍	易涌浪	易 矗	罗小峰
罗 冬	罗 军	罗春艳	罗海燕	罗 毅	季荣耀
金宏松	金晓博	金震宇	金 镠	周大刚	周小玲
周世良	周立伟	周 兰	周永盼	周永富	周发林
周安妮	周欣阳	周 炜	周承芳	周柳言	周炳泉
周 培	周隆瑾	周 朝	庞雪松	郑艺鹏	郑文燕
郑 东	郑冬妮	郑尔惠	郑学文	郑惠明	郑锋勇
孟祥玮	孟德臣	封建明	赵玉玺	赵世青	赵吉东
赵志垒	赵岸贵	赵洪波	赵 晖	赵培雪	赵德招
赵 鑫	郝建利	郝建新	郝晓莹	郝润申	胡亿军
胡文斌	胡玉娟	胡 平	胡亚安	胡华平	胡旭跃
胡旭铭	胡冰洁	胡 军	胡 浩	胡瑞清	柳恩梅
哈志辉	钟 芸	钮建定	俞 晓	逄文昱	饶京川
施海建	姜正林	姜 帅	姜兰英	洪 毅	宣国祥
祝振宇	姚二鹏	姚小松	姚育胜	姚 莉	班 铭
班 新	袁子文	袁 茁	耿宝磊	聂 锋	贾石岩
贾吉河	贾润东	贾 楠	夏云峰	夏 炜	夏炳荣
顾祥奎	柴信众	钱文勋	徐 力	徐 飞	徐子寿
徐业松	徐思思	徐宿东	高万明	高江宁	高军军

高纪兵	高　敏	高　超	高翔成	郭玉起	郭　枫
郭　钧	郭剑勇	郭晓峰	郭　超	唐建新	唐家风
谈建平	陶　伟	陶竞成	桑史良	黄风华	黄东旭
黄召标	黄克艰	黄昌顿	黄明毅	黄　河	黄　莉
黄莉芸	黄　铠	黄维民	黄　超	黄　淼	黄　锦
黄　群	黄　磊	梅　蕾	曹民雄	曹桂榕	曹　辉
曹慕蠡	龚正平	盛　乐	鄂启科	崔乃霞	崔坤成
崔　建	崔　洋	麻旭东	梁　正	梁　桁	梁雪峰
梁雄耀	寇　军	宿大亮	绳露露	彭职隆	董成赞
董　政	董徐飞	董溪涧	蒋龙生	蒋江松	蒋昌波
韩亚楠	韩　庆	韩　俊	韩振英	韩　敏	韩静波
覃规钦	程永舟	程泽坤	焦志斌	储祥虎	童本标
童翠龙	曾光祥	曾　莹	曾　越	谢臣伟	谢殿武
谢耀峰	赖炳超	赖　晶	雷　林	雷　潘	詹永渝
雍清赠	窦运生	窦希萍	蔡正银	蔡光莲	蔡晶晶
廖　原	翟征秋	翟剑峰	樊建华	樊　勇	黎江东
滕爱国	潘军宁	潘　峰	潘展超	薛　扬	薛润泽
薛　淑	薛翠玉	戴广超	戴济群	戴菊明	戴　葳
鞠文昌	鞠银山	魏　巍			

参与咨询的专家

（按姓氏笔画排序）

于胜英　王庆普　仇伯强　边　恒　朱永光　邬　丹
刘凤全　孙国庆　杨　咏　李光灵　李金海　李　锋
吴　澎　何升平　张小文　张华庆　张　鹏　陈明栋
茅伯科　林鸿怡　孟乙民　孟德臣　胡汉湘　胡亚安
洪善祥　徐子寿　曹凤帅　崔坤成　董学博　蒋　千
鞠文昌　檀会春

奋力谱写加快建设交通强国水运篇

习近平总书记强调,经济要发展,国家要强大,交通特别是海运首先要强起来。水运业是经济社会发展的基础性、先导性、战略性行业和服务性产业,是综合交通运输体系的重要组成部分,在支撑经济发展、促进国土开发、优化产业布局、促进对外贸易、维护国家安全等方面发挥着重要作用。

自古以来,水运以其舟楫之利成为十分重要的运输方式。新中国成立后,海运是最先走出去的领域。改革开放40多年来,我国水运业走过了不平凡的发展历程。改革开放初期,沿海港口吞吐能力严重不足,对经济社会发展形成瓶颈制约。之后,港口率先改革开放,依托港口设定经济特区和开放14个沿海港口城市。1983年交通工作会议提出了"有河大家走船,有路大家走车",在放宽搞活方针指引下,水运进入快速发展时期,逐步缓解水路运输"瓶颈"制约,解决了"有没有"的问题。1992年,邓小平同志南方谈话后,交通运输行业加快培育和发展水运市场体系,港口和内河航道建设成绩斐然,船舶运力加快发展,涵盖散货船、油船、集装箱船等主要船型和LNG船等高技术、高附加值船舶,运输全面紧张状况得到缓解,"瓶颈"制约状况得到改善。2001年我国加入世界贸易组织(WTO),水运行业抓住机遇,实现了大发展,高等级航道和港口建设成绩突出,深水泊位大幅增加,吞吐能力显著增强,专业化水平不断提高,基本适应了经济社会发展需要,解决了"够不够"的问题。

党的十八大以来,习近平总书记高度重视水运事业发展,强调经济强国必定是海洋强国、航运强国,强调要努力打造世界一流的智慧港口、绿色港口。推动我国水运事业发展取得历史性成就、发生历史性变革,进入高质量发展的新阶段。截至2020年底,全国内河高等级航道达标里程1.61万公里,长江南京以下12.5

米深水航道全线贯通,黄金水道发挥黄金效益。西江航运干线扩能升级加快推进,通航能力显著增强。沿海港口万吨级及以上泊位数 2530 个。我国水运量、港口货物吞吐量和集装箱吞吐量等指标均稳居世界第一。世界前十的集装箱港口中,我国占据 7 席。运输船队运力跻身世界前列,船舶大型化趋势明显,30 万吨级原油船、40 万吨级铁矿石运输船舶等陆续投入使用。水运科技创新能力大幅跃升,高坝通航、离岸深水港和巨型河口航道整治等建设技术迈入世界先进或领先行列,洋山港四期、青岛港等自动化码头引领全球港口智能化发展。上海国际航运中心基本建成,国际航运网络进一步完善,投资建设运营"一带一路"支点港口成绩斐然,希腊比雷埃夫斯港成为"一带一路"合作旗舰项目,在服务国家重大战略中彰显力量,为畅通国际物流大通道发挥了重要作用。期间涌现出许振超、包起帆等一批行业先锋,生动诠释了新时代奋斗者的深刻内涵,凝聚起新时代交通精神的磅礴伟力。

总的来看,水运对经济社会需求的适应程度经历了由"瓶颈制约"到"初步缓解"再到"总体缓解""基本适应"的历史性变化,并在"基本适应"的基础上向"适度超前"迈进了一大步,探索走出了一条具有中国特色的水运发展道路。这些成绩的取得,根本在于以习近平同志为核心的党中央的坚强领导和习近平新时代中国特色社会主义思想的科学指导,在于发挥了我国社会主义制度集中力量办大事的制度优势,在于坚持人民交通为人民的根本宗旨,在于不断深化改革、扩大开放、创新驱动,解放和发展了水运生产力。

"十四五"时期是我国开启全面建设社会主义现代化国家新征程的第一个五年,是加快建设交通强国的第一个五年,水运业面临加快建设、提升发展能级等重大机遇。要把握新发展阶段、贯彻新发展理念,按照构建新发展格局的要求,充分发挥水运运能大、成本低、能耗小、占地少、污染轻等比较优势,加快补齐内河水运基础设施短板,加快服务功能升级,推进安全绿色智慧发展,提高支撑引领水平,打造安全、便捷、高效、绿色、经济的现代水运体系,更好服务经济社会发展和高水平对外开放,为加快建设交通强国当好先行。要着力加快高等级航道建设,提升航道区段间、干支间标准衔接水平,推进运河连通工程建设,打造与城市、文化、旅游等融合的旅游航道。要着力打造高能级港口枢纽和辐射全球的航运枢纽,推进区域港口高质量协同发展,提升服务现代产业发展、促进国内国际双循环的能力。要着力发展高水平运输,优化运输组织,发展现代物流,改善营商环境,提升客运服务品质,加快构建现代化物流供应链体系。要着力提升智慧运输发展水平,推动5G、区块链、北斗、大数据等现代技术在水运领域的深度应用,推进水运安全绿色发展。要着力提升港航服务国际化水平,提高海运船队国际竞争力,深化国际港航海事合作。要着力完善治理体系,强化法规制度保障、深化行业管理改革,提升治理能力与水平。

潮平岸阔催人进,风起扬帆正当时。写好加快建设交通强国水运篇这篇大文章,使命光荣、责任重大、机遇难得。让我们更加紧密地团结在以习近平同志为核心的党中央周围,砥砺奋进、不懈努力,奋力谱写加快建设交通强国水运篇,为全面建设社会主义现代化国家当好先行。

2021 年 2 月 1 日

前言
Foreword

习近平总书记指出："中国特色社会主义是全面发展、全面进步的伟大事业，没有社会主义文化繁荣发展，就没有社会主义现代化。要坚定文化自信，推动中华优秀传统文化创造性转化、创新性发展，继承革命文化，发展社会主义先进文化，不断铸就中华文化新辉煌，建设社会主义文化强国。"❶2017 年 6 月，交通运输部决定编纂《中国水运史（1949—2015）》和《中国水运工程建设实录（1978—2015）》，并印发了交办政研〔2017〕86 号文件，明确指出"编纂《中国水运史（1949—2015）》和《中国水运工程建设实录（1978—2015）》是我国交通文化工程的重要内容，也是一项光荣而艰巨的重要历史任务，必须以高度的责任感和使命感抓紧抓好"。三年多来，在承办单位交通运输部水运科学研究院及各参编单位的共同努力下，完成了《中国水运工程建设实录（1978—2015）》（以下简称《实录》）的编纂工作。

《实录》集中梳理了改革开放近 40 年来我国水运事业，特别是水运基础设施建设方面的历史进程和巨大成就，较为系统地总结了我国水路交通发展的实践经验。改革开放初期的 1978 年，我国主要港口（不含港、澳、台地区，以下同）的生产性泊位只有 735 个，其中万吨级泊位 133 个。经贸快速发展带动港口吞吐量快速增长，港口再次出现严重的"三压"（压船、压车、压货）现象，成为制约国民经济发展的"瓶颈"。经过艰苦努力，到 2015 年，全国港口生产性泊位达到了 31259 个，其中万吨级泊位 2221 个，分别增长了 41.5 倍和 15.7 倍，10 万吨级以上泊位达到 331 个，大型化、专业化供给结构明显改善。我国轮驳船达到

---

❶ 习近平在教育文化卫生体育领域专家代表座谈会上的讲话（2020 年 9 月 22 日），《人民日报》2020 年 9 月 23 日 01 版。

16.6 万艘, 净载重量 2.7 亿吨, 集装箱箱位 260 万 TEU, 载客量 101.7 万客位, 海运运力规模跃居世界第三位, 形成初具规模的上海国际航运中心和多个区域性航运中心。水路交通对经济社会需求的适应程度经历了由"瓶颈制约""初步缓解""全面缓解"到"基本适应"并迈向高质量发展的历史性变化。特别是 2001 年我国加入世界贸易组织(WTO)后, 经济发展融入全球化, 水路国际运输航线通达全球逾 100 个国家和地区, 1000 多个港口。2015 年, 全国港口吞吐量 127.5 亿吨, 是 1978 年 2.8 亿吨的 45 倍, 其中外贸吞吐量增长了 61 倍。港口集装箱吞吐量自改革开放初期由几乎为零起步, 到 2015 年达到 2.1 亿 TEU。2015 年, 全国已有 33 个港口(沿海 23 个、内河 10 个)货物吞吐量超亿吨, 其中 10 个港口位列世界前 20 位。集装箱吞吐量世界前 20 位中, 中国占有 10 席(包括香港特别行政区、台湾地区的港口)。中国已是名副其实的航运大国, 水路交通包括水运基础设施建设, 许多领域已处于国际领先的位置, 这不仅是国家综合实力的重要体现, 更是中华民族伟大复兴的重要标志。中国水运发展受到了国际社会的高度关注和称誉, 世界银行列专题组织专家进行了"新时代的蓝色航道: 中国内河水运发展"(Blue Route for a New Era: Developing Inland Waterways Transport in China)和"中国港口发展回顾"(Retrospective Review of China Port Sector Development)的研究, 将中国发展经验介绍给世界。2020 年 10 月 13 日, 世界银行发布研究报告指出, 中国目前拥有世界上最繁忙的内河水运体系, 2018 年中国内河水运货运量已达到 37.4 亿吨, 是欧盟或美国的 6 倍。报告认为, 中国内河水运发展成就, 源于持续有力的政策支持、分工明确的管理体制、大量投入的建设资金、与基础设施建设同步进行的船型标准化和航道等级划分、完善的水运教育体系等, 值得更多国家学习借鉴。世界银行的报告分析全面, 评价中肯, 体现了国际社会对中国水运发展的肯定。

《实录》全面翔实地反映了改革开放近 40 年, 中国水运事业的历史性变化和探索中国特色社会主义交通运输发展道路的历程。回望探索发展的历程, 我们始终不能忘记敬爱的周恩来总理在 1973 年 2 月提出的"三年改变港口面貌""力争 1975 年基本上改变主要依靠租用外轮的局面"的重要指示, 和 1975 年嘱咐争取到 1980 年建设 250 ~ 300 个泊位的遗愿; 不能忘记 1978 年 3 月交通部向国务院呈报的《关于实现交通运输现代化的设想(汇报提纲)》; 不能忘记 1983 年全国交通工作会议提出了"有河大家走船,有路大家走车"的改革方针,坚决冲破计划经济束缚,开放运输市场;不能忘记1990年交通部提出关于发展交通基础设施"三主一支持"❶的规划设想;不能忘记1998年交通部提出实现交通运输现代化"三阶段"的发展战略❷;不能忘记2006—2008年交通部不断探索转变发展方式,提出了发展现代交通业"三个转变"❸和"三个服务"❹的重大决策;不能忘记2014年全国交通运输工作会议提出了"四个交通"❺的理念,推动交通运输科学发展;我们更不能忘记习近平总书记在党的十九大报告中明确指出要加快建设创新型国家,把"交通强国"作为新时代建设现代经济体系重要战略目标之一……这一项项遵循党中央国务院重大战略部署,结合我国交通运输发展实际做出的具有里程碑意义的决策,使交通运输,特别是水路交通铸就了无愧于时代的历史性变化,走出了一条具有中国特色社会主义交通运输发展的道路。

改革开放以来水路交通走过的历程可谓爬坡过坎,披荆斩棘,取得的成就来之不易。回答中国水运事业特别是水运基础设施建设为什么能实现历史性的变化,是怎样实现历史性变化的,这就是我们编纂《实录》的初衷。回顾总结水运发展可从多方面阐述,但核心的就是三条:没有社会主义制度的优越性,就不能集中力量办大事、办难事、办成事,就没有水运事业的历史性变化;没有改革开放,就不能调动、发挥各方面积极性,就没有水运行业科学的、持续的发展,就没有水运事业的历史性变化;没有人民群众对发展水运事业的殷切期盼,就没有发展水运事业的力量源泉和动力,也就没有水运事业的历史性变化。最根本的一条就是在党中央国务院坚强领导下,全体交通人特别是水运行业的广大干部职工筚路蓝缕、

---

❶ "三主一支持"是1989年2月27日在全国交通工作会议上正式提出的,从"八五"开始用了几个五年计划实施的交通基础设施建设长远规划。1990年在此基础上,增加"三主",就是公路主骨架、水运主通道、港站主枢纽,"一支持"即交通支持保障系统。

❷ "三阶段"发展战略即第一阶段从"瓶颈制约,全面紧张"走向"两个明显"(交通运输的紧张状况有明显缓解,对国民经济的制约状况有明显改善);第二阶段2020年前从"两个明显",再到"基本适应";第三阶段2040年前从"基本适应"到"基本实现现代化"。

❸ "三个转变"即交通发展由主要依靠基础设施投资建设拉动向建设、养护、管理和运输服务协调拉动转变;由主要依靠增加物质资源消耗向科技进步、行业创新、从业人员素质提高和资源节约环境友好转变;由主要依靠单一运输方式的发展向综合运输体系发展转变。

❹ "三个服务"是交通运输部提出的交通发展要服务国民经济和社会发展全局、服务社会主义新农村建设、服务人民群众安全便捷出行。

❺ "四个交通"是交通运输部综合分析形势任务,立足于交通运输发展的阶段性特征,更好地实现交通运输科学发展,服务好"两个百年目标",由部党组于2014年研究提出的当时和此后一个时期的战略任务,即全面深化改革,集中力量加快推进综合交通、智慧交通、绿色交通、平安交通的发展。

砥砺奋进,水运事业才取得了令世人瞩目和彪炳史册的巨大成就,成为国民经济发展的"先行官"。

《实录》在谋篇布局上紧扣编纂初衷,由五篇十三章及附录构成,力求回答国际、国内社会特别是交通运输行业人士关注的问题,也为今后研究分析改革开放以来,我国水运基础设施建设的历程和规律提供了翔实的资料。《实录》分为九卷,每卷既是《实录》的一部分,又是水运基础设施建设一个相对独立的领域,便于研读分析。

第一卷为"综合",由四篇七章组成。第一篇"发展篇"中的第一章"改革开放以来的中国水运事业",对改革开放以来我国水运事业发展进行了系统回顾总结,分为历史性变化的阶段性特征、发展成就、基本经验和结语四个方面,全面阐述了在探索中国特色社会主义交通发展道路进程中实现了水运事业的历史性变化。第二章为"水运基础设施建设规划及前期工作",重点阐述了四个规划,即1993—1994年编制的《全国水运主通道、港口主枢纽总体布局规划》,2006年编制的《全国沿海港口布局规划》,2007年编制的《全国内河航道与港口布局规划》《国家水上交通安全监管和救助系统布局规划》。这是20世纪80年代交通部提出"三主一支持"规划设想,以及1998年交通部关于实现交通运输现代化"三阶段"设想的交通发展战略,在我国水运事业特别是基础设施建设方面的重要布局规划,指导了改革开放尤其是"八五"之后的水运基础设施建设,体现了交通发展的规划引领作用。重点项目的前期工作作为从规划安排到项目建设的重要转换环节,是水路交通建设可持续发展的保证,也是基础设施建设不可或缺的重要工作。第二篇"管理篇"的第三章"水运工程建设法律法规"和第四章"水运工程建设与管理",阐述了改革开放以来,我国水运工程建设吸收国际先进管理经验,结合我国工程建设实践建立起一套行之有效的法律法规,体现了全面依法治国理念在水运基础设施建设中的实践。第三篇"科技篇"的第五章"水运工程建设技术标准",展示了水运工程主要技术标准的发展,体现了我国水运工程建设的软实力。新中国成立之初,向苏联学习,采用的是"苏标"。历经几代水运建设者的艰苦奋斗,在水运工程实践中逐步形成了完整的中国水运工程标准规范体系,涵盖了水运工程所有领域,标志着中国水运工程标准从'无'到'有',由'弱'变'强'。第六章"水运工程建设科技创新与应用",从水运领域的港口、航道、枢纽、海工、疏浚吹填、地基处理、港口设备、环境保护、综合技术等方面,总结了改革开放近40年来水运工程技术创新与进展,体现了水运基础设施建设践行"科学技术是第一生产力"的理念和水运事业发展中的"亮点"。第四篇"开放篇"的第七章"水运工程建设对外合作与交流",记载了以企业为主的市场主体在国际水运工程,如港口码头建设、航道疏浚开发和营运管理等方面开展的国际合作与交流,特别是党中央提出"一带一路"倡议之后,水运工程在援建、施工承建、项目总承包以及投资和技术装备等方面取得的业绩,共收录了84个项目,反映了改革开放近40年来水运工程建设领域由"引进来"迈向"走出去"的历史性变化。

第二卷至第五卷为第五篇"成就篇",包括第八章"沿海港口与航道工程"(第二卷、第三卷)与第九章"内河港口工程"(第四卷、第五卷)。由于沿海港口的航道一般是港口(港区)的公共或专用航道,所以沿海的港口航道工程与港口码头泊位建设合并阐述,但内河航道是公共、公益性水运基础设施,为航道沿线各港口和航行的船舶服务,故对内河航道的工程建设单设一章(第十章)。第八章"沿海港口与航道工程"和第九章"内河港口工程"的最大区别在于收录入书的标准不同,第八章收录的是拥有万吨级泊位的沿海港口,第九章收录的是拥有500吨级泊位的内河港口。根据2015年《全国交通运输统计资料汇编》,港口货物吞吐量1000万吨以上沿海港口和200万吨以上内河港口为规模以上港口,沿海港口39个、内河港口54个,本书全部收录。对规模以下的港口,有万吨级以上泊位的8个沿海港口收录入书,有500吨级以上泊位以及国际河流边境贸易口岸港口等有特别典型意义的53个内河港口也收录入书。这样,第八章"沿海港口与航道工程"共收录港口47个,第九章"内河港口工程"共收录港口107个。第二卷至第五卷对沿海、内河港口的编撰内容,按港口的管理体制及地域位置,分省区市、港口、港区、工程项目四个层面展开。第八章"沿海港口与航道工程"共录入大中小型工程项目1054个(包括1978年和2015年在建项目),万吨级以上泊位1739个。第九章"内河港口工程"共录入工程项目1133个,500吨级以上泊位3028个。由于从20世纪90年代开始的长江口深水航道治理工程和长江南京以下12.5米深水航道整治工程实施完成,长江南京以下港口可接纳5万吨级船舶直接靠泊、10万吨级船舶乘潮或减载靠泊,实现了海港化的功能,故《实录》收录的码头泊位视同海港,按万吨级泊位入书标准收录。此外,长江干线上的水富港是云南进入长江的"北大

V

门"，黑龙江、澜沧江边境河流的港口，泊位等级有些达不到500吨级，但这些港口在对外开放、发展边境贸易方面意义重大，也都收录入书。

第六卷为"成就篇"的第十章"内河航道工程"，遵循2007年国务院批准的《全国内河航道与港口布局规划》明确的"两横一纵两网十八线"和我国通航河流分布特征设置"节、目"。2015年，我国内河通航里程12.7万千米，其中等级航道6.62万千米，四级以上的航道为2.22万千米，占等级航道的33.5%，故确定通航500吨级船舶的四级及以上航道工程收录入书。此外，对"两横一纵两网十八线"规划以外，一些在区域经济发展中有突出意义的内河航道建设工程，如赤水河等十二条河流的航道建设工程也收录入书。共收录了包括长江口深水航道治理工程、长江南京以下12.5米深水航道整治工程在内的256个项目工程。对"寸水寸金"的内河航道来说，这些工程极大地发挥了基础设施的服务能力，对发展我国水运事业的意义和作用不言而喻。

第七卷为"成就篇"的第十一章"内河通航建筑物（船闸与升船机）"。按我国大江大河（包括运河）水系分布状况以及航道发展"两横一纵两网十八线"的规划与分布设置"节、目"。发展内河航运是水资源综合利用的重要方向，船闸、升船机是内河通航建筑物中较为常见的工程设施。改革开放以来，我国在发展水利事业的同时，通过船闸、升船机建设，极大地改善了航道条件，提高了我国内河航运能力，助推国民经济的发展。第十一章收录改革开放以来，通过能力500吨级及以上船舶的船闸、升船机建设项目；对不在规划河流上或通过能力不够500吨级船舶的船闸、升船机，但对区域经济发展和科技创新有典型意义，如澜沧江景洪水力式升船机也收录入书。第十一章共收录改革开放以来工程项目168个，含220座船闸、9座升船机。

第八卷为"成就篇"的第十二章"水运支持保障系统工程"。水运支持保障系统由海事管理、救助打捞、船舶检验、科技教育、通信导航、船舶引航等构成，是水路运输不可或缺的重要组成部分。改革开放以来，我国在大力发展港口、航道水运基础设施的同时，高度重视支持保障系统建设，不断提高为水运发展的服务能力。第十二章按上述系统构成设置"节、目"，共收录工程项目396个。相对港口、航道建设项目，支持系统的中小型项目居多，由于数量较大，在收录入书时对部分项目进行了汇总合并。

第九卷为"成就篇"的第十三章"重要水工工程",收录了六项重大水运工程。改革开放以来,我国的水运工程建设项目多达数千项,奠定了中国在全球的航运大国、交通大国地位,也为我国从航运大国、交通大国向航运强国、交通强国迈进奠定了坚实的基础。第十三章收录的六项工程,建设规模大,科技创新突出,对我国经济社会发展有重大意义,在国际上有重要影响,是我国水运发展辉煌成就的标志性工程。葛洲坝水利枢纽航运工程与长江三峡水利枢纽航运工程,特别是三峡工程的双线连续五级船闸和升船机为当今世界规模最大的内河通航建筑物。长江口深水航道治理工程,建成了12.5米的深水航道,获得了2007年国家科学技术进步奖一等奖,是世界上巨型河口航道治理的成功范例,连同长江南京以下12.5米深水航道整治工程,不仅使长江南京以下港口功能海港化产生巨大的经济社会效益,而且是党中央国务院关于建设长江黄金水道重大决策的基础性工程。上海国际航运中心洋山深水港区工程,不仅标志着我国在外海深水建设港口的技术进步,而且洋山深水港区四期工程自动化集装箱码头建成投产,使我国集装箱码头智能化建设处于世界领先地位。港珠澳大桥岛隧工程是极为复杂的水工工程,取得了一系列技术突破,标志着我国水工工程技术水平处于国际领先的第一方阵,大桥建成通车有力支撑了粤港澳大湾区发展。这六大工程是我国水工工程中的典型,在《实录》第十三章中做了比较细致的阐述。这一卷还有大事记、纪年图表等内容,不仅体现《实录》作为史书的完整性,而且便于读者查阅,比较直观地反映了改革开放以来,我国水运工程建设取得的成就。

在交通运输部的领导下,经过三年多的努力,《实录》编纂工作如期完成。编纂这部作为交通文化建设工程的书籍,凝聚了全行业的力量,众多的参编者为之付出了心血和智慧。特别是改革开放初期的文献,由于时间久远、机构变化、人员更迭,很多资料缺失,参编者千方百计,走访老同志,翻阅档案,力求《实录》的完整性、准确性。《实录》综合了改革开放近40年的水运基础设施建设项目,对此我们组织水运工程方面的专家编写了项目模板,并委托上海国际港务(集团)股份有限公司开发了电脑软件;第一次项目综合时,请重庆交通大学河海学院20多位师生进行了系统合成。《实录》编纂过程中,召开了多次专家咨询会、评审会,专家们为《实录》编纂建言献策,助推了编纂工作。交通运输部水运科学研究院承办《实录》

综合编纂工作,组织编写人员全力以赴,深入调查研究,及时解决编纂中存在的专业问题,确保《实录》编纂质量。本着对历史负责、对子孙负责的精神,参加综合编写的同志兢兢业业,按照时间节点的进度要求,完成各自的编写工作。人民交通出版社股份有限公司的编审同志,认真校审,为确保《实录》的出版质量做了大量的工作。最后,我们还要对支持《实录》编纂工作的中国远洋海运集团有限公司、招商局集团有限公司、中国交通建设集团有限公司表示衷心的感谢。

《中国水运史》《中国水运工程建设实录》

编审委员会

黄镇东　李盛霖

2020 年 11 月 10 日

总目录

Contents

第一卷　综　合

一、发　展　篇

二、管　理　篇

第二卷　沿海港口与航道工程（上）

五、成就篇（一）

第三卷　沿海港口与航道工程（下）

五、成就篇（二）

第四卷　内河港口工程（上）

五、成就篇（三）

第五卷　内河港口工程(下)

五、成就篇(四)

第六卷　内河航道工程

五、成就篇(五)

第七卷　内河通航建筑物

五、成就篇(六)

第八卷　水运支持保障系统工程

五、成就篇(七)

第九卷　重要水工工程

五、成就篇（八）

《中国水运工程建设实录（1978—2015）》纪年图表

《中国水运工程建设实录（1978—2015）》大事记

综合类

工程类

附　录

地 图 图 例

⊛ 省级行政中心		──── 已通高速	
⊙ 地级行政中心		---- 在建高速	
◎ 县级行政中心		──── 国道	
⊙ 乡镇		──── 省道	
● 港区位置		━━ 铁路	
┝·┝·┝· 国界		━━ 高速铁路	
┝ ┝ ┝ 未定国界		河流 湖泊	
─·─·─ 省级界		海岸线	
──── 特别行政区界		桥梁	
──── 地级界		隧道	
─·─·─ 县级界			

目录
Contents

五、成就篇（四）

Record of
Port and Waterway Engineering
Construction in
China
中 国 水 运 工 程 建 设 实 录
（1978 — 2015）

五、成就篇（四）

第九章
内河港口工程(下)

第七节　湖　北　省

一、综述

(一)基本省情

湖北省(简称"鄂")位于中国中部,地处长江中游,东邻安徽,南界湖南、江西,西连重庆,西北与陕西接壤,北与河南毗邻。东西长 740.6 千米,南北宽 470.2 千米,面积 18.59 万平方公里,占全国总面积的 1.94%。湖北下辖 12 个省辖市、1 个自治州、3 个省直管市、1 个林区。全省常住人口近 6000 万人。

湖北河流众多,水资源丰富,自古有"千湖之省、鱼米之乡"之美誉。长江横贯东西,境内通航里程 1037 千米;汉江蜿蜒南北,境内通航里程 866.7 千米。两江在武汉交汇,武汉又称"江城"。全省除长江、汉江干流外,5 千米以上的河流有 4228 条。其中河长在 100 千米以上的有 42 条,面积百亩以上的湖泊 755 个。举世瞩目的三峡水利枢纽工程位于宜昌三斗坪,装机容量 2250 万千瓦,是世界上规模最大的水利水电枢纽工程;长江中游第一大支流汉江上崔家营航电枢纽工程,以及沟通长江、汉江中游航运的引江济汉通航工程的建成,为水资源的综合利用创造了典范。

动植物资源种类繁多。湖北植被既具有南北过渡特征,同时又处在中国东西植物区系的过渡地带,是中国生物资源较丰富的省份之一。全省植物资源有 3800 余种,动物种类达 700 余种,其中国家珍稀保护动物 50 多种,特有的珍稀动物有白鳍豚、中华鲟等。神农架林区更是驰名中外的天然动植物园,有"绿色宝库"之称,是中国首个获得联合国科教文组织人与生物圈自然保护区、世界地质公园、世界遗产三大保护制度共同录入的"三冠王"名录遗产地。

人文旅游资源丰富。湖北省是炎帝神农的诞生地,是中华民族的发祥地之一,历史悠久,文化源长,自然景观和历史遗存遍布全省。在长达几千年的历史中,楚国创造了光辉灿烂的古代文明,世界四大文化名人、楚文化杰出代表屈原出生于湖北秭归县,其代表作

《离骚》是我国诗坛上的千古绝唱;被誉为"东方第八大奇迹"的编钟出土于湖北随州擂鼓墩;有堪称古代世界青铜冶炼技术高峰的铜绿山古矿冶炼遗址和越王勾践剑等;震惊学界的秦简首次在云梦睡虎地出土;古三国的历史遗迹和传说故事在荆楚大地广为分布和流传;具有土家族特色的巴文化,在鄂西南地区延伸和发展。被誉为诗圣的杜甫,祖籍襄阳;发明了活字印刷的毕昇,出自英山;著有医学经典《本草纲目》的李时珍,出自蕲春;著名的茶圣杜羽,出自天门……这些都汇聚成独特的源远流长的楚文化。湖北是名副其实的旅游资源大省,境内驰名世界的自然风景名胜有雄伟壮丽的长江三峡,有被联合国教科文组织列入"世界文化和自然遗产目录"的武当山、明显陵和原始森林神农架,有佛教"天下祖庭"的五祖寺,有国务院公布的历史文化名城——荆州、襄阳等五座古城。楚文化、三国文化、巴土文化争奇斗艳,吸引八方来客。随着湖北经济社会快速发展和交通基础设施日益完善,湖北旅游发展正迎来前所未有的新机遇。

产业基础稳固。湖北是中国重要的工农业生产基地之一,经济社会发展综合水平在中部地区居领先地位。近代工业门类齐全,布局合理,工业综合配套能力较强,以信息技术为标志的高新技术产业快速成长。自中部崛起战略实施以来,湖北生产总值连续10年实现两位数的增长,2015年全省生产总值逼近3万亿元,产业结构排名全国第8位,位居中西部省区市前列。与全球160多个国家和地区建立了经贸往来关系,来湖北投资的世界500强企业达到228家。

科教实力雄厚。"惟楚有才"正成为创新发展的不竭源泉。省会武汉市是全国第三大教育中心、第二大智力密集区。2015年,全省科学研究与实验发展(R&D)经费支出565亿元。武汉"光谷"围绕光电子器件、集成电路、平板显示、创新创业、重大科技基础设施建设等领域,加大项目策划和争取力度,共获得国家高新技术和战略性新兴产业相关项目40余个。

湖北得天独厚的区位优势,素有"九省通衢"之美誉。丰富的人文资源优势,稳固的产业基础优势,领先的科技创新优势,靠前的经济实力优势,形成了湖北经济发展的"大底盘"。湖北交通人的重要任务和光荣使命,就是将湖北打造成长江经济带综合立体的交通走廊。以长江为主轴为纽带,以港口和铁路的枢纽以及公路的枢纽站为节点,形成综合立体的网络,把铁水公空都连接起来,承载和打牢湖北经济社会发展的"大底盘"。

(二)综合运输

交通是人类生活和社会文明的基础。自古以来,交通之与社会文明,都是相辅相成。

1957年,武汉长江大桥通车,天堑变通途。国省道建设开始起步,到20世纪70年代初,经历了近5个"五年计划"的生产建设和调整巩固提高后,湖北交通呈现出稳步发展态势。至1978年,全省公路通车里程达到44508千米,其中等级公路21559千米,等级公路比重达 48.4%；全省铁路、公路、水路、民用航空、管道运输 5 种运输方式初步形成。

改革开放后，交通部门调动各方面的积极性，开拓资金渠道，多方集资，加快了建设进度。湖北交通从 1979 年至 1992 年的恢复振兴到 2003 年以来的快速发展，改革开放把湖北交通带入历史新纪元。

铁路基础设施建设有了较快的发展。1980 年 7 月，襄樊至胡家营电气化铁路工程竣工。10 月，襄渝铁路襄樊至安康段电气化工程建成。1980 年，我国最大、设备较先进的武汉铁路枢纽基本建成。1982 年，对广水至丹水池区段进行路线整顿，除小曲线半径线路外，均更换为 60 公斤/米重型钢轨，提高了列车通过能力。汉丹铁路配套设备和更新改造工程于 1984 年完成，达到 I 级干线标准；同时完成了襄樊北编组站、扩建襄樊车站等襄樊枢纽工程。到 1985 年，湖北铁路形成了以武汉、襄樊枢纽为中心，纵有京广、焦柳，横有汉丹、武大、襄渝 5 条干线的中部铁路网络，成为由南往北、承东启西的中部铁路运输通道。1985 年，全省铁路通车里程达到 1522 千米，比 1978 年增长 5.6%；铁路桥梁 670 座，59236 米，其中特大桥 13 座，大桥 100 座，中桥 243 座，小桥 304 座。铁路建设的发展，对改善湖北省工业布局和新兴城市的发展，对冶金、石油、电力、汽车等行业的建设发展，起到促进作用。

20 世纪 70 年代后期，公路部门建设重点是修通公社公路和县与县之间断头路，五年共投资 7600 万元，修建公社公路 5000 余千米。进入 80 年代后，转向提高线路质量方面，重点是改善大中城市的进出口公路和干线公路，连通邻省断头公路以及重点桥梁。1981 年至 1985 年，拓宽国道与主要省道 1000 多千米；修建了汉阳十里铺至东岳庙段和东西湖区陈家冲至孝感段高等级公路，初步缓解了武汉西北进出口通道的紧张状况；新建桥梁 427 座，19034 米。到 1985 年底，全省公路养护道班 2150 个，养护里程 43891 千米，占公路总里程 45186 千米的 97.1%；绿化里程为 23248 千米，占公路通车里程的 51.4%；渣油路面达 9395 千米，基本实现了主要干线公路黑色化，提高了车辆通过能力。

水运基础设施建设在交通部的支持下，发挥省与地方的两个积极性，开创了新的局面。从 1976 年到 1985 年，在 9 条河流上建设复航船闸 9 座，使全省支流船闸达到 21 座，另有升船机 3 座；疏浚 12 条通航河流、整治航道 117.4 千米，包括汉江中游金蛙滩整治工程；地方港口建设码头 16 座。长江葛洲坝水利枢纽 1981 年建成第一期工程，同时建成 3000 吨级和 2000 吨级的两座大型船闸，水库回水将长江险滩的西陵峡航道条件彻底改善。从 20 世纪 70 年代后期开始，长江航标使用电子线路霓虹灯和大功率机艇。武汉港务局对汉阳、江岸港区货运码头和汉口港客运码头进行了扩建、改建，并新建了武北水泥码头，使港口的综合吞吐能力提高到 1530 万吨。1985 年，全省有港口 197 个，码头 2679 座（其中地方交通部门 1628 座，长航港务局 218 座，物资部门 833 座），装备各种机械 4300 余台，年吞吐量达到 8259 万吨，比 1978 年增长 29%。

在民用航空方面，1983 年和 1985 年国家两次投资扩建南湖机场，将跑道按 B737-200

型飞机技术要求进行改造,增加了夜航灯光和盲降设备,扩建了停机坪,使之能同时停放大、中型飞机 10 余架;还新建了候机室、行李房、停车场等实施,成为湖北省民用航空枢纽。同时以地方自筹资金为主完成了襄樊留级机场前期工程和沙市机场改造第一期工程。

在管道运输设施方面,1977 年修建了湖北荆门炼油厂至河南南阳县官庄乡镇魏岗村输油管道(简称"魏荆输油管道"),1978 年又修建了魏荆输油管道复线,年输油能力 350 万吨,满足了河南油田原油生产增长的需要,也减轻了铁路运输原油的压力。为了保证安全输油,将襄阳县余家湖下游 2.5 千米处穿越汉水的输油管线改造为架设管桥穿越。管桥全长 1045 千米,于 1983 年开工,1984 年竣工投产。到 1985 年,湖北省境内运输管道里程发展到 250 千米。

2005 年 8 月 21 日,时任中共中央总书记胡锦涛视察湖北,听取了省交通厅厅长林志慧关于湖北骨架公路网规划汇报,强调要把湖北打造成中部崛起的战略支点。

在此后的几个五年计划中,武汉城市圈被国务院批准为"两型社会"综合配套改革试验区,省委省政府决定开展武汉城市圈交通网、武汉新港、仙桃新农村试验区交通、鄂西生态旅游圈交通建设。湖北交通全面创新规划、体制和机制,坚持交通科学发展观,立足"九省通衢"区位优势,利用长江"黄金水道"自然禀赋,紧紧围绕全省"一元多层次"宏观战略体系和"五个交通"(综合交通、民生交通、智慧交通、绿色交通、平安交通)目标,制定了"打牢发展大底盘、建设'祖国立交桥'"的整体发展战略,作为引领湖北交通运输中长期改革发展的顶层设计,强力推进交通基础设施建设,以大改革促大发展,努力打造全省交通发展升级版。

2013 年,中共中央总书记习近平视察湖北,提出湖北要"建成支点,走在前列",把长江打造成"黄金水道"。2014 年 9 月 25 日,国务院发布《关于依托黄金水道推动长江经济带发展的指导意见》。随后,湖北率先谋篇布局,积极主动作为,2015 年 5 月 29 日出台《关于国家长江经济带发展战略的实施意见》(以下简称《意见》),提出要依托长江经济带,打造承东启西、连接南北的"祖国立交桥"和内陆开放新高地,努力把湖北建设成中部地区崛起重要战略支点,成为支撑长江经济带发展的"龙腰",建成长江中游核心增长极。《意见》提出的具体目标是"全面建成武汉长江中游航运中心、全国铁路路网中心、全国高速公路路网重要枢纽、全国门户枢纽机场和全国重要物流基地",推进武汉建设成为全国性综合交通枢纽、襄阳建设成为汉江流域综合交通枢纽、宜昌建设成为长江中上游重要综合交通枢纽,构建综合立体交通运输体系。

湖北深得天时地利人和之禀赋,抢抓全力加快综合交通运输体系之机遇,从构建"大通道、大枢纽、大网络、大物流、大平台"着手,省交通主管部门扎实推进"四个全面"战略布局的贯彻落实,为确保"十二五"圆满收官和为"十三五"持续发展奠定基础,科学规划了一批"十三五"以至 2030 年的重大交通项目,主动对接"一带一路"倡议,以及长江经济带、长江中游城市群开放开发等重大发展战略,并依托长江黄金水道建设,推进形成长江中游区域内多节点、网络化、全覆盖的综合交通运输网络,加快综合运输通道枢纽建设。与此同时,全省加快推进现代物流发展、综合交通运输管理体制改革、交通运输法治政府部门建设,推动交通运输基本公共服务均等化,助力全省经济社会平衡协调发展。截至2015年底,湖北省综合交通网总里程约27.2万千米(不含民航航线、城市内道路),综合交通网密度达146.3千米/百平方千米。湖北交通呈现全新的发展态势,主要表现在:

公路四通八达。截至2015年底,公路通车总里程25.3万千米(高速公路6204千米)。国家高速公路网湖北境内规划路段全面建成,高速公路已建、在建和规划省际出口通道达到30余个,与周边安徽、河南、陕西、重庆、江西、湖南等省市实现有效衔接,省内重点地区的高速公路通行能力大为提升,全省高速公路网络整体效能得以充分发挥,"七纵五横三环"高速公路网形成。

水运通江达海。长江自西向东流贯省内26个县市,通航里程达到1037千米,占干流通航里程的三分之一。2015年,全省内河通航里程8638千米,其中三级以上高等级航道里程1767.8千米。全省共有武汉、宜昌、荆州、黄石、襄阳五大枢纽港口,拥有生产性港口泊位总数2049个,2015年完成港口吞吐量32949万吨。长江中游航道整治规划目标提前实现,全省已形成810千米"高等级航道圈"。武汉、黄石、荆州、宜昌等港口先后对外开放,海轮可直航我国香港、澳门特别行政区,以及日本、韩国、新加坡等国家,以武汉新港为核心、武汉城市圈为依托、长江中游经济带为支撑的武汉长江中游航运中心初具规模。

航空翱翔国际。武汉天河国际机场为我国中部地区最大的空港,已开通美、法、日、韩等国际航班。2015年,全省航线网络不断拓展,开通37条国际航线,其中民航机场旅客吞吐量突破2000万人次,位居中国中部第一。宜昌、襄阳、恩施、神农架等地相继开通了连接全国各地的空中通道。

铁路驰骋九州。京九、京广、武广高铁,焦枝、枝柳铁路纵贯南北,武大、汉宜、汉丹、襄渝、长荆、宜万等铁路横穿东西,更有高铁武广客运专线、石武客运专线等新兴运力装备的兴起。2012年,武汉市成功开通了"汉新欧"国际铁路货运大通道,这是武汉市积极融入"一带一路"倡议和长江经济带国家战略、建设亚欧经济体廊道的体现。至2015年底,全省铁路运营里程4060千米(高速铁路1033千米),高铁、动车覆盖除荆门、神农架以外的所有市州。

管道干支相连。川气东送、西气东输三线工程等项目建设加快推进,武汉市天然气高压外环线、武汉至宜昌天然气输气管等支线、联络线覆盖全省。北京至广州同轴电缆、南京至重庆光纤电缆在武汉交汇,形成了辐射全国的现代通信网络。至2015年底,全省油气管道里程达到6740千米。

目前,湖北省长江沿线、汉江沿线已建成了由铁路、公路、内河航运、民航、管道运输组成的较为完善的综合运输体系,形成了在社会主义市场经济体制下,实行市场调节、发挥各自优势、实施分工协作、体现局部竞争的运输模式,体现了各种运输方式不同的技术经济特征,发挥了各自的服务优势。在综合运输体系中,内河航运的地位不可取代。

水路运输是沿江综合运输通道的主骨架。内河航运通江达海,与沿江铁路线、公路线有效衔接,形成东西向运输大通道。长江干流横贯我国东西,航道已达二级以上标准,可常年通航千吨级船队;其主要支流汉江航道,是沟通长江流域南北地区水运通道之一,形成了天然的水运网络体系。与其他运输方式相比,内河航运具有如下技术经济特征:

内河航运运输成本低、运输能力大。水上运输工具主要在自然水道上航行,航路是天然的,只需花少量资金对其进行整治,维护航标设施和管理,就可供船舶行驶。据统计,我国从重庆到上海通过公路、铁路、长江运输集装箱的单位运价比约为 6∶2∶1;公路、铁路、长江干线每千吨公里运输周转量能耗比为 14∶2∶1。

内河航运占地少、能耗低、污染小。兴建每千米铁路占用土地约 2 万平方米,每千米高速公路占用土地约 4 万平方米,而内河航运利用天然河道,基本不占耕地,航道整治与堤防建设、滩涂围垦相结合,甚至还可造地。据研究,美国内河、铁路、公路的能耗比为 1∶2.5∶8.7。在环境成本方面,德国单位运输量需要付出的治污费用,水路、铁路、公路之比为 1∶3∶14。

内河航运综合开发优势明显。长江干线宜昌以上属山区河流,与水电、水利等方面结合,实施梯级渠化,综合开发效果显著;宜昌以下属平原河流,与堤防建设,洲滩及岸线开发、河道综合治理等方面相结合,也能取得良好效益。

铁路、公路、水路运输作为长江沿江地区主要的运输方式,从市场份额来看,2002 年沿江六省二市水路在铁路、公路、水路三种运输费方式完成的货运量和货物周转量中所占的比重分别为 16.7%、62.5%,占有相当的比率。而且水路运输在 1990—2002 年增长速度大大高于其他运输方式,这说明水运发展势头良好。水运在煤炭、原油、矿石和矿建材料等大宗散货运输市场上继续保持较高市场份额的同时,凭借其通江达海的优势在外贸运输和集装箱运输方面的地位也不断增强。长江已具有通江达海、江海直达运输的条件,内河航运适于大宗散货和集装箱及重大件等物资的运输,也有因地制宜发展客运和观光旅游的优势。因此,充分发挥内河航运的优势,加快内河航运的发展迫在眉睫。

沿江经济的发展、浦东开发、三峡工程建设以及西部大开发战略的实施,使长江经济带成为国家投资重点和外商投资热点,沿江地区社会经济全面、协调、可持续发展需要三大经济区加强相互协作,区域之间将产生巨大的物流需求。从沿长江东西向运输通道的空间布局及各种运输方式的分工合作来看,内河航运是沿江运输量的主体。作为连接东中西部、南北地区的大通道,长江、汉江以其得天独厚的区位优势及巨大的水运能力在区域经济协调发展中将发挥极其重要且不可替代的作用。

（三）港口概况

湖北省地处亚热带,位于典型的季风区内。全省除高山地区外,大部分为亚热带季风性湿润气候,光能充足,热量丰富,无霜期长,降水充沛,雨热同季。全省大部分地区太阳年辐射总量为 85 ～ 114 千卡/平方厘米,多年平均实际日照时数为 1100 ～ 2150 小时。其地域分布是鄂东北向鄂西南递减,鄂北、鄂东北最多,为 2000 ～ 2150 小时;鄂西南最少,为1100 ～ 1400 小时。其季节分布是夏季最多,冬季最少,春秋两季因地而异。全省年平均气温 15 ～ 17 摄氏度,大部分地区冬冷、夏热,春季气温多变,秋季气温下降迅速。一年之中,1 月最冷,大部分地区平均气温 2 ～ 4 摄氏度;7 月最热,除高山地区外,平均气温 27 ～29 摄氏度,极端最高气温可达 40 摄氏度以上。全省无霜期在 230 ～ 300 天之间,各地平均降水量在 800 ～ 1600 毫米之间。降水地域分布呈由南向北递减趋势,鄂西南最多达1400 ～ 1600 毫米,鄂西北最少为 800 ～ 1000 毫米。降水量分布有明显的季节变化,一般是夏季最多,冬季最少,全省夏季雨量在 300 ～ 700 毫米之间,冬季雨量在 30 ～ 190 毫米之间。6 月中旬至 7 月中旬雨最多,强度最大,是湖北的梅雨期。

复杂多样的地形地貌及降水充沛的气候条件,使湖北境内地表水系充分发育,以长江和汉江为骨干,组成了"江、汉纳千河"的水系网络。

人类社会的发展史,首先是人类制造工具的历史,而水运业也是从人类制造水运活动的工具为开端的。随着社会的发展,人们的水运活动由渔猎、济渡代步扩展到军运赋输、商货客运等各大领域。舟楫经常活动起止之所的港口应运而生,由少到多、由小到大,有迁徙多变到稳定发展,分布在长江、汉江干支流沿线的水路枢纽,成为客货吞吐的门户。

港口起源于原始社会氏族公社临水而居的聚落。长江中游考古发现的新石器时代遗址总数在 3000 处左右。湖北屈家岭及石家河文化时期,已经确认为城垣遗址的有天门石家河城、石首走马岭、荆门马家垸城、江陵阴湘城等 4 座,均临水而建,城的功能与河港的作用并存。商周时期的方国城邑,商代有武汉北郊"盘龙城"遗址,周代著名的有巴、濮、楚、邓等都邑。春秋战国时代楚国郢都的布局是城港一体模式的典型。港口服务于军运、漕运、驿运和商运,一些港口依托城镇长期具有州、府、县行政中心的地位。港口的基础设施,在木帆船运输时代,船只靠泊主要是自然岸坡或踏步式驳岸,陆域部分有堆场、仓廒、邸阁、货栈,驿运码头则有驿亭、驿馆,商业码头则是"前街后巷"式的布局,与码头直接相连的街道称"河街""码头街"。轮船运输兴起以来,港口基础设施相应改善。自 1861 年至清末的 50 年间,武汉三镇有各类码头 95 座,其中轮船码头 46 座,大多为趸船式浮码头,用跳趸和跳板连接,仓储和堆栈设施也初具规模。1905 年,沙市道台用 8000 两官银,兴建 3 座栈桥式浮码头。黄石港浮码头共有趸船 17 艘,又创建了 1500 米长的索道运输装卸线。民国时期的 38 年间,湖北港口既有发展,又受到战乱的影响,尤其是抗日战争时期大部分地区沦陷 7 年之久,沿江码头设施遭到很大的破坏。新中国成立后,人民政府为恢复航运生产,从 1950 年开始整修港口码头。1953—1957 年,长江航运局武汉、宜昌、黄石三港基本建设投资达 1900 万元;省航运局也投资 223 万元,改善港站 55 个,维修和兴建候船室 28 座,仓库、货棚 26 座,设置趸船 67 艘。1958 年,全省地方港口改革装卸搬运工具,提出"平地运输车子化、上坡链板、缆车化,下坡溜具化,起重吊杆化"的跃进目标,两年投资 3740 万元。1958 年的"大跃进"过后,大部分低质量、易损坏的机具逐渐淘汰,港口机械化进入缓慢发展的阶段。1959 年交通部决定兴建武汉港汉阳杨泗庙作业区,列入国家重点建设项目,建设 6 个钢筋混凝土框架式结构泊位,配套设施有库场和装卸机械及 15 千米铁路专用线,投资 1600 万元,新增年吞吐能力 275 万吨;自 1964 年起,武汉港的大部分煤炭通过汉阳作业区中转。从 1958 年至 1965 年宜昌港也投资 117 万元添置修建港口设施,使机械化装卸作业比重提高到 30%。十年"文化大革命"期间,港口生产受到严重干扰,但码头建设基本没有停顿,武汉港汉阳、汉口、江岸、青山作业区都进行了改造和改建,基本建设投资达 3000 万元;交通部投资 1800 多万元,建设枝城、巴东新港区和扩建宜昌港。1969 年,湖北省决定投资 584 万元在武汉市兴建汉江舵落口港,1974 年基本建成投产,年通过能力达到 70 万吨,成为新中国成立以来湖北地方建设的第一座最大港口,以水铁联运分流煤炭为主,交通部批准为全国水铁中转港之一。1975—1979 年,湖北省投资 3000 多万元,对武汉市和 29 个中小港口的地方码头增加装卸机械和机动车辆,改善码头设施。80 年代前期,港口建设发挥省与市县的两个积极性,在长江、汉江和支流建设一批设施配套的机械作业码头。1985 年,全省拥有港口 197 个,港区岸线总长 954 千米,码头 2679 座,码头长度 14.5 万米,生产泊位 2405 个,铁路专用线 57162 多米,装卸机械 4256 台。90 年代,宏观政策的调整和支持为湖北水运加快发展提供了良好环境,全省港航基础设施建设继续加大投资,装卸机械化水平提高,客货吞吐量增长。2000 年全省港口年吞吐能力达到 8690 万吨,港口机械化作业水平达到 70%。港口建设结合地区性运量、货种特点,多元化港口建设投资初步形成。进入 21 世纪,国家对发展内河水运越来越重视,港口资源配置得到优化,结构功能更趋于合理,港口劳动生产率提高,港口作业实现了机械化。截至 2015 年底,湖北省共有港口 38 个,主要集中在长江、汉江沿线,港口岸线总长 1456.35 千米。

　　湖北省港口分为主要港口、区域性重要港口、一般港口三个层次。其中交通运输部明确的规模以上的港口 4 个(即 4 个主要港口),规模以下的港口 34 个(即 14 个区域性重要港口和 20 个一般港口)。

　　主要港口是指全省对经济发展影响作用明显、位于水运主通道、公路主骨架、铁路主干线及其他运输方式骨干线路交汇处的核心枢纽港口。主要港口有宜昌港、荆州港、武汉港和黄石港 4 个港口。

区域性重要港口是指位于高等级航道(长江和汉江)上,在区域社会经济和交通运输发展中起着重要作用的港口。湖北省共有 14 个,其中长江干线有 5 个,分别是巴东港、嘉鱼港、鄂州港、黄州港、武穴港;汉江干线有 8 个,分别是襄阳港、丹江口港、钟祥港、沙洋港、潜江港、天门港、仙桃港、汉川港;此外,湖北省人民政府增列恩施港(清江)为省级重要港口。

一般港口是指除主要港口、区域性重要港口以外的其他港口,是湖北省内河港口的重要组成部分。湖北省内共有 20 个一般港口,分别为:团风港、赤壁港、浠水港、蕲春港、黄梅港、郧西港、郧阳港、当阳港、十堰港、竹山港、竹溪港、云梦港、广水港、京山港、东宝港、安陆港、应城港、孝感港、通山港、崇阳港。

(四)港口发展成就

1978 年湖北省吞吐量 1 万吨以上的港口 165 个,港口货物吞吐量为 3848.9 万吨,其中进口 2163.5 万吨,出口 1685.4 万吨;旅客发送量总计 235.9 万人。改革开放之初,湖北省码头设施简易、机械化程度低、吞吐能力不大,港航基础设施落后。地方码头大多是自然岸坡的简易码头,一部分直立式和浮式码头。散货装卸多采用定机移船工艺系统,堆场作业主要为地面堆场工艺;件杂货多为车辆上趸船直取作业;简易码头和相当一部分斜坡式码头均为人力装卸作业;全省近百个港口无前方仓库,大部分以河滩为简易堆场。全省大部分的装卸机械为企业拼装、仿制,效率低、能耗高、工艺落后。机械化水平只达到 34%,大部分装卸仍靠人力肩挑背扛。

随着改革开放不断深入,简易码头逐渐被规模化的码头形式取代,港口作业机械化程度提高,港口基础设施建设不断加快,建成一批批规模化、专业化的散货、件杂货、集装箱码头,形成了多个集中连片规模化港区。截至 2015 年,全省共有生产性港口泊位 1950 个,泊位长度 159976 米。货物吞吐量、集装箱吞吐量、汽车滚装量等指标均上升势头良好。2015 年全省共完成港口吞吐量 32949 万吨,同比增长 13.7%,全省完成集装箱吞吐量 132.2 万 TEU,同比增长 5.2%;全年共完成滚装车吞吐量 66.5 万辆,同比上升 14.4%,其中武汉市商品车运输,共完成 38.1 万辆,同比上升 51.2%。武汉港是长江中游最大的集装箱码头,代表了湖北集装箱产业的发展水平。武汉港集装箱吞吐量一直保持不断增长态势,集装箱吞吐量占全省集装箱吞吐量的 80.3%,武汉港全年完成集装箱吞吐量 106 万 TEU。

港口作为航运业基本的三大要素之一,其兴衰演变首先取决于社会经济的需求,航运业的繁荣必然要求港口相应发展。在新一轮改革开放大潮中,湖北水运将着力构建"以港兴业、以园促城、以城带港、港城互动"的港城融通水运发展体系,努力实现"打造航运中心、建成水运强省"的湖北水运梦。

湖北省内河港口基本情况见表 9-7-1。

表 9-7-1

湖北省内河港口基本情况表

序号	港口名称	港口岸线		2015年港口生产用泊位				其中:1978—2015年建成的生产用泊位				2015年港口货物和旅客吞吐量						
		港口规划岸线	其中:2015年前已建成生产岸线	生产用泊位数	其中:千吨级及以上	生产用泊位总长	其中:千吨级及以上	生产用泊位数	其中:千吨级及以上	生产用泊位总长	其中:千吨级及以上	货物吞吐量	其中:外贸货物吞吐量	集装箱吞吐量	滚装车辆 数量	滚装车辆 重量	旅客吞吐量	其中:国际旅客
		千米	千米	个	个	米	米	个	个	米	米	万吨	万吨	万TEU	万辆	万吨	万人	万人
规模以上港口 1	武汉港	118.33	23.13	248	223	22173	20853	212	193	19429	18374	8454.96	839.55	106.21	38.14	381.44	—	—
2	黄石港	33.07	9.77	143	94	9773	6888	129	89	8616	6588	3643.42	301.41	2.89	—	—	—	—
3	荆州港	41.17	35.93	357	192	35931	21236	304	183	33898	21621	3061.49	42.53	10.06	—	—	—	—
4	宜昌港	118.22	47.23	438	248	47225	34830	421	290	48891	36136	7776.03	58.92	13.05	28.37	1702.3	246.30	—
规模以下港口 5	巴东港	75.00	4.39	35	27	4389	2580	27	27	3709	2580	80.71	—	—	—	—	46.07	—
6	嘉鱼港	47.20	1.14	12	12	1143	1143	11	11	1093	1093	467.24	—	—	—	—	—	—
7	鄂州港	20.32	7.00	118	28	7003	3457	40	28	4173	3457	2170.00	—	—	—	—	—	—
8	黄州港	45.60	3.92	29	29	3915	3915	38	38	5132	5132	1339.24	—	—	—	—	—	—
9	武穴港	14.40	4.31	50	26	4307	2491	44	26	3860	2491	1569.07	—	—	—	—	—	—
10	襄阳港	11.88	10.84	208	0	10839	0	207	8	11466	800	875.74	—	—	—	—	25.69	—
11	丹江口港	4.62	1.36	9	0	1360	0	4	0	330	0	63.00	—	—	—	—	9.21	—
12	钟祥港	15.70	2.86	34	0	2862	0	38	4	3252	390	93.28	—	—	—	—	—	—
13	沙洋港	5.15	1.64	21	0	1635	0	21	6	1830.5	613.5	135.10	—	—	—	—	—	—
14	潜江港	7.92	1.50	25	0	1495	0	0	0	0	0	94.50	—	—	—	—	—	—
15	天门港	58.69	1.32	20	0	1324	0	9	3	884	405	53.00	—	—	—	—	—	—
16	仙桃港	32.25	5.67	74	34	5666	3600	35	26	3129	2664	154.00	—	—	—	—	—	—
17	汉川港	7.66	1.26	31	3	1255	235	19	3	873	235	136.00	—	—	—	—	—	—
18	恩施港	40.00	0.21	2	2	209	0	3	0	400	0	0.00	—	—	—	—	34.00	—
19	团风港	40.60	0.20	2	2	200	200	4	4	468	468	20.15	—	—	—	—	—	—

续上表

序号	港口名称	港口岸线		2015年港口生产用泊位				其中:1978—2015年建成的生产用泊位				2015年港口货物和旅客吞吐量						
		港口规划岸线 千米	其中:2015年前已建成岸线 千米	生产用泊位数 个	其中:千吨级及以上 个	生产用泊位总长 米	其中:千吨级及以上 米	生产用泊位数 个	其中:千吨级及以上 个	生产用泊位总长 米	其中:千吨级及以上 米	货物吞吐量 万吨	其中:外贸货物吞吐量 万吨	集装箱吞吐量 万TEU	滚装车辆 数量 万辆	滚装车辆 重量 万吨	旅客吞吐量 万人	其中:国际旅客 万人
20	浠水港	32.50	2.29	24	24	2290	2290	14	14	1440	1440	1290.00	—	—	—	—	—	—
21	蕲春港	54.30	2.33	24	22	2332	2192	18	17	2018	1918	490.03	—	—	—	—	—	—
22	黄梅港	54.30	2.15	25	16	2145	1205	16	12	1545	1345	350.01	—	—	—	—	—	—
23	赤壁港	7.87	0.30	2	2	300	300	2	2	300	300	248.39	—	—	—	—	—	—
24	当阳港	—	0.00	0	0	0	0	—	—	—	—	—	—	—	—	—	—	—
25	鄂西港	—	0.04	1	0	40	0	1	0	40	0	52.00	—	—	—	—	—	—
26	鄂阳港	0.58	0.82	13	2	815	200	11	2	670	200	273.00	—	—	—	—	2.91	—
27	十堰港	—	0.11	3	0	110	0	3	0	110	0	27.65	—	—	—	—	10.00	—
28	竹山港	—	0.00	0	0	0	0	—	—	—	—	—	—	—	—	—	—	—
29	竹溪港	—	0.00	0	0	0	0	—	—	—	—	—	—	—	—	—	3.30	—
30	云梦港	—	3.35	69	0	3350	0	2	0	180	0	5.00	—	—	—	—	17.70	—
31	广水港	—	0.00	0	0	0	0	—	—	—	—	—	—	—	—	—	—	—
32	京山港	—	0.00	0	0	0	0	—	—	—	—	—	—	—	—	—	—	—
33	东宝港	—	0.14	4	0	140	0	1	0	50	0	0.00	—	—	—	—	—	—
34	安陆港	—	1.67	12	0	1670	0	0	0	0	0	12.00	—	—	—	—	—	—
35	应城港	—	1.18	16	0	1177	0	8	0	688	0	11.00	—	—	—	—	—	—
36	孝感港	—	0.00	0	0	0	0	—	—	—	—	0.00	—	—	—	—	—	—
37	通山港	—	0.00	0	0	0	0	—	—	—	—	0.00	—	—	—	—	—	—
38	崇阳港	—	0.00	0	0	0	0	—	—	—	—	0.00	—	—	—	—	—	—
合计		887.33	178.06	2049	984	177073	107615	1642	986	158474.5	108250.5	32946.01	1242.41	132.21	66.51	2083.74	395.18	—

规模以下港口

二、武汉港

（一）港口概况

1. 港口综述

武汉，一座依水而建、因水而兴的城市，其城市起源和发展一直与港口密切相关。武汉港位于长江黄金水道中游，江汉平原东部；长江和汉江汇合处的武汉市，京广铁路、京港澳高速公路、沪蓉高速公路等在此交汇，承东启西、连南接北，区位优势十分显著。改革开放以来，特别是进入 21 世纪，随着国家"中部崛起"战略的实施和腹地经济的快速发展，武汉港吞吐量快速增长有力支撑和促进了沿江产业的发展。

新中国成立后，与腹地国民经济和交通运输发展相适应，武汉港大致经历了四次大的发展时期。

新中国成立至改革开放前，武汉港码头基础设施逐步改善，具备了客货运、煤炭中转及临港工业等功能。在此期间，武汉港一直是长江干线仅次于南京港的第二大港口，是集客运、腹地货物运输、煤炭铁水中转和钢铁、石化、造船等临港工业开发为一体的综合性港口。新中国成立初期，百废待兴，武汉港以恢复改造为主。随着国民经济的逐渐好转，物资交流趋于频繁，旅客逐年增多，武汉市作为我国中部地区的大城市，充分发挥其交通枢纽作用，先后建设了一大批中小型客运码头和货运码头，旅客上下、货物装卸的条件大为改善。为保障河南、陕西等地的煤炭等重要能源物资外运的需要，武汉港先后在杨泗、舵落口和沌口建设了铁水联运码头，成为长江沿线"三口一枝"煤炭运输系统中重要的煤炭下水港。与此同时，武汉作为中部地区重要的工业城市，配合国家大型钢铁、石化和造船工业的布局，武汉港先后建设了武钢工业港区、武石化工业港区和青山造船厂、武昌造船厂配套码头等设施。

改革开放初期，水上客运功能突出，散杂货运输、能源中转和临港工业开发等规模迅速扩大。区域内客货交流明显加快，能源和交通运输成为发展国民经济的战略重点，武汉港也进入了一个新的快速发展时期。这一时期武汉市水上客运空前兴旺。为满足旅客运输量快速增长的需要，交通部门投资改造和新建一批规模较大的客运码头，建成了长江中游大的水上客运中心站及武汉港客运码头 20～23 号泊位。作为长江干线重要的煤炭中转港，武汉港对杨泗港区、沌口港区等煤炭码头进行了大规模的改扩建；为适应腹地经济发展对件杂货运输快速增长的需要，武汉港建设了杨泗港区 9～12 号件杂货泊位；随着武钢、武石化等临港工业规模的扩大，相关企业也相应对部分工业码头进行了改扩建。此外，随着煤、电、油以及工农业生产和生活必需品需求量的增加，不少工厂、企业都相继建设了配套的仓库和码头。1990 年，武汉港吞吐量已达 2330 万吨，以煤炭、铁矿石、石油及化工品和矿建材料等散货运输为主。

20 世纪 90 年代，外贸物质和集装箱运输量快速增长，客运逐渐萎缩，港口吞吐总量平稳发展。随着党中央提出"以浦东开发开放为龙头，进一步开放长江沿岸城市，带动长江三角洲及长江流域经济新飞跃"战略的实施，长江沿线地区对外开放步伐明显加快，外贸物资和集装箱运输成为这一时期武汉港的亮点，相关部门先后建设了青山外贸码头、白浒山外贸码头和杨泗港区集装箱码头。1992 年，国务院正式批准武汉港对外籍船舶开放，当年日本籍 5000 吨级外轮"日佳丸"号直抵青山外贸码头，开启了武汉港口岸开放的新篇章。武汉港集装箱吞吐量由 1990 年的 0.3 万 TEU 增长到 2003 年的 11.1 万 TEU。但从总体上看，受公路、铁路、管道等其他运输方式的快速发展及我国经济发展重心和重大产业主要布局在东部沿海地区的影响，这一时期武汉港处于平稳发展时期，吞吐量增长比较缓慢，由 1990 年的 2330 万吨增长到 2003 年的 3124 万吨，速度明显低于东部沿海和长江下游港口。与此同时，随着公路、铁路和航空运输的快速发展，武汉港的客运吞吐量在 1991 年达到历史高位 642.8 万人次后逐步萎缩，2004 年仅为 0.4 万人次。

新世纪以后，武汉港进入以杨泗、阳逻等规模化、专业化、现代化港区为建设重点的新的快速发展阶段，吞吐量快速增长。我国实施区域协调发展的总体战略逐步清晰，继东部地区率先发展，西部大开发和振兴东北等老工业基地区域发展战略后，2005 年国家提出了"中部崛起"的重大战略决策，2008 年国务院批准了"武汉城市圈"综合配套改革试验区，湖北省相应提出了"两圈一带"的发展重点，武汉港的建设和发展步伐明显加快，进入了一个新的快速发展时期。这一时期，武汉港以规模化、专业化、现代港区建设为重点，相继建设了杨泗港区集装箱码头二期工程，阳逻港区集装箱码头一、二期工程，沌口港区商品汽车滚装码头，阳逻港区武钢江北基地码头、亚东水泥码头、阳逻电厂码头、天发油气码头，金口港区重件码头，白浒山港区 80 万吨乙烯配套码头工程、花山作业区多用途码头一期工程等一大批重大码头项目，港口吞吐量也由 2003 年的 3124 万吨增长到 2012 年的 7632 万吨。与此同时，这一时期武汉的城市建设步伐明显加快，部分老港区已位于城市中心区，伴随着武汉"江滩"改造工程的实施，中心城区长江一、二桥之间和江汉二桥以下的老港区货运码头逐步外迁，纱帽、林四房、金口、花山等新港区开发也开始起步，港口发展呈现明显的"中心向周边转移、老港区城市化改造与新港区开发同步"的特点。

武汉港共分为汉南、军山、沌口、杨泗、武湖、阳逻、林四房、江夏、青菱、青山、白浒山、青锋、舵落口、蔡甸、永安堂共 15 个港区，其中长江货运港区 10 个，客运港区 1 个，汉江货运港区 4 个；此外随着旅游客运的发展，武汉港相应建设若干旅游客运港点。武汉港已形成"一港、两江、十五港区"的总体格局。截至 2015 年底，武汉港建成和在建的生产性泊位共有 248 个，其中千吨级泊位有 223 个。其中军山、青锋、舵落口、蔡甸、永安堂港区主要以砂石及临时性码头为主。

武汉港所在长江航道目前为一级航道,可通航3000～5000吨级内河船舶组成的船队或3000吨级海轮,其中城陵矶至武汉河段最小维护尺度为3.5米×100米×1000米(水深×航宽×弯曲半径,下同),可通航3000吨级船舶;武汉至湖口河段最小维护尺度为4.0米×100米×1050米,可通航5000吨级船舶。中洪水期城陵矶至武汉河段维护水深可达4.0～4.5米,武汉至湖口河段维护水深可达5.0～6.0米。汉江航道武汉段由汉川至汉江口,全长75千米,2011年实现全段三级航道,可常年通航1000吨级船舶,航道尺度为2.4米×90米×500米。根据2009年2月交通运输部会同国家发展改革委、财政部、水利部联合组织编制且经国务院同意的《长江干线航道总体规划纲要》,2020年长江干线航道的规划目标为:中洪水期长江干线武汉港段航道通航船舶等级和中远期航道条件进一步改善,航道通行能力进一步提升,推荐的代表船型为5000吨级海船,兼顾船型最大为10000吨级海船,武汉长江大桥以上的港区规划码头前沿线位于4～5米等深线附近,武汉长江大桥以下的港区规划码头前沿线位于5～6米等深线附近。

武汉港锚地主要通过调整现有锚地和开辟新锚地两种手段相结合设置,满足武汉港长远发展的需求。武汉港共规划锚地15处,其中长江锚地10处,汉江锚地5处。

2.港口水文气象

武汉港位于长江中游,江汉平原东部,属亚热带湿润季风气候区,四季分明、雨水充沛、日照充足、无霜期长,"梅雨""寒潮"等地区性气候明显,总体气候环境良好。武汉港年内气温温差大,夏季炎热,冬季阴冷,日间气温温差较小。年平均气温16.3摄氏度,历年极端最高气温41.3摄氏度,历年极端最低-18.1摄氏度。该地区降水量较丰富,年际间变化大,年内分布不均,降水量多集中在6—9月。多年平均降水量1271毫米,最大年降水量2107毫米,最小年降水量576毫米,年平均降水天数125天。该地区雾日较多,雾的出现多发生在清晨和夜间,一般以11月最多,上午10时以后消散。该地区冬季盛行北风和西北风,夏季以南风和东南风为主,春秋季以偏东风和东南风为主。冬夏两季风力较大,最大可达9级。地区湿度较大,年平均相对湿度为76%,7月(最热月)平均相对湿度为85%,1月(最冷月)平均相对湿度为63%。年平均雾日33天,年最多雾日57天,年最少雾日10天。该地区雷暴一般出现在春、夏两季,多年平均雷暴日为38天,一年中出现最多雷暴日数为53天。该地区降雪多为小雪,大雪较少,年平均降雪为7.5～8.1天,最大积雪厚度210～320毫米。武汉港范围内长江和汉江水域历年无冰冻史,常年通航。

根据相关水文统计资料分析,长江中游汛期出现在5—10月,4月为涨水过程,11月为退水过程,12月和次年1—3月为枯水期。月平均最高水位一般发生在7月,月平均最低水位一般出现在2月。长江水量丰沛,年径流量和输沙量较大,年际和年内分配不均匀。汛期(5—10月)水量占全年的73.5%,输沙量占全年的78.3%。该河段内,汉江为长江最大的支流,汉江口下游1.5千米处的汉口水文站资料系列较长,汉口以下较大的支流主要有澴水、倒水、举水等,但入汇流量仅占长江总流量的3%～5%,汉口站的径流与泥沙资料可以基本代表该河段的径流与泥沙情况。三峡工程蓄水后,汉口站年径流量有增有减,且幅度不大,蓄水后多年平均径流量6677亿立方米,较蓄水前多年平均流量减少6%。由于三峡水库的拦蓄作用,该河段来沙量大幅度减少,蓄水后汉口站多年平均输沙量1.29亿吨,为蓄水前的31%,2006年汉口站年输沙量0.58亿吨,仅为蓄水前的15%。汉江是长江最大的支流,径流与泥沙主要受上游丹江口水库的影响。丹江口水库建成前,仙桃上游来水主要集中在5—10月,约占全年的75%,年内来沙分配极不均匀,7—9月的来沙量占全年的64%;丹江口水库建成后,通过水库调度,汉江中下游枯季径流增加,汛期径流减少,5—10月径流量占全年的比重由建库前的75%下降到建库后的65%,同时,输沙过程、泥沙来源、含沙量及粒径组成等都有较大变化,沙峰削减程度很大,输沙量减小,输沙过程变得相对均匀。

3.发展成就

2004年4月,武汉阳逻集装箱转运中心工程(阳逻一期)建成并投产,标志着武汉港拥有了第一座万吨级靠泊能力的港口。此后数年,武汉各港区百花齐放,阳逻二期、三期,经开港多用途码头,金口重件码头,花山一期码头,武汉乙烯配套码头等一系列的重大工程项目相继建成使用,在金属矿石、能源、矿建材料、钢铁、集装箱等运输中发挥了重要作用,武汉港有了突飞猛进的发展。

2000年开始,武汉港建设步伐明显加快,发展态势良好,吞吐量保持快速增长,2007年全港完成货物吞吐量5278万吨、集装箱38.8万TEU,分别是2000年的2倍和12.9倍。2015年完成货物吞吐量8454.96万吨,集装箱106.21万TEU,商品汽车滚装38.14万辆。

港口服务能力和水平进一步提高。武汉港先后开通了直达日本、韩国及东南亚地区的不定期近洋航线,恢复开通了定期武汉至上海洋山港区的"江海直达"航线,有力促进了湖北省及长江中上游地区外向型经济的发展。

(二)汉南港区

1.港区综述

(1)港区建设概况和运营情况

汉南港区位于武汉长江段最上游,主要包括水洪口作业区、邓南作业区和纱帽作业区。其中水洪口作业区,规划顺岸布置3000吨级通用泊位13个和3000吨级食用油泊位1个,已建成和润物流公用码头工程,项目共建设4个通用泊位。1个食用油泊位,已经建成3个通用泊位;邓南作业区规划布置2个商品汽车滚装泊位,规划布置3000吨级通用泊位25个,已建成1座滚装码头;纱帽作业区规划布置16个3000吨级通用泊位,4个商品汽车滚装泊位,已建成汉南综合码头工程、长利玻璃码头工程等项目。截至2015年,汉南港区共有生产性泊位14个。2015年,完成货物吞吐量275.66万吨,其中滚装车辆0.68万辆。

(2)港区地理条件和集疏运概况

水洪口作业区,位于长江左岸新沟村至和润物流码头,自然岸线长1.5千米,以散货、件杂货和食用油运输为主,码头前沿水深较好,可常年停靠3000吨级货船装卸,后方陆域纵深500米,占地78万平方米。邓南作业区,位于长江左岸大沟上游300米至邓家口之间,自然岸线长2.8千米,以散货、件杂货和商品汽车滚装运输为主。纱帽作业区,位于长江左岸拟建纱帽综合码头至汉华船厂之间,港口岸线长4.7千米,以商品汽车滚装、散货和件杂货运输为主。汉南港区集疏运主要通过103省道、工业大道、汉南大道、武监高速公路纱帽联络线、外环高速公路。

2. 港区工程项目

(1)武汉新港纱帽港区公用综合码头工程(武汉经开港口码头工程)

项目于2012年8月开工,2014年4月试运行,2015年4月竣工。

项目建设依据:2012年6月,汉南区发展和改革委员会《湖北省企业投资项目备案证》(2012011354230044);2011年7月,武汉市港航管理局《关于武汉新港纱帽港区公用综合码头工程初步设计的批复》(武港航〔2011〕61号);2007年12月,武汉市环境保护局《关于汉南纱帽港区码头工程环境影响报告书的批复》(武环管〔2007〕60号);2012年7月,武汉市汉南区国土资源和规划局《建设工程规划许可证》〔武规(南)地〔2012〕041号〕;2011年8月,交通运输部《关于武汉新港纱帽港区公用综合码头工程使用港口岸线的批复》(交规划发〔2011〕459号)。

项目建设1个3000吨级件杂货码头泊位和2个3000吨级多功能码头泊位(码头水工建筑允许靠泊能力5000吨级),岸线总长330米。码头采用顺岸式布局,高桩式结构。码头前沿实际水深8.5米。项目后方堆场面积20万平方米,堆存能力5万吨。仓库面积1.13万平方米,堆存能力2万吨。主要装卸设备配置包括MQ40-25的门座式起重机2台、MQ25-25的门座式起重机1台、MQ10-33的门座式起重机2台。项目总投资41911.9万元,用地面积16.08万平方米。

项目建设单位为武汉经开港口有限公司(原湖北宇丰码头发展有限公司);设计单位为中交武汉港湾工程设计研究院有限公司;施工单位为福建省高华建设工程有限公司、广东宏大广航工程有限公司;监理单位为武汉中澳工程项目管理有限责任公司;质监单位为武汉市交通基本建设工程质量监督站。

(2)武汉港汉南港区汉南商品汽车滚装码头

项目于2013年3月开工,2014年5月试运行,2017年1月竣工。

武汉港港区分布如图9-7-1所示,武汉港基本情况见表9-7-2。

图 9-7-1　武汉港港区分布图

表 9-7-2

武汉港基本情况表

序号	港区名称	港口规划岸线 千米	其中:2015年前已建成岸线 千米	2015年港口生产用泊位 生产用泊位数 个	其中千吨级及以上 个	生产用泊位总长 米	其中千吨级及以上 米	其中:1978—2015年建成的生产用泊位 生产用泊位数 个	其中千吨级及以上 个	生产用泊位总长 米	其中千吨级及以上 米	2015年港口货物和旅客吞吐量 货物吞吐量 万吨	其中外贸货物吞吐量 万吨	集装箱吞吐量 万TEU	滚装车辆 数量 万辆	重量 万吨	旅客吞吐量 万人	其中国际旅客 万人
1	阳逻港区	3.60	4.10	44	44	4099	4099	43	43	4004	4004	3050.47	429.48	106.21	—	—	—	—
2	江夏港区	10.77	0.96	14	14	962	962	14	14	962	962	49.18	—	—	—	—	—	—
3	青菱港区	0.70	0.96	11	11	964	964	9	9	834	834	352.14	—	—	—	—	—	—
4	青山港区	8.34	4.66	56	51	4658	4453	41	39	3499	3379	3146.25	410.07	—	37.46	374.6	—	—
5	白浒山港区	9.96	0.99	8	8	988	988	8	8	988	988	125.33	—	—	—	—	—	—
6	汉南港区	9.00	1.61	14	12	1614	1464	14	12	1614	1464	275.66	—	—	0.68	6.84	—	—
7	沌口港区	3.90	1.12	14	14	1115	1115	12	12	995	995	450.79	—	—	—	—	—	—
8	军山港区	2.30	0.24	3	3	240	240	3	3	240	240	56.8	—	—	—	—	—	—
9	杨泗港区	2.50	2.63	24	24	2632	2632	13	13	1218	1218	315.75	—	—	—	—	246.3	—
10	武湖港区	2.30	0.10	15	14	996	946	13	13	890	890	44.59	—	—	—	—	—	—
11	水安堂港区	0.72	1.24	12	3	1240	850	12	3	1240	850	205.44	—	—	—	—	—	—
12	蔡甸港区	1.64	0.53	5	4	530	430	5	4	530	430	79.55	—	—	—	—	—	—
13	舵落口港区	5.32	1.57	22	18	1570	1325	13	11	1000	885	182.77	—	—	—	—	—	—
14	青锋港区	1.23	0.18	3	0	180	0	3	0	180	0	16.88	—	—	—	—	—	—
15	林四房港区	10.95	0.39	3	3	385	385	9	9	1235	1235	105.36	—	—	—	—	—	—

续上表

序号	港区名称	港口规划岸线	其中:2015年前已建成岸线	2015年港口生产用泊位				其中:1978—2015年建成的生产用泊位				货物吞吐量	其中:外贸货物吞吐量	集装箱吞吐量	滚装车辆		旅客吞吐量	其中:国际旅客
				生产用泊位数	其中:千吨级及以上	生产用泊位总长	其中:千吨级及以上	生产用泊位数	其中:千吨级及以上	生产用泊位总长	其中:千吨级及以上				数量	重量		
		千米	千米	个	个	米	米	个	个	米	米	万吨	万吨	万TEU	万辆	万吨	万人	万人
16	其他港区及港点	45	0.96	—	—	—	—	—	—	—	—	—	—	—	—	—	—	—
	合计	118.23	22.24	248	223	22173	20853	212	193	19429	18374	8456.96	839.55	106.21	33.14	381.44	246.3	—

项目建设依据:2013 年 10 月,武汉市汉南区发展和改革委员会《湖北省企业投资项目备案证》(2013011354230068);2014 年 7 月,武汉市港航管理局《关于武汉港汉南港区汉南商品汽车滚装码头工程初步设计的批复》(武港航〔2014〕84 号);2012 年 5 月,武汉市环境保护局《关于武汉新港纱帽港区湖北汉南港实业有限公司商品汽车滚装码头工程环境影响报告书的批复》(武环管〔2012〕50 号);2014 年 4 月,汉南区国土资源和规划局《国有土地使用权证》(汉国用 2014 第 11411 号);2015 年 1 月,交通运输部《关于武汉港汉南港区汉南商品汽车滚装码头工程使用港口岸线的批复》(交规划函〔2015〕55 号)。

项目建设 1 个 3000 吨级商品汽车滚装码头泊位,岸线总长 147 米。码头采用顺岸式布局,浮码头结构。码头前沿水深 6 米。项目后方堆场面积 16 万平方米,堆存能力 4000 台商品汽车。项目总投资 0.85 亿元,用地面积 15.95 万平方米。

项目建设单位为汉南港实业有限公司;设计单位为长江勘测规划设计研究有限责任公司;施工单位为中交二航局第一工程有限公司;监理单位为武汉四达工程建设咨询监理有限公司;质监单位为武汉市交通基本建设工程质量监督站。

项目从 2013 年 3 月开始建设,于 2014 年 5 月 28 日完工并开港投产,当年即开通重庆至武汉的商品汽车滚装物流航线。截至 2015 年,共完成商品汽车滚装船靠泊作业 130 船次,完成商品汽车装卸近 7.5 万台次,成为长安汽车在华中地区最大物流中转枢纽。

(3)武汉新港纱帽港区和润物流公用码头一期工程

项目于 2013 年 3 月开工,2014 年 5 月试运行,2016 年 11 月竣工。

项目建设依据:2012 年 5 月,武汉市发展和改革委员会《湖北省投资企业项目备案证》(2012011354320031);2012 年 12 月,武汉港航局《关于武汉新港纱帽港区和润物流公用码头工程初步设计的批复》;2012 年 7 月,湖北省环境保护厅《关于武汉新港纱帽港区和润物流公用码头工程环境影响报告书的批复》(鄂环审〔2012〕30 号);2012 年 7 月,武汉市汉南区人民政府"土地证"(汉国用(2012)第 36299 号);2013 年 1 月,武汉市汉南区人民政府"土地证"(汉国用(2013)第 37516 号);2013 年 9 月,交通运输部《关于武汉新港纱帽港区和润物流公用码头工程使用港口岸线的批复》(交规划发〔2013〕531 号)。

项目建设 3 个 3000 吨级通用码头泊位(码头水工建筑允许靠泊能力 5000 吨级),岸线总长 399.2 米。码头采用顺岸式布局,高桩式结构。码头前沿水深 4.5 米。项目后方堆场面积 20.12 万平方米,堆存能力 2.9 万吨。仓库面积 4.93 万平方米,筒仓容量 5.2 万吨、储罐容量 10 万立方米。主要装卸设备配置包括 3 台 16 吨—25 米门座式起重机。总投资 4.79 亿元,用地面积 20.12 万平方米。

项目建设单位为武汉和润物流有限公司;设计单位为南京瑞迪建设科技有限公司;施工单位为中交第二航务工程局有限公司;监理单位为武汉中澳工程项目管理有限责任公司;质监单位为武汉市交通基本建设工程质量监督站。

武汉新港纱帽港区和润物流公用码头(一标段)项目于 2014 年 5 月经武汉市港航管理局批准进行试生产。截至 2015 年,码头 3 个泊位共转运武汉中海粮油公司散装大豆82.98 万吨、包装豆粕 32.2 万吨、承接中转其他客户包装豆粕 3.2 万吨、散装玉米大麦等0.6 万吨,共计完成吞吐量 118.98 万吨,取得了较好经济效益和社会效益。

(三)沌口港区

1. 港区综述

(1)港区建设概况和运营情况

沌口港区位于长江左岸东荆河口至白沙洲大桥之间,自然岸线长约 3.9 千米,已基本开发完毕。根据城市发展要求,该港区功能调整为以商品汽车滚装、洁净类杂货和城市生活物资运输为主。截至 2015 年,有生产性泊位 14 个。港区建设有沌口商品汽车滚装码头、明达玻璃码头等码头。2015 年,完成货物吞吐量 450.79 万吨。

(2)港区地理条件和集疏运概况

该港区自然条件较好,但由于城市发展,该港区已位于武汉市主城区范围。根据城市发展要求,港区内砂石,煤炭码头已被拆迁。沌口港区集疏运主要通过沌口路、沌阳大道和沌口铁路专用线。

2. 港区工程项目

(1)武汉港沌口商品汽车滚装专用码头一期工程

项目于 2004 年 6 月开工,2007 年 11 月试运行,2009 年 2 月竣工。

项目建设依据:1994 年 5 月,交通部《关于武汉港沌口商品汽车滚装专用码头一期工程可行性研究报告的批复》(交计发〔1994〕421 号);1995 年 4 月,交通部《关于武汉港沌口商品汽车滚装专用码头一期工程初步设计的批复》(交基发〔1995〕286 号);2005 年 5月,武汉市环境保护局《关于武汉沌口商品汽车滚装专用码头一期工程环境影响报告表的审批意见》(武环审〔2005〕62 号);1996 年 4 月办理建设用地规划许可证;2004 年 3 月取得《国有土地许可证》(新规地字〔2007〕111 号)。

项目建设 1 个汽车滚装码头泊位,按中洪水停靠现有 259 车位的江海滚装船,常年靠泊 1000～1500 吨级甲驳船型设计,岸线总长 510 米。码头采用顺岸式布局,斜坡式结构。码头前沿水深 4.5 米。项目后方停车场 3.12 万平方米,停车库 1.08 万平方米。主要装卸设备配置包括 100 米钢质趸船和 32 米跳趸各一艘,100 米趸船上配置 1 台 10 吨—25米浮式起重机。项目总投资 1.00 亿元,其中政府投资 834 万元。用地面积 12.39 万平方米。

项目建设单位为武汉港务集团有限公司;设计单位为长江航运规划设计院、长江船舶设计院；施工单位为武汉港建筑安装工程公司、芜湖大江造船责任有限公司、南京港机厂；监理单位为武汉四达工程建设咨询监理有限公司、武汉长航科达工程监理有限公司、湖北九州建设项目咨询管理有限责任公司；质监单位为长江航务工程质量监督中心站、武汉市建筑工程质量监督站。

（2）武汉港沌口港区明达码头工程

项目于2007年12月开工，2008年4月竣工。

项目建设依据：2007年8月，武汉市发展和改革委员会《关于武汉明达码头工程可行性研究报告的批复》（武发改外经〔2007〕413号）；2007年8月，武汉市港航管理局《关于武汉明达码头初步设计的批复》（武港航〔2007〕65号）；2007年3月，武汉市环境保护局《关于武汉明达码头工程环评的批复》（武环审〔2007〕17号）；2008年7月，武汉市国土资源和房产管理局《武汉明达28MD地块土地证》（武开国用〔2008〕第36号）；2007年7月，交通运输部《关于武汉明达码头岸线的批复》（交规划发〔2008〕236号）。

项目建设1个3000吨级斜坡式散杂货码头泊位，岸线总长111米。码头采用顺岸式布局，斜坡式结构。码头前沿水深5米。项目后方堆场面积3.36万平方米，堆存能力23.5万吨。主要装卸设备配置包括10吨—30米浮式起重机2台。项目总投资2739.05万元，均为企业自筹。用地面积1.18万平方米。

项目建设单位为明达玻璃（武汉）有限公司；设计单位为长江航运规划设计院；施工单位为武汉港建筑安装工程公司；监理单位为武汉四达工程建设咨询监理有限公司；质监单位为武汉市交通基本建设工程质量监督站。

（四）杨泗港区

1. 港区综述

（1）港区建设概况和运营情况

杨泗港区位于长江左岸，武汉市汉阳区，武汉长江大桥上游，主要包括原武汉港鹦鹉港区和杨泗港区，港区以集装箱、煤炭、钢铁、木材等运输为主，岸线已基本开发利用；根据城市发展和环保要求，规划调整货运功能，结合后方武汉国际博览中心和武汉新港长江城的建设，以旅游客运和航运服务业为主。截至2015年，港区共有生产性泊位24个。2015年完成货物吞吐量315.75万吨。

（2）港区地理条件和集疏运概况

杨泗港区位于长江左岸，白沙洲长江大桥至武汉长江大桥之间。集疏运主要有拦江堤快速路、鹦鹉大道、滨江大道、一环线（鹦鹉洲长江大桥）、二环线（杨泗港过江通道）、三环线（白沙洲大桥）、国博大道。

2.港区工程项目

(1)武汉港客运站及客运码头工程

项目于1986年4月开工,1992年1月试运行,1992年12月竣工。

项目建设依据:1979年1月,交通部《关于武汉港客运站总体建设规划的批复》(交计字〔1979〕113号);1985年10月,交通部《关于武汉港客运站及客运码头初步设计的批复》(交基字〔1985〕2126号);1985年12月,交通部长江航务管理局《关于武汉港客运站及客运码头初步设计的批复》(长航基〔1985〕1047号);1984年7月,国家计委《关于将武汉港汉口货运作业区改建为客运港区问题的复函》(计交(1984)891号);1984年2月,武汉市政府《关于新建客运站岸线走向问题的批复》(武政办(1984)97号)。

项目建设4个3000吨级浮码头泊位,岸线总长446.23米。码头采用顺岸式布局,实体与浮式结构。码头前沿水深4米。主要装卸设备配置包括非标100吨慢动卷扬机8台,载重2吨的BJ－130汽车8台,长5米皮带机4台。项目总投资5533.86万元,其中政府投资1493万元。

项目建设单位为武汉港务管理局;设计单位为交通部第二航务工程勘察设计院、武汉市建筑设计院、武汉市防洪设计院、武汉市城市规划设计院;施工单位为交通部第二航务工程局、中国建筑总公司、一冶基础公司、武汉地质基础公司、省建一公司;质监单位为武汉市建筑工程质量监督站。

国家交通投资公司2次对工程概算进行了调整:①国家交通投资公司交投水(90)148号《关于武汉港客运站及客运码头工程调整概算的批复》;②国家交通投资公司交投水(92)065号《关于武汉港客运站及客运码头工程调整概算的批复》。

建设项目投产后的运营情况:武汉港客运站是国家"七五"期间开发利用长江航运的重点项目。客运大楼是长江首座现代化多功能大型客运公共设施,在当时为乘客提供了舒适宽敞的候船场所,年吞吐客运量达600万人次。随着铁路、公路、航空运输的发展,水路客运被分流,客运量出现大幅减少,武汉客运港码头及客运设施处于半停产状态。从90年代中期开始,客运站以开展多元化经营为主,除承担少量的旅游客运外,码头主要以停靠退役军舰供市民参观,客运大楼改装成武汉科学技术馆,东、西广场建成配套停车场。武汉港客运站及客运码头已成为武汉城市景观及大型江滩文化的重要组成部分。

(2)汉阳港集装箱港区改扩建工程(已搬迁至阳逻港区)

项目于2004年3月开工,2005年3月试运行,2005年3月竣工。

项目建设依据:2002年4月,交通部《关于武汉港汉阳集装箱港区改扩建工程可行性研究报告的批复》(交规划发〔2002〕161号);2003年5月,交通部《关于武汉港汉阳集装箱港区改扩建工程初步设计的批复》(交水发〔2003〕192号);2003年11月,湖北省交通厅《关于武汉港汉阳集装箱港区改扩建工程初步设计变更的批复》(鄂交基〔2003〕592

号);2001年11月,武汉市环境保护局批复《建设项目环境影响报告表》。

项目建设2个2000吨级集装箱专业化码头泊位,岸线总长211.4米。码头采用顺岸式布局,高桩式结构。码头前沿水深3.6米。项目后方堆场面积3.4万平方米,堆存能力9万TEU。仓库面积0.31万平方米,堆存能力1万TEU。主要装卸设备配置包括45吨—10.5米岸边集装箱起重机1台、45吨—40米台式起重机2台、45吨—10米轨道式门式起重机3台、DCE80—45E7空箱堆高机1台。项目总投资5586.63万元,均为政府投资。用地面积3.71万平方米。

项目建设单位为武汉港务集团有限公司(原武汉港务管理局)、武汉港汉阳集装箱有限公司;设计单位为交通部第二航务工程勘察设计院、长江船舶设计院、武汉港务规划设计事务所;施工单位为交通部第二航务工程局第二工程公司、武汉港建筑安装工程公司、长航武汉港机厂、无锡华东重型机械厂、武汉船用机械厂;监理单位为武汉四达工程建设咨询监理有限公司;质监单位为交通部长航质量监督中心站、湖北省交通基本建设工程质量监督站、武汉市交通基本建设工程质量监督站。

在汉阳集装箱港区改扩建工程中,集装箱起重设备上广泛应用了变频调速、PLC控制、远程故障检测等先进技术,大大改善了起重机性能,提高了运行可靠性,降低了故障率和运行成本,保证了设备运行平稳,确保安全高效作业;创新使用灰土石块换土回填地基处理方法,该方法的应用节省投资1306万元,还由于最大限度地利用了现场土石方材料,达到了资源循环利用,减少环境污染,缩短施工工期的效果,并且采用灰土与砂石地基处理相结合换填土地基的处理方法,为堆场道路石灰地基处理设计和施工提供了一种新的思路。

武汉港汉阳作业区7~8号码头改造工程是"八五"期国家大中型建设项目,集装箱改扩建工程是交通部"十五"期间水上重点建设项目。在汉阳集装箱港区改扩建完成后,汉阳港区集装箱运输逐步成为武汉及湖北地区外贸进出口货物的主要集散地,提升了武汉港自身的核心竞争力,奠定了武汉港成为长江中上游集装箱运输枢纽港的地位。

2010年前后,根据武汉市城市规划建设的要求,汉阳集装箱港区逐步搬迁至阳逻新港区。至2011年,汉阳集装箱码头搬迁完毕并正式关闭,其集装箱装卸业务全部由阳逻集装箱港区承担。

(3)汉阳集装箱港区改扩建二期工程

项目于2006年4月开工,2008年8月竣工。

项目建设依据:2006年4月,交通部《关于武汉港汉阳集装箱改扩建二期工程可行性研究报告的批复》(交函规划〔2006〕157号);2007年4月,国家发展改革委《关于武汉港汉阳集装箱港区改扩建二期工程项目核准的批复》(发改交运〔2007〕730号);2008年5月,交通部《关于武汉港汉阳集装箱港区改扩建二期工程初步设计的批复》(交水发

〔2008〕58 号);2006 年 1 月,国家环境保护总局《关于武汉港汉阳集装箱港区改扩建二期工程环境影响报告书的批复》(环审〔2006〕35 号);2006 年 6 月,国土资源部《关于汉阳集装箱港区改扩建二期工程用地的批复》(国土资预审字〔2006〕313 号)。

项目建设 2 个 3000 吨级集装箱专用码头泊位(码头水工建筑允许靠泊能力 5000 吨级),岸线总长 250 米。码头采用顺岸式布局,高桩式结构。码头前沿水深 3.9 米。项目后方重箱堆场面积 8.78 万平方米,堆存能力 30.4 万 TEU;空箱堆场面积 2.85 万平方米,堆存能力 5 万 TEU。主要装卸设备配置包括岸边式集装箱起重机 3 台,轨道式龙门起重机 10 台。项目总投资 33612 万元,用地面积 18.15 万平方米。

项目建设单位为武汉港务集团有限公司(原武汉港务管理局)、武汉港汉阳集装箱有限公司;设计单位为交通部第二航务工程勘察设计院、长江船舶设计院、武汉港务规划设计事务所;施工单位为交通部第二航务工程局第二工程公司、武汉港建筑安装工程公司、长航武汉港机厂、无锡华东重型机械厂、武汉船用机械厂;监理单位为武汉四达工程建设咨询监理有限公司;质监单位为交通部长航质量监督中心站、湖北省交通基本建设工程质量监督站、武汉市交通基本建设工程质量监督站。

武汉港汉阳作业区二期改扩建也是适应集装箱吞吐量不断增长要求,以缓解武汉港集装箱码头能力不足矛盾建设的武汉市重点工程。在汉阳集装箱港区改扩建完成后,汉阳港区集装箱运输逐步成为武汉及湖北地区外贸进出口货物的主要集散地,提升了武汉港自身的核心竞争力,奠定了武汉港成为长江中上游集装箱运输枢纽港的地位。

2010 年前后,根据武汉市城市规划建设的要求,汉阳集装箱港区逐步搬迁至阳逻新港区。至 2011 年,汉阳集装箱码头搬迁完毕并正式关闭,其集装箱装卸业务全部由阳逻集装箱港区承担。

(4)武汉国际博览中心客运码头工程

项目于 2014 年 6 月开工,2015 年 6 月试运行。

项目建设依据:2014 年 1 月,武汉市发展和改革委员会《湖北省企业投资项目备案证》(2014010553400001);2014 年 9 月,武汉市港航管理局《关于武汉国际博览中心客运码头工程初步设计的批复》(武港航〔2014〕117 号);2014 年 5 月,武汉市汉阳区环保局《关于武汉国际博览中心客运旅游码头工程建设项目环境影响报告表的审批意见》(阳环审〔2014〕B29);2015 年 5 月,湖北省交通运输厅港航管理局《关于武汉国际博览中心客运码头工程使用非深水岸线的批复》(鄂交港航计(2015)191 号)。

项目建设 2 个 300 客位游船码头泊位,岸线总长 189.05 米。码头采用顺岸式布局,浮码头结构。码头前沿水深 4 米。项目总投资 7000 万元,资金为企业自筹。

项目建设单位为武汉市轮渡公司;设计单位为长江航运规划设计院、中交武汉港湾工程设计研究院有限公司、武汉交发船舶设计有限公司;施工单位为中交武汉港湾工程设计研究院有限公司;监理单位为武汉长航科达工程监理有限公司;质监单位为武汉市交通基本建设工程质量监督站。

(五)武湖港区

1.港区综述

(1)港区建设概况和运营情况

武湖港区位于长江左岸窑头武湖水厂取水口一级保护区下界至阳逻水厂取水口一级保护区上界之间,自然岸线长2.3千米。港区以件杂货运输为主。自上游向下游形成通用泊位区和件杂货泊位区。港区建成武钢江北基地项目。截至2015年,港区共有生产性泊位15个。2015年完成货物吞吐量44.59万吨。

(2)港区地理条件和集疏运概况

港区水深在5米左右,后方陆域至沿江快速通道,纵深390~480米,占地114万平方米,提供了较好的陆域配套。港区集疏运主要通过沿江快速通道、平江路、柴泊大道、绕城高速公路,部分石油及化工品通过管道运输。

2.港区工程项目

武钢港务公司阳逻港区码头工程:

项目于2008年1月开工,2009年5月试运行,2012年10月竣工。

项目建设依据:2007年11月,武汉市发展改革委《湖北省企业投资项目备案证》(2007011754230051);2007年12月,武汉市港航管理局《关于武钢港务公司阳逻港区码头工程初步设计的批复》(武港航〔2007〕106号);2007年11月,湖北省环境保护局《关于武钢港务公司阳逻码头工程环境影响报告书的批复》(鄂环函〔2007〕590号);2008年4月,交通运输部《关于武汉港阳逻港区武钢港务公司码头工程使用港口深水岸线的批复》(交规划发〔2008〕45号)。

项目建设4个5000吨级件杂货码头泊位,岸线总长508米。码头采用顺岸式布局,高桩式结构。码头前沿水深2.8米。项目后方堆场面积8.54万平方米,堆存能力250万吨。仓库面积5.15万平方米,堆存能力170万吨。主要装卸设备配置包括机械设备的8台20吨门座式起重机。项目总投资5.3亿元,企业自筹资金。用地面积13.7万平方米。

项目建设单位为武汉钢铁(集团)公司;设计单位为中交第二航务工程勘察设计院有限公司;施工单位为中交二航局;监理单位为长航监理有限公司;质监单位为武汉市交通基本建设工程质量监督站。

项目于2009年5月经主管部门批准开始运行,基本保障了武钢深加工基地的生产需求,适应了阳逻经济开发区的发展。

（六）阳逻港区

1. 港区综述

（1）港区建设概况和运营情况

阳逻港区定位为以集装箱和散货运输为主的综合性港区，主要为武汉城市区及湖北省外向型经济发展、长江中上游地区集装箱中转和临港工业开发服务。港区位于长江左岸水口河口至阳逻长江大桥之间，自上游往下游形成散货泊位区和集装箱泊位区。其中散货泊位区主要分布在已建成的亚东水泥码头、娲石码头等码头；集装箱泊位区规划布置5000吨级集装箱泊位24个，已建成阳逻一期、二期、三期，共10个集装箱专用泊位。

截至2015年，阳逻港区共有生产性泊位44个，其中千吨级泊位44个。2015年，港区完成吞吐量3050.47万吨，其中外贸吞吐量429.48万吨，完成集装箱106.21万TEU。

（2）港区地理条件和集疏运概况

阳逻港区水深条件较好，岸线顺直，全年可以停靠5000吨级货船，是优质的天然良港。

阳逻港区集疏运主要通过平江路、平武路、柴泊大道、沿江快速通道、汉施公路、绕城高速公路，部分煤炭、水泥等散货通过皮带机。

集装箱泊位区前方500米范围内规划为码头直接生产作业区，后方规划为港口物流园区。此外，在散货泊位区后方相应规划集装箱港口物流园区，形成港城一体、共同发展的格局。

2. 港区工程项目

（1）武汉阳逻集装箱转运中心工程

项目于2001年3月开工，2004年2月试运行，2007年4月竣工。

项目建设依据：1998年12月，武汉市计委《关于武汉阳逻集装箱转运中心第一阶段工程初步设计（代可行性研究）的批复》（武计管〔1998〕188号）；1998年6月，湖北省环境保护局《关于武汉阳逻集装箱转运中心第一阶段工程环境影响报告书审批意见》（鄂环函〔1998〕127号）；2002年4月，武汉市航务管理局《关于武汉国际集装箱转运有限公司申请使用港口岸线的批复》（武航〔2002〕56号）。

项目建设2个5000吨级集装箱码头泊位（码头水工建筑允许靠泊能力1万吨级），岸线总长255.6米。码头采用顺岸式布局，高桩式结构。码头前沿水深6米。项目后方堆场面积20.23万平方米，堆存能力60.0万TEU。主要装卸设备配置包括2台岸边集装箱起重机、1台门座式起重机、9台轮胎式门式起重机、2台集装箱正面吊运机、3台集装箱空箱堆高机及叉车、集卡车数量若干。项目总投资26466万元，企业自筹资金。用地面积

20.23 万平方米。

项目建设单位为武汉国际集装箱有限公司;设计单位为中交第二航务工程勘察设计院;施工单位为第三航务工程局、第二航务工程局;监理单位为武汉四达工程建设咨询监理有限公司;质监单位为交通部长江航务工程质量监督中心站。

(2)湖北亚东水泥有限公司码头项目

项目于 2006 年 2 月开工,2006 年 9 月试运行,2006 年 12 月竣工。

项目建设依据:2003 年 11 月,武汉市计委《关于湖北亚东水泥有限公司码头工程可行性研究报告的批复》(武计基础(2003)537 号);2009 年 11 月,武汉市港航管理局《关于湖北亚东水泥有限公司码头工程初步设计的批复》(武港航〔2009〕88 号);2003 年 11 月,国家环保总局《关于湖北亚东水泥有限公司 4200 吨/日水泥熟料生产线环境影响报告书的环评的批复》(环审〔2003〕328 号);2003 年 11 月,武汉市港航管理局《关于湖北亚东水泥有限公司岸线的批复》(武港航〔2003〕140 号)。

项目建设 3 个 5000 吨级散货进口码头泊位,岸线总长 500 米。码头采用顺岸式布局,高桩式结构。码头前沿水深 15 米。项目后方堆场面积 1.3 万平方米,堆存能力 30 万吨。主要装卸设备配置包括桥式卸船机 3 台和门座式卸船机 2 台。项目总投资 3466 万元,用地面积 1.3 万平方米。

项目建设单位为湖北亚东水泥有限公司;设计单位为长江航运规划设计院;施工单位为中交第二航务工程局有限公司;监理单位为长航监理有限公司;质监单位为武汉市交通基本建设工程质量监督站。

(3)武汉港阳逻集装箱港区二期工程

项目于 2008 年 11 月开工,2011 年 9 月试运行,2016 年 2 月竣工。

项目建设依据:2006 年 4 月,交通部《关于武汉港汉阳集装箱改扩建二期工程可行性研究报告的批复》(交函规划〔2006〕157 号);2007 年 4 月,国家发展改革委《关于武汉港汉阳集装箱港区改扩建二期工程项目核准的批复》(发改交运〔2007〕730 号);2008 年 5 月,交通部《关于武汉港汉阳集装箱港区改扩建二期工程初步设计的批复》(交水发〔2008〕58 号);2006 年 1 月,国家环境保护总局《关于武汉港汉阳集装箱港区改扩建二期工程环境影响报告书的批复》(环审〔2006〕35 号);2007 年 6 月,武汉市新洲区规划管理局《建设用地规划许可证》(新规地字〔2007〕111 号)。

项目建设 4 个 5000 吨级集装箱码头泊位(码头水工建筑允许靠泊能力 1 万吨级),岸线总长 525 米。码头采用顺岸式布局,高桩式结构。码头前沿水深 8 米。项目后方堆场面积 52.67 万平方米,堆存能力 75 万 TEU。主要装卸设备配置包括 35 吨-35 米的岸边集装箱起重机 2 台、45 吨-26 米的岸边集装箱起重机 2 台、40 吨的轨道式集装箱门式起重机 8 台。项目总投资 10.66 亿元,其中政府投资 2000 万元。用地面积 52.67 万平方米。

项目建设单位为武汉新港集装箱有限公司;设计单位为中交第二航务工程勘察设计院;施工单位为上海港务工程公司、第二航务工程局;监理单位为武汉四达工程建设咨询监理有限公司;质监单位为武汉市交通基本建设工程质量监督站。

项目科技创新及成果获奖情况:武汉港阳逻集装箱港区二期工程在建设过程中采用新技术及新工艺取得显著效果。在陆域地基处理过程中采用高真空击密法专利施工技术,缩短工期,降低工程投资费用。

建设项目投产后的运营情况:武汉港阳逻集装箱港区二期工程是"十一五"期间湖北省重点工程,是武汉新港启动工程,工程建成投产奠定阳逻港核心港地位,为阳逻新港形成以集装箱转运为主体、具有多式联运功能与强大集散能力的现代物流中心,实现湖北千万 TEU、亿吨大港的战略目标奠定一定基础。正式投产以来,箱量逐年稳步上升,2017 年完成集装箱量 76 万 TEU,比 2013 年完成的集装箱量 51.3 万 TEU 增长 48.2%。

(4)武汉新港阳逻港区三作业区一期工程起步阶段工程

项目于 2013 年 3 月开工,2015 年 12 月试运行,2016 年 12 月竣工。

项目建设依据:2011 年 3 月,交通运输部《关于武汉新港阳逻港区三作业区一期工程预可行性研究报告的批复》(交规水函字〔2011〕55 号);2012 年 11 月,交通运输部《关于武汉新港阳逻港区三作业区一期工程起步阶段工程初步设计的批复》(交水发〔2012〕600 号);2012 年 5 月,国家环保部《关于武汉新港阳逻港区三作业区一期工程起步阶段工程环境影响评价报告书的批复》(环审〔2012〕138 号);2012 年 4 月,国土资源部《关于武汉新港阳逻港区三作业区一期工程建设用地预审的批复》(国土资预审字〔2012〕88 号)。

项目建设 4 个 5000 吨级集装箱专用泊位(码头水工建筑允许靠泊能力 1 万吨级),岸线总长 563 米。码头采用顺岸式布局,高桩式结构。码头前沿水深 8 米。项目后方堆场面积 36.9 万平方米,堆存能力 74.0 万 TEU。主要装卸设备配置包括 40 吨—26 米的岸边集装箱起重机 6 台、40 吨的轨道式集装箱门式起重机 16 台。项目总投资 21.97 亿元,其中政府投资 6.6 亿元。用地面积 36.9 万平方米。

项目建设单位为武汉新港建设投资集团有限公司;设计单位为中交第二航务工程勘察设计院有限公司;施工单位为中交第二航务工程局有限公司、中建港务工程有限公司;监理单位为北京水规院京华工程管理有限公司;质监单位为湖北省交通运输厅工程质量监督局。

项目科技创新及成果获奖情况:联合武汉理工大学材料科学与工程学院,该项目土建施工单位中交第二航务工程局有限公司、中建港务工程有限公司,监理单位北京水规院京华工程管理有限公司,长江航道规划设计院对码头薄壁大直径钢管桩基自密实补偿收缩混凝土的设计及质量检测关键技术研究,解决了低强度等级钢管桩混凝土的收缩等问题,为水工码头桩基节约了大量成本,提高了可靠性。

(5)武汉新港阳逻港区阳逻通用码头工程

项目于2014年9月开工,2015年12月试运行,2016年3月竣工。

项目建设依据:2012年12月,新洲区发改委《关于武汉中基通用港口发展有限公司武汉新港阳逻港区阳逻通用码头项目核准的批复》(新发改〔2012〕227号);2013年8月,武汉市港航管理局《关于武汉新港阳逻港区阳逻通用码头工程初步设计的批复》(武港航〔2013〕74号);2012年9月,湖北省环境保护厅《关于武汉阳逻通用码头工程环境影响报告书的批复》(鄂环审〔2012〕155号);2014年4月,交通运输部《关于武汉港阳逻港区阳逻通用码头工程使用港口岸线的批复》(交函规划〔2014〕254号)。

项目建设1个5000吨级通用码头泊位,使用岸线160米。码头采用顺岸式布局,高桩式结构。码头前沿水深4.5米。项目后方堆场面积5.6万平方米,堆存能力83万吨。主要装卸设备配置包括起重量35吨—16米的多用途门座式起重机1台。项目总投资2.35亿元,资金由企业自筹。用地面积4.01万平方米。

项目建设单位为武汉中基通用港口发展有限公司;设计单位为中交武汉港湾工程设计研究院有限公司;施工单位为中交第二航务工程局有限公司、武汉康庄道建筑有限公司;监理单位为武汉四达工程建设咨询监理有限公司、北京中协成建设监理有限责任公司;质监单位为武汉市交通基本建设工程质量监督站。

(七)林四房港区

1. 港区综述

(1)港区建设概况和运营情况

林四房港区是以煤炭中转运输为主的综合性港区,也是武汉港的核心港区和未来发展的重点港区之一,港区水深条件好,常年可通航5000吨级内河货船,后方陆域条件较好。港区主要包括龙口作业区和四房湾作业区。龙口作业区已建成国家粮食现代物流基地码头项目。四房湾作业区主要以石化泊位区和杂货泊位区为主。其中杂货泊位区建设中交二航局阳逻基地项目,已建成1个泊位;石化泊位区规划布置5000吨级石化泊位9个,已建成四房湾作业区液体化工储运码头工程等。另外规划预留发展区岸线长2870米,视经济发展需要逐步开发利用。

截至2015年,林四房港区建成和在建的生产性泊位9个。2015年,港区完成货物吞吐量105.36万吨。

(2)港区地理条件和集疏运概况

龙口作业区位于阳逻长江大桥下游500米至武汉航道综合码头下游200米之间,自然岸线长3.5千米(不含三条过江管线占用800米岸线),以煤炭、粮食和成品油运输为主;四房湾作业区位于魏家坦至挖沟河口上游350米之间,自然岸线长7.5千米,以石油及化工品和件杂货运输为主,兼顾为后方船舶工业、钢结构制造等装备制造业发展服务。装备制造业及码头区由魏家坦至汪林,自然岸线长约 2.8 千米,已被武船双柳基地占用。四房湾作业区码头前沿线布置在 5 米等深线附近,后方陆域至阳枫公路,纵深 210～1500米,占地 600 万平方米。

林四房港区集疏运道路主要通过阳枫公路、天发路、汉施公路、绕城高速公路和新港江北铁路,部分油品通过管道集疏运。

2. 港区工程项目

(1)武汉新港阳逻港区国家粮食现代物流基地码头工程

项目于 2009 年 3 月开工,2019 年 9 月试运行。

项目建设依据:2009 年 12 月,武汉市发展和改革委员会《关于武汉新港阳逻港区国家粮食现代物流基地码头工程可行性研究报告的批复》(武发改能交〔2009〕672 号);2010 年 2 月,武汉市发展和改革委员会《关于武汉新港阳逻港区国家粮食现代物流基地码头工程初步设计的批复》(武发改设审〔2010〕41 号);2007 年 1 月,湖北省环保局《关于国家粮食现代物流(武汉)基地暨国家稻米交易中心环境影响报告书的批复》(鄂环函〔2007〕4 号);2010 年 3 月,交通运输部《关于武汉新港国家粮食现代物流(武汉)基地码头工程使用港口岸线的批复》(交规划发〔2010〕109 号)。

项目建设 2 个 5000 吨级件杂码头泊位,使用岸线总长 275 米。码头采用顺岸式布局,高桩梁板式结构。码头前沿水深 5 米。项目后方计划堆场面积 11.39 万平方米,堆存能力约 40 万吨。仓库面积 3 万平方米,堆存能力 14.1 万吨。主要装卸设备配置包括 2 台 25吨—30 米门座式起重机(抓斗、吊钩两用型)、1 台 800 吨/小时桥抓、1 台 1000 吨/小时装船机及皮带运输机等。项目总投资 21376 万元,资金为企业自筹。

项目建设单位为武汉经发粮食物流产业投资有限公司;设计单位为中交第二航务工程勘察设计研究院有限公司;施工单位为中交第二航务工程局有限公司;监理单位为武汉中澳工程项目管理有限责任公司;质监单位为武汉市交通基本建设工程质量监督站。

(2)武汉石油商业储罐配套码头工程

项目于 2009 年 8 月开工,2010 年 1 月试运行,2010 年 7 月竣工。

项目建设依据:2009 年 5 月,湖北省交通运输厅《关于武汉新港阳逻港区中石油武汉油库配套码头工程可行性研究报告的批复》(鄂交函〔2009〕282 号);2009 年 6 月,武汉市港航管理局《关于武汉新港阳逻港区中石油武汉油库配套码头工程初步设计的批复》(武港航〔2009〕58 号);2009 年 1 月,湖北省环保厅《关于武汉新港阳逻港区中石油武汉油库环境影响报告书的批复》(鄂环函〔2009〕174 号);2009 年 6—9 月,新洲区阳逻开发区新龙规划土地管理分局《建设用地规划许可证》(96-065,96-078,99-004);2010 年 6 月,交通运输部《关于武汉新港中石油武汉油库配套码头工程使用港口岸线的批复》(交规划发〔2010〕257号)。

项目改建1个3000吨级液体码头泊位,新建2个3000吨级液体码头泊位,使用岸线总长385米。码头采用顺岸布置,浮码头结构。码头前沿水深4.5米。项目后方储罐区占地14.9万平方米,总库容29.5万立方米,内浮顶储罐23具(其中30000立方米储罐6具,20000立方米储罐2具,5000立方米储罐15具)。项目投资33895.9万元,为企业自筹资金。

设计单位为长江航运规划设计院;施工单位为长江航运规划设计院;监理单位为武汉四达工程建设咨询监理有限公司;质监单位为武汉市交通基本建设工程质量监督站。

作为国家重点建设项目兰郑长成品油管道的重要配套工程,接收管道输送油品,通过公路、水路中转外运,充分发挥了大规模成品油库的枢纽作用。同时作为兰郑长成品油管道与长江的唯一节点,利用长江水道将成品油疏散至重庆、湖北、湖南、安徽、江西等地,保障了兰郑长成品油管道的正常运行、华中市场成品油的稳定供应。

(3)武汉港林四房港区中交二航局阳逻生产基地码头工程2号泊位

项目于2014年10月开工,2017年1月试运行,2019年1月竣工。

项目建设依据:2014年1月,武汉市发展改革委《湖北省企业投资项目备案证》(2014011754320003);2014年5月,武汉市港航管理局《关于武汉港林四房港区中交二航局阳逻生产基地码头工程初步设计的批复》(武港航〔2014〕66号);2017年11月,湖北省环保厅《关于武汉港林四房港区中交二航局阳逻生产基地码头工程环评的批复》(环审〔2017〕345号);2012年11月,新洲区国土资源和规划局颁发的《建设用地规划许可证》〔武规(新)地2012-092号〕;2015年11月,交通运输部《关于武汉港林四房港区中交二航局阳逻生产基地码头工程使用港口岸线的批复》(交规划函〔2015〕856号)。

项目建设3个5000吨级件杂码头泊位和1个5000吨级重件码头泊位,岸线总长575米。码头采用顺岸式布局,高桩式结构。码头前沿水深4米。项目后方堆场面积3万平方米,堆存能力20万吨。仓库面积10万平方米,堆存能力15万吨。主要装卸设备配置包括门式起重机4台。项目总投资53891.54万元,资金来源为企业自筹。项目已建成2号泊位工程,并投产运营。

项目建设单位为中交第二航务工程局有限公司;设计单位为中交武汉港湾工程设计研究院有限公司;施工单位为中交二航局第一工程有限公司;监理单位为中交武汉港湾工程设计研究院有限公司;质监单位为武汉市交通基本建设工程质量监督站。

建设项目投产后的运营情况:建成的2号泊位用于运输重件及普通件杂货,其中重件为码头后方基地生产的桥梁钢构件,以及施工需用的大型、辅助工艺设备等;普通件杂货主要为钢材、混凝土预制构件(单件重 40 吨以下),以及用于公共运输的大理石、花岗岩等石材,机械设备、农产品等。运营期间 2 号泊位工程运行稳定,环境保护设施运行正常。年吞吐量为 79 万吨。

(八)江夏港区

1. 港区综述

(1)港区建设概况和运营情况

江夏港区主要包括金江作业区、金水作业区和金口作业区。其中金江作业区规划顺岸布置 3000 吨级泊位 45 个,暂未开发利用。金水作业区规划自上而下通用泊位区和杂货泊位区。通用泊位区规划 3000 吨级通用泊位 13 个;杂货泊位区规划 3000 吨级件杂货泊位 11 个,暂未开发利用。金口作业区规划自上而下形成杂货泊位区和商品汽车滚装泊位区。杂货泊位区规划布置 3000 吨级杂货泊位 18 个;商品汽车滚装泊位区规划 3000 吨级商品汽车滚装泊位 5 个,码头长度 665 米,建成上海通用汽车配套码头,金口重件一期工程、二期工程等项目。

截至 2015 年,江夏港区共有生产性泊位 14 个。2015 年,港区全年完成货物吞吐量 49.18 万吨。

(2)港区地理条件和集疏运概况

江夏港区水域条件较好,集疏运主要通过省道 101、省道 102、凤杨线、通用大道、国道 107、青郑高速公路、绕城高速公路、武嘉高速公路及金桥铁路专用线等。

2. 港区工程项目

(1)武汉港金口港区重件多用途码头工程

项目于 2009 年 1 月开工,2014 年 4 月试运行,2015 年 7 月竣工。

项目建设依据:2008 年 7 月,武汉市发展改革委《湖北省企业投资项目备案证》(2008011554320033);2009 年 3 月,武汉市港航管理局《关于武港集团金口重件多用途码头工程初步设计的批复》(武港航〔2009〕23 号);2008 年 9 月,湖北省环境保护局《关于武汉港金口港区重件多用途码头工程环境影响报告书的批复》(鄂环函〔2008〕636 号);2008 年 12 月,湖北省国土资源厅《关于武汉港金口港区重件多用途码头项目建设用地的批复》(鄂土资批〔2008〕806 号);2009 年 8 月,交通运输部《关于武汉新港金口港区重件多用途码头工程使用长江港口岸线的批复》(交规划发〔2009〕427 号)。

项目建设 1 个 3000 吨级重件码头泊位和 1 个 3000 吨级多用途码头泊位(码头水工建筑允许靠泊能力 5000 吨级),岸线总长 230 米。码头采用顺岸式布局,高桩式结构。码头前沿水深 5.8 米。项目后方堆场面积 20698.6 万平方米,堆存能力 70 万吨。主要装卸设备配置包括 500 吨固定式桅杆起重机 1 台、16 吨及 40 吨门座式起重机各 1 台,QD 型

20 吨—22.5 米电动双梁桥式起重机 2 台及 QD 型 10 吨—22.5 米电动双梁桥式起重机 1 台、35 吨—40 米轨道式集装箱门式起重机及 40 吨—40 米轨道式门式起重机各 1 台。项目总投资 3.81 亿元,资金为企业自筹。

项目建设单位为武汉港金口港埠有限公司;设计单位为中交第二航务工程勘察设计院有限公司;施工单位为上海港务工程公司、武汉港工建筑工程有限公司;监理单位为上海远东水运工程建设监理咨询公司;质监单位为武汉市交通基本建设工程质量监督站。

建设项目投产后的运营情况:武汉港金口港区重件多用途码头工程的重件泊位是武汉中游枢纽港超大型重件码头,为武汉地区首个公用性的特大型重件码头。

(2)安吉物流滚装码头一期工程项目

项目于 2014 年 3 月开工,2015 年 7 月试运行,2017 年 2 月竣工。

项目建设依据:2013 年 5 月,江夏区发改委《湖北省企业投资项目备案证》(2013011557100062);2014 年 3 月,武汉市港航管理局《关于武汉港金口港区安吉物流滚装码头一期工程初步设计的批复》(武港航〔2014〕26 号);2013 年 12 月,湖北省环保厅《关于武汉港金口港区安吉物流滚装码头一期工程环评报告书的批复》(鄂环审〔2013〕720 号);2014 年 8 月,江夏区国土资源和规划局《关于武汉港金口港区安吉物流滚装码头一期工程土地的批复》(夏国用〔2014〕第 088 号);2014 年 9 月,交通运输部《关于武汉港金口港区安吉物流滚装码头一期工程使用岸线的批复》(交规划函〔2014〕783 号)。

项目建设 1 个 3000 吨级汽车滚装专用码头泊位,岸线总长 143 米。码头采用顺岸式布局,浮码头结构。码头前沿水深 5 米。项目后方停车场面积 13.5 万平方米,堆存能力 0.8 万辆。主要装卸设备配置包括 90 米×18 米的(顺水流向长×宽)钢质趸船一艘。项目总投资 2.7 亿元,为企业自有资金。用地面积 23.3 万平方米。

项目建设单位为安吉汽车物流(湖北)有限公司;设计单位为长江规划勘测设计研究院;施工单位为中国铁建港航局集团有限公司、鄂州光大造船股份有限公司、咸宁三合机电制业有限公司;监理单位为上海市建设工程监理有限公司;质监单位为武汉市交通基本建设工程质量监督站。

港口 2014 年开工建设,2015 年初投入运营,作为武汉市江夏区的首个汽车滚装码头,对当地汽车运输业产生了深远的影响,2015 年吞吐量达到近 6 万辆,为上汽通用武汉工厂的车辆运输提供了坚实的保障。

(九)青菱港区

1. 港区综述

(1)港区建设概况和运营情况

青菱港区为老港区,主要包括市粮库六码头、白沙洲港埠公司码头、沙鸥植物油码头、中昌植物油有限公司配套码头、港运公司四站码头和其他临时性简易码头,此外还有省船舶厂造船码头、武昌造船厂。港区主要以洁净类件杂货和城市生活物资运输为主,同时为后方的船舶工业服务。

截至 2015 年,青菱港区共有生产性泊位 11 个。2015 年,港区全年完成货物吞吐量 352.14 万吨。

(2)港区地理条件和集疏运概况

港区位于白沙洲长江大桥至武汉长江大桥之间,基本处于主城区范围。青菱港区集疏运主要通过后方城市道路。

2. 港区工程项目

湖北省中昌植物油有限公司配套码头:

项目于 1993 年 3 月开工,1994 年 6 月竣工。

项目建设依据:1991 年 4 月,商业部基建储运管理司《建设项目立项通知》(批号:司发〔91〕基(储)粮字第 33 号);1991 年 5 月,湖北省计委《关于同意兴建省油脂公司直属油脂库的批复》(鄂计财字〔91〕第 409 号);1991 年 11 月,武汉市规划局《关于将武昌倒口湖开发区仓储用地划拨给省油脂公司使用的通知》武规土地字〔1991〕121 号)。

项目建设 1 个 1000 吨级(兼靠船型 3000~5000 吨级海轮)进出口油品、油料泊位,岸线总长 89 米。码头采用顺岸式布局,斜坡式浮码头结构。码头前沿水深 3.5 米。项目后方堆场面积 3 万平方米,堆存能力 6 万吨。主要装卸设备配置包括 55 米架空斜坡栈桥、软管等。项目总投资 130 万元,企业自筹。

项目建设单位为冶金工业部第一冶金建设公司;设计单位为交通部第二航务工程局勘察设计院;施工单位为交通部第二航务工程局;质监单位为武昌区质监站。

(十)青山港区

1. 港区综述

(1)港区建设概况和运营情况

青山港区位于长江右岸二七长江大桥与阳逻长江大桥之间,主要包括余家头、红钢城、武石化、武钢、青山外贸作业区和长航青山船厂、江夏青山船厂、华新水泥码头等港点,岸线已基本开发利用,部分作业区需根据城市发展需要调整功能。余家头、红钢城作业区位于二七长江大桥与天兴洲长江大桥之间,后方紧临居民区,根据城市发展和环保要求,规划调整散货运输功能,以件杂货、粮食运输和船舶工业为主;青山、武石化、武钢、青山外贸作业区和长航青山船厂规划陆域维持现有范围,可通过改建、扩建和调整内部布局来满足未来发展需要,其中青山作业区江夏青山船厂至武石化码头之间、王家屋作业区规划调整现有临时砂石码头功能,建设规模化、现代化的通用码头。

截至2015年底,青山港区共有生产性泊位56个。2015年,港区全年完成货物吞吐量3146.25万吨,其中外贸吞吐量410.07万吨。

(2)港区地理条件和集疏运概况

青山港区位于长江右岸二七长江大桥与阳逻长江大桥之间。青山港区公路集疏运主要通过临江路、绕城高速公路、三环线、四环线、建设八路、工人村路,铁矿石、煤炭等散货集疏运主要通过皮带机,油品集疏运主要通过管道。

2.港区工程项目

(1)长江重件码头工程

项目于1980年4月开工,1980年12月试运行及竣工。

项目建设依据:1979年11月,冶金工业部《关于建设武汉八大家码头设计任务书的批复》(冶基字〔1979〕3282号);1980年1月4日交通部基本建设局《关于武汉八大家码头工程建设问题的函》(基设字〔80〕2号)。

项目建设1个1000吨级重件泊位(码头水工建筑允许靠泊能力1500吨级),岸线总长120米。码头采用顺岸式布局,高桩式结构。码头前沿水深4米。项目后方堆场面积1.05万平方米,堆存能力4.5万吨。主要装卸设备配置包括60吨的塔式起重机1台。项目总投资1300万元,均为政府资金。

项目建设单位为冶金工业部第一冶金建设公司;设计单位为交通部第二航务工程局勘察设计院;施工单位为交通部第二航务工程局。

建设项目投产后的运营情况:1981—2002年,每年吞吐量约10万吨;2006—2010年,每年吞吐量约100万吨;2011—2015年,每年吞吐量约50万吨;2017年停产。

(2)武汉港外贸码头工程

项目于1987年7月开工,1991年12月试运行,1992年9月竣工。

项目建设依据:1984年10月,交通部《关于武汉港外贸码头工程可行性研究报告的批复》(交计字〔1984〕2221号);1985年5月,交通部《关于武汉港外贸码头工程设计计划任务书的批复》(交计字〔1985〕1465号);1989年4月,武汉市土地管理局《武汉市国家集体建设项目建设用地批准书》(武土准〔1989〕032号);1990年,国家交通投资公司《关于武汉港外贸码头调整工程概算批复》(交投水〔1992〕39号),批准调整概算为8372.02万元。

项目建设3个5000吨级海轮码头泊位,岸线总长423米。码头采用顺岸式布局,高桩式结构。码头前沿水深4米。项目后方堆场面积3.83万平方米,堆存能力60万吨。仓库面积2.04万平方米,堆存能力30万吨。主要装卸设备配置包括40吨—25米台架起重机1台、10吨—30米门座式起重机1台、5吨—16米装卸桥2台、5吨—25米台架起重机

2台、货场10吨—35米门式起重机2台、16吨轮胎式起重机2台、5吨叉车2台、3吨叉车3台、红旗牵引车7台、5吨平板车34台、10吨平板车6台、仓库5吨—28.5米桥式起重机6台。项目总投资8372.02万元，其中政府投资1187.82万元。用地面积21.5万平方米。

项目建设单位为武汉港务管理局；设计单位为交通部第二航务工程勘察设计院；施工单位为交通部第二航务工程局第一工程公司、湖北省建一公司；质监单位为交通部长江航务工程质量监督中心站。

建设项目投产后的运营情况：武汉港青山外贸码头工程是适应长江外贸运输事业发展和扩大港口对外开放能力的需要，是交通部、交通投资公司"七五"期间对长江港口重点建设项目之一。2008年武港集团与武钢集团合资组建了武汉武钢港务外贸码头有限公司，并改造和完善了港口设施，增建双浮式起重机浮趸式皮带作业线码头1座，增设铁路专用线2条，码头能同时停靠4艘5000吨级的船舶，已形成综合适应较强的港口基础设施，码头、仓库、铁路线等设施齐全，是集水路运输、铁路运输和公路运输的重要枢纽，是港口与现代物流的最佳节点。2013—2017年完成的吞吐量分别为：380万吨、311.2万吨、339万吨、351.1万吨、362.9万吨。

（3）武汉红钢城大件码头工程

项目于1990年4月开工，1991年3月试运行，1992年10月竣工。

项目建设依据：1987年3月，武汉市计委《关于武汉红钢城大件工程计划任务书的批复》（武计交〔87〕076号）；1989年1月，武汉市计委《关于武汉红钢城大件工程初步设计的批复》（武计管〔1989〕013号）。

项目改建1个3000吨级重件码头泊位，岸线总长150米。码头采用顺岸式布局，高桩式结构。码头前沿水深4米。项目后方堆场面积5.5万平方米，堆存能力20万吨。主要装卸设备配置包括40吨起重量的高塔柱轨道式起重机1台。项目总投资450万元，均为政府投资。用地面积5.5万平方米。

项目建设单位为武汉市港务管理处；设计单位为交通部第二航务工程勘察设计院；施工单位为交通部第二航务工程局。

（十一）白浒山港区

1. 港区综述

（1）港区建设概况和运营情况

白浒山港区是以集装箱和石油及化工品运输为主的综合性港区，也是武汉港的核心港区和未来发展的重点港区之一，主要包括化工新城作业区、花山作业区、白浒山作业区和左岭作业区。化工新城作业区位于阳逻长江大桥至北湖泵站之间，以石油及化工品运输为主，兼顾部分件杂货运输；花山作业区位于北湖泵站至白浒山之间，是集装箱专用作业区;左岭作业区位于海事码头至牧鹅港之间。港区建成有恒阳化工码头、武汉乙烯配套码头（3、4、9号泊位）、花山一期码头、湖北民生液化气码头等项目。

截至2015年,白浒山港区共有生产性泊位8个。2015年,港区全年完成货物吞吐量125.33万吨。

（2）港区地理条件和集疏运概况

白浒山港区公路集疏运主要通过临江大道、青化路、花山大道、吴沙路、滨港路、绕城高速公路、武鄂高速公路,铁路主要通过化工新城专用铁路,部分液体化工品通过管道集疏运。

2. 港区工程项目

（1）武汉民生石油液化气有限公司白浒山码头

项目于1994年9月开工,2000年4月试运行,2000年8月竣工。

项目建设依据:1994年11月,武汉市计委《关于武汉民生石油液化气有限公司发展总体规划第一期工程预可行性研究报告的批复》（武计资〔1994〕448号）;1999年2月,武汉市计委《关于武汉民生石油液化气有限公司油气储配站工程初步设计的批复》（武计管〔1999〕61号）;1994年2月,武汉市环境保护局《关于白浒山石油、液化气码头及储配站工程环境影响报告书的批复》（武环管〔1994〕2号）;1994年8月,武汉市城市规划管理局"建设用地规划许可证"武规地证〔94〕069号）;1995年4月,武汉长江港航监督局《关于武汉煤气公司长江岸线水域占用许可证》（汉长督字〔1995〕55号）。

项目建设1个3000吨级液化气专用码头泊位,岸线总长140米。码头采用顺岸式布局,浮码头结构。前沿设计水深7.0米。项目后方用地总面积6万平方米,罐区占地面积3万平方米,包括2000立方米的球罐10台,堆存能力0.85万吨。项目总投资1.78亿元,资金来源为公司自筹。

项目建设单位为武汉民生石油液化气有限公司;设计单位为交通部第二航务工程勘察设计院;施工单位为中港第二航务工程局第一工程公司;监理单位为武汉天元工程监理有限责任公司;质监单位为交通部长江航务工程质量监督中心站。

白浒山储配站和码头是武汉市长江沿线华中地区最大的液化石油气储配基地和一座3000吨级的化工专用码头,公司开展液化石油气对外仓储、转运及批发业务,年周转能力可达60万吨。

2013—2017年货物的卸货量分别为:5727t LPG、12831t LPG、19985t LPG、10645t LPG、10087t LPG,共59275吨。

（2）中国石油化工股份有限公司武汉分公司80吨乙烯工程3号、4号件杂（兼重件）码头工程

项目于2009年4月开工,2011年4月试运行,2018年5月竣工。

项目建设依据:2007 年 4 月,国家发展和改革委员会《关于中国石油化工股份有限公司武汉分公司 80 万吨/年乙烯工程项目核准的批复》(发改工业〔2007〕690 号);2009 年 3 月,交通运输部《关于中国石油化工股份有限公司武汉分公司 80 万吨/年乙烯工程 3 号、4 号件杂(兼重件)码头工程初步设计的批复》(交水发〔2009〕141 号);2006 年 12 月,国家环境保护总局《关于中国石化股份有限公司武汉分公司 80 万吨乙烯及其配套工程环境影响报告书的批复》(环审〔2006〕693 号);2007 年 11 月,国土资源部《中国石化股份有限公司武汉分公司 80 万吨乙烯工程建设用地的批复》(国土资函〔2007〕932 号)。

项目建设 2 个 3000 吨级件杂(兼重件)码头泊位(码头水工建筑允许靠泊能力 5000 吨级),岸线总长 130 米。码头采用顺岸式布局,高桩式结构。码头前沿水深 5 米。主要装卸设备配置包括 MQ1030 的门座式起重机 4 台。项目总投资 1.21 亿元,资金来源为企业自有以及银行贷款。用地面积 1.36 万平方米。

项目建设单位为中国石油化工股份有限公司武汉分公司;设计单位为南京瑞迪建设科技有限公司;施工单位为中交第二航务工程局有限公司;监理单位为武汉四达工程建设咨询监理有限公司;质监单位为武汉市交通基本建设工程质量监督站。

项目在乙烯工程建设时期,担负重大件设备吊装,自 2011 年 5 月 31 日开始到 2012 年 5 月 4 日,共停靠船只 69 条,吊装大件 129 件;2012 年 8 月 800 吨桅杆吊从码头分解拆除。生产期间担负乙烯固体产品和备品的进出厂,截至 2017 年 9 月 30 日,共装运聚乙烯产品和聚丙烯产品 92465 吨,装运船舶 157 条,圆满地完成了乙烯开工后固体产品的水路出厂任务;同时在试运行作业中,吊装大件 20000 立方米、钢材 3800 吨。

(3)武汉新港白浒山港区花山码头一期工程项目

项目于 2009 年 12 月开工,2015 年 8 月试运行,2017 年 11 月竣工。

项目建设依据:2009 年 12 月,湖北省发展和改革委员会《关于武汉新港白浒山港区花山码头一期工程工程可行性研究报告的批复》(鄂发改交通〔2009〕1720 号);2013 年 3 月,湖北省发展和改革委员会《关于武汉新港白浒山港区花山码头一期工程初步设计的批复》(鄂发改审批〔2013〕245 号);2009 年 12 月,湖北省环境保护厅《关于武汉新港白浒山港区花山码头一期工程环境影响报告书的批复》(鄂环函〔2009〕421 号);2011 年 12 月,湖北省国土资源厅《关于批准花山码头一期工程项目建设用地的函》(鄂土资函〔2011〕2882 号);2010 年 5 月,交通运输部《关于武汉新港白浒山港区花山码头一期工程使用港口岸线的批复》(交规划发〔2010〕238 号)。

项目建设 1 个 5000 吨级多用途码头泊位和 1 个 5000 吨级件杂货码头泊位,岸线总长 266 米。码头采用顺岸式布局,高桩式结构。码头前沿水深 6 米。项目后方堆场面积 30 万平方米,堆存能力 95.0 万吨、9.5 万 TEU。主要装卸设备配置包括 45 吨多用途门座式起重机 1 台和 45 吨—26 米岸边集装箱起重机 2 台。项目总投资 8.63 亿元,为企业自筹资金。用地面积 39.93 万平方米。

项目建设单位为武汉联合发展港口有限公司；设计单位为长江勘测规划设计研究有限责任公司；施工单位为中交第二航务工程局有限公司、中建港务建设有限公司、湖北水总水利水电建设股份有限公司；监理单位为武汉中澳工程项目管理有限责任公司、武汉四达工程建设咨询监理有限公司、湖北腾升工程管理有限责任公司；质监单位为武汉市交通基本建设工程质量监督站、武汉市水务工程质量监督站。

武汉新港白浒山港区花山码头一期工程项目是湖北省"十二五"重点交通项目，充分发挥了长江"黄金水道"的作用，提高了白浒山港区的运输能力，加快了武汉新港和花山新城建设。2015 年试营运以来，产量逐年稳步上升。截至 2017 年，完成集装箱 4595TEU、件杂货 269172 吨。

(4)中国石油化工股份有限公司武汉分公司 80 万吨乙烯工程配套码头（9 号泊位）工程

项目于 2011 年 2 月开工，2013 年 2 月试运行，2015 年 12 月竣工。

项目建设依据：2007 年 4 月，国家发展和改革委员会《关于中国石油化工股份有限公司武汉分公司 80 万吨/年乙烯工程项目核准的批复》（发改工业〔2007〕690 号）；2011 年 4 月，交通运输部《关于中国石油化工股份有限公司武汉分公司 80 万吨乙烯工程配套码头（9 号泊位）工程初步设计的批复》（交水发〔2011〕91 号）；2006 年 12 月，国家环境保护总局《关于中国石化股份有限公司武汉分公司 80 万吨乙烯及其配套工程环境影响报告书的批复》（环审〔2006〕693 号）；2007 年 11 月，国土资源部《中国石化股份有限公司武汉分公司 80 万吨乙烯工程建设用地的批复》（国土资函〔2007〕932 号）。

项目建设 1 个 5000 吨级液体化工码头泊位，岸线总长 184 米。码头采用顺岸式布局，浮码头结构。码头前沿水深 5 米。主要装卸设备配置包括输油臂 7 台。项目总投资 6769.71 万元，资金来源为企业自筹。

项目建设单位为中国石油化工股份有限公司武汉分公司；设计单位为中交第二航务工程勘察设计院有限公司；施工单位为中交第二航务工程局有限公司；监理单位为广东国信工程监理有限公司；质监单位为武汉市交通基本建设工程质量监督站、石油化工工程质量监督总站。

2013 年码头吞吐量为 15.99 万吨，圆满地完成了乙烯开工原料供应和开工后产品出厂任务。2014 年，运行平稳，保证了原料及产品运输需要。

(5)武汉新港白浒山港区化工新城作业区恒阳石化码头

项目于 2011 年 9 月开工，2015 年 3 月试运行，2017 年 7 月竣工。

项目建设依据：2010 年 9 月，武汉市发展和改革委员会《关于武汉新港白浒山港区恒阳石化码头等工程项目核准的批复》（武发改交通〔2010〕497 号）；2011 年 3 月，武汉市港航管理局《关于武汉新港白浒山港区化工新城作业区恒阳石化码头及液体罐区工程(码头部分)初步设计的批复》(武港航〔2011〕26号);2010年4月,湖北省环境保护厅《关于武汉新港化工新城码头及液体罐区工程环境影响报告书的批复》(鄂环函〔2010〕180号);2010年10月,武汉市国土资源和规划局"建设用地规划许可证"(鄂规用地420100201000451号);2010年9月,交通运输部《关于武汉新港白浒山港区化工新城作业区恒阳石化码头工程使用港口岸线的批复》(交规划发〔2010〕537号)。

项目建设5个5000吨级液体化工泊位,岸线总长760米,设计年吞吐量为349.49万吨。码头采用顺岸式布局,浮码头结构。码头前沿水深4.3米。项目后方罐区占地面积22万平方米,建设30万立方米的化学品储罐(共72座)及配套设施。项目总投资7.5亿元,全部为自有资金及银行贷款。用地面积30万平方米。

项目建设单位为武汉恒阳化工储运有限公司;设计单位为中交第二航务工程勘察设计院有限公司;施工单位为上海三航奔腾建设工程有限公司;监理单位为武汉中澳工程项目管理有限责任公司;质监单位为武汉市交通基本建设工程质量监督站。

项目储运设施自2015年投产后,吞吐量逐年增加。2017年,吞吐量达193万吨(其中码头吞吐量105万吨);2018年1—8月,吞吐量达120万吨(其中码头吞吐量63万吨)。项目的建成为武汉乙烯、中石化华中销售公司和化工园区内生产企业提供了安全、清洁、高效、便捷的服务,为武汉新港化工物流基地建设奠定了坚实的基础。

三、黄石港

(一)港口概况

1.港口综述

(1)港口地理位置

黄石市位于湖北省东南部,长江中游南岸。其东北临长江,东与浠水、蕲春、武穴隔江相望,北与鄂州市毗邻,西靠武汉市江夏区、鄂州市梁子湖区,西南与咸宁市咸安区、通山县为临,东南与江西省武宁、瑞昌接壤。黄石市地处东经114°32′~115°30′,北纬29°30′~30°15′,全市东西长约88.3千米,南北宽约91.6千米,土地总面积4582.85平方公里,辖有大冶市、阳新县和黄石港区、西塞山区、下陆区、铁山区四个城区及一个国家级经济技术开发区。

黄石市区距省会武汉市仅70千米,离武汉天河国际机场约100千米,武黄城际铁路开通后,黄石直达武汉仅需30分钟;铁路通过武(汉)大(冶)、大(冶)沙(河)两线与武汉、九江相连,东连浙赣线,西接京广线,进而汇入全国铁路网;公路通过沪渝高速公路(G50)、京珠高速公路和106、316国道以及规划建设的大广高速公路和杭瑞高速公路、黄石长江公路大桥、鄂东长江公路大桥等与全国公路网贯通。

位于长江中游南岸的黄石港是长江湖北段的东南门户和物资的水陆交换平台,是长江中下游的主要港口之一;黄石港的长江水运东到上海可入东海,西至重庆和宜宾;上距武汉143千米,下离上海吴淞口982千米,水陆交通极为便利。黄石市境内铁路、公路、水运等交通方式齐全,区位优势明显。

(2)港口发展历程

黄石港口有着1700多年的历史。1840年后,外籍船舶陆续停靠黄石。1952年9月,在接管黄石市搬运公司、冶炼、水泥、煤灰等行业的码头设施及人员的基础上,成立了交通部长江航务管理局黄石港务局,统一黄石市的港口装卸业务管理和码头建设。经国务院批准,黄石港于1980年开展对外贸易运输业务。

1986年9月29日,黄石外贸码头动工兴建,并于1991年建成。1992年6月10日,长江集装箱运输公司集"802"号集装箱船首次靠泊黄石港外贸码头,黄石港口正式开通国际集装箱运输业务。1996年,拥有客货运输、仓储和旅游功能的客运站竣工投产。自动化程度高并可实现散装货物和包装货物的进出口流水作业的2号、3号码头于2000年竣工。新冶钢3个3000吨级泊位的原料及钢铁码头于2003年建成投产,并于2008年向下游延长165米,扩建1个5000吨级泊位。华新水泥股份有限公司2004年在李家洲建设有3个3000吨级泊位的华阳码头,并于2009年在余家湾下开始新建3个3000吨级浮码头。黄石港口集团于2007年对外贸码头进行改扩建,增加1个3000吨级多用途泊位。

进入21世纪后,黄石港发展的"瓶颈"日益显现,位于中心城区的黄石港,面临城市规划、环保的巨大压力,加之停靠泊位有限、港口装卸效率低下,非法码头恶性竞争,港口企业微利。与此同时,港口布局不合理,沿江陆域狭小,集疏运条件差,长江岸线利用率低等问题突出。

2009年资源枯竭型城市转型的黄石审时度势,决定跳出老港区、另辟新战场——在黄石城区下游13千米处棋盘洲打造黄石新港,助力城市转型升级发展。为了加快新港建设步伐,2014年11月黄石市人民政府与深圳市盐田港股份有限公司正式签订合作开发黄石新港的协议。面对新常态,黄石积极响应国家战略、实施省委部署,抢抓长江经济带开放开发和湖北自贸区建设新机遇,以黄石新港建设为核心,大力实施"以港兴城"战略,加快港口建设。2015年9月28日,黄石新港正式开港,标志着黄石乃至鄂东地区对外开放大通道、大通关、大平台建设迈上新台阶。2016年5月1日散货作业线正式投产运营,2016年12月18日外贸口岸开关运营,2017年8月中断14年的近洋国际航线及上海洋山直航航线复航,2018年6月黄石多式联运正式开通在全省率先实施铁路进港。2019年12月28日,黄石新港二期工程完工暨三期工程开工,盐田港长江总部落户黄石。黄石新港已逐步形成集散货、件杂货、集装箱多货种、多功能于一体的综合性、现代化港区。

(3)港口设施

黄石港的码头主要分布在上起花港、下迄天马岭(江西省与湖北省交界处)总长76.87千米长江干线上;富水河上也有部分码头。2015年,黄石港有城区、棋盘洲、阳新、大冶4个港区,其中大冶湖由于受湖口的四顾闸通过能力的限制,湖内仅有2个货运泊位,下一步对大冶湖的定位为结合城市发展进行生态旅游开发;阳新港区大多以黄砂码头及简易的临时性码头为主。截至2015年,黄石港拥有生产性泊位143个,最大靠泊能力5000吨级,拥有千吨级以上泊位94个。2015年完成货物吞吐量为3642.8万吨,集装箱年通过能力2.88万TEU。

2016年初,黄石市开展沿江岸线码头整治,这是国家、省推进长江经济带建设的重要任务,对黄石市"一城一港一主体"实施、生态环境保护,及更好建设长江经济带等意义重大。黄石市正坚决贯彻省政府整治长江岸线的有关精神,按照时间节点要求,坚决关停非法码头,对合法码头按照一企一策的办法帮助其整合搬迁。截至2016年,黄石港拥有各类码头泊位65个,最大靠泊能力5000吨级(实际最大可靠泊2万载重吨船),拥有千吨级以上泊位46个,占全部泊位数的71%。

(4)航道

①长江干线

黄石港所在航道为长江中游,属武汉长江大桥—安庆吉阳矶河段,为一级航道,河段最小维护尺度为4.5米×200米×1050米,通航保证率98%,可通航5000吨级内河船舶组成的船队。

另外,武汉长江大桥—安庆钱江嘴河段季节性通航海轮,航段维护时段为4月1日至11月15日,推荐的航路宽度为200米。航线可望维护水深:安庆钱江嘴至安庆皖河口5月为7.5米,其他月份同主航道;安庆皖河口至武汉4月为5.5米,5月为6.5米,6月、9月为7.0米,7月、8月为7.5米,10月为6.0米,11月上半月为5.0米。当分月的可望维护水深和宽度不能同时兼顾时,可适当缩窄航道宽度,但最小航宽不得小于150米,若缩窄后航道宽度达不到150米,可逐步降低自然维护水深。

②富水河

富水河全长81.3千米,其中富水大坝库区长1.8千米,富水水系下游富水(富池口至富水大坝)长79.5千米。富水河航道划分为三个航段:富池口—阳新城关航段,航宽30米,最小水深1.2米,航道现状等级为Ⅵ级,可常年航行50~100吨级船舶;阳新城关—排市航段,航宽20米以上,最小水深0.8米,航道现状等级为Ⅵ级,可常年航行50吨级以上船舶,中洪水期可行驶100吨级以上船舶;排市—富水大坝航段,航宽15米,最小水深0.5米,通航期一般为4个月。

根据《湖北省内河航运发展规划》(2011—2030),对富水河航道等级进行了调整,富池口—阳新城关、阳新城关—排市、排市—富水大坝的航道等级分别提高到Ⅲ、Ⅳ、Ⅴ级。

（5）锚地设施

黄石港现在可供船舶停靠的停泊水域和锚地共有3处,分别为道仕袱干货驳锚地、李家洲联检锚地和富池锚地。

2.港口水文气象

黄石属亚热带季风气候,四季分明,雨量充沛,气候温和,光照充足;多年平均气温16.8摄氏度,极端最高气温40.3摄氏度,极端最低气温－11摄氏度;多年平均风速1.9米/秒,日最大风速17米/秒;春夏秋季多为东南风,冬季多为西北风,常风向东南风,频率11%。大于或等于6级风的年平均天数为15天;多年平均降雨量1382.6毫米,多年最大降雨量2060.0毫米,日最大降雨量204毫米(1954年6月25日),年平均降雨天数130天左右,年平均降雪天数8天左右,最大积雪厚度23厘米(1977年1月下旬),年平均降雨天数(≥25毫米)13.1天;年平均雾日7.6天,年最多雾日28天,最少雾日6天,延时一般不超过4小时;全年雷暴雨日数42.4天,多出现在春夏季。

长江自北向东流过黄石市境,市境内主要水系有富水水系、大冶湖水系、保安湖水系,还有海口湖、磁湖、青山湖、三山湖、花马湖、葛湖、荆山源、上巢湖等水系。最大的水系为阳新境内的富水水系,富水河发源于通山,由西向东,注入长江,它在阳新境内长81.3千米。

长江干流:黄石河段的径流和泥沙主要来源于上游长江干流,汉口至黄石河段间无较大支流入汇,因此汉口站水沙资料可代表该河段的水沙特征。

富水河:富水水库兴建后,根据2001—2011年流量系列资料,富水站多年平均最大流量为85.20立方米/秒,多年平均最小流量为34.24立方米/秒,多年平均流量为60.66立方米/秒,最大流量为792.0立方米/秒(2002年5月14日),最小流量为0立方米/秒。当阳新水文站水位为12.60米(冻结吴淞高程)时,富水(坝下)的相应流量为0~60立方米/秒;当阳新水文站水位为13.64米时,富水站的流量为0~120立方米/秒。

3.发展成就

改革开放初期,黄石港通过改扩建港口码头,引进先进设备,采用新的运输方式,兴建外贸码头,成立通关机构,为"黄石港"打开了世界之门。

自"十一五"以来,黄石港货物吞吐总量增长较快。2010年黄石港货物吞吐量为1605万吨,"十一五"期年均增速为9.9%。"十二五"期间,随着腹地经济的快速发展,水运需求快速上升,全港吞吐量也取得迅猛发展。到2015年,全港吞吐量达到3643.42万吨,年均增长17.85%,明显高于"十一五"时期。

黄石港港区分布如图9-7-2所示。黄石港基本情况见表9-7-3。

图 9-7-2　黄石港港区分布图

(二)城区港区

1. 港区综述

(1)港区建设概况和运营情况

城区港区是黄石港的重要港区之一,是以件杂货、集装箱、散货运输、旅游客运为主的综合性港区,服务于沿江工矿企业、城市建设与发展、外向型经济发展,主要功能是承担金属矿石、矿建材料、非金属矿石、钢铁、水泥、集装箱、石油及化工制品等运输,为黄石市经济社会发展服务。城区港区由沈家营作业区、胜阳港作业区、西塞山作业区、道仕袱作业区组成,建设有黄石外贸码头,港务集团 1 号、2 号、3 号、11 号、14 号、西塞山码头,黄石港客运码头,西塞山油库码头等码头工程。2015 年,城区港区共有生产性泊位 37 个,泊位年通过能力 1070 万吨(散货、件杂货物),集装箱通过能力 5 万 TEU(实际通过能力为 3.6 万 TEU)。2015 年城区港区完成货物吞吐量 907.73 万吨,完成集装箱 3.62 万 TEU。2017 年后,黄石新港(棋盘洲港区)集装箱泊位建成投产,城区港区集装箱和外贸功能整体转移至黄石新港。

表 9-7-3

黄石港基本情况表

序号	港区名称	港口岸线		2015年港口生产用泊位				其中:1978—2015年建成的生产用泊位				2015年港口货物和旅客吞吐量							
		港口规划岸线	其中:2015年前已建成岸线	生产用泊位数	其中:千吨级及以上	生产用泊位总长	其中:千吨级及以上	生产用泊位数	其中:千吨级及以上	生产用泊位总长	其中:千吨级及以上	货物吞吐量	其中:外贸货物吞吐量	集装箱吞吐量	滚装车辆		旅客吞吐量	其中:国际旅客
															数量	重量		
		千米	千米	个	个	米	米	个	个	米	米	万吨	万吨	万TEU	万辆	万吨	万人	万人
1	城区港区	6.65	3.42	37	32	3417	2856	29	25	2640	2229	907.73	301.41	—	—	—	—	—
2	棋盘洲港区	4.67	2.37	27	19	2374	1909	23	19	2074	1909	726.8	—	2.89	—	—	—	—
3	阳新港区	21.75	3.86	77	43	3862	2123	75	45	3782	2450	2008.3	—	—	—	—	—	—
4	大冶港区	—	0.12	2	0	120	0	2	0	120	0	0	—	—	—	—	—	—
	合计	33.07	9.77	143	94	9773	6888	129	89	8616	6588	3642.83	301.41	2.89	—	—	—	—

（2）港区地理条件和集疏运概况

城区港区位于黄石市城区,集疏运通道主要通过水路、公路。水路依靠长江航道。2014 年,湖北提出长江深水航道整治的"645"工程,谋划实施长江干流武汉至安庆 6 米、宜昌至武汉 4.5 米水深航道整治工程。这意味着万吨级海轮可以经黄石常年直达武汉。"645 工程"规划疏浚长江黄石段一级航道 60.8 千米,并实施航道岸坡互换工程,计划"十三五"期间完成全部投资并建成投入使用。届时 10000 吨级海轮常年可在长江黄石段及其以下的主航道内航行。公路集疏运通道均为城区的市政道路。

2. 港区工程项目

（1）废铁码头

项目于 1980 年 1 月开工,1980 年 11 月完工。

项目建设 1 个 2000 吨级海轮兼 3000 吨级驳船散货泊位,岸线总长 150 米。码头为浮式结构。码头前沿水深 4.5 米。厂区内另有堆场。主要装卸设备配置 1 台 10 吨—30 米浮式起重机及 2 台 40 吨缆车系统。

项目建设单位为大冶钢厂。

新冶钢码头为企业自用,码头 2013—2017 年吞吐量分别为:372.59 万吨、319.49 万吨、410.98 万吨、354.02 万吨、414.82 万吨。

（2）黄石港外贸码头工程

项目于 1986 年 9 月开工,1990 年 12 月竣工。

项目建设依据:1985 年 1 月,交通部《黄石港外贸码头工程可行性研究报告》(交计字〔85〕187 号);1986 年 2 月,交通部《黄石港外贸码头初步设计》(交计字〔86〕99 号);1986 年 10 月,黄石市环境保护局《黄石港外贸码头工程环境影响报告书》(黄环〔86〕字第 108 号)。属于堤防用地,没有申报岸线批复。

项目建设 2 个 5000 吨级集装箱泊位,码头总长 245 米。平台总宽 36.62 米,高桩梁板结构,利用自然岸线。码头前沿水深 7.23 米。建设堆场、道路及铺砌面积 1.98 万平方米,其中堆场面积 1.9 万平方米,仓库 1.24 万平方米。主要装卸设备包括 MP—25 吨多用途门机 1 台,M5—30 门座起重机 2 台以及门式起重机、双梁起重机、叉车、牵引车等机械配套设备。工程总投资为 6206.06 万元,其中国家贷款 3205 万元,特别贷款 200 万元,部(公司)基金 2249 万元,经营基金 552.06 万元。陆域用地面积为 4.69 万平方米。

项目建设单位为黄石港务集团有限责任公司(原黄石港务管理局);设计单位为交通部第二航务工程勘察设计院;施工单位为交通部第二航务工程局第一工程公司;质监单位交通部长江航务工程质量监督中心站。

项目建成投产后主要为各类内外贸货物提供装卸运输服务。2013—2017 年吞吐量分别为:273 万吨、242.42 万吨、210.64 万吨、244.73 万吨、323.55 万吨。

(3)黄石港2号、3号码头扩建工程

项目于1997年3月开工,2003年2月竣工。

项目建设依据:1993年12月,交通部《黄石港2号、3号码头扩建工程预可行性研报告》(交计发〔1993〕1394号);1995年9月,交通部《黄石港2号、3号码头扩建工程初步设计初审意见的报告》(交基发〔1995〕869号);1994年6月,湖北省环境保护局《黄石港2号、3号码头扩建工程环境影响报告》(鄂环管〔1994〕39号)。属于堤防用地,没有申报岸线批复。

项目建设3个泊位。2号码头为一个1500吨级袋装水泥出口泊位(2号泊位),3号码头为一个1500吨级(兼顾3000吨级)水泥熟料出口泊位(4号泊位)和1个1500吨级散货进口泊位连片直立式码头结构(5号泊位),岸线长度160米。码头顺岸式布局,2号码头为陆域形成23500平方米,堆场面积6280平方米,道路3543平方米。主要装卸装备有:散货装船机2台,袋物装船机2台,移动装船机1台,皮带机(800毫米)239米/1台、皮带机(1000毫米)340米/1台、皮带机(1000毫米)445米/1台。工程总投资为1.09亿元,其中国家贷款1.06亿元,黄石市政府承担300万元。陆域用地面积为2.35万平方米。

项目建设单位为黄石港务集团有限责任公司(原黄石港务管理局);设计单位为交通部第二航务工程勘察设计院;施工单位为交通部第二航务工程局第一工程公司;监理单位为长航监理有限公司(武汉);质监单位长江航务工程质量监督中心站。

项目建成投产后主要为华新袋装水泥、熟料出口及黄石电厂煤炭等提供装卸运输服务。2013—2017年完成吞吐量分别为:68.76万吨、50.74万吨、70.69万吨、75.13万吨、74.78万吨。

(4)原料及钢铁码头

项目于2002年12月开工,2003年9月完工,2003年10月试运行。

项目建设依据:2002年9月,湖北省经济贸易委员会《省经贸委关于冶钢集团有限公司原料及钢铁码头技改项目可行性研究报告的批复》(鄂经贸投资〔2002〕386号);2002年9月,长江武汉航道局《关于黄石冶钢原料及钢铁码头(改扩建)工程可行性研究报告的批复》(汉道航〔2002〕128号);2002年10月,武汉长江港航监督局《关于冶钢集团有限公司原料及钢铁码头工程可行性研究报告的批复》(汉长督航保〔2002〕111号);2002年,湖北省经济贸易委员会《关于冶钢集团有限公司原料及钢铁码头技改项目初步设计方案的批复》(鄂经贸投资〔2002〕559号);2002年9月,湖北省环保局《关于冶钢集团有限公司原料及钢铁码头工程环境影响评价大纲审查意见的复函》(鄂环函〔2002〕119号)。

项目建设3个3000吨兼5000吨泊位,包含2个杂货泊位3000吨海轮兼5000吨驳船、1个散货泊位3000吨海轮兼5000吨驳船。岸线总长277米。码头结构为高桩梁板结构,码头前沿水深4.5米。厂区内另有堆场2万平方米。主要装卸设备配置包括1台10吨—30米门座式起重机、1台16吨—30米门座式起重机、1台500吨/小时卸船机及B1200皮带线。项目总投资4800万元。

项目建设单位为冶钢集团有限公司;设计单位为交通部第二航务工程勘察设计院有限公司;施工单位为交通部第二航务工程勘察设计院有限公司;监理单位为武汉四达工程建设咨询监理有限公司;质监单位为黄石市交通运输管理局质监站。

（5）扩建码头

项目于2010年01月开工,2011年1月完工,2011年7月试运行。

项目建设依据:2007年9月,新冶钢《湖北新冶钢有限公司码头扩建工程工程可行性研究报告》;2009年10月,黄石市港航管理局《黄石市港航管理局关于黄石港新冶钢码头扩建工程初步设计的批复》(黄港航〔2009〕69号);2008年9月,湖北省环保护局《省环保局关于湖北新冶钢有限公司码头扩建工程环境影响报告书的批复》(鄂环函〔2008〕642号);2008年,黄石市国土资源局《黄石市国土资源局关于新冶钢码头扩建工程项目用地预审意见的复函》(黄土资预审字〔2008〕16号);2009年,交通运输部《关于黄石新冶钢码头扩建工程使用港口深水岸线的批复》(交规划发〔2009〕128号)。

项目建设1个5000吨海轮兼1万吨驳船散货泊位,岸线总长165米。码头结构为高桩梁板结构,码头利用自然岸线。码头前沿水深4.5米。厂区内另有堆场2.7万平方米。主要装卸设备配置包括1台800吨/小时卸船机及B1400皮带线。项目总投资13000万元。

项目建设单位为湖北新冶钢有限公司;设计单位为交通部第二航务工程勘察设计院有限公司;施工单位为交通部第二航务工程勘察设计院有限公司;监理单位为武汉四达工程建设咨询监理有限公司;质监单位为黄石市交通运输管理局质监站。

新冶钢码头为企业自用,2013—2017年货物吞吐量分别为:372.59万吨、410.98万吨、414.82万吨、493.42万吨、561.31万吨。

（6）黄石港外贸码头扩建工程

项目于2007年2月开工,2009年1月竣工。

项目建设依据:2005年10月,湖北省发展和改革委员会《黄石港外贸码头扩建工程可行性研究报告》(鄂发改交通〔2005〕945号);2006年10月,湖北省发展和改革委员会《黄石港外贸码头扩建工程初步设计》(鄂发改重点〔2006〕882号);2005年12月,湖北省环境保护局《黄石港外贸码头扩建工程环境影响报告》(鄂环函〔2005〕510号);2006年12月,交通部《关于黄石港外贸码头扩建工程使用港口岸线的批复》(交规划发〔2006〕759号)。2006年11月,与黄石市河道堤防管理局签订《用地协议书》,获得扩建工程堤防禁脚地使用权。

项目建设 3000 吨级（兼顾 5000 吨级）多用途泊位 1 个,泊位平台长度 120 米,平台宽度 37.22 米,年吞吐量 62 万吨,其中集装箱 5 万 TEU,重件 20 万吨。码头水工建筑物为高桩梁板结构,码头利用自然岸线。建设集装箱堆场、道路等设施,及配套装卸工艺设备等。设计高水位为 22.87 米（黄海高程,下同）,设计低水位为 7.20 米。码头历年最高水位 24.46 米,历年最低水位 6.75 米,平均水位 15.42 米。项目陆域用地面积为 8000 平方米、堆场面积 8000 平方米、堆存能力为 2.5 万 TEU。主要装卸设备有 MQ40 吨—30 米门式起重机 1 台、35 吨—30 米集装箱门式起重机 1 台。工程总投资为 5179.11 万元,其中湖北省财政厅补贴 746 万。

项目建设单位为黄石港务集团有限责任公司;设计单位为武汉港湾工程设计研究院;施工单位为中交一航第二工程有限公司;监理单位为武汉四达工程咨询监理有限公司;质监单位黄石市交通基本建设质量监督处。

项目建成投产后主要满足件杂货（钢卷等重件）船舶、集装箱船舶的靠泊及装卸作业。2013—2017 年完成吞吐量分别为:40.96 万吨、44.92 万吨、49.13 万吨、42.96 万吨、72.32 万吨。

（三）棋盘洲港区

1. 港区综述

（1）港区建设概况和运营情况

棋盘洲港区以矿建材料、金属矿石、煤炭、非金属矿石等大宗散货以及件杂货、集装箱装运输为主,是黄石港的重点发展港区。

棋盘洲港区由黄石新港港口股份有限公司建设运营,港区一期工程是湖北省交通"十一五"重点建设项目,项目分别于 2007 年 3 月和 2008 年 7 月获湖北省发改委审批。一期工程于 2009 年 4 月 2 日正式开工建设;二期工程于 2012 年 11 月获湖北省发改委审批。

截至 2015 年,棋盘洲港区共有生产性泊位 27 个,其中千吨级泊位 19 个。2015 年,棋盘洲港区完成货物吞吐量 726.8 万吨。截至 2019 年底,黄石港棋盘洲港区完成货物吞吐量 2072.55 万吨,同比增长 63.51%,完成集装箱 7.76 万 TEU,同比增长 51.84%。

（2）港区地理条件和集疏运概况

棋盘洲港区位于阳新县苇源镇的上苇山、下苇山与黄富沿江公路之间,上游段肖家渡陆域宽度较大,下游段陆域宽度较小。棋盘洲港区水陆域条件良好,河势稳定,地质条件较好,是长江中游少有的优良深水港区。港区为一级航道,航道最小维护尺度为 4.5 米×200 米×1050 米（水深×航宽×弯曲半径）,通航保证率 98%,3000 吨级内河船可常年满载通航。海轮航道根据自然水深季节性开放,在正常情况下,每年 5 月 1 日至 11 月 15 日开放,航道维护水深一般在 6.0~7.5 米之间,航宽 200 米,5000~10000 吨级海轮可满载通航。

棋盘洲港区以黄富沿江公路、大棋公路为集疏运通道,正在建设省道203、省道315、海洲大道、黄咸高速公路和棋盘洲长江公路大桥等公路、山南铁路、新港铁路支线等铁路集疏运通道,充分发挥棋盘洲港区公、铁、水、管等多种运输方式"无缝对接"的交通优势,将发展成为黄石市的水陆联运中心、长江中游多式联运枢纽港。

2. 港区工程项目

(1)黄石港棋盘洲港区一期工程

项目于2009年4月开工,到2015年年底棋盘洲港区一期工程码头水工均已完工,其中,2012年4月1、2号泊位通过交工验收,2014年9月7～9号泊位通过交工验收。

项目建设依据:2007年3月,湖北省发展和改革委员会《关于黄石港棋盘洲港区一期工程0～2号泊位可行性研究报告(代项目建议书)的批复》(鄂发改交通〔2007〕198号);2008年7月,湖北省发展和改革委员会《关于黄石港棋盘洲港区一期工程7～10号泊位可行性研究报告(代项目建议书)的批复》(鄂发改交通〔2008〕685号);2009年7月,湖北省发展和改革委员会《关于黄石港棋盘洲港区贯彻国防要求工程可行性研究报告的批复》(鄂发改交通〔2009〕984号);2008年11月,湖北省发展和改革委员会《关于黄石港棋盘洲港区一期0～2号泊位工程初步设计的批复》(鄂发改重点〔2008〕1300号);2008年11月,湖北省发展和改革委员会《关于黄石港棋盘洲港区一期7～10号泊位工程初步设计的批复》(鄂发改重点〔2008〕1302号);2009年12月,湖北省发展和改革委员会《关于黄石港棋盘洲港区贯彻国防需求工程初步设计的批复》(鄂发改交通〔2009〕1677号);2006年9月,湖北省环境保护局《关于黄石港棋盘洲码头一期工程环境影响报告书的批复》(鄂环函〔2006〕322号);2016年至2018年,阳新县国土资源局分4次出让土地给黄石新港公司,合计68.8万平方米,分别为阳国用〔2016〕第XG-0005号、阳国用〔2016〕第XG-0006号、阳国用〔2017〕第XG-00006号、鄂(2018)阳新县不动产权第0014188号;2008年5月,交通运输部《关于黄石港棋盘洲港区一期工程使用港口岸线的批复》(交规划发〔2008〕70号)。

黄石港棋盘洲港区一期工程共包括1～4号、7～9号共计7个泊位。码头采用连片式布置,其中1～4号为散货泊位、7～9号为多用途泊位,靠泊等级为3000吨级(水工结构兼顾5000吨级),码头设计年吞吐量为690万吨。码头前沿设计低水位6.77米。1～2号泊位由一座码头平台、两座接岸引桥及皮带机廊道组成,码头平台采用直立式高桩结构;3～4号泊位水工建筑物为码头平台一座,平台采用直立式高桩结构;7～9号泊位由一座码头平台,三条引桥组成,平台采用直立式高桩结构。散货进口区堆场面积7.2万平方米,配备2台800吨/小时桥式抓斗卸船机、1台DQL1200/1600斗轮堆取料机、1条1600米带式输送机(B00V=15米/秒)、D02斗轮堆取料机作业线1条(含多式联运散货装火车作业线)、4.2万平方米散货堆场1座等;散货出口区已建成堆场6.7万平方米,配备了

1台2000吨/小时直线轨道式装船机设装船机、1条730米(B00V=15米/秒)皮带机;件杂区已建设完成4.6万平方米堆场,码头配备了1台MQ1630门座式起重机、4台MQ2530门座式起重机,陆域堆场配备了1台、40吨—40米轨道式门式起重机、1台25吨—40米轨道式门式起重机;集装箱区建设堆场面积3.2万平方米,码头配备了1台45吨—35米岸边集装箱起重机、1台MQ4530门座式起重机、2台45吨—40米轨道式集装箱门式起重机、2万平方米的4~5号集装箱堆场、2台45吨—40米轨道式集装箱门式起重机、1座面积9000平方米拆装箱库。工程总投资5.69亿元,资金来源为政府资金和企业投资。用地68.8万平方米。

项目建设单位为黄石新港港口股份有限公司;设计单位为长江航运规划设计院;施工单位为中交第二航务工程局有限公司、中铁港航局集团有限公司;监理单位为中交二航院咨询监理有限公司;质监单位为黄石市交通基本建设质量监督处。

(2)黄石港棋盘洲港区二期工程

项目于2014年开工,截至2015年水工部分完工。

项目建设依据:2012年11月,湖北省发展和改革委员会《关于黄石港棋盘洲港区二期工程可行性研究报告的批复》(鄂发改审批〔2012〕218号);2012年11月,湖北省发展和改革委员会《关于黄石港棋盘洲港区二期码头工程初步设计的批复》(鄂发改审批〔2012〕434号);2013年黄石市交通运输局《关于黄石港棋盘洲港区二期工程5、6号泊位施工图设计的批复》(黄交通文〔2013〕115号)。

黄石港棋盘洲港区二期工程共包括5~6号、11~13号、21~23号共计8个泊位5000吨级(兼顾10000吨级)泊位及堆场道路等配套设施。码头采用连片式布置,占用港口深水岸线长度1024米。其中,5~6号泊位码头桩台总长267米,宽25米(下游部分宽度30米),排架间距7米,共分四个结构段,中间采用悬臂结构分段。

项目建设单位为黄石新港港口股份有限公司;设计单位为长江航运规划设计院;施工单位为中交第二航务工程局有限公司、中铁港航局集团有限公司;监理单位为中交二航院咨询监理有限公司;质监单位为黄石市交通基本建设质量监督处。

四、荆州港

(一)港口概况

1.港口综述

(1)地理位置

荆州港位于长江黄金水道中游,湖北省荆州市境内。荆州市位于东经111°15′~114°05′,北纬29°26′~31°37′,地处湖北省中南部,江汉平原腹地,自古就有"文化之邦、鱼米之乡"的美誉,是国务院首批公布的国家历史文化名城、中国优秀旅游城市、国家园林城市,是国家重要的公路交通枢纽和长江重要港口城市、国家级产业转移示范区,鄂中南中心城市,中国中南地区重要的工业生产基地和轻纺织基地,素有"长江经济带钢腰"之称。全市土地面积1.41万平方公里,人口659万人,下辖荆州区、沙市区、江陵县、松滋市、公安县、石首市、洪湖市、监利县8个县(市、区)和国家级荆州开发区。

(2)港口发展历程

荆州是一座因水而生的城市,城市的起源与发展一直与港口密切相关。荆州港原名沙市港,早在春秋时期已成为楚郢都的外港。1876年中英签订《烟台条约》,沙市港被辟为外轮"寄泊港"。1895年中日签订《马关条约》之后,沙市港被辟为通商口岸,成为中国最早对外开埠的四大内河港口之一。

新中国成立后,与腹地国民经济和交通运输发展相适应,荆州港大致经历了三次大的发展时期:

新中国成立后至20世纪80年代,荆州港基础设施逐步改善,具备传统中转型港口的功能。在此期间,荆州港以水运货物的转运、临时储存、发货等功能为主,注重于散、件杂货装卸运输,与城市的对外商品交易紧密联系,属于第一代港口的范畴。

20世纪90年代中后期,散杂货、外贸货物、集装箱运输量快速增长,港口设施专业化进展明显,临港工业规模迅速扩大。社会经济由计划经济向市场经济转型,商品交易日益频繁,对外开放全面扩大,进出港口腹地的货物与日俱增,大大促进了港口的发展。自1996年12月26日荆州获批成为国家二类口岸以来,外贸货物运输和集装箱运输成为这一时期荆州港的亮点。荆州港在原有基础上增加了工业功能,逐步转型为第二代港口,港口业务从装卸拓展到为临港工业服务,形成了工业港,对城市经济的贡献十分明显。在此时期,荆州港港口规模扩大速度加快,码头专业化、深水化进展明显,但装卸仍是其主要业务。同时,散货作业比重增加,成为港口的主要货种,港口地区逐步形成了独立的临港工业区,且临港工业在经济中的比重明显加大,港口为工业服务的功能越发突出。

进入21世纪以后,荆州港进入规模化、专业化、现代化快速发展阶段,港口成为多式联运中心。我国实施区域协调发展的总体战略逐步清晰,继东部地区率先发展、西部大开发和振兴东北老工业基地区域发展战略后,2005年国家提出了"中部崛起"的重大战略决策,湖北省相应提出了"两圈一带"的发展重点。荆州港以规模化、专业化、现代化港口建设为重点,以"一港双园"模式进行港口建设,着力打造荆州组合港,港口发展步伐明显加快,进入一个新的快速发展时期。这一期间,荆州港逐步形成多式联运中心,成为地区性枢纽港口和物流中心,对城市、区域的贡献显著,这也标志着荆州港成为第三代港口。

(3)港口设施

2005年,荆州港的码头主要集中在荆州市中心城区,其他港区规模较小,泊位分布也较分散。2005 年 8 月进行了《荆州港总体规划》编制工作;2011 年,交通运输部与湖北省人民政府对《荆州港总体规划》进行了联合批复(交规划发〔2011〕166 号),规划期至 2020 年,其规划范围是荆州市境内的港口岸线 90.6 千米,根据港区地理位置、行政区划、自然条件、开发利用现状、集疏运条件、城市总体规划和产业布局,划分为 17 个港区,其中长江沿线有 16 个港区以及位于长湖上的 1 个港区。长江左岸有 11 个港区,自上而下分别为李埠港区、学堂洲港区、荆州旅游客运港区、柳林港区、盐卡港区、木沉渊港区、观音寺港区、郝穴港区、容城港区、新堤港区和新滩港区;长江右岸有 5 个港区,自上而下分别为松滋港区、弥市港区、埠河港区、斗湖堤港区和绣林港区;内河港区 1 个为长湖上关沮港区。在此规划精神的指导下,荆州港发展态势良好,有力地促进了荆州港腹地经济的快速发展,2014 年全港完成货物吞吐量 2850.3 万吨、集装箱 10.01 万 TEU,分别是 2000 年的 2 倍和 12.9 倍。

随着国家经济形势的发展,荆州市在国家交通运输网络中的位置显得越发重要。为配合国家经济发展战略需求与发展趋势下做好荆州港口的优化布局,提高港口资源的利用效率,逐步淘汰落后产能,荆州港原有的规划已逐步显现出无法适应现有经济发展需求。截至 2015 年底,荆州港共有生产性泊位 357 个。

近年来,随着国家加快内河水运建设、全面推进长江黄金水道开放开发战略实施,荆州港的内外部环境也发生了较为明显的变化,现有的总体规划成果已不能完全适应荆州市社会经济发展的新要求。为深入贯彻落实习近平总书记视察湖北重要讲话精神,适应长江经济带高质量发展的新形势和新要求,结合荆州港的发展形势以及 2011 版《荆州港总体规划》在实施过程中存在的一些问题,荆州市在原《荆州港总体规划》(2011 版)基础上进行修编。2019 年 6 月,新一轮的《荆州港总体规划(2035 年)》获交通运输部和湖北省人民政府联合批复。此次《规划》将荆州市境内适宜建港的长江岸线纳入规划范围,包括已利用港口岸线和规划港口岸线。港区划分、命名与各县、市、区的行政区划对应。按此划分原则,荆州港共划分为 9 个港区:松滋港区(松滋市)、公安港区(公安县)、荆州港区(荆州区)、沙市港区(沙市区)、盐卡港区(荆州经济技术开发区)、江陵港区(江陵县)、监利港区(监利县)、洪湖港区(洪湖市)、洪湖湿地港区(洪湖湿地自然保护区)。因石首港区与生态红线划分冲突,此次《中华人民共和国交通运输部湖北省人民政府关于荆州港总体规划(2018—2035 年)的批复》(交规划函〔2019〕360 号)中,删除了石首港区。

(4)航道

长江航道:荆州港所在长江航道位于长江中游,属于宜昌至城陵矶河段和城陵矶至武汉长江大桥河段,目前为一级航道,可通航 3000 ~ 5000 吨级内河船舶组成的船队,其中大埠街(宜昌)至荆州港四码头河段最小维护尺度为 3.5 米 × 80 米 × 750 米(水深 × 航宽 × 弯曲半径,下同),荆州港四码头至城陵矶河段最小维护尺度为 3.8 米 × 150 米 × 1000 米,城陵矶至武汉长江大桥河段最小维护尺度为 4.0 米 × 150 米 × 1000 米。

江汉运河:江汉运河是指引江济汉工程,是南水北调三大工程之一。江汉运河航道由高石碑至龙州垸,全长66.7千米,为限制性三级航道,可常年通航1000吨级船舶。

内荆河航线:内荆河航线从荆州市沙市区代家洼至洪湖新滩口,全长224.6千米,为五级航道,可常年通航300吨级船舶。

松虎航线:松虎航线从太平口至新渡口,全长92千米,为五级航道,可季节性通航300吨级船舶。

（5）锚地

2015年荆州港有玉南货船锚地、观音寺货船锚地、马家寨货船锚地、南门洲货船锚地共3处,总面积44万平方米。

2. 港口水文气象

荆州市四季分明,雨水充沛,无霜期长,属于亚热带内陆湿润季风气候。历年平均气温16.1摄氏度,年平均最低气温15.3摄氏度(1954年),年平均最高气温17.2摄氏度(1914年),极端最高气温38.6摄氏度(1961年6月22日,1978年8月2日),极端最低气温-14.9摄氏度(1977年1月30日)。历年平均风速2.4米/秒,年平均最小风速2.0米/秒(1954年),年最大风速2.9米/秒(1964年),瞬时最大风速24米/秒(1955年2月18日)。冬季主风向西北,夏季主风向东南。平均降雨量1114.6毫米,年最小降雨量641.8毫米(1966年),年最大降雨量1853.5毫米(1954年),极端降水量416.3毫米(1954年6月)。历年平均雾日37.7天,年最少雾日26天(1961年),年最多雾日62天(1977年)。

荆州河段位于长江三峡水库下游。该河段的径流和泥沙主要来自长江上游干流,三峡水库蓄水后,水库的清水下泄使得下游河段的水沙条件发生明显变化,主要表现为径流的变化、流量的变化、输沙量的变化、含沙量的变化以及床沙发生粗化。

径流的变化

三峡蓄水后,三峡下游各站的多年平均径流量与蓄水前相比,除了监利站基本持平外,其他站均有所减小。径流过程与蓄水前相比更加均匀,枯水期径流量占比增加,而汛期径流量占比减小,与蓄水前相比,汛后退水期变短、退水过程变陡。

3. 发展成就

荆州港在历史上享有盛名,早在明清时期就已是长江中游繁荣的贸易港口。1992年,国务院批准荆州港为国家二类对外开放口岸。2004年10月,荆州港被确立为全国主要港口之一。2006年7月,国家海关总署将荆州港纳入国家"十一五"口岸发展规划,同意由原二类水运口岸升格为国家一类水运口岸。在国家政策的有利支持下,荆州港建设步伐明显加快,以荆州市城区港口为核心、沿江各县、市港口为支撑的港口体系逐渐形成。特别是"十二五"期间,先后开工建设了盐卡港区三期工程、李埠港区一期综合码头工程、洪湖新堤港区综合码头一期工程、公安斗湖堤港区朱家湾综合码头一期工程、石首绣林港区工业港码头工程、旅游客运港区涉外旅游码头工程等诸多省内重大工程项目,发展势头强劲。港口服务能力和水平进一步提升,港口航运企业不断发展壮大,以港口为枢纽的综合运输体系日趋完善,港口吞吐量和规模水平都得以显著提升。2015 年全港完成货物吞吐量 3061.49 万吨、集装箱 10.06 万 TEU,自 2005 年以来平均增幅 8%,在金属矿石、能源、矿建材料、钢铁、集装箱等运输中发挥了重要作用,有力支撑和促进了沿江产业的发展,成为全省港口布局中重要的增长极。

荆州港港区分布如图 9-7-3 所示。荆州港基本情况见表 9-7-4。

图 9-7-3　荆州港港区分布图

（二）松滋港区

1. 港区综述

（1）港区建设概况和运营情况

松滋港区原称松滋港。松滋港位于湖北省西南部,地处长江中游南岸。2005 年,松滋港共有 9 个港区,其中长江干线港区 3 个,即车阳河港区、松滋口港区、涴市港区;支流港区 6 个,即新江口港区、老城港区、沙道观港区、采穴港区、断山港区、洈水水库港区等。原《荆州港总体规划》(2011 年)17 个港区之一的松滋口港区位于松滋市;2016 年,松滋港区纳入《荆州港总体规划》一港十区进行规划,2019 年获批的《荆州港总体规划(2018—2035 年)》松滋港区分为车阳河作业区、松滋口作业区和涴市岸线。

荆州港基本情况表

表 9-7-4

序号	港区名称	港口岸线（千米）		2015 年港口生产用泊位				其中:1978—2015 年建成的生产用泊位				2015 年港口货物和旅客吞吐量						
		港口规划岸线	其中:2015 年前已建成岸线	生产用泊位数	其中:千吨级以上	生产用泊位总长	其中:千吨级以上	生产用泊位数	其中:千吨级及以上	生产用泊位总长	其中:千吨级及以上	货物吞吐量	其中:外贸货物吞吐量	集装箱吞吐量	滚装车辆		旅客吞吐量	其中:国际旅客
															数量	重量		
		千米	千米	个	个	米	米	个	个	米	米	万吨	万吨	万 TEU	万辆	万吨	万人	万人
1	松滋港区	4.77	1.99	25	18	1992	1602	25	18	1992	1602	172.47	—	—	—	—	—	—
2	盐卡港区	9.05	3.76	44	38	3757	3243	39	36	3689	3420	1351.11	42.53	10.06	—	—	—	—
3	荆州港区	3.28	3.65	22	7	3645	1225	28	13	4111	1691	190.16	—	—	—	—	—	—
4	沙市港区	1.15	1.93	34	19	1934	1218	11	9	858	712	88.66	—	—	—	—	—	—
5	公安港区	5.18	1.52	30	6	1523	569	34	10	2097	1143	286	—	—	—	—	—	—
6	江陵港区	8.13	5.02	36	19	5015	2823	32	17	4549	2557	143.12	—	—	—	—	—	—
7	石首港区	—	3.67	33	17	3673	2023	24	13	2793	1543	306.88	—	—	—	—	—	—
8	监利港区	5.79	5.04	25	3	5035	600	27	6	5335	1020	326.74	—	—	—	—	—	—
9	洪湖港区	3.53	9.36	108	65	9357	7933	84	61	8474	7933	196.35	—	—	—	—	—	—
10	洪湖湿地港区	0.30	0.00	0	0	0	0	0	0	0	0	0	—	—	—	—	—	—
	合计	40.88	35.94	357	192	35931	21236	304	183	33898	21621	3061.49	42.53	10.06	—	—	—	—

注:1. 港区泊位划分情况

根据《2015 年湖北省水运统计资料汇编》,荆州市统计的是 7 个港口,情况如下:

(1) 松滋港(车阳河港区、松滋口港区、涴市港区、新江口港区);

(2) 荆州港(荆州学堂洲港区、荆州弥市港区、新河口港区、沿江休闲港区、王和坪伴祭港区、柳林洲散货港区、盐卡水铁联运港区、石油和危险品港区);

(3) 公安港(埠河港区、斗湖堤港区、杨场港区、南平港区、支竹园港区、藕池港区);

(4) 江陵港(观音寺港区、马家寨港区、郝穴港区、柳口港区、三湖港区);

(5) 石首港(绣林港区、柴码头港区、五马口港区、团山口港区、高陵港区、久和垸港区);

(6) 监利港(三洲港区、白螺港区、黄歇港区、毛市港区);

(7) 洪湖港(螺山港区、城区港区、乌林港区、大沙港区、龙口港区、燕窝港区、新滩港区、瞿家湾港区、戴市港区、峰口港区)。

以上 7 个港口共 46 个港区是在我国港口体制改革之前划分的,与《荆州港总体规划》(2011 版)港区(17 个港区,分别是李埠港区、学堂洲港区、荆州旅游客运港区、柳林港区、盐卡港区、木沉渊港区、观音寺港区、郝穴港区、容城港区、新堤港区、新滩港区、松滋港区、弥市港区、埠河港区、斗湖堤港区和绣林港区）划分有很大区别，且《荆州港总体规划》（2011 版）在实施过程中也存在一些问题，2015 年荆州港实际情况、荆州港发展情况已发生变化，按照 2015 年荆州港在原《荆州港总体规划》（2011 版）基础上进行修编，截至 2015 年底，荆州港分为 10 个港区，分别是松滋港区（松滋市）、公安港区（公安县）、荆州港区（荆州区）、沙市港区（沙市区）、盐卡港区（荆州经济技术开发区）、江陵港区（江陵县）、监利港区（监利县）、洪湖港区（洪湖市）、洪湖湿地港区（洪湖湿地自然保护区）、石首港区。

2010 年前,松滋港区规模较小,泊位分布也较分散,大多还是经营砂石的简易码头;在 2010 年,松滋市委、市政府为响应湖北省长江经济带新一轮开放开发战略,充分发挥长江岸线、焦柳铁路、江南高速和宜洋一级公路集中交汇区独特的交通优势,围绕建设大型现代化港口目标,将市域西北部的陈店市沿江地带规划为松滋市临港工业园区。车阳河综合码头,是松滋市为适应经济快速发展而建设的大型现代化港口项目。截至 2015 年底,松滋港区共有生产性泊位 25 个。2015 年,港区完成货物吞吐量 172.47 万吨。

(2)港区地理条件和集疏运概况

松滋地处巫山山系荆州分支余脉和武陵山系石门分支余脉向江汉平原延伸的过渡地带。市域地形西高东低,以枝柳铁路为界;其西为鄂西山地,向江汉平原呈四级阶梯递降;其东为丘陵平原,平原地势则由北向南微倾,形成了山地、丘岗、平原兼有的地貌特征。西南山地较高区海拔 600 ~ 800 米;低山区海拔在 200 ~ 600 米之间;平原湖区海拔在 50 米以下,平展宽广,河渠纵横,间有湖泊。最低点在南部王家大湖芦苇场,海拔 34.2 米。

2015 年以来,松滋港区航行长江船舶大多数为 3000 ~ 5000 吨,总长约 100 米。港区的水、公、铁综合交通运输优势日益彰显,松滋口岸功能影响逐步扩大,正逐步成为鄂西、湘北借江出海的一条重要新兴通道。松滋港区通过焦柳铁路实现水铁联运,通过江南高速公路和荆松一级公路实现水公联运。

2.港区工程项目

(1)荆州港松滋港区车阳河综合码头工程

项目于 2010 年 12 月开工,2012 年 12 月试运行。截至 2019 年 12 月,因后方陆域未完成,该项目尚未竣工验收。

项目建设依据:2010 年 12 月,湖北省发改委《关于荆州港松滋港区车阳河综合码头工程可行性研究报告的批复》(鄂发改交通〔2010〕1637 号);2011 年 2 月,湖北省发改委《关于荆州港松滋港区车阳河综合码头工程初步设计的批复》(鄂发改交通〔2011〕144 号);2010 年 11 月,湖北省环境保护厅《关于荆州港松滋港区车阳河综合码头工程环境影响报告书的批复》(鄂环函〔2010〕727 号);2010 年 11 月,湖北省国土资源厅《关于荆州港务集团公司荆州港松滋区车阳河综合码头项目用地预审备案意见的函》(鄂土地预审函〔2010〕119 号);2011 年 7 月,交通运输部《关于荆州港松滋港区车阳河综合码头工程使用港口岸线的批复》(交规划发〔2011〕374 号)。

项目建设 4 个 3000 吨级内河码头泊位,其中件杂泊位 2 个、通用泊位 1 个、散货泊位 1 个,岸线总长 458.0 米。码头采用顺岸式布局,高桩式结构。码头前沿水深 10 米。项目后方堆场面积 5.63 万平方米,堆存能力 30 万吨。仓库面积 0.5 万平方米,堆存能力 2 万吨。主要装卸设备配置包括 16 吨的门座式起重机 2 台、40 吨门座式起重机 1 台、装船机 1 台、岸边桥式集装箱起重机 1 台、35 吨轨道式集装箱吊机 3 台。项目总投资 5.32 亿元,其中政府投资1.86亿元,企业投资(业主自有资金)3.46亿元。陆域用地面积23.6万平方米。

项目建设单位为荆州港松滋区车阳河港务有限公司;设计单位为中交第二航务工程勘察设计院有限公司;施工单位为中交三航局第三工程有限公司;监理单位为武汉四达工程建设咨询监理有限公司、温州港湾工程咨询监理有限公司;质监单位为荆州市交通工程质量监督站。

项目建设期间重大事项:4号泊位的件杂泊位变更为集装箱泊位,4号泊位对应的后方陆域变更为海关检验检疫区,同时概算也发生了变更。

(2)松滋市松滋口装卸有限责任公司1号泊位维护改造工程

项目于2013年3月开工,2014年4月试运行。

该工程属历史老旧码头改造,在松滋市发展与改革局备案登记备案项目编号:2016108757100001);项目建设依据为松滋市陈店镇政府《关于松滋口装卸有限责任公司码头维修加固请示的批复》;2014年1月23日,松滋市松滋口装卸有限责任公司组织进行了综合码头1号泊位维修改造交工验收。

项目维修改造1个2000吨级散货码头泊位,岸线总长154米。码头采用顺岸式布局,斜坡式结构。码头前沿水深4.5米。项目后方堆场面积0.15万平方米,堆存能力0.5万吨。主要装卸设备配置包括浮式起重机FQ1020 1台。项目总投资430万元。用地面积4534.18平方米。

项目建设单位为松滋市松滋口装卸有限公司;设计单位为松滋市建筑设计院;施工单位为松滋市龙发建筑工程有限公司;监理单位为松滋口装卸有限公司;质监单位为荆州市交通基本建设工程质量监督站。

(3)松滋口原334仓库棉花码头维修项目

项目于2014年9月开工,2015年6月试运行,2015年6月竣工。

项目属历史老旧码头改造,建设依据为松滋市发展与改革局《关于松滋口原334仓库棉花码头维修项目立项的批复》(松发改审批〔2014〕97号)。

项目维修改造2个2000吨级散货进口斜坡道泊位,岸线总长240米。码头采用顺岸式布局,斜坡式结构。项目总投资460万元,全部为企业投资(业主自有资金)。用地面积2.27万平方米。

项目建设单位为丽源(湖北)科技有限公司;设计单位为荆州市水利水电勘测设计院松滋分院;施工单位为湖南益阳兴益水利水电建筑有限责任公司;监理单位为丽源(湖北)科技有限公司。

项目投产后能够推动松滋市、陈店镇及周边发展,提高工程建设及运输业的发展步伐,展开多元化发展,港口年吞吐量可达100万吨,为地方解决50个以上就业岗位、新增税收 500 万元以上。

(三)公安港区

1.港区综述

(1)港区建设概况和运营情况

公安港区原称公安港。公安港位于公安县城关,地处长江中游的荆江段南岸。公安县东邻石首市、西接松滋市,南与湖南省南县、安乡县毗邻,北与荆州市江陵县隔江相望。公安港是具有运输组织、装卸、储存、水陆联运、通信信息、战备防汛、生产生活服务多功能的综合性港口,是川、湘、鄂物资中转的重要港口,是湖北南部地区重要物流中心基地之一,主要承担矿建、煤炭、轻纺、塑管、纸张、粮、棉、油等内外贸物资水陆联运,以港口为中心,形成水陆联运的交通格局。2005 年,公安港共由 14 个港区组成。其中长江干线港区有 3 个港区,由上而下分别为埠河港区、斗市港区、杨厂港区,西起太平口,东至郑家河头,全长 85 千米,水域面积 267.3 公顷。支流港区有 11 个,即斑竹垱港区、狮子口港区、孟家溪港区、夹竹园港区、章庄铺港区、闸口港区、南平港区、黄山头港区、藕池港区、毛家港港区、甘家厂港区。原《荆州港总体规划》(2011 年)17 个港区中的斗湖堤港区、埠河港区位于公安县;2016 年,公安港区纳入《荆州港总体规划》一港十区进行规划,2019 年获批的《荆州港总体规划(2018—2035 年)》公安港区主要有马家嘴作业区、斗湖堤作业区。

2010 年前,公安港区规模较小,泊位分布也较分散,大多还是经营砂石的简易码头;2010 年开始,公安县为响应湖北省长江经济带新一轮开放开发战略,充分发挥长江岸线,开始建设大型现代化港口目标。公安港区已建成朱家湾综合码头一期、二期工程 3000 吨级泊位 6 个,年吞吐能力达到 332 万吨,已经形成了比较稳定的服务格局。矿建材料主要来自枝江及洞庭湖等地;煤炭主要由万州、枝城、城陵矶等地进口;粮食、油料主要出口到湖南常德、益阳以及长江沿线城市;化肥主要通过水运为四川、武汉、南京等地服务。随着荆东公路的贯通,湖南澧县、临澧等地的石膏矿、水泥熟料等物资可通过公路运输至港区,并通过水运中转至长江沿线。截至 2015 年,公安港区建成和在建生产性泊位 34 个,其中千吨级泊位 10 个。2015 年,公安港区完成货物吞吐量 286 万吨。

(2)港区地理条件和集疏运概况

公安港区位于长江中游荆江河段南岸,为长江中下游一级阶地河谷地貌单元,地形平坦开阔,堤外滩地高程约为 36 ~ 38 米,堤顶高程为 42 米左右,堤内高程为 35 ~ 36 米。港区前沿水域开阔,河道顺直,近岸河床为深中槽区。

公安港区交通便利,四通八达,区位优势明显,发展综合交通运输体系的基础完备。公路方面,已建成由荆东高速公路、207 国道、4 条省道为主体的交通网络,县乡村道纵横交错;铁路方面,荆岳铁路即将完工,未来将贯穿公安县境内;水运方面目前已经形成了以长江为主通道,松东河、松西河、虎渡河、藕池河南北贯通的综合航道网,并与洞庭湖水系相连。

2. 港区工程项目

(1)荆州港斗湖堤港区朱家湾综合码头工程

项目于 2010 年 1 月开工,2013 年 8 月试运行,2019 年 11 月竣工。

项目建设依据:2008 年 8 月,湖北省发改委《荆州港斗湖堤港区朱家湾综合码头工程可行性研究报告》(鄂发改交通〔2008〕1172 号);2009 年 8 月,湖北省发改委《荆州港斗湖堤港区朱家湾综合码头工程初步设计》(鄂发改重点〔2009〕1069 号);2006 年 12 月,湖北省环境保护局《荆州港斗湖堤港区朱家湾综合码头工程环境影响报告表》(鄂环函〔2006〕482 号);2009 年 3 月,湖北省国土资源厅《荆州港斗湖堤港区朱家湾综合码头工程用地对土地利用总体规划实施影响评价和占用基本农田论证报告》(鄂土资预审函〔2009〕15 号);2009 年 6 月,交通运输部《荆州港斗湖堤港区朱家湾综合码头工程长江港口岸线使用报告》(交规划发〔2009〕303)。

项目建设 2 个 2000 吨级泊位,其中重件泊位和综合泊位各 1 个(码头水工建筑允许靠泊能力 3000 吨级),岸线总长 273.0 米。码头采用顺岸式布局,综合泊位为斜坡码头形式,斜坡道采用实体结构,重件泊位采用高桩梁板结构。码头前沿水深 4.0 米。项目后方堆场面积 3.54 万平方米,仓库面积 7712 平方米。主要装卸设备配置:综合泊位配置 1 台 8 吨—20 米浮式起重机和 1 艘 45 米×12 米钢质趸船,重件泊位配置 1 台 10 吨—25 米门式起重机,码头配置 1 台轮式起重机和 1 台单斗装载机及若干货斗汽车、平板车等。项目总投资 8800.30 万元,资金来源为争取国家资金 1980 万元,其余为企业自筹和银行贷款。陆域用地面积 6.81 万平方米。

项目建设单位为湖北省公安县装卸运输公司;设计单位为山东省航运工程设计院有限公司;施工单位中交第二航务工程局有限公司;监理单位为武汉中澳工程项目管理有限责任公司;质监单位为荆州市交通基本建设工程质量监督站。

项目建设主要为了适应现代经济发展趋势,改善公安县投资环境,改善公安县港口落后面貌,提升港区功能。项目投产后直接服务于公安县工业园区。2016 年、2017 年港口装卸作业量连续突破 100 万吨。

(2)荆州港斗湖堤港区朱家湾综合码头二期工程

项目于 2015 年 3 月开工,2018 年 10 月试运行,2019 年 11 月竣工。

项目建设依据:2014 年 3 月,湖北省发改委《荆州港斗湖堤港区朱家湾综合码头二期工程可行性研究报告》(鄂发改审批〔2014〕119 号);2015 年 3 月,湖北省发改委《荆州港斗湖堤港区朱家湾综合码头工程初步设计》(鄂发改审批服务〔2015〕76 号);2013 年 11

月,湖北省环境保护厅《荆州港斗湖堤港区朱家湾综合码头二期工程环境影响报告书》(鄂环审〔2013〕584号);2012年10月,湖北省国土资源厅《荆州港斗湖堤港区朱家湾综合码头二期工程建设用地地质灾害危险性评估报告和压覆矿产资源调查说明》(鄂土资预审函〔2012〕208号);2015年12月,交通运输部《荆州港斗湖堤港区朱家湾综合码头二期工程岸线使用合理性评估报告》(交规划函〔2015〕884号)。

项目建设4个码头泊位,其中2个3000吨级件杂货泊位(水工结构按靠泊5000吨级船设计),1个3000吨级散货泊位(水工结构按靠泊5000吨级船设计),1个3000吨级通用泊位,岸线总长574米。码头采用顺岸式布局,自上游至下游依次为1号、2号件杂货泊位,3号散货泊位,4号通用泊位。1~3号泊位采用高桩梁板结构形式,平台长333米,宽28米,通过2座引桥与陆域连接。4号泊位为斜坡码头结构形式,斜坡道由架空斜坡道和实体斜坡道组成。码头前沿水深4.15米。陆域堆场分为临时堆场和后方陆域两部分,临时堆场位于码头后方长江外滩,面积7.4万平方米;后方陆域位于长江大堤后方,面积为12.56万平方米,仓库等建筑面积为2.03万平方米。主要装卸设备配置包括1号、2号件杂货泊位各配置2台16吨—32米门式起重机,3号散货泊位配置2台带抓斗16吨—32米门式起重机,4号通用泊位配置1台16吨—32米浮式起重机和1艘63米×15米钢质趸船,码头配置1台轮式起重机和1台单斗装载机及若干货斗汽车、平板车等。项目总投资4.64亿元,资金来源为争取国家资金4698万元,其余为企业自筹和银行贷款。用地面积12.56万平方米。

项目建设单位为湖北省公安县装卸运输公司;设计单位为湖北省交通规划设计院、中交武汉港湾工程设计研究院有限公司;施工单位中交第二航务工程局有限公司;监理单位为中交二航院工程咨询监理有限公司;质监单位为荆州市交通基本建设工程质量监督站。

项目投产后直接服务于公安县工业园区,服务于公安县地方经济,进一步提升城市功能,改善公安县投资环境,推动城市经济持续快速、健康发展;同时,起到搭建鄂南湘北物资进出长江水上物流平台的作用。

(四)荆州港区

1.港区综述

(1)港区建设概况和运营情况

荆州港区原称荆州港,位于江汉平原腹地荆州市,地处长江北岸,是长江中游主要港口和水陆交通枢纽。

2005年,荆州港由沙市、新河口、学堂洲、龙洲、太平口、弥市港区组成。港区岸线长度21.5千米,码头总延长5.83千米,码头泊位135个,最大靠泊能力3000吨级;仓库面积6.5万平方米,堆场82.5万平方米;装卸机械317台(套),最大起重能力50吨,具备集装箱疏运能力。港口年综合吞吐能力：货物 1148 万吨，旅客 106 万人次。荆州港主要承担矿建材料、煤炭、石油、钢铁、轻纺织机械和化工制品等内外贸物资水陆转运。

《荆州港总体规划（2011 年）》17 个港区中的学堂洲港区、李埠港区、弥市港区位于荆州港城区；《荆州港总体规划（2018—2035 年）》荆州区港区只有李埠作业区一个作业区，港区主要为荆州区城区及李埠临港产业园服务，重点发展以矿建材料、水泥、钢铁、粮食和机械设备等运输功能，兼顾水上加油、LNG 加注功能，港区主要建设有荆州区李埠作业区一期综合码头工程。截至 2015 年，荆州区港区在建和建成的生产性泊位共有 28 个。2015 年，港区完成货物吞吐量 190.16 万吨。

（2）港区地理条件和集疏运概况

荆州市主要依靠荆沙铁路实现水铁联运；荆州市境内现有二广高速公路和沪渝高速公路，以及 318 国道和 207 国道穿境而过；水路主要依托长江（一级航道）；汉宜高速公路可便捷到达宜昌三峡机场，沪渝高速公路经武汉外环可以通武汉天河国际机场。

2. 港区工程项目

（1）荆州港李埠港区一期综合码头工程

项目于 2011 年 10 月开工，2018 年 1 月试运行，2019 年 11 月竣工。

项目建设依据：2010 年 8 月，湖北省发展改革委《李埠港区一期综合码头工程可行性研究报告的批复》（鄂发交通〔2010〕1022 号）；2010 年 11 月，湖北省发展改革委《荆州港李埠港区一期综合码头工程初步设计的批复》（鄂发交通〔2010〕1073 号）；2010 年 7 月，湖北省环境保护厅《李埠港区一期综合码头工程环境影响报告书的批复》（鄂环函〔2010〕365 号）；2010 年 9 月，湖北省国土资源厅《李埠港区一期综合码头工程符合土地利用规划的意见》（鄂土资函〔2009〕65 号）；2010 年 12 月，交通运输部《李埠港区一期综合码头工程使用港口岸线的批复》（交规划发〔2010〕773 号）。

项目建设 4 个 1000 吨级件杂泊位，2 个 1000 吨级散货泊位（码头水工建筑允许靠泊能力 3000 吨级），岸线总长 466 米。码头采用顺岸式布局，高桩式结构。码头前沿水深 2.7 米。项目后方堆场面积 3.6 万平方米，仓库面积 3.8 万平方米，设计件杂货堆存能力 100 万吨。散货堆存能力 90 万吨。主要装卸设备配置包括 10 吨—35 米的四连杆门座式起重机 1 台、16 吨—30 米的四连杆门座式起重机 2 台、25 吨—30 米四连杆门座起重机 1 台、15 吨—25 米浮式起重机 3 台、25 吨—35 米门式起重机 2 台。项目总投资 2.83 亿元，全部为企业自筹。陆域用地面积 20 万平方米。

项目建设单位为湖北交投荆州投资开发股份有限公司；设计单位为湖北省交通规划设计院；施工单位为中交第三航务工程局有限公司南京分公司、湖南中铁五新重工有限公司、宜昌鑫汇船舶修造有限公司；监理单位为武汉四达工程建设咨询监理有限公司；质监单位为荆州市交通基本建设工程质量监督站。

（2）荆州市巍宏建材有限公司码头

项目于 2014 年 1 月开工,2015 年 11 月交工,2015 年 12 月试运行。

项目建设依据:2013 年,《荆州区水利局准予行政许可决定书》(〔2013〕09 号荆区水许可);2015 年 11 月 8 日区港航处会议记录《荆州港荆州港区李埠作业区荆州市巍宏建材有限公司码头维修改造工程验收意见》;2015 年 11 月 9 日市港航局会议纪要《荆州港荆州港区李埠作业区荆州市巍宏建材有限公司码头维修改造工程岸线复核审查会纪要》;2017 年,《关于印发荆州市中心城区(李埠至观音寺)港口码头整治方案的通知》(荆整治办发〔2017〕2 号);2018 年,《关于荆州市巍宏建材有限公司码头升级改造项目现状环境影响评估报告的备案意见》(荆环函〔2018〕124 号);2019 年,《省水利厅关于印发长江干流岸线利用项目清理整治防洪影响补充论证项目整改意见(第二批)的通知》(鄂水利函〔2019〕320 号)。

项目建设 1 个 1000 吨级高桩码头泊位(码头水工建筑允许靠泊能力 3000 吨级),岸线总长 150 米。码头采用顺岸式布局,高桩式结构。码头前沿水深 4.5 米。项目后方堆场面积 1.2 万平方米,堆存能力 8000 吨。主要装卸设备配置 16 吨固定式起重机两台。项目总投资为 5000 万元,其中自筹资金 60%,银行贷款 40%。用地面积 2 万平方米。

项目建设单位为荆州市巍宏建材有限公司;设计单位为湖北省交通规划设计水工分院、中交武汉港湾工程研究设计院、湖北楚元建设工程咨询有限公司;施工单位为湖北荆建建设集团;监理单位为湖北楚元建设工程咨询有限公司;质监单位为荆州市交通基本建设工程质量监督站。

该项目于 2015—2018 年完成货物吞吐量 120 万吨,2019 年完成货物吞吐量 48 万吨,取得了较好的经济效益及社会效益。

（五）沙市港区

1.港区综述

（1）港区建设概况和运营情况

2005 年,《荆州港总体规划》(2011 年)对沙市区进行了修编,17 个港区中的荆州旅游客运港区、关沮港区属于沙市区;2016 年,沙市港区纳入《荆州港总体规划》一港十区进行规划,通过在对港区内的货运码头的搬迁整合,逐步调整原有的港口岸线功能;根据新一轮的《荆州港总体规划(2035 年)》,沙市港区重点发展旅游客运、公务支持保障、城市景观功能。据此,沙市港区下辖旅游客运作业区和柳林作业区。旅游客运作业区位于沙市区,长江左岸,自荆州长江大桥至航道处码头之间。本作业区有荆州长江大桥、荆州市南湖水厂(一级水源保护),以及众多现有码头,后方为沙市城区。柳林作业区位于沙市区,长江左岸,自航道处码头至柳林三路之间。结合荆州市城市规划和中心城区码头整治的要求,柳林作业区范围内的现有货运码头将全部外迁,作业区调整为以城市景观为主的功能。

截至 2015 年,沙市港区共有生产性泊位 34 个。2015 年,港区完成货物吞吐量 88.66 万吨。

(2)港区地理条件和集疏运概况

沙市港区后方为荆州市中心城区沙市区。港区位于长江荆江大堤南侧河岸区,地貌单元属江汉平原长江左岸河漫滩地貌,地形起伏较大。沙市港区位于沙市河段的太平口水道下段,人工护坡工程后,岸线稳定。

沙市港区位于荆州市中心城区,城市道路为港区主要集疏运方式,旅客通过沿江大道进出港口。

2. 港区工程项目

荆州港涉外旅游码头工程项目:

项目于 2011 年 8 月开工,2012 年 12 月试运行。

项目建设依据:2011 年 11 月,湖北省交通运输厅港航管理局《关于荆州港涉外旅游码头工程可行性研究报告的批复》(鄂交港航基〔2011〕288 号);2011 年 5 月,湖北省环境保护厅《关于荆州港涉外旅游码头工程环境影响报告书的批复》(鄂环函〔2011〕339 号);2012 年 4 月,交通运输部《关于荆州港旅游客运港区涉外旅游码头工程使用港口岸线的批复》(交规划发〔2012〕141 号)。

项目建设 3 个旅游客运泊位,岸线总长 342 米。码头采用顺岸式布局,浮码头结构。码头前沿水深 3.1 米。该工程投资总估算为 4925.76 万元,项目资本金为 1478 万元(总投资的 30%),资金来源为申请省财政专项资金和荆州市配套资金,其余由建设单位自筹解决。

项目建设单位为荆州港务集团公司;设计单位为湖北省港路勘测设计咨询有限公司;施工单位为湖北海鸿建设有限公司。

荆州港客运旅游码头新建的 3 个泊位和旧码头 1 个泊位,以及后方停车场、道路、集散广场等配套设施构成荆州港客运旅游港区,现已成为长江游轮靠泊基地,游客长江全境旅游和三国文化旅游的始发港和水陆换乘中转港,展现荆州"古城文化"和滨江城市魅力的水上平台。充分发挥旅游码头优势,利用楚文化、三国文化的影响力,抢抓"荆州楚纪南城大遗址保护区"建设,以及荆州市构筑综合交通体系带来的机遇,大力拓展长江旅游接待业务,荆州半日游已成为长江旅游的强势品牌,极大促进了荆州市旅游业发展。

（六）盐卡港区

1. 港区综述

（1）港区建设概况和运营情况

盐卡港区分为盐卡作业区和木沉渊作业区。盐卡作业区上起柳林三路，下至杨二月矶。具有优良的深水岸线，可靠泊 3000 吨级船舶，是以集装箱、重件、件杂货、煤炭、石油、化工原料及制品等为主的大型综合性深水港区，还是辐射鄂西南的大型专业化深水港区，具备铁水中转、水水中转功能，服务于后方工业区和荆州开发区。建设有国电沙市煤炭储配中心码头改扩建工程、荆州港柳林港区煤炭储运码头工程、沙市港盐卡新港区工程项目（一期）、荆州港盐卡（二期）多用途码头工程、荆州港盐卡三期多用途码头工程、荆州油库成品油接卸码头工程、湖北沙隆达股份有限公司热电煤码头工程等。木沉渊作业区位于长江中游左岸，港区自然岸线上起木沉渊杨月矶头，下至耀新民堤。

截至 2015 年，盐卡港区共有生产性泊位 44 个。2015 年，盐卡港区完成货物吞吐量 1351.11 万吨，其中集装箱 10.06 万 TEU。

（2）港区地理条件和集疏运概况

盐卡作业区位于长江荆江大堤南侧河岸区，地貌单元属江汉平原长江左岸河漫滩地貌，地形起伏较大。

公路、铁路为港区主要集疏运方式，其中公路通过柳林五路、月堤路、临江路、东方大道集疏运，荆沙地方铁路直通港区。

木沉渊作业区在盐卡作业区下游，长江中游荆江北岸，地势平坦，属长江冲积平原和四湖平原并列地带；公路为港区主要集疏运方式，通过大堤、江陵大道等集疏运。

2. 港区工程项目

（1）沙市港盐卡新港区工程项目（一期）

项目于 1991 年 12 月开工，1998 年 5 月竣工。

项目建设依据：1990 年 4 月，交通运输部《关于沙市港盐卡新港区工程项目建议书的批复》（交字〔90〕178 号）；1992 年 3 月，国家交通投资公司《关于沙市港盐卡新港区工程初步设计的批复》（交投水〔1992〕30 号）；1990 年 12 月，湖北省环境保护局关于《沙市港盐卡新港环境影响报告书》的批复（鄂环管字〔1990〕80 号）；1992 年 4 月，沙市市计划委员会《关于市三湾路停车场、市职大、沙市盐卡新港区项目用地计划的批复》（沙计字（92）079 号）。

项目建设 2 个 1500 吨级驳船通用杂货泊位（码头设计靠泊能力 2000 吨级，其中 1 个泊位考虑停靠 3000 吨级江海轮和装卸集装箱的需要），岸线总长 170 米。码头采用顺岸式布局,高桩式结构。码头前沿水深 3.7 米。钢铁堆场面积为 4312 平方米,件杂堆场面积为 12021 平方米,集装箱堆场面积为 4550 平方米,散货堆场面积为 6054 平方米,仓库面积 7981 平方米(件杂仓库面积为 5797 平方米,拆装箱库 2184 平方米)。主要装卸设备配置包括件杂装卸设备 27 台。项目的总投资为 9200 万元,其中 832.9 万元由沙市市人民政府按设计要求包干解决新港区所需的供电、供水、铁路接轨、征地、拆迁等工程和外部协作条件,其余由企业自筹。用地面积 22 万平方米。

项目建设单位为荆州港务集团公司;设计单位为交通部第二航务工程勘察设计院;施工单位为二航局一公司、中建工程五局机械施工公司;质监单位为交通长江航务工程质量监督中心站。

项目重大变更:根据初步设计审查意见,相应调整单项工程费用后,项目工程总概算为 9471.68 万元,投资方向调节税 25.96 万元,建设期间银行贷款利息 431.49 万元。

(2)荆州港盐卡(二期)多用途码头工程项目

项目于 2006 年 1 月开工,2010 年 2 月试运行,2018 年 11 月通过整体验收。

项目建设依据:2005 年 10 月,湖北省发改委《关于荆州港盐卡二期多用途码头工程可行性研究报告的批复》(鄂发改交通〔2005〕930 号);2006 年 8 月,湖北省发改委《关于荆州港盐卡二期多用途码头工程初步设计的批复》(鄂发改重点〔2006〕632 号);2005 年 6 月,湖北省环境保护局《关于荆州港务集团公司盐卡(二期)综合码头项目环境影响报告表审批意见的复函》(鄂环函〔2005〕199 号);2006 年 4 月,交通部《关于盐卡二期多用途码头工程岸线的批复》(交规划发〔2006〕147 号)。

项目建设 2 个 2000 吨级多用途码头泊位(码头水工建筑允许靠泊能力 3000 吨级),岸线总长 220 米。码头采用顺岸式布局,高桩式结构。码头前沿水深 3.5 米。项目后方堆场面积 5.06 万平方米。件杂仓库面积为 2407 平方米,拆装箱库面积为 3600 平方米。主要装卸设备配置包括:码头前方采用 1 台 25 吨—25 米门座式起重机,集装箱堆场采用 3 台 40.5 吨—35 米轨道式集装箱门式起重机,重件堆场采用 1 台 25 吨—35 米轨道式门式起重机,水平运输配备 14 台集装箱牵引车,20 台集装箱半挂车,3 台牵引车、5 台半挂车,辅助作业设备 20 吨叉车 1 台,3 吨叉车 8 台,100 吨地磅 2 台。项目概算总投资 24118.6 万元,其中交通部投资 6000 万元,其余由荆州港务集团公司自筹。项目的用地面积为 23.6 万平方米。

项目建设单位为荆州港盐卡(二期)多用途码头工程项目;设计单位为湖北省交通规划设计院;施工单位为中交第二航务工程局有限公司;监理单位为武汉四达工程建设咨询监理有限公司;质监单位为荆州市交通基本建设工程质量监督站。

(3)荆州港盐卡(三期)多用途码头工程项目

项目于 2010 年 12 月开工,截至 2019 年 1 月,该项目处于建设中。

项目建设依据:2010 年 10 月,湖北省发展和改革委员会《关于荆州港盐卡三期多用途码头工程可行性研究报告的批复》(鄂发改交通〔2010〕1327 号);2010 年 10 月,湖北省发展和改革委员会《关于荆州港盐卡三期多用途码头工程初步设计的批复》(鄂发改交通〔2010〕1378 号);2010 年 9 月,湖北省环境保护厅《关于盐卡三期多用途码头工程环境影响报告书的批复》(鄂环函〔2010〕569 号);2011 年 2 月,交通运输部《关于荆州港区盐卡三期工程使用港口岸线的批复》(交规划发〔2011〕60 号)。

项目建设 4 个 3000 吨级内河码头泊位,其中多用途泊位 2 个,件杂泊位 2 个(码头水工建筑允许靠泊能力 5000 吨级),岸线总长 432 米。码头采用顺岸式布局,高桩式结构。码头前沿水深 5.0 米。项目的件杂堆场面积为 50120.7 平方米,年货运量为 2017 万吨,集装箱堆场面积为 24063 平方米,堆场地面的箱位数为 754/200TEU(重箱/空箱)。仓库面积 64972 平方米。项目总投资为 9.34 亿元,项目资本金 3.27 亿元(占总投资 35%),其中争取交通运输部、省专项资金和荆州市人民政府解决一部分,其余部分由项目法人荆州盐卡三期码头有限公司自筹解决。用地面积为 23.3 万平方米。

项目建设单位为荆州港盐卡三期码头建设有限公司;设计单位为湖北省交通规划设计院;施工单位为中交第二航务工程局有限公司;监理单位为武汉四达工程建设咨询监理有限公司;质监单位为荆州市交通基本建设工程质量监督站。

盐卡码头经过三期建设,各项功能日益完善,经营成效不断彰显,成为长江中上游规模一流的现代化大型综合性港区,两湖平原重要物流基地和对外开放的重要窗口,湖北省内集装箱作业效率最高、装备和服务最好的港区之一。港区集装箱、干散件杂货物的装卸、仓储和运输于一体,有进港铁路线四条,具备"水公铁"联运及江海直达功能,设有江汉平原腹地对外开放口岸——荆州水运口岸。

2013—2017 年货物吞吐量分别为:181 万吨、200 万吨、221 万吨、240 万吨、333 万吨。

(4)荆州市富安港埠有限公司码头工程项目

项目于 2003 年 1 月开工,2003 年 12 月试运行,2003 年 12 月竣工。

项目建设依据:2019 年 9 月,湖北省水利厅《关于印发长江干流岸线利用项目清理整治防洪影响补充论证项目整改意见(第一批)的通知》(鄂水利函〔2019〕320 号);2008 年 1 月 20 日,湖北荆州经济开发区环境保护局《关于荆州市富安港埠有限公司窑湾货运码头项目环境影响报告表的审批意见》(荆开环监〔2008〕15 号)。

项目建设 2 个 1000 吨级件杂货码头泊位,岸线总长 240 米。码头采用顺岸式布局,浮码头结构。码头前沿水深 3.8 米。项目后方场地面积 0.8 万平方米。主要装卸设备配置包括 FQ1630 浮式起重机的 1 台,FQ523 浮式起重机 1 台。项目总投资 1000 万元,全部企业自筹。陆域用地面积 1.05 万平方米。

项目建设单位为荆州市富安港埠有限公司,该码头为企业自建。

荆州市富安港埠有限公司码头建成后,主要辐射荆州、荆门,为荆州地区经济发展提供了有力保障。2015—2017 年码头吞吐量分别为:38 万吨、40 万吨、55 万吨。

(5)荆州市荆轮运业有限公司码头改建工程项目

项目于 2008 年 10 月开工,2009 年 5 月试运行,2009 年 8 月竣工。

项目建设依据:2019 年 10 月,湖北省水利厅《关于印发长江干流岸线利用项目清理整治防洪影响补充论证项目整改意见(第二批)的通知》;2018 年 2 月,荆州市环境保护局荆州经济技术开发区分局《关于荆州市荆轮运业有限公司荆轮港埠码头项目环境现状评估报告的备案意见》。

项目建设 2 个 1000 吨级件杂货泊位,岸线总长 200 米。码头采用顺岸式布局,浮码头结构。码头前沿水深 3.8 米。项目后方堆场面积 0.7 万平方米。主要装卸设备配置包括 FQ1025 浮式起重机的 2 台。项目总投资 902 万元,全部资金企业自筹。用地面积 8000 平方米。

项目建设单位为荆州市荆轮运业有限公司;设计单位为荆州市沙市建筑设计院;施工单位为荆州市顺建工程有限公司。

荆州市荆轮运业有限公司码头改建工程建成后,主要辐射荆州、荆门,为荆州地区经济发展提供了有力保障。2015—2017 年码头吞吐量分别为:39 万吨、58 万吨、86 万吨。

(6)荆州市永发装卸有限公司码头改建工程项目

项目于 2009 年 1 月开工,2010 年 1 月试运行,2010 年 12 月竣工。

项目建设依据:2013 年 7 月,荆州市环境保护局《关于荆州市永发装卸有限公司危险化学品装卸项目环境影响报告书的批复》(荆环保审〔2013〕102 号)。

项目改建 1 个 1000 吨级件杂货泊位,1 个 3000 吨级危货泊位,岸线总长 240 米。码头采用顺岸式布局,浮码头结构。码头前沿水深 3.8 米。项目后方堆场面积 0.7 万平方米。主要装卸设备配置包括 HGQ-525 浮式起重机。项目总投资 950 万元,全部为企业自筹。陆域用地面积 1.2 万平方米。

项目建设单位为荆州市永发装卸有限公司;该码头为企业自建。

荆州市永发装卸有限公司码头改建工程建成后,主要服务荆州开发区。2015—2017 年码头吞吐量分别为:42 万吨、51 万吨、76 万吨。

(7)湖北沙隆达股份有限公司热电煤码头工程

项目于 2011 年 3 月开工,2012 年 11 月竣工。

项目建设依据:2011 年 5 月,湖北省发展和改革委员会《关于荆州港木沉渊港区湖北沙隆达股份有限公司热电煤码头项目核准的批复》(鄂发改交通〔2011〕632 号);2011 年 8 月,荆州市发展和改革委员会、荆州市交通运输局《关于荆州港木沉渊港区湖北沙隆达股份有限公司热电煤码头工程一阶段施工图设计的批复》(荆发改审批〔2011〕276 号);

2010 年 7 月,荆州市环境保护局《关于荆州港木沉渊港区湖北沙隆达股份有限公司热电煤码头项目环境影响评估报告的审查意见》(荆环保审文〔2010〕96 号);2011 年 8 月,交通运输部《关于荆州港木沉渊港区湖北沙隆达股份有限公司热电煤码头工程使用港口岸线的批复》(交规划发〔2111〕425 号)。

项目建设 1 个 2000 吨级煤炭泊位,岸线总长 110 米。码头采用顺岸式布局,浮码头结构。码头前沿水深 3.8 米。项目后方堆场面积 6424 平方米,其中应急煤堆场 2129 平方米,储煤堆场 4295 平方米。主要装卸设备配置包括两台 5 吨浮式起重机,散货通过 10 台皮带输送机。项目总投资 3832.18 万元。用地面积 0.64 万平方米。

项目建设单位为湖北沙隆达股份有限公司;设计单位为湖北省交通规划设计院;施工单位为荆州市长河工程公司、成都航冶物料输送工程有限公司;监理单位为武汉四达工程建设咨询监理有限公司;质监单位为荆州市交通基本建设工程质量监督站。

项目投产后降低了能源生产成本,输煤廊道的建成避免了车辆运输对于运煤道路及沿途的环境的破坏和污染。

(8)国电沙市煤炭储配中心码头改扩建工程项目

项目于 2011 年 12 月开工,2014 年 1 月试运行,2014 年 12 月竣工。

项目建设依据:2012 年 4 月,湖北省发改委《关于国电沙市煤炭储配中心码头改扩建工程项目核准的批复》(鄂发改交通〔2012〕333 号);2012 年 6 月,湖北省发改委《关于国电沙市煤炭储配中心码头改扩建工程初步设计的批复》(鄂发改交通〔2012〕681 号);2015 年 5 月,湖北省环境保护厅《关于国电沙市煤炭储配中心码头改扩建工程项目环境影响评估报告的批复》(鄂环审〔2015〕138 号);2014 年 4 月,交通运输部《关于荆州港柳林港区国电沙市煤炭储配中心码头改扩建工程使用港口岸线的批复》(交函规划〔2014〕251 号)。

项目建设 2 个 3000 吨级散货泊位(码头水工建筑允许靠泊能力 5000 吨级),岸线总长 230.8 米。码头采用顺岸式布局,高桩式结构。码头前沿水深 4.15 米。项目后方堆场面积 3.55 万平方米,堆存能力 60 万吨。主要设备有:卸船机 2 台(550 吨/小时)、装船机 1 台(1000 吨/小时)、振动筛 3 台(1500 吨/小时)、堆取料机 1 台(堆料 1150 吨/小时、取料 1000 吨/小时)、刮板输送机 4 台等设备。项目总投资 3.19 亿元,国电武汉燃料有限公司投资建设。用地面积 19.54 万平方米。

项目建设单位为国电武汉燃料有限公司;设计单位为中交第二航务工程勘察设计院有限公司;施工单位为中交第二航务工程局有限公司、葛洲坝集团第五工程有限公司、湖北长江电气有限公司;监理单位为武汉中澳工程项目管理有限责任公司;质监单位为荆州市交通工程质量监督站。

为了更好地贯彻落实国电集团公司区域燃料集中管控要求,实现专业化与一体化管理,国电武汉燃料有限公司于2016年1月将沙市储煤场委托国电长源荆州热电有限公司(以下简称"荆州公司")管理。为落实环保要求,铁路线已接入沙市储煤场,场区内铺设简易装车线360米,2017年,荆州公司煤炭全部通过铁路转运入厂。2015—2017年货物吞吐量分别为:68.73万吨、71.59万吨、117.36万吨。

(9)荆州港柳林港区煤炭储运码头工程

项目于2011年12月开工,2014年5月试运行。截至2019年12月,该项目尚未竣工。

项目建设依据:2012年2月,湖北省发展改革委《关于荆州港柳林港区煤炭储运中心码头可行性研究报告的批复》(鄂发改交通〔2012〕57号);2012年9月,湖北省发展改革委《关于荆州港柳林港区煤炭储运中心码头工程初步设计的批复》(鄂发交通〔2012〕440号);2011年8月,湖北省环境保护厅《关于荆州港柳林港区煤炭储运码头工程环境影响评估报告的批复》(鄂环函〔2011〕1114号);2014年5月,交通运输部《关于荆州港柳林港区煤炭储运码头工程使用港口岸线的批复》(交函规划〔2014〕250号)。

项目建设2个3000吨级散货泊位(其中1个兼顾5000吨级设计),岸线总长235.0米。码头采用顺岸式布局,高桩式结构。码头前沿水深5米。项目后方堆场面积6.8万平方米,其中煤炭堆场面积约3.09万平方米。主要装卸设备配置包括MQ10吨—25米门座式起重机1台。项目总投资2.2亿元,其中政府出资2130万元,企业自出1.80亿元,银行贷款1000万元。用地面积7.16万平方米。

项目建设单位为荆州港旺港港埠股份有限公司;设计单位为中交第二航务工程勘察设计院;施工单位为荆州港旺港港埠股份有限公司;监理单位为武汉四达工程建设咨询监理有限公司;质监单位为荆州市交通工程质量监督站。

荆州港柳林港区煤炭储运码头工程试投产运营后,效果显著,减小了煤炭储运的压力。2012—2015年货物吞吐量分别为150万吨、180万吨、200万吨、230万吨。

(10)荆州港木沉渊作业区江陵跃进综合码头

项目于2014年11月开工建设,2017年5月试运行,2019年5月通过竣工验收。

项目建设依据:2013年7月,湖北省发改委《关于荆州港江陵宝莲跃进综合码头工程可行性研究报告的批复》(鄂发改审批〔2013〕593号);2013年12月,湖北省发展改革委员会《省发展改革委关于荆州港木沉渊港区江陵跃进综合码头工程初步设计的批复》(鄂发改审批〔2013〕1098号);2013年5月,湖北省环保厅《关于申请审批荆州港木沉渊港区江陵跃进综合码头工程环境影响报告书的批复》(鄂环审〔2013〕267号);2013年1月,湖北省国土资源厅《关于荆州港江陵宝莲港务综合码头(二期)工程建设用地预审意见的函》(鄂土资预审函〔2013〕16号);2015年12月,交通运输部《关于荆州港木沉渊港区江陵跃进综合码头工程使用港口岸线的批复》(交规划函〔2015〕919号)。

项目新建 4 个泊位,其中 1 个 3000 吨级散货泊位、3 个 3000 吨级件杂货泊位,水工结构均按靠泊 5000 吨级船舶设计和建设,岸线总长 457 米。码头采用顺岸式布局,散货泊位采用浮码头结构形式,3 个件杂泊位均采用高桩梁板结构形式。码头前沿水深 4.2 米。项目后方堆场面积 3.04 万平方米,仓库面积 1.21 万平方米。主要装卸设备配置:散货泊位前沿配备 2 台浮式起重机,单斗装载机作业;件杂泊位前沿配备门座式起重机装卸作业。项目总投资 4.05 亿元,其中包括:政府投资 5000 万元、银行贷款 1.75 亿元、企业自筹 1.80 亿元。用地面积 14.6 万平方米。

项目建设单位为江陵县宝莲港务有限公司;设计单位为湖北省交通规划设计院;施工单位为中交三航局第三工程有限公司;监理单位为湖北省水运工程咨询监理公司;质监单位为武汉港湾工程质量检测有限公司。

项目重大变更:2017 年 3 月 27 日,项目名称由"荆州港江陵宝莲综合码头二期工程"变更为"荆州港木沉渊港区江陵跃进综合码头";2018 年 3 月 6 日,项目获荆州港航批复下堤道路由规划中的沿江大道立交方案变更为平交方案。

(七)监利港区

1. 港区综述

(1)港区建设概况和运营情况

监利港区原称监利港,监利港位长江荆江段监利县。2005 年,监利港包括容城港区、白螺港区分布于长江,三洲、大垸、朱河、福田、毛市、黄歇、新沟、北口港区分布于内荆河、东荆河、螺山干渠等支流。港区岸线长 21.52 千米,码头总延长 1695 米,码头泊位 73 个,其中坡岸泊位 40 个,最大靠泊能力 1000 吨级。装卸机械 129 台(套),88% 为搬运车辆,皆集中长江港区,内河支流港区除黄歇港区外,全靠人力装卸。仓库面积 2.31 万平方米,堆场 4.35 万平方米。港口年综合通过能力:货物 315.9 万吨、旅客 4 万人次。

《荆州港总体规划(2011 年)》17 个港区之一的容城港区位于监利县;2016 年,监利港区纳入《荆州港总体规划》一港十区进行规划;2019 年获批的《荆州港总体规划(2035 年)》监利港区包括新洲作业区、观音洲作业区和白螺作业区。2010 年前,监利港区规模较小,泊位分布也较分散,大多还是经营砂石的简易码头;2010 年后,监利县政府为响应湖北省长江经济带新一轮开放开发战略,充分发挥长江岸线,围绕建设大型现代化港口目标,适应经济快速发展而建设大型现代化港口项目。2012 年 1 月,荆州港监利容城港区新洲码头工程开工建设,此工程是监利港区第一个专业化码头。截至 2015 年,监利港区建成和在建生产性泊位共有 27 个。2015 年,港区完成货物吞吐量 326.74 万吨。

(2)港区地理条件和集疏运概况

监利县地处长江经济带的开发主轴线上,直接受到武汉、荆州、岳阳等大、中城市的经济辐射,充分享有长江"黄金水道"的便利条件。水运航线以长江为主干,溯流西上165千米至沙市,顺流东下312千米可达武汉,东南距岳阳165千米。监利县境内水资源极为丰富,湖泊星罗棋布。北有东荆河通过新沟、网市两镇,南经虎流河可通湖南湘、资、沅、澧四水,中有内荆河通过毛市、福田寺等镇。监利港区充分利用随岳高速公路、江北高速公路和荆监一级公路,形成了该地区的水公联运的疏港联运网络。

2.港区工程项目

荆州港监利容城港区新洲作业区码头工程:

项目于2012年1月开工。截至2019年12月尚在建设中。

项目建设依据:2009年10月,湖北省发展改革委《关于荆州港监利容城港区新洲码头工程可行性研究报告的批复》(鄂发改交通〔2009〕1421号);2010年6月,湖北省发展改革委《关于荆州港监利容城港区新洲码头工程初步设计的批复》(鄂发改交通〔2010〕652号);2009年9月,湖北省环境保护厅《关于荆州港监利容城港区新洲码头工程环境影响报告书的批复》(鄂环函〔2009〕235号);2009年8月,湖北省国土资源厅《关于荆州港监利容城港区新洲码头工程建设用地预审意见的函》(鄂土资预审函〔2009〕63号);2010年12月,交通运输部《关于荆州港容城港区新洲码头工程使用港口岸线的批复》(交规划发〔2010〕766号)。

项目建设4个3000吨级内河码头泊位,其中件杂货泊位2个、散货泊位2个,岸线总长520米。码头采用顺岸式布局,高桩式结构。码头前沿水深4.2米。项目后方堆场面积4.8万平方米。仓库面积0.47万平方米。主要装卸设备配置包括10吨—25米起重机5台、16吨—25米浮式起重机2台和25吨—25米门式起重机1台。项目总投资2.42亿元,其中交通部安排4880万元,省发改委投资2000万元,交通厅投资1000万元,其余资金自筹。陆域用地面积81.64万平方米。

项目建设单位为监利县人民政府、监利县交通运输局、监利新港区码建设指挥部;设计单位为湖北省交通规划设计院;施工单位为中交三航局第三工程有限公司;监理单位为武汉中澳工程项目管理有限责任公司;质监单位为荆州市交通基本建设工程质量监督站。

(八)洪湖港区

1.港区综述

(1)港区建设概况和运营情况

洪湖港区原称洪湖港,位于湖北省中南部、长江中游北岸、江汉平原东南端。港口的形成历史悠久。早在明嘉靖十年(1531年)已形成港埠。新中国成立前夕,港内仅有13座杂货及竹木简易码头,年吞吐量不足3万吨。新中国成立后,港口建设得到了快速的发展,港口管理步入正轨,经过几十年的建设,完成城区散货、杂货码头的改造,叶家门机械化码头的建设,荆门炼油厂在石码头港区建设的年吞吐能力350万吨油泊位5个,长航客运码头和岳阳快艇码头的扩建以及客运大楼的投入使用等,港口已具备一定规模,港口在洪湖市交通运输中的地位日益突出,发展前景更加广阔,并将成为洪湖市进出口货物集散的主要门户。

《荆州港总体规划(2011版)》中的新堤港区、新港港区位于洪湖。2016年,洪湖港区纳入《荆州港总体规划》一港十区进行规划。2019年6月获批的《荆州港总体规划(2035年)》洪湖港区包括四个作业区,分别为螺山作业区、新堤作业区、龙口作业区、燕窝作业区。

截至2015年,洪湖港区共有生产性泊位108个。2015年,完成货物吞吐量196.35万吨。

(2)港区地理条件和集疏运概况

港区陆路运输通过仙崇线、汉沙线、咸合线等干线公路作为骨架,向四周辐射,东经仙桃达武汉,南入湖南到长沙,西过荆州至宜昌,北转潜江通襄樊。

水路运输以长江、内荆河为依托,沟通支汊套渠及湖泊,有过境客轮上入重庆,下达上海,货运航线短途通傍水集镇,长途贯穿川、湘、赣、皖、江、浙数省及省内沿江市县。

2.港区工程项目

荆州港洪湖新堤港区综合码头工程

项目于2011年2月开工,2019年12月试运行。

项目建设依据:2010年10月,湖北省发展和改革委员会《关于荆州港洪湖新堤港区综合码头工程可行性研究报告的批复》(鄂发改交通〔2010〕557号);2010年12月,湖北省发展和改革委员会《关于荆州港洪湖新堤港区综合码头工程初步设计的批复》(鄂发改交通〔2010〕1611号);2010年12月,湖北省环境保护厅《关于荆州港洪湖新堤港区综合码头工程环境影响报告的批复》(鄂环函〔2010〕752号);2010年5月,湖北省国土资源厅《关于荆州港洪湖新堤港区综合码头工程建设用地预审备案意见的函》(鄂土资预审函〔2010〕44号);2010年12月,交通运输部《关于荆州港洪湖新堤港区综合码头工程使用港口岸线的批复》(交规划发〔2010〕767号)。

项目建设4个3000吨级综合码头泊位(其中件杂货2个,散货2个),岸线总长537米。码头采用顺岸式布局,浮码头,高桩式结构。码头前沿水深3.7米。项目后方堆场面积33万平方米,仓库面积1.3万平方米。主要装卸设备配置包括后方陆域的57台。项目总投资2.55亿元,其中交通运输部水运建设资金4450万元,省长江经济带资金600万元,其余资金企业自筹及招商引资。用地面积10.3万平方米。

项目建设单位为洪湖市港航经贸公司;设计单位为湖北省交通规划设计院;施工单位

为长江航道局;监理单位为中交二航院工程咨询监理有限公司;质监单位为葛洲坝集团试验检测有限公司。

(九)石首港区

1. 港区综述

(1)港区建设概况和运营情况

石首港区原称石首港,位于长江中游南岸。2005 年,石首港由新厂、绣林、寡妇夹、天鹅洲、调关、小河、五马口等港区组成。港口年综合吞吐能力:货物 179.5 万吨,旅客 20 万人。2005 年,货物吞吐量 106.09 万吨,其中出口 22.95 万吨。石首港区的规模较小,泊位较分散,大多数的码头是经营砂石的简易码头。《荆州港总体规划》(2011 版)17 个港区之一的绣林港区位于石首。2016 年,荆州市把石首港区纳入《荆州港总体规划》一港十区进行规划。2019 年 6 月获批的《荆州港总体规划(2035 年)》石首港区因与生态红线划分冲突,取消了石首港区。2015 年,石首港区共有生产性泊位 33 个。2015 年港区完成货物吞吐量 306.88 万吨。

(2)港区地理条件和集疏运概况

石首市地处湖北省南部,镶嵌在江汉平原与洞庭湖平原结合部,横跨"九曲回肠"的下荆江两岸,因"有石孤立"于城区江边、以石为首而得名。西晋太康五年(公元 284 年)始置县制,1986 年撤县建市。北与江陵、监利接壤,南与湖南华容、南县、安乡三县相邻,素有"湘鄂门户""鄂南明珠"之称。

石首市横跨"黄金水道"的下荆江首段,境内通航里程 89 千米,与纵贯江南的藕池河、调弦河,构成南及潇湘、西通成渝、东连沪宁的四通八达的水运网,水路距重庆 883 千米,宜昌 235 千米,上海 1561 千米,南京 1124 千米,起着承东接西、服务"两湖"的省际物资通道作用,成为长江经济走廊上的集结点、鄂南湘北临江通海的港口城市。

石首市境内公路路网发达,与京珠、宜黄高速公路及 107、207、318 国道均不到一小时车程,与荆东高速公路不足 20 千米,正在兴建中的江南高速公路横贯全境。石首市距武汉 280 千米,离长沙 260 千米,与荆州、岳阳、常德三座中等城市相距 100 千米左右。后(潜江后湖)石(石首)高速公路(含石首长江大桥)已列为湖北省重点基础设施建设项目。

石首港区主要集疏运道路为通向港区的沿江路、临江路、胜利垸外堤、东岳山路、东方大道等。以上道路均为城区主、次干道,客货混流,其中沿江路、临江路、胜利垸外堤系以堤代路。

2. 港区工程项目

石首市港口工业综合码头

项目于 2006 年 12 月开工,2008 年 5 月试运行。

项目建设依据:2005 年 10 月,湖北省发改委《关于石首港工业综合码头工程可行性研究报告的批复》(鄂发改交通〔2005〕929 号);2006 年 5 月,湖北省发展和改革委员会《关于石首港工业综合码头 1、2 号件杂泊位工程初步设计的批复》(鄂发改重点〔2006〕377 号);2009 年 6 月,湖北省发展和改革委员会《关于石首港工业综合码头二期工程初步设计的批复》(鄂发改重点〔2009〕822 号);2004 年 11 月,荆州市环境保护局《关于石首市工业综合码头新建工程环境影响评价报告书审查意见的复函》(荆环保函文〔2004〕41 号)。

项目建设 4 个 2000 吨级内河码头泊位,其中散货泊位 2 个、件杂货泊位 2 个(码头水工建筑允许靠泊能力 3000 吨级),岸线总长 600 米。码头采用顺岸式布局,斜坡式结构。码头前沿水深 7~15 米。项目后方堆场面积 6 万平方米。主要装卸设备配置包括散货泊位前沿配备 1 台 5t 浮式起重机,单斗装载机作业;件杂泊位前沿配备 1 台 5 吨浮式起重机装卸作业。项目总投资 4900 万元,资金来源企业自筹。陆域用地面积 8.3 万平方米。

项目建设单位为石首市交通运输局;设计单位为湖北省交通规划设计院;施工单位为湖北省航道工程公司、中交第二航务工程有限公司;监理单位为武汉四达工程建设咨询监理有限公司;质监单位为荆州交通基本建设工程质量监督站。

2012 年度工业综合码头 4 个泊位竣工交付使用试运营收入 800 万元,纳税超过 50 万元,港口年吞吐量达 90 万吨,港口主要服务石首城区、辐射范围至湖北公安、湖南南县、华容、安乡等地。项目带动了石首市及周边地区经济发展,提高了石首港口通过能力,满足了石首整体规模提升的需要,有效缓解了石首市城区港口岸线不足压力,进一步优化、整合了石首市长江岸线资源。

五、宜昌港

(一)港口概况

1.港口综述

(1)港口地理位置

宜昌港地处长江中、上游分界点,东临江汉平原,西接长江三峡,上控川渝,下引荆襄,地理位置优越,是长江中上游重要的物资集散地,也是宜昌市及渝东鄂西地区对外交流的重要口岸,被列为全国 28 个内河主要港口之一。港口直接依托湖北省省域副中心城市和国家级现代化物流中心宜昌市,产业体系完善,经济实力雄厚。

(2)港口发展历程

新中国成立初期,宜昌港基础设施初步完善,形成水运为主的运输格局。国家根据经济建设的布局和国防建设的需要,进行有计划的交通建设,到五十年代中期,宜昌形成以水运为主,陆路(民间运输、汽车)为辅的运输格局。从 20 世纪 50 年代到 70 年代末,宜昌市水运经过了改造、兼并、组合,基本消灭了木帆船撑篙拉纤的原始交通方式,运输效率不断提高。中共十一届三中全会以后,宜昌航运业务进入了一个新的发展时期,呈现出"国营、集体、个体一起上"的多渠道、多层次、多种经济成分并存的运输格局,运力有较大发展,建设了宜昌城区及各区县一批散货、通用及综合泊位。

20 世纪 90 年代末,宜昌港进入全面、快速发展时期宜昌港的真正发展。始于 20 世纪 90 年代,随着改革开放力度的加大、沿江开发战略的实施以及三峡等大型水利枢纽工程的建设,宜昌市经济进入了全面、快速发展时期,港口也步入了快速发展轨道,"九五""十五"期间,重点完成了磨盘溪重件码头、临江坪作业区、江南码头、黄柏河快艇码头扩建和综合码头扩建、宜昌港务集团老港区改造、石鼓煤码头改造等码头工程。同时,结合三峡库区淹没水运实施复建,实施了茅坪港区应急翻坝客货运码头、太平溪码头、靖江溪码头、香溪河峡口、贾家店码头等一系列工程,改变了港口面貌。另外,沿江大型企业兴建了华新水泥、宜化货运码头、兴发集团货运码头等一批货主专用码头。

三峡大坝的建设,使宜昌港进入规模化、专业化、现代化快速发展阶段,成为枢纽港。三峡工程蓄水以及清江的梯级开发,给宜昌水运带来了新的变化。库区航道条件的改善,使得香溪河等一些长江支流成为库区航道,其中兴山峡口港区已于 2003 年正式启动。随着清江梯级的开发,隔河岩和高坝洲水利枢纽陆续建成,使航运条件大大改善,建成了太平溪港、茅坪港、峡口港、杨家湾重件码头、银杏坨、靖江溪滚装码头、宜昌港客运站、宜昌港集装箱码头、临江坪、磨盘溪综合货运码头、枝城港煤炭专用码头等一批专业化、现代化设施的码头。随着宜昌海关重新开关、宜申国际集装箱班轮开通、中国外轮理货总公司宜昌分公司登记注册,宜昌港二类水运口岸开放。宜昌港已具有二类水运口岸联检外轮理货、保税库及国际集装箱航线等外贸进出口一条龙服务功能,宜昌港已成为宜昌走向世界的重要窗口。

(3)港口设施

宜昌港有主城港区、秭归港区、枝江港区、宜都港区、长阳港区和兴山港区六个港区。主城港区主要以集装箱、非金属矿石、矿建材料、工业制成品、汽车滚装和旅客运输为主,服务于宜昌市经济社会发展、沿江产业布局、城市建设以及物资中转和翻坝运输;枝江港区主要为枝江及周边地区经济发展和沿江工业运输服务;宜都港区主要货种以煤炭、件杂货、化肥农药等为主。秭归港区以汽车滚装、件杂货、旅客等运输为主,为秭归经济社会发展和库区翻坝运输服务。兴山港区以煤炭、磷矿、件杂货、旅客运输为主,为当地资源开发、工业发展、旅游服务。枝江港区以煤炭、件杂货、集装箱、液体化工运输为主,为枝江经济社会发展和田家河等工业园区服务。宜都港区以煤炭、非金属矿石等大宗散货中转运输为主,为宜都市沿江工业和大宗物资外运服务。长阳港区以煤炭、水泥等散货和旅游客运为主,主要为沿库区乡镇客货运输服务。

2015 年,宜昌港共有生产性泊位 438 个,其中千吨级泊位 248 个。

(4)航道

长江干流宜昌段已建通航枢纽包括葛洲坝枢纽和三峡枢纽。葛洲坝水利枢纽建有三座船闸,有效尺度分别为 280 米×34 米×5.5 米、280 米×34 米×5 米和 120 米×18 米×3.5 米,可通过 1000~3000 吨级驳船组成的万吨级船队;三峡枢纽双线连续五级船闸,其有效尺度为 280 米×34 米×5 米,供客运船舶快速过坝的升船机,升船机船厢有效尺度120 米×18 米×3.5 米。此外,为充分利用航道自然水深,增加船舶载货量,提高运输效益,从 2007 年开始,航道管理部门根据水位季节性变化情况,按月向社会发布长江干线宜宾至浏河口段航道计划维护水深,提高中洪水期航道维护标准。从 2010 年开始,在分月向社会发布航道计划维护水深的基础上,还按周向社会发布重点航段的航道实际维护尺度。中洪水期丰都至宜昌下临江坪河段维护水深可达 4.5 米,下临江坪至城陵矶河段维护水深可达 3.5~5.0 米。

(5)锚地

宜昌港有锚地 20 处,临时停泊区 21 处,以供到港船舶与过往船舶停泊、作业。

2. 港口水文气象

宜昌市气候温暖湿润,春夏多雨,盛夏炎热,秋季干燥,冬季温和,无霜期长,为热带大陆性季风气候,具有气候适宜,四季分明的特点。多年平均气温 16.8 摄氏度,极端最高气温 41.4 摄氏度(1969 年 8 月 9 日),极端最低气温 -9.8 摄氏度(1997 年 1 月 30 日)。区内降水丰沛,但年际年内分配不均。多年平均降水量 1164.1 毫米,年最大降水量 1803.8 毫米,年最小降水量 634.9 毫米。年平均降水日 173.3 天,最大日降水量 166.6 毫米(1980.8.1)。该区常风向为东南向,频率14%,冬季常风向为西北向。年平均风速 0.8~1.2 米/秒,最大风速 20 米/秒(1975 年 7 月 4 日)。无风日数多,全年静风频率达31.14%。该地区雾多发生在冬春两季,年平均雾日 23.3 天,年最多雾日 31 天,持续 4 小时以上平均雾日 7 天。河流无冰冻史。年平均相对湿度为 77%。

该次规划范围是宜昌境内长江干流 206 千米、支流清江 153 千米、黄柏河干流 10 千米河段、香溪河干流 37 千米、九畹溪干流 10 千米、咤溪河干流 10 千米、青干河干流 19.5 千米、童庄河 10 千米。长江干流三峡、葛洲坝枢纽和清江高坝洲、隔河岩、水布垭等枢纽工程建成后,规划范围内的长江干流葛洲坝以上河段及清江、黄柏河、香溪河等支流河段为库区河道,水文泥沙特性受枢纽调度控制。

三峡水库蓄水前,宜昌站多年平均流量为 14000 立方米/秒,多年平均径流量为

4368108 立方米,实测最大流量为 70800 立方米/秒(1981 年 7 月 18 日),最小流量为 2770 立方米/秒(1979 年 3 月 8 日)。三峡水库蓄水后,2003—2013 年长江中下游各站水量偏枯 5% ~ 10%,工程河段宜昌、枝城两站三峡蓄水后多年平均来流分别为 3957 亿立方米、4069 亿立方米,较蓄水前多年平均分别减小 9.3% 和 8.5%。2013 年,长江上游来水偏枯,宜昌、枝城两个主要水文站径流量分别为 3752 立方米、3827 立方米,与蓄水前多年平均相比,宜昌、枝城分别偏小 14%、14%。

三峡水库蓄水前,宜昌站多年平均含沙量为 1.15 千克/立方米,多年平均输沙量为 5.01 吨(1950—2000 年),最大年输沙量为 7.45 吨(1954 年),最小年输沙量为 3.22 吨(1992 年)。三峡水库蓄水后,宜昌、枝城两站输沙量减幅 90% ~ 80%,减幅沿程递减。2013 年,三峡水库上游来沙量减小明显,加之三峡水库拦截了长江的上游来沙,导致坝下游输沙量大幅减小。宜昌、枝城两站输沙量分别为 0.30×10^8 吨、0.32×10^8 吨、较蓄水前减小幅度为 93.9% 和 93.7%。

从悬移质的中值粒径变化情况来看,三峡水库蓄水初期,大量粗颗粒泥沙拦蓄在水库内,坝下游的宜昌、枝城两站的中值粒径大幅度减小,2008 年以来,泥沙中值粒径又有小幅度增大,目前已与蓄水前多年平均相当。三峡水库蓄水后,至 2012 年,坝下的砂卵石河段宜昌河段床沙粗化明显,宜都及宜枝河段相对较弱。

三峡水库蓄水前,三峡大坝上下游河段的流量过程同步性很好,在蓄水初期的 2003—2005 年,水库调度对流量过程的影响还不明显,但自 2006 年开始,尤其是 2008 年进入试验性蓄水期后,坝下游河道的流量过程较三峡水库蓄水前发生很大变化,如汛期洪峰流量削减、枯水期流量增大,而汛后由于水库蓄水,下泄水量骤减,退水过程加快等,从而使得下游流量过程趋于均匀化。

三峡水库蓄水以前,坝下游河道的枯水流量多集中在 3000 ~ 5000 立方米/秒;而三峡水库蓄水后,枯水流量明显增大,其中 2004—2008 年坝下游枯水流量主要集中在 4000 ~ 6000 立方米/秒;2009—2012 年三峡水库进入试验性蓄水期后,枯水流量进一步增大,流量一般在 5000 ~ 7000 立方米/秒之间。

三峡水库蓄水后,上游大量来沙被拦截在库内,下泄水流呈不饱和状态,沿程水流含沙需要通过冲刷河床来补给,冲刷部位主要集中于枯水河槽部分,加之无序的非法采砂的大量存在,造成同流量下的枯水水位有所下降。2003—2012 年,宜昌、枝城站的同流量枯水水位下降值分别为 0.56 米、0.30 米。

3. 发展成就

宜昌港已成为腹地国民经济和外贸快速发展的重要支撑。随着国家经济战略由东向西、由南向北推移,西部大开发、中部崛起、"一带一路"、长江经济带、"2 + 2"国家级战略组合,湖北省抓住机遇抢先发展,经济社会呈现出持续蓬勃发展的态势,2016 年全省生产总值达到 32297.91 亿元,人均生产总值达 54881.75 元,外贸进出口总额达到 2838.8 亿美元。其中宜昌市 2016 年生产总值为 3709.36 亿元,排全省第二,仅次于武汉市,在湖北省发展中起到支撑作用。

宜昌港在地区经济社会发展中起到了至关重要的作用,宜昌港吞吐量中大部分是为湖北省经济发展服务的,并且宜昌市大部分外贸进出口货物是通过宜昌港完成的。宜昌港与腹地经济已形成了比较良好的互动关系,已成为地方经济发展和对外开放的重要依托和窗口。

带动沿江产业开发,是宜昌产业发展的主要动力。依托长江黄金水道和港口优势,宜昌市已经逐步形成了农产品加工、精细化工、食品生物医药、先进装备制造、现代物流、高新技术材料等产业集群。港口作为能源、原材料和外贸物资运输的重要口岸,在工业和开发区的沿江布局及发展中体现了先导性、基础性作用。同时,港口的发展增强了地区商贸流通优势,改善了投资环境,提升了区域综合竞争力,在吸引外资、服务外向型经济发展中起到了重要作用,使得宜昌市成为承接国际、国内产业和资本转移的热点地区。宜昌港已经成为承接产业转移的重要支撑。

宜昌是长江中上游和我国中西部地区物资转运的重要节点。宜昌地处长江中游与上游的结合部,是我国中西部地区重要的沿江港口城市,经济基础雄厚,自然资源丰富,区位条件优越,是湖北省域副中心城市,是"鄂西生态文化旅游圈"和"长江经济带"的核心城市。宜昌港素有"渝鄂咽喉""三峡门户"之称,是长江中、上游的重要水运中转枢纽港,是我国内河主要港口之一。得天独厚的地理位置,蕴量丰富的客货资源,三峡工程建设开发的重大机遇,确立了宜昌港在长江黄金水道上的枢纽地位,并在保障三峡通航中发挥着特殊的中转作用。

宜昌是湖北省区域性综合交通枢纽的重要组成部分。宜昌是国家重要的公路交通枢纽和区域综合交通枢纽,由沪汉蓉客运专线(汉宜高速铁路)、焦柳铁路、宜万铁路构成的铁路网可以与国铁网相连;是国家重要公路交通枢纽,通过汉宜、沪渝、荆宜和三峡翻坝高速公路等 4 条高速公路实现向省内外的辐射;长江黄金水道穿境而过,通过长江黄金水道与沪、宁、汉、渝等城市一线贯通。宜昌港作为全国内河主要港口,是各种交通运输方式相互衔接的重要节点。以宜昌港为核心的水路运输系统充分发挥其运量大、成本低、能耗小的优势,通过其后方的铁路干线、高速公路网、干线输油管道等构成的集疏运体系有效沟通了陆路交通与水路交通,发挥了湖北省区域综合运输枢纽的作用。到 2015 年,宜昌港共有生产性泊位 384 个,完成港口吞吐量 7776 万吨,集装箱 13.05 万 TEU。

宜昌港港区分布如图 9-7-4 所示。宜昌港基本情况见表 9-7-5。

图 9-7-4　宜昌港港区分布图

（二）秭归港区

1.港区综述

（1）港区建设概况和运营情况

宜昌港秭归港区位于秭归县，是三峡库区港口复建的重点港区之一。2005 年前，湖北省按市县行政区划"一城一港"界定的有港口 51 个，秭归港是湖北省的 19 个重点港口之一，具有三峡库区始发港、终点港和中转港的特征，区位优势明显，此时秭归港是由茅坪、香溪、沙镇溪、泄滩、屈原乡和水田坝 7 个港区组成，年综合通过能力货物 213 万吨，旅客 125 万人次。三峡库区蓄水后原有的港口码头设施均被淹没。

根据 2009 年 6 月交通运输部、湖北省人民政府正式批复《宜昌港总体规划》（2005—2020）（交规划发〔2009〕320 号文件），秭归港调整为秭归港区，秭归港区包括水田坝作业区、沙镇溪作业区、归州作业区、茅坪作业区、香溪河贾家店作业区 5 个作业区。

宜昌港基本情况表

表 9-7-5

序号	港区名称	港口岸线		2015 年港口生产用泊位				其中:1978—2015 年建成的生产用泊位				货物吞吐量	其中:外贸货物吞吐量	2015 年港口货物和客旅吞吐量					
		港口规划岸线	其中:2015年前已建成岸线	生产用泊位数	其中:千吨级及以上	生产用泊位总长	其中:千吨级及以上	生产用泊位数	其中:千吨级及以上	生产用泊位总长	其中:千吨级及以上			集装箱	滚装车辆		旅客	其中:国际旅客
															数量	重量		
		千米	千米	个	个	米	米	个	个	米	米	万吨	万吨	万 TEU	万辆	万吨	万人	万人
1	枝江港区	11.29	7.95	52	46	7952	7222	50	42	7831	6889	900.87	—	—	—	—	—	—
2	秭归港区	25.84	6.68	74	39	6675	4618	76	44	8688	5929	550.34	—	—	—	—	—	—
3	主城港区	42.29	17.52	162	107	17515	11465	162	109	17767	12067	4492.9	58.92	13.05	28.37	1702	13.05	—
4	宜都港区	18.00	11.16	119	89	11163	9355	100	82	10370	9081	900.21	—	—	—	—	—	—
5	兴山港区	5.10	3.00	18	13	3000	2170	20	13	3315	2170	731.51	—	—	—	—	—	—
6	长阳港区	15.70	0.92	13	0	920	0	13	0	920	0	200.2	—	—	—	—	—	—
	合计	118.22	47.23	438	294	47225	34830	421	290	48891	36136	7776.03	58.92	13.05	28.37	1702	13.05	—

2015年,湖北省开展非法码头整治行动,与此同时,在原规划执行过程中,宜昌港近年发展的内外部环境也发生了较为明显的变化,使得原港口总体规划具有较大的局限性,与港口目前的实际情况差别较大,与宜昌未来经济和产业发展不相适应。由于宜昌港发展环境发生了较大变化,原有的港口总体规划已不适应新形势的要求,对2009版港口规划进行了修编。根据新的《宜昌港总体规划(2035年)》,秭归港区仅有茅坪作业区一个作业区。其主要功能是承担客运、件杂、滚装等运输,兼顾集装箱、油品和LNG功能,为三峡库区应急及长期翻坝服务,为秭归县经济发展服务。

截至2015年,秭归港区共有生产性泊位74个,其中千吨级泊位39个,2015年,秭归港区完成货物吞吐量550.34万吨。

(2)港区地理条件和集疏运概况

秭归县地理坐标为东经110°18′~111°0′,北纬30°38′~31°11′。长江流经巴东县破水峡入境,横贯县境中部,流长64千米,主要支流有香溪河20千米、童庄河三级航道10.74千米、青干河三级航道19.54千米、九畹溪四级航道104千米、咤溪河四级航道104千米等,水能资源十分丰富。

宜昌港秭归港区位于长江三峡库区右岸,港区陆路交通方便,向东接三峡专用公路和三峡翻坝公路,向西南有S255峡堡线接G318的出口公路,向北有沿江至巴东的风茅路(即G348宜昌至巴东线)。香溪长江大桥在建和宜昌到茅坪铁路已纳入规划。

2. 港区工程项目

(1)归州客运码头

项目于2002年3月开工,2004年9月试运行,2004年12月竣工。

项目建设1个1000吨级客运码头泊位(码头水工建筑允许靠泊等级为3000吨级),岸线总长110.38米。码头采用顺岸式布局,浮码头结构。码头前沿水深5米。项目总投资1278.98万元,均为企业自筹。用地面积0.33万平方米。

项目建设单位为秭归县归州镇新集镇建设指挥部;设计单位为秭归县交通勘察规划设计院;施工单位为重庆市建筑安装工程总公司秭归分公司;监理单位为长江委移民咨询监理中心秭归监理站。

码头建成投产后,每年归州镇旅游高峰期为4~10月,其间归州码头的客运量占全年客运量的81%,2016年通过能力为2.9万人次。

(2)秭归县茅坪港码头复建工程(尖棚岭码头)

项目于2002年5月开工,2007年6月试运行,2007年6月完工。

项目建设依据:2001年7月,湖北省发展计划委员会《关于秭归县茅坪港码头复建工程可行性研究报告(代项目建议书)的批复》(鄂计交通〔2001〕756号);2001年10月,湖北省交通厅《秭归县茅坪港货运码头复建工程(1号、3号泊位)初步设计的批复》(鄂交基〔2001〕637号);宜昌市环保局《关于宜昌港秭归港区茅坪作业区尖棚岭码头项目现状环境评估的备案意见》;2002年9月,湖北省国土资源厅《湖北省国土资源厅关于秭归县茅坪港货运1号码头复建工程用地批复》(鄂土资批〔2002〕312号);2003年6月,宜昌市港航管理局《湖北省港口岸线使用申请表》(鄂宜秭0009号)。

项目建设1个1000吨级杂货码头泊位,岸线总长328米。码头采用顺岸式布局,浮码头结构。码头前沿水深10米。项目后方堆场面积1680平方米堆存能力0.8万吨。仓库面积0.08万平方米,堆存能力0.3万吨。主要装卸设备配置包括装载机1台和浮式起重机趸船1艘。项目总投资4914万元,全部企业自筹。用地面积9752.04平方米。

项目建设单位为宜昌港务集团有限责任公司;设计单位为长江航运规划设计院;施工单位为中港第二航务工程局;监理单位为武汉四达工程建设咨询监理有限公司;质监单位为交通部长江航务公司质量监督站。

随着三峡库区的形成,秭归县茅坪港成为库首的重要枢纽港,该码头的建成,可以保证三峡成库后货物水路运输的可持续发展及翻坝运输的需要。该码头建成投产后,管理规范,运营情况良好。2015年完成货物吞吐量20万吨。

(3)秭归县茅坪港福广综合码头复建工程

项目于2002年8月开工,2002年12月交工验收。

项目建设依据:2002年6月,秭归县发展计划局《关于茅坪港福广综合码头复建工程可行性研究报告(代项目建议书)的批复》(秭计基〔2002〕16号);2017年9月,秭归县环境保护局《关于秭归县福广码头规范提升项目环境管理的备案意见》;2002年4月,湖北省国土资源厅《关于秭归县茅坪港福广综合码头用地的批复》(鄂土资批〔2002〕509号);2003年6月,宜昌市港航管理局《湖北省港口岸线使用申请表》。

项目建设2个1000吨级货运码头泊位(码头水工建筑允许靠泊等级为3000吨级),岸线总长328米。码头采用顺岸式布局,浮码头结构。码头前沿水深7米。项目后方堆场面积0.7万平方米,堆存能力2.8万吨。仓库面积0.36万平方米,堆存能力2万吨。主要装卸设备配置包括1台装载机和1艘浮式起重机趸船。项目总投资490万元,资金来源:引资建设,由福广大酒店投资建设。用地面积4.7万平方米。

项目建设单位为秭归县福广港埠有限责任公司;设计单位为秭归县交通勘察规划设计院;施工单位为秭归县神钢土建工程公司;监理单位为宜昌江峡建设监理有限责任公司秭归监理站。

该码头建成投产后,管理规范,运营情况良好。2012年吞吐量15万吨,2013年吞吐量16.2万吨,2014年吞吐量为16.33万吨(散货砂石);2015年吞吐量为20万吨(散货砂石);2016年吞吐量为18万吨(散货砂石)。

(4)秭归县沙镇溪码头复建工程

项目于2002年8月开工,2004年6月试运行,2004年8月完工。

项目建设依据:2001年9月,秭归县计划委员会《关于沙镇溪、归州、郭家坝镇港口复建工程可行性研究报告(代项目建议书)的批复》(秭计〔2001〕63号);2004年8月,秭归县环境保护局《沙镇溪综合码头环境影响报告表》(秭环评表〔2004〕1号)。

项目建设1个1000吨级货运码头泊位,岸线总长150米。码头采用顺岸式布局,浮码头结构。码头前沿水深6米。项目后方堆场面积0.2万平方米,堆存能力0.8万吨。仓库面积0.1万平方米,堆存能力0.3万吨。主要装卸设备配置包括浮式起重机趸船1艘,装载机1台。项目总投资862.98万元,其中环保投资24.5万元,其他来自移民补偿和企业自筹。用地面积0.62万平方米。

项目建设单位为秭归县沙镇溪装卸运输公司;设计单位为长江航运规划设计院。

2004年5月9日,秭归县沙镇溪人民政府以沙政发〔2004〕14号文,决定将沙镇溪金缸嘴煤炭专用码头和大槽客货综合码头的经营权批复给沙镇溪装卸运输公司。

码头运营情况良好,2017年完成货物吞吐量30万吨。

(5)宜昌港峡口货运码头复建工程(长盛码头)

项目于2002年12月开工,2012年12月试运行,2013年1月完工。

项目建设依据:2001年4月,交通部《关于宜昌港兴山峡口货运码头复建工程可行性研究报告的批复》(交规划发〔2001〕216号);2001年7月,交通部长江航务管理局《关于宜昌港兴山峡口货运码头复建工程初步设计的批复》(长航工〔2001〕381号);2013年1月,宜昌市环境保护局《关于宜昌港务集团有限责任公司宜昌港峡口港货运码头复建工程环境保护验收的批复》(宜市环验〔2013〕014号);2002年9月,湖北省国土资源厅《关于宜昌港峡口货运码头复建工程用地的批复》(鄂土资批〔2002〕314号);2004年3月,宜昌市港航管理局《湖北省港口岸线使用申请表》(宜昌港务集团汇通港埠有限责任公司)。

项目建设2个1000吨级货运码头泊位(码头水工建筑允许靠泊等级为3000吨级),岸线总长270米。码头采用顺岸式布局,斜坡式结构。码头前沿水深4米。项目后方堆场面积0.76万平方米,堆存能力3万吨。仓库面积0.18万平方米,堆存能力0.6万吨。主要装卸设备配置包括装载机1台。项目总投资1278.98万元,企业自筹。用地面积1.36万平方米。

项目建设单位为宜昌港务集团有限责任公司;设计单位为长江航运规划设计院;施工单位为中交第二航务工程局有限公司第五工程分公司;监理单位为南京公正工程监理有限公司;质监单位为交通部长江航务集团有限公司。

2002年6月19日取得交通部《关于宜昌港峡口货运码头复建工程重大设计变更方案的批复》(交水发〔2002〕261号),总概算由2539.18万元变更为2793.27万元。

港口建成后运营情况良好,对于促进三峡库区小城镇建设、促进库区经济和社会发展、服务三峡工程具有重要意义。2017 年完成货物吞吐量 20 万吨。

(6)中石化长江燃料有限公司宜昌分公司三峡坝区供油基地

项目于 2003 年 1 月开工,2004 年 6 月试运行,2004 年 12 月完工。

项目建设依据:2002 年 4 月,秭归县发展计划局《关于中石化长燃宜昌分公司设立油码头的批复》(秭计基〔2002〕10 号);2002 年 7 月,秭归县环保局《关于中石化长江燃料有限公司宜昌分公司三峡坝区供油基地环境影响报告书的批复》(秭环函〔2002〕13 号);2002 年 9 月,湖北省国土厅《关于长燃公司供油基地建设用地的批复》(鄂土资批〔2002〕499 号);2002 年 10 月,宜昌市港航管理局《湖北省港口岸线使用申请表》(中石化长江燃料有限公司宜昌公司)。

项目建设 1 个 3000 吨级输供油码头泊位,岸线总长 162 米。码头采用顺岸式布局,浮码头结构。码头前沿水深 20 米。储罐容量 2 万吨。项目总投资 687.69 万元,企业自筹。用地面积 1.0 万平方米。

项目建设单位为中石化长江燃料有限公司宜昌分公司;设计单位为交通部第二航务工程勘察设计院;施工单位为四川泸县建筑总公司宜昌分公司;监理单位为武汉四达工程建设咨询监理有限公司宜昌分公司;质监单位为长江航务工程质量监督中心站宜昌分站。

项目建成后,运营情况良好。每年平均实际供油量达到 3 万吨。

(7)秭归县郭家坝镇码头复建工程(卜庄河装卸码头)

项目于 2003 年 2 月开工,2003 年 7 月试运行,2003 年 8 月完工。

项目建设依据:2001 年 9 月,秭归县计划委员会《关于沙镇溪、归州、郭家坝镇港口复建工程可行性研究报告(代项目建议书)的批复》(秭计〔2001〕63 号);2017 年 9 月,秭归县环保局《关于宜昌港秭归港区郭家坝作业区卜庄河装卸码头现状环境评价的备案意见》;1998 年 11 月,在秭归县土地管理局办理了土地证;2003 年 12 月,宜昌市港航管理局《湖北省港口岸线使用申请表》(秭归县卜庄河装卸运输有限公司)。

项目建设 1 个 1000 吨级普货码头泊位,岸线总长 160 米。码头采用顺岸式布局,斜坡式、浮码头结构。码头前沿水深 6 米。项目后方堆场面积 800 平方米堆存能力 3000 吨。仓库面积 300 平方米堆存能力 1200 吨。主要装卸设备配置包括浮趸 2 艘。项目总投资 873.33 万元,企业自筹。用地面积 6000 平方米。

项目建设单位为秭归县卜庄河装卸运输有限公司;设计单位为秭归县交通勘察规划设计院;施工单位为重庆市欣宏建筑有限责任公司;监理单位为宜昌江峡建设监理有限公司。

(8)宜昌港秭归港区贾家店作业区游家河码头

项目于 2003 年 3 月开工,2004 年 1 月试运行,2003 年 12 月完工。

项目建设依据:2003 年 8 月,归州镇人民政府《关于兴建货物专用装卸码头项目的批复》(归经发〔2003〕5 号);2004 年 7 月,秭归县土地管理局《建设用地批准通知书》(秭政地批字〔2004〕23 号);2004 年 10 月,湖北省交通厅港航管理局《关于对宜昌市秭归县信诚装卸队等企业申请临时使用港口岸线的批复》(鄂交港航批〔2004〕100 号)。

项目建设 2 个 3000 吨级普货码头泊位,岸线总长 100 米。码头采用顺岸式布局,浮码头结构。码头前沿水深 6 米。项目后方堆场面积 0.83 万平方米,堆存能力 6.0 万吨。仓库面积 0.38 万平方米,堆存能力 1.0 万吨。主要装卸设备配置包括装载机 1 台。项目总投资 1233.47 万元,全部来自企业投资。用地面积 0.83 万平方米。

项目建设单位为秭归县游家河港埠股份有限公司。

(9)秭归县银杏沱滚装码头

项目于 2003 年 5 月开工,2012 年 6 月试运行,2012 年 7 月交工。

项目建设依据:2003 年 12 月,湖北省发展改革委《关于宜昌市秭归三峡物流中心项目可行性研究报告的批复》(鄂发改财贸〔2003〕49 号);2003 年 9 月,宜昌市环境保护局《关于秭归三峡物流中心项目环境保护相关问题的批复》;2003 年 12 月,宜昌市港航管理局《湖北省港口岸线使用申请表》(鄂宜秭 0011 号)。

项目建设 5 个 1000 吨级滚装码头泊位,岸线总长 518 米。码头采用顺岸式布局,斜坡式结构。码头前沿水深 10 米。停车场面积为 2.97 万平方米,停车数量 200 辆。项目总投资 2900 万元,企业自筹 2900 万元。用地面积 10.17 万平方米。

项目建设单位为湖北银杏沱港埠有限公司;设计单位为山东省航运工程设计院有限公司;施工单位为重庆市欣宏建筑有限责任公司;监理单位为宜昌市江峡建设监理有限责任公司;质监单位为秭归县交通工程质量监督站、秭归县建筑工程质量监督站。

该码头建成后,运营情况良好,2016 年实际吞吐量为出口 11 万辆,进口 11.18 万辆,合计 22.18 万辆。

(10)秭归县沙镇溪金江码头复建工程

项目于 2004 年 2 月开工,2004 年 8 月试运行,2004 年 10 月完工。

项目建设依据:2004 年 4 月,秭归县土地管理局《建设用地批准通知书》(秭政地批字〔2004〕12 号);2004 年 8 月,湖北省交通厅港航管理局《关于同意宜昌市秭归县沙镇溪镇金江港口装卸队临时使用港口岸线的批复》(鄂港航港批〔2004〕83 号)。

项目建设 1 个 1000 吨级货运码头泊位,岸线总长 137.6 米。码头采用顺岸式布局,斜坡式结构。码头前沿水深 10 米。项目后方堆场面积 0.45 万平方米,堆存能力 1.2 万吨。仓库面积 0.1 万平方米,堆存能力 0.3 万吨。主要装卸设备配置包括装载机 1 台。项目总投资 300 万元,企业自筹。用地面积 0.45 万平方米。

项目建设单位为秭归县沙镇溪镇金江港口装卸搬运队。

项目建成投产后,运营情况良好,2015年实际吞吐量为22万吨,装卸货物种类为煤炭、农药、化肥等,货物主要来自沙镇溪、磨平、梅家河、两河四乡镇,发往长江下游武汉、枝城、监利、岳阳等方向。

(11) 九畹溪旅游码头工程

项目于2005年5月开工,2011年6月完工。

项目建设1个670客位旅游泊位和1个330客位旅游泊位(码头水工建筑允许靠泊等级为3000吨级),岸线总长300米。码头采用顺岸式布局,斜坡式结构。码头前沿水深3.1米。项目站房建筑面积为1080平方米,商业餐饮区2700平方米,停车场3000平方米。停车数量为60辆。项目总投资500万元,企业自筹。用地面积2.33万平方米。

项目建设单位为湖北省三峡平湖旅游发展有限公司;设计单位为湖北省港路勘测设计咨询有限公司。

码头投入使用是九畹溪旅游发展的客观要求,服务于九畹溪国际旅游品牌,以旅游产业拉动消费需求、巩固库区移民旅游扶贫成效,推动了区域经济的发展,同时满足了九畹溪景区及三峡区域客运量快速发展的需要。2016年观光景区共接待31665人。

(12) 华新水泥秭归4000T/D熟料生产线专用码头工程

项目于2008年7月开工,2009年8月试运行,2011年12月竣工。

项目建设依据:2008年5月,秭归县交通运输局《关于对华新水泥秭归4000t/d码头工程可行性研究报告》评审意见的批复(秭交发〔2008〕38号);2008年5月,秭归县环境保护局《关于对华新水泥秭归有限公司4000t/d水泥熟料生产线码头工程环保初审意见》(鄂环函〔2008〕20号);2007年11月,秭归县国土资源局《建设用地批准书》(秭归县〔2007〕土批字第05号);2008年8月,湖北省交通运输厅《关于宜昌港秭归港区郭家坝作业区华新水泥码头工程使用港口非深水岸线的批复》(鄂交港航基〔2008〕145号)。

项目建设4个1000吨级水泥进出口码头泊位(码头水工建筑允许靠泊等级为1500吨级),岸线总长450米。码头采用引桥式布局,高桩式结构。码头前沿水深8米。仓库面积0.5万平方米,堆存能力2.0万吨。主要装卸设备配置包括起重机4台。项目总投资4739.44万元,企业自筹。用地面积17.1万平方米。

项目建设单位为华新水泥股份有限公司;设计单位为长江航运规划设计院;施工单位为中交第二航务工程局;监理单位为黄石华信工程监理有限公司。

项目建成投产后,运营情况良好,2015年实现吞吐量241.7万吨。

(13) 秭归县金沙装卸运输有限责任公司货运码头工程

项目于2011年1月开工,2011年8月交工。

项目建设依据:2007年4月,秭归县发展和改革局《湖北省企业投资项目备案证》(2007052757100015);2007年6月,秭归县环境保护局《关于秭归县金沙装卸运输有限公司金沙散货码头环境影响报告表审批意见的复函》(秭环审〔2007〕02号);2007年6月,秭归县土地管理局建设用地股《建设用地批准通知书》(秭政地批字〔2007〕06号);2008年3月,湖北省交通厅《关于宜昌港秭归港区沙镇溪作业区金沙散货码头使用港口非深水岸线的批复》(鄂交港航基〔2008〕56号)。

项目建设1个1000吨级货运码头泊位(码头水工建筑允许靠泊等级为3000吨级),岸线总长150米。码头采用顺岸式布局,重力式结构。码头前沿水深10米。项目后方堆场面积0.45万平方米,堆存能力1.2万吨。仓库面积0.15万平方米,堆存能力0.4万吨。主要装卸设备配置包括装载机1台。项目总投资234万元,企业自筹。用地面积6.19万平方米。

项目建设单位为秭归县金沙装卸运输有限责任公司;设计单位为宜昌华捷道路勘测设计有限责任公司;施工单位为秭归县开明建筑有限责任公司;监理单位为湖北远达建设项目管理有限责任公司。

项目建成投产后,运营情况良好,年货运吞吐量达50万吨以上,装卸货物种类为煤炭、铁矿等,货物主要来自沙镇溪、磨平、梅家河、两河四乡镇,发往长江下游武汉、枝城、监利、岳阳等方向。

(14)宜昌港秭归港区茅坪作业区佳鑫散货码头工程

项目于2012年1月开工,2013年10月试运行,2014年2月竣工。

项目建设依据:2009年11月,秭归县交通运输局《关于对〈宜昌港秭归港区茅坪作业区佳鑫散货码头工程可行性研究报告〉的批复》(秭交发〔2009〕59号);2011年,秭归县交通局《关于〈宜昌港秭归港区茅坪作业区佳鑫散货码头工程初步设计〉的批复》(秭交发〔2011〕136号);2009年12月,秭归县环境保护局《关于秭归县佳鑫港口装卸运输有限公司宜昌港秭归港区茅坪作业区佳鑫散货码头环境影响报告表审批意见的复函》(秭环审〔2009〕7号);2009年12月,秭归县国土资源局《关于佳鑫港口装卸运输有限公司散杂货码头项目工程建设用地矿产压覆盖情况说明》;2014年4月,交通运输部《关于宜昌港秭归港区茅坪作业区佳鑫散货码头工程使用港口岸线的批复》(交规划函〔2014〕248号)。

项目建设2个1000吨级散货码头泊位(码头水工建筑允许靠泊等级为3000吨级),岸线总长288米。码头采用顺岸式布局,重力式结构。码头前沿水深6米。项目后方堆场面积1.0万平方米,堆存能力4.0万吨。仓库面积1.4万平方米,堆存能力4.5万吨。主要装卸设备配置包括浮式起重机趸船1艘,装载机2台,挖掘机1台。项目总投资4950万元,企业自筹。用地面积7.33万平方米。

项目建设单位为秭归县佳鑫港口装卸运输有限公司;设计单位为山诚基工程建设有限公司;施工单位为中交第二航务工程局;监理单位为黄石华信工程监理有限公司;质监

单位为宜昌市交通工程质量监督站。

该码头建成投产后,运营情况良好,主要经营货种为煤炭、铁矿、砂石料等。平均每年吞吐量达到 50 万吨以上。

(15)宜昌港秭归港区贾家店作业区七里峡散货码头工程

项目于 2012 年 3 月开工,2012 年 12 月完工,2013 年 1 月试运行。

项目建设依据:2011 年 5 月,秭归县交通运输局《关于对宜昌港秭归港区贾家店作业区七里峡散货码头工程可行性研究报告的批复》(秭交发〔2011〕54 号);2010 年 6 月,秭归县环境保护局《关于秭归欣荣矿业有限公司宜昌港秭归港区贾家店作业区七里峡散货码头工程环境影响报告审批意见的复函》(秭环审〔2010〕10 号)。

项目建设 2 个 1000 吨级散货码头泊位(码头水工建筑允许靠泊等级为 3000 吨级),岸线总长 368 米。码头采用顺岸式布局,浮码头结构。码头前沿水深 6 米。项目后方堆场面积 0.6 万平方米,堆存能力 2.4 万吨。仓库面积 0.68 万平方米,堆存能力 2.0 万吨。主要装卸设备配置包括装载机 1 台。项目总投资 600 万元,企业自筹。用地面积 0.8 万平方米。

项目建设单位为秭归县远通港埠有限责任公司;设计单位为山东诚基工程建设有限公司。

码头建成投产后,运营情况良好,2016 年港口实际吞吐量为 30 万吨,2017 年完成货物吞吐量 45 万吨。

(16)宜昌港秭归港区茅坪作业区二期工程

项目于 2012 年 8 月开工,2019 年 9 月完成交工验收。

项目建设依据:2011 年 7 月,湖北省发改委《关于宜昌港秭归港区茅坪作业区二期工程可行性研究报告的批复》(鄂发改交通〔2011〕944 号);2011 年 11 月,湖北省发改委《关于宜昌港秭归港区茅坪作业区二期工程初步设计的批复》(鄂发改交通〔2011〕1724 号);2011 年 5 月,湖北省环保厅《关于宜昌港秭归港区茅坪作业区二期工程环境影响报告书的批复》(鄂环函〔2011〕398 号);2011 年 10 月,湖北省国土厅《关于三峡翻坝物流产业园(秭归)工程建设用地预审备案意见的函》(鄂土资预审函〔2011〕131 号);2012 年 5 月,交通运输部《关于宜昌港秭归港区茅坪作业区二期工程使用港口岸线的批复》(交规划发〔2011〕235 号)。

项目建设 1 个 3000 吨级滚装码头泊位,1 个 3000 吨级商品车滚装泊位,3 个 3000 吨级(水工结构兼顾 5000 吨级船舶)件杂泊位,岸线总长 1311 米。码头采用顺岸式,引桥式布局,高桩式,斜坡式结构。码头前沿水深 10 米。项目总投资 80807.33 万元,其中 35% 由企业负责筹措(包括申请省财政专项资金),25% 由企业自筹解决,40% 为银行贷款。用地面积 24.53 万平方米。

项目建设单位为湖北三峡现代物流有限公司;设计单位为长江航运规划设计院;施工单位为长江宜昌航道工程局、中国葛洲坝集团第五工程有限公司;监理单位为武汉四达工程建设咨询监理有限公司;质监单位为宜昌市交通工程质量监督局。

2016年1月21日,经湖北省发改委批复,项目法人由秭归县投资公司变更为湖北三峡现代物流有限公司。

(17)宜昌港三峡枢纽旅客翻坝转运中心码头工程项目(茅坪客运码头)

项目于2014年4月开工,2015年10月5、6、7号泊位水工通过交工验收,截至2019年12月未竣工。

项目建设依据:2012年12月,湖北省发展和改革委员会《关于宜昌港三峡枢纽旅客翻坝转运中心码头工程可行性研究报告的批复》(鄂发改审批〔2012〕538号);2013年1月,湖北省发展和改革委员会《关于宜昌港三峡枢纽旅客翻坝转运中心码头工程初步设计的批复》(鄂发改审批〔2013〕36号);2012年12月,湖北省环境保护厅《关于宜昌港三峡枢纽旅客翻坝转运中心码头工程环境影响报告书的批复》(鄂环函〔2012〕303号);2018年4月,取得秭归县不动产登记局《不动产权证书》(鄂2018秭归县不动产权第0001177号);2013年6月,交通运输部《关于宜昌港三峡枢纽旅客翻坝转运中心码头工程使用港口岸线的批复》(交规划发〔2013〕380号)。

项目建设7个客运码头泊位,岸线总长1214米。码头采用顺岸式布局,浮码头结构。码头前沿水深10米。停车场面积2.0万平方米,停车数量为180辆。项目总投资49495万元,其中企业自筹45151万元,省专项资金4344万元。用地面积6.13万平方米。

项目建设单位为宜昌茅坪港旅游客运有限公司;设计单位为长江航运规划设计院;施工单位为葛洲坝集团第二工程有限公司;监理单位为武汉四达工程建设咨询监理有限公司;质监单位为宜昌市交通工程质量监督局。

(三)兴山港区

1.港区综述

(1)港区建设概况和运营情况

兴山港区位于长江支流香溪河上。根据2009年6月交通运输部、湖北省人民政府正式批复《宜昌港总体规划》(2005—2020)(交规划发〔2009〕320号文件),兴山港区包括峡口作业区和高阳作业区两个作业区。由于宜昌港发展环境发生了较大变化,原有的港口总体规划已不适应新形势的要求,对2009版港口规划进行了修编。根据新的《宜昌港总体规划(2035年)》,兴山港区仅有峡口作业区一个港区。

截至2015年,兴山港区建成及在建生产性泊位20个,千吨级泊位13个。2015年,兴山港区完成货物吞吐量731.51万吨。

(2)港区地理条件和集疏运概况

兴山县位于湖北省宜昌市西部,汉明妃王昭君故乡,也是三峡工程库区县之一。兴山县东距宜昌市175千米,西北距神农架林区松柏镇170千米,南距秭归县归州镇59千米,西连巴东,北与华中第一峰神农架林区交界,209国道、宜兴公路和峡堡省级干线公路贯穿境内。

港区后方紧邻宜秭公路,S312省道、宜秭公路分别与宜巴高速公路等对外通道相连,水陆交通条件便利。

2.港区工程项目

(1)峡口作业区一期工程

项目于2001年11月开工,2003年6月试运行,2004年12月竣工。

项目建设依据:2000年6月,湖北省交通厅《关于兴山县峡口港一期工程可行性研究报告的批复》(鄂交计〔2000〕625号);2001年3月,湖北省交通厅《关于兴山县峡口港一期工程初步设计的批复》(鄂交基〔2001〕89号);2008年9月兴山县国土资源局"兴山国用(2008)第200802010005-1号",2009年10月兴山县国土资源局"兴山国用(2009)第0020010230号";2003年8月,宜昌市港航管理局《湖北省港口岸线使用申请表》(鄂宜兴002号)。

项目建设1000吨级综合泊位和1000吨级散货泊位各1个,岸线总长200米。码头采用顺岸布局,浮码头结构。码头前沿水深12.5米。项目后方堆场面积1.43万平方米,堆存能力15万吨。仓库面积0.26万平方米,堆存能力0.3万吨。主要装卸设备配置包括浮式起重机(16吨—35米)2台,单斗装载机(ZL50)9台。项目总投资4500万元,企业自筹。用地面积2.14万平方米。

项目建设单位为兴山县峡口港有限责任公司;设计单位为长江航运规划设计院;施工单位为中交第二航务工程局有限公司;监理单位为长江工程监理咨询有限公司(湖北);质监单位为宜昌市质量监督站。

(2)兴山县峡口旅游码头

项目于2007年8月开工,2009年4月试运行,2011年11月竣工。

项目建设依据:2008年5月,兴山县发展和改革局《关于兴山县峡口旅游码头工程可行性研究报告的批复》(兴发改字〔2008〕233号);2008年5月,湖北省环境保护局《关于宜昌港兴山港区峡口旅游码头工程环境报告表的批复》(鄂环函〔2008〕336号);2008年7月,湖北省国土资源厅《关于湖北省兴山县峡口旅游码头工程建设用地预审意见的函》(鄂土资预审〔2008〕73号);2011年5月,湖北省港航管理局《宜昌市兴山港区峡口作业区峡口旅游码头工程使用港口非深水岸线的批复》(鄂交港航计〔2011〕139号)。

项目建设1个1000吨级客运码头泊位,岸线总长150米。码头采用顺岸式布局,浮码头结构。码头前沿水深24米。项目后方堆场面积1.2万平方米,堆存能力1.2万吨。项目总投资2246万元,主要来源为中央投资1000万元,其余为地方自筹。用地面积2.8万平方米。

项目建设单位为兴山县高岚旅游有限责任公司;设计单位为湖北省交通规划设计院;施工单位为中交第二航务工程局有限公司;监理单位为湖北水运工程咨询监理有限公司;质监单位为宜昌市交通基础建设质量监督局。

(3)宜昌港兴山港区峡口宏昌货运码头工程

项目于2008年3月开工,2014年6月试运行,2016年10月竣工。

项目建设依据:2008年12月,兴山县发展和改革局《关于宜昌港兴山港区峡口宏昌货运码头工程可行性研究报告的批复》(兴发改字〔2008〕234号);2009年1月,兴山县交通局《关于宜昌港兴山港区宏昌港口货运码头工程初步设计报告的批复》(兴交字〔2009〕5号);2008年5月,兴山环保局《关于兴山宏昌港口装卸运输有限公司货运码头建设项目环境影响评价报告的批复》(兴环审〔2008〕12号);2008年10月,湖北省交通运输厅港航管理局《关于宜昌港兴山港区峡口宏昌码头使用港口非深水岸线的批复》(鄂交港航基〔2008〕203号)。

项目建设2个800吨级散货码头泊位(码头水工建筑允许靠泊等级为1000吨级),岸线总长250米。码头采用顺岸式布局,浮式结构。码头前沿水深30米。项目后方堆场面积2.8万平方米,堆存能力30万吨。主要装卸设备配置包括装载机、汽车转运等12台。项目总投资1796万元,企业自筹,用地面积4.53万平方米。

项目建设单位为兴山宏昌港口装卸运输有限责任公司;设计单位为中交武汉港湾工程设计院有限公司;施工单位为兴山宏昌港口装卸运输有限责任公司;监理单位为三峡大学建筑设计研究院;质监单位为兴山县交通质量监督站。

2015年以来,码头所属公司开展自主创新过程中,共获国家知识产权局授权专利4项,其中发明专利2项,使用新型专利2项。

发明专利有:山区港口快速装卸装置,专利号ZL201510203466.6,授权时间2017年3月29日;山区港口快速装卸系统,专利号ZL201510202862.7,授权时间2017年3月15日;实用新型专利山区港口快速装卸系统,专利号ZL201520258495.8,授权时间2015年8月15日;实用新型专利山区港口快速装卸装置,专利号ZL201520258171.4,授权时间2015年8月19日。

(4)平邑口作业区一期工程

项目于2009年4月开工,2009年6月试运行,2009年12月竣工。

项目建设依据:2007年9月,宜昌市交通局《关于建设兴山平邑口货运码头的批复》(宜市交计〔2007〕245号);2007年2月,宜昌市环境保护局《关于三峡库区兴山县平邑口货运码头环境影响报告已书的批复》（宜市环审〔2007〕010 号）；2009 年 4 月，湖北省交通厅港航管理局《关于宜昌港兴山港区平邑口货运码头工程使用港口非深水岸线的批复》（鄂交港航基〔2009〕87 号）。

项目建设 3 个 500 吨级散货码头泊位，岸线总长 530 米。码头采用顺岸布局，斜坡式结构。码头前沿水深 15 米。项目后方堆场面积 3.49 万平方米，堆存能力 20 万吨。项目总投资 4815.5 万元，资金来源为企业自筹。用地面积 4.71 万平方米。

项目建设单位为兴山县峡口港有限责任公司；设计单位为长江航运规划设计院；施工单位为长江宜昌航道工程局；监理单位为中交二航院工程咨询监理有限公司；质监单位为宜昌市交通工程质监局。

（5）宜昌港兴山港区石佛寺货运码头工程

项目于 2012 年 5 月开工，2015 年 5 月试运行，2016 年 8 月竣工。

项目建设依据：2010 年 4 月，兴山县发展和改革局《关于兴山县石佛寺货运码头可行性研究报告的批复》（兴发改字〔2010〕52 号）；2015 年 11 月，兴山县发展和改革局《关于宜昌港兴山港区石佛寺货运码头工程初步设计报告的批复》（兴发改审批〔2015〕128 号）；2011 年 12 月，兴山环保局《关于兴山县涌源港埠有限公司石佛寺货运码头建设项目环境影响评价报告表的批复》（兴环函字〔2011〕51 号）；2010 年 10 月，兴山县国土资源局《成交确认书》（G〔2010〕11 号）；2015 年 12 月，湖北省交通运输厅港航管理局《关于宜昌港兴山港区石佛寺货运码头工程使用港口非深水岸线的批复》（鄂交港航基〔2015〕273 号）。

项目建设 2 个 500 吨级货运码头泊位（码头水工建筑允许靠泊等级为 1000 吨级），岸线总长 335 米。码头采用顺岸式布局，斜坡式结构。码头前沿水深 15 米。项目后方堆场面积 1.7 万平方米，堆存能力 10.5 万吨。主要装卸设备配置包括 FQ5—25 型浮式起重机 2 台。项目总投资 4800 万元，企业自筹。用地面积 1.25 万平方米。

项目建设单位为兴山县涌源港埠有限公司；设计单位为湖北港埠勘测设计咨询有限公司；施工单位为河北省冀东建设工程有限公司；监理单位为三峡大学建筑设计研究院；质监单位为兴山县交通质量监督站。

（6）峡口作业区二期工程

项目于 2013 年 7 月开工，2019 年 10 月竣工。

项目建设依据：2012 年 8 月，宜昌市发展和改革委员会《关于兴山县平邑口物流中心可行性研究报告的批复》（宜发改审批〔2012〕364 号）；2012 年 8 月，宜昌市发展和改革委员会《关于平邑口物流中心（峡口作业区码头建设工程）初步设计的批复》（宜发改审批〔2012〕385 号）；2011 年 6 月，宜昌市环境保护局《关于宜昌港兴山港区峡口作业区码头建设项目环境影响报告书的批复》（宜市环审〔2011〕112 号）；2012 年 7 月，兴山县国土局

"兴山国用(2012)第888号";2014年10月,山县国土局"兴山国用(2014)第484号";2013年2月,交通运输部关于《宜昌港兴山港区峡口作业区码头扩建工程使用港口岸线的批复》(交规划发〔2013〕123号)。

项目建设5个1000吨级货运码头泊位,岸线总长1270米。码头采用顺岸布局,浮码头结构。码头前沿水深12米。项目后方堆场面积3.3万平方米,堆存能力35万吨。仓库面积0.26万平方米,堆存能力0.3万吨。主要装卸设备配置包括浮式起重机(16吨—35米)2台,单斗装载机(ZL50)9台。项目总投资29003.15万元,其中三峡后续规划补助资金6309万元,企业自筹22694.15万元。用地面积10.84万平方米。

项目建设单位为兴山县峡口港有限责任公司;设计单位为长江航运规划设计院;施工单位为中交第二航务工程局有限公司;监理单位为长江工程监理咨询有限公司(湖北);质监单位为宜昌市质量监督管理站。

(四)主城港区

1.港区综述

(1)港区建设概况和运营情况

主城港区是宜昌港的重要港区之一,以城市中心区为依托,服务于外向型经济发展、沿江产业开发、城市建设与发展、资源开发,其主要功能是承担外贸集装箱、非金属矿石、矿建材料、工业制成品以及旅客等的运输服务,为三峡库区客运翻坝运输服务。2009年6月,交通运输部、湖北省人民政府正式批复《宜昌港总体规划(2005—2020)》(交规划发〔2009〕320号文件)。此后,根据宜昌市关于建设白洋工业园区的有关决定和已编制完成的《宜昌港主城港区调整专项规划报告》,将原枝江港区白洋和田家河作业区调整到主城港区。2015年,主城港区包括太平溪作业区、滨江作业区、古老背作业区、临江坪作业区、云池作业区、白洋作业区和田家河作业区。

由于宜昌港发展环境发生了较大变化,原有的港口总体规划已不适应新形势的要求,因此对2009版规划进行修编。根据新的《宜昌港总体规划(2035年)》,宜昌主城港区包括太平溪作业区、黄柏河作业区、古老背作业区、云池作业区和白洋作业区。主城港区以集装箱、滚装运输、大宗散货、旅游客运为主,主要为三峡翻坝转运、多式联运和宜昌市及周边经济发展服务。

截至2015年,主城港区共有生产性泊位162个,其中千吨级泊位92个。2015年港区全年完成货物吞吐量4492.9万吨,其中集装箱13.05万TEU,滚装车辆28.37万辆。

(2)港区地理条件和集疏运概况

主城港区集疏运有206县道、S58三峡高速公路、S334省道、锦江大道、S58三峡高速公路、沿江大道、猇亭大道、G318国道、G50沪渝高速公路、紫云铁路S325省道、G59呼北高速公路。

2. 港区工程项目

（1）宜昌天信港埠有限公司码头

项目于 1982 年 12 月开工。

项目建设 1 个 2000 吨级散货码头泊位（码头水工建筑允许靠泊等级为 5000 吨级），岸线总长 302 米。码头采用顺岸式布局，斜坡式结构。码头前沿水深 6 米。主要装卸设备配置包括 50 型装载机 4 台，16 吨浮式起重机 1 台，皮带机下河设备 1 套。项目总投资 5000 万元，企业自筹。

项目建设单位为宜昌天信港埠有限公司。

（2）宜昌磨盘港口公司码头（已拆除）

项目于 1990 年 12 月开工，1994 年 8 月试运行，1994 年 12 月竣工。

项目建设依据：1989 年 3 月，湖北省计委《关于宜昌地区磨盘溪码头设计任务书的批复》（鄂计交〔89〕124 号）；1990 年 7 月，省计委委托原宜行署计委《关于宜昌磨盘溪码头建设工程初步设计文件的批复》（宜署计基〔1990〕61 号）；1989 年 6 月，枝江县（现枝江市）人民政府《建设用地批准通知书》（枝地批字〔1989〕60 号）。

项目建设 3 个 1000 吨级散货码头泊位（码头水工建筑允许靠泊等级为 2000 吨级），岸线总长 492 米。码头采用顺岸式布局，斜坡式结构。码头前沿水深 3.5 米。项目后方堆场面积 3.5 万平方米，堆存能力 8.0 万吨。仓库面积 0.83 万平方米，堆存能力 2.0 万吨。储罐容量 0.25 立方米。主要装卸设备配置包括起重机一台、皮带机一套。项目总投资 700 万元，政府投资 100 万元，企业投资 600 万元。用地面积 48 万平方米。

项目建设单位为宜昌磨盘溪码头工程建设指挥部；设计单位为铁道部第四勘测设计院；施工单位为宜昌市建筑安装总公司；监理单位为磨盘溪码头建设工程质量监理小组；质监单位为磨盘溪码头建设工程质量监理小组。

（3）宜昌红华港埠有限责任公司码头

项目于 1990 年 11 月开工，1991 年 6 月完工。

项目建设依据：2017 年 3 月，宜昌市猇亭区环境保护局《关于宜昌红华港埠有限责任公司环境影响评估批复》（宜猇环验〔2017〕21 号）；2005 年 1 月，湖北省交通厅港航管理局《关于宜昌市裕泰航运有限责任公司等企业临时使用港口岸线的批复》（鄂交港航港〔2005〕1 号）。

项目建设 2 个 1000 吨级散货码头泊位，岸线总长 150.69 米。码头采用顺岸式布局，斜坡式结构。码头前沿水深 8 米。项目后方堆场面积 2.0 万平方米，堆存能力 5.0 万吨。主要装卸设备配置包括两组运输皮带机、一台浮式起重机。项目总投资 260 万元，企业自筹。

项目建设单位为宜昌红华港埠有限责任公司;设计单位为猇亭城建局。

(4)宜昌市猇亭区下马槽砂石厂码头

项目于1994年4月开工,1995年10月试运行,1995年10月完工。

项目建设依据:2017年11月,宜昌市猇亭区环境保护局《关于宜昌市宏浩港埠有限公司码头项目环境影响报告表的批复》(宜猇环验〔2017〕6号);2005年1月,湖北省交通厅港航管理局《关于宜昌市裕泰航运有限责任公司等企业临时使用港口岸线的批复》(鄂交港航港〔2005〕1号)。

项目建设1个1000吨级散货码头泊位(码头水工建筑允许靠泊等级为3000吨级),岸线总长70.95米。码头采用顺岸式布局,浮码头结构。码头前沿水深4米。项目后方堆场面积1.5万平方米,堆存能力6.0万吨。主要装卸设备配置包括两台浮式起重机、一台皮带机、两台装载机。项目总投资310.97万元,其中国家资本金294万元,企业自筹17万元。

项目建设单位为宜昌市宏浩港埠有限公司。

(5)宜昌港云池化肥码头扩建工程(云池港6号泊位)

项目于1996年4月开工,1996年12月试运行。

项目建设依据:1993年4月,长江航务管理局《关于枝城港云池化肥码头扩建工程可行性报告的批复》(长航计〔1993〕270号);1994年12月,长江航务管理局《关于宜昌港云池化肥码头扩建工程初步设计的批复》(长航工〔1994〕724号);1996年12月,宜昌市猇亭区建设环境保护局《建设项目环境影响审批表》。

项目建设1个1000级散货码头泊位,岸线总长100米。码头采用顺岸式布局,斜坡式结构。码头前沿水深8米。项目后方堆场面积2.0万平方米,堆存能力5.0万吨。主要装卸设备配置包括15吨浮式起重机1台。项目总投资2000万元,其中企业投资2000万元。用地面积80万平方米,一、二期实际用地32万平方米。

项目建设单位为宜昌港务集团有限责任公司;设计单位为长江航运规划设计院;施工单位为中交第二航务工程局、长江宜昌航道工程局、葛洲坝集团第六工程公司、四川泸县建筑安装总公司、河南卫华重型机械公司、长航红光港机厂、三一海洋重工有限公司;监理单位为武汉四达工程建设咨询监理有限公司、长阳清江监理公司;质监单位为宜昌市交通工程质量监督局。

云池港一期工程已经竣工,二期工程主体码头已经全部交工,对应的货场已建成50%。由于建设期铁路经过港区,为港口形成公水铁联运能力形成了条件,根据现场交通条件和业态的变化,原设计的部分货场已无法实施,设计单位进行公水铁联运和物流园区的重新设计。

云池港是宜昌建设现代化特大城市、推进三峡枢纽港建设的重要项目;是鄂西渝东地区国家规划布局的唯一对外开放水运口岸和专业的集装箱港区,随着建设的不断推进,件杂散货吞吐量的不断增长,云池港已经成为集集装箱和件杂散货为一体的综合性大港,承担着宜昌经济腹地水运进出口货物的装卸运输任务。

(6)宜昌太平溪港复建(一期)工程

项目于2001年10月开工,2004年4月试运行,2004年10月竣工。

项目建设依据:1999年10月,湖北省计委《关于宜昌县太平溪港港口工程可行性研究报告的批复》(鄂计交字〔1999〕1387号);2000年1月,湖北省发展计划委员会《关于宜昌县太平溪港复建工程(一期)初步设计的批复》(鄂计投资〔2000〕1284号);2000年2月,宜昌市环境保护局《环境审查报告表》;2001年8月,湖北省国土资源厅《关于宜昌太平溪港域永久码头用地的函》(鄂土资函〔2001〕350号);2001年10月,宜昌市港航管理局《湖北省港口岸线使用申请表》(鄂宜夷015号)。

项目建设1个3000吨级客运泊位、1个1000吨级客运泊位和1个1000吨级货运泊位,岸线总长906.5米。码头采用顺岸式布局,浮码头结构。码头前沿水深3米。项目总投资4173.0万元,其中政府投资1500万元,其余企业自筹。用地面积11.09万平方米。

项目建设单位为宜昌太平溪港旅游客运有限公司;设计单位为湖北省交通规划设计研究院;施工单位为中港第二航务工程局、武汉建工集团有限公司、重庆长江航道工程局;监理单位为武汉华通工程建设监理所;质监单位为交通部长江航务工程质量监督中心站。

太平溪新港客运泊位营运初期客运吞吐量不足70万人次/年,2006年9月至2007年5月,在三峡船闸完建期,港口承担了坝上旅客翻坝转运任务,实现了港口客运吞吐量的大突破,8个月的旅客吞吐量为100万人次;2009年完成旅客吞吐量120万人次。客运吞吐量逐年增加,港口年平均货运吞吐量约为5万吨,特别是春运期间充分发挥了坝前库首港口的区位优势,安全、有序完成了每年的春运旅客转运任务。

(7)太平溪新港一期项目(靖江溪滚装码头)

项目于2003年1月开工,2006年9月试运行,2007年1月竣工。

项目建设依据:2003年12月,夷陵区交通局《关于一期滚装码头可行性研究报告的批复》(夷交发〔2003〕70号);2010年12月,湖北省发改委《关于宜昌主城港区太平溪作业二期工程初步设计的批复》(鄂发改交通〔2010〕1695号);2004年6月,夷陵区环保局《宜昌靖江溪港区客货码头工程环境影响报告书的批复》(夷环发〔2004〕36号);2008年9月,湖北省国土资源厅《关于宜昌市夷陵区2008年第2批次建设用地的批复》(鄂土资批〔2008〕605号)。

项目建设5个3000吨级散货码头泊位,岸线总长1593米。码头采用顺岸布局,斜坡道结构。码头前沿水深4米。项目后方堆场面积10万平方米,堆存能力50万吨。仓库面积0.1万平方米,堆存能力1万吨。主要装卸设备配置包括趸船2台。项目总投资21800万元,其中政府投资1000万元。用地面积13万平方米。

项目建设单位为宜昌三峡太平溪新港物流有限公司;设计单位为山东省航运工程设计院有限公司;施工单位为武汉第四建设集团有限公司宜昌分公司;监理单位为湖北建盛工程监理公司宜昌分公司;质监单位为夷陵区交通工程质量监督站。

滚装车码头项目2003年开始建设,2006年9月份正式投入运营。2009年无偿为汶川地震转运大量救援物资。2011年因非标准船禁运停业至今。

(8)宜化集团危化品专用码头

项目于2004年6月开工,2004年12月完工。

项目建设依据:2009年6月,宜昌市环保局《关于审查宜化集团有限责任公司危险化学品专用码头项目环境影响报告的批复》(宜市环审〔2009〕77号);2005年1月,湖北省港航管理局《关于宜昌市裕泰航运有限责任公司等企业临时使用港口岸线的批复》(鄂交港航港批〔2005〕1号)。

项目建设1个800吨级散货码头泊位,岸线总长58米。码头采用顺岸式布局,斜坡式结构。码头前沿水深6.5米。项目总投资600万元,企业自筹。

项目建设单位为宜化集团有限责任公司;设计单位为宜化技术开发部;施工单位为宜化化机公司。

(9)宜昌船舶柴油机有限公司自用重件发运码头项目

项目于2007年3月开工,2008年8月试运行,2009年10月竣工。

项目建设依据:2007年10月,国家发展和改革委员会《国家发展改革委关于宜昌船舶柴油机厂船用低速柴油机改扩建项目行性研究报告的批复》(发改工业〔2007〕1315号);2006年12月,湖北省环境保护局《关于宜昌船舶柴油机厂船用大功率柴油机改扩建工程项目自用重件码头环境影响报告表的批复》(鄂环函〔2006〕463号);2006年8月16日,宜昌市国土资源局《关于宜昌船舶柴油机厂临江坪码头项目工地的批复》(宜市国土资局〔2006〕109号);2008年3月,交通运输部《关于宜昌船舶柴油机厂重件码头工程使用港口岸线的批复》(交规划发〔2008〕138号)。

项目建设1个1000吨级重件码头泊位(码头水工建筑允许靠泊等级为2000吨级),岸线总长95米。码头采用顺岸式布局,高桩式结构。主要装卸设备配置包括250/50吨桥式起重机1台。项目总投资3447万元,企业自筹。用地面积0.9万平方米。

项目建设单位为宜昌船舶柴油机有限公司;设计单位为中交武汉港湾工程设计研究院有限公司;施工单位为葛洲坝集团第五工程有限公司;监理单位为武汉市江汉工程建设监理有限公司;质监单位为宜昌市交通基本建设质量监督站。

2014—2018年共发运码头所属公司产品柴油机181台,总重44894吨。

（10）宜昌市通达港埠码头维修工程

项目于 2008 年 8 月开工,2009 年 5 月竣工。

项目建设依据:2017 年 7 月,宜昌市猇亭区环境保护局《宜昌市通达港埠有限公司货物堆场项目环境影响报告表的批复》(宜猇环审〔2017〕15 号);2008 年 5 月,宜昌市国土资源局宜市《国用》(2008〔第〕190105111 号);2005 年 1 月,湖北省交通厅港航管理局《关于宜昌市裕泰航运有限责任公司等企业临时使用港口岸线的批复》(鄂交港航港批〔2005〕1 号)。

项目建设 2 个 3000 吨级货运码头泊位,岸线总长 123.67 米。码头采用顺岸式布局,斜坡式结构。码头前沿水深 3.5 米。项目后方堆场面积 0.3 万平方米,堆存能力 0.1 万吨。主要装卸设备配置包括吊葶船 2 台套,成功 30 装载机 1 台,码头专用变压器 2 台。项目总投资 2500 万元,企业自筹。用地面积 0.7 万平方米。

项目建设单位为永嘉县地方建筑工程有限公司宜昌分公司。

（11）宜昌港主城港区云池作业区一期工程

项目于 2008 年 12 月开工,2014 年 4 月试运行,2016 年 3 月竣工。

项目建设依据:2007 年 4 月,湖北省发展和改革委员会《省发展改革委关于宜昌港主城港区云池作业区一期工程可行性研究报告(代项目建议书)的批复》(鄂发改交通〔2007〕308 号);2007 年 7 月,湖北省发展和改革委员会《省发展改革委关于宜昌港主城港区云池作业区一期工程初步设计的批复》(鄂发改重点〔2007〕686 号);2007 年 2 月,湖北省环境保护局《关于宜昌港云池作业区一期工程环境影响报告书的批复》(鄂环函〔2007〕52 号);2007 年 12 月,湖北省国土资源厅《湖北省国土资源厅关于宜昌港务集团有限责任公司宜昌港云池港区一期工程项目建设用地的批复》(鄂土资批〔2007〕325 号);2007 年 12 月,交通部《关于宜昌港主城港区云池作业区一期工程使用港口岸线的批复》(交规发〔2007〕703 号)。

项目建设 1 个 3000 吨级集装箱和 1 个 3000 吨级多用途码头泊位(码头水工建筑允许靠泊等级为 5000 吨级),岸线总长 210 米。码头采用顺岸式布局,高桩式结构。码头前沿水深 6 米。项目后方堆场面积 9.0 万平方米,堆存能力 4.0 万吨、4000.0 万 TEU。仓库面积 0.57 万平方米,堆存能力 1.0 万吨。主要装卸设备共配置建造各类生产性设备近 40 台套,包括 20 吨—30 米门座起重机 2 台,35 吨—25 米岸边集装箱起重机 1 台,40 吨—25 米多用途门座起重机 1 台,35 吨—35 米轨道式起重机 4 台,10 吨双梁桥式起重机 2 台。项目总投资 34329 万元,其中国家交通运输部专项建设资金 3390 万元,其余资金来源于企业自筹。用地面积 35 万平方米。

项目建设单位为宜昌港务集团有限责任公司;设计单位为长江航运规划设计院;施工单位为中交第二航务工程局、长江宜昌航道工程局、葛洲坝集团第六工程公司、四川泸县建筑安装总公司、河南卫华重型机械公司、长航红光港机厂、三一海洋重工有限公司;监理单位为武汉四达工程建设咨询监理有限公司、长阳清江监理公司;质监单位为宜昌市交通工程质量监督局。

云池港是宜昌建设现代化特大城市、推进三峡枢纽港建设的重要项目;是鄂西渝东地区国家规划布局的唯一对外开放水运口岸和专业的集装箱港区,随着建设的不断推进,件杂散货吞吐量的不断增长,云池港已经成为集集装箱和件杂散货为一体的综合性大港,承担着宜昌经济腹地水运进出口货物的装卸运输任务。

(12)宜昌市长江货运码头维修工程(群力码头)

项目于2008年12月开工,2009年5月完工。

项目建设依据:2017年7月,宜昌市猇亭区环境保护局《宜昌市猇亭群力装卸运输有限责任公司一分公司货物堆场项目环境影响报告表的批复》(宜猇环审〔2017〕31号);2007年5月,宜昌市国土资源局(宜市国用〔2007〕190101009号);2005年1月,湖北省交通厅港航管理局《关于宜昌市裕泰航运有限责任公司等企业临时使用港口岸线的批复》(鄂交港航港批〔2005〕1号)。

项目建设2个1000吨级普货码头泊位,岸线总长65米。码头采用顺岸式布局,斜坡式结构。码头前沿水深4米。后方无堆场。主要装卸设备配置包括10吨浮式起重机1台、5吨浮式起重机1台,钢质趸船2艘。项目总投资500万元,企业自筹。用地面积0.35万平方米。

项目建设单位为永嘉县地方建筑工程有限公司宜昌分公司。

(13)宜昌泰和港埠有限责任公司货运码头改扩建工程(已拆除)

项目于2008年12月开工,2010年6月试运行,2011年11月竣工。

项目建设依据:2008年1月,宜昌市猇亭区发展改革与统计局《湖北省企业投资项目备案证》(2008050554320001);2008年5月,湖北省交通运输厅港航管理局《关于宜昌港主城港区临江坪作业区宜昌泰和港埠有限责任公司货运码头改扩建工程使用港口非深水岸线的批复》(鄂交港航基〔2008〕83号)。

项目建设3个800吨级件杂货、散货码头泊位,岸线总长280米。码头采用顺岸式布局,重力式结构。码头前沿水深5米。项目后方堆场面积3.5万平方米。项目总投资1243万元,企业自筹。用地面积4万平方米。

项目建设单位为宜昌泰和港埠有限责任公司;设计单位为山东省航运工程设计院有限公司;施工单位为宜昌港务集团建筑安装工程有限公司、湖北楚耀水利水电工程有限公司、湖北楚耀水利水电工程有限公司(龙盘湖项目部);监理单位为湖北四达监理公司;质监单位为宜昌市交通工程质量监督局。

(14)宜昌港主城港区古老背作业区综合码头工程

项目于2009年10月开工,2011年7月试运行,2012年11月竣工。

项目建设依据:2009 年 4 月,宜昌市发展和改革委员会《湖北省企业投资项目备案证》(2009050526140010);2010 年 5 月,宜昌市交通运输局《关于宜昌港主城港区古老背作业区综合码头工程施工图设计的批复》(宜市交基〔2010〕100 号);2008 年 3 月,湖北省环境保护局《省环保局关于宜昌港古老背港区综合码头工程环境影响报告书的批复》(鄂环函〔2008〕135 号);2010 年 3 月,交通运输部《关于宜昌港主城港区古老背作业区综合码头工程使用港口岸线的批复》(交规划发〔2010〕137 号)。

项目建设 1 个 1000 吨级危化品码头泊位(码头水工建筑允许靠泊等级为 1500 吨级),岸线总长 315 米。码头采用顺岸式布局,浮码头结构。码头前沿水深 4.5 米。主要装卸设备配置包括钢质趸船搭载 1025 浮式起重机 2 台。项目总投资 3600 余万元,企业自筹。

项目建设单位为湖北兴瑞化工有限公司;设计单位为山东省航运工程设计院有限公司;施工单位为宜昌航道工程局、中交第二航务工程局有限公司;监理单位为中交二航院工程咨询监理有限公司;质监单位为宜昌市交通工程质量监督局。

(15)宜昌港主城港区古老背作业区 1 号泊位改建工程

项目于 2015 年 2 月开工,2017 年 11 月试运行,2018 年 8 月竣工。

项目建设依据:2015 年 1 月,宜昌市猇亭区发展和改革局《湖北省企业投资项目备案证》(2015050557100003);2015 年 6 月,宜昌市交通运输局《关于宜昌港主城港区古老背作业区 1 号泊位改建工程施工图设计的批复》(宜市交建〔2015〕16 号);2015 年 8 月,宜昌市环境保护局《市环保局关于宜昌港主城港区古老背作业区 1#泊位改扩建工程环境影响报告书的批复》(宜市环审〔2015〕66 号);2010 年 3 月,交通运输部《关于宜昌港主城港区古老背作业区综合码头工程使用港口岸线的批复》(交规划发〔2010〕137 号)。

项目建 1 个 3000 吨级危化品码头泊位(码头水工建筑允许靠泊等级为 5000 吨级),岸线总长 315 米。码头采用顺岸布局,浮码头结构。码头前沿水深 4.5 米。主要装卸设备配置包括化工专用管道 10 条,蒸汽、氮气等配套辅助管道 7 条。项目总投资 1543 万元,企业自筹。

项目建设单位为宜昌古老背港务有限公司(现名宜昌兴通物流有限公司);设计单位为中诚国际海洋工程勘察设计有限公司武汉分公司;施工单位为中交第二航务工程局有限公司;监理单位为中交二航院工程咨询监理有限公司;质监单位为宜昌市交通工程质量监督局。

(16)宜昌三峡全通涂镀板有限公司专用码头工程

项目于 2009 年 12 月开工,2010 年 12 月试运行,2012 年 5 月竣工。

项目建设依据:2009 年 12 月,宜昌市发展改革委《湖北省企业投资项目备案证》(2009050054320044);2012 年 2 月,宜昌市交通运输局《关于宜昌三峡全通涂镀板有限公司码头一期工程初步设计的审查意见》(宜市交建〔2012〕3号);2009年11月,湖北省环境保护厅《关于三峡全通涂镀板有限公司专用码头工程环境影响报告书的批复》(鄂环函〔2009〕347号);2010年11月,交通运输部《关于宜昌三峡全通涂镀板有限公司码头一期工程使用港口岸线的批复》(交规划发〔2010〕659号)。

项目建设3个2000吨级件杂货进出口码头泊位(码头水工建筑允许靠泊等级为3000吨级),岸线总长265米。码头采用顺岸式布局,高桩式结构。码头前沿水深3.1米。主要装卸设备配置包括25吨门座式起重机6台。项目总投资13610.68万元,企业自筹。

项目建设单位为宜昌三峡全通涂镀板有限公司;设计单位为武汉港湾工程设计研究院;施工单位为中交第二航务工程局有限公司;监理单位为中交二航院工程咨询监理有限公司;质监单位为宜昌交通工程质量监督局。

(17)宜昌港主城港区云池作业区二期工程

项目于2012年1月开工,2018年8月通过交工验收,截至2019年12月该项目尚未试运行及竣工。

项目建设依据:2010年9月,湖北省发展和改革委员会《省发展改革委关于宜昌港主城港区云池作业区二期工程可行性研究报告的批复》(鄂发改交通〔2010〕1292号);2010年10月,湖北省发展和改革委员会《省发展改革委关于宜昌港主城港区云池作业区二期工程初步设计的批复》(鄂发改交通〔2010〕1387号);2010年9月,湖北省环境保护厅《关于宜昌港主城港区云池作业区二期工程环境影响报告书的批复》(鄂环函〔2010〕512号);2007年12月,湖北省国土资源厅《湖北省国土资源厅关于宜昌港务集团有限责任公司宜昌港云池港区一期工程项目建设用地的批复》(鄂土资批〔2007〕325号);2011年5月,交通运输部《关于宜昌港主城港区云池作业区二期工程使用港口岸线的批复》(交规划发〔2011〕247号)。

项目建设2个3000吨级多用途码头泊位和2个3000吨级件杂码头泊位(码头水工建筑允许靠泊等级为5000吨级),岸线总长557米。码头采用顺岸式布局,高桩式、斜坡式、浮码头结构。码头前沿水深5米。项目后方堆场面积15.0万平方米,堆存能力8.0万吨、4000.0万TEU。仓库面积0.6万平方米,堆存能力1.0万吨。主要装卸设备配置包括20吨—30米门座起重机1台,35吨—25米岸边集装箱起重机1台,35吨—35米轨道式起重机3台。项目总投资39169.34万元,其中国家交通运输部专项建设资金5300万元,其余资金来源于企业自筹。

项目建设单位为宜昌港务集团有限责任公司;设计单位为长江航运规划设计院;施工单位为中交第二航务工程局、长江宜昌航道工程局、葛洲坝集团第六工程公司、四川泸县建筑安装总公司、河南卫华重型机械公司、长航红光港机厂、三一海洋重工有限公司;监理单位为武汉四达工程建设咨询监理有限公司、长阳清江监理公司;质监单位为宜昌市交通工程质量监督局。

(18)宜昌港客运码头改扩建工程项目

项目于2012年7月开工,2013年9月交工验收。

项目建设依据:2011年12月,湖北省发改委《省发展改革委关于宜昌港客运码头改扩建工程可行性研究报告的批复》(鄂发改交通〔2011〕1997号);2012年2月,湖北省发改委《省发展改革委关于宜昌港客运码头改扩建工程初步设计的批复》(鄂发改交通〔2012〕139号);2011年11月,湖北省环境保护厅《湖北省环境保护厅关于宜昌港客运码头改扩建工程环境影响报告表的批复》(鄂环函〔2011〕974号);2009年12月,宜昌市国土资源局《土地使用证书》(宜市国用〔2009〕第120303033-1号)。

项目建设320客位豪华游轮泊位1个、200客位普通游轮泊位1个、350客位客轮泊位1个,岸线总长300米。码头采用顺岸式布局,斜坡式、浮码头结构。项目总投资9363.83万元,其中政府投资950万元,其余企业自筹。用地面积2.15万平方米。

项目建设单位为湖北宜昌交运集团股份有限公司;设计单位为长江航运规划设计院;施工单位为葛洲坝集团第二公司;监理单位为武汉四达工程建设咨询监理有限公司;质监单位为宜昌市交通工程质量监督局。

(19)宜昌港主城港区白洋作业区一期工程

项目于2012年10月开工,2017年1月试运行,2018年7月竣工。

项目建设依据:2011年12月,湖北省发改委《关于宜昌港主城港区白洋作业区一期工程可行性研究报告的批复》(鄂发改交通〔2011〕1778号);2011年12月,湖北省发改委《关于宜昌港主城港区白洋作业区一期工程初步设计的批复》(鄂发改交通〔2011〕2027号);2011年11月,湖北省环境保护厅《关于宜昌港白洋作业区一期工程环境影响报告书的批复》(鄂环函〔2011〕972号);2011年11月,湖北省国土资源厅《关于宜昌港白洋作业区一期工程建设项目用地预审备案意见的函》(鄂土资预审函〔2011〕149号);2012年3月,交通运输部《关于宜昌港主城港区白洋作业区一期工程使用港口岸线的批复》(交规划发〔2012〕118号)。

项目建设2个3000吨级散杂货码头泊位、2个3000吨级件杂码头泊位和2个3000吨级多用途码头泊位(码头水工建筑允许靠泊等级为5000吨级),岸线总长624米。码头采用顺岸式布局,浮码头结构。码头前沿水深31.64米。项目后方堆场面积28万平方米,堆存能力100万吨。仓库面积0.3万平方米,堆存能力10万吨。主要装卸设备配置包括15吨—15米浮式起重机1台。项目总投资8.2亿元,其中政府投资1.49亿元,其余企业自筹。用地面积34.4万平方米。

项目建设单位为宜昌市交通投资有限公司;设计单位为长江航运规划设计院;施工单位为中交第二航务工程局有限公司、湖北省清江路桥建筑有限公司、中交三航局第三工程有限公司、华盟路桥建设有限公司、中铁港航局集团有限公司;监理单位为武汉四达工程建设咨询监理有限公司、湖北省清江路桥建筑有限公司、广州海建工程咨询有限公司、武汉交科工程咨询有限公司;质监单位宜昌市交通工程质量监督局。

白洋港作为三峡枢纽港第一个开港运营的核心港区,自2017年3月21日开港试运行以来,已与众多知名航运公司、物流公司建立了稳定的业务合作关系,共同形成以白洋港为节点的三峡翻坝转运体系。截至2018年3月21日,试运行期间共完成集装箱装卸25686TEU,件散货227万吨。

(20)宜昌港务集团云池港14码头规范工程

项目于2013年1月开工,2017年9月完工。

云池港14码头(原4820码头)于20世纪70年代(1975年)建成,随着云池港的建设,该码头进行了统一管理。综合验收批复:2017年9月,猇亭区长江干线非法码头工作领导小组办公室《猇亭区码头治理综合验收报告》(宜猇治长发〔2017〕13号);2017年11月,宜昌市环境保护局《市环保局关于宜昌港务集团云池港14码头现状环境影响评估报告的备案意见》。

项目建1个3000吨级件杂码头泊位(码头水工建筑允许靠泊等级为5000吨级),岸线总长190米。码头采用顺岸式布局,斜坡式结构。码头前沿水深4米。项目后方堆场面积1万平方米,堆存能力3万吨。15吨—15米浮式起重机1台。项目总投资350万元,全部为企业投资。

项目建设单位为宜昌港务集团有限责任公司;设计单位为长江航运规划设计院;施工单位为中交第二航务工程局、长江宜昌航道工程局、葛洲坝集团第六工程公司、四川泸县建筑安装总公司、河南卫华重型机械公司、长航红光港机厂、三一海洋重工有限公司;监理单位为武汉四达工程建设咨询监理有限公司、长阳清江监理公司;质监单位为宜昌市交通工程质量监督局。

(五)枝江港区

1.港区综述

(1)港区建设概况和运营情况

枝江港区是国家级主要港口宜昌港的重要组成部分,枝江港位于长江中游北岸的枝江市,江汉平原西缘。枝江段长江干线通航里程95.5千米(含白洋),拥有自然岸线111.5千米,按照《宜昌港总体规划》(2005—2020),枝江市原有作业区6个,分别是白洋、田家河、姚家港、马家店、百里洲和七星台。根据宜昌市关于建设白洋工业园区的有关决定和已编制完成的《宜昌港主城港区调整专项规划报告》,将原枝江港区白洋和田家河作业区调整到主城港区,并调增了姚家港和七星台作业区岸线。调整后枝江港区作业区4个,分别为姚家港作业区、马家店作业区、七星台作业区、百里洲作业区。由于宜昌港发展环境发生了较大变化,原有的港口总体规划已不适应新形势的要求,对2009版规划进行了修编。根据新的《宜昌港总体规划(2035年)》,宜昌港枝江港区包括姚家港作业区、七星台作业区。2015年,枝江港区共有生产性泊位52个,千吨级泊位46个。2015年完成港口吞吐量900.87万吨,其中液体散货100.27万吨、散干货550.94万吨、件杂货249.66万吨。

(2)港区地理条件和集疏运概况

枝江地处长江中游北岸、江汉平原西缘,北靠当阳市,西南接宜都市,西北靠猇亭区、夷陵区,东接荆州,是三峡宜昌的东大门。枝江港区的地理区位优势明显,临空临江临港临铁,是全国区域性交通网络的重要节点。从北向南,有焦柳铁路、宜张高速和鸦来、雅澧省道;从东向西,有沪渝高速公路、汉宜高速铁路和318国道;三峡机场距该市中心25千米,构成了水陆空综合交通运输网络。

自"十二五"以来,枝江港口建设步伐加快,姚家港综合码头、滕家河散货码头、七星台综合码头3个项目进展顺利。从货运统计分析看,枝江港口主要的集疏运方式为公路、铁路和水路三种运输方式,并以公路集疏运为主。

公路集疏运:枝江市姚家港、马家店和七星台三大主作业区的疏港道路均为国道、县(乡)级道路,专用道路总里程约为9.5千米,其中二级公路3千米,四级路5千米,等外级公路1.5千米,道路大多狭窄,路面破损严重,不能满足作业区货物集疏运要求。为改善港区集疏运道路条件,提高港口通过能力,更好地建成水、陆、铁联运立体交通运输网络的现代交通运输新格局,宜昌市拟新(扩)建东干渠大道等9条疏港道路,总里程52千米,平原微丘一级标准,公路荷载一级。

铁路集疏运:辖区内省化专线铁路和焦柳铁路主干线连通,紫姚铁路在建,公、铁、水联运网络正在形成,其相对经济性的服务范围主要在河南、陕西和湖南等地,以煤炭等大宗散货为主。

水路集疏运:水路集疏运是港口运输的主要方式,是港口的服务范围的延伸,其集疏运量占港口总集疏运量的10%以上,其主要集疏运线路为长江黄金水道及其支流航道,包括与其他港口直接运输和由港口转到其他港口的水水中转运输。

2.港区工程项目

(1)兴港一码头

项目于1977年1月开工,1978年1月试运行,1978年12月完工。

项目建1个3000吨级散货码头泊位,岸线总长114米。码头采用顺岸式布局,斜坡式结构。码头前沿水深5.4米。主要装卸设备配置包括装载机1台、浮式起重机船1艘。

项目总投资 500 万元,企业自筹。用地面积 0.5 万平方米。

项目建设单位为枝江市兴港装卸运输有限责任公司;项目投产后主要为湖北三宁公司进出厂的原料、产品提供装卸服务,同时为姚家港作业区的山水公司、中宁公司等企业服务。

(2)中石化湖北化肥厂码头

项目于 1977 年 7 月开工,1978 年 6 月试运行,1978 年 12 月完工。

项目建设依据:2005 年 6 月,湖北省交通厅港航管理局《关于江海运输有限公司等单位申请临时港口岸线的批复》(鄂交港航港批〔2005〕11 号)。

项目建 2 个 2000 吨级散货码头泊位、1 个 2000 吨级件杂码头泊位和 2 个 2000 吨级危化品码头泊位(码头水工建筑允许靠泊等级为 3000 吨级),岸线总长 1052.75 米。码头采用顺岸式布局,浮码头结构。码头前沿水深 4 米。项目后方堆场面积 1.5 万平方米,堆存能力 5 万吨。仓库面积 1.2 万平方米。主要装卸设备配置包括趸船 5 艘、装载机 2 台。项目总投资 680 万元,政府投资 680 万元。用地面积 1.6 万平方米。

项目建设单位为中石化湖北化肥分公司;设计单位为交通部第二航务工程局设计院、长江船舶设计院;施工单位为交通部第二航务工程局二〇二工程队、武汉建工局工程队。

(3)兴港二码头

项目于 1987 年 1 月开工,1989 年 1 月试运行,1989 年 8 月完工。

项目建 1 个 3000 吨级散货码头泊位,岸线总长 80 米。码头采用顺岸式布局,斜坡式结构。码头前沿水深 5.4 米。主要装卸设备配置包括装载机 1 台、浮式起重机船 1 艘、汽车 10 辆、皮带机 1 条。项目总投资 500 万元,企业自筹。用地面积 4.74 万平方米。

项目建设单位为枝江市兴港装卸运输有限责任公司。

项目投产后主要为湖北三宁公司进出厂的原料、产品提供装卸服务,同时为姚家港作业区的楚丰公司、山水公司、涌源公司等企业服务。

(4)湖北三宁化工普通货物专用码头工程

项目于 1988 年 1 月开工,1989 年 8 月完工。

项目建 2 个 800 吨级散货码头泊位(码头水工建筑允许靠泊等级为 1000 吨级),岸线总长 137 米。码头采用顺岸式布局,浮码头结构。码头前沿水深 4 米。主要装卸设备配置包括浮式起重机趸船 2 艘。项目总投资 2950 万元,企业自筹。用地面积 1.5 万平方米。

项目建设单位为湖北三宁化工股份有限公司;设计单位为湖北省港路勘测设计咨询有限公司;施工单位为枝江市宏宇建筑有限责任公司。

（5）湖北三宁化工股份有限公司码头技改项目

项目于 1992 年 3 月开工，1993 年 3 月试运行，1993 年 9 月完工。

项目建 1 个 3000 吨级出口袋装货码头泊位，岸线总长 104 米。码头采用顺岸式布局，浮码头结构。码头前沿水深 4 米。主要装卸设备配置包括浮式起重机船 1 艘。项目总投资 500 万元，企业自筹。用地面积 0.5 万平方米。

项目建设单位为湖北三宁化工股份有限公司；施工单位为湖北润通建设工程有限公司。

（6）宜昌港枝江港区姚家港作业区三宁危化码头工程

项目于 1996 年 2 月开工，1997 年 8 月完工。

项目建 2 个 3000 吨级出口袋装货码头泊位（码头水工建筑允许靠泊等级为 5000 吨级），岸线总长 273.5 米。码头采用顺岸布局，浮码头结构。码头前沿水深 4 米。主要装卸设备配置包浮式趸船 2 艘及输送管道。项目总投资 4080 万元，企业自筹。用地面积 0.42万平方米。

项目建设单位为原湖北天发集团股份有限公司；设计单位为交通部第二航务工程勘察设计院、宜昌市三峡市政工程公司；施工单位为宜昌市三峡市政工程公司一公司；监理单位为荆州市荆沙建设工程监理公司。

（7）恒力水泥码头

项目于 2002 年 3 月开工，2002 年 9 月完工。

项目建 1 个 3000 吨级出口袋装货码头泊位，岸线总长 245 米。码头采用顺岸式布局，重力式结构。码头前沿水深 5 米。项目后方堆场面积 0.6 万平方米，堆存能力 3 万吨。主要装卸设备配置包括浮式起重机趸船 1 艘。项目总投资 800 万元，企业自筹。用地面积 0.12 万平方米。

项目建设单位为枝江市恒力制品有限责任公司。

（8）毛家场码头

项目于 2007 年 9 月开工，2007 年 12 月试运行，2008 年 1 月完工。

项目建设依据：2017 年 3 月，枝江市发展和改革局《湖北省企业投资项目备案证》（2017-420583-58-03-124303）；2017 年 10 月，枝江市环境保护局《关于宜昌港枝江港区姚家港作业区毛家场砂石集并点码头工程现状环境影响评估报告的预备案意见》（枝环函〔2017〕100 号）；2012 年 3 月，枝江市住房和城乡建设局《市住建局关于姚家港化工园沿江大道以南地块规划条件的函》（枝住建函〔2010〕28 号）。

项目建 1 个 3000 吨级散货码头泊位，岸线总长 100 米。码头采用顺岸式布局，斜坡式结构。码头前沿水深 5 米。项目后方堆场面积 0.95 万平方米，堆存能力 2 万吨。仓库面积 1 万平方米，堆存能力 2 万吨。主要装卸设备配置包括皮带机 5 条、浮式起重机船 2

艘、汽车 10 辆、装载车 5 辆。项目总投资 1000 万元，企业自筹。用地面积 3.3 万平方米。

项目建设单位为枝江市兴港装卸运输有限责任公司；设计单位为中诚国际海洋工程勘察设计有限公司；施工单位为湖北新地奥建设有限公司。

项目投产后主要为姚家港化工园区及枝江、当阳、宜昌提供建筑砂石料，同时服务周边县市企业的原料、产品进出提供装卸服务。

（9）枝江市旱雨港埠码头改建工程

项目于 2010 年 8 月开工，2010 年 12 月试运行，2011 年 5 月完工。

项目建设依据：2011 年 6 月，枝江市发展和改革局《关于枝江港区江口船舶基地旱雨码头项目核准的批复》（枝发改文〔2011〕73 号）；2010 年 12 月，枝江市环保局《枝江旱雨港埠有限责任公司码头建设项目环境影响报告表的审查批复》（枝环审〔2010〕34 号）；2010 年 5 月，枝江市国土局《关于江口船舶修造项目建设用地预审申请的批复》（枝土资函〔2010〕41 号）。

项目建 1 个 800 吨级散货码头泊位（码头水工建筑允许靠泊等级为 1000 吨级），岸线总长 122.8 米。码头采用顺延式布局，重力式、斜坡式结构。码头前沿水深 4 米。仓库面积 2 万平方米，堆存能力 10 万吨。主要装卸设备配置包括浮式起重机趸船 1 艘、装载机 2 台、皮带机 1 条。项目总投资 1238 万元，企业自筹。

项目建设单位为枝江旱雨港埠有限责任公司；设计单位为武汉汇源科技咨询有限责任公司；施工单位为荆州市隆盛建设工程有限公司；监理单位为宜昌智强建设工程技术咨询有限责任公司；质监单位为枝江市交通建设工程质量检测监督站。

旱雨码头是宜昌港枝江港区江口船舶建造基地配套码头工程，是枝江、当阳两市水陆中转重要枢纽。2017 年完成货物吞吐量 27.5 万吨，其中化肥及化工产品 13 万吨，钢材及件杂 0.5 万吨，磷矿石 10 万吨，煤炭 3 万吨，砂石 1 万吨。

（10）宜昌港枝江港区七星台作业区鸿胜达货运专用码头

项目于 2010 年 10 月开工，2011 年 6 月竣工。

项目建设依据：2009 年 11 月，枝江市发展和改革局《湖北省企业投资项目备案证》（2009058357200084）；初设批复：2011 年 12 月，枝江市交通运输局《关于宜昌港区七星台作业区鸿胜达货运专用码头工程初步设计的批复》（枝交计〔2011〕号）；2010 年 7 月，枝江市环保局《关于枝江市区鸿胜达装卸运输有限公司长江货运专用码头工程环境影响报告表的审查批复》（枝环审〔2010〕13 号）；2011 年 1 月，枝江市国土资源局《关于枝江市鸿胜达装卸运输有限公司加色用地预审申请的批复》；2013 年 1 月，交通运输部《关于宜昌港枝江港区七星台作业区鸿胜达货运码头工程使用港口岸线的批复》（交规划发〔2013〕84 号）。

项目建设 2 个 1000 吨级散货码头泊位，岸线总长 450 米。码头采用顺岸布局，重力式、斜坡式结构。码头前沿水深5.5米。项目后方堆场面积0.6万平方米,堆存能力1万吨。主要装卸设备配置包括港用囤船2台。项目总投资2580万元,企业自筹。用地面积1.5万平方米。

项目建设单位为枝江市鸿胜达装卸运输有限公司;设计单位为山东诚基工程建设有限公司;施工单位为枝江市水利工程处;监理单位为武汉四达工程建设咨询有限公司宜昌分公司。

鸿胜达货运专用码头是长江流域承上启下普通货物进出口的重要枢纽之一。主要服务于当阳陶瓷厂、玻璃厂、化肥厂等。2016年完成吞吐量52万吨;2017年完成吞吐量67万吨。

(11)宜昌港枝江港区姚家港作业区综合码头工程

项目于2012年3月开工,2015年1月试运行,2019年10月竣工。

项目建设依据:2013年3月,湖北省发展和改革委员会《关于宜昌港枝江港区姚家港作业区综合码头工程可行性研究报告的批复》(鄂发改委审批〔2013〕288号);2013年10月,湖北省发展和改革委员会《关于宜昌港枝江港区姚家港作业区综合码头工程初步设计的批复》(鄂发改审批〔2013〕846号);2012年8月,湖北省环境保护厅《关于宜昌港枝江港区姚家港作业区综合码头工程环境影响报告书的批复》(鄂环审〔2012〕109号);2013年1月,湖北省住建厅以选字第13024号文下发宜昌港枝江港区姚家港作业区综合码头工程《建设项目选址意见书》;2013年10月,交通运输部《关于宜昌港枝江港区姚家港作业区综合码头工程使用港口岸线的批复》(交规划发〔2013〕630号)。

项目建设4个2000吨级散货和件杂码头泊位(码头水工建筑允许靠泊等级为3000吨级),岸线总长410米。码头采用4个泊位连片布局,高桩式结构。码头前沿水深5米。项目后方堆场面积4.2万平方米,堆存能力10万吨。仓库面积1.6万平方米,堆存能力2万吨。主要装卸设备配置包括3台16吨—30米、1台40吨—25米门式起重机。项目总投资为38096.21万元,其中企业自筹和争取政府投资占35%,银行贷款占65%。用地面积12.05万平方米。

项目建设单位为枝江市宁港物流有限公司;设计单位为中交武汉港湾工程设计研究院有限公司;施工单位为中交第二航务工程局有限公司;监理单位为中交二航院工程咨询监理有限公司;质监单位为宜昌交通工程质量监督局。

(12)宜昌港枝江港区马家店作业区滕家河散货码头

项目于2013年3月开工,截至2019年12月此项目尚未试运行及竣工。

项目建设依据:2010年10月,湖北省交通运输厅《滕家河散货码头工程可行性研究报告的批复》(鄂交计〔2010〕497号);2011年11月,湖北省港航管理局《关于滕家河散货码头工程初步设计的批复》(鄂交港基〔2011〕287号);2009年12月,枝江市环境保护局

《关于滕家河散货码头项目环境影响报告书的审查批复》(枝环审〔2009〕23 号);2013 年12 月,交通运输部《关于滕家河散货码头工程使用港口岸线的批复》(交规划发〔2013〕712 号)。

项目建 2 个 2000 吨级散货码头泊位,岸线总长 212 米。码头采用顺岸式布局,斜坡式、浮码头结构。码头前沿水深 4 米。项目后方堆场面积 1 万平方米,堆存能力 2 万吨。仓库面积 2 万平方米,堆存能力 5 万吨。主要装卸设备配置包括装载机 3 台、叉车 2 台。项目总投资为 9500 万元,企业自筹。

项目建设单位为宜昌众港物流有限公司;设计单位为中交武汉港湾工程设计研究院有限公司;施工单位为葛洲坝集团第五工程有限公司;监理单位为武汉四达工程建设咨询监理有限公司;质监单位为宜昌市交通工程质量监督局。

(13)枝江市宏盛港务有限责任公司码头

项目于 1992 年 1 月开工,1992 年 7 月完工。

项目建 1 个 3000 吨级散货码头泊位,岸线总长 180 米。码头采用顺岸式布局,斜坡式结构。码头前沿水深 4 米。项目后方堆场面积 0.8 万平方米,堆存能力 3 万吨。主要装卸设备配置包括装载机 2 台。项目总投资为 2000 万元,其中项目资本金 1700 万元,银行贷款 300 万元。用地面积 1.5 万平方米。

项目建设单位为枝江市宏盛港务有限责任公司;设计单位为长江航道规划设计院;施工单位为江市宏盛港务有限责任公司。

宏盛港务码头是枝江港区最重要的码头之一,2016 年货物吞吐量 19 万吨。

(六)宜都港区

1. 港区综述

(1)港区建设概况和运营情况

宜都港区位于长江中游南岸的宜都市,清江在陆城汇于长江。2005 年前,湖北省按市县行政区划"一城一港"界定有的港口 51 个,宜都港是湖北省的 19 个重点港口之一,宜都港于 1996 年由枝城、陆城两港(区)归并而成,此时宜都港是由红花套、陆城、枝城、洋溪、毛沱组成 5 个港区组成,港口年综合通过能力:货物 746 万吨,旅客 50 万人。三峡库区建成后,清水下泄,流沙量少,河床下切,河床相对平衡状态破坏,但大部分河床河势仍较稳定。流经宜都市域长江 46 千米,清江 41 千米。截至 2005 年,有码头泊位 100 个,码头占用岸线 19.73 千米,从事港口装卸的企业 92 家。1991—2005 年地方港口建设先后新建扩建了枝城沙沱码头、洋溪综合码头,宜昌华新水泥有限公司专用码头等一批港口设施。2005 年,完成港口吞吐量 236.13 万。

根据 2009 年 6 月交通运输部、湖北省人民政府正式批复《宜昌港总体规划》(2005—

2020）（交规划发〔2009〕320 号文件），宜都港调整为宜都港区，宜都港区包括红花套作业区、孙家河作业区、楼子河作业区、枝城作业区、石鼓作业区、洋溪作业区 6 个作业区。

由宜昌港发展环境发生了较大变化，原有的港口总体规划已不适应新形势的要求，对2009 版港口规划进行修编。根据新的《宜昌港总体规划（2035 年）》，宜都港区包括：枝城作业区、红花套作业区。

2005—2015 年，港区又新建了鑫通物流、宏拓工贸、红花套综合码头、东阳光码头、宁通物流等一大批港口设施，极大地提高我市港口的吞吐能力。截至 2015 年，宜都港区共有生产性泊位 119 个，其中千吨级泊位 89 个，港口吞吐量为 900.21 万吨。

（2）港区地理条件和集疏运概况

宜都市位于湖北省西南部，长江中游南岸。东北隔长江与枝江市相望，东南与松滋市毗邻，西南接五峰，西抵长阳，北与宜昌市点军区接壤。宜都地势西高东低，地貌以丘陵为主，陆地面积中山区占 11.7%，丘陵占 79.5%，平原占 8.8%。境内有长江、清江、渔洋河3 条干支河流，大小溪河 39 条，均属长江水系，凭借长江黄金水道，西行可通重庆，东可达上海。宜都段为长江中游特征，属丘陵地带，泥沙卵石河床，坡岸由白垩纪第三系砾层、沙层和第四系更新统黏土石组成。下部为基岩，上层土层为粉质或沙质黏土，土层厚 3～14米，砾层含泥质，厚薄不等。洲滩为沙结构，枯水下河床及洲滩上部为砾层或沙层，下部为基岩。

宜都港区主要利用 S254 省道、S225 省道接 S88 岳宜高速公路，利用 G318 国道、X254县道接 S88 岳宜高速公路、G50 沪渝高速公路。

2. 港区工程项目

（1）七〇〇三工程

项目于 1970 年 3 月开工，1979 年 12 月完工。

项目建 2 个 3000 吨级危化品码头泊位，岸线总长 295 米。码头采用顺岸式布局，浮码头结构。码头前沿水深 7 米。项目总投资 3662 万元，中央投资 3662 万元。

项目建设单位为湖北储备物资管理局九三五处；设计单位为交通部第二航务工程局设计院；施工单位为国家建委二局。

（2）宜港集团枝城港石鼓港区（12、12 附、13、15、15 附、16、16 附、17、17 附、18 码头）

项目于 1972 年 7 月开工，1998 年 12 月竣工。

项目建设依据：1971 年 7 月，长江航运公司革命委员会《转发"部关于枝城港新港区设计任务书的批复"的通知》（长航革字〔1971〕第 205 号）；1972 年 1 月，交通部《关于枝城港新港区初步设计的批复》（交基字〔72〕127 号）；2017 年 9 月 27 日，宜都市环境保护局《关于枝城港石鼓港区环境综合整治工程环境影响报告（表）审批意见》（都环保函〔2017〕151 号）；2012 年，宜都市国土资源局都市国用〔2012〕第 090059 号、都市国用

[2012]第090060号。

项目建2000吨级泊位2个,3000吨级泊位8个(码头水工建筑允许靠泊等级为3000～5000吨级),岸线总长1550米。码头采用顺岸式布局,12、13、16、17附码头为浮码头结构,15、18码头为高桩梁板式码头结构,17码头为墩柱式码头结构,12附、15附、16附码头为斜坡式码头结构。码头前沿水深4.5米。项目后方堆场面积15万平方米,堆存能力50万吨。主要装卸设备配置包括港口配套建设有铁路专用线、港口铁路编组站及货物装卸线,主要装卸设备配置自备铁路内燃机车、螺旋卸车机、堆料机、取料机、门座式起重机、浮式起重机、正面吊、叉车、装载机等100余台(套)。项目总投资2018.23万元,资金来源原为原交通部,改制后出资方转为宜昌市人民政府国有资产管理委员会。用地面积40.60万平方米。

项目建设单位为原交通部长江航务管理局;设计单位为原长江航务工程规划设计院、原长航第二航务工程设计院;施工单位为原交通部长江航务管理局第二航务工程局;监理单位为原枝城港务管理局建港指挥部。

项目地处长江黄金水道与焦柳铁路的垂交点,项目建成后,是长江中上游武汉、重庆两大城市间唯一的铁水联运双向互通枢纽港,长江"三口一枝"(裕溪口、浦口、汉口、枝城)四大煤炭中转港和原国家经贸委批准的全国四大煤炭配送中心之一,是武汉铁路局铁路装车重点大客户服务保障单位。宜港集团枝城港把国家铁路网、公路网与长江水系及辐射地区的内河运输体系连在一起,构成了水、陆、铁联运枢纽,从而形成了东西贯通、南北对流、干支相通、江海直达的中转港口,是宜昌市"三峡枢纽港"对接长三角和川渝地区重要的大宗散货储配中转基地,也是国家长江经济带中西部地区重要的综合性运输枢纽和物流中心。2013—2017年吞吐量分别为:231.49万吨、236.48万吨、478.65万吨、410.09万吨、562.43万吨。

(3)枝城作业区沙沱码头

项目于1975年5月开工,1976年12月试运行,1979年11月完工。

项目建设依据:2013年4月,宜昌市环境保护局《关于宜都市兴航实业公司宜昌港宜都港区枝城作业区沙沱码头改扩建工程环境影响报告表的批复》(宜市环审[2013]176号);2007年7月,湖北省港航管理局《关于宜昌港宜都港区沙砣综合码头使用港口非深水岸线的批复》(鄂交港航批[2007]4号)。

项目建5个1000吨级散货码头泊位(码头水工建筑允许靠泊等级为3000吨级),岸线总长545米。码头采用顺岸布局,斜坡式结构。主要装卸设备配置包括趸船、装载机、浮式起重机。项目总投资3882.55万元,由省、市、县和宜都市装卸运输总公司投资。用地面积2.34万平方米。

项目建设单位为宜都市装卸运输总公司(1975年初始建设),宜都市兴航实业公司

(2013 年扩建);设计单位为长江航运规划设计院。

宜都港枝城作业区沙矻码头主要为周边化工企业提供进出港货物装卸服务。

(4)清江煤炭矿务局码头

项目于 1984 年 11 月开工,1987 年 3 月完工。

项目建设依据:1984 年 4 月,湖北省计划委员会《关于宜都孙家河煤炭专用码头初步设计的批复》(鄂计基管字〔84〕第 531 号);2017 年 9 月,宜昌市环境保护局《市环保局关于湖北长阳清江煤炭矿务局孙家河煤炭经销站码头项目环境现状评估的备案意见》;1999 年 4 月,宜都市土地管理局《中华人民共和国国有土地使用证》(都市国用〔1999〕字第 131601001 号)。

项目建 1 个 1000 吨级散货码头泊位(码头水工建筑允许靠泊等级为 3000 吨级),岸线总长 149 米。码头采用顺岸式布局,斜坡式结构。项目后方堆场面积 0.25 万平方米,堆存能力 1 万吨。仓库面积 0.25 万平方米,堆存能力 1 万吨。主要装卸设备配置包括装载的皮带运输机一套。项目总投资 1438.49 万元,企业自筹。用地面积 0.8 万平方米。

项目建设单位为清江煤炭矿务局;设计单位为长江航运设计事务所;施工单位为宜都县工程建设总公司。

(5)宜都市飞强物流码头

项目于 2001 年 3 月开工,2001 年 12 月完工。

项目建 4 个 800 吨级散货码头泊位(码头水工建筑允许靠泊等级为 2000 吨级),岸线总长 248 米。码头采用顺岸布局,浮码头结构。码头前沿水深 6.5 米。项目后方堆场面积 0.25 万平方米,堆存能力 1.0 万吨。主要装卸设备配置包括浮式起重机船 1 艘、趸船 1 艘、轮式装载机 1 台。项目总投资 618.79 万元,企业自筹。用地面积 2.53 万平方米。

项目建设单位为宜都市飞强物流有限公司;设计单位为宜昌市华森建筑设计有限公司;施工单位为宜都市五龙建筑工程有限公司。

(6)宜昌葛缘化工有限责任公司码头

项目于 2002 年 5 月开工,2003 年 6 月试运行,2009 年 6 月完工。

项目建 1 个 2000 吨级危货码头泊位和 1 个 3000 吨级普货码头泊位,岸线总长 380 米。码头采用顺岸布局,浮码头结构。码头前沿水深 6 米。仓库面积 0.8 万平方米。主要装卸设备配置包括皮带运输机 1 套和装载机若干。项目总投资 4500 万元,企业自筹。用地面积 3.35 万平方米。

项目建设单位为宜昌葛缘化工有限责任公司;设计单位为湖北省交通规划设计院;施工单位为博高建筑工程有限公司。

宜昌葛缘化工有限责任公司位于宜昌市宜都市红花套镇宜红路,水陆交通便利,距离宜昌下游 30 千米左右,紧临 318 国道,长江南岸,是川东鄂西货物主要通道。2014—2018

年货物年吞吐量平均在 80 万吨左右,为多家企业货物中转提供了坚实保障。

(7)华新水泥(宜昌)有限公司水泥熟料生产线专用码头工程

项目于 2002 年 11 月开工,2003 年 3 月试运行,2003 年 4 月完工。

项目建设依据:2002 年 8 月,宜昌市经济贸易委员会《宜昌市经贸委关于华新宜昌水泥有限公司日常 2500 吨水泥熟料生产线码头工程可行性研究报告的批复》(宜市经贸投资〔2002〕36 号);2002 年 10 月,宜昌市经济贸易委员会《关于华新宜昌水泥有限公司日产 2500 吨高标号水泥生产线码头配套工程初步设计的批复》(宜市经贸投资〔2002〕55 号);2002 年 1 月,湖北省环保局《关于华新水泥股份有限公司 2500t/d 熟料生产线技改工程环境影响报告书审批意见的复函》(鄂环建审〔2002〕2 号);2002 年 6 月,宜都市国土资源局《中华人民共和国国有土地使用证》(都市国用(2002)字第 092901018 号);2001 年 10 月,宜昌市港航管理局《湖北省港口岸线临时许可证》。

项目建 1 个 1000 吨级散货码头泊位(码头水工建筑允许靠泊等级为 2000 吨级)、2 个 1000 吨级散货码头泊位(码头水工建筑允许靠泊等级为 3000 吨级)和 2 个 1000 吨级袋装水泥出口码头泊位(码头水工建筑允许靠泊等级为 3000 吨级),岸线总长 590 米。码头采用顺岸布局,浮码头结构。码头前沿水深 4 米。主要装卸设备配置包水泥装船机 2 台,散货装船机 2 台,浮式起重机 1 台。项目总投资 2000 万元,企业自筹。用地面积 3.6 万平方米。

项目建设单位为华新水泥(宜昌)有限公司;设计单位为长江航运规划设计院;施工单位为中国化学工程第十六建设公司;监理单位为黄石华信工程监理有限公司;质监单位为宜昌市交通基本建设质量监督站。

项目作为华新水泥(宜昌)有限公司的配套工程,不对外经营,仅为工厂生产的散装水泥、包装水泥、熟料提供装船服务,为采购进厂的船运煤、硫酸渣、江砂、炉渣提供卸货服务,是工厂重要的基础设施,为工厂正常生产经营提供了良好的保障服务。

(8)宜都市宏顺装卸有限公司码头

项目于 2003 年 11 月开工,2003 年 12 月完工。

项目建 2 个 3000 吨级散货码头泊位,岸线总长 207 米。码头采用顺岸式布局,浮码头结构。码头前沿水深 6 米。项目后方堆场面积 0.34 万平方米。仓库面积 0.19 万平方米。主要装卸设备配置包括 50 型装载机 2 台。项目总投资 3000 万元,企业自筹。用地面积 1.83 万平方米。

项目建设单位为宜都市宏顺装卸有限公司;设计单位为宜昌时代之星建筑设计有限公司。

(9)宜都市龙窝港务有限公司码头

项目于 2003 年 3 月开工,2003 年 12 月完工。

项目建 2 个 3000 吨级散货码头泊位,岸线总长 313 米。码头采用顺岸式布局,浮码头结构。码头前沿水深 10 米。仓库面积 0.3 万平方米,堆存能力 20 万吨。主要装卸设备配置包括铲车 2 台。项目总投资 4000 万元,企业自筹。用地面积 0.6 万平方米。

项目建设单位为宜都市龙窝港务有限公司。

2018 年 1 月 16 日取得《中华人民共和国港口经营许可证》,2018 年 1 月 1 日至 2018 年 8 月 30 日完成货物吞吐量 100 万吨。

(10)宜都市满胜贵码头

项目于 1997 年 3 月开工,2003 年 12 月完工。

项目建 1 个 3000 吨级普货码头泊位,岸线总长 200 米。码头采用顺岸式布局,浮码头结构。码头前沿水深 28 米。仓库面积 0.3 万平方米,主要装卸设备配置包括浮式起重机 1 台、皮带运输机一套。项目总投资 4000 万元,企业自筹。

项目建设单位为宜都市满胜贵商贸经营部。

2017 年 12 月 22 日取得《中华人民共和国港口经营许可证》,2018 年 1 月 1 日至 2018 年 8 月 30 日完成货物吞吐量 180 万吨。

(11)宜昌港宜都港区红花套作业区湖北宏拓工贸有限公司宏拓散货码头

项目于 2008 年 10 月开工,2014 年 8 月试运行,2015 年 8 月竣工。

项目建设依据:2014 年 4 月,宜都市发展和改革局《湖北省企业投资项目备案证》(2014058154230030);2014 年 5 月,宜都市交通运输局《关于湖北宏拓工贸有限公司码头初步设计的批复》(都交发〔2014〕43 号);2009 年 12 月,宜都市环境保护局《关于宏拓仓储物流中心项目环境影响报告表的审批意见》(都环保函〔2009〕138 号);2014 年 5 月,宜都市国土资源局都市国用〔2014〕第 0101490 号;2015 年 12 月,交通运输部《关于宜昌港宜都港区红花套作业区宏拓散货码头工程使用港口岸线的批复》(交规划函〔2015〕876 号)。

项目建 2 个 3000 吨级散货码头泊位,岸线总长 280 米。码头采用顺岸布局,浮码头结构。码头前沿水深 4.5 米。项目后方堆场面积 0.85 万平方米,堆存能力 3.5 万吨。主要装卸设备配置包括装载车、铲车,共 6 台。项目总投资 6800 万元,企业自筹。用地面积 1.3 万平方米。

项目建设单位为湖北宏拓工贸有限公司;设计单位为中城国际海洋工程勘察设计有限公司;施工单位为宜都市五龙建筑有限公司;监理单位为宜都市华宇监理有限公司。

(12)东阳光专用码头散货泊位工程

项目于 2008 年 12 月开工,2009 年 11 月试运行,2012 年 8 月竣工。

项目建设依据:2004 年 12 月,宜昌市发展和改革委员会《关于对宜都东阳光专用码头工程可行性研究报告的批复》(宜发改〔2004〕131 号);2007 年 11 月,宜都市交通局《关于宜昌港宜都港区阳光码头散货泊位一期工程初步设计的批复》(都交字〔2007〕146号);2004年2月,宜都市环境保护局《关于宜都市东阳光实业发展有限公司码头、货场建设项目环境影响报告书的审批意见》(宜市环审〔2004〕072号);2008年12月,宜都市城市规划局《建设工程规划许可证》,(鄂规用地E-40000036);2008年5月,交通运输部《关于宜都市东阳光实业发展有限公司专用码头一期工程使用港口深水岸线的批复》(交规划发〔2008〕92号)。

项目建1个1000吨级散货码头泊位(码头水工建筑允许靠泊等级为3000吨级),岸线总长108米。码头采用顺岸式布局,浮码头结构。码头前沿水深3.4米。主要装卸设备配置包括趸船一艘,上设浮桥起重机、环形给料机、钢制落料斗各2台,另设带式运输机一套连接趸船与电厂输煤系统。项目总投资2326万元,企业自筹。用地面积0.55万平方米。

项目建设单位为宜昌东阳光火力发电有限公司;设计单位为长江航运规划设计院;施工单位为湖北省地质勘察基础工程公司;监理单位为武汉四达工程建设咨询监理有限公司;质监单位为宜昌市交通工程质量监督局。

项目作为东阳光电厂的配套工程,不对外经营,仅为电厂采购的船运煤提供卸货服务,是电厂的重要基础设施,为电厂的正常生产经营提供了良好的保障服务。

(13)宜都市红花鑫通物流有限公司红花鑫通综合码头

项目于2009年9月开工,2010年10月竣工。

项目建设依据:2009年7月,宜都市发展和改革局《湖北省企业投资项目备案证》(2009058158900042);2010年6月,宜都市交通运输局《宜昌港宜都港区红花套作业区鑫通综合码头初步设计方案的批复》(都交发(2010)80号);2009年5月,宜都市环境保护局《关于宜都市红花鑫通物流有限公司红花鑫通仓储物流中心项目工程环境影响报告表的审批意见》(都环保函〔2009〕61号);2013年,交通运输部《关于宜昌港宜都港区红花套作业区鑫通综合码头工程使用岸线的批复》(交规划发〔2013〕346号)。

项目建2个800吨级散货码头泊位,岸线总长320米。码头采用顺岸式布局,浮码头结构。码头前沿水深2.9米。项目后方堆场面积0.8万平方米。仓库面积0.18万平方米。主要装卸设备配置包括皮带机趸船一艘和浮式起重机趸船一艘。项目总投资3344万元,企业自筹。用地面积2.84万平方米。

项目建设单位为宜都市红花鑫通物流有限公司;设计单位为山东航运工程设计院有限公司;施工单位为河南地矿建筑工程有限公司;监理单位为宜都市华宇监理有限公司。

(14)宜都顺发物流有限责任公司港口工程

项目于2010年10月开工,2010年12月完工。

项目建设依据:2009年7月,宜都市环境保护局《关于宜都市顺发物流有限责任公司

200万吨港口项目环境影响报告表审批意见》(都环保函〔2009〕102号)。

项目建3个2000吨级件杂散货码头泊位,岸线总长380米。码头采用顺岸式布局,重力式结构。码头前沿水深5米。项目后方堆场面积1.4万平方米,堆存能力16万吨。仓库面积0.8万平方米,堆存能力9万吨。主要装卸设备配置包括50型装载机3台,装卸浮式起重机趸船一艘,岸壁式装卸栈跳一套,皮带输送机一套。项目总投资3526万元,企业自筹。

项目建设单位为宜都顺发物流有限责任公司;设计单位为温州市海港规划设计有限公司;施工单位为宜都顺发物流有限责任公司。

(15)宜昌港宜都港区石鼓作业区综合码头

项目于2010年12月开工,2012年12月试运行,2015年5月竣工。

项目建设依据:2010年9月,宜都市发展和改革局《湖北省企业投资项目备案证》(201005815432
0078);2010年10月,宜都市交通运输局《关于宜昌港宜都港区石鼓作业区综合码头工程初步设计方案的批复》(都交字〔2010〕79号);2011年5月,湖北省环保厅《关于宜昌港宜都港区石鼓作业区综合码头工程环境影响报告书的批复》(鄂环函〔2011〕325号);2010年10月,宜都市城市规划管理局《关于宜都宁通物流有限公司宜昌港宜都港区石鼓作业区综合码头项目选址意见的函》(宜规函〔2010〕55号);2013年2月,交通运输部《关于宜昌港宜都港区石鼓作业区综合码头使用港口岸线的批复》(交规划发〔2013〕124号)。

项目建2个2000吨级散货码头泊位,岸线总长200米。码头采用顺岸布局,高桩式结构。码头前沿水深4.2米。主要装卸设备配置包括16吨台架式起重机2台,350吨/小时的桥式抓斗卸船机2台。项目总投资13965.39万元,向银行贷款9775万元,其余资金由业主自筹。用地面积6.08万平方米。

项目建设单位为宜都宁通物流有限公司;设计单位为山东省航运工程设计院有限公司;施工单位为中交二航局,湖北远升建筑工程有限公司宜昌分公司;监理单位为中交二航院工程咨询监理有限公司;质监单位为宜昌交通工程质量监督局。

码头于2013年正式投入生产,2013—2017年吞吐量分别为:90万吨、130万吨、170万吨、230万吨、380万吨。

(16)宜昌港宜都港区红花套作业区综合码头工程项目

项目于2014年7月开工,2019年8月试运行,截至2019年12月尚未竣工。

项目建设依据:2012年10月,湖北省发展和改革委员会《关于宜昌港宜都港区红花套作业区综合码头工程可行性研究报告的批复》(鄂发改委审批〔2012〕351号);2012年11月,湖北省交通运输厅《关于报送宜昌港宜都港区红花套作业区综合码头工程初步设计审查意见的函》(鄂交函〔2012〕368号);2012年11月,湖北省环境保护厅《关于宜昌港宜都港区红花套作业区综合码头工程报告书的批复》(鄂环审〔2012〕224号);2012年8月,湖北省国土资源厅《省国土资源厅关于宜昌港宜都港区红花套作业区综合码头建设用地预审确认意见的函》(鄂土资预审函〔2012〕162号);2013年5月,交通运输部《关于宜昌港宜都港区红花套作业区综合码头工程使用港口岸线的批复》(交规划发〔2013〕341号)。

项目建1个3000吨级多用途码头泊位,2个3000吨级件杂货码头泊位和1个800吨级滚装码头泊位,岸线总长617.6米。码头采用顺岸布局,高桩式结构。码头前沿水深2.8米。项目后方堆场面积2.53万平方米,仓库面积0.87万平方米。要装卸设备配置包括门座起重机、岸边起重机8台。项目总投资48200万元,其中企业投资25%,银行贷款75%。用地面积11.4万平方米。

项目建设单位为湖北交投宜都港有限公司;设计单位为湖北省交通规划设计院股份有限公司,邯郸市水利水电勘测设计研究院;施工单位为中交第二航务工程局;监理单位为湖北水运工程咨询监理公司;质监单位为宜昌市交通工程质量监督局。

2017年项目法人由宜都市兴航实业公司变更为湖北交投宜昌投资开发有限公司。

(17)宜都市中光货场码头

项目于2002年3月开工,2003年12月竣工。

项目建1个2000吨级散货码头泊位,岸线总长150米。码头采用顺岸式布局,浮码头结构。码头前沿水深4米。仓库面积0.3万平方米,堆存能力20万吨。主要装卸设备配置包括龙工装载机1台,皮带运输机1条,装卸靠泊趸船1艘。项目总投资1200万元,均为企业自筹。用地面积1.2万平方米。

项目建设单位为宜都市中光货场有限公司。

(七)长阳港区

1. 港区综述

(1)港区建设概况和运营情况

长阳港区主要为沿江城镇提供客货运输服务,同时为清江沿线的旅游客运服务,另外,还承担了沿线煤炭的水上运输任务。现有的燃化码头、海洋码头、隔河岩客运码头于1993年建成投入使用,渔坪货运码头于2004年建成投入使用,隔河岩旅游码头于2006年建成投入使用。旅客运输主要通过隔河岩作业区完成,货物运输主要通过花桥作业区完成。根据新的《宜昌港总体规划(2035年)》,宜昌港长阳港区无作业区,主要包括倒鱼溪、凶溪沟、仙人寨等港点。

截至2015年,长阳港区共有生产性泊位13个。2015年,完成货物吞吐量200.2万吨。

(2)港区地理条件和集疏运概况

长阳港区位于鄂西南山区、长江和清江中下游,地势西高东低,东邻宜都,南交五峰土家族自治县,西毗恩施土家族,苗族自治州的巴东县傍长江三峡,北接秭归和宜昌市。长阳港区区内有清江干流航道近 140 千米,坐拥隔河岩和高坝洲两大库区,现有 318 国道,沪蓉西高速公路。由于枢纽通航设施尚未验收,因此清江干流航道只能区间通航,不能水运直达,库区的货物运输只能区间进行,船舶运营组织较为单一且航线较短。

2. 港区工程项目

隔河岩客运码头

项目于 1993 年 4 月开工,1995 年 12 月试运行,1996 年 6 月竣工。

项目建 1 个 300 吨级客运码头泊位,岸线总长 200 米。码头采用顺岸式布局,浮码头、斜坡式结构。码头前沿水深 2 米。建设资金由湖北清江水电开发总公司投资,用地面积 1136 万平方米。

项目建设单位为长阳土家族自治县库区交通建设总指挥部;设计单位为长阳土家族自治县水利水电勘察设计室;施工单位为长阳土家族自治县库区客货码头建设指挥部。

六、巴东港

(一)港口概况

1. 港口综述

巴东县位于湖北省恩施土家族苗族自治州东北部,西与重庆市巫山县接壤,东与宜昌市秭归县、兴山县、长阳县、五峰县为邻,北与神农架林区相接。县城地理坐标东经 110°23′,北纬 31°01′。长江自西向东横穿境内 39 千米(航道里程 39 千米)。

巴东港位于巴东县信陵镇,水路下距三峡大坝 72.5 千米,距宜昌市 114 千米,上水至重庆市巫山县 57 千米;陆路北距兴山县城 90 千米,西南距恩施州府 195 千米。318、209 两条国道纵横全县,在建的沪蓉高速公路、宜万铁路、沪渝高速公路均穿过巴东境内并有连结线到巴东县城。巴东港是湖北省重要港口之一,是巴东县物资集散口岸,也是恩施州通江达海的唯一水上门户。

全州水运主要集中在巴东港,是巴东县物资集散口岸,也是恩施自治州六县二市通江达海唯一水上门户。因此巴东港经济腹地除巴东县外,还包括恩施州和神农架林区等邻近地区。从巴东逆江而上可达万州、重庆,顺江而下可抵宜昌、武汉、南京、上海等大中城市。

巴东港历史悠久,早在秦汉时期就是一个自然港。明清时期,巴东县城信陵镇内设有木桥码头、高家码头、路家码头、城门洞码头、陈家码头,供来往船只停靠装卸货物。清同治五年(1866 年)县境长江三松子滩、青竹镖滩设救生船 2 只,配水手 12 名。光绪二年(1876 年)设救生船 3 只,分布于 12 段险滩处。晚清时期,巴东港在长江设有上渡口、中渡口、牛渡口、东瀼渡、西壤渡、链子溪渡、万流渡,楠木园渡、官渡口渡备有船只和船夫,渡过江行人。

1930 年民生公司设办事处开始停靠轮船,1945 年成立码头工会。1951 年成立"湖北省联合运输社巴东支社",1952 年设"巴东机帆船管理站",隶属宜昌民管处管理,1955 年更名为"巴东民船管理站",改隶属恩施民管处领导,1966 年更名为"巴东县航运管理站",1980 年更名为"巴东县港航管理站",同年成立长航巴东港务管理局,1993 年"巴东县港航管理站"更名为"巴东县航务管理所",2005 年长航巴东港务管理局改制。

概括起来,巴东港发展大致经历了四个阶段:

第一阶段(1930—1979 年),为巴东港发展的初始时期。当时由于社会经济欠发达,物资流通还不够频繁,尽管三峡尚未形成库区,滩多浪急,但巴东港依然承担着腹地内居民"进蜀入楚"的重任。

第二阶段(1980—1993 年),为巴东港发展的鼎盛时期。随着长江航道的改善和长航巴东港务局正式建成以及 318、209 两条国道陆续贯通全州,加之全社会经济的高速发展,巴东水路、陆路交通空前繁荣,互为补充,相辅相成。

第三阶段(1994—2003 年),为巴东港发展的萎缩时期。随着国家经济结构的优化调整,县乡公路网逐渐形成,长江水运受到巨大冲击,客货吞吐量所占市场份额呈逐年递减之势。

第四阶段(2004 年至今),为巴东港发展的恢复和振兴时期。三峡库区形成后,航运条件进一步改善,长江主通道航道等级达到了二级标准。随着国家经济结构顺利转型、国家"西部大开发"战略的不断深入,借"三路"(沪蓉高速公路、万宜铁路、沪渝高速公路)陆续开工建设之机遇,水运、陆运分工进一步明确,内河流域运量大、成本低、投入少、产出多、能耗低、占地少的优势逐渐凸现,大宗货物、长途运输、煤炭、钢材、矿建、石油化工、汽车滚装等业务蓬勃发展。

根据《巴东港口总体规划(修编)》(2007 版),巴东港南北两岸主要有八个主要作业区,南岸分别为小溪河楠木园散货作业区、西瀼坡客运区、大坪石油装卸区、无源洞货运区,北岸为官渡口件杂区、枣树坪货运区、李家湾货运区、东瀼口综合货运区;同时,根据旅游业发展的需要,在长江及神农溪流域布置了旅游泊位。除上述作业区外,还有大量临时港点,主要以砂石料和煤炭装卸为主,主要集中在小溪河、鳊鱼溪等支流。

随着货物流量的增加及三峡安全及环境容量的限制,许多货物如散货散落对三峡坝前水域的造成的一定的污染,也对三峡坝区安全造成了极大的影响。在国家和北京市政府的帮助下,巴东县经济得到了快速发展,其县城信陵镇城市面积在不断向外扩展,原有的码头因为城市布局也发生了很大的变化。此外,为发展地方经济,巴东也相应地建设了几个工业园区。地方旅游资源的开发,部分原材料和产品的运输以及旅客的进出均需要通过水路运输。基于上述原因,2013 年 3 月,巴东开展了巴东港总体规划修编工作并于

2015 年完成《巴东港总体规划(修编)》报告初稿。2015 年,根据完成的《巴东港总体规划(修编)》初稿,巴东港划分为三个港区,即巫峡港区、主城港区及宝塔河港区。根据巴东港南北共 75 千米岸线,为了进一步明确服务,加强港口管理,集约岸线资源,提高岸线使用效率,将巴东港港区划分为巫峡港区、主城港区、宝塔河港区。纸厂沟以上称为巫峡港区、纸厂沟至老县城锚地称为主城港区、老县城以下为宝塔河港区。巫峡港区的功能为在链子溪及纤夫石等巫峡内风景区提供旅游客运服务。主城港区主要为城市生活岸线,长江主干线规划为旅游泊位,为神农溪 5A 景区及为长江三峡到巴东旅游提供旅游接待中转客运服务。宝塔河港区为巴东及恩施地区大宗物流提供服务,并为巴东临港工业发展提供支撑。

2015 年,巴东港尚未建设专业化的码头泊位,现有码头以重力式码头与简易的通用码头为主。巴东港货运主要集中在无源洞、李家湾作业区及小溪河、鳊鱼溪等支流;客运主要集中在神农溪与西壤坡客运区。另外,巴东港还有船舶维修、油品供应、港作、停泊、航道、水文、海事、环保、取水、公安、消防、战备等非生产性泊位,其中主要集中在主城区西壤坡客运码头附近。到 2015 年底,巴东港境内自然岸线资源总量为 172.7 千米(其中长江干流 72.7 千米,鳊鱼溪、沿渡河、东瀼溪、链子溪等支流自然岸线资源 100 千米)。2015年,巴东港各种泊位 35 个(不含临时码头)。

2016 年 1 月 4 日,习近平总书记赴重庆考察,为贯彻落实习近平总书记视察长江重要指示和推动长江经济带发展重要讲话精神,走生态优先、绿色发展之路,要把修复长江生态环境摆在压倒性位置,共抓大保护,不搞大开发。湖北省委省政府立即行动起来,开展了保护长江环境进行非法码头集中整治行动,湖北省各地市各县纷纷对管辖区内的非法码头开展了专项整治行动。随着 2017 年 10 月党的十九大在北京胜利召开,巴东县委县政府立即响应十九大报告号召,响应习近平主席"不搞大开发、共抓大保护"的要求,对2015 年《巴东港总体规划(修编)》进行修改调整,于 2017 年 12 月完成了《巴东港总体规划(2015—2030)(修编)》报告,并于 2019 年 3 月获得了湖北省人民政府的批复。根据最新批复的《巴东港总体规划(2015—2030)(修编)》,《规划》将巴东港划分为三个港区,即巫峡港区、主城港区及宝塔河港区。

航道:长江干流自鳊鱼溪口进入巴东县境,在牛口经红庙沟口出境入秭归县,河段全长 39 千米。河段平面形态呈微弯 S 形,个别地段有急弯凸咀,河床多为岩石、卵石和夹砂卵石,河势基本稳定,河道属窄深型。

三峡大坝蓄水后,改变了库区航道条件,2004 年核定航道技术等级为 Ⅰ 级,航宽、航深及航弯半径完全满足双向通航条件。巴东港区水位受坝前水位控制,处于常年回水范围内。三峡大坝蓄水后,在巴东境内形成可通航支流 5 条,即神农溪(沿渡河)、东瀼溪、鳊鱼溪、小溪河、链子溪。

神农溪(沿渡河):该河流河口西壤口处于长江上游122.5千米处,全长60千米,总流域面积1031.5平方公里。三峡库区形成后该河形成了西壤口至石板坪全长共30.8千米的通航航道。

东瀼溪:该河流河口位于长江上游116千米处,全长17千米,流域面积126平方公里,为常年流溪。三峡水库蓄水后,形成通航航道6千米。

鳊鱼溪:该河流为湖北省、重庆市的界溪,源于重庆市巫山县境内,向南流经28千米在长江上游145米处的铁棺峡西端院子里流入长江。

小溪河:该河流河口位于长江上游140.2千米处,发源于重庆市巫山县境内,向北于马鬃山小河口流入长江,全长28千米,三峡水库形成了7千米的通航航道。

链子溪:该河流河口位于长江上游127.8千米处,发源于建始县境内,于火焰石流入长江,全长35千米,流域面积279平方公里,三峡水库形成后可通航航道达到6千米。

锚地:2015年,巴东港有锚地5个,包括长渡河锚地、官渡口锚地、赵树岭锚地、焦家湾锚地、老县城锚地,锚地水域面积约31公顷。

2.港口水文气象

巴东港位于长江中上游,地处中纬度亚热带地区,属典型的亚热带季风区,具有冬暖夏热,春旱、秋雨和夜雨多,雨量充沛,多云雾的特点。年内雨季和旱季界限分明,当夏季季风开始时,雨季也随之开始。暴雨的时空分布与季风活动、副热带高压季节性位移有密切的关系,入夏之后,副高压北移,偏南风盛行,带入大量的暖湿气流并与西风带冷空气频繁交换,形成流域暴雨天气。

多年平均气温17.4摄氏度,历年最高气温41.6摄氏度,历年最低气温-9.4摄氏度。多年平均降水量为1347.6毫米,年最大降水量为1522毫米,年最小降水量为625.2毫米,24小时最大降水量为193.3毫米,多年年平均降雨天数为134天。常年主风向为东南,冬季常风向为西北,年平均风速为2.7米/秒,年最大风速为19.7米/秒。长江流域水资源丰富,长江径流主要由降雨形成。径流的季节变化与降雨季节变化一致。汛期水量占全年水量的70%~75%,径流年际变化较小,每年6—10月为洪水期,12月~次年3月为枯水期,其最小流量及最低水位多出现在2月。据下游宜昌水文站多年实测资料统计,其天然径流特征值如下:

巴东河段地处长江上游,属山区河流,河槽单一,河道多为峡谷段及连接峡谷段的过渡段,其断面形态呈"V"和"U"字状,水面宽度在300~500米。巴东河段河床边界由基岩及卵石组成,河道抗冲蚀能力强,平面形状稳定。

3.发展成就

根据《巴东港总体规划(修编)》(2007版),巴东港划分为长江南岸、长江北岸和神农溪三个港区,其中,长江南、北两岸有八个主要作业区;同时,在长江长渡河及神农溪流域以布置旅游泊位为主,发展旅游业。

在《巴东港总体规划（修编）》的指导下,"十一五"期间,相继完成了长渡河旅游码头、小溪河服务有限公司散货码头、官渡口镇件杂货码头、华润物流有限公司货运综合码头等工程,累计新建泊位 4 个,占用港口岸线 1000 米,新增港口货物吞吐能力 130 万吨,旅客吞吐能力 50 万人次。"十二五"期间,完成了巴东港西瀼坡客运码头及无源洞件杂货码头的改扩建,建成了天翼物流散货码头,新建泊位 2 个,新增港口货物吞吐能力 50 万吨,旅客吞吐能力 20 万人次,新增码头基本为 1000 吨级以上泊位。2015 年,巴东港完成货物吞吐量 80.71 万吨,其中散干货 67.87 万吨,件杂物 12.84 万吨,旅客 46.07 万人次。

（1）巴东港是支撑巴东县国民经济和对外贸易快速发展的重要基础设施

巴东县是恩施州乃至湖北省经济增长最快的地区之一,2015 年巴东县生产总值达到 94 亿元,已逐渐形成了特色农业、旅游、水泥、建材、食品加工、采矿业为主的产业集群。巴东县经济发展所需的大部分能源物资和原材料需从境外调入,同时大量的农产品、煤炭、矿石原料销往外地。三峡库区蓄水以来,巴东港货物吞吐量呈持续快速增长的态势,与腹地经济发展相适应。2009—2015 年巴东县生产总值、港口吞吐量年均增长率分别为 18.21%、11.73%,港口在巴东县经济发展和对外开放中发挥了至关重要的作用。

（2）巴东港是巴东经济改变增长方式,实现可持续发展战略的重要支撑

依托长江黄金水道和港口优势,目前巴东县已初步形成以特色农业、旅游、水泥、建材、食品加工、采矿业为主的产业群,2015 年全县共有 2049 家各类企业,其中 1573 家分布在巴东港所在的信陵镇,产业集聚程度日益加快。据统计 2015 年巴东港吞吐量中约有 62.66% 是为沿江企业的能源、原材料和产成品运输服务的。港口作为能源、原材料和外贸物资运输的主要口岸,在工业和开发区的沿江布局及发展中体现了先导性、基础性作用。同时,港口的发展增强了地区商贸流通优势,改善了投资环境,提升了区域综合竞争力,在吸引外资、经济发展中起到了重要作用,巴东港已经成为巴东县、恩施州实施沿江开发的重要支撑。

（3）巴东港是恩施州、巴东县物资转运和对外运输重要门户

巴东东临秭归县,西接重庆巫山县,位于湖北长江经济带的最西端是武陵山片区和鄂西生态文化旅游圈的重要战略节点。巴东港是恩施州与长江连接唯一的水上门户,依托良好的区位优势,其腹地覆盖巴东县、建始县及恩施州的其他县和秭归、巫山的邻近地区。2015 年巴东港吞吐量中超过 50% 是为长江沿线地区物资转运服务的。巴东港已经成为恩施州及周边长江沿线地区物资转运及对外物资运输的重要窗口。

巴东港基本情况见表 9-7-6。

表 9-7-6

巴东港基本情况表

序号	港区名称	港口岸线		2015年港口生产用泊位				其中:1978—2015年建成的生产用泊位				2015年港口货物和旅客吞吐量						
		港口规划岸线	其中:2015年前已建成岸线	生产用泊位数	其中:千吨级及以上	生产用泊位总长	其中:千吨级及以上	生产用泊位数	其中:千吨级及以上	生产用泊位总长	其中:千吨级及以上	货物吞吐量	其中:外贸货物吞吐量	集装箱吞吐量	滚装车辆		旅客吞吐量	其中:国际旅客
															数量	重量		
		千米	千米	个	个	米	米	个	个	米	米	万吨	万吨	万TEU	万辆	万吨	万人	万人
1	主城港区	18.45	2.52	24	16	2520	2200	16	16	2200	2200	40	—	—	—	—	46.07	—
2	宝塔河港区	14.85	1.51	11	11	1509	380	11	11	1509	380	40.71	—	—	—	—	0	—
3	巫峡港区	41.70	0.36	0	0	360	0	0	0	0	0	0	—	—	—	—	—	—
	合计	75.00	4.39	35	27	4389	2580	27	27	3709	2580	80.71	—	—	—	—	46.07	—

(二)主城港区

1. 港区综述

(1)港区建设概况和运营情况

主城港区起于纸厂沟,止于老县城锚地,经过港口规划调整,主城港区涵盖原长江南北两岸的部分码头泊位。主城港区作为库岸整治工程的重点,重点发展江滩休闲景观带,保留了原有旅游、旅游客运泊位及保障性泊位,原有的货运码头均规划搬迁至宝塔河港区。主城港区包括纸厂沟黎家沱作业区、长渡河西壤坡客运作业区及焦家湾作业区三个作业区。纸厂沟黎家沱作业区为客运滚装作业区;焦家湾作业区为神农溪旅游客运服务;神农溪港点内有6个旅游客运泊位,2个支持系统泊位;长渡河西壤坡游客运作业区为三峡地区坝上旅游主要接待中心。

截至2015年,主城港区共有生产性泊位24个。2015年,主城港区完成货物吞吐量40万吨,旅客40.67万人次。

(2)港区地理条件和集疏运概况

巴东港集疏运式以公路水路为主,"十二五"时期形成了以宜万铁路、沪渝高速公路、沪蓉高速公路、长江干线航道等为主骨架。以G209、G318、G348、S231、S245、S282、S324、S364、S461等普通国省道为主干线的公路网;水路通过长江与上游地区联系及通过多条小溪如小溪河、神农溪等与山区乡镇连接;铁路通过宜万铁路连接全国铁路网。十三五期间规划着力加快公路交通基础设施建设,形成以高速公路、普通国省道以及重要农村公路为主体的"二纵十一横"干线公路网,主要服务于巴东县与周边县市间的中长途客货运输,兼顾县域内部短途区间运输。

主城港区西壤坡客运作业区:该作业区位于县城,通过G209、G348与沪渝高速公路相接。通过G209及巴野二级公路巴野一级公路连接线与宜万铁路相接。

主城港区纸厂沟作业区:该作业区规划客运汽车滚装区,该港区集疏方式主要通过规划的疏港大道并升级改造神农溪大桥与宜巴高速巴东县城连接线相接。通过巴东长江大桥与G209、G348、巴野公路与沪渝高速宜万铁路相接。

2. 港区工程项目

(1)巴东港主城港区西壤坡客运泊位

项目于2001年12月开工,2003年7月投入试运行,2007年1月竣工。

项目建设依据:1999年8月,恩施州计划委员会《关于巴东港西壤坡客运中心复建项目立项的批复》(恩施州计交〔1999〕207号);1999年10月,湖北省计委《关于巴东港西壤坡客运港区无源洞货运港区复建工程可行性研究报告的批复》(鄂计交通〔2000〕0825

号);2000 年 12 月,湖北省计委《关于巴东港西壤坡客运港区无源洞货运港区复建工程初步设计的批复》(鄂计投资〔2001〕107 号);1999 年 7 月,恩施州环保局《巴东港口工程环境影响报告表》(恩施州环评〔1999〕7 号);2001 年 3 月,取得建设土地规划许可证(巴建城地字〔2001〕第 005 号);2013 年 9 月,取得国有土地使用证(巴国用〔2013〕第 699 号);2002 年 4 月,万县长江港航监督局《关于巴东港务局西壤坡客运码头有关事宜的批复》(万长督通〔2002〕78 号)。

项目建设 2 个 3000 吨级客运泊位,岸线总长 300 米。水工建筑工程主要包括架空斜坡道及其附属工程,其中:架空斜坡道长度为 210 米(斜长),投影长度为 196 米,宽度为 18.5 米(包括双排客运缆车轨道梁及人行梯道),客运大楼6207.8 平方米,站前广场 2250 平方米。项目总投资 4007.0 万元,其中政府投资(中央投资)2804.2 万元,政府投资(地方投资)1202.8 万元。

建设单位为长航巴东港务管理局;初步设计编制单位为长江航运规划设计院;施工图设计编制单位为长江航运规划设计院、天门市建筑设计院;施工单位为中港第一航务工程局五公司、湖北浩宇有限责任公司、长江重庆航道工程局;监理单位为长航监理有限公司、湖北省公路水运咨询监理公司、武汉四达工程咨询监理公司;质监单位为长江航务工程治理监督站、恩施州交通基本建设质量监督站。

西壤坡客运港区复建工程投产后,经济效益、社会效益明显,成为拉动恩施州巴东县经济绿色增长和对外商贸的引擎。

(2)巴东港主城港区太矶头旅游泊位

2002 年 12 月开工,2003 年 7 月投入试运行,2007 年 1 月竣工。

项目建设依据:1993 年 9 月,交通部长航局《关于巴东港官渡口太矶头旅游码头工程可行性研究报告批复》(长航计〔1993〕545 号);1994 年 4 月,交通部长航局《关于巴东港官渡口太矶头旅游码头工程可行性研究报告的批复》(长航工〔1994〕235 号);2002 年 11 月,巴东县人民政府《关于巴东港官渡口太矶头旅游码头初步设计的批复》(巴政函〔2002〕43 号);1999 年,恩施州环保局《巴东港口工程环境影响报告表》(恩施州环评〔1999〕7 号);2006 年 11 月,取得国有土地使用证(巴国用〔2006〕第 368 号);2003 年 7 月,宜昌海事局《关于巴东港务局西壤口停泊区有关水上交通安全问题的批复》(宜海通航〔2003〕82 号)。

项目建设 1 个 1000 吨级内河码头泊位(码头水工建筑允许靠泊能力 3000 吨级),岸线总长 80.0 米。码头采用顺岸式布局,斜坡式结构。码头前沿水深 4.0 米。项目后方旅游休息用房建筑面积 0.22 万平方米。停车场面积 0.1 万平方米,停车数量为 50 标准停车位。主要建设内容包括 6 米宽的斜坡道(连接趸船与岸边房屋)。项目总投资 299.87 万元,均为政府投资。用地面积 0.5 万平方米。

建设单位长航巴东港务管理局；设计单位为长江航运规划设计院；施工单位为中港一航局五公司；监理单位为武汉四达监理咨询有限公司；质监单位为长航质量监督中心站。

项目建成投产后，运行良好，对进出神农溪5A景区、拉动地方经济发展具有重要意义。

（3）巴东港主城港区西壤坡旅游码头

2006年12月开工，2007年12月投入试运行，2017年10月竣工。

项目建设依据：2006年3月，巴东县发展和改革局《关于长渡河旅游码头立项的通知》（巴发改发〔2006〕25号）；2007年12月，巴东县发展和改革局《关于巴东长渡河旅游码头可行性研究报告的批复》（巴发改发〔2007〕227号）；2006年3月，城镇规划选址意见书编号：巴建规字〔2006〕第001号；2006年12月，巴东县人民政府《关于县城长渡河旅游码头水域岸线的复函》（巴政函〔2006〕118号）；2007年3月，宜昌海事局《关于巴东长渡河旅游码头使用水域有关通航安全事宜的批复》（宜海监管〔2007〕25号）；2013年8月，巴东县环境保护局《关于巴东长渡河旅游码头环境影响报告书的批复》（巴环审函〔2013〕08号）。

巴东港主城港区西壤坡旅游码头已建成1000吨级旅游泊位1个（码头水工建筑允许靠泊能力3000吨级），岸线总长100米。码头采用顺岸式布局，斜坡式结构，码头前沿水深4.0米。停车场面积0.3万平方米，停车数量为200标准停车位。项目总投资1482.0万元，其中企业投资（业主自有资金）1182.0万元，银行贷款（政策性银行）300.0万元。用地面积0.4万平方米。

项目建设单位为巴东神农溪旅游发展有限公司；设计单位为北京达沃斯巅峰旅游规划设计院、武汉港湾工程设计研究院；施工单位为湖南省张家界宏进旅游开发有限责任公司；监理单位为恩施州同欣监理咨询有限责任公司；质监单位为巴东县建设工程质量监督站。

项目2017年10月通过巴东县交通运输局组织的竣工验收，由恩施州港航管理局发放港口经营许可证。项目建设后，运行良好，对神农溪5A景区开发运营、拉动全域旅游发展起到了重要作用。

（4）巴东港主城港区26号件杂货泊位

2009年5月开工，2009年12月投入试运行，2010年6月竣工，2019年搬迁至宝塔河港区。

项目建设依据：2009年7月，巴东县发展和改革局《关于巴东县华润物流有限公司太矶头件杂货运码头建设项目立项的通知》（巴发改基字〔2009〕68号）；2009年8月，巴东县发展和改革局《关于巴东华润物流有限公司综合货运码头初设的批复》（巴发改基字〔2009〕6号）；2009年12月，巴东县交通运输局《关于巴东华润物流有限公司太矶头综合货运码头施工图设计的批复》（巴交发〔2009〕165号）；2009年4月，建设用地规划许可证号（地字第〔2009〕64号）；国有土地使用证号：巴国用（2011）第27号；2010年6月，巴东县环境保护局《关于巴东县华润物流有限公司太矶头综合货运码头建设项目环境保护验收意见的函》(巴环审函〔2010〕16 号)。

项目建设 1 个 1000 吨级件杂货码头泊位(码头水工建筑允许靠泊能力 3000 吨级),岸线总长 300.0 米。码头采用顺岸式布局,斜坡式结构。码头前沿水深 4.0 米。堆存能力 10.0 万吨。储罐容量 0.1 万立方米。停车场面积 0.1 万平方米,停车数量为 50 标准停车位。主要装卸设备配置包括散装水泥卸船机 1 台、起重趸船 1 艘等。项目总投资 1210.0 万元,均为企业自筹解决。陆域用地 0.15 万平方米。

建设单位为巴东华润物流有限公司;设计单位为中交武汉港湾工程设计研究院有限公司;施工单位为中航长江大地建工集团有限公司;监理单位为武汉通衢工程检核监理所;质监单位为巴东县交通基本建设质量监督站。

项目 2010 年通过由巴东县交通运输局组织的竣工验收,恩施州港航管理局发放港口经营许可证。

项目投产后,运营良好,是巴东物资进出的主要通道,承接件杂货、水泥、建材集疏运工作,是砂石集并中心所在地。

(三)宝塔河港区

1. 港区综述

(1)港区建设概况和运营情况

宝塔河港区为巴东及恩施地区大宗物流提供服务,并为巴东临港工业发展提供支撑。经过港口规划调整,宝塔河港区涵盖原长江南北两岸的部分码头泊位。现有东瀼口通用泊位作业区、无源洞作业区 2 个作业区。宝塔河港区建有 16、17、37 号散货码头、36 号散货泊位、水泥厂综合码头、无源洞散货码头等工程项目。截至 2015 年,宝塔河港区共有生产性泊位 11 个。2015 年,宝塔河港区完成货物吞吐量 40.71 万吨。

(2)港区地理条件和集疏运概况

无源洞作业区:集疏运方式通过巴秭公路和现有的沿江公路与巴野二级及一级公路连接 209 国道与沪渝高速相接,通过巴东长江大桥与宜巴高速相接。

主城港区东瀼口:公路集疏运通过滨江大道连接宜巴高速。

2. 港区工程项目

(1)巴东港宝塔河港区 17 号散货码头

2004 年 11 月开工,2005 年 3 月投入试运行,2017 年 10 月竣工,属移民复建项目。

项目建设依据:2004 年 11 月,巴东县人民政府同意该码头建设,审批编号为鄂恩巴 2004003 号;建设用地规划许可证号为巴建城地字(2004)第 057 号、巴建城地字(2006)第 005 号;2007 年 8 月,巴东县环境保护局《关于巴东港无源洞散货码头工程环境影响报告书的批复》(巴环函〔2007〕32 号);巴东县人民政府《关于长江干线巴东段非法码头专项整治"规范一批"码头综合评估及验收的会议纪要》(县政府专题会议纪要〔2017〕33 号)。

项目建设 1 个 1000 吨级内河码头泊位(码头水工建筑允许靠泊能力 3000 吨级),岸线总长 240.0 米。码头采用顺岸式布局,斜坡式结构。码头前沿水深 4.0 米。项目后方堆场面积 0.5 万平方米,堆存能力 0.5 万吨。仓库面积 0.1 万平方米,堆存能力 0.1 万吨。陆域用地 0.5 万平方米。

建设单位为巴东县江峰港运有限公司、巴东县昌盛港口装卸有限公司。

项目于 2017 年 10 月在长江干线非法码头治理中,补充完善了安评和综合验收评估工作,按照"规范一批"要求规范办证,实现合法经营。投产初期,经济效益、社会效益明显,成为拉动恩施州巴东县经济绿色增长的引擎。但随着煤炭市场的清理,巴东港货运持续萎缩,现基本处于停止运营状态。目前,巴东港正探索转型发展。

(2)巴东港宝塔河港区水泥厂综合码头 21 号综合泊位

2002 年 12 月开工,2003 年 7 月投入试运行,2007 年 1 月竣工。

项目建设依据:1999 年 10 月,湖北省计委《关于巴东港西壤坡客运港区无源洞货运港区复建工程可行性研究报告的批复》(鄂计交通〔2000〕0825 号);2000 年 12 月,湖北省计委《关于巴东港西壤坡客运港区无源洞货运港区复建工程初步设计的批复》(鄂计投资〔2001〕107 号);1999 年 7 月,恩施州环保局《巴东港口工程环境影响报告表》(恩施州环评〔1999〕7 号);2002 年 4 月,取得建设土地规划许可证(巴建城地字〔2002〕第 036 号);2006 年 11 月,取得国有土地使用证(巴国用〔2006〕第 367 号)。

项目建设 1 个 1000 吨级内河码头泊位(码头水工建筑允许靠泊能力 3000 吨级),岸线总长 200.0 米。码头缆车架空斜坡道 60 米,货场 120.5 米×20 米。项目总投资 2999.3 万元,其中政府投资(中央投资)2999.3 万元。陆域用地 2.68 万平方米。

建设单位为长航巴东港务管理局;设计单位为湖北省交通规划设计院、长江航运规划设计院;施工图设计编制单位为长江航运规划设计院;施工单位为长江重庆航道工程局;监理单位为武汉四达工程咨询监理公司;质监单位为长江航务工程治理监督站。

(3)巴东港宝塔河港区无源洞散货码头 15 号散货泊位

2001 年 12 月开工,2003 年 7 月投入试运行,2007 年 1 月竣工。

项目建设依据:1999 年 10 月,湖北省计委《关于巴东港西壤坡客运港区无源洞货运港区复建工程可行性研究报告的批复》(鄂计交通〔2000〕0825 号);2000 年 12 月,湖北省计委《关于巴东港西壤坡客运港区无源洞货运港区复建工程初步设计的批复》(鄂计投资〔2001〕107 号);1999 年 7 月,(恩施州环保局《巴东港口工程环境影响报告表》(恩施州环评〔1999〕7 号);2001 年 5 月,取得建设土地规划许可证(巴建城地字〔2001〕第 025 号);2006 年 11 月,取得国有土地使用证(巴国用〔2006〕第 369 号);2002 年 4 月,万县长江港航监督局《关于巴东港务局无源洞货运码头有关事宜的批复》(万长督通〔2002〕75 号)。

项目建设 1 个 1000 吨级内河码头泊位（码头水工建筑允许靠泊能力 3000 吨级），岸线总长 135.0 米。码头采用顺岸式布局，斜坡式结构。码头前沿水深 4.0 米。实体斜坡道 86 米，隔仓 7 个，综合用房 275 平方米，进港道路 300 米。

建设单位为长航巴东港务管理局；设计单位为湖北省交通规划设计院、长江航运规划设计院、长江航运规划设计院；施工单位为湖南省航务工程公司；监理单位为武汉四达工程咨询监理公司；质监单位为长江航务工程质量监督站。

随着宜巴高速开通和煤炭市场的清理，巴东港货运持续萎缩。

（4）巴东港宝塔河港区 16 号散货码头

2000 年 12 月开工，2001 年 12 月投入试运行，2017 年 1 月竣工，属移民复建项目。

项目建设依据：2000 年 10 月，湖北省计委《关于巴东港西壤坡客运港区无源洞货运港区复建工程可行性研究报告的批复》（鄂计交通〔2000〕0825 号）；2001 年 2 月，湖北省计委《关于巴东港西壤坡客运港区无源洞货运港区复建工程初步设计的批复》（鄂计投资〔2001〕107 号）；2004 年 3 月，恩施州港航管理局《关于对巴东县港欣装卸运输有限责任公司变更港口装卸业务经营地址的批复》（州港航文〔2004〕第 11 号）；2017 年 10 月，巴东县人民政府《关于长江干线巴东段非法码头专项整治"规范一批"码头综合评估及验收的会议纪要》（县政府专题会议纪要〔2017〕33 号）。

项目建设 1 个 1000 吨级内河码头泊位（码头水工建筑允许靠泊能力 3000 吨级），岸线总长 125.0 米。码头采用顺岸式布局，斜坡式结构。码头前沿水深 4.0 米。项目后方堆场面积 0.2 万平方米，堆存能力 0.2 万吨。仓库面积 0.1 万平方米，堆存能力 0.1 万吨。项目总投资 900.0 万元，其中企业投资（业主自有资金）500.0 万元，银行贷款（政策性银行）400.0 万元。陆域用地 0.3 万平方米。

建设单位为巴东县港欣装卸运输有限责任公司。

项目于 2017 年 10 月在长江干线非法码头治理中，补充完善了安评和综合验收评估工作，按照"规范一批"要求规范办证，实现合法经营。随着煤炭市场的清理，巴东港货运大幅萎缩，自 2016 年开展长江干线非法码头治理以来，按照"三个一批"的要求，于 2017 年 12 月完成治理任务。

（5）巴东港宝塔河港区 36 号散货泊位

2004 年 7 月开工，2004 年 12 月投入试运行，2017 年 1 月竣工。

项目建设依据：2004 年 7 月，巴东县人民政府同意该码头建设，审批编号为鄂恩巴 2004001 号；建设用地规划许可证号为巴城建地字（2004）第 033 号；土地使用证号为巴国用（2004）第 469 号、巴国用（2008）第 435 号、巴国用（2008）第 790 号；2007 年 8 月，巴东县环境保护局《关于巴东港无源洞 36# 散货码头工程环境影响报告书的批复》（巴环函〔2007〕40 号）；2017 年 10 月，巴东县人民政府《关于长江干线巴东段非法码头专项整治

"规范一批"码头综合评估及验收的会议纪要》(县政府专题会议纪要〔2017〕33 号)。

项目建设 1 个 1000 吨级内河码头泊位(码头水工建筑允许靠泊能力 3000 吨级),岸线总长 170.0 米。码头采用顺岸式布局,斜坡式结构。码头前沿水深 4.0 米。项目后方堆场面积 0.5 万平方米,堆存能力 0.2 万吨。仓库面积 0.1 万平方米,堆存能力 0.1 万吨。项目总投资 1300.0 万元,其中企业投资(业主自有资金)700.0 万元,银行贷款(政策性银行)600.0 万元。陆域用地 0.5 万平方米。

建设单位为巴东县益德商贸有限公司、巴东县胜利港口装卸有限公司、巴东水浒港口装卸有限公司。

该项目于 2017 年 10 月在长江干线非法码头治理中,补充完善了安评和综合验收评估工作,按照"规范一批"要求规范办证,实现合法经营。随着煤炭市场的清理整顿,煤炭出口锐减,货运持续萎缩,自 2016 年开展长江干线非法码头治理以来,按照"三个一批"的要求,于 2017 年 12 月完成治理任务,正探索转型发展。

(6)巴东港宝塔河港区 37 号散货码头

2004 年 7 月开工,2004 年 12 月投入试运行,2017 年 1 月竣工。

项目建设依据:2004 年 7 月,巴东县人民政府同意该码头建设,审批编号为鄂恩巴 2004002 号;土地使用证号为巴国用(2004)第 468 号、巴国用(2005)第 117 号;建设用地规划许可证号:巴建城地字(2004)第 35 号、巴建城地字(2005)第 005 号;2007 年 8 月,巴东县环境保护局《关于巴东港无源洞散货码头工程环境影响报告书的批复》(巴环函〔2007〕32 号);2017 年 10 月,巴东县人民政府《关于长江干线巴东段非法码头专项整治"规范一批"码头综合评估及验收的会议纪要》(县政府专题会议纪要〔2017〕33 号)。

项目建设 1 个 1000 吨级内河码头泊位(码头水工建筑允许靠泊能力 3000 吨级),岸线总长 150.0 米。码头采用顺岸式布局,斜坡式结构。码头前沿水深 4.0 米。项目后方堆场面积 0.3 万平方米,堆存能力 0.3 万吨。仓库面积 0.1 万平方米,堆存能力 0.1 万吨。项目总投资 1000.0 万元,其中企业投资(业主自有资金)500.0 万元,银行贷款(政策性银行)500.0 万元。陆域用地 0.3 万平方米。

建设单位为巴东县楚天商城有限公司。

七、嘉鱼港

(一)港口概况

1. 港口综述

(1)地理位置

嘉鱼港位于长江中游右岸,湖北省咸宁市嘉鱼县境内。咸宁市位于湖北省东南部、湘鄂赣三省交界处,素有"鄂南门户""武汉后花园"的美誉。嘉鱼县是咸宁市"一区四县一市"的重要组成部分,位于东经 113°39′~114°22′,北纬 29°48′~30°19′,东邻咸宁市,南接赤壁市,西北与洪湖市隔江相望,北与武汉市相连。

(2)港口发展历程

嘉鱼港自古以来就是鄂南地区的"交通要道、水运门户",其港口运输历史悠久、历代均盛,自晋至隋唐,江南就有陆溪口、石矶头、驾部口(嘉鱼口)、石头口(赤壁)、簰洲等重要口岸;北宋政和三年(公元 1113 年)修筑江堤后增加余码头、潘家湾等码头;清代康熙年间,货运、客运已十分活跃。

新中国成立以后,国家先后投资对长江嘉鱼段航道进行疏浚治理,运输条件大为改善。随着交通事业的发展,长江码头陆溪口、石矶头、鱼岳、潘家湾、牌洲等逐渐扩建为长江重要的航运港口。20 世纪 80 年代以后,随着国民经济的快速发展,嘉鱼港机械化水平不断提高,吞吐量增长迅速。1984 年开始建设了陆溪砖瓦码头、邱家湾黄砂码头、清水沟码头等。2000 年以后,嘉鱼港的建设规模和水平进一步提升,码头多采用高桩结构形式,咸宁核电厂重件码头、潘家湾联乐(一期)码头、葛洲坝水泥公司码头等重点项目相继建成实施。

随着"武汉城市圈"的逐步成熟和湖北"长江经济带"的规划,武汉市对周边地区的经济辐射效应日益显著。嘉鱼港凭借独特的区位优势,在"充分发挥长江黄金水道作用,振兴湖北水运工程"的战略实施中,面临着前所未有的发展机遇。

(3)港口设施

嘉鱼港位于长江右岸、咸宁市嘉鱼县境内,是经湖北省人民政府批准的省级重要港口之一,嘉鱼县境内拥有长江干流岸线 109.6 千米,占咸宁市全部长江岸线的 90%,依托优良的长江岸线资源,成为服务"一带一路""长江经济带"的重要支点和促进咸宁市临港工业发展的重要载体。

2007 年,湖北省人民政府正式批准《嘉鱼港总体规划(2005—2020)》,明确嘉鱼港为全省重要港口,划分为陆溪口、石矶头、鱼岳、潘家湾和簰洲等五个港区。截至 2015 年,嘉鱼港用于生产性的码头总共有 12 个,综合年通过能力 615 万吨。

陆溪口港区自陆溪口至姚家墩,自然岸线全长 12 千米。港区以造船、客运为主,散货运输主要是砂石等矿建材料。石矶头港区范围上起姚家墩、下至曾家墩,自然岸线全长 6.7 千米。港区分为临江山作业区和石矶头作业区,主要运输块石、碎石等。鱼岳港区紧邻嘉鱼县城区,范围上起曾家墩、下至余码头,自然岸线全长 23 千米,港区货物运输主要包括黄砂、芦苇、石料等。潘家湾港区上起余码头,下至月年家角,自然岸线全长 8.2 千米,港区运输的主要货物包括水泥、矿建材料、管材、化肥等。簰洲港区上起月年家角、下至双窑,自然岸线全长 58.9 千米,港区以客运码头为主。

（4）航道

嘉鱼港通航河流主要为长江干流,范围上起陆水河口(陆水口镇)下至双窑,岸线全长 109.6 千米。

（5）锚地

嘉鱼港目前仅有 1 处锚地,位于石矶头港区护县洲上游。

2. 港口水文气象

长江水量充沛,年径流量和输沙量较大,年际和年内分配不均匀。汛期(5—10 月)水量占全年的 73.4%,输沙量占全年的 87.8%。据螺山站水文资料统计,三峡水库蓄水运用以来,受上游来水偏少的影响,螺山站年径流量总体偏小,蓄水后多年平均径流量较蓄水前多年平均值偏小 10.8%,仅 2010 年与蓄水前多年平均值基本持平,2006 年、2011 年明显偏枯,减小幅度达到约 28%,其余年份的年径流量均不同程度的偏小。该河段洪水除主要来自长江上游外,还有支流清江及洞庭湖洪水的纳入,因此形成螺山站水文洪水特点:主汛期洪峰高,历史长,干支流洪水相互遭遇,易形成洪峰洪水过程。洪水遭遇最早发生在 5 月,最迟发生在 10 月,6—8 月上旬遭遇机会最多。螺山站遭遇洪峰流量 50000 立方米以上的约占 74%,其中多以宜昌以上来水为主。80% 由上游乌江、上干区间、清江、沅江及澧水遭遇形成。

嘉鱼县属亚热带湿润型气候。具有四季分明、气候温和、湿度较大、日照充足、雨热同季、无霜期长等特点。境内平原与丘岗气候亦无明显区别。历年平均气温 16.6 摄氏度;该地区雨量充沛,对集中于春秋两季,多年平均降雨量 1324.8 毫米;多年平均雾日 16 天(能见度小于 1000 米),雾多发生在冬春季节,一般 11 月最多;降雪多发生在 12 月中旬至次年 3 月上旬,年均降雪日数 9.7 天,最大积雪厚度 20 毫米。

3. 发展成就

嘉鱼港充分依托国家加快长江等内河水运发展的契机,依托优良的港口岸线资源,重点发展临港产业,成为鄂南地区物资转运的重要门户。作为湖北省重要港口之一,具有强劲的增长势头。建设有临江山物流园综合码头、葛洲坝水泥码头等专业化码头。2015 年,嘉鱼港全年完成货物吞吐量 467.24 万吨,是 2005 年规模的 1.7 倍,其中散干货 297.48 万吨,件杂物 155.92 万吨,形成了以矿建材料、煤炭、非金属矿石、金属矿石等大宗物资为主的运输结构,有力支撑和促进了咸宁市和嘉鱼县地方经济的发展。

嘉鱼港港区分布如图 9-7-5 所示。嘉鱼港基本情况见表 9-7-7。

（二）石矶头港区

1. 港区综述

（1）港区建设概况和运营情况

图 9-7-5　嘉鱼港港区分布图

石矶头港区(临江山港)始建于 1963 年,1971 年定名为临江山港,初建简易港时,港口岸线长 500 米,码头岸线 2 个,泊位 3 个,码头均利用自然岸坡。石矶头港区范围上起姚家墩、下至曾家墩,自然岸线全长 6.7 千米。港区分为临江山作业区和石矶头作业区,港区建设有临江山物流园综合码头和葛洲坝集团投资的水泥码头,临江山物流园综合码头主要服务于临江山物流产业园区的散货、件杂货运输,葛洲坝水泥码头主要服务于葛洲坝水泥厂生产原料的进口和水泥产品的出口。2015 年,港区共有 7 个泊位,完成货物吞吐量 182.61 万吨。

(2)港区地理条件和集疏运概况

石矶头港区位于江汉平原南端。区内以丘陵为主,港区公路集疏运主要是通过港区后方临江山物流园道路与嘉鱼县公路网衔接,可以便利的进入国道 106、国道 107、京港澳高速等国家骨干网络。

2.港区工程项目

(1)葛洲坝水泥有限公司配套码头

项目于 2009 年 2 月开工,2009 年 11 月试运行,2011 年 6 月竣工。

表 9-7-7

嘉鱼港基本情况表

序号	港区名称	港口岸线		2015年港口生产用泊位				其中:1978—2015年建成的生产用泊位				2015年港口货物和旅客吞吐量						
		港口规划岸线	其中:2015年前已建成岸线	生产用泊位数	其中:千吨级及以上	生产用泊位总长	其中:千吨级及以上	生产用泊位数	其中:千吨级及以上	生产用泊位总长	其中:千吨级及以上	货物吞吐量	其中:外贸货物吞吐量	集装箱吞吐量	滚装车辆 数量	滚装车辆 重量	旅客吞吐量	其中:国际旅客
		千米	千米	个	个	米	米	个	个	米	米	万吨	万吨	万TEU	万辆	万吨	万人	万人
1	石矶头港区	6.50	0.77	7	7	771	771	7	7	771	771	182.61	—	—	—	—	—	—
2	鱼岳港区	11.00	0.16	2	2	160	160	2	2	160	160	190.34	—	—	—	—	—	—
3	潘家湾港区	10.50	0.20	2	2	200	200	2	2	278	278	83.9	—	—	—	—	—	—
4	牌洲港区	11.00	0.01	1	1	12	12	1	1	12	12	10.39	—	—	—	—	—	—
5	陆溪口港区	8.20	—	—	—	—	—	—	—	—	—	—	—	—	—	—	—	—
	合计	47.20	1.14	12	12	1143	1143	12	12	1221	1221	467.24	—	—	—	—	—	—

项目建设依据:2009年6月,该项目在嘉鱼县发改局备案(2009122154230041);2009年12月,嘉鱼县港航管理所《关于葛洲坝水泥有限公司配套码头初步设计的批复》(嘉港函〔2009〕1号);2009年3月,湖北省环保厅《关于葛洲坝水泥有限公司配套码头工程环境影响报告书的批复》(鄂环函〔2009〕249号);2008年8月,嘉鱼县三合垸堤防管理段下达用地意见书;2009年11月,交通运输部《关于葛洲坝水泥有限公司配套码头港口岸线的批复》(交规划发〔2009〕720号)。

项目建设2个2000吨级散货泊位及1个1000吨级散货泊位。码头采用顺岸布局形式,码头为高桩码头,岸线总长256.0米,码头前沿水深6.0米,主要装卸设备包括一台直线轨道式装船机、三台门座式起重机和两台移动式漏斗。项目总投资为1.14亿元,企业自建。项目用地14.05万平方米。

项目建设单位为葛洲坝嘉鱼水泥有限公司;设计单位为中交武汉港湾工程设计研究院有限公司;施工单位为葛洲坝集团第六工程有限公司;监理单位为武汉四达工程建设咨询监理有限公司;质监单位为咸宁市交通质量监督站。

码头投产为地方发展提供了原材料的进出渠道,为腹地经济发展起到了积极作用。

(2)临江山物流园综合码头

项目于2014年4月开工,2016年2月试运行,截至2019年,该项目尚未竣工。

项目建设依据:2014年2月,该项目在嘉鱼县发改局备案(2014122154230004);2014年5月,咸宁市港航管理局《关于临江山物流园综合码头初步设计的批复》(咸港航〔2014〕40号);2017年4月,湖北省环保厅《关于临江山物流园综合码头工程现状环境影响评价报告有关意见的函》(鄂环函〔2017〕97号);2014年2月,住房和城乡建设厅批复选址意见书(选字第14038号);2015年8月,交通运输部《关于临江山物流园综合码头工程港口岸线的批复》(交规划函〔2015〕579号)。

项目建设4个3000吨级码头泊位(码头水工建筑允许靠泊能力5000吨级),其中,1号、2号泊位为散货泊位,3号、4号泊位为件杂货泊位。岸线总长515米。码头采用连片顺岸布置,码头采用高桩码头形式。码头前沿水深6.0米。港区占地总面积14.05万平方米,项目后方堆场面积9.05万平方米。主要装卸设备配置包括:码头前方2台40吨和2台16吨门座起重机,2台1000吨/小时抓斗式卸船机;3台B=1.4毫米,V=2.0米/秒带式输送机。建设期间建设内容工程概算由原来的5.29亿元,调整为3.82亿元,企业自建。

项目建设单位为湖北嘉通物流有限公司;设计单位为湖北省交通规划设计院;施工单位为中交二航局第一工程有限公司;监理单位为武汉中澳工程项目管理有限公司;质监单位为咸宁市交通质量监督站。

（三）潘家湾港区

（1）港区综述

潘家湾港区位于长江中游南岸，介于武汉港与宜昌港之间，隔江与洪湖市相望。2005年，港区建设有石油码头、货运码头，但由于港区功能单一，码头设施简陋，装卸工艺落后，缺乏重件运输能力，严重制约了嘉鱼及咸宁市的经济发展。2010年，开工建设咸宁核电厂重件码头，截至2015年，港区建成和在建的生产性泊位共有3个。

（2）港区地理条件和集疏运概况

潘家湾港区主要是通过武赤线、嘉咸线进行集疏运。

（3）港区工程项目

咸宁核电厂重件码头

项目于2010年10月开工，暂未运营，截至2015年未竣工。

项目建设依据：2010年3月，嘉鱼县港航管理所《关于咸宁核电厂重件码头工程初步设计的批复》（嘉港函〔2010〕2号）；2019年6月，咸宁市环保局批复《关于咸宁核电厂重件码头工程环境影响后评价报告备案的函》；2011年3月，嘉鱼县国土局批复项目用地预审（嘉国土预〔2011〕1号）；2010年12月，长江水利委员会《关于咸宁核电厂重件码头工程批复涉河建设方案的批复》（长许可〔2010〕283号）；2014年4月，交通运输部批复《关于嘉鱼港潘家湾港区核电厂重件码头工程使用港口岸线的批复》港口岸线（交函规划〔2014〕210号）。

项目建设1个1500吨级重件码头泊位（码头水工建筑允许靠泊能力3000吨级），岸线总长128米。为高桩码头，由作业平台及引桥组成，件杂泊位码头为整体式结构。码头前沿水深9米。项目后方暂无堆场。主要装卸设备配置包括1台900吨的桅杆起重机。项目总投资8349万元，企业自建。用地面积3.8万平方米。

项目建设单位为咸宁核电有限公司；设计单位为中交武汉港湾工程设计研究院有限公司；施工单位为中交二航局；监理单位为中咨工程建设监理公司；质监单位为核工业工程质量监督第八中心站。

八、鄂州港

（一）港口概况

1.港口综述

鄂州港位于湖北省鄂州市境内。鄂州市地处东经114°32′~115°05′，北纬30°00′~30°06′，北枕长江，西邻武汉，东接黄石，地理位置优越，是鄂东地区重要的交通枢纽。

鄂州市对外交通十分便捷,公路交通网络密度居湖北省前列,境内拥有多条重要交通通道。其中沪渝高速公路、大广高速公路、汉鄂高速公路、黄鄂高速公路4条高速公路呈"井"字型分布;106国道纵贯鄂州南北、316国道横穿鄂州东西。武九铁路穿境而过,沟通京广和京九铁路,武石、武冈城际铁路相继开通,城际时空距离进一步缩短。水路可沿长江黄金水道下行约1100多千米直达上海,上行1200多千米连接重庆。良好的交通环境为鄂州港提供了便捷的对外集疏运条件。

新中国成立后,随着腹地经济和城市的发展,鄂州港发展大致经历了三个阶段。

改革开放以前,为适应鄂州市经济发展和相关工业原材料及产成品运输需要,相关部门先后在城市中心区域的北门、熊家沟等地建设了北门作业区3个500吨级件杂货泊位、熊家沟作业区3个500吨级通用泊位、鄂钢矿石码头1个1000吨级泊位以及水泥厂、建材公司等企业的专用码头,形成通过能力近100万吨,初步改变了港口基础设施为自然岸坡和货物装卸靠人力肩挑背扛的落后状况。

改革开放以后,鄂州市经济发展和城市建设明显加快,鄂州港的建设和发展速度也相应加快,先后对城市中心区域的熊家沟和北门作业区的6个泊位进行了大规模的改扩建,同时新建了洲尾作业区3个1000吨级通用泊位、杨叶作业区3个1000吨级通用泊位。这一时期鄂州港的码头建设以1000吨级泊位为主。

进入新世纪以后,鄂州以建设新兴工业城市为目标加快工业化进程。为适应冶金、电力、机械、建材等重点产业发展要求,鄂州市全面加快了五丈、三江等规模化、专业化港区建设,先后建设了五丈港作业区一期2个5000吨级件杂货泊位、武钢球团厂4个3000吨级矿石泊位,鄂州电厂大件码头及1000吨级煤炭进口泊位,三江港区武钢集团鄂钢2个5000吨级矿石泊位和2个3000吨级钢铁泊位,超凡物流集团3个3000吨级件杂货泊位等重大项目。

在港口设施方面,2009年2月,交通运输部和湖北省人民政府联合批复了《武汉新港总体规划》。该规划实施以来,鄂州市境内的三江港区建设步伐明显加快,先后开工建设了超凡物流码头、鄂钢钢铁矿石码头、三和管桩码头等项目,港口发展势头良好,港口服务能力和水平进一步提高。然而该规划只涵盖鄂州市长江洲尾口上游水陆域,其他港区因缺乏规划支撑导致诸多码头工程无法推进。2011年5月,湖北省对武汉新港的范围进行了拓展,将咸宁、鄂州、黄冈三市所辖长江岸线全部纳入武汉新港,岸线长度由420千米增加至784.3千米。2012年5月,武汉、咸宁、鄂州、黄冈四市人民政府和武汉新港管理委员会分别致函交通运输部,要求审查范围拓展后的《武汉新港总体规划》,其后交通运输部与湖北省人民政府进行了多次沟通和协调,并达成一致意见,根据《中华人民共和国港口法》(以下简称《港口法》)和"一城一港"的要求,按照行政辖区分别编制港口总体规划。因此,鄂州市港口总体规划应单独编制。

2016 年前,鄂州市港口建设所依据的规划为 2009 年批复的武汉新港总体规划。然而该规划仅包含鄂州港的部分港区,虽然《武汉新港总体规划(修编)》将鄂州所辖全部长江岸线纳入了规划范围,但因受"一城一港"原则限制,亦未获批,此次规划鄂州港包括葛店、三江、城区、五丈和杨叶 5 个港区。截至 2015 年,鄂州市港口共有生产性泊位 118 个。其中城区、杨叶港区主要以轮渡码头及简易的临时性码头为主。在 2018 年 12 月,用于完整地指导鄂州市港口建设工作的《鄂州港总体规划(2018—2035)》取得湖北省人民政府的批复,此次规划将鄂州港划分葛店、三江、城区、五丈和杨叶 5 个港区。

鄂州港所在长江航道位于长江中游叶家洲至戴家洲河段,武汉长江大桥至安庆之间,目前为一级航道,2015 年枯水期,武汉至安庆河段航道最小维护尺度提高至 4.5 米×200 米×1050 米,可通航 5000 吨级船舶。

鄂州港现有锚地 1 处,即五丈港锚地,位于巴河水道,锚泊面积 24 公顷。

2. 港口水文气象

鄂州港位于长江中游,江汉平原东部,属亚热带湿润季风气候区,四季分明、雨水充沛、日照充足、无霜期长,"梅雨""寒潮"等地区性气候明显,总体气候环境良好。鄂州港年内气温温差大,夏季炎热,冬季阴冷,日间气温温差较小。年平均气温 17.1 摄氏度,历年极端最高气温 40.7 摄氏度,历年极端最低 –12.4 摄氏度。该地区降水量较丰富,年际间变化大,年内分布不均,降水量多集中在 6—9 月。多年平均降水量 1420 毫米,最大年降水量 2222 毫米,最小年降水量 930 毫米,年平均降水天数 130 天。该地区雾日较多,雾的出现多发生在清晨和夜间,一般以 11 月最多,上午 10 时以后消散。该地区冬季盛行北风和西北风,夏季以东南风为主,春秋季以偏东风和东南风为主。冬夏两季风力较大,最大可达 9 级。地区湿度较大,年平均相对湿度为 76%,7 月(最热月)平均相对湿度为 85%,1 月(最冷月)平均相对湿度为 63%。该地区雷暴一般出现在春、夏两季,多年平均雷暴日为 38 天,一年中出现最多雷暴日数为 53 天。该地区多为小雪,大雪较少,年平均降雪日为 7.5～8.1 天,最大积雪厚度 210～320 毫米。鄂州港范围内长江水域历年无冰冻史,常年通航。

根据相关水文统计资料分析,长江中游汛期出现在 5—10 月,4 月为涨水过程,11 月为退水过程,2—3 月为枯水期。月平均最高水位一般发生在 7 月,月平均最低水位一般出现在 2 月。长江水量丰沛,年径流量和输沙量较大,年际和年内分配不均匀。汛期(5—10 月)水量占全年的 73.5%,输沙量占全年的 78.3%。三峡工程蓄水后,汉口站年径流量有增有减,且幅度不大,蓄水后多年平均径流量 6677 亿立方米,较蓄水前多年平均流量减少 6%。由于三峡水库的拦蓄作用,该河段来沙量大幅度减少,蓄水后汉口站多年平均输沙量 1.29 亿吨,为蓄水前的 31%,2006 年汉口站年输沙量 0.58 亿吨,仅为蓄水前的 15%。

3.发展成就

随着沿江经济带的建设，鄂州沿江集聚了众多冶金、建材、装备制造、生物医药、石化、物流产业，在国民经济发展中发挥着日益重要的作用。依托"鄂东门户"的区位优势和发达的交通网络，鄂州港不仅是地方经济发展的重要保障，还承担了为武汉城市圈乃至整个长江中游城市群内其他城市中转铁矿石、水泥、建材等物资的任务。随着三江口岸和鄂州港集装箱运输设施的不断完善，还将承担集装箱运输任务。

鄂州港以所在地市为直接经济腹地，重点满足所在城市经济发展要求。随着码头及后方路网设施的完善，港口服务能力将不断提升，对外联系通道更加顺畅，集散、中转功能将进一步突显，对武汉城市圈乃至整个长江中游城市群内其他城市的辐射力度将大大增强，使武汉城市圈和长江中游城市群成为鄂州港的间接腹地。

2015年鄂州港完成货物吞吐量2170万吨，完成货物吞吐量2169.60万吨，其中散干货2077.45万吨，件杂货92.15万吨。

鄂州港基本情况见表9-7-8。

（二）葛店港区

1.港区综述

（1）港区建设概况和运营情况

葛店港区位于长江右岸，沐鹅港和白浒镇之间，水陆域条件较好。葛店港区后方为葛店国家级经济开发区，其定位为中国药谷和中部电商基地。与其紧邻的东湖高新区是中部地区重要的电子信息、生物医药、先进装备制造产业基地。葛店港区主要服务于葛店开发区和东湖高新区内相关产业的发展。2004年拥有鄂州电厂码头1个泊位和黄砂码头岸线348米，库场总面积0.4万平方米，装卸机械15台，年综合通过能力40万吨，主要从事矿石、煤炭、有色金属及黄砂的装卸运输，完成货物吞吐量14.2万吨。2015年，新建成武汉新港白浒山物流园区左岭作业区煤码头工程，其他码头均为临时性的简易码头，拥有生产性泊位30个，通过能力379万吨，以煤炭、砂石、件杂货运输为主，完成货物吞吐量218万吨。

（2）港区地理条件和集疏运概况

公路集疏运主要是以汉鄂高速公路、316国道、沿江公路和吴楚大道为干线，以沐武北路、电厂路、青化路、发展大道和建设大道为补充的公路网络来实现；铁路集疏运已形成以京九铁路为干线，以鄂州电厂铁路为支线的铁路集疏运网络，规划将鄂州电厂的煤炭运输专用铁路改造为葛店港区和鄂州电厂共用铁路；水运主要是通过长江航道进行集散。煤炭进港后主要利用皮带机进行运输。

表 9-7-8

鄂州港基本情况表

序号	港区名称	港口岸线		2015年港口生产用泊位				其中:1978—2015年建成的生产用泊位				2015年港口货物和旅客吞吐量						
		港口规划岸线	其中:2015年前已建成岸线	生产用泊位数	其中:千吨级及以上	生产用泊位总长	其中:千吨级及以上	生产用泊位数	其中:千吨级及以上	生产用泊位总长	其中:千吨级及以上	货物吞吐量	其中:外贸货物吞吐量	集装箱吞吐量	滚装车辆		旅客吞吐量	其中:国际旅客
															数量	重量		
		千米	千米	个	个	米	米	个	个	米	米	万吨	万吨	万TEU	万辆	万吨	万人	万人
1	五丈港港区	5.16	1.24	12	10	1244	1164	12	10	1244	1164	542.50	—	—	—	—	—	—
2	葛店港区	1.80	1.38	30	2	1383	353	6	2	693	353	218.00	—	—	—	—	—	—
3	三江港港区	11.69	2.74	58	9	2740	1020	11	9	1100	1020	868.00	—	—	—	—	—	—
4	城区港区	0.75	1.11	11	3	1110	510	4	3	610	510	49.60	—	—	—	—	—	—
5	杨叶港区	0.92	0.53	7	4	526	410	7	4	526	410	491.50	—	—	—	—	—	—
	合计	20.32	7.00	118	28	7003	3457	40	28	4173	3457	2169.60	—	—	—	—	—	—

2.港区工程项目

武汉新港白浒山物流园区左岭作业区煤码头工程项目

项目于2014年6月开工,2015年7月投入试运行,2017年4月竣工。

项目建设依据:2013年1月,湖北省发改委《武汉新港白浒山港区左岭作业区鄂州发电有限公司卸煤码头工程可行性研究报告》(鄂发改审批〔2013〕25号);2013年5月,湖北省发改委《武汉新港白浒山港区左岭作业区鄂州发电有限公司卸煤码头初步设计报告》(鄂发改审批〔2013〕420号);2012年4月,湖北省环境保护厅《关于武汉新港白浒山港区左岭作业区卸煤码头工程环境影响报告书的批复》(鄂环审〔2012〕62号);2014年6月,中华人民共和国建设项目选址意见书选字第14066号;2013年9月,交通运输部《关于武汉新港白浒山港区左岭作业区煤码头工程使用岸线的批复》(交规划发〔2013〕572号)。

项目建设1个5000吨级散货码头泊位(码头水工建筑允许靠泊能力10000吨级),岸线总长153.0米。码头采用顺岸式布局,高桩式结构。码头前沿水深5.0米。项目后方堆场面积1.44万平方米,堆存能力60万吨。主要装卸设备配置包括卸船机1台和5条运输皮带。项目总投资1.65亿元,其中企业投资(业主自有资金)3238.81万元,银行贷款(政策性银行)1.30亿元。

建设单位为湖北能源集团鄂州发电有限公司;设计单位为中交二航院;施工单位为武汉航道工程局;监理单位为武汉科达工程监理有限公司;质监单位为湖北省交通运输厅工程质量监督局。

2016年11月通过码头整体质量验收并取得省港航验收证书,2017年10月取得码头经营许可证。

(三)三江港区

1.港区综述

(1)港区建设概况和运营情况

三江港区位于长江右岸,泥矶与超凡码头下游550米之间,前沿水深条件较好,陆域平坦。三江港区开发起步较晚,2004年,有货运码头2个泊位,汽渡码头1个泊位和黄砂市场码头46个泊位,占用岸线长度2140米,库场总面积4万平方米,装卸机械80台,年综合通过能力170万吨,主要从事黄砂、件杂货和散货的装卸运输,完成货物吞吐量11.1万吨。2015年,已建成武汉超凡物流(鄂州)有限公司长江码头、武汉新港三江港区武钢集团鄂钢公司矿石、钢铁件码头,其他均为临时性的简易砂石码头,拥有生产性泊位58个,年通过能力730万吨,以煤炭、黄砂运输为主,完成货物吞吐量868万吨。

(2)港区地理条件和集疏运概况

2015年,三江港区远离城市发展区,现状集疏运条件较差,主要考虑远期发展,《鄂州港总体规划》规划的集疏运通道包括沿江公路和华泥路以及规划疏港高速。

三江港区公路集疏运主要是以汉鄂、黄鄂、鄂咸、316 国道、省道 119、吴楚大道、沿江公路为干线，以高新大道、临江大道、高新二路连接线为补充公路集疏运网络来实现；铁路主要通过武九铁路、三江港疏港支线来实现运输；水运主要是通过长江航道进行集散。

2. 港区工程项目

（1）武汉新港三江港区超凡物流有限公司长江码头工程

项目于 2010 年 12 月开工，2016 年 11 月投入试运行，2018 年 4 月竣工。

项目建设依据：2009 年 7 月，鄂州市发改委《湖北省企业投资项目备案证》（2009070058900086）；2011 年 1 月，鄂州市交通运输局《关于武汉新港三江港区超凡物流公司长江码头工程初步设计的批复》（鄂州交运发〔2011〕11 号）；2010 年 3 月，鄂州市环境保护局《关于武汉市超凡物流有限公司长江码头工程环境影响报告书审批意见的函》（鄂州环保函〔2010〕19 号）；2010 年 11 月，交通运输部《关于武汉新港鄂州三江港区超凡物流有限公司长江码头工程使用港口岸线的批复》（交规划发〔2010〕703 号）。

项目建设 3 个 3000 吨级件杂货码头泊位（码头水工建筑允许靠泊能力 5000 吨级），岸线总长 380.0 米。码头采用顺岸式布局，高桩式结构。码头前沿水深 5.4 米。项目后方堆场面积 2.77 万平方米，堆存能力 150 万吨。仓库面积 3.13 万平方米，堆存能力 60 万吨，筒仓容量 0 万吨。项目总投资 2.2 亿元，全部来自企业投资（业主自有资金）。陆域用地 23 万平方米。

项目建设单位为武汉超凡物流（鄂州）有限公司；设计单位为中交武汉港湾设计研究院有限公司；施工单位为中交第二航务工程局有限公司；监理单位为武汉四达工程建设咨询监理有限公司、江西省路港工程有限公司；质量监督单位为鄂州市交通基本建设工程质量监督站。

项目投产后码头吞吐量逐年提高，带动周边村镇百余人就业，有效拉动了鄂州经济开发区和三江港区的经济，为周边需求码头的企业提供了港口服务，节约了客户的物流成本，提高了鄂州地区的大宗货物的运输和交易能力。

（2）武汉新港三江港区武钢集团鄂钢公司矿石、钢铁件杂码头工程

项目于 2010 年 10 月开工，2011 年 6 月试运行，2018 年 9 月竣工。

项目建设依据：2005 年 8 月，湖北省发改委《关于鄂钢工业港矿石码头工程项目核准的通知》（鄂发改交通〔2005〕634 号）；2010 年 11 月，湖北省发改委《关于武汉新港三江港区武钢集团鄂钢矿石码头工程（一期）初步设计的批复》（鄂发改交通〔2010〕1475 号）；2004 年 11 月，湖北省环境保护局《关于鄂钢工业港（一期）码头技术改造工程环境影响报告书审批意见的复函》（鄂环函〔2004〕388 号）；2012 年 9 月，湖北省环境保护厅《关于鄂钢工业港码头技术改造工程（一期）阶段性竣工环境保护验收有关意见的函》（鄂环审

［2012］162号）；2012年9月，湖北省环境保护厅《关于鄂钢工业港（一期）转运料场技术改造工程阶段性竣工环境保护验收有关意见的函》（鄂环审〔2012〕150号）；2011年5月，湖北省国土资源厅《省国土资源厅关于批准武汉新港三江港区鄂钢矿石钢铁件杂码头陆域料场工程建设用地的函》（鄂土资函〔2011〕1937号）；2010年3月，交通运输部《关于武汉新港三江港区武钢集团鄂钢矿石码头1号2号泊位工程使用港口岸线的批复》（交规划发〔2010〕107号）；2010年4月，交通运输部《关于武汉新港三江港区武钢集团鄂钢钢铁件杂码头1号2号泊位工程使用港口岸线的批复》（交规划发〔2010〕179号）。

项目建设2个5000吨级码头泊位，1个件杂货和1个散货泊位，岸线总长240.0米。码头采用顺岸式布局，高桩式结构。码头前沿水深4.50米，项目后方堆场面积37480平方米，仓库面积6000平方米。主要装卸设备配置包括600吨/小时桥式抓斗卸船机2台、皮带机4条、1200吨/小时堆料机1台，40吨和16吨门座式起重机各1台、45吨门式起重机1台、32吨和16吨天车各1台。项目总投资2.6亿元，全部来自企业自筹。陆域用地25.67万平方米。

工程建设单位为湖北鄂钢长航港务有限公司，设计单位为长江航运设计院，施工单位为葛洲坝第六工程公司，监理单位为湖北省水运工程咨询监理公司，质量监督为鄂州市交通基本建设工程质量监督站。

项目投产后，生产能力超过设计能力，实现了全天候对靠泊船舶进行快速作业。

（四）五丈港区

1. 港区综述

（1）港区建设概况和运营情况

五丈港区位于长江右岸，鄂黄长江大桥下游，包括五丈作业区和燕矶作业区。2004年，港区有中油码头1个泊位，五丈港集装箱码头2个泊位和球团矿码头4个泊位，占用岸线782米，库场总面积2万平方米，装卸机械11台，年通过能力693万吨，主要从事矿石、钢材、件杂货及集装箱物资的装卸运输，完成货物吞吐量22万吨。2015年，建成和在建的生产性泊位共有10个，年通过能力364万吨，以航油、件杂货为主，完成货物吞吐量542.5万吨。其中在建鄂州港五丈港港区综合码头，建设2个3000吨级的散货码头泊位。

（2）港区地理条件和集疏运概况

五丈港区包括五丈作业区和燕矶作业区。

五丈作业区主要通过球团厂铁路支线进行集散，部分铁矿石通过皮带机集疏运，其他杂货和散货主要是通过国道106、省道S203、吴楚大道来进行集散；水运方面主要是通过长江航道实现集散。

燕矶作业区主要是通过省道203、吴楚大道、省道347、燕大快速路和燕花路；铁路主要是通过京九武九铁路联络线以及燕矶铁路支线，水运主要是长江航道来实现货物的集疏。石油及化工品通过管道集疏运。

2. 港区工程项目

（1）武钢矿业有限责任公司鄂州球团厂码头工程

项目于2004年01月开工，2005年5月投入试运行，2005年7月竣工。

项目建设依据：2002年12月，武钢矿业有限责任公司《关于武汉钢铁集团矿业有限责任公司新建球团厂可行性研究报告的批复》（钢政复〔2002〕44号）；2004年11月，湖北省环境保护局《关于武汉钢铁集团矿业有限责任公司500万吨球团矿厂新建工程环境影响报告书审查意见的报告》（鄂环保文〔2004〕153号）；2005年2月，国家环境保护总局《关于武汉钢铁集团矿业有限责任公司500万吨球团矿厂新建工程环境影响报告书审查意见的复函》（环审〔2005〕162号）。

项目建设4个3000吨级散货码头泊位（码头水工建筑允许靠泊能力5000吨级），岸线总长397.0米。码头采用顺岸布局，高桩式结构。码头前沿水深7～10米。主要装卸设备配置包括4艘趸船，每个趸船配备FQ1630双16吨浮式抓斗卸船机，皮带运输机12条，皮带总长1120米。项目总投资8011.0万元，来自企业投资（业主自有资金）。

建设单位为武钢物流公司；设计单位为中交第二航务工程勘测设计院；施工单位为中港第二航务工程局施工；监理单位为长江委监理中心。

2014—2018年码头完成吞吐量分别为：260万吨、183万吨、249万吨、247万吨、320万吨。

（2）鄂州港五丈港港区金航码头工程

项目于2003年3月开工，2006年11月竣工。

项目建设依据：2001年11月，湖北省鄂州市航务管理处《港埠经营许可证》（鄂G-0031）；2006年4月，《关于市金航集货运输贸易有限公司申请使用港口岸线的批复》（鄂州港航〔2006〕16号文件）；2006年7月，《关于金航集货运输贸易有限公司要求建设临时综合性码头的复函》（鄂州河堤函〔2006〕37号）。

码头建设规模为1000载重吨泊位3个，岸线总长150米，码头结构为斜坡浮式码头。

（3）鄂州港五丈港港区综合码头

2013年11月开工，截至2018年，此项目还处于建设中，尚未试运行和竣工。

项目建设依据：2010年10月，湖北省发改委《鄂州港五丈港港区综合码头工程可行性研究报告》（鄂发改交通〔2010〕1370号）；2010年12月，湖北省发改委《省发展改革委员会关于鄂州港五丈港港区综合码头初步设计的批复》（发改交通〔2010〕1661号文）；2010年9月，湖北省环境保护厅《关于鄂州港五丈港港区多用途码头环境影响报告书的批复》（鄂环函〔2010〕504号）；建设用地为鄂州国用〔2013〕第1～74号，土地用途为仓储,使用权类型为出让;2010 年 7 月,交通运输部《关于鄂州港五丈港港区多用途码头工程使用港口岸线的批复》(交规划发〔2013〕313 号)。

项目建设 2 个 3000 吨级散货码头泊位,岸线总长 225 米。码头采用顺岸布局,浮码头结构。码头前沿水深 4.3 米。项目后方堆场面积 3.06 万平方米,堆存能力 9 万吨。其中仓库面积 1.14 万平方米,堆存能力 3.42 万吨。停车场面积 8000 平方米停车数量为 130 个标准停车位。主要装卸设备趸船浮式起重机、仓库桥式起重机。项目总投资 1.57 亿元,其中政府投资(地方投资)720.0 万元,企业自筹资金 1.50 亿元。陆域用地 10.04 万平方米。

建设单位为湖北大通互联物流股份有限公司;设计单位为湖北省交通规划设计院;施工单位为中交第二航务工程局有限公司;监理单位为湖北水运工程咨询监理公司;质监单位为鄂州市交通基本建设工程质量监督站。

九、黄州港

(一)港口概况

1. 港口综述

黄州港位于长江黄金水道中游,湖北省黄冈市黄州区境内,是湖北省 14 个重要港口之一。黄州区所在的黄冈市位于湖北省东部、大别山南麓、长江中游北岸,介于东经 114°25′~116°8′,北纬 29°45′~31°35′。北接河南、东连安徽、南与鄂州、黄石、九江隔江相望。现辖七县(红安、罗田、英山、浠水、蕲春、黄梅、团风)、二市(武穴、麻城),三区(黄州区、龙感湖管理区、黄冈经济开发区),国土面积 1.74 万平方公里,占全省总面积的 9.4%,总人口 750 万,是武汉城市圈的重要组成部分。

黄州区所在的黄冈市水陆交通发达,依托地理位置的区位优势,成为鄂东北地区货物的重要集散地。水路沿长江黄金水道下行约 910 多千米直达上海,上行 1290 多千米可抵重庆;公路以大广、武英、沪渝、沪蓉、福银、黄鄂、麻武、麻竹高速公路和 G105、G318、G106 国道共同构建了"两纵四横"的交通网络;依托京九铁路、沪汉蓉快速铁路,武冈城际铁路沟通全国各地。"铁水公联运,江海湖直达"的综合运输网络为黄冈市黄州港提供了便捷的对外集疏运条件。

黄州港位于长江中游北岸的黄冈市,南与鄂州市有鄂黄长江大桥相连。黄州港口发展兴于明朝初期,是历代漕粮和淮盐转运要地,乾隆年间,黄州卫为湖北省漕运"五卫一所"之一,是长江水运的要地,但黄州区现代港口建设相对较晚。20 世纪 90 年代以前,黄州区的码头泊位以简易的半机械化码头和自然岸坡作业为主,规模普遍偏小。1990 年,黄州港的新港港区综合码头工程动工兴建,标志着黄州港的开发建设正式启动。2003

年,黄州港进一步建设了唐家渡港区综合码头4个泊位。除以上2个规模相对较大的码头和华海、江北等造船企业已建的部分滑道、码头外,黄州区的其他码头泊位均为简易码头。2009年2月,编制了《武汉新港总体规划》。在武汉新港总体规划精神的指导下,先后开工建设了楚江物流综合码头、禹杰物流综合码头、临港新城综合码头等项目,港口基础设施建设步伐明显加快,发展势头强劲,港口服务能力和水平进一步提升,港口航运企业不断发展壮大,以港口为枢纽的综合交通运输体系日趋完善。

黄州区港口位于长江左岸,主要有唐家渡、张家湾港区两个港区。黄州港以散货、件杂货和石油及化工品运输为主,主要为黄冈市及周边地区服务。2015年,全港共有生产性泊位11个。

2016年1月4日,习近平总书记赴重庆考察,为贯彻落实习近平总书记视察长江重要指示和推动长江经济带发展重要讲话精神,走生态优先、绿色发展之路,要把修复长江生态环境摆在压倒性位置,共抓大保护,不搞大开发。湖北省委省政府立即行动起来,开展了保护长江环境进行非法码头集中整治行动。为彻底改变黄冈港口码头小散乱的格局,黄冈市委市政府自加压力,将整治范围由非法码头扩大到辖区内所有港口码头。基于上述原因以及根据《港口法》和"一城一港"的要求,按照行政辖区分别编制港口总体规划。2004年,编制《黄州港总体规划2005—2020》,省政府2007年12月批复。2018年,黄州区再次对黄州港总体规划进行了修编并形成《黄州港总体规划(修编)》报告初稿。根据新修编总体规划,将唐家渡港区(叶路洲—汪家墩社区)以黄冈长江大桥为界划分为两个作业区,黄冈长江大桥上游为唐家渡港区叶路洲作业区,下游为唐家渡港区蔡吴廖作业区;将张家湾港区(汪家墩社区—巴河口),划分为汪家墩、邢家湾、六福湾三个作业区。

黄州港所在长江航道位于长江中游罗霍洲水道至戴家洲河段,武汉长江大桥至安庆之间,为一级航道,武汉至安庆河段最小维护尺度为4.5米×100米×1050米,可通航5000吨级内河船舶组成的船队。

河段现行航道尺度标准为4.0米×100米×1050米,通航保证率为98%。

2.港口水文气象

黄冈市属亚热带季风区大陆性气候,具有气候适宜,四季分明,雨量充沛,日照充足的特点。历年平均气温为16.4摄氏度;月平均最高气温为30摄氏度;月平均最低气温为−2.5摄氏度;极端最高气温为41.6摄氏度;极端最低气温为−15.6摄氏度。历年平均降雨量为1233毫米;年最大降雨量为1430毫米;年最小降雨量为1130毫米;24小时最大降雨量为302毫米;1小时最大降雨量为27毫米。历年平均风速为2.7米/秒。历年平均雾日为8.4天;年最少雾日为4天;年最多雾日为18天。年平均降雪日为7.5天;最大积雪深度为21厘米。历年最高水位为25.63米;历年最低水位为7.51米;年输沙率为11.6吨/秒;年输沙量为3.67亿吨;含沙量为0.53千克/立方米。港区长江水域无冰冻史,常年通航。

黄冈市处豫皖交界的大别山脉南麓,地势自北向南逐渐倾斜,主脊呈西北—东南走向。主脊南部为狭长的平原湖区,河港、湖泊交织,海拔高度在 10~30 米之间。

3. 发展成就

黄州港是湖北省的重要港口,是黄冈市与武汉市的重要对接港;是构建长江中游城市群及长江经济带的重要综合交通枢纽组成部分;是服务大别山革命老区及提升黄冈市区域经济发展、产业布局、城市建设/水平的重要载体;是发挥湖北省"东大门"区位优势的重要依托和武汉城市圈建设"两型"社会综合配套改革试验区的重要资源;同时也是展现黄州滨江城市魅力、开展水上旅游的重要平台。

"十二五"期以来,黄州港吞吐量整体增长较快,从 2010 年的 440.30 万吨提高到 2015 年的 1339.24 万吨,年均增长 20.7%。随着黄州港腹地城镇化建设的大力推进、对基础设施建设投入的持续攀升以及交通、房地产等行业的快速发展,带动了矿建材料等散货吞吐量的高速增长,年均增长率为 22.13%。

黄州港是沿江港口,主要运输货种以矿建材料等大宗散货为主,2010 年,上述货种占总吞吐量比例达到 85%。"十二五"以来,随着腹地区域经济的快速发展,区内沿江港口完成的运输货种结构也发生着显著变化。受到黄州港腹地城镇化建设及黄州工业园区建设持续推进、基础设施投资较快增长、房地产投资增速较快的影响,主要货种矿建材料所占比重由 2010 年的 85% 提高到 2015 年的 90%,水泥所占比重也有一定的变化,由 0.41% 增长到 2%。随着冶金、农业和食品行业的快速发展,金属矿石、农产品及食品等货种所占比重也逐年增加。

通过不断完善港口基础设施建设,提高综合服务水平,构建完善的综合交通运输体系,黄州港已发展成为以大宗散货、件杂货、石油及危化品运输为主,集装箱运输为辅,兼有旅游客运的规模化、现代化综合性港口。2015 年,港口吞吐量达 1339.24 万吨。

黄州港基本情况见表 9-7-9。

(二)唐家渡港区

1. 港区综述

唐家渡港区位于叶路洲和汪家墩社区之间,是正在建设的规模化新港区,后方有黄州临港新城以及黄冈高新技术产业园。港区河段河势稳定,深泓线常年近岸,枯水期水深平均达 9 米,是适宜建港河段。唐家渡港区以化肥、水泥、焦炭等件杂货和黄砂、煤炭等散货运输为主。2015 年,港区建成和在建的生产性泊位 21 个,建有唐家渡禹杰综合码头、临港新城码头和楚江物流码头等大型高桩码头。完成货物吞吐量 641.51 万吨。

表 9-7-9

黄州港基本情况表

序号	港区名称	港口岸线		2015 年港口生产用泊位				其中:1978—2015 年建成的生产用泊位				2015 年港口货物和旅客吞吐量							
		港口规划岸线	其中:2015 年前已建成岸线	生产用泊位数	其中:千吨级及以上	生产用泊位总长	其中:千吨级及以上	生产用泊位数	其中:千吨级及以上	生产用泊位总长	其中:千吨级及以上	货物吞吐量	其中:外贸货物吞吐量	集装箱吞吐量	滚装车辆		旅客吞吐量	其中:国际旅客
															数量	重量		
		千米	千米	个	个	米	米	个	个	米	米	万吨	万吨	万 TEU	万辆	万吨	万人	万人
1	唐家渡港区	14.18	1.53	11	11	1526	1526	21	21	2823	2823	641.51	—	—	—	—	—	—
2	张家湾港区	22.50	2.39	18	18	2389	2389	17	17	2309	2309	697.73	—	—	—	—	—	—
	合计	36.68	3.92	29	29	3915	3915	38	38	5132	5132	1339.24	—	—	—	—	—	—

2. 港区工程项目

(1)黄冈市杨家湾综合码头（已拆除）

项目于 2000 年 1 月开工，2001 年 1 月试运行，截至 2015 年，该项目尚未竣工。

项目建设 2 个 3000 吨级内河码头泊位，其中 1 个件杂货泊位，1 个黄砂泊位（码头水工建筑允许靠泊能力 3000 吨级），岸线总长 350 米。码头采用顺岸式布局，浮码头，斜坡式结构。码头前沿水深 8.0 米。

(2)黄州港唐家渡码头工程

项目于 2008 年 6 月开工，2009 年 6 月试运行，2018 年 12 月竣工。

2007 年 6 月，湖北省交通厅《关于黄州港唐家渡码头工程可行性研究报告的批复》（鄂交计〔2007〕235 号）；2008 年 5 月，湖北省交通运输厅港航管理局《关于黄州港唐家渡码头工程初步设计的批复》（鄂交港航基〔2008〕82 号）；2006 年 8 月，黄冈市环保局《黄州港唐家渡码头工程环境影响报告书》（黄环函〔2006〕100 号）。

项目建设 2 个 3000 吨级码头泊位，其中黄砂出口专用泊位 1 个，综合泊位 1 个，岸线总长 287 米。码头采用顺岸式布局，斜坡式，浮码头结构。项目后方堆场面积 4 万平方米，堆存能力 10 万吨。仓库面积 1000 平方米。主要装卸设备配置：2 艘浮式起重机，装载机 3 台，专用黄砂生产运输机带 1 套 160 米，其他附属设备设施若干。项目总投资 3800 万元，资金来源：申请部、省资金 190 万元，其余资金均由企业业主自筹解决。用地面积 1.16 万平方米。

项目建设单位为黄冈市唐家渡码头有限责任公司；设计单位：湖北省交通规划设计院。

项目投产后为当地经济发展起到了一定的经济社会效益，并带动当地劳动再就业与创业机会。2014—2019 年完成吞吐量 300 万吨。

(3)武汉新港唐家渡港区临港新城综合码头工程

项目于 2014 年 1 月开工。

项目建设依据：2012 年 11 月，湖北省发展和改革委员《关于武汉新港唐家渡港区临港新城综合码头工程可行性研究报告的批复》（鄂发改审批〔2012〕220 号）；2012 年 11 月，湖北省发展和改革委员《关于武汉新港唐家渡港区临港新城综合码头工程初步设计的批复》（鄂发改审批〔2012〕443 号）；2012 年 8 月，湖北省环境保护厅《关于武汉新港唐家渡港区临港新城综合码头工程环境影响报告书的批复》（鄂发改审批〔2012〕127 号）；2012 年 10 月，湖北省国土资源厅《关于武汉新港唐家渡港区临港新城综合码头工程用地备案意见》（鄂土资预审函〔2012〕197 号）；2014 年 6 月，交通运输部《关于武汉新港唐家渡港区临港新城综合码头工程使用港口岸线的批复》（交规划函〔2014〕477 号）。

项目建设 4 个 5000 吨级杂货码头泊位，岸线总长 494 米。码头采用顺岸式布局，高桩式结构。码头前沿水深8.3米。项目后方堆场面积6.5万平方米,堆存能力300万吨、3.0万TEU。仓库面积4896平方米,堆存能力60万吨,停车场面积2万平方米。主要装卸设备配置包括40吨—30米门座起重机(单臂架)1台;16吨—30米门座起重机(单臂架)1台;16吨—30米门座起重机(四连杆)1台;800吨/小时直线行走装船机1台;40吨—35米龙门起重机1台;10吨—35米龙门起重机2台;10吨—22.5米桥式起重机2台;1000吨/小时双臂堆料机1台;带式输送机7套。项目总投资4.57亿元,其中政府投资6830万元。用地面积10万平方米。

项目建设单位为黄冈市港航管理局;设计单位为湖北省交通规划设计院;施工单位为中国铁建港航局集团有限公司;监理单位为中交二航院工程咨询监理有限公司;质监单位为湖北省交通运输厅工程质量监督局。

(4)黄州港唐家渡港区钟家湾综合码头工程

项目于2015年12月开工,截至2019年12月,该项目尚未试运行及竣工。

项目建设依据:2014年1月,湖北省发展和改革委员会《关于黄州港唐家渡港区钟家湾综合码头工程可行性研究报告的批复》(鄂发改审批〔2014〕59号);2015年9月,湖北省发展和改革委员会《关于黄州港唐家渡港区钟家湾综合码头工程初步设计的批复》(鄂发改审批服务〔2015〕304号);2013年11月,湖北省环境保护厅《湖北省环境保护厅关于武汉新港唐家渡港区钟家湾综合码头工程环境影响报告书的批复》(鄂环审〔2013〕598号);2015年12月,交通运输部《关于黄州港唐家渡港区钟家湾综合码头工程使用港口岸线的批复》(交规划〔2015〕892号)。

项目建设3个5000吨级码头泊位,其中,散货泊位、通用泊位和件杂货泊位各一个,岸线总长401米。码头采用顺岸式布局,散货泊位采用浮码头结构形式,通用泊位和件杂货泊位采用高桩梁板式结构形式。码头散货堆场所面积约为1.5万平方米,件杂货堆场约1.5万平方米。2台16吨—30米的浮式起重机,1台800吨/小时的轨道式装船机和1台16吨—25米的门座起重机。25吨—25米、16吨—25米门座起重机各1台,4台30吨和25吨的轮胎式起重机及2台装载机。项目总投资4.05亿元,其中政府投资3200万元,企业投资(业主自有资金)3.73亿元。用地面积6万平方米。

项目建设期间重大事项:2016年7月因该段时期连续降雨,水位上涨趋势明显,水位上涨至25.00米,项目部启动一级防汛应急预案,码头项目施工全面暂停,于2016年8月中旬水位下降至满足施工后,码头项目重新开始施工。

(5)武汉新港唐家渡港区楚江综合码头

项目于2011年11月开工,2013年10月试运行。

项目建设依据:2010年12月,湖北省发改委《关于武汉新港唐家渡港区楚江综合码头工程可行性研究报告的批复》(鄂发改交通〔2010〕1638号);2011年5月,湖北省发改委《关于武汉新港唐家渡港区楚江综合码头工程初步设计的批复》(鄂发改交通〔2011〕617号);2010年12月,湖北省环境保护厅《关于武汉新港唐家渡港区楚江综合码头工程环境影响评价报告的批复》(鄂环函〔2010〕785号);2011年11月,黄冈市国土局《土地使用证》(黄冈国用2011地21000000003号);2011年11月,交通运输部《关于武汉新港唐家渡港区楚江综合码头工程使用港口岸线的批复》(交规划发〔2011〕267号)。

项目建设4个5000吨级码头泊位(码头水工建筑物允许靠泊能力10000吨级),其中散货泊位2个,件杂货泊位2个,岸线总长539米。码头采用引桥式布局,高桩式,浮码头结构。项目堆场面积:散货堆场(含临时堆场)10万平方米,堆存能力30万吨。仓库面积5万平方米,件杂货堆场1万平方米,件杂货仓库5万平方米(筒仓容量2万平方米)。主要装卸设备配置包括多用途410—25米门座起重机2台,M101—25米门座式起重机等配套设施若干台套。项目总投资3.83亿元,其中政府投资3930万元,企业投资(业主自有资金)3.44亿元。陆域用地面积14.9万平方米。

项目建设单位为黄冈楚江物流有限公司;设计单位为湖北省交通规划设计院;施工单位为中交二航局第一工程有限公司;监理单位为武汉中澳工程监理有限公司;质监单位为湖北省黄冈市交通质监中心。

(6)黄冈市禹杰物流综合码头工程

项目于2013年10月开工,2018年11月3号件杂泊位试运行。

项目建设依据:2012年5月,湖北省发改委《关于武汉新港唐家渡港区禹杰综合码头工程可行性研究报告的批复》(鄂发改交通〔2012〕587号);2012年6月,湖北省发改委《关于武汉新港唐家渡港区黄冈禹杰综合码头工程初步设计批复》(鄂发改交通〔2012〕814号);2012年4月,湖北省环保厅《关于武汉新港唐家渡港区禹杰综合码头工程环境影响报告书的批复》(鄂环函〔2012〕254号);2012年5月,湖北省国土资源厅《关于武汉新港唐家渡港区禹杰综合码头工程建设用地预审备案意见的函》(鄂土资预审函〔2012〕号);2013年5月,交通运输部《关于武汉新港唐家渡港区禹杰综合码头工程使用港口岸线的批复》(交规划发〔2013〕342号)。

项目建设3个5000吨级码头泊位,其中直立式件杂泊位1个,散货泊位2个,岸线总长402米。码头采用顺岸式布局,高桩式,浮码头结构。码头前沿水深8.3米。项目后方堆场面积3.6万平方米,堆存能力5.5万吨。主要装卸设备配置包括门座式起重机的1台。项目总投资3亿元,其中政府资金10%;银行借贷38%;业主自筹52%。项目陆域用地9.3万平方米。

项目建设单位为黄冈市禹杰物流有限公司;设计单位为湖北省交通规划设计院;施工单位为中交第二航务工程局有限公司;监理单位为武汉中澳工程项目管理有限责任公司;质监单位为湖北省交通基本建设质量监督局。

(三)张家湾港区

1. 港区综述

张家湾港区是由原汪家墩港区和新湾港区两个合并而来,位于黄州港的下游江段,岸线起于鄂黄长江大桥下游 500 米处,终于巴河河口,岸线长度 6.4 千米。港区主要包括已建的安达物流码头、前进码头、张家湾禹杰物流码头、昌顺码头、国盛码头、江润造船厂码头、江北船厂码头、鄂海船厂码头和在建的祥宏物流码头、晨鸣纸业码头、朗晟码头和昆仑清洁能源码头,主要从事铁矿、黄砂出口和煤炭、硫铁矿进口业务。2015 年,张家湾港区共有生产性泊位 18 个。2015 年,港区完成货物吞吐量 697.73 万吨。

2. 港区工程项目

黄州港新港港区国盛综合码头项目:

项目于 2012 年 2 月开工,2013 年 6 月试运行,2019 年 9 月竣工。

项目建设依据:2010 年 1 月,湖北省交通运输厅《关于黄州港新港港区国盛综合码头工程可行性研究报告的批复》(鄂交计〔2010〕49 号);2010 年 5 月,湖北省交通运输厅港航管理局《关于黄州港新港港区国盛综合码头工程初步设计的批复》(鄂交港航基〔2010〕155 号);2010 年 1 月,黄冈市环境保护局《关于黄州港新港港区国盛综合码头工程环境影响报告书批复意见的函》(黄环函〔2010〕03 号);2009 年 10 月,黄冈市国土资源局《关于黄冈国盛港口装卸有限公司综合码头用地的初审意见》;2011 年 1 月,交通运输部《关于黄冈市黄州港新港港区国盛综合码头工程使用港口岸线的批复》(交规划发〔2011〕19 号)。

项目建设 3 个 3000 吨级散货码头泊位(1 个进口泊位、2 个出口泊位),1000 吨级危化品进口泊位 1 个(码头水工建筑允许靠泊能力 5000 吨级),岸线总长 639 米。码头采用顺岸式布局,浮码头结构。码头前沿水深 8.02 米。项目后方共布置有 4 个散货堆场和 1 个停车场,堆场面积为 1.73 万平方米。主要装卸设备配置包括卸船设备选用 10 吨—30 米的浮式起重机,后方相应配置一条 B = 1000 毫米,V = 1.6 米/秒,Q = 500 吨/小时的皮带输送线,后方堆场采用 1 台堆料机进行堆料,堆场内配备 2 台 ZL 型单斗装载机进行装车作业。项目总投资 4990.85 万元,其中政府投资 580.0 万元,企业投资(业主自有资金)4410.85 万元。用地面积 1.72 万平方米。

项目建设单位为黄冈国盛港口装卸有限公司;设计单位为山东省航运工程设计院有限公司;施工单位为黄石市水利建筑工程总公司;监理单位为湖北中南工程建设监理公司;质监单位为湖北省黄冈市交通质监中心。

项目建设期间重大事项:国盛综合码头工程散货部分已于 2013 年 5 月 3 日完成交工验收,验收由黄冈市交通局、市港航管理局组织,施工、监理、质监等相关部门及专家参加。

由于环保政策的调整,危化泊位暂无法建设。

十、武穴港

(一)港口概况

1．港口综述

(1)港口地理位置

武穴港位于东经 115°33′4″,北纬 29°50′7″,长江中游北岸武穴市。溯江上行 206 千米可抵武汉,沿江东下 46 千米达九江,距吴淞口 871 千米,轮渡过江可至江西省瑞昌市码头镇。港口直接腹地武穴市是三省(湖北、江西、安徽)、五县市(武穴、蕲春、黄梅、阳新、瑞昌)交界之地。港区通过京九铁路和沪蓉高速公路融入全国交通网络。武穴港的长江水运东到上海,发展江海联运,西至重庆和宜宾,发展江河多式联运。

(2)港口发展历程

武穴市位于长江中游北岸,早在明代就成为临江重镇之一。明永乐二年(1404 年)筑青林堤,武穴发展成上码头、下码头、镇码头、塘门口、青龙咀等 5 处码头,搬运工达数百人。

清初发展成为"商贾杂处鳞聚之要埠"。清乾隆元年(1736 年),武穴成为广济漕运要地,设有储粮仓库;又是鄂东 10 数县食盐供应中心,设有淮盐督销分局和公和、复和、恒记三大盐仓。清咸丰十年(1860 年),黄广大堤与青林堤衔接,武穴街巷围在堤内,港埠初具规模。清光绪二年(1876 年),中英《烟台条约》将武穴辟为外轮停泊港口,成为邻近三省七县的物资集散地之一,外轮竞相停泊武穴港,太古、怡和、大阪等外轮公司在港口设置码头,港口的发展进入鼎盛时期。

孙中山先生在《建国方略》中列入开发计划,民国中期成为鄂省"七大商埠"之一,武穴港的繁荣到达鼎盛时期;1938 年,日军入侵,武穴港屡遭轰炸;1949 年 5 月,第四野战军从武汉以东团风到武穴间强渡长江,解放武汉。

中华人民共和国成立后,长江航务局在武穴设营业站,增添机械设备,武穴港口逐渐恢复繁华。1953 年武穴成立了广济县民船管理站。1965 年长江试办航运托拉斯,武穴港移交长航。1966 年武穴港务站升格为武穴港务局,机械化作业程度大大提高。1980 年广济民船管理站改为广济县航务管理站。1985 年 6 月,码头管理所并入航务管理站,除长航的码头由武穴港务局管理外,县内各企业单位的码头均由航务管理站进行管理。1992 年 8 月航务管理站升格为航务管理所。2002 年 4 月 1 日,按照国务院办公厅(国办发〔2001〕91 号)和湖北省人民政府办公厅(鄂政办发〔2002〕16 号)文件通知,原双重领导的武穴港务局下放地方,不再履行港口行政管理职责,由武穴市港航管理局负责全市港口的行政管理。

武穴港口发展经历了孕育、形成、发展以及落寞的漫长而曲折的过程。武穴港在历史中扮演者重要的角色,在武穴市国民经济和社会发展中发挥着十分重要的作用。

特别是改革开放以来,随着社会化大生产的迅猛发展,商品交换日益频繁,对外开放全面扩大,进出港口腹地货物与日俱增,作为货物运输主要方式之一的水路运输,大大促进了港口发展。进入九十年代,省政府批准《武穴城区总体规划》,要求把武穴建成鄂东新型港口城市,在政府重视、社会经济超常发展等各种因素的驱动下,武穴港得到了空前发展,至1999年,港口货物通过能力达到379万吨,港口货物吞吐量达到310万吨,港口装卸设备的机械化、现代化,标志着肩挑背驮时代的结束,现代化的城市港口已显雏形。

九十年代中后期即社会经济由计划经济向市场经济转型期,快速、便捷、高效的运输观念使得境内的铁路、公路快速迅速,大量依托水路运输的货物分流至公路、铁路运输,港口运输速率减缓,一度出现萧条迹象。

2008年5月,湖北省委、省政府审时度势,站在科学发展的高度,突破常规港口发展理念,打破行政区划的限制,将武汉港和鄂州港、黄州港的部分港区进行整合,提出了建设"武汉新港"的重大战略决策,同时启动了《武汉新港总体规划》的编制工作,2009年2月,交通运输部和湖北省人民政府联合批复了《武汉新港总体规划》。在港口总体规划精神的指导下,港口等基础设施建设步伐明显加快,发展势头强劲,港口服务能力和水平进一步提升,港口航运企业不断发展壮大,以港口为枢纽的综合交通运输体系日趋完善。

2018年,武穴市再次对武穴港总体规划进行修编,将上次规划的田镇、盘塘港区合并为田镇港区,形成田镇、武穴两大港区。其中田镇港区下辖马口作业区、牛关矶作业区、红阳湖作业区以及盘塘作业区;武穴港区下辖武穴作业区和龙坪作业区。其核心作业区为马口作业区、红阳湖作业区以及武穴作业区。

（3）港口设施状况

随着国家对长江黄金水道以及内河航运的逐步重视,中部崛起战略的实施以及湖北省长江经济带的建设,武穴港先后对原公用码头进行了大规模的改造,开工建设了武穴市首个直立式码头——武穴港件杂货码头;而华新水泥、亚东水泥、祥云化工等一批水泥、建材、化工产业的沿江布局,武穴港建设了一大批规模、专业化的企业专用码头。2015年,武穴港已建成码头泊位50个,占用岸线长度5711米,通过能力1810万吨,旅客通过能力50万人次,最大靠泊能力5000吨级。

2016年1月4日,习近平总书记赴重庆考察,为贯彻落实习近平总书记视察长江重要指示和推动长江经济带发展重要讲话精神,走生态优先、绿色发展之路,要把修复长江生态环境摆在压倒性位置,共抓大保护,不搞大开发。湖北省委省政府立即行动起来,开展了保护长江环境进行非法码头集中整治行动。为彻底改变黄冈港口码头小散乱的格局,黄冈市委市政府自加压力,将整治范围由非法码头扩大到辖区内所有港口码头,2015年至2019年底,武穴市共拆除各类码头43个。2019年12月,武穴市现有生产性泊位39个。

(4)航道

武穴港所在长江航道位于武汉长江大桥—安庆皖河口航段段,为一级航道,武汉至安庆河段最小维护尺度为4.5米×100米×1050米,可通航5000吨级内河船舶组成的船队。

本河段现行航道尺度标准为4.0米×100米×1050米,通航保证率为98%。

(5)锚地

武穴港有一处锚地,为武穴锚地。对岸黄石港阳新港区有两处锚地,为富池锚地和黄连州锚地,可供武穴港船舶锚泊。

2. 港口水文气象

规划港区属于北亚热带湿润型季风气候区,有四季分明、气候温和湿润、雨量适中、光照充足、无霜期长的特点。根据黄冈气象站资料统计分析,工程区域主要气象特征值如下:多年平均气温17.1摄氏度;极端最高气温40.3摄氏度(1961年7月23日);极端最低气温−11摄氏度(1969年1月31日);月平均最高气温21.3摄氏度(7月);月平均最低气温4.2摄氏度(1月);年平均最高气温21.3摄氏度;年平均最低气温13.7摄氏度。年平均降水量1420.2毫米;年最大降水量2222.2毫米(1998年);年最小降水量929.6毫米(1985年);最大月降雨量842.9毫米(1998年7月);最大日降雨量360.4毫米(1998年7月22日);年平均降雨天数130天左右。历年平均风速2.2米/秒;日最大风速22.0米/秒(1956年3月17日);春夏秋季多为东南风,冬季多为西北风;常风向东南风,频率11%。年平均雾日7.6天。年平均降雪天数8天左右;最大积雪厚度32厘米。

由于汉口至黄石河段间无较大支流入汇,故汉口水文站的来水来沙基本上能够反映本河段的水沙特征。在长江三峡水库蓄水运用以后(2003—2011年),汉口站多年平均输沙量为1.11亿吨,多年年平均输沙率3.56吨/秒,多年平均含沙量为0.17千克/立方米。由此看来,受三峡水库蓄水拦沙影响,汉口站来沙特征出现了较大差异,年均来沙量比以前减少约70%。三峡水库蓄水前后汉口站年内水沙量分配规律基本未变,全年径流量主要集中在汛期,三峡水库蓄水前和蓄水后5—10月的径流量约各占全年径流量的73.5%和70.6%,来沙量更加集中,约各占全年的87.8%和84.9%。三峡水库蓄水前(1987—

2002 年)和蓄水后(2003—2011 年)汉口站悬移质中值粒径多年平均值由 0.01 毫米增大至 0.02 毫米,粒径 $d > 0.13$ 毫米的沙重由 7.8% 增大为 21.7%,说明悬移质中值粒径略有粗化。2003 年三峡蓄水运用后,汉口水文站悬移质输沙量急剧减少,2003—2011 年平均输沙量 1.12 亿吨,比蓄水前多年均值(3.98 亿吨)减少 71.9%,年均含沙量也减少至 0.17 千克/立方米,减少幅度达 70.4%。

3. 发展成就

武穴港是湖北省重要港口,武汉长江中游航运中心的重要组成部分,是长江经济带中部地区的重要节点之一,是鄂东、赣北、皖西的重要物流中心,是武穴城市升级转型的引擎。

新时期,武穴港由注重量的增长逐步转向更加注重质量和效益增长转变,由单一港口发展向港口群整体发展转变,以港口转型发展为切入点,引导临港产业开发建设,进一步向现代物流业衍生,带动城市转型升级。具备装卸及仓储功能、中转换装功能、客运服务功能、运输组织管理功能、信息服务功能、综合服务功能、发展临港工业的功能、现代物流功能。2015 年,武穴港港口吞吐量为 1569.07 万吨。

武穴港基本情况见表 9-7-10。

(二)武穴港区

1. 港区综述

(1)港区建设概况和运营情况

武穴港区以件杂货运输及船舶制造为主,以港口支持系统服务为辅,主要服务于武穴中心城区及船舶制造业。武穴大桥上游段目前受水陆域条件影响,今后视航道整治工程效果适时开发。武穴大桥下游至武穴闸后方陆域为武穴中心城区,不宜继续建设生产性码头,功能逐步向港口配套金融服务及港口支持系统服务转型。2015 年,该港区吞吐量为 114.17 万吨,2019 年底,该港区现有生产性泊位 2 个。

(2)港区地理条件和集疏运概况

武穴港区武穴港上起库家湾,下至徐家窑,港区岸线全长 27 千米。其中库家湾至武穴闸规划为武穴作业区;武穴大闸至徐家窑规划为龙坪作业区(包括新洲江心滩南侧岸线)。2015 年,无集疏运通道;按照"共抓大保护、不搞大开发"的原则,此段岸线的开发还需进行深入的研究及论证工作,故暂规划为其他岸线。

2. 港区工程项目

武穴港区振航件杂货码头:

项目于 2007 年 1 月开工,2017 年 5 月试运行,2018 年 11 月竣工。

表 9-7-10

武穴港基本情况表

序号	港区名称	港口岸线		2015 年港口生产用泊位				其中:1978—2015 年建成的生产用泊位				2015 年港口货物和旅客吞吐量						
		港口规划岸线	其中:2015 年前已建成岸线	生产用泊位数	其中:千吨级及以上	生产用泊位总长	其中:千吨级及以上	生产用泊位数	其中:千吨级及以上	生产用泊位总长	其中:千吨级及以上	货物吞吐量	其中:外贸货物吞吐量	集装箱	滚装车辆		旅客	其中:国际旅客
															数量	重量		
		千米	千米	个	个	米	米	个	个	米	米	万吨	万吨	万TEU	万辆	万吨	万人	万人
1	田镇港区	18.60	3.13	35	20	3134	1987	33	20	2971	1987	1454.9	—	—	—	—	—	—
2	武穴港区	27.00	1.17	15	6	1173	504	11	6	889	504	114.17	—	—	—	—	—	—
	合计	45.60	4.30	50	26	4307	2491	44	26	3860	2491	1569.07	—	—	—	—	—	—

项目建设依据:2007年6月,湖北省发改委和湖北省交通厅《关于武穴件杂货码头工程可行性研究报告的批复》(鄂发改交通〔2007〕440号);2009年4月,湖北省发改委《关于武穴港区杂货码头工程初步设计的批复》(鄂发改重点〔2009〕502号);2007年4月,湖北省环境保护局《关于于武穴件杂货码头工程环评的批复》(批号鄂环函〔2007〕20号);2007年6月,湖北省国土资源厅《关于武穴件杂货码头工程使用土地的批复》(鄂土资预审函〔2007〕50号);2008年5月,交通运输部《关于武穴件杂货码头工程使用岸线的批复》(交规划发〔2008〕95号)。

项目建设2个3000吨级件杂货码头泊位,岸线总长222米。码头采用引桥式布局,高桩式结构。码头前沿水深3米。项目后方堆场面积4.88万平方米,堆存能力20万吨。仓库面积0.46万平方米,堆存能力10万吨。主要装卸设备配置包括10吨门式起重机3台。项目总投资1.68亿元,其中政府投资3861万元。用地面积2.65万平方米。

项目建设单位为武穴市振航件杂货码头服务有限公司;设计单位为湖北省交通规划设计研究院;施工单位为中交第二航务工程局有限公司;监理单位为武汉中澳工程项目管理有限责任公司;质监单位为黄冈市交通基本建设质量监督站。

(三)田镇港区

1.港区综述

(1)港区建设概况和运营情况

田镇港区由马口作业区、牛关矶作业区、红阳湖作业区及盘塘作业区等四个作业区组成。田镇港区以散货、件杂货及危化品运输为主,兼顾集装箱运输功能,主要服务于田镇工业新区内的临港工业。2015年,该港区共有生产性泊位50个,港区完成货物吞吐量1454.9万吨。

(2)港区地理条件和集疏运概况

田镇港区上起鲍家林,下至库家湾,港区岸线全长约18.6千米。虽然水陆域条件较好,但远离城市,无高速公路网络,无进港铁路线,集疏运条件限制了港口服务半径的拓展,公路依托蕲龙线进行疏港,蕲龙线沿线产业密集,蕲龙线等级较低,难以承载大强度的公路集疏运,加之蕲龙线不能和高速公路直接连接,进一步限制了港口集疏运功能。同时蕲龙线离江侧较近,限制了港口发展空间。

2.港区工程项目

(1)武穴港田镇港区亚东专用码头

项目于2008年11月开工,2010年2月试运行,2012年10月竣工。

项目建设依据:2009 年 5 月,武穴市港航管理局《关于武穴港田镇港区亚东码头工程初步设计的批复》(武港航〔2009〕16 号);2008 年 4 月,湖北省环境保护局《关于武穴港田镇港区亚东码头工程环评的批复》(鄂环函〔2008〕244 号);2011 年 5 月,武穴土地局《关于穴港田镇港区亚东码头工程土地的批复》(武穴国用〔2011〕030914415);2009 年 4 月,交通运输部《关于武穴港田镇港区亚东码头工程使用岸线的批复》(交规划发〔2009〕171 号)。

项目建设 1 个 5000 吨级散货码头泊位,岸线总长 136 米。码头采用引桥式布局,高桩式结构。码头前沿水深 5 米。项目后方堆场面积 1 万平方米,堆存能力 20 万吨。仓库面积 0.5 万平方米,堆存能力 5 万吨。主要装卸设备配置包括装船机 1 台。项目总投资 4435 万元。用地面积 0.56 万平方米。

项目建设单位为黄冈亚东水泥有限公司;设计单位为长江航运规划设计院;施工单位为中交第二航务工程局;质监单位为黄冈市交通基本建设质量监督站。

(2)武穴港田镇港区马口工业园综合码头

项目于 2014 年 3 月开工,2015 年 4 月试运行,2016 年 3 月竣工。

项目建设依据:2013 年 10 月,黄冈市港航管理局《关于武穴港田镇港区马口工业园综合码头工程初步设计的批复》(黄港航〔2013〕132 号);2018 年 4 月,黄冈环保局《关于武穴港田镇港区马口工业园综合码头工程环评的批复》(黄环函〔2018〕64 号);2016 年 6 月,武穴国土局《关于武穴港田镇港区马口工业园综合码头工程土地的批复》(武国用〔2016〕03061001);2014 年 3 月,交通运输部《关于武穴港田镇港区马口工业园综合码头工程使用岸线的批复》(交函规划〔2014〕192 号)。

项目建设 1 个 3000 吨级件杂货码头泊位和 1 个 3000 吨级散货码头,岸线总长 345 米。码头采用引桥式布局,高桩式、浮码头结构。码头前沿水深 5 米。项目后方堆场面积 1.9 万平方米,堆存能力 20 万吨。仓库面积 0.84 万平方米,堆存能力 10 万吨。主要装卸设备配置包括装船机 3 台。项目总投资 2.24 亿元,其中政府投资 450 万元。用地面积 7.37 万平方米。

项目建设单位为武穴市民本矿产资源开发有限公司;设计单位为湖北省交通规划设计有限公司;施工单位为重庆万港工程建设有限公司;监理单位为湖北省水运工程咨询监理公司;质监单位黄冈市交通基本建设质量监督站。

十一、襄阳港

(一)港口概况

1.港口综述

襄阳水运资源丰富,境内汉江长 195 千米,自北向南流经过老河口、谷城、中心城区、宜城等县市。唐白河为汉江最大支流,在襄阳市中心城区张湾汇入汉江,境内还有唐河、白河、南河、蛮河、小清河等,通航里程约541千米。

襄阳港位于汉江中上游,原称襄樊港,素有"南船北马""七省通衢"之称,也是中蒙俄万里茶道的重要水陆节点。

"万垒云峰趋广汉,千帆秋水下襄樊",襄阳历史上的交通主要依靠汉江航运。千年漕运文化积淀了一批古码头,在中心城区形成了小北门、大北门、长门、公馆门、晏公庙、占吉庙、五显庙、官码头、基峨巷、马道口、梯子口、回龙寺码头等,这些码头大小不同,形态各异,功能有别,有人渡码头、官码头、会馆专用码头、商用码头和便于架设浮桥的铁桩码头等。

在第二个五年计划时,在襄阳市中心城区两岸已形成了电厂专用煤码头、火星观码头、米公祠码头、林家巷码头、晏公庙码头、官码头、兴武街码头、回龙寺码头、红光码头、清河口码头、丹江路煤炭码头、夫人城码头、闸口码头等。

位于襄城区的余家湖煤炭铁水联运中转专用港为襄阳市唯一正在生产经营的规模化港区。年设计煤炭中转能力500万吨。1997年1月被国家列入水陆联运换装港和湖北省调度港,2010年被确定为湖北省"一主三副"煤炭中转中心的"三副"之一。

2007年,湖北省人民政府批准《襄樊港口总体规划》(不含各县级港口),明确襄樊港为全省重要港口之一。2009年10月,城区下游的崔家营航电枢纽下闸蓄水,极大地改善了城区水域环境。2010年,经国务院批准,"襄樊市"正式更名为"襄阳市"。2013年1月,国务院批复了《襄阳市城市总体规划》。这一时期,公路、铁路发展较快,水运竞争力弱,位于中心城区的货运港口受城市规划调整和交通管制等因素限制,逐步退出货物中转运输。

2014年7月,湖北省政府批复同意《襄阳港总体规划》(修编)。《襄阳港总体规划》(修编)是为适应城市规划调整和港口建设发展需要,在中心城区发展水上旅游客运,货运功能外迁并规划建设襄阳新港,同时将老河口、谷城、宜城等县级港区纳入襄阳港一体化规划,形成"一港、三主、七港区"的总体格局。其中,小河、余家湖、唐白河为襄阳港三大主要货运港区,是未来服务襄阳市大宗货物运输的重要物流集散中心。陈埠、喻家湾、郭安三个港区分别位于老河口市、谷城县和宜城市,是襄阳港的重要组成部分。主城旅游港区充分整合襄阳市城区旅游资源,服务水上旅游客运。

2. 港口水文气象

襄阳市地处内陆,属北亚热带大陆性季风气候区。夏季盛行从海洋来的暖湿夏季风,气候炎热、潮湿而多雨;冬季盛行从大陆北部来的干冷冬季风,气候寒冷、干燥少雨;春秋两季属冬夏季风转折期。总的气象特征是:气候温和,四季分明、阳光充足、热量丰富、无霜期长、降水居中、雨热同季,具有明显的南北过渡型气候特点。极端最高气温45.5摄氏度(1951年8月15日),当月平均气温29摄氏度;极端最低气温 – 14.8摄氏度(1977年1月30日),当月平均气温 – 0.7摄氏度。年平均气温15.7摄氏度。最热月为7月,平均气温为27.9摄氏度,最冷月为1月,平均气温为2.6摄氏度。全市气温分布由东向西逐渐递减,随海拔高度升高而下降。最大风速20米/秒(1978年4月13日),年平均风速2.7米/秒。风向在5至8月多东南风,1—3月及9—12月多西北风。年最大降水量1251.1毫米(1967年),年最小降水量564.2毫米(1966年),年平均降水量876.2毫米,最大日降水量143.7毫米(1967年7月11日)。年平均雾日20.9天,年最多雾日36天,最少雾日8天,一般发生在冬春季。汉江襄阳河段约8~10年发生冰冻1次,延时1~2天,但不影响正常通航。年平均相对湿度为76%。12月上旬—次年3月上旬为降雪期,年平均降雪12.9天,最大积雪厚度21厘米(1954年12月3日)。

汉江泥沙含量介于黄河与长江之间,年输沙量比较大。丹江口水库建库前,汉江中游泥沙主要来自丹江口上游。丹江口水库建库后,输沙情况有了很大的改变,主要表现为大量泥沙被拦在库内,坝下基本是清水下泄,汉江中游河床发生严重冲刷,中下游泥沙主要来自中游河床冲刷补给和区间支流入汇,年输沙量大幅度减少,襄阳仅为建库前的7.85%。泥沙组成粗化,建库前河床最大粒径为2.0毫米;蓄水后,河床质粒径粗化至41毫米。

3. 发展成就

1978—2015年,襄阳建成投产的规模化以上港口有余家湖港。余家湖港于1990年10月开工,1994年5月竣工初步验收,1995年10月通过国家验收后正式投产,是国家"八五"期间建设的内河大型煤炭中转专用港,也是湖北省能源交通重点项目。2015年新开工小河港区综合码头一期工程和陈埠港区综合码头。2015年,襄阳港完成货物吞吐量875.74万吨,其中散干货871.24万吨,件杂货4.5万吨。

襄阳港基本情况见表9-7-11。

(二)陈埠港区

1. 港区综述

(1)港区建设概况和运营情况

原属老河口市县域港口规划范围,2014年起纳入襄阳港总体规划。截至2015年,老河口市内利用自然坡岸开展以砂石上岸中转经营为主的散货泊位17个,亟待规范整合。为建设现代化码头,在老河口市李楼镇陈埠村规划建设陈埠港区综合码头工程,于2015年获批开工。

襄阳港基本情况表

表 9-7-11

序号	港区名称	港口岸线		2015年港口生产用泊位				其中:1978—2015年建成的生产用泊位					2015年港口货物和旅客吞吐量						
		港口规划岸线	其中:2015年前已建成岸线	生产用泊位数	其中:千吨级及以上	生产用泊位总长	其中:千吨级及以上	生产用泊位数	其中:千吨级及以上	生产用泊位总长	其中:千吨级及以上	货物吞吐量	其中:外贸货物吞吐量	集装箱吞吐量	滚装车辆		旅客吞吐量	其中:国际旅客
															数量	重量		
		千米	千米	个	个	米	米	个	个	米	米	万吨	万吨	万TEU	万辆	万吨	万人	万人
1	陈埠港区	1.08	1.68	17	0	1680	0	21	4	2087	400	67.5	—	—	—	—	—	—
2	喻家湾港区	1.30	0.30	9	0	300	0	3	0	200	0	20.9	—	—	—	—	—	—
3	小河港区	2.12	4.38	86	0	4382	0	89	4	4732	400	366.76	—	—	—	—	—	—
4	唐白河港区	1.35	1.22	40	0	1220	0	40	0	1220	0	170.58	—	—	—	—	—	—
5	余家湖港区	0.58	2.13	33	0	2134	0	31	0	2104	0	134	—	—	—	—	—	—
6	郭安港区	1.18	1.12	23	0	1123	0	23	0	1123	0	116	—	—	—	—	—	—
7	主城旅游港区	4.02	—	—	—	—	—	—	—	—	—	—	—	—	—	—	—	—
8	南漳库区等港点	0.24	—	—	—	—	—	—	—	—	—	—	—	—	—	—	—	—
	合计	11.87	10.83	208	0	10839	0	207	8	11466	800	875.74	—	—	—	—	—	—

（2）港区地理条件和集疏运概况

陈埠港区位于襄阳市老河口市,包括陈埠作业区、苏家河港点和南岗港点。陈埠港区综合码头为陈埠港区的主要作业区,位于汉江中游仙人渡滩群左岸的老河口市李楼镇陈埠村,王甫洲水利枢纽下游,下距汉江河口约 579 千米。航道现状等级Ⅳ,规划Ⅲ级,通过 1 千米疏港公路(规划)与 316 国道连接。

2. 港区工程项目

陈埠港区综合码头工程:

项目于 2015 年 7 月开工,截至 2019 年 12 月,该项目仅完成桩基,尚未试运行及竣工。

项目建设依据:2014 年 1 月,湖北省发改委《关于襄阳港陈埠港区综合码头工程可行性研究报告的批复》(鄂发改审批服务〔2014〕75 号);2014 年 11 月,湖北省发改委《关于襄阳港陈埠港区综合码工程初步设计的批复》(鄂发改审批服务〔2014〕305 号);2013 年 12 月,湖北省环境保护厅《关于襄阳港陈埠港区综合码头工程环境影响报告书的批复》(省环审〔2013〕727 号);2014 年 1 月,湖北省国土资源厅《关于新建襄阳港陈埠港区综合码头工程用地预审备案意见的函》(鄂土资预审函〔2014〕13 号);2015 年 8 月,交通运输部《交通运输部关于襄阳港陈埠港区综合码头工程使用港口岸线的批复》(交规划函〔2015〕852 号)。

项目建设 2 个 1000 吨级件杂货码头泊位和 2 个 1000 吨级散货码头泊位,岸线总长 404 米。码头采用顺岸式布局,高桩式结构。前沿水深 3 米。项目后方堆场面积 3.99 万平方米,堆存能力约 40 万吨。仓库面积 0.70 万平方米,堆存能力约 4 万吨。主要装卸设备配置包括 10 吨—20 米门座起重机的 6 台。项目总投资 2.54 亿元,资金来源为申请省财政专项资金,其余资金由项目法人自筹解决。用地面积 7.64 万平方米。

项目建设单位为湖北富航隆泰建设有限公司;设计单位为湖北省交通规划设计院;施工单位为中国铁建港航局集团有限公司;监理单位为武汉中澳工程项目管理有限责任公司;质监单位襄阳市交通工程质量监督处。

建设期间的重大事项:2017 年 4 月停工;2018 年 4 月复工;2018 年 8 月停工。

（三）小河港区

1. 港区综述

（1）港区建设概况和运营情况

小河港区原属宜城市县域港范围。截至 2015 年,宜城市内利用自然坡岸开展以砂石上岸中转经营为主的散货泊位 86 个,亟待规范整合。为建设现代化码头,在宜城市小河镇营河村规划建设小河港区综合码头一期工程,于2015年获批开工。

小河港区是汉江上正在规划建设的最大港区。在建的小河港区综合码头一期工程共有4个1000吨级(其中件杂货泊位3个及1个散货泊位),占用岸线400米,年通过能力为233万吨。

（2）港区地理条件和集疏运概况

根据《襄阳港总体规划》(修编),小河港区位于襄阳市宜城市小河镇营河村,汉江巴家洲水道右岸,下距规划的麻竹高速汉江大桥0.69千米。以件杂货、散货、化工品(固态)、集装箱为主,规划泊位21个。汉江航道现状等为四级,规划等级为三级。港区距离207国道300米,距离焦柳铁路砖庙车站约6千米,距离浩吉铁路约8千米。一期工程建设有临时施工便道,港区规划有进港公路、铁路。

2.港区工程项目

小河港区综合码头一期工程:

项目于2015年9月开工,截至2019年12月,工程完成4个1000吨级水工泊位主体工程交工验收,尚未试运行及竣工。

项目建设依据:2013年12月,湖北省发改委《关于襄阳港小河港区综合码头一期工程可行性研究报告的批复》(鄂发改审批服务〔2013〕1111号);2014年11月,湖北省发改委《关于襄阳港小河港区综合码头一期工程初步设计的批复》(鄂发改审批服务〔2014〕304号);2013年12月,湖北省环境保护厅《关于襄阳港小河港区综合码头一期工程环境影响报告书的批复》(省环审〔2013〕673号);2013年9月,湖北省国土资源厅《关于襄阳港小河港区综合码头一期工程用地预审备案意见的函》(鄂土资预审函〔2013〕217号);2016年7月,交通运输部《关于襄阳港小河港区综合码头一期工程使用港口岸线的批复》(交规划函〔2016〕471号)。

项目建设4个1000吨级件杂货泊位3个及1个散货泊位,岸线总长400米。码头采用顺岸式布局,高桩式结构。码头前沿水深4米。项目后方堆场面积2.20万平方米,堆存能力约20万吨。仓库面积1.34万平方米,堆存能力约8万吨。主要装卸设备配置包括10吨—20米的门座式起重机7台。项目总投资为3.14亿元,资金来源为申请省财政专项资金,其余资金由项目法人自筹解决。用地面积12.07万平方米。

建设单位为襄阳交通投资建设有限责任公司;设计单位为湖北省交通规划设计院;施工单位为中国铁建港航局集团有限公司;监理单位为武汉中澳工程项目管理有限责任公司;质监单位为襄阳市交通工程质量监督处。

建设期间的重大事项:2017年12月6日,项目法人由襄阳市港航管理局变更为襄阳交通建设投资有限公司;2018年2月6日,小河港区综合码头一期工程3、4号泊位完成交工验收。

(四)余家湖港区

1. 港区综述

(1)港区建设概况和运营情况

余家湖港区位于襄阳市襄城区。截至 2015 年,襄城区利用自然坡岸开展以砂石上岸中转经营为主的散货泊位 33 个,占用岸线 1594 米。

余家湖港初始规划主要为煤炭中转专用港,后续在上游规划地方自用散货码头。余家湖煤炭中转专用港是"七五"期间经国家计委批准,"八五"期间建设的内河大型煤炭中转专用港,也是湖北省能源交通重点项目,设计年煤炭中转能力为 500 万吨。港口建设于1990 年 10 月动工,1994 年 8 月竣工经省级验收后开始试运行,1995 年 10 月通过国家验收后正式投入生产。1997 年被列入国家铁水联运换装港和湖北省调度港。根据《湖北省煤炭储配基地中长期规划》(2011—2020 年),余家湖港被确定为湖北省"一主三副"煤炭中转中心的"三副"之一。港区以煤炭出口、物流为主。

(2)港区地理条件和集疏运概况

余家湖港区位于襄阳市南郊余家湖办事处,汉江中游西岸,距汉江河口 493 千米,离市襄阳市中心 10 千米。紧邻焦柳铁路,附近有襄荆公路(老 207 国道)沟通陕、豫及本省的荆州市、荆门市、十堰市,交通十分便利。港口专用铁路从焦柳铁路余家湖车站南段接岔,正线全长 8.26 千米,铺垫长度 15 千米,配有 7 股道编组站,3 条装卸线。

2. 港区工程项目

余家湖港区煤炭中转专用港:

项目于 1990 年 10 月开工,1994 年 5 月试运行,1995 年 10 月竣工。

项目建设依据:1988 年 4 月,国家计划委员会《关于〈汉江(襄樊至汉口)航运建设工程设计任务书〉的批复》(计交〔1988〕555 号文);1988 年 12 月,交通部《关于汉江(襄樊至汉口)航运建设工程初步设计的批复》(交函基〔1988〕839 号);1988 年,《省环保局关于"余家湖港口建设项目环境影响报告书"的审批意见》(鄂环境字〔1988〕39 号);《襄樊市环境保护局关于余家湖港口建设项目环境影响评价大纲的审批意见》(襄环字〔1988〕30 号);1989 年,《襄樊市堤防管理处关于对余家湖煤码头港区防洪堤检查验收的意见》(襄政办函〔1989〕62 号),襄樊市人民政府办公室《关于余家湖港口建设征地问题请求的批复》;1989 年,《建设用地批准通知书》(鄂政地批字〔1989〕97 号、〔1991〕104 号)。

项目建设 2 个 500 吨级煤炭码头泊位,岸线总长 680 米。码头采用顺岸式布局,高桩式结构。码头前沿水深 5~7 米。项目后方堆场面积 4.1 万平方米,堆存能力 14 万吨。

主要装卸设备配置包括门式螺旋卸车机 4 台。项目总投资为 9061 万元,其中中央投资 3987 万元,地方政府投资 5074 万元。用地面积 49.75 万平方米。

建设单位为襄樊市汉江航运建设工程指挥部;设计单位为交通部水运规划设计院;施工单位为交通部第三航务工程局、中铁十一局(专用铁路)。

经营主体为襄樊港务局,2013 年 9 月,襄阳市国资委引进陕西煤业化工集团参与改制重组襄阳港务局,成立襄阳港务发展有限公司,公司股东为陕西煤业化工集团有限责任公司、襄阳能源集团有限责任公司、湖北省投资公司、襄阳交通投资建设有限责任公司,持股比例分别为 51%、21.93%、17.06%、10.01%。

十二、钟祥港

(一)港口概况

1.港口综述

(1)港口地理位置

钟祥市位于湖北省中部,汉江中下游。东连京山、随州,西接荆门市城区,北与宜城市交界,南与沙洋、天门接壤。钟祥地理版块南北长 95 千米,东西宽 83 千米,平面形态总体呈上宽下窄的"扇"形。

汉江流过襄阳宜城市的流水镇后进入钟祥,在钟祥境内总体呈南北走向,将钟祥版图分为两部分,干流途经胡集、丰乐、磷矿、郢中(钟祥城区)、石牌等乡镇。其左岸岸线上起钟祥市与宜城市交界的流水沟,下止于钟祥市与天门交界的沙洋公路桥下,岸线全长 129.73 千米;右岸岸线上起钟祥市与宜城市交界的白露岭,下至与沙洋交界的郑金庙,岸线全长 90.60 千米。

钟祥港口沿汉江钟祥两岸布局。从皇庄长荆铁路汉江大桥,沿汉江上行 153 千米至襄阳;下行 112 千米至江汉运河入口,下行 379 千米至汉口。

(2)港口发展历程

钟祥港是荆门市仅有的两个汉江港口之一。新中国成立前,钟祥境内有转斗湾、丰乐河、贺集、杨集、双河口、朱堡埠、龚家集、洋梓、皇庄庙、陈集、高家集、塘港、石牌、中心集、大同、旧口 16 个港口,其中以丰乐河、洋梓、石牌、旧口 4 个港口最为繁荣,主要进出口货物为大米、芝麻和日杂百货,年吞吐量约 12 万吨。新中国成立后,丰乐河、洋梓、双河口 3 个港口逐渐被汽车运输取代。

位于钟祥市西北部的胡集、双河、磷矿三个乡镇是荆襄磷矿的主要产区,20 世纪 80—90 年代,为配合腹地磷矿的大规模开采外运,省地交通部门对转斗、浰河两港区进行了较大的投入,使当时的转斗、洌河港区的装卸机械化程度和港口装卸量位居汉江沿线各港区前列,带动了汉江航运和钟祥市的港口发展,在 1998 年前后的运输高峰期,钟祥港每年仅磷矿的输出量就达到 300 多万吨,有力地支援了国家经济建设,也带动了荆门、钟祥的经济发展。据 2006 年版《钟祥港总体规划》统计,2005 年钟祥港共有码头泊位 79 个,港口年通过能力达到 300 万吨。

进入新世纪以后,荆襄磷矿的开采规模逐步有所缩减,为了转变粗放经营方式,省政府也出台了相关政策,限制磷矿石原矿出省,钟祥港的磷矿石水运量有所下降。而随着经济的快速发展,荆门、钟祥的各类基础设施建设规模不断扩大,对砂石料等原材料的运输需求逐渐增大,砂石料成为近十多年钟祥港运输量最大的货源。

2015 年,湖北省开展港口砂石料装卸整治工作,钟祥市强力推进非法码头整治工作,此外,钟祥市积极适应对腹地运输需求的变化,在"十二五"时期开始建设石牌港区综合码头,石牌港区综合码头除进行一般货物的装卸外,也完成了集装箱的装卸,标志着钟祥港进入了一个崭新的阶段。

(3)港口设施

根据《钟祥港总体规划(2005—2020)》,钟祥港分为 7 个港区,即转斗港区、洌河港区、石牌港区、旧口港区、皇庄港区、塘港港区、大同港区。2015 年之后,根据汉江国家鳡鳊鲸鱼水产种质资源保护区的划分,将位于核心区的皇庄、塘港、大同 3 个港区撤销,同时,在新修编的《钟祥港总体规划(2017—2035)》中,增加了丰乐港区。2016 年春夏之交,根据省治理长江汉江沿线非法码头联席会议的统一部署,钟祥市强力推进非法码头整治工作,截至 2017 年初,全市已取缔非法砂石码头泊位 50 多个,清运砂石 120 多万吨,沿江岸滩逐渐复绿。

截至 2015 年,钟祥港用于生产性的泊位建成和在建的生产性泊位共有 38 个。

2. 港口水文气象

钟祥市位于湖北省中部,汉江中下游,处于中纬度地区,属北亚热带季风气候,具有四季分明、光能充裕、热量丰富、雨量适中、雨热同季的特点。钟祥市多年平均气温 15.9 摄氏度;月平均最高气温 27.8 摄氏度发生在 7 月;月平均最低气温 3 摄氏度发生在 1 月;极端最高气温 39.7 摄氏度(1961 年 6 月 22 日);极端最低气温 -15.3 摄氏度(1977 年 1 月 30 日)。降水月最大降水量 251.2 毫米;年平均降水量 961.6 毫米;年最大降雨量 1560.6 毫米(1954 年);年最小降雨量 561.5 毫米(1966 年)。钟祥市境具有明显的季风特点,冬季以东北风为主,夏季以东南风为主。多年平均风速 1~3 米/秒,最大风速 24 米/秒左右。年平均雾日为 22.6 日;雾日多发生在冬春两季。最大积雪厚度为 54 毫米。年平均相对湿度为 77%;年平均最大相对湿度为 81%(1964 年);年平均最小相对湿度为 72%(1956 年)。

汉江属雨源型河流,径流主要来自降水,因此径流年内分配很不均匀,按多年平均统计,汛期(5—10月)径流量占全年径流量的78.9%,11月—次年4月只占21.1%,全年径流以1、2月来水最少。汉江年径流地区组成亦不均匀,主要产流区位于丹江口以上。据统计,丹江口水库入库径流,白河以上来水量占73.2%,堵河占17.3%,丹江占4.3%,其他支流及区间占5.2%。中下游河道的来水量,水库下泄占皇庄径流量的77.4%,南河占4.1%,唐白河占7.3%,其他支流及区间占11.2%。下游基本无径流入汇。汉江年径流丰枯交替规律与长江基本一致。1964年、1983年等丰水年和1966年、1978年等枯水年,汉江与长江完全对应。汉江干流沿途已建的各梯级枢纽工程对枢纽下游径流年内分配有一定的影响,特别是丹江口水库大坝加高后,调蓄能力增强,使汉江下游河道汛期径流减少,枯季径流增大,一定程度上有利于航运发展;但中水历时缩短,特别是汛后缺乏足够历时的中水冲刷,对汉江航运不利。汉江流域的洪水由暴雨产生。丹江口以上流域内的暴雨多发生在7、9月,8、10月次之。7月暴雨特点是雨势猛,强度大,持续时间短,主要分布在白河以下的丹江流域,以及中游的南河、唐白河区。9、10月的暴雨连续持久,强度较大,洪水主要产生在安康以上、石泉以下。其中12月—次年2月为枯水期。汉江丹江口水库截流后,经过水库的调蓄,下游河段枯水流量较建库前有较大增加。

3. 发展成就

在《钟祥港总体规划(2005—2020)》的指导下,钟祥市积极拓展港口发展空间,适时开展了荆门市钟祥港石牌综合码头工程等港口项目的建设,积极培育钟祥港石牌港区往荆门市的核心港区方向发展,港口建设和发展工作取得了较大成绩。

在"十二五"期开展的石牌港区综合码头的建设,2016年12月已投入试运营。石牌港区综合码头是"十二五"期省交通建设重点项目,除进行一般货物的装卸外,集装箱水运也完成了历史性的起步,标志着钟祥港的运输发展进入了一个新的阶段。2015年,钟祥港全年完成货物吞吐量93.28万吨,其中散干货92.74万吨,件杂货0.34万吨。

钟祥港基本情况见表9-7-12。

(二)石牌港区

1. 港区综述

(1)港区建设概况和运营情况

港区位于武荆高速公路汉江大桥和规划建设的柴湖汉江大桥之间。2014年,港区开建石牌综合码头工程,建成后可开展集装箱、重件、件杂货、散货装卸等港口装卸业务。2015年,石牌港区无建成的生产性泊位。

钟祥港基本情况表

表 9-7-12

序号	港区名称	港口岸线		2015年港口生产用泊位				其中:1978—2015年建成的生产用泊位				2015年港口货物和旅客吞吐量						
		港口规划岸线	其中:2015年前已建成岸线	生产用泊位数	其中:千吨级及以上	生产用泊位总长	其中:千吨级及以上	生产用泊位数	其中:千吨级及以上	生产用泊位总长	其中:千吨级及以上	货物吞吐量	其中:外贸货物吞吐量	集装箱吞吐量	滚装车辆		旅客吞吐量	其中:国际旅客
															数量	重量		
		千米	千米	个	个	米	米	个	个	米	米	万吨	万吨	万TEU	万辆	万吨	万人	万人
1	转斗港区	6.48	0.18	2	0	182	0	2	0	182	0	4.26	—	—	—	—	—	—
2	渊河港区	6.12	1.09	16	0	1090	0	16	0	1090	0	26.77	—	—	—	—	—	—
3	旧口港区	2.57	0.20	1	0	200	0	1	0	200	0	3.61	—	—	—	—	—	—
4	石牌港区	0.53	0.00	0	0	0	0	4	4	390	390	0	—	—	—	—	—	—
5	皇庄港区(2016已被取消)	—	1.07	11	0	1070	0	11	0	1070	0	45.33	—	—	—	—	—	—
6	塘港港区(2016已被取消)	—	0.32	4	0	320	0	4	0	320	0	13.31	—	—	—	—	—	—
	合计	15.70	2.86	34	0	2862	0	38	4	3252	390	93.28	—	—	—	—	—	—

（2）港区地理条件和集疏运概况

石牌港区位于钟祥市石牌镇,具体位置在武荆高速公路桥下游450~840米处。与石牌港区一期综合码头配套,修建了一条从荆门城区通往石牌的疏港公路,采用二级路标准,已建成通车。石牌港区往钟祥城区方向的货运,主要依靠沿汉江右岸的省道266线和G347、S331等道路和汉江钟祥公路二桥。

2.港区工程项目

钟祥港石牌综合码头:

项目于2014年10月开工,截至2019年12月,该项目水工部分和临时堆场的建设已经完成。

项目建设依据:2012年7月,湖北省发展和改革委员会《关于荆门市钟祥港石牌综合码头工程可行性研究报告的批复》(鄂发改交通〔2012〕800号);2012年7月,湖北省发展和改革委员会《关于荆门市钟祥港石牌综合码头工程初步设计的批复》(鄂发改交通〔2012〕812号);2012年5月,湖北省环境保护厅《关于钟祥港石牌综合码头工程环境影响报告书的批复》(鄂环函〔2012〕386号);2012年4月,湖北省国土资源厅《关于荆门市钟祥港石牌综合码头工程建设用地预审备案意见的函》(鄂土资预审函〔2012〕37号);2013年5月,交通运输部《关于荆门市钟祥港石牌综合码头工程使用港口岸线的批复》(交规划发〔2013〕312号)。

项目建设4个1000吨级综合码头泊位(码头水工建筑允许靠泊能力1000吨级),岸线总长390米。码头泊位顺岸布局,高桩梁板式结构。码头前沿设计水深2.65米。项目后方堆场面积12万平方米,仓库面积2.5万平方米。主要装卸设备配置包括40吨—25米的门座起重机2台。项目总投资3.05亿元。项目资本金9148.6万元(占总投资的30%),由项目业主钟祥市水路运输服务总公司负责筹措(含国家、省财政专项资金和地方财政拨款),其余资金由项目业主自筹和银行贷款。用地面积12.6万平方米。

项目建设单位为钟祥港石牌港区建设指挥部;设计单位为湖北省交通规划设计院;监理单位为中交武汉港湾工程设计研究有限公司;质监单位为荆门市交通基本建设工程质量监督站。

（三）皇庄港区（港区现已取消）

1.港区综述

（1）港区建设概况和运营情况

根据汉江国家鳡鳙鳤鱼水产种质资源保护区的划分,该港区位于核心区,此港区已被取消。原皇庄港区位于钟祥市郢中镇,汉江左岸,距汉口380千米,属综合性港口,港区泊位共11个,最大靠泊能力500吨级,装卸机械2台,年综合通过能力50万吨,主要货物为矿建材料,其余为煤炭、石油、粮食、油菜籽、钢铁、木材及农副产品等。因位于钟祥一水厂水源保护区以内。港区 9 个砂石进口泊位已全部拆除,原皇庄港区内仅保留一水厂取水码头、海事管理码头、皇庄水文站码头、航道工程基地码头和中粮码头,前 3 个码头均为非港口生产性公务码头。中粮码头为中粮集团中粮祥瑞的企业专用码头,建成于 2008 年,是当时履行过正规报建程序并开展正规工程设计的码头,该码头共 2 个泊位,占用岸线 140 米,采用高桩直立式码头结构,配备 5 吨吊机 2 台,围绕食用油加工,主要进出港货物有大豆、菜籽、散装及小包装食用油等,年通过能力为 30 万吨。2015 年,港区完成货物吞吐量 45.33 万吨。

(2)港区地理条件和集疏运概况

皇庄港区位于郢中城区,城区交通四通八达,港区集疏运主要利用城市道路。

2. 港区工程项目

中粮专用码头:

项目于 2004 年 1 月开工,2005 年 5 月试运行,2007 年 1 月竣工。

项目建设依据:2004 年 6 月,钟祥市发展和计划局《关于中粮油脂加工专用码头中汉码头项目的立项批复》(钟计〔2004〕44 号);2005 年 1 月,荆门市交通局《关于钟祥粮油运输专用码头施工图设计的批复》(荆交计〔2005〕8 号);2007 年 9 月,钟祥市环境保护局《关于中粮祥瑞粮油工业(荆门)有限公司 500 吨级粮食专用码头环境保护设施竣工验收的批复》(钟环函〔2007〕27 号);钟祥市城乡建设委员会《中华人民共和国建设用地规划许可证》(编号 98037);2008 年 1 月,湖北省交通厅港航管理局《关于钟祥港皇庄港区粮油码头使用港口非深水岸线的批复》(鄂交港航基〔2008〕13 号)。

项目建设 2 个 500 吨级粮油泊位,岸线总长 140 米,高桩梁板式结构。码头前沿设计水深 2.3 米。本工程主要承担油脂产品及袋装货的装卸,货物不在港区存放,码头没有堆场。主要装卸设备配置包括油泵、金属软管和 5 吨的吊机 2 台。码头工程总造价 437.6 万元,均为企业自筹。用地面积 2 万平方米。

项目建设单位为中粮祥瑞粮油工业(荆门)有限公司;设计单位为南京水利科学研究院勘测设计院;监理单位为九江港建设工程监理公司;质监单位为荆门市交通基本建设工程质量监督站。

建设期间,长江水利委员会长江中游勘测局皇庄水文站认为码头选址位置与高洪水水文测验产生冲突,因此,设计单位对原设计方案进行了变更,并通过了相关部门的审核。

(四)转斗港区

1. 港区综述

(1)港区建设概况和运营情况

转斗亦名关山,位于钟祥市西北 35 千米的蛮河与汉江交汇处,汉江右岸,顺江而下435 千米达武汉港,逆流而上 97 千米达襄樊港,港区于 70 年代建成投产,由市交通局主管,转斗装卸公司经营,该港区于 1993—1995 年建成了装卸桥一座,码头结构形式为高桩码头。转斗港区共有 2 个泊位,年综合通过能力 100 万吨,主要货物为磷矿石及其半成品、成品、矿建材料、农副产品。2015 年,港区完成货物吞吐量 4.26 万吨。

(2)港区地理条件和集疏运概况

转斗港区的疏港方向主要为胡集方向,可利用的主要道路为已经改扩建的省道 482 线胡集段。

2.港区工程项目

转斗机械化码头:

项目于 1991 年 12 月开工,1993 年 5 月试运行,1994 年 1 月竣工。

项目建设依据:1992 年 11 月,湖北省交通厅《关于钟祥市转斗港综合码头工程可行性研究报告的批复》(鄂交计〔1992〕397 号);初设批复:1993 年 9 月,湖北省航务管理局《关于印发钟祥市转斗港综合码头初步设计审查意见的通知》(鄂交航计(1993)89 号);1992 年 2 月,钟祥县城乡建设环境保护局对钟祥县交通局出具的关于钟祥市转斗港综合码头工程的《建设项目环境影响报告表》签署了同意项目新建的意见;土地批复:1991 年10 月,钟祥县转斗土地管理所发文同意转斗镇装卸公司征地建设转斗港综合码头。

项目建设 2 个 500 吨级件杂散货码头泊位(码头水工建筑允许靠泊能力 1000 吨级),岸线总长 182 米。码头采用顺岸布局,高桩结构。码头前沿水深设计 1.9 米。项目后方堆场面积 0.7 万平方米,堆存能力。主要装卸设备配置包括 5 吨的吊机 2 台。项目总投资 637.6 万元,上级拨款 282.6 万元,企业自筹 355 万元。用地面积 2.4 万平方米。

项目建设单位为钟祥市转斗装卸运输公司;设计单位为交通部第二航务工程勘察设计院;监理单位为襄樊市工程建设监理公司;质监单位钟祥市航务所。

十三、沙洋港

(一)港口概况

1.港口综述

(1)港口地理位置

沙洋县地处江汉平原西北部,汉江下游,东临汉江,与钟祥、天门隔江相望;西濒漳水,与当阳、远安毗邻;南滨长湖,与江陵、潜江交界;北靠荆山余脉,与东宝、掇刀接壤。境内东西最大横距 62.4 千米,南北最大纵距 59.2 千米。沙洋历史上曾与汉口、沙市、宜昌、樊城、老河口、新堤、武穴并列为湖北八大重镇。沙洋县下辖李市、毛李、纪山、拾桥、后港等

13 个乡镇,截至 2015 年人口总数 62.3 万。

沙洋港位于汉江下游的河段,湖北省荆门市沙洋县境内,上起钟祥市与沙洋县分界处的郑金庙,下至荆门市与潜江市分界处的蔡家咀,岸线全长 56.5 千米。

(2)港口发展历程

沙洋县境内河、湖资源丰富,自古就有利用水运的传统。在荆州市沙市区~沙洋县城之间开挖的古运河,历史悠久,迄今已有一千多年的历史。沙洋港自明清以来就是汉江沿线重要的商港,素有"小汉口"之称。早期的沙洋码头,主要依靠人工方式进行搬运。新中国成立后,沙洋县人民政府对原有码头进行深挖、扩建,大幅提升了港口的靠泊能力,港口基本实现了装卸和运输的机械化。20 世纪 80 至 90 年代,沙洋港一度成为汉江航道上重要的客、货运枢纽。90 年代后期,随着公路、铁路运输方式的加快建设,水路运输发展相对滞后,再加上汉江航道淤塞,沙洋港逐渐失去了往日的辉煌,港口发展遭遇"瓶颈"。进入"十二五"时期,在国家加快内河水运建设的政策支持下,汉江梯级开发和航道整治工程相继实施,汉江沙洋段航道条件得以大幅的改善。沙洋港作为全省重要港口之一,沙洋港已经具备停靠 1000 吨级以上货船的条件。随着引江济汉通航工程的贯通,沙洋港的港口功能及辐射范围将得到进一步完善和拓展。

(3)港口设施

根据湖北省人民政府对《沙洋港总体规划(2005—2020)》的批复(鄂政函〔2008〕130号文),沙洋港共划分为沙洋、马良、长湖和江汉航线 4 个港区。沙洋港区和马良港区位于沙洋县汉江干流;长湖港区位于湖区沿线,分为后港、毛李、蛟尾和拾桥 4 个作业点;江汉航线港区依托江汉航线航道,分为范家台、李市、鲁店 3 个作业点。

在国家加快内河水运建设的有利政策支持下,汉江航运呈现出良好的发展势头,沙洋港作为汉江中下游的重要港口也将迎来历史性的发展机遇。随着兴隆枢纽的建成,汉江沙洋段航道条件得以显著改善,有利促进了汉江航运的发展。引江济汉通航工程的建设,大幅缩短了长江、汉江之间的运输距离,为沙洋港的发展创造了新的发展机遇。进入"十二五期",在沙洋县"一区两园"产业发展模式的带动下,沙洋港依托独特的矿产资源优势和良好的外部交通条件实现了快速发展,港口吞吐量和规模水平都得以显著提升。沙洋港中心港区综合码头等省内重点港航工程开工建设,进一步提升了港口的基础设施水平和综合服务能力。与此同时,原《沙洋港总体规划(2005—2020)》由于编制时间较早,未能充分反映未来港口发展的重点,与沙洋县城市规划的最新成果也存在较大差异,已经不能适应新形势下沙洋港的发展要求。

随着引江济汉通航工程的贯通,江汉运河成为连接汉江、长江的重要通道,原沙洋港江汉航线港区的功能将逐渐丧失。江汉航线港区已取消,在江汉运河沿线新增后港港区,承担原江汉航线港区的货运功能。为适应汉江航运开发,服务湖北汉江经济带建设,将沙洋港区建设成为服务荆门市、辐射汉江中下游的物流中转地。同时,依托国家"北煤南运"大通道建设,规划具有铁水联运功能的煤炭分流点。为进一步提升沙洋港区的功能优势,将港区名称调整为"沙洋中心港区"。马良港区主要以矿建材料运输为主,因港区位于长吻尾瓦氏黄颡鱼国家级水产种质资源保护区范围内,从生态环保要求出发,在严格避让保护区核心区的前提下,最大限度地对现有的码头资源进行集并整合。根据沙洋港发展实际,2015 年沙洋港分为沙洋中心港区(汉江)、马良港区(汉江)、后港港区(江汉运河)三个港区。截至 2015 年底,沙洋港建成和在建码头共有 21 个。

(4)航道

汉江沙洋段位于汉江兴隆枢纽至待建的碾盘山枢纽河段的中下段。汉江碾盘山至兴隆河段长约 110 千米,河道宽浅散乱、洲滩密布,现状航道维护等级为Ⅳ级,可通航 500 吨级船舶。兴隆枢纽蓄水后,汉江郑金庙至兴隆坝址 58.4 千米航道水深已满足 1000 吨级船舶通航要求,通过提高航标配布等级,汉江沙洋段可完全达到三级航道条件,常年通航 1000 吨级船舶。

引江济汉通航工程(江汉运河)已于 2014 年建成。江汉运河航道由高石碑至龙州垸,全长 66.7 千米,为限制性三级航道,可常年通航 1000 吨级船舶。

江汉航线从汉江新城船闸经西荆河、长湖、内荆河、螺山干渠由螺山船闸进入长江,全长 173.7 千米,现状为五级航道,可常年通航 300 吨级船舶。随着江汉运河的贯通,原江汉航线的货运功能已被新的航线取代,江汉航线的航道走向也将进行相应调整。

长湖水网区位于沙洋县、荆州市、潜江市的交界处,东西长 29 千米,南北平均宽 4.2 千米,湖岸线总长约 180 千米,湖面面积 122.5 平方公里。湖区内河长 5 千米以上的河流共有 38 条,其中直接入湖河流 7 条,最大的入湖河流为拾桥河,河长 115 千米,发源于荆门掇刀区,由沙洋县后港镇流入长湖。

2.港口水文气象

沙洋港所在的汉江流域属东亚副热带季风气候区,冬季受欧亚大陆冷高压影响,夏季受西太平洋副热带高压影响,气候具有明显的季节性,冬有严寒夏有酷热,是南北气候分界的过渡地带。历年平均气温 16 摄氏度,月最大降水量 251.2 毫米,年平均降水量 961.6 毫米,历年平均风速 2.3 米/秒;年平均雾日 22.6 日;雾日多发生在冬春两季。汉江水域无冰冻史,常年通航。

汉江属雨源型河流,径流主要来自降水,因此径流年内分配很不均匀,汛期(5—10月)径流量占全年径流量的 78.9%,11 月—次年 4 月只占 21.1%,全年径流以 1、2 月来水最少。

径流年际间变化也较大,年径流变差系数 C_v 值为 0.39~0.54,各站最大、最小年径流量一般相差 4 倍上下。皇庄站最大年径流量 1060 亿立方米(1964 年),最小年径流量 182 亿立方米(1999 年),相差 5.82 倍。

汉江干流现已建有石泉、喜河、安康、丹江口、王甫洲和崔家营六个枢纽,枢纽的兴建对下游径流年内分配有一定的影响,特别是丹江口水库的兴建,使汉江下游河道汛期径流减少,枯季径流增大。汉江年径流地区组成亦不均匀,主要产流区位于丹江口以上。据统计,丹江口水库入库径流,白河以上来水量占 73.2%,堵河占 17.3%,丹江占 4.3%,其他支流及区间占 5.2%。中下游河道的来水量,水库下泄占皇庄径流量的 77.4%,南河占 4.1%,唐白河占 7.3%,其他支流及区间占 11.2%。

3. 发展成就

沙洋港是全省重要港口,依托汉江、江汉航线和长湖航道,承担沙洋县水上货物运输及中转的重要任务,是沙洋县综合交通运输网络的重要组成部分。未来沙洋港将依托兴隆枢纽、引江济汉工程等水运发展的有利条件,发展具有现代化装卸、运输组织管理、信息商贸服务、港口物流园区等多种功能的综合性港口。在港口总体规划精神的指导下,沙洋港建设步伐明显加快,以汉江干流港口为核心、长湖、江汉航线为支撑的港口体系逐渐形成。2015 年,全港完成货物吞吐量 135.1 万吨,在非金属矿石、矿建材料、农副产品运输中发挥了重要作用,有力支撑和促进了沙洋县经济发展,成为汉江航运的重要物流集散平台。

沙洋港基本情况见表 9-7-13。

(二)中心港区

1. 港区综述

(1)港区建设概况和运营情况

沙洋港中心港区位于汉江中游沙洋镇至新城船闸之间,港口岸线长 1963 米。沙洋中心港区以新城船闸为界,分为上、下两个区域。2015 年,沙洋港有 12 个已建成生产性泊位和在建的沙洋港中心港区一期综合码头 6 个,2015 年湖北省开展非法码头整治行动,12 个简易的砂码头泊位全被取缔。在建的沙洋港中心港区一期综合码头汉江沙洋港项目由卓尔集团旗下香港上市公司中国通商集团与沙洋县人民政府共同出资兴建,是湖北省"十二五"重点港口建设项目之一,是荆门内陆港的中心港口,也是千里汉江已经建成的首座综合性现代化码头。2016 年 7 月 1 日正式开港开埠,不仅首开汉江流域集装箱班轮航线,并且实现了汉江沙洋港到武汉阳逻港的天天班,为沙洋县及周边企业的货物运转提供了极大便利,并节约了运输成本。2015 年,沙洋中心港区完成货物吞吐量 26.3 万吨。

表 9-7-13

沙洋港基本情况表

序号	港区名称	港口岸线		2015 年港口生产用泊位				其中:1978—2015 年建成的生产用泊位				2015 年港口货物和旅客吞吐量							
		港口规划岸线	其中:2015 年前已建成岸线	生产用泊位数	其中:千吨级及以上	生产用泊位总长	其中:千吨级及以上	生产用泊位数	其中:千吨级及以上	生产用泊位总长	其中:千吨级及以上	货物吞吐量	其中:外贸货物吞吐量	集装箱吞吐量	滚装车辆		旅客吞吐量	其中:国际旅客
															数量	重量		
		千米	千米	个	个	米	米	个	个	米	米	万吨	万吨	万 TEU	万辆	万吨	万人	万人
1	马良港区	0.50	0.66	7	0	656	0	6	0	652	0	108.8	—	—	—	—	—	—
2	中心港区	4.25	0.48	12	0	483	0	14	6	938.5	613.5	26.3	—	—	—	—	—	—
3	后湖港区	0.40	0.50	2	0	496	0	1	0	240	0	0	—	—	—	—	—	—
	合计	5.15	1.64	21	0	1635	0	21	6	1830.5	613.5	135.1	—	—	—	—	—	—

（2）港区地理条件和集疏运概况

沙洋港中心港区位于江汉平原腹地,地理位置优越。港区依托荆门市、沙洋县以及江汉平原地区,腹地矿产资源丰富,产业体系已初具规模,经济实力增长迅速。港口腹地综合交通完善,荆宜高速、二广高速、219 国道、107 国道构成了纵横交错、接南纳北的公路网络体系,长江、江汉运河、汉江高等级航道可将港口功能辐射至长江、汉江沿线各地。

2. 港区工程项目

荆门市沙洋港中心港区一期综合码头:

项目于 2013 年 10 月开工,2016 年 7 月试运行,2019 年 12 月竣工。

项目建设依据:2012 年 10 月,湖北省发展和改革委员会《关于荆门市沙洋港中心港区一期综合码头工程可行性研究报告的批复》(鄂发改〔2012〕318 号);2012 年 11 月,湖北省发展和改革委员会《关于荆门市沙洋港中心港区一期综合码头工程初步设计的批复》(鄂发改〔2012〕435 号);2012 年 10 月,湖北省环境保护厅《关于荆门市上中心港区一期综合码头工程环境影响评价报告书的批复》(鄂环审〔2012〕202 号);2012 年 9 月,湖北省国土资源厅《省国土资源厅关荆门市沙洋港中心港区一期综合码头工程建设用地预审意见的函》(鄂土资预审函〔2012〕187 号);2014 年 3 月,交通运输部《关于沙洋港中心港区一期综合码头工程使用港口岸线的批复》(交函规划〔2014〕196 号)。

项目建设 4 个 1000 吨级散货码头泊位和 2 个 1000 吨级件杂货泊位,岸线总长 613.5 米。码头采用顺岸式布置,高桩结构。码头前沿水深 4.2 米。项目后方堆场面积 103856 平方米,堆存能力 100 万吨。仓库面积 35802 平方米,堆存能力 36 万吨。主要装卸设备配置包括门座式起重机 4 台、轮胎式起重机 1 台等。项目总投资 4.49 亿元,资金来源为申请省财政专项资金、建设单位自筹和银行贷款,其中含政府投资 3143 万元。

项目建设单位为沙洋县交通运输局;设计单位为湖北省交通规划设计院;施工单位为中交第二航务工程局有限公司;监理单位为中交二航院工程咨询监理有限公司。

十四、天门港

(一)港口概况

1. 港口综述

2004 年,为服务地方经济发展,促进天门市港航建设进程,天门市交通运输局组织编制了《天门港总体规划》。《天门港总体规划》将天门港划分为 9 个港区和 3 个港点,其中汉江包括多宝港区、张港港区、岳口港区、彭市港区、麻洋港区、天门工业园港区共 6 个港区,汉北河包括竟陵港区,黄潭、渔薪和拖市 3 个港点,北支河卢市港区和皂市河皂市港区。天门港共规划港口岸线 58689 米,已建成岸线 1324 米,2015 年港口生产用泊位共 20 个,其中:汉江沿线共有 16 个,包括张港港区码头泊位 1 个、岳口港区泊位 9 个、彭市港区泊位 2 个、麻洋港区泊位 4 个,共使用岸线长度 939 米,2015 年货运吞吐量 42.3 万吨;汉北河竟陵港区有生产性码头泊位 2 个,使用岸线长度 85 米,最大可靠泊 500 吨级,2015 年货运吞吐量 5.3 万吨;皂市河皂市港区有生产性码头泊位 2 个,使用岸线长度 300 米,最大可靠泊 300 吨级,2015 年货运吞吐量 5.4 万吨。

随着国家经济发展,天门市经济与社会发展的外部条件和内部条件均发生了较大的变化,然而,受历史客观条件限制,天门港的基础设施建设仍然相对滞后,港口功能尚不完善,港区布局有待进一步优化和调整,原有的港口总体规则已不适应新形势的要求,不能满足水运发展的需要,根据省政府治理汉江非法码头工作的统一安排,2017 年天门市启动了《天门港总体规划》(修编)工作(待批)。本次规划的修编将天门港划分为 9 个港区和 3 个港点,分别为多宝港区、张港港区、岳口港区、彭市港区、麻洋港区、天门工业园港区、竟陵港区、卢市港区、皂市港区及蒋场港点、拖市港点、净潭港点。9 个港区不变,取消黄潭和渔薪港点,保留拖市港点,新增蒋场和净潭港点,规划的修编更好地把握了天门港迎来的历史性发展机遇,适应新形势发展的新要求,进一步明确了天门港的发展目标和功能定位,加快了现代化港口的建设步伐,优化了港口结构,更加合理地利用和保护岸线资源,指导和规范了天门港今后一段时期的建设和发展。

2. 港口水文气象

天门市属东亚热带季风气候区,季风气候的影响特别显著,春暖、夏热、秋凉、冬冷,四季分明,雨量充沛。由于境内年降水变率大,天气变化剧烈,水、旱灾害时有发生,特别是洪涝灾害多,危害重,严重影响了工农业生产。历年平均气温 16.2 摄氏度;年平均最高 17 摄氏度(1961 年);年平均最低 15.4 摄氏度(1961 年);年最大降雨量为 1862.5 毫米(1954 年);年最小降雨量为 715.3 毫米(1966 年);年均雾日为 29 天;持续 4 小时以上雾日为 11 天;雾日多发期为冬春两季。多发生在 12 月中旬至次年 3 月上旬,年平均降雪日为 17 天。汉江水域无冰冻史,常年通航。

调水后特枯流量有所增加,以通航保证率 97% 流量为例,调水前为 381 立方米/秒,调水后增至 503 立方米/秒。在特枯流量增加的同时,枯水历时却显著增长,以小于 800 立方米/秒流量的历时作为枯水期,由现状平均年出现 3.2 个月延长到调水后的 7 个月。

调水后中水 800～1800 立方米/秒的流量历时将缩短,由现状平均每年 7.4 个月缩短为调水后 3.7 个月。调水后,丹江口水库调节性能增强,但由于汉江径流来量的不均和洪水量大,弃水仍将发生。按长江委提供的 1956.5—1998.4 演算系列,采取加高大坝调水 95 亿立方米后,黄家港站多年平均弃水量为 54.85 亿立方米,在 42 年演算系列中,有 32 年发生弃水,其中超过 50 亿立方米有 15 年,超过 100 亿立方米有 7 年,最大弃水 321.85

亿立方米(1964水文年)。调水后弃水洪峰会对浅滩和主槽产生突发性、高强度的破坏作用。

3.发展成就

天门是著名的农业生产基地之一,素有"鱼米之乡"的美称,自然条件优越,经济资源丰富,是鄂中经济区中心城市之一。早期的天门港口码头,主要依靠人工方式进行搬运。改革开放以来,天门港取得了突飞猛进的进步,天门港口机械化水平不断提高,吞吐量不断增加,从开始建设斜坡码头,缆车码头,到九十年代基本实现了港口装卸和运输的机械化。

为适应日益发展的水运经济,"十一五"期间实施了汉北河航道整治工程,使天门市境内航道条件有了大幅提升,汉北河和皂市河的通航能力由以前季节性通航300吨级船舶提高到常年通航500吨级船舶,能更好地服务沿河地区经济增长,促进沿河运输发展,优化腹地综合运输结构。

进入"十二五"时期,天门港的发展环境也发生了较大变化。在国家加快内河水运建设的有利政策支持下,汉江航运呈现出良好的发展势头,汉江航道整治工程的实施,汉江天门段航道条件得以大幅的改善,天门港作为汉江下游的重要港口也将迎来历史性的发展机遇。为满足日益增长的货运量需要,2012年投资新建了天门工业园港区码头。

江汉平原将彻底改变传统的物流和报验关模式,能进一步提高天门市水运能力,带动天门乃至江汉平原腹地经济的更进一步发展繁荣,发挥汉江黄金水道作用,促进区域经济快速发展,将天门港打造成为天门、仙桃、潜江以及江汉平原腹地的水运线路品牌。

(二)天门工业园港区

1.港区综述

(1)港区建设概况和运营情况

天门工业园港区是天门港的核心港区,位于天门市多祥镇,汉江北岸,距汉江河口164千米,主要承担矿建材料及粮食的进出口。港区建港条件良好,规划以散货、件杂货和集装箱运输功能为主,兼有公务、LNG水上加注和水上加油等支持保障功能。2012年投资新建天门工业园港区一期工程,该项目作为武汉城市圈西部综合交通枢纽的重要建设项目之一,具有优越的区位优势和完善的综合交通运输条件,其疏港公路直接与天仙一级公路连接,具备公路水联运的综合运输条件。项目港址位于多祥镇刘家河河段,距天门工业园中心约2.5千米,该项目2018年基本完成水工结构和后方陆域堆场的建设。

(2)港区地理条件和集疏运概况

天门工业园港区位于天门市多祥镇,汉江北岸,距汉江河口164千米。集疏运概况:

天门工业园港区公路集疏运主要利用规划建设的天门港天门工业园港区疏港一级公路作为集疏运通道,接入342省道(214省道)并与武汉城市圈环线高速公路复兴互通连接线对接,远期规划建设疏港铁路专用线,并与天门东站对接。

2.港区工程项目

天门港天门工业园港区一期工程:

项目于2012年6月开工,2018年10月底完成主体工程,截至2019年12月,该项目尚未试运行和竣工。

项目建设依据:2011年7月,湖北省发展和改革委员会《关于天门港天门工业园港区一期工程可行性研究报告的批复》(鄂发改交通〔2011〕947号);2011年12月,湖北省发展和改革委员会《关于门港天门工业园港区一期工程初步设计的批复》(鄂发改交通〔2011〕1998号);2011年1月,湖北省环境保护厅《关于门港天门工业园港区一期工程环境影响报告书的批复》(鄂环函〔2011〕51号);2012年12月,湖北省国土资源厅《关于批准天门市2012年度第44批次建设用地的批复》(鄂土土资函〔2012〕3727号);2011年9月,交通运输部《关于天门港天门工业园港区一期工程使用港口岸线的批复》(交规划发〔2011〕483号)。

项目建设3个1000吨级件杂货码头泊位(码头水工建筑允许靠泊能力2000吨级),岸线总长405米。码头采用引桥式布置,高桩结构。码头前沿水深2~4米。项目后方堆场面积4.55万平方米,堆存能力30万吨。仓库面积6780万平方米,堆存能力2.5万吨。主要装卸设备配置包括40吨门座式起重机2台、堆场龙门起重机2台以及装载机2台。项目总投资2.3亿元,来源于省级资金2550万元以及建设单位自筹。用地面积12.19万平方米。

项目建设单位为天门中基港务有限公司;设计单位为湖北省交通规划设计院;施工单位为中基建设有限公司;监理单位为广州海建工程监理公司;质监单位为天门交通质监站。

十五、汉川港

(一)港口概况

1.港口综述

汉川市位于湖北省中部,地处江汉平原腹地,东经113°57′,北纬30°23′,地势由西北向东南平缓倾斜,东南部为陇岗丘陵,中部、北部和西部皆为平原。海拔多在22~26米,最高为203米,最低为20.4米。地理区位优势明显,东邻九省通衢的特大城市武汉,西邻天门市,南与仙桃市、武汉市汉阳区接壤,与应城市、云梦县、孝感市相连,东距湖北省省会武汉市 54 千米,东北距孝感市 52 千米,位于武汉城市经济圈辐射范围内。全市面积 1663 平方公里,人口 106.5 万人。汉川港位于汉江下游北岸汉川境内,岸线上起十里长渠,下至新沟,通航条件良好,常年可泊 100~500 吨级货轮,是湖北省的重要港口之一。距湖北省省会城市武汉市仅 54 千米,是武汉城市经济圈的前沿地和"中转站""连接点"。

汉川港在汉川经济发展和交通运输中,发挥着极其重要的作用。汉川港是历代汉江水运的重要港口,新中国成立前夕,汉川港除沿汉江的城关镇、脉旺镇、分水镇有一些破旧趸船和一些残缺不全的石梯码头,其余码头全系自然坡岸,无一设施,货物装卸都是人挑肩扛。

新中国成立后,港口生产逐渐恢复。特别是在党的十一届三中全会以后,各级政府和交通部门的重视和支持下,"八五""九五"期间,国家支持水运建设,加大港口建设投入力度,相继建成了汉川城关涵孔散货码头、六合路件杂货码头、沉湖万福码头、脉旺件杂货码头、分水文昌阁码头、新河卤水码头等 20 多处码头,改建扩建了脉旺、马口的老式简易码头,全面提高了港口机械化作业水平,降低了工人的劳动强度,增加了港口的吞吐能力,极大地推动了本地的经济发展。目前汉川港已成为孝感市重要的水运集散中转平台,2015年完成货物吞吐量 136 万吨。承担着汉川市、应城市、京山市、天门市、云梦县等地区的煤炭、矿产、粮食、黄砂等货物的进出口和中转,为腹地经济发展做出了重大贡献。

汉川港共有港区 9 个,2015 年共有生产性泊位 29 个,最大靠泊能力 1000 吨级。分布在汉江上共有 5 个港区,由上至下分别是沉湖港区、脉旺港区、分水港区、马口港区和城关港区;分布在汉北河上的港区有 4 个,分别是垌冢港区、麻河港区、刘隔港区、新河港区。

汉川市地处江汉平原,水网纵横,汉江、汉北河、汈汊湖水系贯穿全境。汈汊湖水系由东干渠、南支河、西干渠、北支河、沉湖干渠(北渠)、涵闸河 6 条人工开挖河渠所组成,曾是境内主要的水运通道,承担腹地及周边地区的原材料及农产品等物资运输任务;随着河段上水利闸坝的兴建,汈汊湖水系航道淤积、堵塞,通航里程不断缩短、船舶吨级受到限制,水上运输日渐萎缩;1989 年汈汊湖水系被农业部确定为唯一的淡水水域渔业经济体制改革试验区、1997 年列为全国水产品产业化示范区,在政府大力扶持下,汈汊湖主要发展水产养殖及旅游度假,基本已无运输船舶航行,沿河也无港口设施。

因此,汉川境内通航的河流为汉江及汉北河通航里程为 149.5 千米。其航道现状如下。

汉江:汉江在汉川市境内从谢八家至十里长渠,航道里程为 94.9 千米。经兴隆至汉川航道整治工程及汉川至蔡甸航道整治工程的实施,目前,汉川境内汉江段达到三级航道的通航标准,航道尺度为 2.4 米×90 米×500 米(水深×航宽×弯曲半径,下同),通航保证率为 98%,可通航 1000 吨级船舶及船队。

汉北河:汉北河为水利部门开挖形成的排水河道,在"十五"期实施了江汉平原航道网一期工程,"十一五"期实施了万台至南垸及皂市河皂市桥至水陆李航道整治工程等工程。汉北河自垌冢的严家三湾进入汉川市境内,至新沟汇入汉江,总里程 57.5 千米;目前,严家三湾至南垸 17.3 千米河段为四级航道,航道尺度为 330 米×50 米×1.8 米,通航双排单列一顶二驳 500 吨级船队;南垸至新沟 40.2 千米,河段为五级航道,航道尺度为 270 米×40 米×1.6 米,通航双排单列一顶二驳 300 吨级船队。

2. 港口水文气象

汉江流域属东亚副热带季风气候区。冬季受欧亚大陆冷高压影响,夏季受西太平洋副热带高压影响,气候具有明显的季节性,冬季严寒,夏季酷热。流域内多年平均气温 12~16 摄氏度,月平均最高气温发生在 7 月,为 24~29 摄氏度,极端最高气温在 40 摄氏度以上。最低气温发生在 1 月,为 0~3 摄氏度,极端最低气温为 -17 摄氏度,年均无霜期 220~260 天,干流无全河冰封的记载。流域多年平均水面蒸发量为 893 毫米,陆面蒸发量为 513 毫米,最大蒸发量出现在 6、7 月,1 月蒸发量最小。

该流域气旋雨较多,平均降雨量 700~1300 毫米,由上游向下游递增。上游地区平均降雨量 700~900 毫米,中游地区 800~1000 毫米,下游地区 1000~1300 毫米。汉江上游年内降水有三个集中时段,4 月下旬—5 月下旬为春汛;6 月下旬—7 月下旬为夏汛;8 月下旬—10 月上旬为秋汛。其中夏汛时段雨量最大,秋汛次之。但遇降雨天气有异时,秋汛雨量可超过夏汛。汉江下游地区春汛、秋汛雨峰不如上游明显。降水年内分配极不均匀,5—10 月降水占全年的 70%~80%,7 月、8 月、9 月占年降水量的 40%~60%,冬季雨量稀少。雨季下游早于上游,7 月暴雨多集中在白河至碾盘山之间的地区,9 月则多集中在白河以上或较均匀分布于中下游地区。暴雨中心移动的方向与汉江干流走向相近,易与支流洪水遭遇,造成干流洪峰面沿程加高。

汉川港汉江河段范围,距上游最近的水文站为仙桃水文站;河段内主要水位站则为汉川站和新沟站。因此,汉江段水位特征值及水文泥沙特征主要依据仙桃水文站、汉川和新沟水位站多年流量及水文泥沙资料进行整理分析得出。

本河段处于汉江下游,水位受上游丹江口水库影响。1973 年丹江口大坝建成后,汉江中、下游受水库的调节,洪峰流量削减,中水历时延长,枯水流量加大,水位变幅减小,枯季水位增高、汛期水位降低;2014 年 9 月丹江口大坝加高调水后,汉江中、下游通航条件较好的中水流量的历时大大缩短,而枯水流量历时却显著增长。该河段同时也受长江水位的影响,枯水期该河段水位与长江水位间落差较大,汉江水流可以顺畅汇入长江,长江水位对汉江水位影响不明显;中洪水期,水位明显受到长江水位顶托的作用,表现为明显的同一性,即长江水位上升汉川站水位亦上升,长江水位下降则汉川站水位亦下降。长江对汉江顶托的时间一般都发生在 8 月以前。顶托影响最早发生在 4 月中旬,结束时间最迟在 8 月下旬,顶托时间最长约 100 天左右,最短也有 50 多天。仙桃水文位站汛期(5—

10月)平均水位为24.35米、枯水期(1—4月)平均水位为22.49米;汉川水位站汛期平均水位为21.62米、枯水期平均水位为17.34米。

3.发展成就

汉川港所在地汉川市境内湖泊星罗棋布、河网交织,长江最大的支流汉江贯穿全境;人工河道汉北河自埠冢的严家三湾进入汉川市境内,至新沟汇入汉江,总里程57.5千米。依托得天独厚的水资源优势,水运历来就是汉川与周边地区进行货物流通、运输的重要方式。历史上早有"日发千帆竞发,夜有万盏明灯"的描述。截至2015年,汉川港完成货物吞吐量136万吨。

汉川港基本情况见表9-7-14。

(二)城关港区

1.港区综述

(1)港区建设概况和运营情况

城关港区位于汉江下游北岸,上起马鞍对河,下至汉北河口,自然岸线长度26.9千米。该港区岸线靠泊条件良好,岸上陆域开阔,背靠城市,交通便利,条件优越。2015年,城关港区共有生产性泊位18个,库场总面积2.45万平方米,装卸机械48台套,年综合通过能力295万吨。城关港区目前主要从事矿建材料、煤炭(主要是电煤)、石灰石(电厂脱硫用)、钢材、燃油、粮食、水泥、化肥等物资的装卸作业。2015年,城关港区完成货物吞吐量103.5万吨。

(2)港区地理条件和集疏运概况

城关港区位于汉川市城关镇汉江下游北岸,自然岸线长度26.9千米,该区岸线靠泊条件良好,岸上陆域开阔,背靠城市,交通便利,条件优越。2008年11月,汉江下游汉川至蔡甸段1000吨级航道整治工程开始施工,2011年6月完工。整治工程实施后,港区所在河段达到三级航道标准。

铁路汉丹铁路穿境而过,汉川电厂专用铁路已连接于汉川红星,已在汉川城关港区规划范围内。公路穿境而过的荷沙公路、宜黄高速公路与汉江水运交相呼应,成为连接全市水陆交通的枢纽。汉川汉江大桥、新北公路连通107国道与宜黄高速公路,汉北公路大桥已建成通车,荷沙公路已按一级公路硬化。境内有公路14条,通车里程436千米,全市23个乡镇场办事处全部通车。水路通过汉川港经汉江入长江,航线可达国内各个港口。目前随着船舶向大型化、标准化和专业化发展,已逐步将实现江海联运,航线可到达沿海一带。

2.港区工程项目

汉川港城关港区电厂三期配套码头:

项目于2013年10月开工,2018年6月投入试运行,2018年12月竣工。

表 9-7-14

汉川港基本情况表

序号	港区名称	港口岸线		2015年港口生产用泊位				其中:1978—2015年建成的生产用泊位				2015年港口货物和旅客吞吐量						
		港口规划岸线	其中:2015年前已建成岸线	生产用泊位数	其中:千吨级及以上	生产用泊位总长	其中:千吨级及以上	生产用泊位数	其中:千吨级及以上	生产用泊位总长	其中:千吨级及以上	货物吞吐量	其中:外贸货物吞吐量	集装箱吞吐量	滚装车辆		旅客吞吐量	其中:国际旅客
															数量	重量		
		千米	千米	个	个	米	米	个	个	米	米	万吨	万吨	万TEU	万辆	万吨	万人	万人
1	沉湖港区	0.95	0.09	3	0	90	0	3	0	90	0	13.00	—	—	—	—	—	—
2	脉旺港区	0.60	0.04	1	0	37	0	1	0	37	0	0.00	—	—	—	—	—	—
3	分水港区	0.89	0.04	1	0	40	0	1	0	40	0	0.00	—	—	—	—	—	—
4	马口港区	0.63	0.12	4	0	120	0	1	0	48	0	16.00	—	—	—	—	—	—
5	城关港区	3.92	0.84	18	3	844	235	12	3	624	235	103.50	—	—	—	—	—	—
6	垌冢港区	0.24	0.06	2	0	60	0	0	0	0	0	3.50	—	—	—	—	—	—
7	新河港区	0.05	0.34	1	0	34	0	1	0	34	0	0.00	—	—	—	—	—	—
8	麻河港区	0.24	0.30	1	0	30	0	0	0	0	0	0.00	—	—	—	—	—	—
9	刘隔港区	0.16	—	—	—	—	—	—	—	—	—	—	—	—	—	—	—	—
	合计	7.68	1.83	31	3	1255	235	19	3	873	235	136.00	—	—	—	—	—	—

注:港区泊位统计情况:《2015年湖北省水运统计资料汇编》统计的汉川港生产性泊位共29个,是按照2015年建成运营(包括试运营)、有港口经营许可证的来统计的,现发现统计之初的部分数据存在漏掉和错误的地方,此次《实录》填报附表5的数据是向已录入项目所属建设单位核实为依据的,数据信息基本是准确的,所以较《2015年湖北省水运统计资料汇编》中的数据存在差别。

项目建设依据:2013 年 5 月,湖北省发展委《关于汉川港城关港区国电汉川电厂三期配套码头工程核准的通知》(鄂发改〔2013〕447 号);2017 年 1 月,省交通运输厅《关于汉川港城关港区电厂三期配套码头初步设计批复》(鄂交建〔2017〕37 号);2012 年 11 月,省环保厅《关于国电汉川电厂三期散货码头工程环境影响报告书的批复》(鄂环审〔2012〕268 号);2013 年 4 月,湖北省国土资源厅《关于汉川港城关港区汉川电厂三期配套码头工程建设项目用地预审备案意见的函》(鄂土资预审汉南〔2013〕63 号)。

项目建设 2 个 1000 吨级散货码头泊位(码头水工建筑允许靠泊能力 2000 吨级),岸线总长 205 米。码头采用顺岸式布局,高桩式结构。码头前沿水深 2.80 米。项目后方堆场面积 8.24 万平方米,堆存能力 5.92 万吨。主要装卸设备配置码头前方卸船采用 2 台 400 吨/桥式抓斗卸船机,水平运输采用皮带机系统,堆场作业采用堆料 900 吨/小时,取料 700 吨/小时的斗轮堆料机 2 台,通过皮带机系统运至厂区。项目总投资该工程概算投资总额 1.73 亿元,竣工决算完成投资 1.50 亿元,全部为企业自筹。陆域用地 8.24 万平方米。

建设单位为国电汉川发电有限公司;设计单位为湖北省交通规划设计院、黄冈市水利水电规划设计院;施工单位为中国水产广州建港工程公司、葛洲坝集团电力有限责任公司、汉川市水利建筑工程公司;监理单位为湖北鄂电建设监理有限责任公司;质量监督机构为国电汉川电力三期第一台 100 万机组工程项目质量监督站。

十六、恩施港

(一)港口概况

1. 港口综述

清江恩施港位于清江流域水布垭至恩施河段,地处清江干流中游、恩施州境内,干流涉及恩施市、宣恩县、建始县、巴东县四个县市,全长 110 千米。水布垭枢纽蓄水后,共有 9 条主要支流形成航道,分别是磨刀河、龙王河、青龙河、野三河、伍家河、刀龙河、马尾沟、马水河、忠建河,通航里程 125 千米。

恩施港是 2009 年水布垭枢纽蓄水以后,清江库区航道条件改善后形成的新兴港口。《恩施港总体规划》于 2012 年 10 月经湖北省人民政府批准,从此恩施港成为新增的全省重要港口,为恩施港的建设创造了有利条件。根据总体规划的布局要求,恩施港包括清江流域水布垭至恩施河段的干流及主要支流航道(干流 110 千米,支流 125 千米),共有汾水、景阳、云坛口、红花淌、水布垭等 10 个干流港区以及野三河、龙王河等 7 个支流港区。在清江干流港区中,纸厂湾港区、石心河港区、汾水港区、景阳港区、水布垭港区是兼具旅游、客运和货运功能为主的综合性港区。

水布垭枢纽蓄水之前,河流航道基本呈天然状态,沿线仅有一些简易的人渡、汽渡。由于清江干流全线梯级渠化尚未最终实施,航运仍处于分段区间运输状态,货物不能通过水运直达长江,从而影响港口的生产及发展。库区新建、扩建港口的码头皆为斜坡式,港口停泊能力虽达 300 吨,但目前仅有 100 吨级以下的机驳停靠,且人工装卸效率低,加上港口集疏运条件较差等因素,直接影响港口的吞吐能力,因此沿线基本上无正规的码头设施。

2009 年水布垭蓄水后,水布垭上游至恩施市城区,通航条件大为改善,也为恩施港的建设提供了必要基础。恩施港共建有各类码头泊位 8 个,主要集中在巴东县、建始县和恩施市境内,功能以旅游、货运为主。

清江地处鄂西南部,长江南岸,是长江中游的重要支流之一,是湖北省境内仅次于长江、汉江的第三大河流,全长 423 千米。20 世纪 80 年代之前,清江航运在当时的鄂西南地区交通运输中占有极其重要地位。

清江干流梯级开发于 1998—2009 年相继建成了隔河岩、高坝洲、水布垭 3 座大型水利枢纽,形成了清江大库区,隔河岩、高坝洲配套建设了 300 吨级升船机,清江的航道条件得到很大改善。2000 年开始实施了清江河口至水布垭段航道整治工程,全长 154.5 千米,按五级航道建设。2012 年开始实施了清江水布垭—恩施 110 千米河段的航道工程,其中水布垭—汾水按四级航道建设,汾水—恩施按五级航道建设。

经过多年建设,清江河口—水布垭坝下 154.5 千米河段已基本达到五级航道标准,航道维护尺度为 1.8 米×40 米×260 米(航深×航宽×弯曲半径,下同),可通航 300 吨级船舶。因水布垭电站未建通航建筑物,水布垭以上至恩施处于区间通航状态,其中水布垭至汾水 76 千米航道维护尺度为 2.5 米×50 米×270 米,可常年通航 500 吨级船舶,通航保证率 100%;汾水至纸厂湾 17 千米航道维护尺度为 2.5 米×40 米×220 米,通航 300 吨级船舶,通航保证率 90%;纸厂湾至恩施 17 千米级航道维护尺度为 2.5 米×35 米×220 米,季节通航 300 吨级船舶,通航保证率 75%。清江水布垭—恩施段 110 千米航道共布设一类航标 260 座。

清江恩施港目前没有公共锚地,在实施港区建设的同时配套锚地建设。

2.港口水文气象

清江恩施港属亚热带大陆性季风气候,冬少严寒,夏无酷暑,寡照多雾,终年湿润,降水丰沛,雨热同期。属中亚热带季风型山地湿润气候。海拔高度相差悬殊,垂直地域差异明显。主要灾害性天气有冰雹、大风、暴雨、低温阴雨、伏秋干旱以及洪涝、滑坡、泥石流等次生灾害。清江流域多年平均气温为 13~16 摄氏度,1 月最冷,7 月最热。1 月平均气温为 2~5 摄氏度,7 月平均气温为 23~28 摄氏度。清江流域多年平均降水量约 1500 毫米。降水量年内分配不均,雨季 4—9 月降水量占全年的 50%~55%,7 月雨量最多为 200~300 毫米,冬季雨量较少,一般在 20~30 毫米。流域年平均风速在 0.5~2.3 米/秒。最大风速为 16 米/秒,全年大风日数(瞬时风≥8 级)在 0.5 ~ 1.7 天。春季风速较大,夏季次之,秋季较小。历年平均雾日 28.1 天(能见度 < 1000 米),年最少雾日 5 天(1967 年),年最多雾日 44 天(1980 年)。

清江流域整体上属中低山地貌,呈狭长形,东西长,南北短,地势西南高,东北低。受华夏构造体系的制约山体及沟谷大多呈"V"字形分布。

清江属山区性河流,径流主要来自降水,径流的年际、年内变化与降雨大致同步。以恩施(小渡船)水文站为例,平均年径流量 27.4 亿立方米,最丰年 37.8 亿立方米(1982 年),最枯年为 15.24 亿立方米(1966 年)。径流年内分配不均,汛期 5—9 月多年平均径流量约占多年平均年径流量的 68%,其中以 7 月最为多,占年径流量的 19%,由于冬季低温少雨,每年 11 月、12 月至翌年 3 月为枯水期,以 1 月的月径流量最少,仅占年径流量的 1.6%。

清江含沙量较长江水系其他支流为小。据恩施(小渡船)水文站多年实测资料统计,多年平均含沙量为 0.59 千克/立方米,平均年输沙量 163 万吨,年平均输沙率为 51.7 千克/秒。含沙量及输沙年内分配极不均匀,枯季(11 月—次年 3 月)月平均含沙量均在 0.25 千克/立方米以下,其中 12 月—次年 2 月含沙量近乎为零,6—9 月含沙量较大,多年月平均含沙量在 0.5 ~ 1.1 千克/立方米之间。与径流分配相应,悬移质输沙量主要集中于 5—9 月,约占年输沙量的 92.4%,以 7 月输沙为最多,占年输沙量的 35%。

水布垭枢纽蓄水之前,河流航道基本呈天然状态,沿线仅有一些简易的人渡、汽渡。2007 年大坝蓄水后,水布垭上游至恩施市境内,基本形成库区航道,通航条件大为改善。

3. 发展成就

恩施港是鄂西南及武陵山地区重要的港口集群,对恩施州及周边地区交通中转、集散意义重大。尽管港口目前处于起步发展阶段,但区位优势明显,腹地资源丰富,发展潜力巨大,必然会在腹地经济发展中发挥日益重要的作用;清江恩施港的建设促进了"鄂西生态文化旅游圈"和"湖北武陵山少数民族经济社会发展试验区"战略的实施。

2009 年水布垭蓄水后,水布垭上游至恩施市城区,通航条件大为改善,也为恩施港的建设提供了必要基础。2015 年,恩施港完成旅客吞吐量 34 万人次。

恩施港基本情况见表 9-7-15。

(二)港区综述

(1)港区建设概况和运营情况

水布垭港区属于清江干流港区之一。根据《恩施港总体规划》,该港区以货运、旅游功能为主。港区规划作业区 3 个(Ⅰ、Ⅱ、Ⅲ作业区)、新增泊位 9 个,保留已建客运泊位 1 个。其中:客运泊位 3 个(Ⅱ作业区)、货运泊位 6 个(Ⅰ作业区 2 个,Ⅲ作业区 4 个)、工作船泊位 1 个(Ⅱ作业区)。利用港口岸线 1.65 千米(含已利用岸线 100 米)。

表 9-7-15

恩施港基本情况表

序号	港区名称	港口岸线 港口规划岸线 (千米)	港口岸线 其中:2015年前已建成岸线 (千米)	2015年港口生产用泊位 生产用泊位数 (个)	2015年港口生产用泊位 其中:千吨级及以上 (个)	2015年港口生产用泊位 生产用泊位总长 (米)	2015年港口生产用泊位 其中:千吨级及以上 (米)	其中:1978—2015年建成的生产用泊位 生产用泊位数 (个)	其中:1978—2015年建成的生产用泊位 其中:千吨级及以上 (个)	其中:1978—2015年建成的生产用泊位 生产用泊位总长 (米)	其中:1978—2015年建成的生产用泊位 其中:千吨级及以上 (米)	2015年港口货物和旅客吞吐量 货物吞吐量 (万吨)	2015年港口货物和旅客吞吐量 其中:外贸货物吞吐量 (万吨)	2015年港口货物和旅客吞吐量 集装箱吞吐量 (万TEU)	2015年港口货物和旅客吞吐量 滚装车辆 数量 (万辆)	2015年港口货物和旅客吞吐量 滚装车辆 重量 (万吨)	2015年港口货物和旅客吞吐量 旅客吞吐量 (万人)	2015年港口货物和旅客吞吐量 其中:国际旅客 (万人)
1	水布垭港区	15.00	0.08	1	0	80	0	1	0	80	0	—	—	—	—	—	15	—
2	景阳港区	20.00	0.13	1	0	129	0	1	0	129	0	—	—	—	—	—	19	—
3	汾水港区	5.00	0.19	0	0	0	0	1	0	191	0	—	—	—	—	—	0	—
	合计	40.00	0.40	2	0	209	0	3	0	400	0	0	—	—	—	—	34	—

（2）港区地理条件和集疏运概况

清江恩施港腹地交通较为便利。铁路有宜万铁路；公路有 G50 沪渝高速公路、209/318 国道和其他省、县级路网，沿线 95% 以上的村镇同通了公路；水路可依托清江，水布垭枢纽蓄水后，水布垭至恩施河段可通行 300 ~ 500 吨级船舶，港口码头分布在清江干流与 7 条主要支流上，共 18 个港区。其中水布垭港区疏港道路连接 066 乡道，上榔水公路，通往 G50 沪渝高速公路或 G318 国道。

（3）港区工程项目

恩施港水布垭港区丝茅岭作业区旅游码头：

项目建设依据：2008 年 11 月，湖北省巴东县发展和改革局《关于湖北巴东清江水布垭旅游码头及配套设施建设项目可行性研究报告的批复》（巴发改基字〔2008〕21号）；2013 年 9 月，巴东县环境保护局《关于巴东县清江旅游码头环境保护验收意见的函》（巴环审函〔2013〕40 号）；2014 年 4 月，湖北省交通运输厅港航管理局《关于巴东县清江水布垭旅游码头建设工程使用港口非深水岸线的批复》（鄂交港航计〔2014〕88 号）。

项目建设 1 个 500 吨级旅游码头泊位，岸线总长 80.0 米。码头采用顺岸式布局，斜坡式结构。码头前沿水深 3.5 米。停车场面积 0.1 万平方米，停车数量为 20 标准停车位。主要装卸设备配置钢质趸船 1 艘及其配套设施。项目总投资项目投资 1000 万元，企业自筹。

建设单位原为恩施清江水布垭旅游开发有限责任公司，2011 年因资产并购变更为恩施风景旅游发展有限公司；设计单位为中交武汉港湾工程设计研究院有限公司；施工单位为巴东县兴东建设工程总公司；监理单位为武汉宏基建设工程监理有限公司；质监督单位为巴东县交通基本建设质量监督站。

项目是野金景观廊道的基础设施建设部分，是清江风景旅游区野（三关）金（果坪）廊道旅游景观中的重要连接节点，为野金廊道景观提供交通互通，促成野金廊道景观的形成、运营。该项目的建设进一步加快了恩施大清江旅游景区的旅游资源开发，推动了当地旅游产业发展，推进了恩施清江水布垭旅游资源的开发。

（三）景阳港区

1. 港区综述

（1）港区建设概况和运营情况

景阳港区属清江干流港区之一。根据《恩施港总体规划》，该港区以货运、旅游功能为主，兼顾航道海事管理、修造船、水上加油及船舶污水、垃圾转运功能。规划作业区 5 个（Ⅰ、Ⅱ、Ⅲ、Ⅳ、Ⅴ作业区）、新增泊位 20 个，保留已建客运泊位 1 个，利用港口岸线 2.59

千米（含已利用岸线 100 米）。

（2）港区地理条件和集疏运概况

景阳港区位于建始县老集镇，紧靠 318 国道和 233、248 省道，南距官店镇约 30 千米。

2. 港区工程项目

恩施港景阳港区野三峡旅游配套码头：

项目于 2010 年 1 月开工，2011 年 1 月投入试运行，2018 年 8 月竣工。

项目建设依据：2010 年 4 月，建始县发展和改革局《关于野三河旅游景区配套码头工程可行性研究报告的批复》（建发改〔2010〕219 号）；2010 年 10 月，建始县发展和改革局《关于野三河景区旅游码头工程初步设计的批复》（建发改〔2010〕289 号）；2008 年 12 月，恩施土家族苗族自治州环境保护局《关于野三河旅游景区重点项目环境影响工程环境影响报告书审查意见的函》（恩州环函〔2008〕85 号）；2008 年 12 月，恩施土家族苗族自治州国土资源局《关于建始县野三河旅游景区建设用地预审意见的函》（恩施州国土预审函〔2008〕29 号）；2015 年 9 月，湖北省交通运输厅港航管理局《关于恩施港景阳港野三峡旅游码头工程使用港口非深水岸线的批复》（鄂交港航计〔2015〕198 号）。

项目建设 1 个 500 吨级内河码头泊位（码头水工建筑允许靠泊能力 1000 吨级），岸线总长 129 米。码头采用顺岸式布局，斜坡式结构。码头前沿水深 3.5 米。停车场面积 0.2 万平方米，停车数量为 50 标准停车位。主要设备配置有 24 米×6 米×1 米旅游趸船 1 艘。项目总投资 364 万元，均由企业自筹。陆域用地 1.0 万平方米。

建设单位为湖北建始清江旅游发展有限责任公司；设计单位为山东省航运工程设计院有限公司；施工单位为湖北天太建筑工程有限公司；监理单位为湖北天慧工程咨询有限公司宜昌分公司；监督单位为建始县交通工程建设质量监督站。

项目的建设进一步加快了清江风景旅游区的旅游资源开发，推动了清江流域干支流旅游资源的开发，有力拉动了地方经济社会发展。

（四）汾水港区

1. 港区综述

（1）港区建设概况和运营情况

汾水港区属于清江干流港区之一。根据《恩施港总体规划》，该港区以货运、旅游功能为主，兼有航道海事管理、水上加油功能。规划 3 个作业区（Ⅰ、Ⅱ、Ⅲ作业区）、10 个泊位，其中加油泊位 1 个（Ⅰ作业区）、旅游泊位 3 个（Ⅱ、Ⅲ作业区）、货运泊位 2 个（Ⅱ作业区）、工作泊位 3 个（Ⅱ作业区）、修造船泊位 1 个（Ⅱ作业区）。利用岸线长度

910 米。

（2）港区地理条件和集疏运概况

该港区位于清江中游,地处恩施市三岔乡燕子坝村浑水河组。港区的货物运输可从借助恩鹤公路从恩施市运至汾水港区至水布垭港区后上岸,经公路转运至宜都市进入长江。

2.港区工程项目

恩施港汾水港区大清江综合码头旅游客运泊位:

2015 年 8 月开工,2017 年 9 月投入试运行,2018 年 10 月竣工。

项目建设依据:2014 年 12 月,恩施市发展和改革局《关于核准恩施港汾水港区大清江综合码头工程建设项目的批复》(恩市发改审批〔2014〕313 号);2014 年 12 月,恩施州交通运输局《关于恩施港汾水港区大清江综合码头工程可行性研究报告的批复》(恩施州交工计〔2014〕278 号);2015 年 2 月,恩施州交通运输局《关于恩施港汾水港区大清江综合码头工程初步设计的批复》(恩施州交工计〔2015〕28 号);2014 年 9 月,《关于恩施港汾水港区大清江综合码头建设项目用地预审意见函的批复》(恩市国土预审函〔2014〕46 号);2014 年 12 月,《关于恩施港汾水港区大清江综合码头工程使用港口非深水岸线的批复》(鄂交港航计〔2014〕239 号);2014 年 12 月,《关于恩施港汾水港区大清江综合码头工程环境影响报告书的批复》(恩州环审〔2014〕116 号)。

项目建设 1 个 500 吨级内河码头泊位(码头水工建筑允许靠泊能力 1000 吨级),岸线总长 191 米,年设计客运量为 25 万人次。码头采用顺岸式布局,斜坡式结构。码头前沿水深 3.5 米。停车场面积 0.4 万平方米,停车数量为 300 标准停车位。项目总投资 4978 万元,其中企业投资(业主自有资金)3500 万元,银行贷款(政策性银行)1478.0 万元。陆域用地 5.43 万平方米。

建设单位为恩施大清江国际旅游度假区有限公司;设计单位为湖北省交通规划设计院有限公司;施工单位为中铁港航局集团有限公司/湖北远华建设工程有限公司;监理单位为葛洲坝集团项目管理有限公司;质量监督单位为恩施州交通基本建设质量监督站。

项目位于恩施港汾水港区,是恩施州清江水上旅游的重要集散地。项目建成后,游客能够更为快捷地游览从汾水至水布垭 76 千米的清江风景,极大地提高清江水上旅游的游客接待能力。同时,作为恩施港形成后的首个旅游客运码头项目,产生良好的示范效应,极大地促进恩施州旅游市场的开发,为恩施州力争建成设施设备齐全、功能完善、国内先进、国际一流的综合性大型多功能旅游港贡献力量。该码头为进出恩施大清江景区游客提供了安全、舒适的候船和上下船舶设施和服务,2017 年共接待旅客 21 多万人次,2018 年共接待旅客 31 万人次。

十七、团风港

(一)港口概况

1.港口综述

团风港位于长江黄金水道中游的团风县,是原武汉新港的重要组成部分,湖北省20个一般港口之一,武汉城市圈地区性综合交通枢纽的重要组成部分,是长江综合立体交通走廊、开放合作走廊、生态廊道的重要支点。水路沿长江黄金水道下行约930千米可直达上海,上行71千米可抵武汉,紧邻武汉港阳逻港区;以大广高速公路、武英高速公路、黄鄂高速公路延长线、106国道、318国道、省道大巴线、省道方团线、省道上沙线共同构建了"三纵四横"的公路交通网络;依托京九铁路、江北铁路沟通全国各地,区位优势十分显著。

团风港的发展经历了孕育、形成、发展等漫长而曲折的过程。在新中国成立初期,团风港港口基本上是自然岸坡、肩挑背扛的原始状况,生产效率低,装卸工人劳动强度大。"八五""九五"期间,为适应客货运量增长的需要,在交通部门的领导和支持下,因地制宜地建设了两座码头,但港口设施简陋,装卸效率低,加之境内京九铁路的贯通及公路的快速发展,致使大部分货物弃水就陆,货物吞吐量逐年下降。

改革开放以来,特别是进入二十一世纪,随着国家"中部崛起"战略的实施,国家长江经济带的开放开发、长江中游城市群的批复与建设、武汉城市圈一体化以及大别山革命老区经济社会发展试验区振兴的深入推进,为团风县的发展注入了新的活力。随着县域经济的飞速发展,政府招商引资力度的不断加大,以及罗霍洲大桥等基础设施的建成通车,作为城市综合交通的重要组成部分,港口的地位和作用更显突出。为更好地指导团风县港口的发展建设,2007年12月,编制完成了《团风县港口总体规划》(以下简称"原《规划》"),2008年5月团风县人民政府以"团政函〔2008〕20号"文对原《规划》进行了批复,提出将团风港建设成服务腹地经济,具有运输组织、管理中转、装卸储存、多式联运、生活旅游服务、战备防汛、紧急救援等综合功能的重要地方港口。

2008年5月,湖北省委、省政府审时度势,站在科学发展的高度,突破常规港口发展理念,打破行政区划的限制,将武汉港和鄂州港、黄州港的部分港区进行整合,提出了建设"武汉新港"的重大战略决策,同时启动了《武汉新港总体规划》的编制工作,2009年2月,交通运输部和湖北省人民政府联合批复了《武汉新港总体规划》。在港口总体规划精神的指导下,港口等基础设施建设步伐明显加快,发展势头强劲,港口服务能力和水平进一步提升,港口航运企业不断发展壮大,以港口为枢纽的综合交通运输体系日趋完善。

2011 年 5 月,湖北省对武汉新港的范围进行了拓展,将咸宁、鄂州、黄冈三市所辖长江岸线全部纳入武汉新港,岸线长度由 420 千米增加至 784.3 千米。2012 年 5 月,武汉、咸宁、鄂州、黄冈四市人民政府和武汉新港管理委员会分别致函交通运输部,要求审查范围拓展后的《武汉新港总体规划》,其后交通运输部与湖北省人民政府进行了多次沟通和协调,并达成一致意见,根据《中华人民共和国港口法》和"一城一港"的要求,按照行政辖区分别编制港口总体规划。

2017 年,团风县再次对团风港总体规划进行了修编并形成《团风港总体规划(修编)》报告初稿。根据新修编总体规划,团风港取消原团风港区,举水河口至罗家沟段,岸线长 9 千米,位于罗霍洲中汊左岸,目前中汊呈弯曲萎缩态势,水深不足,规划为保护岸线。仅保留罗霍洲港区。

2015 年,湖北省委省政府开展了保护长江环境进行非法码头集中整治行动。为彻底改变黄冈港口码头小散乱的格局,黄冈市委市政府自加压力,将整治范围由非法码头扩大到辖区内所有港口码头。2015 年,团风港在建和建成的生产性泊位 4 个,经非法码头整治拆除 2 个泊位。2019 年 12 月,团风县现有生产性泊位 2 个。

2. 港口水文气象

团风县属于亚热带大陆性湿润气候,境内太阳辐射的季节差别大,气候的显著特征是冬季低温少雨,夏季炎热多雨,秋季凉爽干燥,春季温湿多变,一年四季分明。年平均气温为 16.8 摄氏度。年平均降雨量为 1233 毫米;年平均降雪日为 5 天;最大积雪深度为 21 厘米。

团风港罗霍洲港区罗霍洲作业区位于长江中游罗霍洲水道,该河段水量充沛,径流和泥沙主要来自长江干流。

3. 发展成就

团风县紧邻长江,岸线资源总体偏少,境内长江岸线总长 9.13 千米,罗霍洲洲滩岸线 18.44 千米,"八五""九五"期为适应客货运量的增长的需要,在上级交通部门的领导和支持下,在罗霍洲左汊圆港航道因地制宜地建设了两座码头(得胜码头、鲜鱼巷码头)。但 2006 年 6 月罗霍洲水道航道整治工程完工后,圆港航道逐年淤积萎缩,加之境内京九铁路的贯通及公路的快速发展,使大部分货物弃水就陆,港口货物吞吐量逐年萎缩,致使原有两座码头萧条败落废弃。2015 年,团风港新建一座码头(罗霍洲一期工程码头),建设 2 个 5000 吨级散货码头泊位(码头水工建筑允许靠泊能力 1 万吨级),岸线总长 268 米。

随着中部崛起战略的实施,"一带一路"倡议的大力推进,长江经济带、长江中游城市群的建设以及大别山革命老区的振兴发展,国家继续加大对中部地区、贫困地区的支持力度,团风县争取到多项国家重点产业布局及重要基础设施项目,"中国钢结构产业基地"的金字招牌越发响亮,"钢构之都"的称号呼之欲出。鸿路钢构、精诚钢构、辉创重工、潮流钢构、馥雅食品、大时代石材、龙泰纺织等大批大型企业相继入驻十里湖钢结构高新技术产业园、城北钢构产业园、城南工业园,对团风县港口的集疏运提出了更急迫的需求。2015 年,团风港完成货物吞吐量 20.15 万吨,均来自散干货,其中出口18.83 万吨。

团风港基本情况见表9-7-16。

(二)罗霍洲港区

1.港区综述

(1)港区建设概况和运营情况

位于团风县的罗霍洲是长江中游最大的江心洲,滩头总面积1866.67 万平方米,罗霍洲右缘洲头至洲尾段,岸线长 4.2 千米。罗霍洲滩具有优良的水域条件和独立的地理特色,为了吸引更多的企业前来投资,团风县政府拟对罗霍洲进行开发建设,并于 2009 年10月完成了团风县罗霍洲生态旅游岛总体规划方案,其主要功能为以港口、码头、大桥建设为龙头,以货物存储、中转换装、散装、件杂、重件运输为基地,以特色休闲度假、生态旅游、农业观光为亮点;集港口作业区、船舶修造区、现代物流区、生态旅游区为一体,充分发挥长江黄金水道的水运优势,打造休闲娱乐的多功能名洲。

为有序开发、合理利用区内长江岸线资源,并配合团风县罗霍洲生态旅游岛的建设,为罗霍洲工业企业的入驻创造条件,团风县拟在团风港罗霍洲作业区建设一期工程,工程规模为两个5000 吨级泊位。

2015 年 12 月团风县全面开展整治长江非法码头工作以来,团风港长江岸线的临时性简易码头全部被取缔,目前仅有罗霍洲洲滩岸线上在建的团风港罗霍洲港区罗霍洲作业区一期码头,共 2 个泊位,包括 1 个 5000 吨级件杂泊位和 1 个 5000 吨级通用泊位,主要货种为钢铁和铁砂。

(2)港区地理条件和集疏运概况

团风港罗霍洲港区位于罗霍洲长江主航道左岸,是正在建设的规模化新港区,后方有罗霍洲、团风县等,在建泊位 2 个,以钢铁及钢结构等件杂货和金属矿石、矿建材料、黄砂、煤炭等散货运输为主。

根据团风县十里湖钢结构高新技术产业园、城北钢构产业园及城南工业园企业的功能定位需要,规划在团风港罗霍洲港区罗霍洲作业区适时建设 2 个旅游客运泊位、3 个公务管理泊位和 10 个货运泊位(兼顾砂石集并中心功能)。团风港罗霍洲港区罗霍洲作业区集疏运通道主要有罗霍洲大桥、团风大道、S343 省道等。

团风港基本情况表

表 9-7-16

序号	港区名称	港口岸线		2015 年港口生产用泊位				其中:1978—2015 年建成的生产用泊位				2015 年港口货物和旅客吞吐量						
		港口规划岸线	其中:2015年前已建成岸线	生产用泊位数	其中:千吨级及以上	生产用泊位总长	其中:千吨级及以上	生产用泊位数	其中:千吨级及以上	生产用泊位总长	其中:千吨级及以上	货物吞吐量	其中:外贸货物吞吐量	集装箱吞吐量	滚装车辆		旅客吞吐量	其中:国际旅客
															数量	重量		
		千米	千米	个	个	米	米	个	个	米	米	万吨	万吨	万 TEU	万辆	万吨	万人	万人
1	团风港区	2.60	0.20	2	2	200	200	2	2	200	200	20.15	—	—	—	—	—	—
2	罗霍洲港区	11.80	0.00	0	0	0	0	2	2	268	268	0	—	—	—	—	—	—
	总计	14.40	0.20	2	2	200	200	4	4	468	468	20.15	—	—	—	—	—	—

2. 港区工程项目

（1）武汉新港团风港区罗霍洲作业区一期工程

项目于 2015 年 7 月开工，2019 年 1 月试运行，2019 年 12 月竣工。

项目建设依据：2011 年 5 月，湖北省发展改革委《关于武汉新港团风港区罗霍洲作业区一期工程可行性研究报告的批复》（鄂发改交通〔2011〕576 号）；2013 年 3 月，湖北省发展改革委《关于关于武汉新港团风港区罗霍洲作业区一期工程初步设计的批复》（鄂发改审批〔2013〕224 号）；2010 年 9 月，湖北环境保护厅《关于武汉新港团风港区罗霍洲作业区一期工程环评的批复》（鄂环函〔2010〕547 号）；2011 年 1 月，湖北省国土资源厅《关于武汉新港团风港区罗霍洲作业区一期工程土地的批复》（鄂土资预审函〔2011〕8 号）；2010 年 9 月，水利部长江水利委员会行政许可决定《关于武汉新港团风港区罗霍洲作业区一期工程用海的批复》（长许可〔2010〕168）；2012 年 12 月，交通运输部《关于武汉新港团风港区罗霍洲作业区一期工程岸线的批复》（交规划发〔2012〕720 号）。

项目建设 2 个 5000 吨级散货码头泊位（码头水工建筑允许靠泊能力 1 万吨级），岸线总长 268 米。码头采用引桥式布置，高桩式结构。码头前沿水深 12 米。项目后方堆场面积 10 万平方米，堆存能力 10 万吨。仓库面积 2 万平方米，堆存能力 20 万吨。主要装卸设备配置包括轨道式龙门起重机 2 台。项目总投资 3.04 亿元。用地面积 26 万平方米。

项目建设单位为湖北北新港务有限公司；设计单位为中交第二航务工程勘察设计院有限公司；施工单位为福建路港有限公司；监理单位为中交武汉港湾工程设计研究院有限公司；质监单位为湖北省交通运输厅工程质量监督局。

（2）团风县综合码头（得胜码头）

项目于 1997 年 11 月开工，1998 年 12 月试运行，2000 年 9 月竣工。

项目建设 1 个 1000 吨级综合码头泊位，岸线总长 100 米。码头采用顺岸布置，斜坡式结构。码头前沿水深 2 米。项目后方堆场面积 2 万平方米，堆存能力 20 万吨。采用汽车上囤船工艺流程。项目总投资 122 万元，其中政府投资 122 万元。

项目建设单位为团风县交通局；设计单位为扬子江港航设计事务所。

第八节　湖　南　省

一、综述

（一）基本省情

湖南省地处长江中游南岸，水运资源丰富，水运历史悠久。因大部分区域处于洞庭湖以南而得名"湖南",因省内最大河流湘江流贯全境而简称"湘"。湖南水运资源丰富,水运历史悠久。省辖13个市和1个自治州,全省有122个县(市区),土地面积21.18万平方公里,人口6822万。省境内河湖众多,水网密布,共有大小河流5341条,现有通航河流373条,航道总里程11967.7千米,居全国第2位。境内的湘江、资水、沅水、澧水四大干流水系,均汇入洞庭湖后注入长江,成为湖南水路交通主要通道。

境内的湘江、资水、沅水、澧水四大干流的下游及洞庭湖区为湖南水路交通主要地区,水运条件好,港口众多,湖南省港口的千吨级以上泊位集中分布于以上水域范围内的长沙、岳阳、湘潭、株洲、衡阳、常德、益阳等七市。

湖南港埠发展历史久远,春秋战国时代,湖南地属楚国,当时长沙、常德已是楚国的重要商业港口。之后,从秦汉到明清2000多年,湖南港航历经漫长缓慢的发展过程。

经济发展,港口复兴。中华人民共和国成立后,湖南航运业和其他行业一样,迎来了一个全面恢复发展期。中华人民共和国成立初期湖南港口业处于恢复发展期,以私营个体转向集体、国有,恢复,整合为特征;20世纪60至70年代开始,从人挑肩扛搞装卸向港口装卸半机械化和机械化方向发展;1978年党的十一届三中全会后,湖南港口业发展进入了一个快速发展期。1978年后,各级政府对港口建设日益重视,不断加大港口建设的投资力度,加快了千吨级以上码头的建设,彻底改变了湖南港口码头无千吨级泊位的落后状态,结束了几千年来港口码头装卸靠人背肩挑的历史,港口得到快速发展。

据湖南省水运管理局2015年统计资料,全省港口货物吞吐量达29053万吨,创历史最高水平;全省2015年的港口货物吞吐量为1978年的57.8倍,集装箱港口吞吐量从20世纪90年代初起步,达到了42.02万TEU。

(二)综合运输

改革开放以来,交通运输业迅速发展。改革开放初的1978年,全省铁路2065千米,2015年增加到4521千米,高速铁路1110千米;1978年公路总里程59544千米,2015年增加到23.69万千米,高速公路从1994年的44千米增长到5635千米;1978年全省航道里程10798千米,2015年为11968千米。

2013年末,全省共有交通运输、仓储和邮政业企业法人单位5983个,从业人员28.46万人。其中国有交通企业289家,6.3万人;集体180家,1.23万人;有限责任公司1323家,8.38万人;私营企业3661家,9.9万人。在交通运输、仓储和邮政业企业法人单位中,内资企业占99.4%,港、澳、台商投资企业占0.3%,外商投资企业占0.3%。在交通运输、仓储和邮政业企业法人单位从业人员中,内资企业占98.8%,港、澳、台商投资企业占0.8%,外商投资企业占0.4%。

2015年全省客货运输换算周转量5096.9亿吨公里。货物周转量4143.3亿吨公里。其中,铁路周转量729.6亿吨公里;公路周转量2731.8亿吨公里。旅客周转量1768.2亿人公里。全省邮电业务总量 893.7 亿元。其中,邮政业务总量 104.2 亿元,电信业务总量 789.6 亿元。全省接待国内旅游者 4.7 亿人次,接待入境旅游者 226.1 万人。实现旅游总收入 3712.9 亿元。

(三)港口概况

湖南省港口在改革开放前处于分布散、数量多、规模小的状态。1978 年,全省有港口 216 个,其中百万吨以上港口仅 12 个,年吞吐量 10 万吨的 134 个,年吞吐量最大的港口仅为 418 万吨。2004 年,根据"湖南省港口布局规划"要求,按"一城一港"的原则,对原有港口进行了较大幅度归并整合。根据湖南省水运局统计资料,截至 2015 年年底,全省共有港口 63 个,其中规模以上港口有长沙、岳阳、湘潭、株洲四个港口。2015 年,全省港口货物吞吐量 29053 万吨,集装箱货物吞吐量 36.7 万 TEU,旅客吞吐量 1381.6 万人次。全省港口生产用泊位 1855 个,泊位长度 83172 米。码头最大靠泊能力为 5000 吨。

改革开放以后,湖南港口才开始加快千吨级以上泊位的建设速度。为适应长江开放港口水运干支直达运输需要和江海联运的无缝衔接,从 1991 年起,在长沙、岳阳、株洲、湘潭、常德、益阳、衡阳及沅江、茅草街等港口,相继建设了一批千吨级的集装箱、件杂货和散货码头泊位。时至 2000 年,省内港口已初步形成以长沙、岳阳为中心的主枢纽港,以省内重点港口和一般港口相互补,综合性与专业性码头相结合,使港口泊位靠泊能力与装卸能力相适应的湖南港口发展新格局。

改革开放以来,长沙、岳阳两个港口的发展是湖南港口发展历史的缩影。

长沙港作为省内主要大港,历史悠久。西周初期,长沙港已有记载。春秋战国时,长沙为楚国粮运重港。西汉时,长沙港口商务已有一定规模。1997 年长沙市中心出土的大量吴简,证实长沙当年商贸繁盛,港口水运发达。

新中国成立后,长沙港率先进入恢复发展期。1952 年,长沙港货物吞吐量达 51 万吨,较 1949 年增长 10 倍多。改革开放以来,为了改变港口的被动局面,长沙港从 1977 年到 1985 年,新建西湖桥百杂货码头、改扩南站港区。1982 年由交通部投资 290 万元,建成投产的长沙轮船客运站,占地 17500 平方米,是当时我国内河一流客运站房,每天接纳岳阳、常德、湘潭、益阳、津市等地开往长沙的 8 条航线、22 个班轮。

随着改革开放的不断深入发展,长沙港的靠泊能力、装卸条件越来越不适应湖南水运快速发展的需要。1997 年《长沙港口主枢纽总体布局规划》编制完成,确立了长沙港迁出老城区,新建霞凝新港区的发展规划。2001 年 8 月,长沙霞凝新港一期工程动工,2003 年 7 月 30 日建成投产,新建 4 个千吨级泊位,年码头设计吞吐量为 82 万吨。二期工程建设 4 个千吨级泊位,码头设计年吞吐量集装箱 10.2 万 TEU,一般件杂货 40 万吨,于 2004 年 12 月动工,2006 年 9 月建成投产。三期工程于 2014 年动工,在一、二期工程的上、下游新建 2000 吨级(兼 3000 吨级)码头泊位 6 个,新建连接长沙火车新北站的铁路专用线 1 条。

岳阳港既是湖南省最大的港口,也是全省水路交通枢纽和唯一临近长江的中转换装港,区位优势十分明显,是境内唯一对外贸易口岸,年吞吐量已超越 1 亿吨大关。2004 年,岳阳市按"一城一港"原则,将全市原有 17 个大小港口,统一归并为岳阳港,下设岳阳楼、七里山、城陵矶、道仁矶、陆城、临湘及华容、君山、岳阳、汨罗、湘阴等 11 个港区。

地处洞庭湖出口处、历史悠久的城陵矶港,2004 年并入岳阳港后,改名为城陵矶港区。城陵矶港区形成始于清末,建成大港则在当代,特别是在改革开放后。1985 年,原部属长江航务局的城陵矶港务局下放湖南省交通厅管理,1987 年随着湖南省航运体制改革,又改为岳阳市管理。1989 年城陵矶港区被国家辟为首批内河对外开放口岸,并投资建设了两个 5000 吨级外贸码头,于 20 世纪 90 年代中期投入使用。1999 年城陵矶港区货物吞吐量已超过 600 万吨。2001 年港区已有码头 58 座,泊位达 81 个,装卸机械 58 台(套),最大起重能力 40 吨。2004 年又陆续开工建设 2 个 2000 吨级杂货码头和 1 个 3000 吨级海轮泊位。2007 年 5 月城陵矶港区建设被列为交通部和省政府"十一五"期间的重点项目,新港区建设共投资 6.5 亿元,建 3 个 3000 吨级集装箱深水泊位,年吞吐能力 30 万 TEU。

除长沙港、岳阳港外,地处湘江干流的湘潭港、株洲港、衡阳港以及资水下游的益阳港和沅水下游的常德港,澧水下游的津市港、安乡港均新建了千吨级港口泊位,港口建设也得到迅速发展。

(四)港口发展成就

改革开放初期,全省的港口条件差,装卸设备落后,码头靠泊能力最大为 300 吨级。由于港口装卸设备设施落后,以船代仓,"压船""压港"现象十分突出。改革开放之初的 1978 年,全省水运量为 2876 万吨,22.29 亿吨公里,港口货物吞吐量仅有 548 万吨。

改革开放前 10 年,港口建设以改造建设为主,加快了建设步伐。据 1987 年第一次港口普查资料显示,全省拥有码头 1471 个,港口自然岸线总长 974 千米;港口的库场面积 136.87 万平方米,其中仓库面积 11.91 万平方米,堆场面积 124.96 万平方米;港口各类装卸机械 2075 台,其中起重机械 300 台,输送机械 915 台。虽然经过 10 年的快速发展,但港口码头条件仍旧不适应市场需求,严重制约了水运发展。在这期间,为了改变港口设施简陋状态,全省经过修建和改造的码头共有 1386 个(占泊位总数的 72%),仍有 28% 的简易阶梯石头码头和土坡码头处于自然状态;利用自然岸坡装卸作业的长度达 31000 余米;全省仅有城陵矶港的一台 30 吨起重机械设备,其他港口最大起重能力仅为 16 吨;很多码头无前沿作业场地,港口仓库面积严重不足,全省仍有 44 个港口没有仓库;相当数量的小港没有装卸机械,仍然靠肩挑背负。

　　湖南省的港口建设从 20 世纪 80 年代开始至 2015 年的 30 年间,投资规模、建设速度前所未有。从分布看,湖南全省 14 个市州中,长沙、岳阳、湘潭、株洲、衡阳、常德、益阳等七个市均建有千吨级以上码头泊位。从速度看,发展速度逐步加快。1978—2015 年,全省已建设千吨级以上泊位达 119 个(已投产 109 个),其中,"七五"期全省一个千吨级泊位,"八五"期新建 2 个,"九五"期新建 19 个,"十五"期新建了 30 个,"十一五"期新建了32 个,"十二五"期新建了 35 个。从港口能力上看,吞吐能力大幅提升。港口生产性泊位1855 个,最大靠泊能力 5000 吨;泊位长度 84701 米,年泊位通过能力达 17102.64 万吨,集装箱泊位年吞吐能力达 85.5 万 TEU。

　　经过近 40 年的建设,与改革开放前比较,湖南省港口面貌不论是港口布局优化,还是功能拓展;不论是港口规模,还是靠泊能力;不论是装卸设施,还是装卸水平,都发生了重大变化。全省 63 个港口中,从事港口经营的企业有 102 家,从业人员 1 万多人。随着港口装卸搬运靠人挑肩扛的历史终结,港口装卸机械化、港口管理现代化水平日益提升,港口的作用和地位发生了显著变化。

　　湖南省改革开放以来水路运输量港口吞吐量完成情况分别是:1978 年为 548.19 万吨,2010 年为 19254.24 万吨,2015 年为 29053.45 万吨。

　　湖南省内河港口基本情况见表 9-8-1。

二、长沙港

(一)港口概况

1. 港口综述

　　长沙历称"水都",湘楚"要津"。当今,长沙区位优势提升尤显重要。1995 年交通部将长沙港列为全国内河 23 个主枢纽港,2004 年又公布为全国 28 个内河主要港口之一。

　　长沙港是我国中部地区重要的水陆交通枢纽,更是长、株、潭城市群的核心地区之一。得天独厚的地理位置加上多年的规划与建设,已初步形成公路、铁路、航空、管道和内河水路多种运输方式联网的现代化交通运输体系。

　　2012 年 10 月,长沙湘江综合枢纽船闸正式启用,通过长沙、株洲、大源渡三级梯级渠化,使湘江中下游干线航道达到二级航道标准,2000 吨级船舶可由长沙直达长江。

　　《长沙港总体规划》于 2011 年 6 月通过交通运输部、省政府的联合审查,于 2012 年11 月原则通过国家环境保护部的审查。《长沙港总体规划》由 1 个客运港区和 3 个货运港区组成,其中 3 个货运港区分别是霞凝港区、铜官港区、新康港区。2012 年 5 月,长沙市政府开展砂石场整治工作,拆除了长沙市辖区内的 116 个砂石泊位,规划新建了 32 个砂石泊位,致使长沙生产泊位大幅度减少。

表 9-8-1

湖南省内河港口基本情况表

序号	港口名称	港口岸线		2015年港口生产用泊位				其中:1978—2015年建成的生产用泊位					2015年港口货物和旅客吞吐量						
		港口规划岸线	其中:2015年前已建成岸线	生产用泊位数	其中:千吨级及以上	生产用泊位总长	其中:千吨级及以上	生产用泊位数	其中:千吨级及以上	生产用泊位总长	其中:千吨级及以上	货物吞吐量	其中:外贸货物吞吐量	集装箱吞吐量	滚装车辆 数量	滚装车辆 重量	旅客吞吐量	其中:国际旅客
		千米	千米	个	个	米	米	个	个	米	米	万吨	万吨	万TEU	万辆	万吨	万人	万人
1	长沙港	24.45	3.55	62	9	4284	677	22	9	2772	2472	4230	105.9	12.1	0	0	0	0
2	湘潭港	4.77	2.98	51	15	2980	1205	48	15	2835	1355	1251	0	0	0	0	0	0
3	株洲港	17.3	5.22	74	9	4427	700	33	10	3222	1358	725.5	0	0	0	0	0	0
4	岳阳港	131	21.6	152	62	11972	6531	125	49	9785	5231	13144	259.2	23.95	0	0	8.97	0
1	常德港	4.99	1.8	33	3	1824	216	30	3	1704	214	84.81	0	0.65	0	0	103.51	0
2	桃源港	5.66	1.23	15	0	820	0	14	0	1234	0	233	0	0	0	0	1.7	0
3	津市港	4.8	1.56	33	0	1566	0	4	0	560	0	380.3	0	0	0	0	1.18	0
4	益阳港	3.67	3.67	35	4	1508	160	12	2	560	160	1173	0	0	0	0	227.07	0
5	衡阳港	2.92	2.09	21	4	1119	234	13	6	1141	536.5	1313.5	16	0	0	0	0	0
6	辰溪港	—	4.65	82	0	4154	0	82	0	4154	0	70.29	0	0	0	0	13	0
7	娄底港	5.66	0.22	2	0	55	0	0	0	0	0	93	0	0	0	0	105.39	0
8	邵阳港	3.19	1.86	56	0	1860	0	53	0	1660	0	108.39	0	0	0	0	46.6	0
9	资兴港	—	1.96	42	0	841	0	42	0	841	0	212.63	0	0	0	0	0	0
10	南县港	5.5	5.51	33	1	1621	0	20	1	1226	70	317	0	0	0	0	0	0
11	沅江港	—	6.15	18	1	898	70	7	1	383	0	1414	0	0	0	0	0	0
12	永州港	—	4.92	113	0	4943	0	113	0	4943	0	195.37	0	0	0	0	0	0
13	泸溪港	—	1.02	15	0	593	0	2	0	162	0	47	0	0	0	0	0	0
14	张家界港	4.7	2.49	6	0	228	0	6	0	208	0	28.5	0	0	0	0	19.9	0

注:序号 1—4(长沙港、湘潭港、株洲港、岳阳港)为规模以上港口;序号 1—14(常德港至张家界港)为规模以下地区重要港口。

续上表

序号	港口名称	港口岸线		2015年港口生产用泊位				其中:1978—2015年建成的生产用泊位				2015年港口货物和旅客吞吐量							
		港口规划岸线	其中:2015年前已建成岸线	生产用泊位数	其中:千吨级及以上	生产用泊位总长	其中:千吨级及以上	生产用泊位数	其中:千吨级及以上	生产用泊位总长	其中:千吨级及以上	货物吞吐量	其中:外贸货物吞吐量	集装箱吞吐量	滚装车辆		旅客吞吐量	其中:国际旅客	
															数量	重量			
		千米	千米	个	个	米	米	个	个	米	米	万吨	万吨	万TEU	万辆	万吨	万人	万人	
1	醴陵港	—	2.73	23	0	841	0	0	0	0	0	27.5	0	0	0	0	0	0
2	攸县港	—	2.13	20	0	805	0	0	0	0	0	50.6	0	0	0	0	0	0
3	茶陵港	—	6.71	63	0	2469	0	0	0	0	0	55.7	0	0	0	0	0	0
4	湘乡港	—	0.4	8	0	400	0	8	400	0	0	0	0	0	0	0	12.3	0
5	澧县港	2.3	1.98	16	0	830	0	39	0	830	0	146.5	0	0	0	0	0	0
6	安乡港	1.6	1.36	14	0	1358	0	14	0	1358	0	129.5	0	0	0	0	0	0
7	临澧港	0.8	0.8	4	0	158	0	8	0	800	0	35.8	0	0	0	0	0	0
8	汉寿港	3.3	3.3	12	0	695	0	18	0	600	0	130	0	0	0	0	0	0
9	石门港	—	0.65	4	1	160	100	0	0	0	0	133.4	0	0	0	0	0	0
10	桃江港	2.1	2.11	9	0	353	0	9	0	353	0	263	0	0	0	0	0	0
11	安化港	2.91	2.9	45	0	1640	0	40	0	1440	0	284.5	0	0	0	0	70	0
12	衡东港	2.56	1.85	5	0	160	0	0	0	100	0	53.3	0	0	0	0	8.9	0
13	衡南港	0.98	0.4	12	0	208	0	1	0	200	0	76.5	0	0	0	0	28.5	0
14	衡山港	2.7	0.71	1	1	100	100	5	1	100	100	38	0	0	0	0	0	0
15	耒阳港	1.19	0.22	3	0	100	0	4	0	100	0	572.5	0	0	0	0	0	0
16	常宁港	1.65	0.55	1	1	275	100	3	1	38	100	43.2	0	0	0	0	0	0
17	祁东港	2.45	3.06	2	0	80	0	0	0		0	44.2	0	0	0	0	0	0
18	沅陵港	—	4.28	35	0	1887	0	35	0	1887	0	40.94	0	0	0	0	104.63	0
19	洪江港	—	2.13	176	0	5713	0	165	0	5979	0	205.01	0	0	0	0	191.64	0

规模以下其他一般港口

续上表

序号	港口名称	港口岸线		2015年港口生产用泊位				其中:1978—2015年建成的生产用泊位				2015年港口货物和旅客吞吐量						
		港口规划岸线	其中:2015年前已建成岸线	生产用泊位数	其中:千吨级及以上	生产用泊位总长	其中:千吨级及以上	生产用泊位数	其中:千吨级及以上	生产用泊位总长	其中:千吨级及以上	货物吞吐量	其中:外贸货物吞吐量	集装箱吞吐量	滚装车辆 数量	滚装车辆 重量	旅客吞吐量	其中:国际旅客
		千米	千米	个	个	米	米	个	个	米	米	万吨	万吨	万TEU	万辆	万吨	万人	万人
20	怀化港	—	—	73	0	2762	0	73	0	2762	0	0	0	0	0	0	82.54	0
21	新化港	—	1.47	43	0	1470	0	0	0	0	0	148.9	0	0	0	0	13.7	0
22	冷水江港	—	1.4	12	0	380	0	0	0	0	0	96.6	0	0	0	0	3.6	0
23	双峰港	—	0.41	7	0	216	0	0	0	0	0	6.3	0	0	0	0	9.6	0
24	涟源港	1.96	0.13	4	0	70	0	0	0	0	0	38.4	0	0	0	0	20.1	0
25	新邵港	—	0.62	20	0	618	0	20	0	500	0	43.01	0	0	0	0	9.58	0
26	隆回港	—	2.06	52	0	2065	0	52	0	1500	0	54.06	0	0	0	0	7.9	0
27	洞口港	—	0.37	9	0	356	0	9	0	200	0	23.38	0	0	0	0	2.15	0
28	邵阳县港	—	2.02	52	0	2019	0	52	0	1000	0	66.66	0	0	0	0	8.25	0
29	新宁港	—	2.1	53	0	2104	0	53	0	1800	0	41	0	0	0	0	8.55	0
30	武岗港	4.6	0.13	12	0	128	0	12	0	0.13	0	3.6	0	0	0	0	1.81	0
31	慈利港	2.6	1.33	4	0	145	0	4	0	145	0	26.32	0	0	0	0	7.15	0
32	桑植港	2.6	2.2	5	0	200	0	5	0	200	0	9.68	0	0	0	0	2.07	0
33	汝城港	—	0.51	1	0	20	0	1	0	20	0	0	0	0	0	0	0.47	0
34	永兴港	—	2.31	8	0	156	0	8	0	156	0	0	0	0	0	0	6.37	0
35	桂阳港	—	0.42	10	0	200	0	10	0	200	0	0	0	0	0	0	3.97	0
36	苏仙港	—	1.41	2	0	40	0	2	0	40	0	6.46	0	0	0	0	0	0
37	祁阳港	—	1.56	50	0	1618	0	50	0	1618	0	126.54	0	0	0	0	69.85	0
38	江华港	—	0.12	6	0	116	0	6	0	116	0	6.93	0	0	0	0	0	0

规模以下其他一般港口

续上表

序号	港口名称	港口岸线		2015年港口生产用泊位				其中:1978—2015年建成的生产用泊位				2015年港口货物和旅客吞吐量						
		港口规划岸线	其中:2015年前已建成岸线	生产用泊位数	其中:千吨级及以上	生产用泊位总长	其中:千吨级及以上	生产用泊位数	其中:千吨级及以上	生产用泊位总长	其中:千吨级及以上	货物吞吐量	其中:外贸货物吞吐量	集装箱吞吐量	滚装车辆		旅客吞吐量	其中:国际旅客
															数量	重量		
		千米	千米	个	个	米	米	个	个	米	米	万吨	万吨	万TEU	万辆	万吨	万人	万人
39	道县港	—	2.74	73	0	2687	0	73	0	2687	0	112.04	0	0	0	0	31.41	0
40	双牌港	—	4.88	20	0	664	0	20	0	664	0	26.19	0	0	0	0	83.85	0
41	保靖港	—	0.31	10	0	300	0	0	0	300	0	12	0	0	0	0	23.5	0
42	古丈港	—	0.11	5	0	110	0	0	0	0	0	2.1	0	0	0	0	12.2	0
43	龙山港	—	0.21	5	0	200	0	0	0	0	0	0.28	0	0	0	0	0	0
44	永顺港	—	0.02	2	0	80	0	0	0	0	0	0	0	0	0	0	30	0
45	株洲县港	—	1.81	33	0	1542	0	0	0	0	0	752	0	0	0	0	0	0
合计		249.25	141.4	1867	110	84191	9993	1425	497	65083.13	11596.5	28953.89	381.1	36.7	0	0	1381.91	—

规模以下其他一般港口

目前,长沙港的陆域面积为 208.66 万平方米,水域面积为 92.07 公顷,港口生产已使用岸线 4284 米。

长沙港货运港区共有 9 个作业区(含每个港区预留 1 个作业区),其中霞凝港区 4 个作业区,包括新港、金霞、沙河口、香炉洲(预留);新康港区 2 个作业区,包括新康、靖港(预留);铜官港区 3 个作业区,包括铜官、金钩寺、蔡家塅(预留)。

港口航道湘江永州苹岛至衡阳段航道为三级航道,衡阳至城陵矶段航道为二级航道。

长沙港现有港口锚地 2 处,均为停泊习惯形成自然锚地,主要服务于霞凝港区,其中 1 处为危化锚地,1 处为普货锚地,均位于霞凝港区湘江左岸。

2. 港口水文气象

长沙市属中亚热带季风湿润气候区,冬寒夏热,四季分明,春秋短处,冬夏绵长,具有春季多雨、秋季晴朗多旱特点。多年平均气温 17.2 摄氏度,1 月气温最低,7 月气温最高,气温由南向北逐渐降低,温差不大。地区降水量较丰富,多年平均降水量 1400.6 毫米,降水年际间变化大,年内分布不均。年降水多集中在 3—7 月,4—6 月三个月降水一般占全年降水 40% 以上。长沙冬季盛行偏北风,夏季盛行偏南风,春秋两季以偏北风居多。雾日多发生在冬春两季,雾的出现多在清晨和夜间,上午 10 时以后消散。多年平均雾日 26.4 天。

湘江长沙以上流域内已建成了涔天河、双牌、东江、欧阳海、青山垅、酒埠江、株树桥、官庄、水府庙、黄材等多座大型水库,水库集水面积之和达 25963 平方米。湘江干流建有宋家洲、近尾洲、大源渡和株洲等梯级水库、湘江长沙综合枢纽。水利工程及人类活动对湘江长沙河段水沙条件有一定影响。湘江是少沙河流,湘潭水文站多年平均输沙量 987 万吨,多年平均悬移质含沙量为 0.16 千克/立方米。来沙主要集中在汛期,湘潭站 4—8 月来沙占全年的 87%。因上游水库拦蓄影响,近年来沙量逐渐减少。

已建成的湘江长沙综合枢纽是具有航运、发电等功能的综合性枢纽,坝址位于长沙市境湘江干流蔡家洲,正常蓄水位 29.7 米。2017 年,受特大洪灾影响,湘江水位突破历史水位,达 39.49 米。长沙综合枢纽建设改变了长沙市境内湘江干流及主要支流浏阳河的天然水文条件。湘江库区河段、浏阳河库区河段水位受水库运行方式影响;枢纽坝址下游河道,洪水期水位变化不大,枯水期水位受水库调节影响有所抬高。

3. 发展成就

世纪之交,长沙市人民政府以战略眼光规划市政和水运基础设施建设,至 2011 年逐步调整、制定了《长沙港总体规划》,并经交通部和省人民政府联合初审。规划长沙港由霞凝、铜官、新康、客运四大港区组成,岸线长度近 2 万米,建设 1000 吨级至 2000 吨级泊位。

首举,将老城区港区码头整体性北迁,新建长沙主枢纽霞凝港区。港区总体规模宏大,岸线长 7410 米,并建港区铁路专线及其他配套工程,物流园区为华中地区之最。工程于 1998 年动工,至 2008 年一二期工程先后竣工投产,其设施、功能、科技含量等均居全国内河港口一流水平。

2002 年 5 月,长沙新港经交通部、长沙海关批准,开通国际集装箱内支线运输和信息化管理系统,2011 年开辟至上海国际集装箱运输"五定班轮"（定装卸港口、定运输线路、定班轮船期、定运输时间、定全程运价）,发展 7 条国际集装箱运输线和遍及近海通达韩国、日本、美西、欧洲、澳洲、非洲、南美洲、地中海等数十条国际航线,每周有进出口国际集装箱航班 30 多个,货物通过湘江入长江经上海港口中转运往世界各基本港,形成物流全球的水路网络体系。

长沙水运基础设施建设进展显著,建设干支相通、江海直达的航道体系,构筑母港、子港科学配置的港区群落,打造水路与公路、铁路、航空、管道、城市道路紧密衔接的有机架构,开辟兼适外向内需的航线网络,"东方莱茵河"渐现倩影。

长沙港港区分布图如图 9-8-1 所示,长沙港基本情况见表 9-8-2。

图 9-8-1 长沙港港区分布图

（二）霞凝港区

1. 港区综述

（1）港区建设概况和运营情况

霞凝港区位于湘江长沙枢纽上游的右岸,工程于 1998 年动工,至 2008 年一二期工程先后竣工投产,目前三期工程建设项目正在施工。上起长沙市三环线月亮岛大桥,下至蔡家洲洲头。规划港区由新港作业区、金霞作业区、沙河口作业区组成。目前主要由霞凝新港一二期工程、湖南省金霞港口有限公司码头组成。

表 9-8-2

长沙港基本情况表

序号	港区名称	港口岸线		2015年港口生产用泊位				其中:1978—2015年建成的生产用泊位				2015年港口货物和旅客吞吐量						
		港口规划岸线	其中:2015年前已建成岸线	生产用泊位数	其中:千吨级及以上	生产用泊位总长	其中:千吨级以上	生产用泊位数	其中:千吨级以上	生产用泊位总长	其中:千吨级及以上	货物吞吐量	其中:外贸货物吞吐量	集装箱吞吐量	滚装车辆 数量	滚装车辆 重量	旅客吞吐量	其中:国际旅客
		千米	千米	个	个	米	米	个	个	米	米	万吨	万吨	万TEU	万辆	万吨	万人	万人
1	霞凝港区	7.41	3.2	20	9	2632	677	20	9	2632	2332	4130	105.9	12.1	0	0	0	0
2	铜官港区	7.1	0.35	3	0	350	—	2	0	140	140	100	0	0	0	0	0	0
3	新康港区	3.54	0	—	—	—	—	—	—	—	—	—	—	—	—	—	—	—
4	客运港区	6.4	0	—	—	—	—	—	—	—	—	—	—	—	—	—	—	—
5	前霞凝港区	—	—	—	—	—	—	—	0	—	0	—	—	—	—	—	—	—
6	前铜官港区	—	—	—	—	—	—	—	0	—	0	—	—	—	—	—	—	—
7	暮云港区	—	—	3	—	80	—	—	0	—	0	—	—	—	—	—	—	—
8	支流港区	—	—	15	—	290	—	—	0	—	0	—	—	—	—	—	—	—
9	坪塘港区	—	—	—	—	183	—	—	0	—	0	—	—	—	—	—	—	—
10	主城区港区	—	—	—	—	—	—	—	0	—	0	—	—	—	—	—	—	—
11	丁字湾港区	—	—	12	—	320	—	—	0	—	0	—	—	—	—	—	—	—
12	长沙县港区	—	—	9	—	429	—	—	0	—	0	—	—	—	—	—	—	—
13	美姿港区	—	—	—	—	—	—	—	0	—	0	—	—	—	—	—	—	—

续上表

序号	港区名称	港口岸线		2015年港口生产用泊位				其中:1978—2015年建成的生产用泊位				2015年港口货物和旅客吞吐量						
		港口规划岸线	其中:2015年前已建成岸线	生产用泊位数	其中:千吨级及以上	生产用泊位总长	其中:千吨级及以上	生产用泊位数	其中:千吨级及以上	生产用泊位总长	其中:千吨级及以上	货物吞吐量	其中:外贸货物吞吐量	集装箱吞吐量	滚装车辆 数量	滚装车辆 重量	旅客吞吐量	其中:国际旅客
		千米	千米	个	个	米	米	个	个	米	米	万吨	万吨	万TEU	万辆	万吨	万人	万人
14	雨花区港区	—	—	—	—	—	—	—	0	—	0	—	—	—	—	—	—	—
15	岳麓区港区	—	—	—	—	—	—	—	0	—	0	—	—	—	—	—	—	—
16	开福区港区	—	—	—	—	—	—	—	0	—	0	—	—	—	—	—	—	—
17	望城区港区	—	—	—	—	—	—	—	0	—	0	—	—	—	—	—	—	—
	合计	24.45	3.55	62	9	4284	677	22	9	2772	2472	4230	105.9	12.1	0	0	0	0

注:1. 序号1~4港区为《长沙港总体规划》(2015—2030)规划港区,4~17港区为规划前港区。

2. 序号5~11港区内码头均因砂石码头整治在2015年前已拆除。

3. 序号12~17港区内码头均因砂石码头整治在2015年前已拆除,且都为300吨级斜坡码头。

(2)港区地理条件和集疏运概况

长沙市主干道滨江大道在霞凝港区后方通过,在附近与城市主干道外环线互通交叉。港区通过进出港道路,经滨江大道、金霞大道可快捷通达市区各处。距该港区约4.18千米的霞凝铁路货运站,是石长铁路与京广铁路的接轨站,港口的集疏运交通十分便捷。

2. 港区工程项目

(1)长沙港口主枢纽霞凝港区一期工程

项目于2001年8月开工,2003年7月试运行,2004年8月竣工。

项目建设依据:2001年8月,湖南省交通厅《关于霞凝港区一期工程预可行性研究报告的批复》(湘计基础〔2001〕521号);2001年9月,湖南省交通厅《关于霞凝港区一期工程初步设计的批复》(湘交计统字〔2001〕489号);2001年2月,湖南省环境保护局《关于长沙港口主枢纽霞凝港区一期工程环境影响报告书的批复》(湘环评〔2001〕026号)。

项目建设2个1000吨级杂货泊位和2个1000吨级集装箱泊位,岸线长度320米。采用顺岸式布置,高桩式码头结构,前沿水深2.6米。堆场面积13.7万平方米,堆存能力5.0万吨,0.2万TEU。仓库面积0.72万平方米,仓库堆存能力0.1万吨。主要装卸设备配置35吨双梁龙门起重机2台,35吨/10吨-30米双梁龙门起重机2台,5吨—7.5米台架式起重机3台,16吨/5吨—30米C型龙门起重机1台,24吨正面起重机1台。项目总投资1.84亿元,其中中央投资8000万元,地方投资8000万元,企业投资2400万元。项目陆域用地22.0万平方米。

项目建设单位为湖南长沙新港有限责任公司;设计单位为湖南省交通规划勘察设计院;施工单位为湖南省航务工程公司、湖南省水利水电机械施工公司;监理单位为湖南省三湘交通建设有限公司;质监单位为湖南省交通质量监督站长沙分站。

项目获得荣誉:1999年12月,湖南省城乡建设厅颁布的湖南省优秀工程咨询成果一等奖;2001年12月,湖南省城乡建设厅颁布的湖南省优秀工程咨询成果一等奖;2005年12月,湖南省城乡建设厅颁布的湖南省优秀工程设计一等奖。

项目一期工程建成投产后吞吐量发展迅速,集装箱从2000年的1.0万TEU发展到2007年的9.3万TEU,年均增速达122%。2007年全港集装箱吞吐量达9.3万TEU,件杂货达79万吨,取得了良好的预期效果。社会各界评价该港是内河港口的样板工程,为改善湖南省全省以及长沙市的投资环境起到了重要的窗口作用。

(2)长沙港口主枢纽霞凝港区二期工程

项目于2004年12月开工,2006年8月试运行,2010年12月竣工。

项目建设依据:2004年3月,湖南省发展和改革委员会《关于长沙港口主枢纽霞凝港区二期工程可行性研究报告的批复》(湘发改基础〔2004〕149号);2004年8月,湖南省交通厅《关于长沙港口主枢纽霞凝港区二期工程初步设计的批复》(湘交计统字〔2004〕551

号);2004年,湖南省环保局《关于长沙港口主枢纽霞凝港区二期工程环境影响报告书的批复》(湘环评〔2004〕10号),2004年,长沙市水利局《关于长沙港口主枢纽霞凝港区二期工程水保事项的批复》(长水水保字〔2004〕2号);2004年,湖南省水利厅《关于长沙港口主枢纽霞凝港区二期工程涉河事项的批复》(湘水洞管〔2004〕5号)。

项目建设3个1000吨级集装箱泊位,1个1000吨级杂货泊位(水工结构兼顾2000吨),岸线长度295米。采用顺岸式布置,高桩式码头结构,前沿水深2.6米。堆场面积12.0万平方米,堆存能力10万吨,0.1万TEU。仓库面积8740平方米,仓库堆存能力10万吨。主要装卸设备35吨(吊具下)双梁龙门起重机2台,5吨—7.5米台架式起重机3台,16吨/5吨—30米C型龙门起重机3台,24吨正面起重机1台。项目总投资2.16亿元,其中申请交通部资金4420万元,湖南省交通厅资金3000万元,长沙市财政资金7580万元,企业自筹185万元,银行贷款4000万元。项目陆域用地20.1万平方米。

项目建设单位为湖南长沙新港有限责任公司;设计单位为湖南省交通规划勘察设计院;施工单位为长江航道局、江西省交通厅船务管理局港航工程处等;监理单位为湖南省三湘交通建设监理事务所、湖南华楚工程建设咨询监理公司;质量监督单位为湖南省交通建设质量监督站长沙分站、长沙市建筑工程质量监督站。

项目获得荣誉:2004年12月,交通运输部颁布的水运优秀工程咨询成果三等奖;2014年12月,交通运输部颁布的水运优秀工程设计三等奖。

项目建成以来,实际集装箱、件杂货等吞吐量多年平均166万吨,2015年全港集装箱吞吐量达12.1万TEU,件杂货达227万吨,运行情况较好,吞吐量较饱和,经营较繁忙,取得就业、货主节省运费等很大的社会效益。长沙港已成为辐射湖南省乃至我国西部地区的重要内河枢纽港口,成为湖南省集装箱航运发展中心和现代化物流中心,为湖南省和长沙市经济发展特别是对外贸易提供了一个有效平台。

(3)长沙丁字油库码头项目

项目于2007年10月开工,2009年10月竣工。

项目建设依据:2006年,湖南省发改委《关于长沙石油公司长沙丁字油库码头建设项目工可批复》(湘发改基础〔2006〕774号);2006年,湖南省环保厅《关于长沙石油公司长沙丁字油库码头建设项目环境影响评价报告的批复》(环评〔2006〕160号)。

项目建设1个1000吨级原油码头,岸线长度150米。采用顺岸式布置,浮码头结构,前沿水深2.8米。码头无堆场。主要装卸设备1艘趸船,趸船内有卸油泵3台,有消防泡沫枪、消防泵及应急物资。投资1800万元,为企业自筹。

项目建设单位为长沙丁字油库有限公司;设计单位为湖南省航务设计院;施工单位为丁字建筑集团;监理单位为华顺监理有限公司。

项目建成后平均年卸油周转量25万吨,为稳定长株潭的市场发挥了积极作用。

(4)中国石化长沙石油分公司长沙油库码头

项目于 2008 年 4 月开工,2009 年 4 月竣工。

项目建设依据:2003 年 10 月,湖南省发展计划委员会《关于中国石化长沙石油分公司长沙油库码头霞凝江岸油库项目的批复》(湘计经贸〔2003〕735 号);2006 年 12 月,中国石油化工股份有限公司《关于长岭—株洲成品油管道油库配套设施可行性研究报告的批复》(石化股份计〔2006〕494 号);2007 年 4 月,中国石油化工股份有限公司发展计划部《关于长岭—株洲成品油管道油库配套初步设计的批复》(石化股份计〔2007〕32 号);2007 年 12 月,湖南省发展计划委员会《关于中国石化长沙石油分公司长沙油库码头接转霞凝江岸油库项目基建计划的复函》(湘发改函〔2007〕230 号);2004 年 7 月,湖南省环境保护局《关于中国石化湖南长沙石油分公司霞凝江岸油库项目(一期)工程环境影响报告书的批复》(湘环评〔2004〕49 号)。

项目建设 1 个 1000 吨级成品油码头,岸线长度 350 米。码头采用顺岸式布置,浮码头结构,前沿水深 3.5 米。主要装卸设备包括规格 GZYB60-0.4 的摆动转子泵 1 台,规格 150CYZ-65 的卸油泵 3 台,规格 DN200 的软管 6 套。项目总投资 298.69 万元,均由企业自筹。

项目建设单位为中石化湖南石油分公司;设计单位为湖南省航务工程有限公司;施工单位为长沙建设工程集团有限公司;监理单位为湖南省三湘交通建设监理事务所;质量监督单位为长沙市工程建设质监站。

项目为石油化工码头,主要用于成品油汽油和柴油的装卸,属于备用性质,只在输油管道输运不足和管道检修期间营运。

(5)长沙港霞凝港区金霞作业区一期工程

项目于 2013 年 8 月开工,2015 年 9 月试运行,2017 年 1 月竣工。

项目建设依据:2012 年,湖南省发展和改革委员会《长沙港霞凝港区金霞作业区码头建设工程可行性研究报告的批复》(湘发改基础〔2012〕446 号);2011 年 9 月,湖南省安全生产监督管理局《长沙港霞凝港区作业区码头建设工程安全预评价报告备案的函》;2011 年,湖南省航务管理局《关于长沙港霞凝港区金霞作业区一期工程有关通航问题的批复》(湘航务航道字〔2011〕91 号);2012 年,湖南省交通运输厅《关于长沙港霞凝港区金霞作业区一期工程初步设计批复》(湘交计统〔2012〕531 号);2013 年,湖南省交通运输厅《关于长沙港霞凝港区金霞作业区一期工程第一批施工图设计(水工结构及部分附属工程)的批复》(湘交基建字〔2013〕104 号);2015 年,湖南省交通运输厅《关于长沙港霞凝港区金霞作业区一期工程第二批(陆域工程)施工图设计的批复》(湘交办函〔2015〕460 号);2012 年,湖南省环境保护厅《关于长沙港霞凝港区金霞作业区一期工程环境影响报告书的批复》(湘环评〔2012〕50 号);2011 年,湖南省水利厅《关于长沙港霞凝港区金霞作业区一期工程建设方案涉河管理事项的批复》（湘水许〔2011〕207 号）；2013 年 1 月，交通运输部《关于长沙港霞凝港区金霞作业区一期工程使用港口岸线的批复》（交规划发〔2013〕34 号）。

项目建设 2 个 5000 吨级多用途泊位、1 个 2000 吨级杂货泊位、1 个 2000 吨级散粮泊位和 1 个 2000 吨级成品油泊位（水工结构兼顾 3000 吨），岸线长度 543 米。采用引桥式布置，高桩式码头结构，前沿水深 3.0 米。堆场面积 150.0 万平方米，堆存能力 30 万吨。主要装卸设备实际配置：2 号泊位配置 1 台 16 吨—25 米门机和 1 台 250 吨/小时吸粮机来完成散粮和部分件杂货的装卸船作业，散粮由门机（配漏斗）抓起后卸至码头上的漏斗内；4 号泊位配置 1 台 10 吨—25 米门机进行件杂货的装卸船作业，5 号泊位配置 1 台 25 吨—25 米门机、6 号泊位配置 1 台 45 吨—25 米门机来完成集装箱、钢材和其他件杂的装卸船作业。水平运输工艺：钢材、袋粮和其他件杂货的水平运输采用牵引平板车，集装箱水平运输采用集装箱牵引半挂车；散粮的水平运输采用自卸车。项目总投资 4.38 亿元，其中资金主要来源为企业自筹和政策资金，90% 企业自筹，10% 政策资金。项目陆域用地 3.68 万平方米。

项目建设单位为湖南长沙金霞港口有限公司；设计单位为中交第二航务工程勘察设计院有限公司；施工单位为湖南省航务工程有限公司；监理单位为湖南三湘交通建设监理事务所；质量监督单位为湖南省交通建设质量监督水运站。

重大事项：①2017 年 2 月 15 日，长沙市消防部门组织对长沙港霞凝港区金霞作业区一期工程消防设施验收。②2017 年 9 月 20 日，长沙市地方海事局《关于长沙霞凝港区金霞作业区一期工程安全验收评价报告备案函》〔2007〕长海备字 1004 号。③2017 年 9 月 12 日，长沙市水利局《关于长沙港霞凝港区金霞作业区一期工程建设水土保持验收函》湘水〔2017〕233 号。④2017 年 8 月 21 日，长沙市海事局《关于长沙港霞凝港区金霞作业区一期工程安全生产应急预案备案函》〔2017〕长海备字 1003 号。⑤2017 年 6 月 9 日，三湘评价公司出具建设项目职业病危害控制效果评价报告评审意见。⑥2017 年 2 月 8 日，水工结构工程、陆域工程档案初验认可证。⑦2018 年 2 月 12 日，湖南省环境管理局《关于长沙港霞凝港区金霞作业区一期工程环境影响验收报告的批复》（湘环评验〔2018〕6 号）。

项目投产后的运营情况很好，港口货物吞吐量逐年增长，2014—2017 年吞吐量分别为：43.7 万吨、111.26 万吨、111.51 万吨、268 万吨。

（6）长沙港口主枢纽霞凝港区三期工程

项目于 2014 年 1 月开工，截至 2015 年，该项目尚未竣工。

项目建设依据：2009 年 1 月，湖南省发展和改革委员会《关于长沙港霞凝港区三期工程可行性研究报告的批复》（湘发改交能〔2009〕11 号）；2011 年 10 月，湖南省发展和改革委员会《关于长沙港霞凝港区三期工程可行性研究调整报告的批复》(湘发改基础〔2011〕1608 号);2009 年 10 月,湖南省交通运输厅《关于长沙港霞凝港区三期工程初步设计的批复》(湘交计统〔2009〕458 号);2011 年 12 月,湖南省交通运输厅《关于长沙港霞凝港区三期工程初步设计(调整)的批复》(湘交计统〔2011〕621 号);2008 年 10 月,湖南省环境保护局《关于〈长沙港霞凝港区三期工程环境影响报告书〉的批复》(湘环评〔2008〕166 号);2008 年 6 月,湖南省水利厅《关于长沙港霞凝港区三期工程水土保持方案的同意书的批复》(湘水许〔2008〕71 号);2011 年 2 月,交通运输部《关于长沙港霞凝港区三期工程使用港口岸线的批复》(交规划发〔2011〕44 号)。

项目建设 6 个 2000 吨级多用途码头泊位(水工结构兼顾 3000 吨),岸线长度 898 米。采用顺岸式布置,高桩式结构,前沿水深 6 米。堆场面积 3000 平方米,堆存能力 20 万吨。主要装卸设备 5 吨—7.5 米台架式起重机 3 台,16 吨/5 吨—30 米 C 型龙门起重机 3 台,24 吨正面起重机 1 台,滚装码头 60 米趸船及引桥设施一套。项目总投资 7.05 亿元,来源为部省资金、市政府投入以及 2013 年 7 月市长办公会议纪要明确的 72.93 万平方米土地的开发收益。项目陆域用地 6.67 万平方米。

项目建设单位为湖南长沙新港有限责任公司;设计单位为湖南省交通规划勘察设计院;施工单位为湖北省航道工程公司、湖南省航务工程公司;监理单位为湖南省三湘交通建设监理事务所、广东南港工程监理咨询有限公司;质量监督单位为湖南省水运工程质量检测站。

(7)湖南省望城船舶厂多用途码头改造项目

项目于 2015 年 7 月开工,2016 年 7 月试运行,2017 年 12 月竣工。

项目建设依据:2015 年 11 月,长沙市发改委《关于湖南省望城船舶厂多用途码头改造工程可行性研究报告的批复》(批准文号(2015)346 号);2017 年,长沙市交通运输局《关于湖南省望城船舶厂码头加固工程一阶段施工图设计批复》(长交港航〔2017〕12 号);2017 年 12 月,长沙市交通运输局《关于湖南省望城船舶厂码头加固工程竣工验收的批复》(长交港航〔2017〕270 号);2010 年 3 月,望城县环境保护局《关于湖南省望城船舶厂环境影响报告的批复》(望环批〔2010〕12 号);2016 年 5 月,长沙市望城区环境保护局签发《湖南省望城船舶厂多用途泊位码头改造工程环境影响报告初审表》(望环初审〔2016〕8 号);2016 年 6 月,长沙市环境保护局签发《湖南省望城船舶厂多用途泊位码头改造工程环境影响报告审核表》(长环评〔2016〕74 号);2017 年 9 月,长沙市环境保护局《关于湖南省望城船舶厂多用途泊位码头改造工程竣工环境保护验收意见》(长环评验〔2017〕43 号);2016 年 3 月,湖南省水运管理局《关于湖南省望城船舶厂码头有关通航问题的批复》(湘水运航〔2016〕41 号);2015 年 12 月,长沙市望城水务局《关于湖南省望城船舶厂多用途泊位改造项目水土保持方案的批复》(望水许〔2015〕39 号)。

项目建设 4 个 5000 吨级多用途泊位,岸线长度 300 米。采用顺岸式布置,重力式码头结构,前沿水深 2 米。堆场面积 1.05 万平方米。主要装卸设备包括 4 台 10 吨—25 米固定回转式起重机。项目总投资 2728.24 万元,为企业自筹。项目陆域用地,使用原厂造船生产区用地。

项目建设单位为湖南省望城航运总公司;设计单位为长沙港胜咨询有限公司;施工单位为望城丁字建筑公司;监理单位为育才—布朗交通咨询监理有限公司;质量监督单位为长沙市交通运输局质量监督站。

（三）铜官港区

1. 港区综述

（1）港区建设概况和运营情况

由铜官作业区和金钩寺作业区组成,规划布置 13 个 2000 吨级泊位,2015 年,长沙港铜官港区一期项目已建成。

（2）港区地理条件和集疏运概况

铜官港区位于湘江右岸,上起铜官渡口,下至金钩寺。港区后方是长沙市铜官循环经济工业园,港区通过进港道路,经沿江大道、金霞大道可快捷到达市区各处,交通十分便捷。

2. 港区工程项目

湖南华电长沙发电有限公司煤码头项目:

项目于 2012 年 3 月开工,2013 年 5 月试运行,2016 年 12 月竣工。

项目建设依据:2013 年 2 月,湖南省发展和改革委员会《关于核准湖南华电长沙发电有限公司煤码头工程项目申请报告的批复》（湘发改基础〔2013〕147 号）;2013 年 12 月,湖南省交通运输厅《关于湖南华电长沙发电有限公司煤码头工程初步设计的批复》（湘交计统〔2013〕510 号）;2012 年 8 月,湖南省环保厅《关于湖南华电长沙发电有限公司煤码头工程环境影响报告的批复》（湘环评〔2012〕274 号）。

项目建设 1 个 2000 吨级煤炭泊位,岸线长度 140 米。采用顺岸式布置,浮码头结构,前沿水深 6 米。主要装卸设备煤炭卸运生产线一条。项目总投资 3776 万元,为企业自筹。

项目建设单位为湖南华电长沙发电有限公司;设计单位为湖南省航务勘察设计研究院;施工单位为湖南省中源航务工程有限责任公司;监理单位为湖南省三湘交通建设监理事务所;质量监督单位为长沙市交通运输局质量监督站。

码头建设后优化了长沙电厂进煤通道,同时也降低码头接卸成本。经济效益:原从船上卸煤到转运汽车价格为 7 元/吨,码头建设后卸煤价格为 2.8 元/吨,价格差为 4.2 元/吨。按照设计每年接卸 100 万吨,可节约生产成本 420 万元/年。

三、湘潭港

(一)港口概况

1. 港口综述

湘潭港位于湖南省湘潭市境内的湘江河段,顺湘江而下经城陵矶可达长江沿岸城市直至近海。自古以来湘潭水运昌盛,"一江两岸十八总",水运运出了湘潭历史上"金湘潭""小南京"的繁荣和盛名。湘潭自明末开始建港,沿江十里兴建码头十余处,现由铁牛埠港区、易俗河港区、九华港区 3 大货运港区和 1 个水上污染防治救援基地码头、1 个水上服务区、10 个旅游客运码头、6 个管理专用码头组成。目前港区河段为二级航道,跨河桥梁共有 11 座。

2. 港口水文气象

湘潭属亚热带季风湿润气候区,受季风影响大。冬季多为西伯利亚干冷气团控制,气候较干燥寒冷;夏季为低纬海洋暖湿气团所盘踞,温高湿重。春夏之交,本流域正处在冷暖气流交汇的过渡地带,锋面及气旋活动频繁,形成阴湿多雨的梅雨天气。

年平均气温 17.3 摄氏度,历史最高气温 40.4 摄氏度(1962 年 7 月 21 日),历史最低气温 –11.1 摄氏度(1972 年 2 月 9 日)。年中 1 月气温最低,3 月后增高较快,7 月气温最高,9 月明显下降。湘潭地区常风向为北西北,频率 39.1%,多年平均风速 1.9 米/秒,历年最大风速 20.0 米/秒。冬季盛行偏北风,夏季盛行偏南风,春秋两季仍以偏北居多,年大风日数多在 5 ~ 10 天之间。

湘潭四季分明,雨量充沛,多年平均降雨量 1460 毫米,最大降雨量 2081 毫米(1953年),最小降雨量 994.4 毫米(1968 年),多年平均降雨日 152 天,其中中雨(≥10 毫米)年约 20 天,降雨集中在 4—6 月。全市水资源总量多年平均为 37.75 亿立方米。多年平均降雾日为 20 天,多发生春冬雨季,最长持续时间为 3 小时,折算成满日年平均 2.5 天。

每年 11 月至次年 3 月为降雪期,多年平均降雪天数 12.9 天,最大积雪厚度 25 厘米。港区无冰冻史。

3. 发展成就

2002 年第一个 1000 吨级码头(湘潭港十四总集装箱码头)建成投产后,标志着湘潭港现代化建设序幕开启。随后,湘潭市进一步解放思想,转变思路,首开全省利用社会民间资本投资水运港口建设的先河,利用社会民间资金达 3 亿元,先后建成了铁牛埠一期、河西中心港一期、寒鸡港矿石接卸线、顺通散货码头等;铁牛埠一期还设有与湘钢厂区相接的专用铁路线,为湘潭港唯一的水铁联运码头。

湘潭港港区分布图如图 9-8-2 所示,湘潭港基本情况见表 9-8-3。

图 9-8-2　湘潭港港区分布图

（二）铁牛埠港区

1. 港区综述

（1）港区建设概况和运营情况

铁牛埠港区主要为湘钢、湘潭电厂、湘电集团、胜利钢管等大型临江企业提供产成品和原材料的运输服务，是以金属矿石、钢材、煤炭和件杂为主的综合型港区。该港区划分为马家河作业区、向家塘作业区和湘钢作业区。铁牛埠港区是湘潭港建设项目集中的港区，建设项目有铁牛埠港区一期项目、寒鸡港散货卸载线项目、电厂煤码头项目、湘钢宽厚板项目等重点项目。

（2）港区地理条件和集疏运概况

铁牛埠港区位于湘江右岸，上起古桑洲洲头，下至湘钢宽厚板码头。该段岸线上游段顺直、下游段为凸岸，水深条件较好。受桥梁和水厂取水口的限制，结合现有码头的分布情况，该港区划分为马家河作业区、向家塘作业区和湘钢作业区。

马家河作业区河段为丘陵平原河道，陆域后方为滨江大道，滨江大道河岸之间陆域纵深约 300 米，作业区邻近京广高速公路。陆域后方 400 米处建有湘潭电厂的专用铁路线。作业区下游处已有东二环通往双马工业园。

湘潭港基本情况表

表 9-8-3

序号	港区名称	港口岸线		2015年港口生产用泊位				其中:1978—2015年建成的生产用泊位				2015年港口货物和旅客吞吐量						
		港口规划岸线	其中:2015年前已建成岸线	生产用泊位数	其中:千吨级及以上	生产用泊位总长	其中:千吨级及以上	生产用泊位数	其中:千吨级及以上	生产用泊位总长	其中:千吨级及以上	货物吞吐量	其中:外贸货物吞吐量	集装箱吞吐量	滚装车辆 数量	滚装车辆 重量	旅客吞吐量	其中:国际旅客
		千米	千米	个	个	米	米	个	个	米	米	万吨	万吨	万TEU	万辆	万吨	万人	万人
1	铁牛埠港区	2.07	1.06	12	12	1055	1055	11	12	1055	1055	812	—	—	—	—	—	—
2	易俗河港区	0.40	—	7	—	350	—	7	—	350	—	188	—	—	—	—	—	—
3	河西港区	0.50	1.0	18	1	800	75	15	1	650	75	85	—	—	—	—	—	—
4	荷塘港区	0.93	0.4	1	—	50	—	12	—	50	—	0	—	—	—	—	—	—
5	九华港区	0.88	0.5	13	2	725	75	3	2	725	225	166	—	—	—	—	—	—
	合计	4.78	2.96	51	15	2980	1205	48	15	2830	1355	1251	0	0	0	0	0	0

湘钢作业区位于湘潭钢铁厂沿线,湘江右岸。作业区主要承担湘钢的煤炭、金属矿石等原材料和钢材等产品的运输,集疏运条件好。

2.港区工程项目

(1)湘潭寒鸡港散货装卸线工程

项目于2003年12月开工,2004年7月试运行,2004年12月竣工。

项目建设依据:2003年2月,湘潭经济委员会《关于湘潭寒鸡港卸载线工程可行性研究报告的批复》(潭经发〔2003〕28号);2003年3月,湘潭市环境保护局核发《湘潭寒鸡港卸载线工程100万吨散货卸载线环境影响报告表》(潭环函〔2003〕52号)。

项目建设2个1000吨级散货码头泊位,岸线长度189米。码头采用栈桥式布局,浮式结构。码头前沿水深2.46～6.32米。主要装卸设备配置包括趸船一艘,管径D400毫米的DG型管状带式输送机,廊道式皮带机各一条。项目总投资3162万元,为企业自筹。

项目建设单位为湘潭顺通散货装卸有限公司;设计单位为湖南省航务勘察设计研究院;施工单位为湖南省航务工程有限公司;监理单位为湖南省三湘交通建设监理事务所;质量监督单位为湖南省交通建设质量监督湘潭分站。

项目建成投产后,作为货主专用码头,业主湘潭顺通散货装卸有限公司负责经营,运营效率很高,每年该码头为湘钢输送铁矿石达300万吨。

(2)湘潭铁牛埠港区一期工程

项目于2004年12月开工,2007年4月试运行,2016年9月竣工。

项目建设依据:2003年5月,湖南省发展计划委员会《关于湘潭铁牛埠港区一期工程可行性研究报告的批复》(湘计基础〔2003〕585号);2003年6月,湖南省交通厅《关于湘潭铁牛埠港区一期工程初步设计的批复》(湘交计统字〔2003〕581号);2006年2月,湖南省交通厅《关于湘潭铁牛埠港区建设一期工程施工图设计的批复》(湘交基建字〔2006〕30号);2003年5月,湖南省环境保护局《关于湘潭铁牛埠港区一期工程建设项目环境影响报告书的批复》(湘环评〔2003〕39号)。

项目建设3个1000吨级码头泊位,其中件杂货泊位1个、散货泊位1个、重件泊位1个,岸线长度240米。码头采用顺岸式布局,高桩式结构。码头前沿水深2.5米。项目后方堆场面积1.82万平方米,堆存能力15.0万吨;仓库面积0.24万平方米,堆存能力1万吨。主要装卸设备配置25吨的港口门座起重机4台,轨距>50米的轨道式集装箱2台,额定生产率<500吨/小时的皮带输送机3台,其他输送机26台。项目总投资7982.48万元,其中政府投资3000万元。项目用地面积4.73万平方米。

项目建设单位为湖南金航港务有限责任公司;设计单位为湖南省航务勘察设计研究院;施工单位为江西省交通厅航务管理局港航工程处、湖南省航务工程公司、湖南金典建设工程有限公司;监理单位为湖南省三湘交通建设监理事务所;质量监督单位湖南省交通建设质量监督湘潭分站。

《湘潭铁牛埠港区建设工程可行性研究》获湖南省优秀工程咨询成果二等奖,奖项于2004年10月由湖南省工程咨询协会颁发。

项目建成投产后为湘钢、涟钢的钢材、铁矿石的水路运输提供了有力支撑,年均吞吐量近200万吨,湘钢、涟钢通过水运每年降低物流成本上亿元。

(3)湘潭电厂二期扩建工程煤码头项目

项目于2008年4月开工,2008年11月试运行,2013年8月竣工。

项目建设依据:2007年7月,湘潭市发展和改革委员会《关于湘潭电厂二期扩建工程煤码头项目工程可行性研究的批复》(潭发改工〔2007〕365号);2007年,湘潭市交通局《关于湘潭电厂二期扩建工程煤码头项目初步设计的批复》(潭交计基字〔2007〕160号);2008年3月,湘潭市交通局《关于湘潭电厂二期扩建工程煤码头项目施工图设计的批复》(潭交计基字〔2008〕44号);2015年2月,湘潭市交通运输局《关于大唐湘潭发电有限责任公司煤码头2号泊位续建工程两阶段初步设计的批复》(潭交工〔2015〕37号);2015年5月,湘潭市交通运输局《关于大唐湘潭发电有限责任公司煤码头2号泊位续建工程两阶段施工图设计的批复》(潭交工〔2015〕94号);2007年8月,湘潭市环境保护局《关于湘潭电厂二期扩建工程煤码头工程环境影响报告书的批复》(潭环函〔2007〕101号);2008年,交通运输部《湖南湘潭发电有限责任公司煤码头工程使用港口深水岸线的批复》(交规划发〔2008〕38号)。

项目建设2个1000吨级散货泊位(水工结构兼顾2000吨级),岸线长度200米。码头采用引桥式布局,浮式结构。码头前沿水深2.8~16.51米。项目后方堆场面积0.5万平方米,堆存能力20万吨。主要装卸设备配置包括2台GQ10吨-25米固定抓斗起重机,管径D400毫米的DG型管状带式输送机,廊道式皮带机。项目总投资8384.82万元,全部由企业自筹。用地面积1.93万平方米。

项目建设单位为湖南湘潭发电有限责任公司;设计单位为湖南省航务勘察设计研究院;施工单位为双马建设工程有限公司、湖南省第六工程公司、江苏神禹建设有限公司等;监理单位为湖南省三湘交通建设监理事务所、广州粤科工程建设监理咨询有限公司;质量监督单位为湖南省交通建设监督水运站。

项目建成投产后,通过水路运输,满足了湘潭发电有限责任公司发电需求,2号泊位建成投产后,电煤吞吐量达220万吨。

(4)湘潭港铁牛埠港区湘钢宽厚板专用码头(湘钢建设钢材码头技术改造项目)

项目于2010年2月开工,2011年6月试运行,2020年6月竣工。

项目建设依据:2009年,湖南省经济委员会《关于湘潭钢铁集团建设钢材码头技术改造项目工程可行性研究报告的批复》(湘经投资核〔2009〕184号);2010年2月,湖南省交通运输厅《关于湘潭港铁牛埠港区湘钢宽厚板专用码头(湘钢建设钢材码头技术改造项目)初步设计的批复》(湘交计统〔2010〕213 号);2010 年 6 月,湖南省交通运输厅《关于湘潭港铁牛埠港区湘钢宽厚板专用码头(湘钢建设钢材码头技术改造项目)施工图设计的批复》(湘交基建〔2010〕566 号);2009 年 2 月,湖南省环境保护厅《关于湘潭钢铁集团有限公司建设钢材码头技术改造项目环境影响报告的批复》(湘环评〔2009〕71 号)。

项目建设 3 个 1000 吨级件杂货泊位(水工结构兼顾 2000 吨级),岸线长度 315 米。码头采用顺岸式布局,高桩式结构。码头前沿水深 2.45 ~ 16.78 米。项目后方堆场面积 1 万平方米,堆存能力 50 万吨。主要装卸设备配置包括 40 吨龙门式起重机 1 台,50 吨门座式起重机 1 台,20 吨龙门式起重机 1 台,45 千牛牵引车 8 辆,60 吨平板车 24 辆。项目总投资 1.57 亿元,均为企业自筹。项目用地面积 4.92 万平方米。

项目建设单位为湘潭钢铁集团有限公司工程管理部;设计单位为湖南省航务勘察设计研究院;施工单位为湘西自治州航务工程有限公司、湖南省衡阳航务工程公司、上海信达机械有限公司等;监理单位为湖南省三湘交通建设监理事务所;质量监督单位为湖南省交通建设监督水运站。

项目建成投产后,标志着湘钢水运物流进入一个新的阶段,不仅降低了湘钢物流成本,缩短交货期、提高客户满意度,而且也是湘钢打造大物流钢材产品外发的一项关键工程。

(5)湘潭港铁牛埠港区寒鸡港作业区(顺达)散货物流码头技术改造项目

项目于 2010 年 9 月开工,2011 年 11 月试运行,2015 年 4 月竣工。

项目建设依据:2009 年,湖南省经济委员会《关于建设散货物流码头技术改造项目工程可行性研究报告的批复》(湘经投资核〔2009〕209 号);2010 年 4 月,湖南省交通运输厅《关于湘潭港铁牛埠港区寒鸡港作业区(顺达)散货码头(一期)一阶段施工图设计的批复》(湘交计统〔2010〕375 号);2009 年 2 月,湖南省环境保护厅《关于湘潭港铁牛埠港区寒鸡港作业区(顺达)散货码头技术改造项目环境影响报告书的批复》(湘环评〔2009〕78 号)。

项目建设 2 个 1000 吨级散货码头泊位(水工结构兼顾 2000 吨级),岸线长度 230 米。码头采用栈桥式布局,浮式结构。码头前沿水深 2.5 ~ 12.8 米。主要装卸设备配置包括 10 吨—25 米浮式起重机 4 台,宽度 1 米的矿石卸货普通皮带机,65 米 × 15 米 × 2.8 米趸船 2 艘。项目总投资 4184.45 万元,为企业自筹。

项目建设单位为湘潭顺达散货装卸有限公司;设计单位为湖南省航务勘察设计研究院;施工单位为湘潭水利电力开发有限公司、湖南华韧钢结构混凝土构件有限公司;监理单位为湖南省三湘交通建设监理事务所;质量监督单位为湖南省交通建设监督水运站。

项目是湘潭钢铁集团为"十一五"企业技术改造规划重点技术改造项目的配套工程,

项目建成后,缓解了湘钢进口矿石运输的紧张局面,降低了物流成本,年均吞吐量达 300 万吨。

(6)湘潭港铁牛埠港区二期工程

项目于 2012 年 5 月开工,2020 年 5 月竣工。

项目建设依据:2014 年 8 月,湖南省发改委《关于湘潭铁牛埠港区二期工程可行性研究报告的批复》(湘发改基础〔2014〕833 号);2015 年 2 月,湖南省交通运输厅《关于湘潭铁牛埠港区二期工程初步设计的批复》(湘交计统〔2015〕27 号);2018 年,湖南省交通运输厅《关于湘潭铁牛埠港区二期工程施工图设计的批复》(湘交批〔2018〕7 号);2013 年 5 月,湖南省环境保护厅《关于湘潭铁牛埠港区二期工程环境影响报告书的批复》(湘环评〔2013〕287 号)。

项目建设 2 个 2000 吨级码头泊位(水工结构兼顾 3000 吨级),其中通用泊位和重件泊位各一个,岸线长度 280 米。码头采用顺岸式布局,高桩式结构。码头前沿水深 3.1 ~ 17.5 米。项目后方堆场面积 2.75 万平方米,堆存能力 60 万吨;仓库面积 0.24 万平方米,堆存能力 5 万吨。主要装卸设备配置包括 300 吨/40 吨 - 40 米桥式起重机 1 台,40 吨 - 25 米、40 吨 - 25 米门式起重机各 1 台,40 吨 - 30 米、16 吨 - 30 米龙门式起重机各 1 台。项目总投资 2.26 亿元,其中政府投资 5070.0 万元。用地面积 3 万平方米。

项目建设单位为湘潭高新科技园区开发有限公司;设计单位为湖南省航务勘察设计研究院;施工单位为湘潭水利电力开发有限公司、湖南华韧钢结构混凝土构件有限公司;监理单位为湖南省三湘交通建设监理事务所;质量监督单位为湖南省交通建设监督水运站。

(三)易俗河港区

1. 港区综述

(1)港区建设概况和运营情况

易俗河港区是在原有小码头的基础上发展起来的,近年来随着货物运输业务增加,新建了易俗河港区一期工程码头两个千吨级泊位,是以件杂货为主兼顾集装箱的港区。2015 年尚未投入运营。

(2)港区地理条件和集疏运概况

易俗河港区位于涓水河口与涟水河口,湘江左岸。易俗河港区一期工程码头已建 1 个 1000 吨级件杂货泊位、1 个 1000 吨级多用途泊位,利用岸线 200 米。该河段为凹岸,但位于涓水河口与涟水河口之间,防洪大堤外边滩宽约 120 米。后方陆域主要是耕地及少量的居民楼。防洪大堤距离后方的 014 县道约 500 米,集疏运条件良好。

2.港区工程项目

湘潭港易俗河港区一期工程:

项目于2011年11月开工,2016年7月试运行,2020年7月竣工。

项目建设依据:2010年6月,湖南省发展和改革委员会《关于湘潭港易俗河港区一期工程可行性研究报告的批复》(湘发改交能〔2010〕205号);2010年10月,湖南省交通运输厅《关于湘潭港易俗河港区一期工程初步设计的批复》(湘交计统〔2010〕326号);2011年11月,湖南省交通运输厅《关于湘潭港易俗河港区一期工程水工建筑物施工图设计的批复》(湘交基建〔2011〕650号);2011年3月,湖南省环境保护厅《关于湘潭易俗河港区一期工程选址变更环境影响报告书的批复》(湘环评〔2011〕161号);2010年,交通运输部《关于湘潭港易俗河港区一期工程使用港口岸线的批复》(交规划发〔2010〕768号)。

项目建设2个1000吨级散货码头泊位(水工结构兼顾2000吨级),其中多用途及件杂货泊位各1个,岸线长度228米。码头采用顺岸式布局,高桩式结构。码头前沿水深3.1~13.51米。项目后方堆场面积1.16万平方米,堆存能力60万吨。主要装卸设备配置包括5吨—22米台架式起重机2台,35吨—30米、35吨—50米轨道式集装箱门机各1台。项目总投资1.35亿元,其中政府投资2500万元。用地面积2.2万平方米。

项目建设单位为湖南莲乡路桥建设投资有限公司;设计单位为湖南省航务勘察设计研究院;施工单位为湖南省中源航务工程有限责任公司;监理单位为湖南省三湘交通建设监理事务所;质量监督单位为湖南省交通建设监督水运站。

(四)九华港区

1.港区综述

(1)港区建设概况和运营情况

九华港区是近年来新建港区,主要为港区后方的汽车制造、工程机械、电子信息、钢铁产品深加工等大型企业服务。港区是以金属矿石、钢材、集装箱和件杂货运输为主,兼顾水上服务功能的综合型港区。投产后运营情况很好,年均吞吐量近150万吨。

(2)港区地理条件和集疏运概况

九华港区位于湘潭四桥(莲城大桥)与规划的昭华大桥之间,湘江左岸。港区现有河西中心港一期码头3个泊位,占用岸线225米。该河段为凹岸,近岸水深条件较好。后方陆域以旱地与山丘为主。后方已有疏港公路距码头前沿约300米,集疏运条件良好。

2.港区工程项目

湘潭河西中心港区一期工程:

项目于2005年10月开工,2006年12月竣工。

项目建设依据:2003年4月,湘潭市发展计划委员会《关于湘潭河西中心港区一期工程可行性研究报告的批复》(潭计工〔2003〕456号);2005年1月,湘潭九华经济区管理委员会《关于湘潭河西中心港区一期工程初步设计的批复》(潭九管发〔2005〕10号);2005年4月,湘潭市环境保护局《关于湘潭河西中心港区一期工程环境影响报告表的批复》(审批号〔2005〕49号)。

项目建设3个1000吨级码头泊位,其中散货泊位1个、重件泊位2个,岸线长度225米。码头采用顺岸式布局,重力式结构。码头前沿水深2.5~13.2米。项目后方堆场面积1.82万平方米,堆存能力50万吨;仓库面积0.24万平方米,堆存能力4万吨。主要装卸设备配置包括5吨—22米台架式起重机3台,35吨/10吨—30米、35吨/10吨—50米轨道式集装箱门机各1台。项目总投资6981.32万元,均为企业自筹。用地面积9.95万平方米。

项目建设单位为湖南华源港口物流有限公司;设计单位为湖南省交通规划勘察设计院;施工单位为双马建设工程有限公司、湖南省航务工程公司、湖南湘江工程建设有限公司;监理单位为湖南省水利电力工程建设监督咨询公司;质量监督单位为湖南省交通建设监督水运站。

项目建成投产后,为涟钢的钢材、铁矿石的水路运输提供了有力支撑,年均吞吐量近150万吨。

(五)原河西港区

1.港区综述

(1)港区建设概况和运营情况

原河西港区位于湘潭市老城区,也是湘潭港原来主要港区。改革开放以来该港区进行过多次改造建设,随着城市建设,从2010年开始,该港区的货运功能逐渐消失,港区现在以行政管理和旅游为主、同时兼顾临时矿建材料集疏运。

(2)港区地理条件和集疏运概况

原河西港区位于雨湖区,后方陆域为雨湖区城市中心区,为城市街道、黄梨嘴郊野公园。港区上首为杨梅洲及湘潭造船厂。港区已建有十四总~十六总货运码头、大步桥码头,后方陆域狭小,集疏运条件不好,与城市矛盾突出,2015年以前已全部取消货运功能。

2.港区工程项目

湘潭十四总集装箱项目:

项目于1991年6月开工,1994年6月试运行,2001年11月竣工。

项目建设依据:1988年11月,湖南省交通厅召开湘潭港千吨级泊位审查会议,形成

《湘潭港千吨级泊位审查会议纪要》（湘交计基字第456号）；1990年5月，湘潭市交通局组织召开湘潭十四总千吨级码头初步设计方案座谈会并形成《湘潭十四总千吨级码头初步设计方案座谈会纪要》（湘潭交航字〔1990〕第66号）。

项目建设1个1000吨级码头泊位，岸线长度120米。码头采用顺岸式布局，重力式结构。码头前沿水深2.1～13.5米。项目后方堆场面积1.82万平方米，堆存能力1.5万吨；仓库面积0.22万平方米，堆存能力20万吨。主要装卸设备配置包括16吨—30米塔式起重机1台，40吨牵引车4辆，100吨平板车1辆，40吨平板车6辆，5吨内燃叉车2辆，3吨内燃叉车4辆。项目总投资750万元，其中湖南省经济建设投资公司出资330万元，湖南省交通厅出资150万元，湘潭市交通局出资10万元，湘潭航运总公司出资90万元，湘潭市交通经济技术开发公司出资170万元。用地面积0.8万平方米。

项目建设单位为湘潭航运总公司；设计单位为湖南省交通规划勘察设计院、湖南省航务工程设计研究所；施工单位为湖南省中源航务工程有限责任公司；监理单位为湖南省三湘交通建设监理事务所；质量监督单位为湖南省湘潭工程建设质量监督站。

1991年6月，为适应湘江千吨级航道配套的需要，湘潭航运总公司争取省市两级资金投资开展湘潭十四总千吨级码头建设，1994年建成投产。2001年，湘潭航运总公司将已建成的湘潭十四总千吨级码头作价510万元（占75％股份），与湘潭市交通经济技术开发公司（出资170万元占25％股份）联合组建湘潭市十四总集装箱运输有限公司，并投资扩建湘潭十四总千吨级码头。

十四总千吨级码头的建成投产，为湘潭本市以及邵阳、娄底等周边城市通江达海，改善招商引资环境发挥了重要作用。2015年8月取消货运功能，停止运营。

四、株洲港

（一）港口概况

1. 港口综述

株洲港位于湘江干流下游，是湖南省综合交通体系的重要枢纽暨重要港口之一。株洲港作为株洲市经济社会发展和对外物资交流的重要口岸，是全市高新技术产品出口形成现代化产业链的重要支撑，尤其是为株洲市及周边地区的机械、化工、烟花爆竹等特色产品出湘提供了绿色环保的运输服务。

株洲港拥有丰富的岸线资源，自然岸线长度327.86千米，其中可建港岸线27.2千米，深水岸线25.8千米。株洲港由铜塘湾港区、凿石港区、马家河港区、永利港区和五个市县港区（醴陵港区、湖塘港区、禄口港区等）组成，其核心是铜塘湾港区。

株洲港位于湘江干流中游，处在长沙和衡阳两个航电枢纽区之间，航道条件好。长沙航电枢纽蓄水至29.7米后,从长沙航电枢纽蔡家洲坝址至株洲航电枢纽间的135千米航道成为库区航道,可常年通航2000吨级船舶。从株洲航电枢纽至衡阳大源渡航电枢纽区间96千米湘江航道也为库区航道,可常年通航1000吨级船舶。

市境内主要干流渌水,发源于江西萍乡市千拉岭南麓,流经醴陵市、株洲县,在渌口汇入湘江,湖南航道境内82千米。目前渌水干流已建7座梯级,分别是牛丫洪、青龙庵、流星潭、姜湾、铁河口、石亭、渌口等,船闸按50~80吨级船舶通航建设,大部分河段已成为库区航道。由于各梯级过船设施年久失修基本处于停运状态,渌水航道现已基本为库区的短途运输。

株洲港目前有4个公用锚地,共14万平方米。

湘江干流航道在株洲境内有船闸1座,渌江干流航道在株洲境内有船闸7座;湘江干流跨河桥梁有8座,渌江跨河桥梁8座,过河管线10处。

株洲港改革开放以来共建设千吨级泊位12个。由于城市建设和企业改制等方面原因,原来地处城市中心的株洲港务总公司的永利码头三个1000吨级泊位已经停止使用,现有建霞作业区和白祁庙作业区等9个1000吨级泊位。

2. 港口水文气象

株洲位于幕阜山脉南缘,武功山脉之西端,地势以东南部最高,为中山地形,中部为低山地形,其他地区为丘陵所布,市区及湘江沿岸地势最低。规划区属于河床、湘江阶地和丘陵地貌,土层主要组成为素填土、粉砂、粉质黏土、碎石、全风化砂岩、强风化砂岩、中风化砂岩、中风化灰岩等。岸坡稳定,无下卧软弱结构层,工程地质条件较好。属于地震Ⅵ度带区域。

株洲港气象资料取至株洲气象站,其历年最高气温40.5摄氏度,历年最低气温－8摄氏度,多年平均气温17.6摄氏度。历年最大降雨量1912毫米,历年最小降雨量954.1毫米,多年平均降雨量1414.7毫米。最大日降雨量195.7毫米。多年平均降雨天数155天。历年最大风速为10级(28米/秒),西北风,发生于1958年7月29日。多年平均风速2.3米/秒。株洲夏季多南风和东南风,冬季多北风和西北风。多年平均风频:北风占22%,西北风占19.9%,南风占8%,东南风占9%。

株洲市区地域内港口水文,历年最高水位42.69米,历年最低水位27.60米。历年最大流量19900立方米/秒,历年最小流量101.0立方米/秒。最大流速2.76米/秒,最小流速0.1米/秒。多年平均流量1780立方米/秒,历年最大径流量856.7亿立方米,历年最小径流量252.8亿立方米。

3. 发展成就

中华人民共和国成立后,一大批国家重点建设项目落户株洲,株洲港获得极好的发展机遇,港口由 1 个港区发展到 3 个港区,新、改、扩建码头达到 24 座,基本实现机械装卸,港口吞吐量由 10 万吨升至 130 万吨。

改革开放以来,虽然传统的进出港日杂百货、煤炭化肥、农资农副产品、竹木等物资,大都逐渐转向公路运输,但由于湘江千吨级航道和梯级航电枢纽建设,集装箱、石油、卤水航运的开发以及湘江砂石业的兴盛,株洲港获得了较大发展,逐步形成了张家园、南湖塘、建宁、永利、白石港、铜塘湾等六个港区,有各类码头 53 座,泊位 72 个。

株洲港港区分布图如图 9-8-3 所示。株洲港基本情况见表 9-8-4。

(二)铜塘湾港区

1. 港区综述

(1)港区建设概况和运营情况

铜塘湾港区为近年来新发展的港区,为适应株洲市的工业结构调整和环境保护,各级政府十分重视铜塘湾新港区建设。2010 年以来,主要建设项目集中在建霞作业区和白祁庙作业区。建霞作业区为 4 个 1000 吨级泊位(其中多用途泊位 2 个,件杂货泊位 2 个),水工结构兼顾 2000 吨级,设计高水位 41.96 米,5% 洪水频率相应水位;设计低水位 27.3 米(通航保证率 98% 的相应水位)。白祁庙作业区为一个 1000 吨级泊位,水工结构兼顾 2000 吨级,且按集装箱泊位进行水工结构设计。设计高水位 41.76 米。

2014—2018 年完成吞吐量分别为:93.35 万吨、83.13 万吨、78.45 万吨、71.84 万吨、16.79 万吨。

(2)港区地理条件和集疏运概况

铜塘湾港区地处株洲市石峰区湘江右岸,邻近株洲工业园区,货物进港运输十分便利。白祁庙作业区有一条建成多年的株潭公路,作业区地段远离城区,周围居民较少,后方是山地,山的走势成"∪"形,形成了一块长约 330 米、宽约 180 米的平地,作为码头后方的陆域,是湖南省理想的危险品(烟花鞭炮)装卸码头。

建霞作业区附近与城市主要干道响田路互通交叉。港区通过进港道路,经沿江路、铜霞路、响田路可快捷通达市区各处,经县道 XB07 可连接京珠、沪昆高速。以工业物流资源十分丰富的株洲地区为直接腹地,依靠公、铁水联运,株洲港与省内外形成了集疏运网络。

株洲港作为株洲唯一的综合枢纽港口,港区邻近铁路,已规划铁路专线直通港区,现距港区约 1500 米即为喻家坪铁路货运站;港区与公路相通,京广、沪昆等三条高速邻近;水运经湘江进长江,集疏运条件十分优越。

2. 港区工程项目

(1)株洲旗滨玻璃集团有限公司专用码头工程

项目于 2007 年 3 月开工,2009 年 8 月竣工。

图 9-8-3　株洲港港区分布图

株洲港基本情况表

表 9-8-4

序号	港区名称	港口岸线		2015年港口生产用泊位				其中:1978—2015年建成的生产用泊位				2015年港口货物和旅客吞吐量						
		港口规划岸线	其中:2015年前已建成岸线	生产用泊位数	其中:千吨级及以上	生产用泊位总长	其中:千吨级及以上	生产用泊位数	其中:千吨级及以上	生产用泊位总长	其中:千吨级及以上	货物吞吐量	其中:外贸货物吞吐量	集装箱吞吐量	滚装车辆		旅客吞吐量	其中:国际旅客
															数量	重量		
		千米	千米	个	个	米	米	个	个	米	米	万吨	万吨	万TEU	万辆	万吨	万人	万人
1	潴石港区	—	1.2	21	0	1031	0	2	0	318	0	—	—	—	—	—	—	—
2	马家河港区	—	1.88	23	0	1880	0	3	0	888	0	—	—	—	—	—	—	—
3	永利港区	—	0.95	5	3	330	200	13	4	830	400	—	—	—	—	—	—	—
4	铜塘湾港区	—	1.19	25	6	1186	500	15	6	1186	958	—	—	—	—	—	—	—
	合计	17.3	5.22	74	9	4427	700	33	10	3222	1358	725.5	0	0	0	0	0	0

项目建设依据:2007年3月,湖南省水利厅核发《株洲旗滨玻璃集团有限公司专用码头工程河道管理范围内建设项目同意书》(湘水许〔2007〕63号);2008年,交通运输部《关于株洲旗滨玻璃集团有限公司专用码头工程使用港口深水岸线的批复》(交规划发〔2008〕39号)。

项目建设1个2000吨级件杂货码头泊位,岸线长度80米。码头采用顺岸式布局,高桩式结构。码头前沿水深6米。项目后方堆场面积2.1万平方米,堆存能力30万吨。主要装卸设备配置包括16吨—30米塔式起重机1台,40吨牵引车2辆,100吨平板车1辆,40吨平板车3辆,5吨内燃叉车2辆。项目总投资2400万元,均为企业自筹。项目用地面积2.5万平方米。

项目建设单位为株洲旗滨玻璃集团有限公司;设计单位为湖南省航务勘察设计研究院;施工单位为湖南省航务工程公司;监理单位为湖南省三湘交通建设监理事务所;质量监督单位为湖南省交通建设质量监督水运站。

(2)株洲华新水泥专用码头项目

项目于2009年5月开工,2010年6月竣工。

项目建设依据:2008年12月,湖南省发展和改革委员会《关于株洲华新水泥专用码头工程预可研报告、工可报告的批复》(湘投评〔2008〕113号);2008年9月,湖南省水利厅《关于株洲华新水泥专用码头工程水土保持方案报告书的批复》(湘发改交能〔2008〕121号);2008年12月,湖南省航务管理局《关于申请办理华新水泥株洲专用码头工厂通航技术条件行政许可的报告的批复》(湘航务航道字〔2008〕114号);2009年4月,湖南省发展和改革委员会《关于核准株洲华新水泥专用码头工程项目请示的批复》(湘发改交能〔2009〕439号);2008年11月,湖南省环境保护局《关于株洲华新水泥专用码头工程环境影响报告书的批复》(湘环评〔2008〕201号);2008年12月,株洲县建筑工程管理局《关于株洲华新水泥专用码头项目建设用地规划许可证的批复》,编号200861;2014年5月,交通运输部《关于株洲华新水泥专用码头工程使用深水岸线请示的批复》(交函规划〔2014〕361号)。

项目建设3个1000吨级散货码头泊位,岸线长度240米。码头采用顺岸式布局,重力式结构。码头前沿水深5米。项目后方堆场面积2.9万平方米,堆存能力60万吨。主要装卸设备配置包括16吨—30米塔式起重机3台,40吨牵引车3辆,100吨平板车3辆,40吨平板车3辆,5吨内燃叉车6辆。项目总投资6352.72万元,均为企业自筹。项目用地面积3.58万平方米。

项目建设单位为华新水泥(株洲)有限公司;设计单位为湖南省航务勘察设计研究院;施工单位为湖南省航务工程公司;监理单位为湖南三湘交通建设监理事务所;质量监督单位为湖南省航务勘察设计研究院公路水运工程试验检测中心。

建设项目投产后,主要服务于华新水泥(株洲)有限公司包装水泥发运、原材料进厂。因水位较浅,2016 年之前码头利用率特别低;经航道整治后,码头流域水位上升明显,码头利用率提升。

（3）株洲港铜塘湾港区一期工程

项目于 2011 年 1 月开工,2014 年 1 月试运行,2020 年 1 月竣工。

项目建设依据:2009 年 1 月,湖南省发展和改革委员会《关于株洲港铜塘湾港区一期工程项目工可的批复》(湘发改交能〔2009〕12 号);2009 年 10 月,湖南省交通运输厅《关于株洲港铜塘湾港区一期工程项目初设批复》(湘交基建〔2010〕494 号);2012 年 7 月,湖南省交通运输厅《关于株洲港铜塘湾港区一期工程部分设计变更方案的批复》(湘交办函〔2012〕387 号);2008 年 4 月,湖南省环境保护局《关于株洲港铜塘湾港区一期工程项目环境评估报告的批复》(湘环评〔2008〕210 号);2011 年,湖南省人民政府签发《农用地转用、土地征收审批单》(〔2011〕政国土字 432 号);2008 年 2 月,株洲市规划局《中华人民共和国建设用地规划许可证》(株规用〔2008〕0089 号);2008 年 3 月,湖南省水利厅核发《关于株洲港铜塘湾港区一期工程河道管理范围内建设项目同意书》(湘水许〔2008〕132 号);2010 年,交通运输部《关于株洲港铜塘湾港区一期工程使用港口岸线的批复》(交规划发〔2010〕707 号)。

项目建霞作业区新建 4 个泊位(水工结构兼顾 2000 吨级),其中 2 个 1000 吨级件杂货泊位、2 个 1000 吨级多用途泊位;白祁庙作业区新建 1 个 1000 吨级(水工结构兼顾 2000 吨级)烟花爆竹泊位。岸线长度 400 米,其中建霞作业区 320 米,白祁庙作业区 80 米。码头采用顺岸式布局,高桩式结构形式,码头前沿水深 7 米。白祁庙作业区后方(宽 148 米、纵深 80 米)依次布置集装箱空箱堆场及辅助建筑物;码头后方专建一个三面环山,宽 81 米、纵深 156 米的洼地堆场,作为烟花爆竹集装箱重箱堆场及辅助建筑物。锚地布置在作业区主航道左侧的丁坝下游水域,锚地长 650 米,宽 150～250 米。项目总投资 4.25 亿,其中部、省共投资 1.28 亿元,集团公司为株洲港有限公司担保贷款 2.8 亿元。项目一期工程用地规模面积约 33.65 万平方米。

项目建设单位为株洲港有限公司;设计单位为湖南省航务勘察设计研究院;施工单位为湖南省航务工程公司、安徽省路港工程有限责任公司、湖南杰利建设工程有限公司等;监理单位为湖南三湘交通建设监理事务所、株洲建设监理咨询有限责任公司;质量监督单位为湖南省水运工程试验检测中心。

至 2018 年初吞吐量完成 343.56 万吨。

(三)永利港区

1.港口综述

(1)港区建设概况和运营情况

永利港区是20世纪60年代建成的老港区,位于湘江东岸株洲主城区中部,岸线长2.7千米。1959年,株洲市交通局将条石人力码头改建为电动卷扬机、平板车件货码头,建有仓库,备有5吨吊车1台,为当时株洲最大件货码头。1966年移交市港务处接管,沿江岸建成中砂、粗砂、卵石3座砂石码头,采用趸船接皮带运输机起坡。销售仍由株洲市航运公司经营,年产60万吨,时为市区最大砂场。1969—1973年,修建了栈桥、缆车、汽车3座码头,均为200吨级,年吞吐能力20万吨。自70年代起成为株洲全市港口的中心。1975年吞吐能力增长至41万吨。

1989年10月,湖南省计委批准建设株洲永利港千吨级泊位计划任务书;1990年5月,湖南省交通厅批准株洲永利港区千吨级泊位工程初步设计。1991年开工,1994年4月件货码头泊位投入试生产,1998年11月集装箱码头泊位投入试生产后,永利港区形成3个千吨级泊位,成为湖南全省除岳阳外第二个有1000吨级泊位的重要港口。

由于城市建设等方面的原因,地处主城区的永利港区被撤销,永利港区3个1000吨级泊位于2012年正式关停。

(2)港区地理条件和集疏运概况

永利港区位于株洲市湘江东岸主城区中部城市沿江中心区,交通条件好,岸线长2.7千米。由于城市发展,汽车增加,进出码头日益不畅,2010年开始进出码头货物减少,永利港区3个千吨级泊位于2012年正式关停。

2.港区工程项目

永利千吨级码头工程:

项目于1991年12月开工,1994年4月试运行,1998年11月竣工。

项目建设依据:2000年,湖南省航务管理局《关于同意株洲永利港千吨级泊位从事国际集装箱港口装卸业务的批复》(湘航务运字〔2000〕036号);2000年,海关总署司局《关于长沙海关确认株洲港为江海内支线港口的请示的批复》(监管〔2000〕151号)。

项目建设3个1000吨级泊位,其中,件杂货码头泊位1个、集装箱泊位2个,岸线长度140米。码头采用顺岸式布局,重力式结构。码头前沿水深8米。项目后方堆场面积0.84万平方米,堆存能力20万吨。仓库面积0.34万平方米,堆存能力1万吨。主要装卸设备包括C形龙门起重机1台,高立桩起重机2台。项目总投资2430万元,均为湖南省湘江开发建设公司投资。项目用地面积0.5万平方米。

项目建设单位为株洲市交通局;设计单位为湖南省交通勘察规划设计院;施工单位为株洲市建筑工程公司、核工业长沙中南基础工程公司、株洲县建筑公司等;监理单位为株洲建设监理咨询有限责任公司;质量监督单位为株洲市质量监督站。

永利千吨级码头建成后由株洲市港务总公司负责运营,运营情况良好,尤其是集装箱泊位的投产,改变了株洲市没有水路集装箱运输的历史,为株洲工业快速发展提供了物流支撑。1994 年 4 月—2000 年 12 月,共起卸货物 57.5 万吨,年收入由 1994 年的 39.19 万元上升到 2000 年的 164.52 万元。集装箱业务逐年上升,1997 年 10 月—2001 年末,累计完成集装箱 8535TEU,计 13.40 万吨。2000 年 10 月,长沙海关在永利港区设立海关监管点,从株洲港水运的国际标准集装箱可直接封关出口。由于城市建设等方面原因,从 2001 年开始,该港区的千吨级泊位全部停产关闭。

五、岳阳港

(一)港口概况

1. 港口综述

岳阳港位于湖南省北部的岳阳市,地处洞庭湖之滨。港口北临长江,东临京广铁路运输大动脉。岳阳是我国历史文化名城和长江中游重要的区域中心城市,具有承东启西、连南接北的区位优势和交通便利。省境内水路通过湘、资、沅、澧四大支流航道进入长江,岳阳是必经之地。经城陵矶进入长江,上可重庆、四川、贵州,下可达江苏、浙江、上海,水运条件优势。

岳阳建港历史悠久。岳阳港成港历史,可追溯至殷商时代。春秋战国时期,楚人入主湖湘,港口水运已很活跃。公元 208 年,三国时曹操"自江陵征备,至巴丘"。赤壁之战后,鲁肃率兵万人屯巴丘(今岳阳),于阅军楼下设置操练水师点将台(今岳阳楼西侧)。晋武帝太康元年(280 年),始设巴陵县于巴丘。隋唐时期,岳州商业方兴未艾,漕运不断,港船繁盛。宋时,岳阳已是"北通巫峡,南极潇湘"的水运重镇。明万历三十六年(1608 年),岳州城北青泥湾被朝廷定为衡、岳、长、荆四府荆湖漕粮兑交之地。清光绪二十五年十月十一日(1899 年 11 月 13 日),岳州被迫辟为开放口岸,岳州海关开关后,外轮纷纷涌入湖湘,洋货充斥街铺,港口装卸搬运繁忙。民国时期,帝国主义、地方军阀,封建把头把持码头库场,港口码头,帮派林立,整个港口呈割据状态,加之抗日战争等战乱,水运衰落,港口萧条。

中华人民共和国成立以后岳阳港作为湖南的重要港口,得到了迅速发展。特别是改革开放以来,岳阳港已发展成为湖南省第一大港口。1992 年,岳阳市获批中国 5 个首批沿江重点对外开放城市;1996 年,城陵矶经国务院批准对外籍船舶开放,1997 年 1 月被辟为国家一类口岸;2004年,岳阳港被确定为全国28个内河主要港口之一;2009年,城陵矶新港建成开港,5000吨级货轮可直达新港。

岳阳市辖原有17个港口,2004年,按照"一市一港"的要求,岳阳市政府将全市原有的岳阳港、城陵矶港等大小港口合并后统称为岳阳港。

岳阳港现下设岳阳楼、七里山、城陵矶、道仁矶、陆城、君山、湘阴、汨罗、岳阳县、华容等11个港区。城陵矶、道仁矶、陆城港区为长江岸线港区。改革开放以来,岳阳市相继建设了洞庭氮肥厂、鹰山石化、城陵矶粮库码头、岳阳纸厂、华能电厂,岳阳化工总厂,长岭炼油厂等大型企业,促进了岳阳港。截至2017年,岳阳港共有码头泊位132个(含在建的14个)。生产性泊位通过能力共计7600万吨、集装箱35.3万TEU、汽车滚装10万辆、客运417万人次。占用岸线21695米。

岳阳港地处洞庭湖畔,航道条件好。湘阴、汨罗、岳阳县港区处于湘江下游,湘江湘阴铁角嘴—城陵矶130千米航道已经达到规划的二级航道标准,设计水深≥2.6米,常年可通航2000吨级船舶。岳阳楼、七里山、君山港区位于洞庭湖畔进出港航道条件好。城陵矶、道仁矶、陆城港区位于长江岸线,长江干线航道宜昌至武汉段航道标准一级航道,航道尺度为4.5米×200米×1000米,满足5000吨级内河船和3000吨级江海船双向通航。城陵矶以下利用航道自然水深通航5000吨级江海船。

岳阳港现有城陵矶1号、2号、3号锚地、联检锚地、华能电厂锚地、岳化锚地、长岭炼油厂锚地、长炼空载船锚地、新港锚地等8处。为适应发展需要,将根据港区总体布置和水域条件,新增洪山头、广兴洲、松阳湖、长江村、鹿角、虞公庙6处锚地。

2. 港口水文气象

岳阳市属从中亚热带向北亚热带过渡的湿润的大陆性季风气候,其主要特征为温暖湿润,四季分明,季节性强;热量丰富,严寒期短、无霜期长,春温多变,盛夏酷热;雨水充沛,雨季明显,降水集中;湖区气候均一,山地气候悬殊。降雨多集中在4—7月,多年平均降雨量1307毫米。历年最大降雨量2337毫米。平均年降雨天数139天。平均年雾日数16.5天,最多年雾日数29天,最少年雾日数7天。雾一般发生在冬、春季节。

岳阳港区范围内水文基本测站分布为:城陵矶老港作业区内有莲花塘水位站、城陵矶上游3.5千米处有七里山水文站、下游30千米处有长江螺山水文站。历年最高水位为七里山水文站33.91米、莲花塘水位站33.86米、螺山水文站33.01米。

3. 发展成就

改革开放以来,岳阳港从"百年老港"发展成为"活力新港",岳阳港在快速发展中,成为湖南省"一带一路"的"桥头堡",也是目前唯一一个"绿色循环低碳"试点港口。城陵矶在1980年就对外开放,成为长江干线对外开放的七大(南通、南京、芜湖、九江、武汉、城陵矶、重庆)口岸之一,年货物通过能力为 200 万吨。随着 1992 年岳阳市获批中国 5 个首批沿江重点对外开放城市,城陵矶 1996 年经国务院批准对外籍船舶开放,1997 年 1 月被辟为国家一类口岸,首次停靠外籍船舶,开通岳阳至长江下游港口直至上海的集装箱内支线。岳阳港的港口货物吞吐量从 1981 年的 300 万吨左右逐步增加到 2000 年 700 万吨。2017 年,岳阳港的港口货物吞吐量突破了亿吨大关,达到了 1.2 亿吨,对岳阳市的经济发展作出了积极贡献。

改革开放以来,岳阳港口建设速度不断加快。从 1978 年至 2015 年,岳阳港区范围内共投资建设改造码头工程项目 34 个,建设千吨级以上泊位 63 个,其中浮码头泊位 44 个,码头最大靠泊能力为城陵矶 5000 吨级外贸码头。2010 年以来,根据城市建设和环境污染治理需要,相继拆除千吨级泊位 18 个。

岳阳港港区分布图如图 9-8-4 所示。岳阳港基本情况见表 9-8-5。

图 9-8-4　岳阳港港区分布图

表 9-8-5

岳阳港基本情况表

序号	港区名称	港口岸线		2015年港口生产用泊位				其中:1978—2015年建成的生产用泊位				2015 年港口货物和旅客吞吐量						
		港口规划岸线	其中:2015年前已建成岸线	生产用泊位数	其中:千吨级及以上	生产用泊位总长	其中:千吨级及以上	生产用泊位数	其中:千吨级及以上	生产用泊位总长	其中:千吨级及以上	货物吞吐量	其中:外贸货物吞吐量	集装箱吞吐量	滚装车辆 数量	滚装车辆 重量	旅客吞吐量	其中:国际旅客
		千米	千米	个	个	米	米	个	个	米	米	万吨	万吨	万TEU	万辆	万吨	万人	万人
1	市区港区	3.44	2.22	26	5	1810	500	22	5	1550	500	333.48	0	0	0	0	8.97	—
2	七里山港区	2.31	1.44	10	4	919	610	10	4	819	410	71.8	0	0	0	0	0	—
3	城陵矶港区	9.19	4.14	36	28	3470	2930	25	19	2485	2095	1752.23	259.1	23.95	0	0	0	—
4	道仁矶港区	6.38	3.82	15	11	1338	1160	14	11	1338	1160	199.3	0	0	0	0	0	—
5	陆城港区	7.56	3.28	14	9	1180	880	10	5	850	550	186.54	0	0	0	0	0	—
6	君山港区	22.73	0.8	8	1	484	100	8	1	484	100	44.53	0	0	0	0	0	—
7	湘阴港区	40.84	1.46	21	1	1358	135	16	1	1054	100	3072.7	0	0	0	0	0	—
8	汨罗港区	11.26	2.18	5	0	298	0	3	0	180	0	4468.36	0.16	0	0	0	0	—
9	岳阳县港区	8.8	1.57	5	2	396	216	4	2	341	216	2953.4	0	0	0	0	0	—
10	华容港区	17.95	0.5	12	1	630	100	12	1	630	100	24.52	0	0	0	0	0	—
11	临湘港区	2.2	0.1	1	0	89	0	1	0	54	0	37.12	0	0	0	0	0	—
	合计	132.66	21.51	153	62	11972	6631	125	49	9785	5231	13144	259.26	23.95	0	0	8.97	—

(二)岳阳县港区

1. 港区综述

(1)港区建设概况和运营情况

岳阳县港区自改革开放以来,建设逐年发展。港区距城陵矶港区约 30 千米,水域为洞庭湖水面,湘江航道、沅江航道在此交汇,常年可停靠千吨级船舶,水深条件较好。港区分为鹿角作业区、机场村水上服务区、太平咀客运港点以及新墙河客运点。

鹿角作业区是港区重点,建有鹿角客运码头、交通综合码头、南方水泥 181 专用码头、6901 泊位、国储能源泊位、丰利纸厂泊位等。根据水运发展的资源优势,2010 年岳阳县就着手千吨级泊位建设项目的前期调研 2013 年新建 2000 吨级的 4 个通用泊位正式启动。

港区近年来运营情况良好,港区货物吞吐量逐年增加,2015 年港区货物吞吐量达 120 万吨。

(2)港区地理条件和集疏运概况

岳阳县港区位于东洞庭湖东岸、岳阳县城西部。西靠洞庭湖,东邻京广铁路,港区地理条件优越。港区港口岸线 3810 米,以件杂货、散货及矿建材料运输服务为主。

港区水深,2000 吨级船舶常年可停靠。公路 S310、X109 等 2 条疏港公路与京港澳高速、G107 等相连。铁路紧邻京广铁路,集疏运条件良好。

2. 港区工程项目

岳阳港岳阳县港区鹿角作业区 2000 吨级码头工程:

项目于 2013 年 11 月开工,2016 年 12 月竣工。

项目建设依据:2011 年 7 月,湖南省发改委《关于岳阳港岳阳县港区鹿角作业区 2000 吨级码头工程工可的批复》(湘发改基础〔2011〕1025 号);2011 年 12 月,湖南省交通运输厅《关于岳阳港岳阳县港区鹿角作业区 2000 吨级码头工程初步设计的批复》(湘交计统〔2011〕622 号);2012 年 7 月,湖南省交通运输厅《关于岳阳港岳阳县港区鹿角作业区 2000 吨级码头工程施工图设计的批复》(湘交基建〔2012〕332 号);2011 年 2 月,湖南省环境厅《岳阳港岳阳县港区鹿角作业区 2000 吨级码头工程的环评批复》(湘环评〔2011〕39 号);2011 年 5 月,湖南省国土资源厅《岳阳港岳阳县港区鹿角作业区 2000 吨级码头工程的用地批复》(湘国土资预审字〔2011〕47 号)。

项目建设 2 个 2000 吨级件杂货泊位(水工结构兼顾 3000 吨级),包括 1 个设计多用途码头和 1 个散货码头泊位,多用途泊位采用高桩框架直立式码头结构,前沿平台长 90 米,宽 30 米;散货泊位采用浮码头结构,趸船长 75 米,宽 16 米。岸线长度 280 米。两个泊位采用顺岸式布置,前沿水深 7 米。项目后方堆场面积 2.1 万平方米,堆存能力 30 万吨。主要装卸设备配置包括 Q5-18 米高台架起重机 2 台,B = 800 米活动皮带机 2 台。Q5-18 米高台架起重机 2 台,CPCD3 内燃叉车 4 辆,Q20 拖车 3 辆,PC5 平板车 6 辆。投资 2 亿元,其中企业投资 9000 万元、银行贷款 1.1 亿元。用地面积 5.77 万平方米。

项目建设单位为岳阳县荣鹿公路建设开发有限公司;设计单位为湖南省航务勘察设计研究院;施工单位为湖南省航务工程公司(水工部分及部分附属工程),湖南省岳阳鑫益建筑安装公司,永嘉县交通工程公司(港区房屋建筑、道路及堆场等);监理单位为湖南省三湘交通建设监理事务所;质量监督单位为湖南省航务勘察设计研究院公路水运工程试验检测中心。

建设项目 2017 年试运营,吞吐量 40 万吨,2018 年 1—6 月完成吞吐量 26 万吨。

(三)华容港区

1. 港区综述

(1)港区建设概况和运营情况

华容港区以件杂货、煤炭、矿建材料运输为主,服务当地经济发展,是对接蒙华铁路煤炭通道的重要转运港区。

华容港区分为塔市驿、洪山头、城关 3 个作业区。在塔市驿、洪山头、城关、注滋口、北景港、操军和鲇鱼须等地均建有码头。塔市驿码头 1 号泊位是 1994 年新建投产的千吨级泊位。

塔市驿码头 1 号泊位投产后,由城陵矶港务总公司运营管理。运营情况良好,2015 年塔市驿作业区的货物吞吐量达 20.6 万吨。

(2)港区地理条件和集疏运概况

华容港区分为塔市驿、洪山头、城关 3 个作业区。在塔市驿、洪山头、城关、注滋口、北景港、操军和鲇鱼须等地的码头均与岳阳至常德高速公路相邻,蒙华铁路经过县域境内,并建设有铁水转运站。码头泊位于长江沿岸布置,港区地理条件好,港口集疏运条件好。

2. 港区工程项目

塔市驿码头 1 号泊位:

项目于 1992 年 8 月开工,1994 年 12 月竣工。

项目建设依据:1991 年 8 月,交通部长江航运管理局《关于城陵矶港塔市驿站码头工程设计任务书的批复》(长航计〔1991〕499 号);1992 年 7 月,交通部长江航运管理局《关于城陵矶港塔市驿综合码头工程初步设计的批复》(长航工〔1992〕456 号)。

项目建设 1 个 1000 吨级多用途散货泊位,岸线长度 1000 米。码头采用顺岸式布局,斜坡式结构。码头前沿水深 2.8 米。项目后方堆场面积 1.5 万平方米,堆存能力 20 万吨。主要装卸设备配置包括 20 吨塔式起重机 1 台,CPCD3 内燃叉车 4 辆,Q20 拖车 3 辆。项目总投资 600 万元,均为企业投资。用地面积 2.3 万平方米。

项目建设单位为城陵矶港务管理局;设计单位为长江航运规划设计院;施工单位为重庆通达国际工程贸易公司;监理单位为湖南省三湘交通建设监理事务所;质量监督单位为交通部长江航务工程质量监督中心站。

(四)陆城港区

1.港区综述

(1)港区建设概况和运营情况

陆城作业区上起临江矶,下至新港,自然岸线长 2740 米,规划 1680 米为港口岸线。规划为以原油及制品、矿建材料等大宗散货运输为主,主要为后方的长炼石化的油品运输和省内矿建材料水水转运服务。规划保留并提质升级现有的长炼石化液体化工码头。在关停取缔现有的福强码头、顺帆码头基础上,规划布置 4 个 3000 吨级兼顾 5000 吨级的散货泊位,泊位长 480 米。

陆城港区规划为以长岭炼油厂等石化企业的原油及成品油运输服务和预留大型散货储运基地。有 S201 连接外界。2015 年,后方建有长岭炼油厂油库。后方地势平坦开阔,为该港区提供发展机遇。

(2)港区地理条件和集疏运概况

陆城港区上段岸线临江矶至龙头山位于长江两个矶头之间,水深条件好,流态较差,陆域为较陡山丘。下段岸线龙头山至新港,水深条件好,边滩逐渐展宽,陆域开阔,后方为农田。

2015 年,陆城港区分为两个作业区:

南洋洲散货作业区:上起禾场咀,下至临江矶,自然岸线长 5050 米。位于河道右汊凹岸,枯水航道窄,边滩稳定,陆域开阔,多为农田。后方有 S201 连通外界。作业区规划主要承担大宗散货储运服务。规划港口岸线长 4818 米。规划新建 3000 吨级散货泊位 6 个,预留临江工业泊位 14 个,适合建设大宗散货、管道液体码头。利用岸线 900 米,预留岸线长 3918 米。

长炼油品作业区:上起临江矶,下至新港,自然岸线长 3290 米。上段岸线临江矶至龙头山位于长江两个矶头之间,水深条件好,流态较差,陆域为较陡山丘。下段岸线龙头山至新港,水深条件较好,边滩逐渐展宽,陆域开阔,后方为农田。

规划将建设为主要承担长炼油品运输服务。规划港口岸线 2851 米。规划保留目前 14 个泊位,拆除砂窝码头。由于国家油品管道运输网的开通和逐步完善,陆城生产所需的原油及加工后的成品油,其水运量将下降,现有油品泊位能够维持其生产正常运转,故规划长炼油品泊位维持现状。长炼利用港口岸线2080米,利用现有陆域,根据自身产业调整,改造了原有泊位。

2.港区工程项目

3000吨级液化气专用码头及储库项目:

项目于1998年8月开工,1998年11月竣工。

项目建设依据:1997年8月,岳阳市计划委员会《关于岳阳招商石化有限公司建设液化石油气储运基地工程可行性研究报告的批复》(岳市计交能31号);1997年11月,长江武汉航道局《关于岳阳北尾港建设液化气储运基地码头工程初步设计的批复》(汉道航71号);1997年9月,岳阳市环境保护局《关于岳阳招商石化有限公司建设液化石油气储运基地工程环评的批复》;2013年4月,岳阳市云溪区人民政府颁发《岳阳市招商燃气有限公司土地使用权证》(岳云国用〔2013〕第010号)。

项目建设1个3000吨级液化气泊位,岸线长度200米。码头采用顺岸式布局,浮码头结构。码头前沿水深10.75米。项目储罐区面积6970平方米,储罐区布置1个2000立方米球罐、2个1000立方米球罐。生产辅助区占地面积5500平方米,储罐容量0.4万立方米。投资3000万元,均为企业投资。用地面积2.16万平方米。

项目建设单位为岳阳招商石化有限公司;设计单位为交通部第二航务工程勘察设计院;施工单位为中国化学工程第十一建设公司;监理单位为湖南省三湘交通建设监理事务所;质量监督单位为岳阳市云溪区建设工程质量监督站。

岳阳招商石化有限公司液化石油气储运基地的液化气专用码头作为岳阳重要的液化石油气码头,2014—2017年,分别完成吞吐量(丁二烯、液化石油气):20.28万吨、19.39万吨、20.28万吨、19.3万吨,为保障人民群众生活需要和当地经济建设发挥了重要作用。

(五)湘阴港区

1.港区综述

(1)港区建设概况和运营情况

湘阴港区原为湘阴县港,对于港口码头发展建设该县十分重视,多次改造建设。2004年湘阴港改为岳阳港的湘阴港区。港区现有2个千吨级泊位,首个千吨级泊位于2010年投产,主要装卸往长江、上海等港口的散货和件杂货。2011—2017年港区货物吞吐量分别为7.6万吨、12.5万吨、15.8万吨、32.8万吨、40.8万吨、42.8万吨、68万吨。

(2)港区地理条件和集疏运概况

湘阴港区地处湘江下游右岸,属亚热带湿润气候区,气候温和,冬寒夏热,四季分明。

码头历史最高水位:34.67米,历史最低水位20.44米,多年平均水位25.32米。码头区域内常风向为东南风和西北风,年平均风速4.7米/秒,最大风速为14.7米/秒。

港区岸线水域开阔,水流平缓,河床稳定。港区位于湘江主航道岸线,通过湘江多次航道整治,港区进出口航道条件好,常年可靠泊千吨级以上船舶。

港区集疏运条件良好。联通港区的专用公路与107等多条国道和京珠高速相连。

2.港区工程项目

(1)湘阴漕溪港千吨级码头(一期工程)

项目于2007年10月开工,2010年1月试运行,2014年12月竣工。

项目建设依据:2005年9月,湖南省发改委《关于湘阴漕溪港千吨级码头(一期工程)工可的批复》(湘发改交能〔2005〕786号);2006年2月,湖南省交通厅《关于湘阴漕溪港千吨级码头(一期工程)初设的批复》(湘交计统字〔2006〕76号);2005年12月,湖南省环境保护局《关于湘阴漕溪港千吨级码头(一期工程)环评的批复》(湘环评〔2005〕128号);2011年县人民政府(湘国用〔2011〕第020400749号)批准湖南漕溪港物流有限公司申报的漕溪港1000吨级码头用地24667平方米。

项目建设1个1000吨级集装箱兼重件泊位(水工结构兼顾2000吨级),岸线长度80米。码头采用顺岸式布局,重力式结构。码头前沿水深3米,码头前沿设计最高水位33.91米,设计最低水位20.49米,码头面高程36.5米,港池底部高程18米。项目堆场面积0.55万平方米,堆存能力10万吨。主要装卸设备配置包括35吨/10吨—30米的轨道龙门起重机1台。项目总投资2242.92万元,均为企业投资。用地面积2.47万平方米。

项目建设单位为湖南益芦航运建设开发有限公司;设计单位为湖南省航务勘案设计研究院;施工单位为湖南省航务工程公司;监理单位为湖南省三湘交通建设监理事务所;质量监督单位为湖南省交通建设质量监督水运站。

项目建设投产后,由湖南漕溪港物流有限公司负责经营,运营情况好,取得了较好的经济和社会效益。2017年完成货物吞吐量60.8万吨。

(2)岳阳港湘阴港区城关作业区(漕溪港)二期工程

项目于2015年10月开工,2018年9月试运行,2019年12月竣工。

项目建设依据:2011年6月,湖南省发改委《岳阳港湘阴港区城关作业区(漕溪港)二期工程的工可批复》(湘发改基础〔2011〕843号);2012年1月,湖南省交通运输厅《岳阳港湘阴港区城关作业区(漕溪港)二期工程的初设批复》(湘交计统〔2012〕49号);2011年5月,湖南省环境保护厅《岳阳港湘阴港区城关作业区(漕溪港)二期工程环评批复》(湘环评〔2011〕141号);2010年8月,湖南省水利厅《关于岳阳港湘阴港区城关作业区二期工程水土保持方案的批复》,湘水许〔2010〕103号;2015年12月,交通运输部《关于岳阳港湘阴港区城关作业区二期工程码头的岸线批复》(交规划函〔2015〕

882 号)。

项目建设 2 个 2000 吨级(水工结构兼顾 3000 吨级)泊位,其中件杂货和多用途码头泊位各 1 各,岸线长度 175 米,其中多用途码头 88 米,杂货码头 87 米。码头采用顺岸式布局,重力式结构。码头前沿水深 8 米,码头前沿设计最高水位 33.68 米,设计最低水位 20.49 米,码头面高程 36.50 米,港池河底面高程 17.39 米。项目堆场面积 2.8 万平方米,堆存能力 40 万吨。主要装卸设备配置包括位于多用途泊位,40.5 吨—25 米的门座式起重机 1 台;位于件杂货泊位,40.5 吨—25 米的门座式起重机 1 台,10-25 米的门座式起重机 1 台。项目总投资 1.20 亿元,其中省交通运输厅专项资金 1800 万元,其余由企业自筹。用地面积 1.99 万平方米。

项目建设单位为湖南漕溪港物流有限公司;设计单位为湖南省航务勘案设计研究院;施工单位为岳阳市交通公路工程建设总公司;监理单位为湖南省三湘交通建设监理事务所;质量监督单位为湖南省交通建设质量监督水运站。

本码头设计低水位为 20.49 米,由于高程 23.5 米以下为自然边坡,考虑到湘江水位的变动,可能对边坡有一定的掏刷,从而影响边坡的稳定性,结合码头主体结构施工要求,对边坡的护坡方案变更为:采用在高程 19.5 米以下仍为自然岸坡,高程 19.5 米以上采用钢筋混凝土护坡,坡顶接陆域挡土墙。

(六)岳阳楼港区

1. 港区综述

(1)港区建设概况和运营情况

岳阳楼港区原为老岳阳港的区域,位于湘江右岸,东洞庭湖右岸,上起湖滨,下至东风湖闸,自然岸线全长 10.75 千米,规划港口岸线长 3105 米。规划以旅游客运、休闲为主,兼顾矿建材料、水产品、管理功能。现有生产性泊位 10 个,占用岸线 1360 米,以干散货运输为主,港区的通过能力 252 万吨、12 万人次。港区岸线范围内主要建设有湖南华菱岳阳港务有限公司 5 个千吨级泊。另有漂尾自然岸坡码头、岳阳华荣码头、五码头、街河口码头、南岳坡码头、木材公司码头、水运南岳坡码头、水运放马州码头磷化北门码头、化肥码头。

港区内 5 个千吨级泊由湖南华菱岳阳港务有限公司生产经营,主要用于铁矿石等大宗散货的铁水联运装卸。2000 年以来,港区运营情况良好,货物吞吐量不断增加,并突破 500 万吨。2010—2017 年港区货物吞吐量分别为 372.69 万吨、501.21 万吨、527.23 万吨、489.09 万吨、478.97 万吨、536.03 万吨、552.92 万吨、529.81 万吨。

(2)港区地理条件和集疏运概况

岳阳楼港区地处岳阳中心区域,西临洞庭湖,水域条件好。水路往上行,通往省内四大水系。往下行进入长江,2000 吨级船舶常年可进入港区。

通航和岸线范围内包含现有漂尾自然岸坡码头、岳阳华荣码头、五码头、街河口码头、南岳坡码头、木材公司码头、水运南岳坡码头、水运放马州码头磷化北门码头、化肥码头。规划以旅游客运为主。

主要通过城市道路网连接 G107;大港物流公司木材高、低水码头、华荣港务公司码头、神驰集团码头都有铁路专用线通过编组站连通京广铁路。

岳阳楼港区分为湖滨矿建材料作业区、太平嘴游艇停泊区、南津港水产品作业区和南岳坡旅游客运作业区共 4 个作业区。

该港区原名岳阳港区,规划根据 2007 年 3 月 7 日岳阳市人民政府在岳阳主持召开《岳阳港总体规划》中间成果评审会议精神,将岳阳港区更名为岳阳楼港区。

2. 港区工程项目

华菱岳阳港务总公司千吨级码头工程:

项目于 1991 年 1 月开工,1996 年 6 月竣工。

项目建设依据:1990 年 5 月,湖南省水利水电厅《关于岳阳港务公司千吨级码头坐标位置沿岸线上移的批复》(湘水电洞工字〔1990〕21 号);1990 年 6 月,湖南省计划委员会《关于岳阳千吨级码头工程建设的批复》(湘计基〔1990〕002 号);1990 年 6 月,湖南省建设委员会《关于岳阳千吨级码头工程初步设计的批复》(湘建设字〔1990〕150 号);1989 年 10 月,湖南省环境保护科学研究所完成《岳阳港千吨级码头建设工程环境影响调查研究报告》;1990 年 7 月,岳阳市人民政府批准岳阳港申报的岳阳港千吨级码头扩建工程用地 30025 平方米,其中道路用地 3450 平方米,用地批复为《建设用地规划许可证》(〔1990〕900021 号)。

项目建设 5 个 1000 吨级泊位,分别是华菱多用途 1 号、3 号、4 号、5 号(水工结构兼顾 2000 吨级)和华菱港通用散货泊位,岸线长度 500 米,其中 4 个多用途码头,泊位长度为 350 米,通用散货泊位长度 100 米。码头采用顺岸式布局,重力式结构。码头前沿水深 3 米。项目堆场面积 3.2 万平方米,堆存能力 50 万吨。主要装卸设备配置包括 Q5-18 米高台架起重机 2 台,B = 800 毫米活动皮带机 2 台,DC-20A 单斗装载机 2 辆。Q5-18 米高台架起重机 2 台,CPCD3 内燃叉车 4 辆,Q20 拖车 3 辆,PC5 平板车 6 辆,35 吨/10 吨—30 米龙门起重机 2 台,CPCD8A 内燃叉车 1 辆,CPCD3 内燃叉车 3 辆,PC5 平板车 4 辆。项目总投资 1699 万元,其中国家交通投资公司 568 万元(含建设银行贷款 45 万元)、湖南省政府投资 839 万元、岳阳市政府自筹 292 万元。用地面积 2.47 万平方米。

项目建设单位为岳阳港务总公司;工程设计单位为湖南省交通规划勘察设计研究院,航道设计单位为湖南航海学会;施工单位为长江航道局宜昌航道分局,主要负责岳阳港码头基槽开挖施工;湖南省水电厅挖泥船管理办公室,主要负责岳阳港千吨级码头吹填工程;岳阳市岳大建筑公司南区工区、岳阳市协联建筑安装工程公司,主要负责岳阳港千吨级码头土建工程;监理单位为湖南省三湘交通建设监理事务所;质量监督单位为湖南省交通建设质量监督水运站。

因工程量的增加、物价上涨等原因,工程总投资金额由原来概算的 1375 万元增加到 1699 万元。

岳阳港务总公司千吨级码头建成后第二年收入 204.13 万元;港务总公司码头主要担负须在岳阳港中转的散货、粮食和农副产品等进出港散货,码头的建成,使岳阳港运输能力和运输量大幅度提升,港区年货物吞吐量从 2010 年的 302 万吨增加到了 2015 年的 536 万吨。

(七)七里山港区

1. 港区综述

(1)港区建设概况和运营情况

七里山港区是岳阳港的主要港区,占用岸线 780 米,现有生产性泊位 6 个,通过能力 258 万吨。其中专业化货运泊位 4 个,油品泊位 1 个,液体化工泊位 1 个。该港区主要为洞庭氮肥厂、鹰山石化厂等巴陵石化分公司的大型临江工业提供原材料、成品油及石化产品的运输服务,故规划七里山港区以油品、石化产品为主。

随着中国石油化工总公司岳阳巴陵石化分公司等企业的建设发展,港区码头多次扩建改造。港区码头巴陵石化分公司作业区和吉家湖作业区。港区工程项目有中国石油化工股份有限公司巴陵分公司工程项目、液氨水运设施建设项目、七里山油库码头等项目建设工程。

港区码头采用浮码头,通过管道和专用运输线,将原材料和产品直接与厂区连通,码头营运为企业生产发挥了重要作用。港区码头为企业货物装卸专用码头,运营情况很好,2010 年以来,货物吞吐量保持在 150 万吨以上。

(2)港区地理条件和集疏运概况

七里山港区位于洞庭湖入江水道右岸,自然岸线全长 3150 米。港区岸线水域开阔,水流平缓,河床稳定,港区地理条件好。港区位于洞庭湖进入长江的宽阔江面,进出港区的航道条件好,常年可靠泊 3000 吨级以上的船舶。港区集疏运通道除管道和专用运输线外,岳阳沿湖大道等城市道路与邻近的铁路、国省道、高速公路近距离联通。

2. 港区工程项目

(1)中石化岳阳石油分公司七里山油库码头项目

项目于 1984 年 6 月开工,1985 年 6 月试运行,1986 年 12 月竣工。

项目建设为改扩建 1 个 3000 吨级成品油码头,岸线长度 240 米。由原斜坡式码头改建为栈桥式码头,主要装卸设备配置包括配备 3000 吨级趸船一艘,(70 米×11 米),输油管线设施一条,栈桥总长 250 米。码头采用顺岸式布局,浮码头结构。码头前沿水深 5 米。项目总投资 42 万元,均为企业投资。

项目建设单位为中国石化销售有限公司湖南岳阳石油分公司;设计单位为湖南省交通规划勘察设计院;施工单位为岳阳市工程公司。

七里山油库前身为七里山石油站,在早期计划经济时代,岳阳市成品油 90% 以上由该站配送,作出了应有的历史贡献;1984 年改建后,运营情况良好,每年装卸成品油 150 多万吨,2010 年,长株潭成品油管道运输开通后,码头吞吐量稳定在 30 吨左右。

(2)岳阳市川江贵杰水运洞庭湖桂花园泊位项目

项目于 1995 年 3 月开工,1998 年 5 月竣工。

项目建设依据:1995 年 3 月,岳阳市港口航务管理处文件规划办《关于同意新建专用码头的批复》(岳阳市港航字〔1995〕第 10 号)。

项目建设 1 个 5000 吨级防汛物资码头泊位,岸线长度 300 米。码头采用顺岸式布局,浮码头结构。码头前沿水深 5 米。项目堆场面积 2.4 万平方米,堆存能力 40 万吨。主要装卸设备配置包括额定起重量为 15 吨级的起重机 1 台。项目总投资 3532.74 万元,均为地方政府投资。用地面积 2.67 万平方米。

项目建设单位为前期建设岳阳吉家湖防汛物资公司,后期岳阳市川江贵杰水运服务有限公司。

建设项目投产后为洞庭湖区防汛物资的储备、起卸发挥了重要作用,1998 年以来,多次受到岳阳市及省防汛部门的嘉奖。年装卸货物维持在吞吐量为 90 万吨左右。主要经营品种为钢材、砂石等物资。

(八)城陵矶港区

1. 港区综述

(1)港区建设概况和运营情况

城陵矶港区是岳阳港的港区,以原城陵矶港为重点,改革开放以来进行多次改造建设。主要建设项目有城陵矶港务总公司码头改造工程、岳阳纸厂、华能电厂等码头建设。1994 年城陵矶港区外贸码头 2 个 5000 吨级江海货轮泊位简易投产,1997 年 11 月正式竣工验收。1997 年 1 月,城陵矶港被辟为国家一类开放口岸,当年 5 月首艘外轮即靠泊城陵矶港。

该港区运营情况由于货源充足,集疏运条件良好,港区运营情况良好,2015 年货物吞吐量达 800 多万吨。

（2）港区地理条件和集疏运概况

港区位于洞庭湖进入长江的入口处,航道宽阔,码头区域深水,适合内河运输大型船舶停泊作业。岳阳是湖南省重工业集中的湘北门户,中国石油化工的岳阳炼油厂,长岭化工厂等大型企业集中在城陵矶港区,货源条件好。

城陵矶港区集疏运设施较为完备,港区水路直接连通长江,是湖南省唯一的经长江的出海通道。陆路与京广铁路、荆岳铁路近邻,港区与京广铁路铁路有专线相连。目前,港区有9条专用线与其接轨,年完成货运量约350万吨。城陵矶老港、岳阳纸厂、华能电厂、粮库码头等企业的铁路专用线经城陵矶工业站编组后连通京广线。公路集疏运条件良好,后方有通海路连接G107、京珠高速公路、杭瑞高速公路。

2. 港区工程项目

（1）华能岳阳电厂码头工程

项目于1988年8月开工,1991年3月试运行,1993年12月竣工。

项目建设依据:1992年12月,武汉长江港航监督局《关于华能岳阳电厂拟建应急煤码头泊位的批复》(汉长督监字〔92〕第157号);1993年12月,岳阳市环境保护《关于华能岳阳电厂拟建应急煤码头泊位环评批复》(岳环保字〔1993〕88号);2013年10月,长江航道局《长江航道局关于岳阳市城陵矶港区华能岳阳电厂水运码头扩容改造工程建设涉及航道有关问题审查意见的函》(航道函字〔2013〕113号);2013年11月29日,长江水利委员会《长江水利委员会关于岳阳市城陵矶港区华能岳阳电厂水运码头扩容改造工程涉河建设方案的批复》(长许可〔2013〕312号);1990年12月,岳阳市港口航务管理处《关于岳阳市城陵矶港区华能岳阳电厂水运码头扩容改造工程相关事项的函》(岳市港航字〔1990〕11号)。

项目建设5个5000吨级泊位,是华能岳阳电厂一期工程的配套专用卸煤码头,为浮式结构。其中,1号进口泊位2015年改造为5000吨级(水工结构兼顾1万吨级),采用抓斗卸船机卸煤泊位,2号进口泊位为链斗卸船机卸煤泊位,设计卸载船型为1500吨级甲板驳(下游还有两个临时3000吨级靠船泊位)。3号泊位作为电厂一条901拖轮和一条交通船201轮的停靠泊位。4号泊位是2006年在3号泊位下游用一条60米趸船和一条40米趸船抛锚建成的一个待卸煤船临时停靠的3000吨级泊位,5号泊位是2015年在4号泊位下游用一条50米趸船抛锚建成的一个待卸煤船临时停靠的3000吨级泊位。岸线长度2343米。码头采用顺岸式布局。码头前沿水深8米。项目堆场面积8.62万平方米,堆存能力42万吨(其中一期堆场面积2.86万平方米,设计存煤量为12万吨;二三期共用堆场5.76万平方米,设计存煤量为30万吨);筒仓容量为1.5万吨。主要装卸设备配置包括设计出力1000吨/小时的卸煤皮带1条;一期堆场配有的斗轮堆取料机2套;二三期堆场配有的斗轮堆取料机2套。项目总投资均为企业投资,资料缺失;2015年企业投入4450万元对1号泊位进行了升级改造。

项目建设单位为华能湖南岳阳发电有限责任公司;设计单位为由英国GE电气通用公司和中交二航局设计所分项设计;施工单位为上海市基础工程公司、中交二航局共同施工。

2013年,中交武汉港湾工程设计研究院有限公司承担设计,由长江武汉航道工程局施工,对现1号泊位进行了升级改造。

建设项目为华能岳阳电厂货主专用码头,建设项目投产后运营情况良好,装卸电煤高峰年达300万吨。

(2)湖南省岳阳城陵矶粮食专用码头和中转库工程

项目于1995年1月开工,1998年12月试运行,2002年12月竣工。

项目建设依据:1992年,中华人民共和国商业部《关于中国华粮物流集团城陵矶港口库有限公司粮食专用码头和中转库工程建设项目的批复》(部发〔92〕世字第1103号);1993年,国内贸易部《关于中国华粮物流集团城陵矶港口库有限公司粮食专用码头和中转库工程建设项目的批复》(内贸世字〔1993〕第202号);1993年,广州铁路(集团)公司《关于中国华粮物流集团城陵矶港口库有限公司粮食专用码头和中转库工程建设项目的批复》(广铁计〔1993〕347号);1994年,湖南省粮食局《关于中国华粮物流集团城陵矶港口库有限公司粮食专用码头和中转库工程建设项目的批复》(部发〔94〕湘粮运字076号);1994年,国内贸易部《关于中国华粮物流集团城陵矶港口库有限公司粮食专用码头和中转库工程建设项目的批复》(内贸外贷字〔1994〕第204号);1994年,国家开发银行《关于中国华粮物流集团城陵矶港口库有限公司粮食专用码头和中转库工程建设项目的批复》(开行农业〔1994〕第224号);1994年,广州铁路(集团)公司《批复中国华粮物流集团城陵矶港口库有限公司》(广铁师〔1994〕271号);1994年,湖南省粮食局《关于中国华粮物流集团城陵矶港口库有限公司粮食专用码头和中转库工程建设项目的批复》(部发〔95〕湘粮运字067号);1998年,国家发展计划委员会《关于中国华粮物流集团城陵矶港口库有限公司粮食专用码头和中转库工程建设项目的批复》(计市场〔1998〕1227号);2003年,国家发展和改革委员会《关于中国华粮物流集团城陵矶港口库有限公司粮食专用码头和中转库工程建设项目的批复》(发改经贸〔2003〕165号);1993年,中华人民共和国环境保护部《中国华粮物流集团城陵矶港口库有限公司粮食专用码头和中转库工程建设项目环评的批复》(环监〔1993〕022号)。

项目建设6个散粮码头泊位,其中,10吨吊直立式重力码头泊位1个,40吨吊直立式重力码头泊位1个,吸粮机趸船浮码头泊位1个,大码头南(斜坡)泊位1个,大码头北斜坡码头泊位1个,5吨吊直立式重力码头泊位1个。同时改造3000吨级浮码头一座。岸线长度435米。码头采用顺岸式布局。码头前沿水深6米。项目仓库面积0.8万平方米,堆存能力2.5万吨;立筒库容量为2万吨。主要装卸设备配置包括额定起重量为10—

25 吨级的港口门座起重机 1 台；额定起重量为大于 25 吨级的港口门座起重机 1 台。项目总投资 2.03 亿元，其中世界银行贷款 7466.72 万元，中央拨款 4265 万元，国债资金 4012 万元，国家开发银行贷款 1763 万元，湖南省计委拨款 1300 万元，湖南省粮食局拨款 1466 万元。用地面积 1 万平方米。

项目建设单位为岳阳华粮储运有限公司；设计单位为武汉港湾工程设计研究院、铁道部第四勘察设计院长沙设计处、武汉港机厂等；施工单位为交通部第二航务工程局二公司、湖南省建工集团第三工程公司、湖南省建工集团第六工程公司等；监理单位为岳阳市工程建设监理公司、长沙铁道学院建设监理公司。

1998 年 6 月 9 日，国家计委以计市场〔1998〕1227 号文下发《国家发展计划委员会关于世行贷款粮食流通项目湖南城陵矶粮食专用码头和中转库工程概算调整的批复》，批准总投资调整为 2.01 亿元。

项目建成投入运营后，为实现湖南粮食散装流通和全国散粮流通配套成龙奠定了基础，大大改善了工人作业环境，减少了粮食在流通过程中的损耗和污染，降低了粮食流通成本，对提高我国粮食在国际市场的竞争能力发挥了积极作用，产生了良好的经济效益和社会效益。

（3）城陵矶港老港区改扩建工程项目

项目于 2005 年 8 月开工，2006 年 6 月试运行，2006 年 8 月竣工。

项目建设依据：2004 年 4 月，湖南省发改委《城陵矶港老港区改扩建工程项目工可批复》（湘发改基础〔2004〕236 号）；2004 年 5 月，岳阳市环境保护局《城陵矶港老港区改扩建工程项目环评批复》（2004）45 号；2001 年 1 月，湖南省水利厅《湖南省水利厅关于岳阳市城陵矶港口扩建工程涉及河道方面的事项审查意见的请示》（湘水洞管〔2001〕16 号）；2002 年长江水利委员会水文局《关于城陵矶老港区 11 号进口泊位工程使用莲花塘水域岸线的意见》（水文监测〔2002〕134 号）。

项目新建和改建千吨级以上泊位 9 个（包括改造原有 250 米长度的框架直立式外贸码头），形成 3000 吨级高桩梁板直立泊位 1 个、5000 吨级高桩梁板直立泊位 2 个，码头总长 268 米；新增 11 号码头、12 号码头各一个 2000 吨级透空斜坡式泊位，并包括以上泊位所需的仓库、堆场的改扩建。岸线长度 462 米（11 号泊位、13 号泊位长度各 86 米，外贸码头泊位总长 290 米）。码头均采用顺岸式布局，11 号码头、13 号码头为顺岸斜坡式；外贸码头泊位为顺岸直立式。11 号码头、13 号码头前沿水深均为 3 米；外贸码头泊位为 4.2 米。项目外贸码头利用已有的仓库 1.73 万平方米，堆存容量 0.89 万 TEU 和 0.34 万吨；新建堆场 1.12 万平方米、改造利用已有的堆场 2.20 万平方米，共 3.32 万平方米，堆存容量 0.31 万 TEU 和 1.68 万吨。主要装卸设备包括 11 号码头配置 2 台 10 吨—25 米浮式起重机；1 台 Q00 吨/小时装船机；1 台臂长 25 米堆料机；1 台 10 吨-36 米抓斗装卸桥；1 台

ZL-50 单斗装载机;325 米长度 B1000 毫米皮带机;1 艘 66 米×15 米×2.8 米钢趸船。13号码头配置 2 台 10 吨—25 米浮式起重机;1 台臂长 25 米堆料机;3 台 ZL-50 单斗装载机;438 米长度 B1000 毫米皮带机;1 艘 66 米×15 米×2.8 米钢趸船。外贸码头新增设备 1台 40 吨—25 米台架式起重机;1 台 40 吨—50 米门式起重机;1 台 50 吨轮胎式起重机。项目初设批复投资为 7409.13 万元,总投资为 7852.15 万元。根据城陵矶港改扩建工程指挥部提供的资金筹措方案,改扩建工程建设资金来源为申请交通部资金 2000 万元;岳阳市财政资金 10%,约 785 万元;1317 万元企业自筹;银行贷款 3750 万元。项目用地主要利用港口原有陆域内堆场、仓库、港内道路的用地;陆域新增的项目用地为 1.55 万平方米,从周围征用。

项目建设单位为业主自组的项目建设指挥部;设计单位为湖南省交通规划勘察设计院;施工单位为湖南省航务局水工公司;监理单位为湖南省航务勘察设计研究院;质量监督单位为湖南省航务局质监站及岳阳市质监站。

项目预算总投资 7852.15 万元,较原批准概算 7409.13 万元,超过 443 万元,约5.9%。本预算超过概算原因,主要是原概算按 2004 年 8 月价格水平编制。由于 2004—2005 年建材价格的上涨,其中钢材上涨约 10%,使概算的机械设备和趸船设备投资共增加约 400 万元(预算 4630 万元、概算 4229.6 万元,设备价整体上升约 9.5%)。

项目取得了非常显著的社会和企业效益,本次改造项目是城陵矶老港的骨干泊位,充分发挥了港内原有直联京广铁路的城陵矶铁路编组站的优势。2011 年以来,年吞吐量一直保持在 550 万吨左右,2017 年达 564 万吨。主要货种为铁矿石及煤炭,以及钢铁、粮食、农林牧、化工、轻工等件杂货。项目运营期还开展过集装箱业务,最高时每年吞吐量曾达到约 4 万 TEU。

(4)城陵矶港区(松阳湖)一期工程

项目于 2007 年 5 月开工,2008 年 12 月试运行,2009 年 6 月竣工。

项目建设依据:2006 年,湖南省发改委《关于岳阳城陵矶港区(松阳湖)一期工程工可批复》(湘发改〔2006〕535 号);2007 年 5 月,湖南省交通厅《关于岳阳城陵矶港区(松阳湖)一期工程初设批复》(湘交规划字〔2007〕595 号);2007 年,湖南省交通厅《关于岳阳城陵矶港区(松阳湖)一期工程施工图设计文件的批复》(湘交规划字〔2007〕685 号);2006年,湖南省环保局《关于岳阳城陵矶港区(松阳湖)一期工程环评的批复》(湘环评〔2006〕19 号);2006 年批复涉河建设方案,长江水利委员会长许可〔2006〕115 号;2007 年,交通部《关于岳阳城陵矶港区(松阳湖)一期工程使用岸线批复》(交规划发〔2007〕267 号)。

项目建设 3 个 3000 吨级多用途码头泊位(水工结构兼顾 5000 吨级),岸线长度 340米。码头采用顺岸式布局,高桩式结构。码头前沿水深 3.5 米。项目后方堆场面积 14.25万平方米,堆存能力 30 万吨,仓库面积 0.17 平方米。主要装卸设备包括码头装卸岸边集装箱起重机 3 台,码头堆料机 3 台,塔式轨道式集装箱门式起重机 6 台,其他港口起重机械 3 台。投资 6.83 亿元,企业自筹 35%,银行贷款 65%。用地面积 39.85 万平方米。

项目建设单位为岳阳城陵矶新港有限责任公司;设计单位为湖南省交通规划勘察设计院;施工单位为中国交通建设股份有限公司;监理单位为湖南省三湘交通建设监理事务所;质量监督单位为湖南省交通质量监督站水运站。

2013《内河新型梁板式结构研究》获湖南省科技进步三等奖,主要完成单位湖南省交通规划勘察设计院、长沙理工大学;2007 年 12 月,获得 2007 年度交通部优秀水运工程咨询成果三等奖;2011 年获得 2011 年湖南省优秀工程设计二等奖。

项目投产后城陵矶新港区作为全省开放型经济的重要门户,充分发挥"一区一港四口岸"优势,成功跻身国家级产城融合示范区、省级高新技术产业开发区和全省首批示范物流园区,城陵矶港集装箱吞吐量由 2009 年的不到 4 万 TEU,提升到 2015 年的 24 万 TEU。

(九)道仁矶港区

1. 港区综述

(1)港区建设概况和运营情况

道仁矶港区上起兴达危货码头上游侧 400 米处,下至荆岳大桥下游 1300 米,自然岸线长 3730 米,规划港口岸线 2930 米。该岸段分布有道仁矶、龙头山,航道深槽近岸,水、陆域发展条件较好。后方临近 S201、S301,在建的荆岳大桥位设有互通连通 S201,进港铁路可自后方的路口铺站便捷接入京广铁路,铁、公、水等疏港条件较好。规划为以金属矿石、矿建材料、液体散货、件杂货运输为主,主要为湖南省钢铁企业的金属矿石铁水联运和水水转运,以及矿建材料运输和后方临港企业发展服务。

自上而下规划布置散货泊位一区、液体化工泊位区、散货泊位二区和通用泊位区。散货泊位一区规划布置 6 个 5000 吨级散货泊位,码头前沿线沿 5 米等深线布置。泊位长 720 米,陆域纵深 340 ~ 450 米,主要为金属矿石、矿建材料的水水转运服务。液体化工泊位区规划对现有富润油库码头实施提质升级,规划布置 2 个 3000 吨级化工泊位。散货泊位二区规划布置 5 个 5000 吨级兼顾 10000 吨级散货泊位,码头前沿线沿 5 米等深线布置,泊位长 700 米,后方陆域纵深 1250 米,主要为腹地的金属矿石铁水联运服务。通用泊位区规划布置 2 个 5000 吨级兼顾 10000 吨级通用泊位,泊位长 300 米,陆域纵深 280 ~ 360 米,主要服务后方的济海物流园。

(2)港区地理条件和集疏运概况

长江汇流段城陵矶三江口—道仁矶—龙头矶集洞庭湖和荆江来水,水量充沛,江面宽阔。受地质构造影响,沿江有一系列山体和阶地濒临江边,头部为城陵矶,中部为道仁矶与白螺山,尾部为龙头矶与杨林山。它们隔江对峙,构成了控制河势的节点。

道仁矶港区规划 S208、S209 和高速公路连接线 3 条疏港公路。高速公路连接线已建,技术等级为双向四车道一级公路,通行能力为 20000 辆/天。规划升级改造 S208、S209,技术等级为双向四车道一级公路,通行能力为 20000 辆/天。规划道仁矶散货运输铁路专用线,主要为金属矿石等大宗散货水铁联运服务,由京广铁路的路口铺站引出。

2. 港区工程项目

岳阳港道仁矶港区和诚油品及化工品码头:

项目于 2011 年 10 月开工,2012 年 7 月竣工。

项目建设依据:2012 年 11 月,湖南省交通运输厅《关于岳阳港道仁矶港区和诚油品及化工品码头初设批复》(湘交计统〔2012〕532 号);2011 年 1 月,湖南省环境保护厅《关于岳阳港道仁矶港区和诚油品及化工品码头环评批复》(湘环评〔2011〕15 号);2013 年 1 月,交通运输部《关于道仁矶港区和诚油品及化工品公用码头工程使用港口岸线的批复》(交规划发〔2013〕83 号)。

项目建设 2 个 3000 吨级油品及化工品码头泊位,岸线长度 265 米。码头采用顺岸式布局,浮码头结构。码头前沿水深 4.4 米。项目储存区库容 4.4 万立方米。主要装卸设备包括卸油、化工产品卸载生产线各一条。投资 3507 万元,银行贷款 2455 万元、自筹资金 1052 万元。

项目建设单位为岳阳和诚石油化工有限公司;设计单位为中交武汉港湾工程设计研究院;施工单位为湖南省中源航务工程有限公司;监理单位为湖南省光辉监理有限公司;质监单位为湖南省航务勘察设计研究院公路水运工程试验检测中心。

和诚油库(总库容 4.4 万立方米)项目地处长江南岸、洞庭湖入口处,港口和公路运输条件良好,区位优势明显,物流成本低,有较强的竞争力。该油库的收购健全了中海油在湖南"3 + 5"地区的成品油销售网络,带动了中海油湖南销售有限公司销售网络的建设和销量的提升,对促进和完善中国海油在湖南及周边地区的销售网络具有重要意义。

六、常德港

(一)港口概况

1. 港口综述

常德港位于沅水干流与洞庭湖区交汇处,是湖南省重要区域性港口,作为湘西北地区的重要水运资源,常德港的发展与常德乃至湘西北地区经济的发展密切相关,其中德山港区与盐关港区是主要发展港区之一,具备通江达海的水路运输条件。

春秋战国时期,常德即以水路运输而为商埠,1898年英国向清政府索取内河航行权后,在常德设有趸船仓储等设施,开始轮运。中华人民共和国成立前,港口由装卸箩业工会把持,当时有十几个码头,靠人力扛运。中华人民共和国成立后,1950年成立码头工会,1952年成立搬运社。湖南省航运局设常德办事处,经营国营轮船运输和码头装卸。同时成立四个搬运社,1978年改为四个运输公司,经营国营轮运码头以外的装卸业务。1975年常德市港务管理处成立,1989年撤区建市组建常德港航管理处。20世纪90年代,由于城市防洪大堤建设,原有大西门港区、打鼓巷港区的中心港区大部分码头被拆除,全港综合通过能力显著降低。

为了促进常德港口建设的健康和协调发展,1999年4月,常德盐关铁水联运港开工建设,一期工程于2001年9月竣工,建成一个300吨级砂石泊位,1个500吨级件杂货泊位和1个500吨级散货泊位。二期工程从2002年至2006年建成一个1000吨级件杂货泊位和1个1000吨级集装箱泊位。该工程的建设是恢复常德港历来"沅水咽喉",再现昔日辉煌的关键工程。2014年,盐关港区成功进行了二类水运口岸升级改造。改造完成后,常德至整个湘西北地区制造的产品可在常德装箱、办理海关和检验检疫手续后,通过水运直达上海港装船出海,外销世界各地。这对把常德市建设成为湘西北交通中心和物流中心有着积极的现实意义。

常德港现有码头最大靠泊能力为1000吨级,已建成的港区沅水有常德德山、常德盐关、澧水有澧县戴家湾、安乡长岭洲、在建港区为沅水桃源河洑、澧水鼎城蒿子港、澧水津市窑波渡港区。新加入桃花源、西湖柳林嘴港区,常德市辖港港口年通过能力550万吨。

进出本港沅水主航道为三级航道,设计水深2.0米,没有副(叉)航道可进出本港。进出本港澧水主航道为五级航道。沅水武陵大桥位于沅水下游的常德市城区南碛。德山大桥处沅水航道高水位39.5米时,净高8米。沅水桃花源大桥位于城区落路口,又称沅水西大桥。大桥为单孔双向通航,跨径为260米,常德港区水位40.42米时,净高10米。马家吉船闸一座,位于武陵区芦山乡。船闸有效长度为80米,宽度为8.5米,门槛水深1.5米。

根据统计,常德港吞吐量在80年代就超过了100万吨,是湘西北物资的重要集散地,但由于城北城市防洪圈建设,拆除了大部分位于中心城区的码头,吞吐量在20世纪90年代增长缓慢,随着2008年常德盐关千吨级码头的建成,以及2014年改造升级完成和航道建设的稳步发展,后续吞吐量有了较大的发展。装卸的主要货种有煤炭、矿石、木材、粮食、化肥、水泥、石油及集装箱。

2013年4月,湖南省政府批复同意常德市设立盐关水运口岸,这是湖南省内继长沙霞凝港和岳阳城陵矶港后设立的第三家水运口岸。2014年3月,盐关码头改造工程正式启动,改造后码头集装箱吞吐量达到 2 万 TEU。于 2014 年 12 月,常德盐关水运口岸对外开放验收通过。

常德盐关码头是湘西北地区规模最大的港口,也是目前湘西北地区唯一一家海关监管场所。码头拥有千吨级集装箱泊位 1 个,千吨级件杂货泊位 1 个,500 吨级件杂货泊位 2 个,300 吨级散货泊位 1 个,可常年通航 1000 吨级船舶,丰水期(约 6 个月)可通航 2000 级船舶。码头从 2014 年 12 月通过验收到 2015 年 7 月底,盐关口岸已累计完成集装箱吞吐量 4000TEU。

2. 港口水文气象

常德城区属于平原岗地类型;江北城区、武陵镇及近郊地形平坦,为河湖冲积平原;德山、河洑及东北角的梅家冲(白合山)和西南角的乡公嘴为低丘岗地。江北城区地势西高东低,北高南低,武陵镇则由南向北倾斜,德山区除樟木桥一带为垅岗平原,地势较为宽平外,其他均属平顶块状岗地,地形起伏变化较大。常德平原区为港区最主要的地貌类型,是由河流阶地组成的冲积平原,地势低平,相对高差较小。

常德市属于中亚热带湿润季风气候向北亚热带湿润季风气候过渡的地带。气候温暖,四季分明,热量丰富,雨量丰沛,春温多变,夏季酷热,秋雨寒秋,冬季严寒。历年最高气温 40.7 摄氏度,历年最低气温 –15.7 摄氏度,多年平均气温 16.7 摄氏度。历年最大发水量 2063.4 毫米,历年最小降水量 924.9 毫米,多年平均降水量 1323.2 毫米,多年平均降雨天数 154 天(集中在 4 月至 9 月)。历年最大风速 22.2 米/秒,多年平均风速 1.7 米/秒。常德冬季盛行偏北风,夏季盛行偏南风,春秋两季为季风交替转换时期,风向不如冬夏稳定,但偏北风最多,全年最多风向为北风和东北风。多年平均雾日 40 天,多发生在春季。全年平均降雪天数 15 天,12 月上旬至次年 3 月为降雪期。

历年最高水位 40.58 米,历年最低水位 26.62 米,多年平均水位 29.58 米,最大流量 29000 立方米/秒,最小流量 188 立方米/秒,平均流量 2065 立方米/秒,最大流速 3.74 米/秒,平均流速 1.91 米/秒。

3. 发展成就

2014 年,常德盐关水运口岸正式对外开放,常德港集装箱量迎来了一次快速增长。随着德山经开区的快速发展,德山港区于 2017 年 9 月完成了一期 4 个件杂货泊位的建设。据统计,常德港吞吐量在 80 年代就超过了 100 万吨,但由于城市防洪圈建设,拆除了大部分位于中心城区的码头,吞吐量在 20 世纪 90 年代增长缓慢。近年来,随着盐关千吨级码头、德山港区千吨级码头一期工程的建成、蒿子港港区千吨级码头一期工程的建设,港口吞吐量有较大发展。全市港口年吞吐量从 2012 年 647.8 万吨增长到 2016 年的 1088.2 万吨,年均增长 6.9%,为当地国民经济发展做出了贡献。

常德市港口港区基本情况见表 9-8-6。

表 9-8-6

常德市港口港区基本情况表

序号	港区名称	港口规划岸线/千米	其中:2015年前已建成岸线/千米	2015年港口生产用泊位 生产用泊位数/个	其中千吨级及以上/个	生产用泊位总长/米	其中千吨级及以上/米	其中:1978—2015年建成的生产用泊位 生产用泊位数/个	其中千吨级及以上/个	生产用泊位总长/米	其中千吨级及以上/米	货物吞吐量/万吨	其中外贸货物吞吐量/万吨	集装箱吞吐量/万TEU	滚装车辆 数量/万辆	滚装车辆 重量/万吨	旅客吞吐量/万人	其中国际旅客/万人
1	盐关港区	0.9	0.31	5	2	309	156	5	2	309	156	50	40	0.65	—	—	—	—
2	德山港区	1.95	0.55	9	1	545	60	9	1	545	60	19	—	—	—	—	—	—
3	夹街港区	0.43	0.43	8	—	425	—	6	—	425	—	—	—	—	—	—	—	—
4	河洑港区	0.32	0.09	5	—	90	—	4	—	90	—	5	—	—	—	—	—	—
5	斗姆湖港区	0.4	0.06	1	—	60	—	1	—	60	—	2	—	—	—	—	—	—
6	牛鼻滩港区	0.25	0.05	1	—	50	—	1	—	50	—	3	—	—	—	—	—	—
7	蒿子港区	0.52	0.18	3	—	180	—	3	—	180	—	3	—	—	—	—	—	—
8	西湖柳林嘴港区	0.23	0.05	1	—	45	—	1	—	45	—	2	—	—	—	—	—	—
	合计	5	1.72	33	3	1704	216	30	3	1704	216	84	40	0.65	0	0	0	0
	桃源港（在建）																	
1	陬市港区	1.23	1.23	14	0	1234	0	14	0	—	0	285	0	0	0	0	0	—
	汉寿港																	
1	仓儿总港区	—	1.1	6	0	1100	0	6	0	—	0	43.2	0	0	0	0	0	—
2	蒋家嘴港区	—	0.45	3	0	450	0	3	0	450	0	21.3	0	0	0	0	0	—
3	坡头港区	—	0.4	2	0	400	0	2	0	400	0	14.6	0	0	0	0	0	—
4	柳林嘴港区	—	0.3	2	0	300	0	2	0	300	0	14.2	0	0	0	0	0	—

续上表

序号	港区名称	港口岸线		2015年港口生产用泊位				其中:1978—2015年建成的生产用泊位				2015年港口货物和旅客吞吐量						
		港口规划岸线 千米	其中:2015年前已建成岸线 千米	生产用泊位数 个	其中:千吨级及以上 个	生产用泊位总长 米	其中:千吨级及以上 米	生产用泊位数 个	其中:千吨级及以上 个	生产用泊位总长 米	其中:千吨级及以上 米	货物吞吐量 万吨	其中:外贸货物吞吐量 万吨	集装箱吞吐量 万TEU	滚装车辆 数量 万辆	滚装车辆 重量 万吨	旅客吞吐量 万人	其中:国际旅客 万人
5	岩汪湖港区	—	1.45	5	0	1450	0	5	0	1450	0	36.7	0	0	0	0	0	—
	临澧港									—								
	新合港区	0.8	0.8	8	0	800	0	8	0	800	0	39.6	0	0	0	0	0	—
	澧县港									—								
1	黄沙湾港区	819	819	16	0	819	0	16	0	819	0	48	0	0	0	0	0	—
2	羊湖口港区	1160	1160	23	0	1160	0	23	0	1160	0	53	0	0	0	0	0	—
	津市港																	
1	津市中心港区民生码头	180	0.18	2	—	180	—	2	—	180	—	48.71	0	0	0	0	0	—
2	津市中心港区盐矿码头	380	0.38	2	—	380	—	2	—	380	—	83.94	0	0	0	0	0	—
	安乡港									—								
1	城关中心港区	0.9	0.74	9	0	738	0	9	0	441	0	66.44	0	0	0	0	18.5	0
2	大鲸港港区	0.7	0.62	5	0	620	0	5	0	5	0	63.06	0	0	0	0	0	0

(二)盐关港区

1. 港区综述

(1)港区建设概况和运营情况

盐关港区原名常德铁水联运港,它是常德市"九五"期间发展立体交通战略的重点项目之一,也是湖南省交通厅常(德)—鲇(鱼口)千吨级航道改造的配套工程之一。该项目经国家发改委批准,由交通部、湖南省交通厅和常德市政府共同投资。项目共分三期,于1999年动工兴建,历经两个五年规划期,2004年基本建成一、二期工程,第三期工程搁浅,2006年通过验收。港区占地面积5.33万平方米,有1000吨级集装箱泊位1个,1000吨级件杂货泊位1个,500吨级件杂货泊位2个,300吨级散货泊位1个,总岸线长288米。

2008年盐关港口被长沙海关授予《海关监管场所》资质,2010年盐关港口被湖南省出入境检验检疫局授予《中华人民共和国国境储存场地卫生许可证》资质。盐关港口2014年完成提质扩改,被湖南省政府批准为国家二类水运口岸,并开通常德—岳阳—上海内支线。

(2)港区地理条件和集疏运概况

盐关港区位于沅水下游北岸的常德市武陵区启明街道办事处皇木关社区沅安路1号,港区至岳阳均为1000吨级航道,港区上游至桃源为1000吨级航道。

港区位于湘西北交通枢纽位置,是长江与湘西北水运中转节点,向下可达长江、上海,向上可达怀化、湘西、贵州。港区紧邻石常铁路和多条高速公路,陆路中转可达湘西和张家界。

2015年,盐关港区通过水运完成本地各类物资进出港年吞吐量约130万吨,通过水陆联运中转完成怀化、湘西州、张家界等外地物资进出港年吞吐量约20万吨。

2. 港区工程项目

常鲇航线常德港千吨级码头工程

项目于1999年10月开工,2002年12月试运行,2006年5月竣工。

项目建设依据:2001年,国家发展计划委员会《关于湖南洞庭湖区常德至鲇鱼口航运建设工程可行性研究报告的批复》(计基础〔2001〕779号);2000年4月,湖南省交通厅《关于常德盐关铁水联运港一期工程初步设计的批复》(交湘计基字〔2000〕176号);2001年9月交通部《关于洞庭湖区常德至鲇鱼口航运建设工程初步设计的批复》(交水发〔2001〕493号)。

项目建设2个1000吨级生产用码头泊位、2个500吨级生产用码头泊位和1个300吨级生产用码头,岸线长度288米。采用顺岸式布置,板桩式码头结构,前沿水深2.5米。

堆场面积 3.0 万平方米，堆存能力 8 万吨。仓库面积 0.4 万平方米。主要装卸设备配置包括 1 台 40 吨集装箱龙门起重机，1 台 45 吨集装箱龙门起重机，1 台 16 吨龙门起重机，2 台 5 吨轨道式门座起重机，3 台 5 吨固定门座式起重机，1 台 45 吨集装箱下面吊，11 台 6 吨叉车。项目总投资 1.09 亿元，资金来源交通部、省交通厅、市政府。

项目建设单位为湖南省常鲇工程建设公司；设计单位为湖南省航务勘察设计研究院；施工单位为湖南省航务工程公司；监理单位为湖南省三湘交通建设监理事务所；质量监督单位为湖南省交通建设监督水运站。

盐关水运口岸在过渡期适当改造后继续承担 2020 年之前常德港集装箱装卸功能。并在德山港区具备口岸运营条件后予以拆除，保留旅游客运码头功能，还退于城市建设，口岸则搬迁至德山港区。

（三）德山港区

1. 港区综述

（1）港区建设概况和运营情况

德山港区位于沅水南岸、德山开发区范围内，较好的区位优势为港口运输提供了充足的货源保障。该港区目前为常德港设施较为完备的港区，拥有生产性泊位 9 个。在原规划范围内且已开工建设的项目有 4 个千吨级件杂货泊位。2015 年，经开区内区已有各类工业企业 300 余家，其中规模工业企业 86 家，正在形成以林纸、机械制造、电子产业和新材料以及纺织、食品、医药等为主的多个工业板块，园区经济产值突破 100 亿，为港区提供稳定的货源。

港区新开工建设的 4 个千吨级泊位，2015 年前处于建设期，尚未营运。

（2）港区地理条件和集疏运概况

港区地理位置优越，交通便利。港区位于沅水右岸的公铁两用桥下游约 1 千米，紧邻 207 和 319 两条国道，离德山物流园区和港区不到 1000 米。长沙至张家界和太原至澳门的二广高速公路交汇于德山，港区离高速交会处出入口仅仅数百米。石长铁路横穿德山，德山设有年货物运输吞吐量达 120 万吨的铁路专用货运站，铁路专线将直达物流园区和港区。

2. 港区工程项目

（1）中国石油湖南销售分公司常德油库码头工程

项目于 2007 年 2 月开工，2007 年 5 月竣工。

项目建设依据：2006 年 4 月，湖南省航务管理局《关于对常德市石油油库码头岸线使用的批复》（湘航务运综字〔2006〕33 号）。

项目建设 1 个 1000 吨级石油泊位,岸线长度 400 米。采用引桥式布置,浮码头结构,前沿水深 2.5 米。主要装卸设备输油管道一条,趸船一艘。项目总投资 726.66 万元,均为企业自筹。项目陆域用地无。

项目建设单位为中国石油湖南销售分公司;设计单位为湖南省航务勘察设计研究院;施工单位为常德市华纬水电工程公司;监理单位为常德利安工程监理有限公司;质检单位为湖南城市学院土木工程检测中心。

码头营运正常,每年装卸成品油 20 万吨左右。

(2)常德港德山新港区一期工程

项目于 2014 年 5 月开工,2017 年 5 月竣工。

项目建设依据:2013 年 6 月,湖南省发改委《关于常德港德山港区千吨级码头一期工程可行性研究报告的批复》(湘发改基础〔2013〕864 号);2014 年 2 月,湖南省交通运输厅《关于常德港德山港区千吨级码头一期工程初步设计的批复》(湘交计统〔2014〕70 号);2012 年 7 月,湖南省环境保护厅《关于常德港德山港区千吨级码头一期工程环境影响报告书的批复》(湘环评〔2012〕197 号);2012 年 6 月,湖南省国土资源厅《关于常德港德山港区千吨级码头项目建设用地预审意见的批复》(批准文号〔2012〕56 号);2015 年 4 月,湖南省水利厅核发《常德港德山港区千吨级码头一期工程占用河道位置界限许可证》(批准文号〔2015〕43 号);2014 年 3 月,交通运输部《关于常德港德山港区千吨级码头工程使用港口岸线的批复与审批》(交函规划〔2014〕198 号)。

项目建设 4 个 1000 吨级散货泊位,岸线长度 260 米。采用顺岸式布置,高桩式结构,前沿水深 4 米。堆场面积 2.2 万平方米,堆存能力 13 万吨。仓库面积 5234 平方米。主要装卸设备包括 2 台 10 吨—25 米和 1 台 35 吨—25 米、1 台 40 吨—25 米门座式起重机装卸船。项目总投资 2.52 亿元,资金来源为政府投资。项目陆域用地 2.6 万平方米。

项目建设单位为常德市德源投资开发有限公司;设计单位为湖南省航务勘察设计研究院;施工单位为湖南航天建筑工程有限公司;监理单位为湖南省三湘交通建设监理事务所;质量监督单位为湖南省交通建设监督水运站。

(四)安乡长岭洲港区

1. 港区综述

(1)港区建设概况和运营情况

改革开放以来,安乡长岭洲港区凭借着地处洞庭湖水网地带,水运条件优越的有利条件,港口建设和生产得到了迅速发展。长岭洲港区 1000 吨级码头一期工程是湖南省"十二五"规划建设的重点项目,是由交通部重点扶持的湘西北水陆联运物流项目的组成部分。该项目的建设与实施,将较大程度地解决安乡县港口落后面貌,解决安乡县面临的社会货物水路运输难得问题。

2010 年来,港口吞吐量也快速增长,全县港口吞吐量从 2010 年突破百万吨以后,2013—2015 年年全县港口货物吞吐量分别为 118.8 万吨、129.5 万吨、147.5 万吨。

(2)港区地理条件和集疏运概况

工程建设项目位于洞庭湖区,水运直接进入洞庭湖入长江,地理条件好。公路与岳阳至常德的高速公路相邻,货物集疏运便利。

2.港区工程项目

安乡长岭洲港区 1000 吨级码头一期工程:

项目于 2015 年 12 月开工,2017 年 9 月竣工。

项目建设依据:2013 年 6 月,湖南省发展改革委员会《关于安乡长岭洲港区 1000 吨级码头一期工程工可批复》(湘发改基础〔2013〕942 号);2014 年 5 月,湖南省交通运输厅《关于安乡长岭洲港区 1000 吨级码头一期工程初设批复》(湘交计统〔2014〕210 号);2012 年 8 月,湖南省环境保护厅《关于安乡长岭洲港区 1000 吨级码头一期工程环评批复》(湘环评〔2012〕249 号);2014 年 4 月,交通运输部《关于湖南安乡长岭洲港区 1000 吨级码头一期工程使用岸线批复》(交函规划〔2014〕255 号)。

项目建设 1 个 1000 吨级件杂货泊位和 1 个 1000 吨级多用途泊位,岸线长度 200 米。采用引桥式布置,高桩式结构,前沿水深 2.55 米。堆场面积 1.04 万平方米,堆存能力 8 万吨。仓库面积 0.18 万平方米。主要装卸设备包括 2 台 5 吨台架式起重机,1 个 20 吨牵引车。项目总投资 1.56 亿元,其中政府投资 3547 万元,其余由业主自筹。

项目建设单位为安乡县顺达路桥建设开发有限公司;设计单位为湖南省航务勘察设计研究院;施工单位为湖南省航务工程公司;监理单位为湖南省三湘交通建设监理事务所;质量监督单位为湖南省交通建设监督水运站。

(五)小渡口港区

1.港区综述

(1)港区建设概况和运营情况

改革开放以来,澧县港口先后在黄沙湾、城关、小渡口等处对原有码头进行了提质改造。省市县三级政府都对加快湘北水运发展十分重视,要求加快小渡口港区建设。戴家湾码头一期工程立项建设以后,使澧县港口生产条件大为改观。

港区运营情况很好,煤炭、矿石、水泥、农产品等大宗散货量迅速增长,2010 年港口的货物吞吐量突破百万吨,2015 年达到了 146 万吨,2017 年接近 200 万吨。

（2）港区地理条件和集疏运概况

港区地处澧水下游的洞庭湖区,水运直接进入洞庭湖,既可通往长沙、益阳,还可直达岳阳出洞庭湖进入长江。公路交通方便,岳阳至常德高速公路和太原至澳门的二广高速公路紧邻港区,集疏运条件优越。

2.港区工程项目

小渡口港区戴家湾码头一期工程:

项目于2015年4月开工,2017年10月竣工。

项目建设依据:2013年7月,湖南省发展改革委员会《关于澧县港小渡口港区戴家湾码头一期工程工可批复》(湘发改基础〔2013〕1034号);2014年6月,湖南省交通运输厅《关于澧县港小渡口港区戴家湾码头一期工程初设批复》(湘交计统〔2014〕255号);2014年10月,湖南省交通运输厅《关于澧县港小渡口港区戴家湾码头一期工程施工图批复》(湘交基建〔2014〕399号);2012年8月,湖南省环保厅《关于澧县港小渡口港区戴家湾码头一期工程环评批复》(湘环评〔2012〕250号);2014年5月,交通运输部《关于澧县港小渡口港区戴家湾码头一期工程岸线批复》(交函规划〔2014〕365号)。

项目建设1个1000吨级杂货泊位,1个1000吨级通用散货泊位,岸线长度200米。采用引桥式布置,高桩式结构,前沿水深2.2米。堆场面积0.27万平方米,堆存能力12万吨。主要装卸设备Q5—18米台架起重机2台,DC-20A单斗装载机2辆,CPCD3内燃叉车4辆,Q20拖车3辆,PC5平板车6辆,Q20拖车2辆,PC40平板车2辆,PC5平板车4辆。投资6906万元,其中政府投资1676万元,其余由业主自筹。项目陆域用地0.6万平方米。

项目建设单位为澧县戴家湾码头工程建设有限公司;设计单位为湖南省航务勘察设计研究院;施工单位为湖南省祥瑞工程建设有限公司;监理单位为湖南省三湘交通建设监理事务所;质监单位为湖南宏特试验检测有限公司。

戴家湾码头投入运营后,年货物吞吐量达105万吨,缓解了水运货物中转、外运能力不足等问题,是澧县综合立体交通运输体系的重要组成部分。

（六）桃源陬市港区

1.港区综述

（1）港区建设概况和运营情况

港区位于沅水桃源航电枢纽工程下游,在县城东北20千米处的陬市镇,原名陬溪,是桃源县物资运输的重要港口,还是石门、慈利、张家界等地的陆运出口基地,古时为规模较大的竹木集散地。该港区水陆交通发达,有省道S306、S226及常张高速G5513经过该镇;沅水通过数次整治后,陬市及以下航道均已达到三级航道通航标准,能常年通行1000吨级船舶;港区吞吐物资以砂石、煤、矿石、竹木、氧化铝、粮食、碎石为主。

港区目前主要有以下码头泊位:沅水左岸:三湘物流货运码头,泊位3个;湘沅装卸码头,泊位1个;陬市大码头,泊位2个;常德市巨龙混凝土专用码头,泊位2个;磊鑫科技码头,泊位1个;万顺港务专用码头,泊位2个;沅达装卸码头,泊位5个;高湾阳铭码头,泊位2个;沅水右岸:木塘垸昌九建材码头,泊位2个。共计泊位20个,目前拥有码头设备20台套。此外,2015年正在建设的陬市港区千吨级码头一期工程,包括2个千吨级泊位,届时,港区通过能力将进一步增加。

(2)港区地理条件和集疏运概况

岸线大部为凸岸,该河段有3个江心洲,将河道分为左右两汊,主汊均为右汊。由于汊道河段水流分散,造成了水流分散和中枯水航槽的变动、迁移,目前该段存在上钟舫洲滩、下钟舫洲滩、洋洲滩三个浅滩,《沅水浦市至常德航道建设工程(桃源至陬市段)》对上钟舫洲滩按三级航道标准布置挖槽疏通浅段、清除航道周边的小浅堆;对下钟舫洲滩仅需对航道周边的小浅堆进行清除;洋洲滩由于采砂活动的影响,其原有若干碍航小浅堆已消失,仅汊道进口处有2处浅堆碍航,右汊主航道内水深条件良好,仅需对碍航浅堆按三级航道标准进行清除。以上浅滩经疏浚整治后河段航道等级升级为三级,设计航道尺度为2.0米×60米×480米(水深×航宽×弯曲半径),可通航1顶2艘1000吨船队160米×10.8米×1.9米(长×宽×设计吃水)。目前,该港区中的官码头作业区,建有三湘物流货运码头泊位3个,湘沅装卸码头泊位1个,陬市大码头泊位2个,规划予以取消;东林作业区建有磊鑫科技、沅达装卸、万顺港务等一批码头泊位;高湾作业区2015年正在兴建的1000吨级散货、件杂货泊位各1个,码头设计货物年吞吐量80万吨。港区后方有湖南磊鑫新材料科技有限公司、万顺港务、常德市巨龙建材有限公司等一批临江企业。该港区紧临常张高速公路和省道226,陆运发达,是桃源港专业化水平最高、综合服务能力最强、辐射范围最广的主体港区。因此,陬市港区为桃源港的核心港区,主要为陬市镇及周边地区的件杂货、大宗散货提供运输服务,是今后一段时期桃源港的发展主体。

2.港区工程项目

(1)三湘物流码头

项目于1989年3月开工,1990年3月竣工。

项目建设1个500吨级杂货泊位(水工结构兼顾1000吨级),岸线长度300米。采用顺岸式布置,高桩式结构,前沿水深2.0米。堆场面积0.12万平方米,堆存能力3万吨。主要装卸设备5吨起重机械2台。项目总投资200万元,为业主自筹。

项目建设单位为桃源县三湘物流船务有限公司;设计单位为湖南省航务设计院;施工单位为中国水电八局工程公司;监理单位为桃源建设监理公司;质监单位为常德工程建设质量检测站。

（2）常德市桃源港陬市港区磊鑫科技专用码头

2015 年 9 月开工,2016 年 3 月竣工。

项目建设依据:2015 年 3 月,桃源县发展改革委员会《关于桃源港陬市港区磊鑫科技专用码头建设项目的批复》;2015 年 3 月,常德市环境保护局《关于常德桃源陬市港区磊鑫科技专用码头环境影响报告表的批复》(常环建〔2015〕75 号)。

项目建设 1 个 500 吨级杂货泊位,岸线长度 70 米。采用顺岸式布置,重力式结构,前沿水深 3 米。堆场面积 800 平方米,堆存能力 2 万吨。主要装卸设备包括 2 台吨 Q5 吨-22 米台架式起重机装卸船,2 台 CPCD30HB 内燃叉车。项目总投资 3704.95 万元,为业主自筹。

项目建设单位为湖南磊鑫新材料科技有限公司;设计单位为湖南省航务勘察设计研究院;施工单位为湖南省航务工程公司;监理单位为湖南省交通建设监督水运站;质监单位为湖南省航务勘察设计研究院公路水运工程试验检测中心。

七、益阳港

(一)港口概况

1.港口综述

益阳港是湖南六大港口之一,历来港口兴旺发达,人流、物流皆汇聚于此。全市现有大小河流 353 条,分属资、沅、澧三大水系和洞庭湖。现有通航航道 58 条,1429 千米,其中地方航道 54 条,1193 千米,干线航道 4 条,236 千米,水网密度与通达深度居湖南省第一,通航里程居湖南省第二。

益阳市域外靠长江,通江达海。区域内湖泊众多,水系发达,河湖相连。市域 7 个区县市全通水路,68 个乡镇通船舶。水路交通以资水、澧湘和常鲇航线为主通道,以洞庭湖水域为枢纽,西南一线,东北成网,水港密布,水运四通。

益阳内河航道运输线承东启西,南联北进。港口区域内,公路交通均四通八达,辐射到乡镇。铁路运输线与港口相邻对接,枝柳线、石长线、洛湛线铁路横贯境内。区域内多种运输以港口为枢纽平台,已形成了铁、公、水的立体交通运输网络。

根据 2009 年全国港口普查数据,益阳市共有码头泊位 140 个,其中有泥湾、白沙、茅草街千吨级码头 3 座,4 个泊位,有益阳电厂、潭洲湾、大通湖区 500 吨级码头 3 个。因益阳城市建设的需要,一江三路整治与资江风貌带建设导致部分码头撤迁、拆除。据 2018 年上半年对现有码头泊位的清查,仍正常运营的码头泊位 65 个,其中千吨级泊位 4 个。年吞吐量万吨以上的港口码头 15 个,其中百万吨以上的 3 个。码头起卸能力能满足大批量大吨位及特种货物的运输中转,具有产业物资的吸引力和聚集承载能力。

2.港口水文气象

益阳属亚热带季风湿润气候区,受季风影响大。冬季多西伯利亚干冷气团控制,气候较干燥寒冷;夏季为低纬海洋暖湿气团所盘踞,温高湿重。春夏之交,本流域正处在冷暖气流交汇的过渡地带,锋面及气旋活动频繁,形成阴湿多雨的梅雨天气。

益阳历年最高气温43.5摄氏度,历年最低气温−13.2摄氏度,多年平均气温16.9摄氏度。多年平均降雨量1414.6毫米,3—6月降雨约占全年51%,年平均降雨日数166天。年平均风速2.7米/秒,以西北风最强,最大风速20米/秒,最多风向为北风,频率14%。年平均雾日为14.4天,多发生在冬春两季。年平均无霜期273天,有霜期92天。

益阳港所在河段内有益阳水文(二)站,河段外上游有桃江水文站,桃江水文站至益阳水文(二)站距离34千米。港区以益阳水文(二)站为基本站。各水文特征值为:历年最高水位39.48米,历年最低水位24.71米,常年水位28.03米。

3. 发展成就

益阳港经过中华人民共和国成立后多年的建设,逐步形成了益阳港和市辖的沅江、南县、安化、桃江四个县市的港网络格局。2000年以来,港口发展迅速,成为湖南省内重要港口。2015年全市港口吞吐量达3426.33万吨。

益阳市港口港区基本情况见表9-8-7。

(二)茅草街港区

1. 港区综述

(1)港区建设概况和运营情况

茅草街港区主要位于松澧洪道沿线,目前,该港区中的茅草街作业区已经建设了茅草街千吨级码头、500吨级码头工程各一个,另建有公务船码头2座,由于该港区均位于《湖南南洲国家湿地公园总体规划》的保护保育区范围内,故不再新建港口设施。港区包括茅草街作业区、拓普作业区、天星洲作业区、肖家湾作业区、白蚌口作业区。主要服务于周边区域棉麻、芦苇、农副产品等件杂货,矿建材料等散货的进出口。港区码头长度550米,泊位8个,2010年吞吐量112万吨。

(2)港区地理条件和集疏运概况

南县地处长江中下游,县域上覆第四系全新统河湖相,系洞庭湖新淤之地,堆积层厚度较大,属河湖相沉积平原。地势自西向东南微倾,平均海拔28.8米,高差不足10米,除明山、寄山两处山岗外,一马平川,属于典型的平原地形。土层主要组成为素填土、淤泥质黏土、粉质黏土(软塑)、粉质黏土(可塑)、粉砂、中砂、砾砂,沿江两岸边坡稳定,无不良地质构造。南县抗震设防烈度为6度区,设计地震分组为第一组,设计基本地震加速度为0.05克,设计特征周期为0.35s,应按6度设防。根据场地的地质、地形、地貌,划分建筑抗震地段,为一般建设抗震地段。

表 9-8-7

益阳市港口港区基本情况表

序号	港区名称	港口岸线		2015 年港口生产用泊位				其中:1978—2015 年建成的生产用泊位				货物吞吐量		2015 年港口货物和旅客吞吐量					
		港口规划岸线	其中:2015年前已建成岸线	生产用泊位数	其中:千吨级及以上	生产用泊位总长	其中:千吨级及以上	生产用泊位数	其中:千吨级及以上	生产用泊位总长	其中:千吨级及以上	货物吞吐量	其中:外贸货物吞吐量	集装箱吞吐量	滚装车辆 数量	滚装车辆 重量	旅客吞吐量	其中:国际旅客
		千米	千米	个	个	米	米	个	个	米	米	万吨	万吨	万 TEU	万辆	万吨	万人	万人
	益阳港																	
1	龙塘港区	—	—	3	0	123	0	3	—	123	—	111	0	0	—	—	—	—
2	娘娘庙港区	—	—	11	0	445	0	2	—	82	—	34	0	0	—	—	—	—
3	大渡口港区	—	—	17	0	705	0	3	—	120	—	25	0	0	—	—	—	—
4	泥湾港区	—	—	4	2	235	160	4	2	235	160	1003	0	0	0	0	0	0
	益阳港合计	3.67	3.67	35	4(含南沅2个)	1508	160	12	2	560	160	1173	0	0	0	0	0	0
	安化港																	
1	平口港区	—	—	32	0	1180	0	27	0	1090	0	192	0	0	—	—	35	0
2	东坪港区	—	—	7	0	275	0	7	0	275	0	60	0	0	—	—	33	0
3	江南小淹港区	—	—	4	0	125	0	4	0	125	0	—	0	0	—	—	—	0
4	内陆水库港区	—	—	2	0	60	0	2	0	60	0	6	0	0	—	—	2	0
	沅江港																	
1	琼湖港区	—	—	10	1	508	70	7	0	383	0	608	—	—	—	—	13	—
2	草尾港区	—	—	1	0	50	0	0	0	0	0	130	—	—	—	—	—	—
3	黄茅洲港区	—	—	1	0	55	0	0	0	0	0	177	—	—	—	—	—	—
4	泅湖山港区	—	—	3	0	145	0	0	0	0	0	209	—	—	—	—	—	—
5	南大河港区	—	—	2	0	100	0	0	0	0	0	44	—	—	—	—	—	—
6	漉湖港区	6152	—	—1	0	40	0	0	0	0	0	246	—	—	—	—	—	—

续上表

序号	港区名称	港口岸线		2015年港口生产用泊位				其中:1978—2015年建成的生产用泊位				2015年港口货物和旅客吞吐量						
		港口规划岸线	其中:2015年前已建成岸线	生产用泊位数	其中:千吨级及以上	生产用泊位总长	其中:千吨级及以上	生产用泊位数	其中:千吨级及以上	生产用泊位总长	其中:千吨级及以上	货物吞吐量	其中:外贸货物吞吐量	集装箱吞吐量	滚装车辆 数量	滚装车辆 重量	旅客吞吐量	其中:国际旅客
		千米	千米	个	个	米	米	个	个	米	米	万吨	万吨	万TEU	万辆	万吨	万人	万人
	南县港																	
1	茅草街港区	—	—	8	1	550	70	3	1	190	70	199	—	—	—	—	—	—
2	南洲港区	—	—	21	0	891	0	21	0	891	0	116	—	—	—	—	—	—
3	明山港区	—	—	4	0	180	0	3	0	145	0	2	—	—	—	—	—	—
	桃江港																	
1	桃花江港区	—	—	9	0	353	0	9	0	353	0	263	0	—	—	—	—	—
2	修山港区	—	—	—	—	—	—	—	—	—	—	—	—	—	—	—	—	—
3	三堂街港区	—	—	—	—	—	—	—	—	—	—	—	—	—	—	—	—	—
4	大栗港港区	—	—	—	—	—	—	—	—	—	—	—	—	—	—	—	—	—
5	马迹塘港区	—	—	—	—	—	—	—	—	—	—	—	—	—	—	—	—	—
6	武潭港区	—	—	—	—	—	—	—	—	—	—	—	—	—	—	—	—	—
	合计	2.1	2.11	9	0	353	0	9	0	353	0	263	0	—	—	—	0	0

港区集疏运：茅草街港区由松澧洪道和南茅运河两部分组成，松澧洪道水域较宽，河床稳定，常年可通航 500 吨级船舶。可通过进港公路与穿镇而过的 S202 线相连。陆路货运车辆经 S202 线向南跨茅草街大桥可至 S204 线，达沅江，经沅益一级路至益阳。

2. 港区工程项目

常鲇航线茅草街港千吨级码头工程：

项目于 2003 年 12 月开工，2005 年 12 月竣工。

项目建设依据：2001 年，国家计委批复《洞庭湖区常德至鲇鱼口航运建设工程可行性研究报告》（计基础〔2001〕779 号）；2001 年，交通部批复《洞庭湖区常德至鲇鱼口航运建设工程初步设计》（交水发〔2001〕493 号）；2003 年 2 月，湖南省环境保护局《关于常鲇航线茅草街千吨级码头工程项目建设环境影响报告书的批复》（湘环评〔2003〕28 号）。

项目建设 1 个 1000 吨级件杂货码头泊位，岸线长度 77.8 米。码头采用顺岸式布局，板桩式结构。码头前沿水深 2 米。项目后方堆场面积 1440 平方米，堆存能力 0.8 万吨。主要装卸设备配置包括 35 吨/10 吨龙门起重机 1 台，CPCD3 内燃叉车 6 辆。项目总投资 2052 万元，其中政府投资 1882 万元。项目用地面积 7349 平方米。

项目建设单位为湖南常鲇航运建设开发有限公司；设计单位为湖南省航务勘察设计研究院；施工单位为上海交通建设总承包公司；监理单位为湖南三湘交通建设监理事务所；质量监督单位湖南省交通建设监督水运站。

茅草街千吨级码头，有 6 个作业区，1 个 1000 吨级泊位，2 个 500 吨级泊位。建成后，年吞吐量达 154.98 万吨，2010—2015 年，茅草街港区吞吐量累计达 949.91 万吨，极大地改善了洞庭湖水运条件，提升了南县茅草街港水运枢纽地位。

（三）泥湾港区

1. 港区综述

泥湾港区位于清水潭大桥（原资江二大桥）南岸下首 400 米处，港区岸线长为 650 米，陆域开阔。泥湾港区新建 1000 吨级集装箱和件杂货泊位各一个，设计年吞吐量 50 万吨。码头建设为湖南省重点工程益阳至芦林潭的千吨级航道建设的配套项目。益阳泥湾港区码头投产后使港口吞吐量显著增加，2015 年达到了 1002.68 万吨。

泥湾港区位于资江下游，在资江干流的资江二大桥南岸下首 400 米处，港区岸线长为 650 米，紧邻洞庭湖，水域条件好，陆域开阔。依据省测绘局地形图及现场踏勘，港区场地及附近无区域性断裂构造通过，场内地质条件较为简单，无活动性断裂带。场地附近无高山，不会发生泥石流、滑坡等地质灾害，场地稳定。

　　泥湾港区位于资江下游,港区彼邻长沙至石门干线铁路,高速公路紧邻港区,通港公路直接进入港区码头,集疏运条件优越。

　　2.港区工程项目

　　益芦航线泥湾千吨级码头建设工程:

　　项目于2008年12月开工,2010年12月试运行,2011年5月竣工。

　　项目建设依据:2005年4月,湖南省发改委《关于益芦航线航运建设工程泥湾千吨级码头项目的预可研究报告批复》(湘发改交能〔2005〕190号);2005年9月,湖南省发改委《关于益芦航线航运建设工程泥湾千吨级码头项目工可研究报告的批复》(湘发改交能〔2005〕786号);2006年2月,湖南省交通厅《关于益芦航线航运建设工程泥湾千吨级码头项目工程初步设计批复》(湘交计统字〔2006〕76号);2007年10月,湖南省交通厅《关于益芦航线航运建设工程泥湾千吨级码头项目工程施工图设计及预算的批复》(湘交基建字〔2007〕522号);2005年12月,湖南省环境保护局《关于益芦航线航运建设工程泥湾千吨级码头项目建设环境影响报告书的批复》(湘环评〔2005〕128号)。

　　项目建设1个1000吨级件杂货泊位和1个1000吨级集装箱码头泊位,岸线长度160米。码头采用顺岸式布局,高桩式结构。码头前沿水深2米。项目后方堆场面积0.79万平方米,堆存能力1.3万吨。主要装卸设备配置包括35吨集装箱起重机1台及5吨门座起重机2台。项目总投资6374.69万元,其中中央政府投资4724.69万元,地方政府投资1650.0万元。项目用地面积3.30万平方米。

　　项目建设单位为湖南益芦航运建设开发公司;设计单位为湖南省航务勘察设计研究院;施工单位为湖南省航务工程公司;监理单位为湖南三湘交通建设监理事务所;质量监督单位湖南省交通建设监督水运站。

　　建设项目投产后,益芦工程港口建设使益阳港口吞吐量显著增加,全市港口吞吐量由2010年的1400万吨增加到了2015年的3426.3万吨。

(四)琼湖港区

1.港区综述

(1)港区建设概况和运营情况

　　琼湖港区位于沅水下游、澧湘航线干流上,沅水右岸、白沙大桥下游700米至下游295米处,岸线长375米,规划布置件杂货、集装箱泊位。琼湖港区为沅江港主要港区,其规划为综合型码头作业区,码头泊位10个。2003年经国家有关部门批准,决定在港区岸线范围内投资新建沅江白沙千吨级港口码头,2015年,已建成千吨级泊位1个,年通过能力25万吨,并配套建设了港口大楼及其他辅助用房。

(2)港区地理条件和集疏运概况

琼湖港区位于沅江橘城新区蓼叶坝,白沙大桥下游东岸约 1500 米处,为沅江市主要发展的港区。港区内丘、岗、平地貌类型齐全,以平原为主,河网纵横。全境呈"三分水面三分洲,三分垸田一分丘"的地貌特点。新生界第四季全新统冲积物覆盖港区 99% 以上的地面。主要分四层。第一层是填土,第二层是黏土,第三次是细砂层,第四层是砂卵石。

港区水深条件良好,河势基本稳定,茅草街—白沙 17 千米,航道等级三级,航道水深 2.0 米,航宽 90 米,最小弯曲半径 550 米;白沙—沅江 11 千米,航道等级四级,航道水深 1.6 米,航宽 50 米,最小弯曲半径 300 米;沅江—甘溪港 27 千米,航道等级五级,航道水深 1.6 米,航宽 40 米,最小弯曲半径 270 米。规划作业区以公路集疏运为主,通过乡镇公路与县道 X009、X010、省道 204 连接,进行集疏运,远期也可连接上规划的益阳至南县高速公路。

2. 港区工程项目

常鲇航线沅江港千吨级码头工程:

项目于 2003 年 11 月开工,2005 年 12 月竣工。

项目建设依据:2001 年,国家计委《关于洞庭湖区常德至鲇鱼口航运建设工程可行性研究报告的批复》(计基础〔2001〕779 号);2001 年,交通部《关于洞庭湖区常德至鲇鱼口航运建设工程初步设计的批复》(交水发〔2001〕493 号)。

项目建设 1 个 1000 吨级散货码头泊位,岸线长度 80 米。码头采用顺岸式布局,重力式结构。码头前沿水深 2.35 米。项目后方堆场面积 4130 平方米,堆存能力 0.8 万吨。主要装卸设备配置包括 GZQ5-18 高立柱起重机 2 台,CPCD3 内燃叉车 4 辆,5 吨汽车 4 辆。项目总投资 3070 万元,其中中央政府投资 1000 万元,地方政府投资 2070 万元。项目用地面积 2.27 万平方米。

项目建设单位为湖南常鲇航运建设开发有限公司;设计单位为湖南省航务勘察设计研究院;施工单位为湘西自治州航务工程建设公司;监理单位为湖南三湘交通建设监理事务所;质量监督单位为湖南省交通建设监督水运站。

重要科技创新:在常鲇航线沅江港千吨级码头工程施工中,常鲇航运建设开发公司与湘西自治州航务工程建设公司等有关单位合作研究,在混凝土中掺入加强筋纤维——聚丙烯纤维,抵抗混凝土的张力。同时,因地制宜地采取了防治措施,将码头面板改为叠合板形式,从根本上解决了磨耗层龟裂问题。❶

白沙千吨级码头建成后,结束了益阳境内无千吨级码头泊位的历史。2003 年,白沙港区新建与常鲇 1000 吨级航道相配套的 1000 吨级杂货泊位 1 个。沅江港 2015 年能正

---

❶ 姚云才:《常鲇航线沅江港千吨级码头现浇面板磨耗层龟裂防治施工技术》,载《湖南交通科技》,2009(2)。

常作业的码头有 20 座,泊位 110 个,最大靠泊能力 1000 吨。2007 年,常鲇航线的货物通过量比 1998 年增长 36.5%,船舶油耗千吨公里降低 20.29%,通过发挥水运运价低、运量大、环保好的优势,提高了水运竞争能力。

八、衡阳港

(一)港口概况

1. 港口综述

衡阳港位于湘江中下游分界点的衡阳市区,地处东经 112°36′,北纬 26°54′,耒水、蒸水在本港北部汇入湘江,顺湘江上游到潇水入口苹岛 276 千米,沿下游至城陵矶 439 千米可入长江。

春秋战国时衡阳港即有舟楫往来,成为商舶码头。秦始皇统一六国后,发卒 50 万攻南越,其中四军戍湘境,衡阳港为重要军用物资中转码头。民国时期,衡阳港为自然港,仅有简易码头 17 座、斜坡土码头 36 座,均无装卸运输机械,全靠人力肩挑背负。

1950 年以后,随着国民经济的恢复和发展,衡阳港成为湘南重要的物资中转港,1951 年吞吐量为 20 万吨。1957 年 12 月划定港区范围,湘江西岸,上起白沙洲下至关门洲;湘江东岸,上起苏家湾,下至耒河口南岸,岸线长 2.2 万米。1958—1965 年,衡阳港共修建 18 座码头、19 个泊位,最大靠泊能力 30~150 吨。1969—1976 年,衡阳港建设 8 座码头、8 个泊位,最大靠泊能力 60~300 吨。

改革开放以来,衡阳港进入加快发展时期。1979 年衡阳港吞吐量达 256 万吨。1985 年港区范围扩展,西岸上起东阳渡,下至大石渡,耒水河口至茶山坳,岸线长 4.5 万米,陆域面积 14 万平方米,水域面积 637 公顷。1985 年底,湘江公路大桥和湘江西岸防洪堤工程先后动工,水口子码头、大码头、湘南学联码头、红旗线货运码头等拆除。2007 年,衡阳港完成货物吞吐量 826.5 万吨。《中华人民共和国港口办法》实施后,港口格局出现了新变化,港口功能由原来单一的客货集散、中转增加为:运输管理、起卸仓储、多式联运、信息资源、物流配送等多功能。2008 年,通过《湖南省港口布局规划》,衡阳港定为地区重要港口。

2009 年,衡阳港建成 7 个港区,即:衡阳市区港区、祁东港区、常宁港区、衡南港区、衡东港区、衡山港区、耒阳港区,港区总面积 121.96 万平方米,其中陆域面积 46.67 万平方米,水域面积 80.29 公顷,港口生产已使用自然岸线长度度 1.29 万米。

随着衡阳市区港区、衡山港区、常宁港区千吨级码头建成投入运营,衡阳港的吞吐能力和装卸效率得到了极大的提升,现有 8 个千吨级码头泊位,最大靠泊能力达 3000 吨级,2015 年衡阳港完成货物吞吐量 2182.2 万吨,年综合通过能力达 500 万吨。

衡阳港与京广铁路、湘桂铁路、武广高速铁路、京港澳高速公路、京港澳高速公路复线、泉南高速公路、衡邵高速公路、南岳高速公路相连;与107国道、322国道及若干省道、县道等公路干线连接全国部分省、市及通达湖南各地州市和本市各县(市)区,水陆交通十分便利,成为湘江中下游物资集散的重要港口。

2. 港口水文气象

衡阳属亚热带季风气候,全年平均气温17.9摄氏度,历年最高气温40.8摄氏度(1953年),历年最低气温-7.9摄氏度。雨季开始于4月下旬,雨季结束不明显,降雨主要集中在5—9月。多年平均降水量1388毫米。历年最大降水量1756.1毫米。最大日降水量149.3毫米。多年平均降水天数为159天。多年平均降水日数为40天(≥10毫米),13.5天(≥25毫米),3.3天(≥50毫米)。历年最长连续降水天数18天。雾多发于春冬两季,年平均雾日17.8天,年最多雾日34天。历年最大积雪厚度16厘米,历年积雪最长持续时间16天,多年平均降雪天数7.5天。2008年年初出现过大面积冰冻天气。

衡阳港位于大源渡航电枢纽库区内,大源渡航电枢纽调度对港口洪水位和低水位变化产生一定的影响。湘江河段径流以降雨补给为主,年内分布不均,年际变化大,每年4—6月为洪水期,7—8月及11月至次年2月降雨稀少,出现秋旱和冬枯两个枯水期。大源渡库区调节低水位为47.80米(满足通航保证率95%的库区千吨级航道要求),衡阳港位于水库区,根据2001—2006年水库运行后日均水位统计结果,通航保证率98%(五年一遇)水位为48.07米,由于统计时段仅5年,设计低水位偏安全考虑,取47.80米,该水位比天然情况下衡阳水文站通航保证率为98%水位高出4.43米,大大改善了港区的水域条件,为码头建设创造了有利的条件。

湘江属于少沙河流,根据衡阳站1973—1985年悬移质实测资料统计分析,多年平均含沙量为0.16千克/立方米,实测最大含沙量为1.52千克/立方米,多年平均输沙量为6.88×10^6吨,输沙多集中在汛期,4—6月占全年输沙量的70%,其中5月就占全年输沙量的33%。

3. 发展成就

衡阳港为衡阳市综合交通体系的重要组成部分,为中国内河重要港口、湖南省中南部地区航运中心和湖南省第三大港口,是中国内陆重要的变压器、钢管、有色金属、煤炭、建材、能源、原材料、外贸等多种物资运输的集装箱港,湖南省地区对外物资运输集散基地,为衡阳市工业园区及周边省市经济发展提供运输保障。

衡阳港现已具备装卸仓储、中转换装、运输组织、商贸物流、信息服务、客运旅游、临港工业、现代物流、口岸商贸、保税加工及配送、航运及市场信息、综合服务等功能,为设施先进、功能完善现代化、多功能的综合性港口。

衡阳港7个港区新建了8个千吨级码头泊位,最大靠泊能力达3000吨级,已完全具备大吨位、长距离远航能力,能为腹地经济发展提供良好的水运服务。

随着衡阳经济的加速发展,工业振兴、科技兴市战略的实施,带动了相关行业发展,促进了港口兴旺,彻底改变了衡阳港历来进口货物大于出口货物的现状。现在衡阳港出口大于进口,出口物资主要有危化液货(硫酸、盐酸、液碱)、水泥、矿建材料、各型钢管、大型矿山钻探设备、超大型电力变压器、精细化工产品、食盐、精铅、锡产品非金属矿石、木材、化肥等,出口美国、日本、越南、马来西亚等国家;进口大多为成品油、液化气、煤炭、粮油、饲料、废钢、玻璃制品、粮食等。

湘江衡阳市区河段锚地情况复杂,位于市区的河段停泊了许多趸船、公务船和运输船,影响了湘江风光带的建设以及风光带建成后的风貌。目前已陆续将这些船舶全部迁入松木停泊区停泊,并保留先锋渡口和柴埠门渡口,从而达到湘江公铁桥至石鼓公园江段上无船舶停泊状态,形成了怡人的湘江风光带。

衡阳市港口港区基本情况见表9-8-8。

(二)白沙港区

1.港区综述

(1)港区建设概况和运营情况

白沙港区位于衡阳市南部、衡阳港上游,分丁家桥作业区、东阳渡作业区、文昌作业区。

丁家桥作业区位于衡阳市南部、湘江左岸,白沙洲工业园与高新技术开发区结合部,建有丁家桥千吨级码头,设1个千吨级集装箱泊位、1个千吨级重件泊位、1个千吨级件杂货泊位,港区布局件杂货、重件码头,主要为衡阳市各企业的特大件、重件提供水运服务。

丁家桥千吨级码头属湘江(衡阳至株洲)航运工程的配套项目,国家和省重点工程。1994年,湖南省交通规划设计勘察院完成可行性研究及初步设计方案,计划建设3个千吨级泊位(其中1个重件泊位,2个件杂泊位)及配套设施,分一、二期进行。一期建1个重件泊位(兼顾国际集装箱作业),1个普通件杂泊位;二期续建1个普通件杂泊位。岸线长度232米。一期工程于1997年10月开工,2006年12月竣工验收,2010—2017年,货物总吞吐量为47万吨。二期工程于2004年5月开工,2006年1月竣工验收,2010—2017年货物总吞吐量为147万吨。

东阳渡作业区位于衡阳市南部、湘江右岸,建有港埠码头、益海码头、鑫阳码头,3个500吨级泊位。主要服务益海粮油工业园,主要运输粮食、粮食制品、加工农产品等。

文昌作业区位于衡阳市南部、湘江左岸,建有文昌码头,1个500吨级泊位,主要承担中国五矿水口山有色金属有限公司、特变电工、华新水泥、华菱钢管、白沙洲工业园、衡山科技城等大型上市公司和园区企业的煤炭、砂石、散装水泥等散杂货以及各类钢管、大中型输变电设备等水运货物的装驳转运仓储业务。

表 9-8-8

衡阳市港口港区基本情况表

序号	港区名称	港口岸线		2015 年港口生产用泊位				其中:1978—2015 年建成的生产用泊位					2015 年港口货物和旅客吞吐量								
		港口规划岸线	其中:2015年前已建成岸线	生产用泊位数	其中:千吨级及以上	生产用泊位总长	其中:千吨级及以上	生产用泊位数	其中:千吨级及以上	生产用泊位总长	其中:千吨级及以上	货物吞吐量	其中:外贸货物吞吐量	集装箱吞吐量	滚装车辆		旅客吞吐量	其中:国际旅客
															数量	重量		
		千米	千米	个	个	米	米	个	个	米	米	万吨	万吨	万TEU	万辆	万吨	万人	万人
	衡阳港																	
1	松木港区	2.62	0.65	12	2	427	114	5	3	449	304.5	686.3	—	—	—	—	—	—
2	白沙洲港区	0.31	1.44	9	2	692	120	8	3	692	232	404.8	—	—	—	—	—	—
	衡阳港合计	2.93	2.09	21	4	1119	234	13	6	1141	536.5	1313.5	16	0	0	0	0	0
	衡山港																	
1	长江镇港区	0.30	—	—	—	—	—	—	—	—	—	—	—	—	—	—	—	—
2	观湘洲港区	0.68	350	3	1	350	80	3	1	350	80	—	—	—	—	—	—	—
3	永和港区	0.16	160	2	—	160	—	2	—	160	—	—	—	—	—	—	—	—
4	旅游码头港区	1.16	200	—	—	—	—	—	—	—	—	—	—	—	—	—	—	—
5	公务码头	0.40	—	—	—	—	—	—	—	—	—	—	—	—	—	—	—	—
	衡东港																	
1	湘江港区	1.96	100	1	—	100	—	1	—	100	—	—	—	—	—	—	—	—
2	洣水港区	0.60	—	—	—	—	—	—	—	—	—	—	—	—	—	—	—	—
	衡南港																	
1	江口港区	0.35	200	1	—	200	—	1	—	200	—	—	—	—	—	—	—	—
2	云集港区	0.42	—	—	—	—	—	—	—	—	—	—	—	—	—	—	—	—
3	近尾洲港区	0.21	—	—	—	—	—	—	—	—	—	—	—	—	—	—	—	—
	耒阳港																	
1	马颈坳港区	0.46	135	3	—	135	—	3	—	135	—	—	—	—	—	—	—	—

续上表

序号	港区名称	港口岸线		2015年港口生产用泊位				其中:1978—2015年建成的生产用泊位				2015年港口货物和旅客吞吐量							
		港口规划岸线	其中:2015年前已建成岸线	生产用泊位数	其中:千吨级及以上	生产用泊位总长	其中:千吨级及以上	生产用泊位数	其中:千吨级及以上	生产用泊位总长	其中:千吨级及以上	货物吞吐量	其中:外贸货物吞吐量	集装箱吞吐量	滚装车辆		旅客吞吐量	其中:国际旅客	
															数量	重量			
		千米	千米	个	个	米	米	个	个	米	米	万吨	万吨	万TEU	万辆	万吨	万人	万人	
2	大唐港区	0.17	—	—	—	—	—	—	—	—	—	—	—	—	—	—	—	—	
3	双洲港区	0.17	80	1	—	80	—	1	—	80	—	—	—	—	—	—	—	—	
4	大市港区	0.32	—	—	—	—	—	—	—	—	—	—	—	—	—	—	—	—	
5	遥田港区	0.09	—	—	—	—	—	—	—	—	—	—	—	—	—	—	—	—	
	祁东港																		
1	归阳港区	2.05	—	—	—	—	—	—	—	—	—	—	—	—	—	—	—	—	
2	河洲港区	0.20	—	—	—	—	—	—	—	—	—	—	—	—	—	—	—	—	
3	粮市港区	0.20	—	—	—	—	—	—	—	—	—	—	—	—	—	—	—	—	
	常宁港																		
1	新河港区	0.31	—	—	—	—	—	—	—	—	—	—	—	—	—	—	—	—	
2	水口山港区	0.68	275	3	1	275	100	3	1	275	100	—	—	—	—	—	—	—	
3	大堡港区	0.30	190	—	—	—	—	—	—	—	—	—	—	—	—	—	—	—	
4	柏坊港区	0.37	88	—	—	—	—	—	—	—	—	—	—	—	—	—	—	—	
	合计	14.47	3.77	33	8	2786	716.5	26	8	2401	716.5	2022.8	—	—	—	—	—	—	

(2)港区地理条件和集疏运概况

港区地质构造单一,无不良地质构造,工程地质条件良好。港区内地层从上至下依次为第四系松散层杂填土、耕植土、黏土、粉质黏土、中细砂、砂砾石;第三系强风化粉砂质泥岩、中风化泥岩、粉砂质泥岩、粉砂岩等组成。

港区后方为衡阳火车南站,城区主要交通干线与G322、G107相连接。本港区紧邻湘江主航道,航运条件优越,总体来说,集疏运条件较好。

2. 港区工程项目

(1)衡阳市丁家桥千吨级码头建设工程

项目于1997年10月开工,2006年12月竣工。

项目建设依据:1997年8月,湖南省人民政府办公厅《关于湘江航运二期工程株洲、衡阳千吨级码头建设问题的批复》(湘政办函〔1997〕226号);1995年2月,湖南省交通厅《关于湘江航运二期工程株洲、衡阳千吨级码头建设项目工可批复》〔1995〕65号;1995年,湖南省交通厅《关于湘江(衡阳至株洲)衡阳港大件码头工程初步设计的批复》(交基发〔1995〕397号)。

项目建设2个1000吨级件杂兼集装箱码头,岸线长度156米。码头采用顺岸式布局,重力式结构。码头前沿水深2.6米。项目后方堆场面积9953平方米,堆存能力20万吨。仓库面积2237平方米,堆存能力3万吨。主要装卸设备配置2台36—31.5米桥式起重机,2台5—18米固定吊。项目总投资5059万元,政府出资5059万元。陆域用地面积8.11万平方米。

项目建设单位为湘江航运建设开发有限公司;设计单位为湖南省交通规划勘察设计院;施工单位为湖南省航务工程公司、湖南省湘南交通路桥工程公司、衡阳市第一建筑工程公司等;监理单位为三湘监理公司;质量监督单位为衡阳市交通工程质量监督站。

1998年3月1日,鉴于码头基础设施工程施工过;程中气候、水位异常,基础土方施工困难,无法按期完成施工任务,经上级批准将码头原扩大基础结构变更为钻孔灌注桩结构;1998年3月8日,衡阳市交通局与湖南省航务工程公司签订基础变更补充施工合同。

码头由衡阳港务有限公司经营。2010—2017年码头货物总吞吐量分别为18.10万吨、4.21万吨、4.35万吨、5.5万吨、3.3万吨、6万吨、5.5万吨、5.5万吨。

码头货物分为内贸和外贸,主要抵达上海等沿海港口,但由于市场环境以及衡阳市其他港口码头无序竞争等诸多原因,丁家桥千吨级码头货物吞吐量很少,离码头设计吞吐量相差很大。

(2)东阳渡港埠码头

项目于2003年2月开工,2004年3月试运行,2013年11月竣工。

项目建设依据:2003年7月,衡阳市珠晖区人民政府《关于衡阳市珠晖区东阳渡港埠有限公司投资港埠项目的批复》（珠政函〔2003〕5 号）；2003 年 12 月，珠晖区环境保护局核发《珠晖区东阳渡港埠有限公司投资港埠项目环境影响报告表》。

项目建设 1 个 500 吨级散货码头，岸线长度 100 米。码头采用顺岸式布局，重力式结构。码头前沿水深 4.5 米。项目仓库面积 2 万平方米，堆存能力 5 万吨。主要装卸设备塔式起重机 1 台、铲车 2 台、电子地磅 2 处、滑槽等其他辅助设备。项目总投资 6518 万元，企业股东共同出资。陆域用地面积 3.6 万平方米。

项目建设单位为衡阳市港埠服务有限公司；设计单位为深圳市物业国际建筑设计有限公司；施工单位为湖南华雁建设有限公司基础分公司。

2003 年，由多名自然人股东共同出资和东阳渡镇政府以土地股而共同组建衡阳市港埠服务有限公司，首期投资 120 万元人民币，兴建混装码头，2003—2017 年陆续投资 6518 万元建设；2017 年 7 月，由深圳市物业国际建筑设计有限公司设计，由湖南华雁建设有限公司基础分公司施工。

港埠码头主要服务的客户有大唐电力、南方集团等，主要货类为普货（煤炭、砂石、元明粉等）。码头建成带动了珠晖区相关产业发展，直接和间接产生了就业机会。码头年吞吐量逐年递增，2011—2015 年吞吐量分别为：102.2 万吨、119.59 万吨、212.88 万吨、291.9 万吨、357 万吨。

（3）衡阳港大件码头工程项目

项目于 2004 年 5 月开工，2005 年 10 月试运行，2006 年 1 月竣工。

项目建设依据：2003 年 9 月，湖南省发展计划委员会《关于衡阳港大件码头工程可行性研究报告的批复》（湘计基础〔2003〕705 号）；2003 年，湖南省交通厅《关于衡阳港大件码头工程初步设计的批复》（湘交设合字〔2003〕第 85 号）。

项目建设 1 个 1000 吨级杂货码头，岸线长度 76 米。码头采用顺岸式布局，高桩结构。码头前沿水深 2.6 米。项目仓库面积 0.05 万平方米，堆存能力 1 万吨。主要装卸设备 1 台 420 吨桥式起重机。项目总投资 2165.72 万元，政府投资 2165.72 万元。陆域用地面积 1.27 万平方米。

项目建设单位为衡阳市丁家桥大件码头建设有限公司；设计单位为湖南省交通规划勘察设计院；施工单位为湖南省航务工程公司；监理单位为三湘监理公司；质量监督单位为衡阳市交通工程质量监督站。

本码头货主为衡阳变压器厂产品水运专用泊位，由于产品结构调整和货物流向等原，码头货物吞吐量少，离码头设计吞吐量相差较大。

（4）宏昌码头

项目于 2006 年 1 月开工，2006 年 12 月竣工。

项目建设依据：2006 年 1 月，衡阳市交通局《关于雁峰区岳屏镇文昌村码头改建的批复》(交计基字〔2006〕第17号);2006年4月,衡阳市水利局《关于加固河堤及改造码头的批复》;2006年6月,衡阳市环境保护局《关于对岳屏镇文昌村码头加固硬化的批复》。

项目建设1个500吨级散货码头(水工结构兼顾1000吨级),岸线长度120米。码头采用顺岸式布局,重力式结构。码头前沿水深2.6米。项目仓库面积0.12万平方米,堆存能力2万吨。主要装卸设备起重机2台,电子地磅1个、叉车、铲车、滑槽等其他辅助设备。投资2460万元,为企业自筹。陆域用地面积1.33万平方米。

项目建设单位为衡阳市宏昌港务有限公司;设计单位为湖南省航务勘查设计院;施工单位为湖南省航务工程公司;监理单位为三湘监理公司;质量监督单位为衡阳市交通工程质量监督站。

2006年2月,衡阳市宏昌港务有限公司首期;投资860余万元在原衡阳市雁峰区岳屏镇文昌村木昌边组村属砂场改造扩建成综合货运码头;2015年,公司追加投资1600余万元,2018年申报了码头新增、扩建。

项目南临湘江、东傍衡山科技城、西靠白沙洲工业园、北接华菱钢管,码头通过省道S214线联通京珠高速公路、衡枣高速公路、潭衡高速公路、岳临高速公路,距高速公路出口站2000米,距南岳机场13千米,距市二环、三环路联通接3000米,来往货物运输车辆均无须通过市区交通拥堵路段,交通便利通畅;码头主要承担中国五矿集团水口山有色金属有限公司、特变电工、华新水泥、华菱钢管、白沙洲工业园、衡山科技城等大型上市公司和园区企业的煤炭、砂石、散装水泥等散杂货以及各类钢管、大中型输变电设备等水运货物的装驳转运仓储业务,年出港货船600余艘次;2011—2015年,每年货物吞吐量均突破150余万吨,能停靠1000吨级以上货船,具备年吞吐量200万吨货物的能力。2017年度被衡阳市海事局评为先进单位。

(5)东阳港货运码头(鑫阳码头)

项目于2007年5月开工,2009年8月试运行,2018年5月竣工。

项目建设依据:2008年9月,衡阳市珠晖区发展和改革局《关于珠晖区东阳港货运码头建设项目的批复》(珠发改字〔2008〕19号);2008年12月,衡阳市环境科学研究所编制完成《东阳港货运码头建设项目环境影响报告表》。

项目建设1个500吨级散货码头,岸线长度120米。码头采用顺岸式布局,重力式结构。码头前沿水深3米。项目堆场面积1.65万平方米,堆存能力5万吨。主要装卸设备门式起重机2台,叉车1台,铲车2台。项目总投资1000万元,企业自筹。陆域用地面积2.33万平方米。

项目建设单位为衡阳市鑫阳港务有限公司;设计单位为湖南省航务勘察设计研究院;施工单位为湖南省航务工程公司;监理单位为湖南省三湘交通建设监理事务所;质量监督单位为湖南省交通建设监督水运站。

鑫阳码头建成后，为珠晖区相关产业发展作出了一定贡献。年吞吐量逐年递增，2011—2015 年货物吞吐量分别为：15 万吨、25 万吨、30 万吨、32 万吨、33 万吨。

鑫阳货运码头原可停靠 500 吨级船舶，随着大源渡航电枢纽项目建成，水位提高，目前码头可停靠 3000 吨级船舶。

（6）益海粮油专业市场码头工程

项目于 2008 年 5 月开工，2009 年 4 月试运行，2009 年 5 月竣工。

项目建设依据：2008 年 5 月，益海粮油专业市场项目（一、二期）的建设项目环境影响报告表由中南林业科技大学环评中心编制完成；2006 年元月，衡阳市发展与改革委员会《关于衡阳市益海粮油专业市场（一、二期）的建设项目批复》。

项目建设 1 个 500 吨级散货码头，岸线长度 120 米。码头采用顺岸式布局，直立式结构。码头前沿水深 4 米。项目堆场面积 1 万平方米，堆存能力 8 万吨。钢结构全封闭仓库面积 5000 平方米，堆存能力 2 万吨。主要装卸设备 16 吨起重机 2 台，散料斗 1 个，大功率铲车 1 辆，植物油管线 1 条及蒸汽和压缩空气吹扫管线连接 5000 吨的罐区。项目总投资 700 万元，企业自筹。陆域用地面积 0.5 万平方米。

项目建设单位为衡阳益海粮油有限公司；设计单位为核工业衡阳第二地质工程勘察院；施工单位为核工业湖南华安建设工程有限公司；监理单位为衡阳市吉康建设监理公司；质监单位为湖南省交通建设监督水运站。

2009 年 4 月 15 日，电缆沟和吊机安装验收，验收单位为核工业湖南华安建设工程有限公司；2009 年 5 月 24 日，桩基础验收，验收单位为衡阳市吉康建设监理公司；2009 年 4 月 28 日，衡阳市珠晖区环境保护监测站对建设项目竣工环境保护验收。

益海码头建成后，通过码头装卸作业，降低商品流通成本，增加食用油脂、粮食和饲料类产品的销售量，突出水路、铁路和公路的自身优势，打造衡阳益海嘉里粮油物流园成为湘南一流的专业粮油市场。2011—2015 年，实现粮油吞吐量 30 万吨。

益海码头与 107 国道和东阳渡货场距离 500 米，为水路、公路和铁路的联合运输提供了便利条件。码头所处的航道宽 500 ~ 1000 米，常年通航 1000 ~ 3000 吨货船，自然形成的弯曲河道使水势平缓，形成天然锚地，方便大型船只靠离泊。

（三）江口港区

1. 港区综述

（1）港区建设概况和运营情况

江口港区设咸塘作业区，已建成 500 吨级长源码头。该码头位于衡南县咸塘镇新街耒水河畔，占地面积 1.33 万平方米，2004 年 5 月扩建，2004 年 12 月竣工试投产，可停靠 3000 吨级船舶作业，年货物吞吐量 30 万 ~ 70 万吨。

（2）港区地理条件和集疏运概况

江口港区位于耒水。耒水为湘江一级支流，源出桂东县烟竹堡，从江口区九龙乡花开村入衡南县境，由南而北，经江口、相市等乡镇，至咸塘镇花江村流出，流境长 57.2 千米，至衡阳市珠晖区耒河口汇入湘江。从白鱼潭水电站至耒河口 16 千米，受电站下泄流量控制，枯水期间关闸蓄水，滩干水浅，航行条件较差。

湘江、耒水途经咸塘镇境北、境西，京广铁路、衡大高速公路、351 省道、武广高速铁路贯穿境内，交通便捷，利于水路运输。

2. 港区工程项目

长源码头扩建项目：

项目于 2004 年 5 月开工，2004 年 12 月试运行，2004 年 12 月竣工。

项目建设 1 个 500 吨级散货码头，岸线长度 200 米。码头采用顺岸式布局，重力式结构。码头前沿水深 5 米。项目后方堆场面积 0.6 万平方米，堆存能力 5 万吨。主要装卸设备塔式起重机，电子地磅 1 个等其他辅助设备。项目总投资 200 万元，政府出资 30 万元。陆域用地面积 0.8 万平方米。

项目建设单位为衡阳市长源港航有限公司；设计单位为衡阳第二地质工程勘察院；施工单位为湖南省航务工程公司；监理单位为三湘监理公司；质量监督单位为衡阳市交通工程质量监督站。

2004 年，长源码头原由衡南县运输公司经营，改制后拍卖给衡阳市长源港航有限公司，经改建，能停靠 500 吨左右船舶作业；2010 年，通过扩建，可停靠 3000 吨左右船舶作业。

长源码头主要为湖南省湘衡盐化有限责任公司提供水路装卸运输服务，主要以煤炭及工业盐为主，吞吐量逐年增加，2011—2015 年货物吞吐量分别为：19.1 万吨、21.1 万吨、23.1 万吨、30.1 万吨、76.5 万吨。

（四）水口山港区

1. 港区综述

（1）港区建设概况和运营情况

水口山港区位于常宁水口山镇，港区公用作业区已建成常宁市松柏千吨级码头、500吨级三友码头。

常宁市松柏千吨级码头位于常宁市北部水口山镇蔬菜村、湘江中游右岸，下距土谷塘航电枢纽约 16 千米，属土谷塘航电枢纽工程的配套工程。主营进出口货物的装卸、仓储、堆存、保管、运输中转等业务。该码头占地 1.62 万平方米，总投资 3429.8 万元，建设 1 个

1000 吨级综合泊位、散货堆场、杂货堆场、仓库、办公楼、进港道路等。2014 年 9 月开工，2016 年 3 月交工验收，2016 年 7 月试投产运营。

（2）港区地理条件和集疏运概况

水口山港区全线紧靠湘江主航道，无须设置进港航道，港区上下游端外各设置 2 个浮式单面标，标示宽 25 米船舶停泊水域边线，指示过往船舶避让。

世界著名的水口山铅锌矿、央企五矿集团的铜金冶炼、株冶铅业等一大批冶炼化工企业坐落于水口山镇，厂矿云集且临江而建，储藏有金、银、铅、锌、铜、铍等 20 余种矿产资源，进出港货源充足。同时，本港区又是常宁周边的新田、宁远等县水路运输的集散地，有较大的货源辐射面。

水口山镇交通十分便利，与 107 国道、岳临高速公路、省道 214 线、衡桂高速公路、京港澳高速公路、衡昆高速公路、泉南高速公路、京港澳复线潭衡高速公路、京广铁路、京港高速铁路、瓦松铁路贯通，码头紧邻湘江主航道，集疏运条件良好，湘江航运可直达长江。

2. 港区工程项目

（1）常宁市松柏千吨级码头

项目于 2014 年 9 月开工，2016 年 7 月试运行，2017 年 1 月竣工。

项目建设依据：2010 年 12 月，国家发展改革委《关于湖南湘江土谷塘航电枢纽工程项目建议书的批复》；2012 年 9 月，国家发展改革委《关于湖南湘江土谷塘航电枢纽工程可行性研究报告的批复》（发改基础〔2012〕3004 号）；2012 年 12 月，交通运输部《关于湖南湘江土谷塘航电枢纽工程初步设计的批复》（交水发〔2012〕676 号）；2010 年 12 月，湖南省住建厅《关于湖南湘江土谷塘枢纽工程建设项目选址意见书》（环审 2011〔246〕号）。

项目建设 2 个 1000 吨级综合码头泊位，岸线长度 80 米。码头采用顺岸式布局，重力式结构。码头前沿水深 2.2 米。项目后方堆场面积 0.13 万平方米，堆存能力 4 万吨。仓库面积 0.04 万平方米，堆存能力 1.6 万吨。主要装卸设备配置 2 台 5 吨—18 米固定吊、1 台 100 吨地上衡、1 台 3 吨叉车和 1 台 3 吨装载机以及一个卸货溜槽。项目总投资 3429.8 万元，政府出资 3429.8 万元。陆域用地面积 1.62 万平方米。

项目建设单位为湖南省水运建设投资集团有限公司；设计单位为湖南省交通规划勘察设计院；施工单位为湖南省中源航务工程有限责任公司、湖南耀星建设有限公司、湖南湘南交通路桥工程有限公司；监理单位为湖南省三湘交通建设监理事务所；质量监督单位为湖南省交通建设质量安全监督管理局。

项目投产后，试运营期间，码头吞吐量为 10.5 万吨；松柏千吨级码头的建成完工，结束了湘江上游无千吨级码头的历史，提高了水口山镇的水运能力，为工业重镇水口山镇增加了一条产品出口的货运通道，更好地融合了国家"一带一路"倡议，有效带动了周边经济的发展。

(2)阳世杰货运码头复建工程(三友码头复建工程)

项目于2015年10月开工,2016年5月试运行,2016年6月竣工。

项目建设依据:2015年10月,湖南省水库移民开发局《关于土谷塘航电枢纽库区阳世杰货运码头复建工程技施设计的批复》(湘移发〔2013〕676号)。

项目扩建为2个500吨级散货泊位,将四座老旧码头的断续岸线连成一体,岸线长度175米。码头采用顺岸式布局,直立式结构。码头前沿水深2.8米。项目后方堆场面积0.58万平方米,堆存能力8万吨。主要装卸设备配置塔式起重机1台,滑斗1处、1.2米宽幅皮带输送装载线1条及装载车、后八轮汽车、电子地磅、专用变压器等其他辅助设备。项目总投资1974万元,企业自筹。陆域用地面积0.97万平方米。

项目建设单位为常宁市三友港务有限公司;设计单位为湖南省交通规划勘探设计院;施工单位为湖南省航务工程有限公司;监理单位为相怡监理土谷塘综合监理部;质量监督单位为衡阳市交通工程质量监督站。

三友码头的恢复建设,提高了码头的质量等级和整体功能,增加了1个500吨级泊位,改变了过去300吨级以上船舶无法靠泊的历史,满足了500吨级以上船舶的靠泊、装卸能力,适应了生产发展需要,纳入了《常宁港口总体规划》范围,为常宁水运业的发展发挥了积极作用。码头建成投产后,安全生产状况良好,环保条件得到提高。港口年吞吐量逐年递增,2014—2018年吞吐量分别为6.8万吨、8.2万吨、11.4万吨、14.6万吨、19.3万吨,为常宁经济建设和进出港物资发挥了桥梁和纽带作用。

(五)松木港区

1.港区综述

(1)港区建设概况和运营情况

衡阳港松木港区辖松木作业区、茶山坳作业区、杨家坪作业区、丁家桥作业区,现有泊位12个,其中1000吨级泊位3个,500吨级泊位9个,岸线长度1138.5米。2015年完成货物吞吐量686.3万吨。

松木作业区,已建成1000吨级码头为松木港区一期工程;已建成的500吨级码头有八达码头、鸿丰码头。

松木港区一期工程位于衡阳市区北部衡阳松木经济开发区内、湘江西岸,布局集装箱、散货、件杂货和危化液体码头,占地面积8.67万平方米,岸线长度304.5米。

八达码头位于衡阳市石鼓区松木乡金兰村金堂河组,建于2003年。2008年,衡阳市城区防洪堤加固,码头已无法继续使用,由衡阳市八达港务有限公司在原码头改建成一个300吨级普货码头,占地0.53万平方米,岸线长度120米。

鸿丰码头(江霞货运码头)位于衡阳市石鼓区合江街道江霞村二组、湘江大石渡西岸,占地1万平方米,岸线长度100米。

茶山坳作业区,已建成1个500吨级码头,为茶山坳码头。

杨家坪作业区,已建成500吨级码头有油脂码头、粤汉码头、杨家坪1号码头、杨家坪2号码头,均为斜坡式。

丁家桥作业区,已建成汽车码头、泰梓码头,其中1个斜坡式,1个待拆除。

松木港区具备运输管理、中转换装、装卸存储、多式联运、信息服务综合功能,能常年停靠千吨级船舶,轮船通过湘江与长江干、支线各港口相连,将衡阳的货物运往长江干、支线各港口和通过上海港、南通港、南京港等港中转将货物运到沿海各港口及国外各港口,并将上述港口货物运至衡阳。水运集装箱方面开通有衡阳—长沙—上海班轮航线,结束了衡阳没有集装箱班轮运输的历史。

(2)港区地理条件和集疏运概况

衡阳港松木港区处于湘江大源渡航电枢纽库区尾部,地形平坦开阔,港区面临湘江千吨级主航道,港区水深条件良好,航道目前航道尺度为2.0米×90米×500米(水深×航宽×弯曲半径),根据湘江航道规划建设标准,2020年该段航道将建成3.0米×90米×550米(水深×航宽×弯曲半径)标准,通航保证率98%以上。

107国道、衡大高速穿松木经济开发区而过,从区内主干道路蒸阳北路可直接上衡大高速;怀邵衡铁路途经经开区,并在区内设立了火车站;港区集疏运系统采用汽车运输,能充分发挥了湘江"黄金水道"的作用。

2.港区工程项目

(1)茶山坳码头工程

项目于2003年3月开工,2005年9月试运行,2005年10月竣工。

项目建设依据:2003年1月,衡阳市环保保护局《关于衡阳市港务管理处茶山坳码头工程环境影响报告表专家函审综合意见的批复》。

项目建设1个500吨级码头泊位,岸线长度63米。码头采用顺岸式布局,直立式结构。码头前沿水深2.8米。项目后方堆场面积1.33万平方米,堆存能力5万吨。主要装卸设备配置塔式起重机2台,电子地磅一个等其他辅助设备。项目总投资500万元,企业股东自筹。陆域用地面积1.33万平方米。

项目建设单位为衡阳市港务有限公司;设计单位为湖南省交通规划勘探设计院;施工单位为湖南省航务工程有限公司;监理单位为相怡监理土谷塘综合监理部;质量监督单位为衡阳市交通工程质量监督站。

茶山坳码头位于珠晖区茶山坳镇,紧邻国道高速,辐射周边。茶山坳码头建成后,成为粮油食品集散周转中心,也承载一些普货散货吊装运输,为衡阳地区及周边地区相关产业发展作出了一定贡献,直接和间接产生较大的就业机会。主要服务客户有:湘衡盐矿、南方物流、国通物流等。2011—2015 年吞吐量分别为:32 万吨、35 万吨、62 万吨、75 万吨、87 万吨。

(2)八达港务货运码头工程

项目于 2008 年 4 月开工,2008 年 9 月试运行,2013 年 5 月竣工。

项目建设依据:2008 年 10 月,衡阳市石鼓区发展和改革局编制《关于石鼓区八达港务货运码头建设项目的批复》(石发改〔2008〕29 号);2011 年 8 月,广东省综合交通勘察设计院有限公司编制完成《衡阳市八达港务有限公司码头工程可行性研究报告》;2012 年 9 月,衡阳市环境保护局《关于衡阳市八达港务有限公司码头工程环境影响报告表专家函审综合意见的批复》。

项目建设 1 个 500 吨级散货码头泊位,岸线长度 80 米。码头采用顺岸式布局,直立式结构。码头前沿水深 2.5 米。项目后方堆场面积 1755 平方米,堆存能力 5 万吨。主要装卸设备配置塔式起重机 1 台,电子地磅一个等其他辅助设备。项目总投资 1795 万元,企业股东自筹。陆域用地面积 0.53 万平方米。

项目建设单位为衡阳市八达港务有限公司;设计单位为湖南省航务设计院;施工单位为湖南省航务工程有限公司;监理单位为相怡监理土谷塘综合监理部;质量监督单位为衡阳市交通工程质量监督站。

2016 年,码头升级为 500 吨级。2011—2015 年吞吐量分别为:30.66 万吨、35.88 万吨、63.86 万吨、87.57 万吨、107.1 万吨。

(3)鸿丰码头(江霞货运码头)

项目于 2010 年 10 月开工,2011 年 8 月试运行,2012 年 2 月竣工。

项目建设依据:2013 年 12 月,衡阳市石鼓区发展和改革局《关于衡阳市鸿丰港务有限公司江霞货运码头建设备案的通知》(石发改〔2013〕18 号)。

项目建设 1 个 500 吨级散货码头泊位(水工建筑靠泊能力 1000 吨级),岸线长度 100 米。码头采用顺岸式布局,直立式结构。码头前沿水深 4.5 米。项目仓库面积 0.5 万平方米,堆存能力 1 万吨。主要装卸设备配置塔式起重机 1 台,电子地磅一个等其他辅助设备。项目总投资 2877 万元,企业股东自筹。陆域用地面积 1 万平方米。

项目建设单位为衡阳市鸿丰港务有限公司;设计单位为湖南省航务设计院;施工单位为湖南省航务工程有限公司;监理单位为湖南省三湘监理公司;质量监督单位为衡阳市交通工程质量监督站。

鸿丰码头(江霞货运码头)建成后,带动了松木港区相关产业的发展。主要服务的客户有:华能墨龙、祁阳海螺、金山水泥、新澧化工等,主要货类为普货(煤炭、砂石、元明粉)等。2013—2017 年吞吐量分别为:2 万吨、4 万吨、5 万吨、52 万吨、32 万吨。

(4)衡阳松木港区一期工程

项目于 2010 年 12 月开工,2012 年 6 月试运行,2017 年 6 月竣工。

项目建设依据：2008 年 1 月，湖南省发展和改革委员会《关于衡阳市松木港区一期工程可行性研究报告的批复》（湘发改交能〔2008〕35 号）；2009 年 5 月，湖南省交通运输厅《关于衡阳港松木港区一期工程初步设计的批复》（湘交计统〔2009〕161 号）；2009 年 11 月，湖南省交通运输厅《关于衡阳港松木港区一期工程施工图设计的批复》（湘交基建〔2009〕503 号）；2007 年 11 月，湖南省环境保护局核发《衡阳市松木港区一期工程环境影响报告表》（湘环评表〔2007〕180 号）；2010 年 6 月，湖南省人民政府核发衡阳市松木港区一期工程农用土地转用、土地征收审批单（政国土字〔2010〕627 号），批准衡阳市松木港区一期工程用地 8.48 万平方米；2007 年 11 月，湖南省水利厅《关于衡阳市松木港区码头一期工程河道管理范围内建设项目同意书》（湘水许〔2007〕126 号）。

项目建设 3 个 1000 吨级码头泊位（水工结构允许靠泊 2000 吨级），岸线长度 304.5 米。码头采用顺岸式布局，高桩式结构。码头前沿水深 3.5 米。项目后方堆场面积 1.24 万平方米，堆存能力 13 万吨。仓库面积 0.23 万平方米，堆存能力 2 万吨。主要装卸设备配置 R 米 G40.5 集装箱门式起重机 1 台，米 Q0522 门座式起重机 2 台，CPC30 叉车 1 台。项目总投资 1.2 亿元，政府投资 3000 万元，企业自筹 9000 万元。陆域用地面积 8.48 万平方米。

项目建设单位为衡阳松木开发建设投资有限公司；设计单位为湖南省航务勘察设计研究院有限公司；施工单位为湖南省航务工程公司、衡阳航务工程公司；监理单位为湖南省三湘交通建设监理事务所；质量监督单位为湖南省交通建设质量监督水运站。

衡阳松木港区一期工程建成并投入试运营，对于拓展衡阳及周边水运市场，发展现代港口物流业，降低企业物流成本，促进衡阳内外贸进出口，助力衡阳经济社会发展，提升衡阳港口竞争能力，均具有重要意义。衡阳—长沙—上海水运集装箱航线自 2016 年 6 月 26 日开行以来，班轮频次由每半月发一次发展为每周至少发一次，贸易方式由内贸拓展为内外贸并重，集装箱业务范围包括矿产、建材、食品、粮食等多种产品，出口货物最远可抵达非洲、东南亚等地。2017 年完成进、出口集装箱 3610TEU，货物吞吐量 15 万吨（包括件杂散货）。预计到 2021 年，实现港口货物吞吐量 100 万吨，其中集装箱 1.3 万 TEU（30 万吨），件杂散货和液体散货 70 万吨。后期将着力建设松木港区二期工程，建成货物吞吐量 800 万吨的大港。

（六）观湘洲港区

1. 港区综述

观湘洲港区，已建成岸线 350 米，有泊位 3 个，其中千吨级泊位 1 个。衡山港千吨级码头，位于衡山县城郊湘江左岸观湘村，距上游衡山大桥 3.6 千米，系湘江航运开发株洲航电枢纽工程项目的配套工程。

株洲航电枢纽位于衡山下游84千米处,枢纽正常挡水位40.50米,水库设计低水位38.80米,回水至大源渡航电枢纽。株洲航电枢纽为低水头大孔口泄水闸,洪水期对水位抬高影响甚微,对衡山港无影响。枯水期水库在株洲枢纽处挡水位为38.80~40.50米。短时段为38.80米/时,经计算并参照大源渡枢纽处回水实际情况,在250立方米/秒流量情况下回水至衡山港水面至少为39.00米。衡山港98%通航保证率的设计低水位将至少提高1.64米。库区回淤计算提供的资料显示,库区十年平均淤积厚度0.11米,且主要淤积区不在码头所在河段,故不会对码头水深造成明显不良影响。这些都为千吨级码头的建设创造了有利的条件。

衡山县域东部紧靠湘江,大源渡航电枢纽工程、株洲杭电枢纽工程使湘江水位平稳,常年通航,衡山港千吨级码头紧邻湘江主航道,航运条件优越,湘江公路大桥横跨两岸,过桥即可上107国道、314省道、京珠高速公路、潭衡西高速、南岳高速,集疏运条件良好。

2. 港区工程项目

衡山港千吨级码头:

项目于2005年9月开工,2006年6月试运行,2006年9月竣工。

项目建设依据:2000年,国家计委《关于审批湘江航运开发株洲航电枢纽工程项目建议书的请示的批复》(计基础〔2000〕947号);2000年,湖南省发展计划委员会《关于转发国家计委审批湘江航运开发株洲航电枢纽工程项目建议书批复的通知》(湘交计〔2000〕614号);2001年,交通部《关于湘江航运开发株洲航电枢纽工程初步设计的批复》(交水发〔2001〕682号);2001年2月,湖南省环境保护局《关于衡山港千吨级码头环境影响报告书的批复》(湘环评〔2001〕026号)。

项目建设1个1000吨级码头泊位,岸线长度130米。码头采用顺岸式布局,重力式结构。码头前沿水深2.4米。项目后方堆场面积0.33万平方米,堆存能力6万吨。码头仓库面积0.12平方米,堆存能力0.7万吨。主要装卸设备配置一台20吨塔式固定起重机,10吨平板车2台,3吨、5吨叉车各一台。项目总投资1727万元,政府投资1727万元。陆域用地面积14.96万平方米。

项目建设单位为湖南湘江航运建设开发有限公司;设计单位为湖南省交通规划勘察设计院;施工单位中港二航局第三工程公司、湖南华兴工程建设总公司;监理单位为湖南省三湘交通建设监理事务所;质监单位为湖南交通科研院、湖南省建设工程质量检测中心。

项目建成后,湖南湘江航运建设开发有限公司(现湖南水运建设投资集团有限公司)于2010年7月15日将衡山港千吨级码头委托给衡山县人民政府管理经营。2010—2017年货物吞吐量分别为:11万吨、13万吨、12万吨、10万吨、11万吨、12万吨、10.9万吨、

10.5 万吨,主要货物为沙石、瓷泥、钠长石,主要运往湖北、江苏、江西、广州、重庆等地。2015 年,码头最大靠泊能力为 2000 吨。

第九节　广　东　省

一、综述

(一)港口概况

1. 港口规划

广东省有大小河流 2000 余条,总长 30000 余千米,发展水运具有得天独厚的自然条件。内河航运在促进沿江经济带形成和发展、完善区域综合运输体系、巩固香港航运中心地位、保障广州等沿海主要港口的集疏运畅通等方面发挥着重要的支撑和保障作用。

为更好地开发利用内河航运资源,交通部和广东省有关部门先后组织编制了《广东省内河航道总体布局规划》(交通部与广东省人民政府联合批复,交规划发〔2002〕33 号)、《广东省航道支持保障系统规划》《珠江三角洲高等级航道网规划(要点)》(厅规划字〔2005〕185 号)。这些规划的编制和实施,对科学指导广东省航道工程建设起到了积极作用。为指导"十一五"期内河航道、港口建设工作,广东省人民政府组织编制了《广东省内河航运发展规划》(粤府〔2004〕104 号),确定了"十一五"期内河航道、港口的建设重点。2004 年以来,在广东省委、省政府落实科学发展观、积极发展内河航运战略指导下,内河航道建设稳步推进,航道的通航条件继续改善,基本建成了珠江三角洲"三纵三横"高等级航道网,但内河港口、运输船舶及支持保障系统发展相对滞后,内河航运的整体优势有待进一步发挥。

为加快广东省内河航运基础设施建设,充分发挥水运资源的优势,实现水运交通新的跨越式发展,促进经济社会全面协调可持续发展,广东省交通运输厅和省发展改革委联合委托交通运输部规划研究院和广东省交通咨询服务中心编制了《广东省内河航运发展规划(2010—2020)》。2011 年 2 月,《广东省内河航运发展规划(2010—2020)》经广东省政府同意,正式印发实施,该规划为指导全省内河港口发展提供了重要依据。

2. 港口布局

按照"一城一港"的原则,广东省目前共有内河港口 13 个,形成以佛山、肇庆主要港口为骨干,以江门(内河港)、中山(内河港)、广州(内河港)、东莞(内河港)、云浮、清远、韶关、惠州(内河港)、河源、梅州、潮州(内河港)11个地区重要港口为基础的层次分明、功能完善、布局合理、与全省航道布局及地区经济社会发展相协调的内河港口体系。

(二)港口发展成就

改革开放以来,伴随着广东省"一横一网三通道"航道网(一横:西江航运干线,一网:珠江三角洲高等级航道网,三通道:北江、东江、韩江)的建设,广东省内河港口取得了长足发展。截至2015年底,全省共建成内河港口生产性泊位1047个,码头长度为65.7千米,内河港口货物年通过能力2.08亿吨,集装箱年通过能力达717万TEU。其中,佛山港港口货物年通过能力突破1亿吨,集装箱年通过能力达到622万TEU,广州港(内河)、云浮港和肇庆港泊位货物年通过能力超过2000万吨,日益完善的港口基础设施有力地支撑了内河航运的发展。

借助于珠江口三江汇流的水运资源优势以及珠江水系千吨级内河航道维护工程、北江航道提升工程的实施,珠江口沿海港口与上游地区内河港形成无缝连接。随着深圳港、广州港的枢纽作用不断增强,珠江水网港口与深圳港、广州港之间外贸集装箱运量也逐渐增加。深圳港南山港区与珠江三角洲主要港口建立了稳定的华南公共驳船快线网络,盐田港区、大铲湾港区的驳船航线也在不断完善。广州港南沙港区的公共驳船快线网络覆盖珠江三角洲及西江上游等港口。2009年成立的西江港口联盟,覆盖了广东、广西多个西江沿线城市,西江流域内河水运系统得到加快完善。

2015年广东全省内河港口完成货物吞吐量2.9亿吨,集装箱吞吐量597.4万TEU,其中佛山港、肇庆港、清远港和云浮港的货物吞吐量分别达到了6146万吨、2944万吨、2927万吨和2002万吨,形成了油气制品、煤炭、水泥、木材、粮食和集装箱等货物门类齐全的运输格局。

为适应改革开放以来广东省对外贸易的快速发展,基于珠江水系河网密布和毗邻香港、澳门特别行政区的地缘地理优势,广东省江海联运逐步发展起来,珠江水系沿线港口逐渐成为香港国际航运中心的重要喂给港,在服务广东省外贸经济发展中发挥了重要的作用。目前,广东省内河港口二类口岸有92个,主要分布在佛山、肇庆、中山、江门等地区。2015年广东省内河港口码头完成外贸集装箱吞吐量362万TEU,占到内河集装箱吞吐量的2/3,主要是喂给香港以及深圳、广州等省内沿海主要港口。

广东省基本省情和综合运输内容见《实录》第三卷沿海港口与航道工程第九节广东省综述。广东省内河港口基本情况见表9-9-1。

表 9-9-1

广东省内河港口基本情况表

序号	港口名称	港口岸线		2015 年港口生产用泊位				其中：1978—2015年建成的生产用泊位				2015 年港口货物和旅客吞吐量						
		港口规划岸线	其中：2015 年前已建成岸线	生产用泊位数	其中：千吨级及以上	生产用泊位总长	其中：千吨级及以上	生产用泊位数	其中：千吨级及以上	生产用泊位总长	其中：千吨级及以上	货物吞吐量	其中：外贸货物吞吐量	集装箱吞吐量	滚装车辆 数量	滚装车辆 重量	旅客吞吐量	其中：国际旅客吞吐量
		千米	千米	个	个	米	米	个	个	米	米	万吨	万吨	万 TEU	万辆	万吨	万人	万人
1	佛山	56.4	19.08	298	242	17285	15142	300	249	16635	21886	6146.7	2404.24	301			62.3	31.4
2	肇庆	57.98	7.33	94	73	6453	5285	90	70	6225	5057	2944.3	308.2	70.49	0	0	0	0
3	广州（番禺、新塘、五和）	40.92	8.1	125	27	8063	2455	125	27	8063	2455	2042.66	124.44	22.83	0	0	0	0
4	云浮	21.5	10.6	124	56	10650	4732	124	56	10650	4732	2002.4	163.95	13.27	0	0	0	0
5	清远	32.1	3.1	123	18	6750	1186	123	18	6750	1186	2920	0	12.1	0	0	108	0
6	河源	14.9	3.65	31	0	3651	0	101	0	8850	0	13.05	0	0	0	0	33	0
7	韶关	12.1	0.93	12	0	929	0	24	0	957	0	62.3	0	61	0	0	21	0
8	梅州	—	4.01	76	0	4051	0	76	0	4051	0	751	0	0	0	0	0	0
9	东莞（内河）	0.9	0.44	89	0	4441	0	89	0	4441	0	1059.8	5.33	48.56	0	0	0	0
10	中山（内河）	24.35	21.35	38	37	1666	1516	35	34	1666	1516	3948.54	198.34	53.9	0	0	0	0
11	江门（内河）	31.16	5.56	165	75	9114	4667	165	75	9114	4667	3928.95	460.11	79.57	0	0	22.21	22.21
12	惠州（内河）	11.9	0.8	11	0	11	0	11	0	0.8	0	1763.4	0	9.2	0	0	0	0
合计		304.21	84.95	1186	528	73064	34983	1263	529	77402.8	41499	27583.1	3664.61	671.92	0	0	246.51	53.61

（规模以上：序号 1～3；规模以下：序号 4～8；沿海港口内河港区：序号 9～12）

注：9～12 项为沿海港口的内河港区，其港口介绍、港区介绍、项目等内容可在第三卷第九节查询阅读。

二、佛山港

(一)港口概况

改革开放以来,佛山市港口码头建设取得了较大的成就。随着佛山市外向型经济快速发展、改革开放力度的进一步加大和东平水道三级航道的建成,佛山市相继建设了一批商贸码头、企业专用货运码头以及为腹地经济发展服务的公用码头;尤其是以满足外贸集装箱运输快速增长为主的外贸码头建设较快,绝大部分的1000吨级以上内河深水泊位都是在改革开放以后建成的,特别是还建成了37个3000吨级泊位。这期间港口的运输需求持续增加,港口总体规模迅速扩大,集装箱、油气等专业化运输体系逐渐形成,港口在国民经济发展中的地位和作用越来越重要。佛山市共有港口码头129个、生产性泊位290个,开展集装箱装卸业务的港区有11个,即三水、西南、高明、澜石、新市、三山、平洲、九江、容奇、北滘、勒流,港口已成为佛山市直通港澳、沟通东南亚及世界各地的重要门户。

1. 港口水文气象

佛山市绝大部分地区位于北回归线以南,气候类型为南亚热带海洋性季风气候,温暖多雨。佛山市多年平均气温22.1摄氏度;1月份气温最低,平均为13摄氏度,7月份气温最高,平均为28.8摄氏度;极端最高气温37.7摄氏度,极端最低气温1.1摄氏度。佛山市地处华南多雨区,雨量充沛,多年平均降雨量为1600~2000毫米,总的趋势是由北向南递增,降雨年际变化大,年内分配不均匀:三水站最大年降雨2760毫米,最小年降雨为994毫米;汛期4—9月降雨量约占全年总降雨量的80%。连续降雨最长持续时间为29天。

佛山市有明显的冬季风及夏季风变化,夏季盛行偏南风,冬季盛行偏北风,平均风速为2.0~2.3立方米/秒,无风频率为14%。常风向为N向,频率为18%,次常风向为NNW向,频率为13%;强风向为NE向,最大风速为29立方米/秒,次强风向为NW和NNW向,最大风速为23.3立方米/秒;常风向N向的最大风速为18立方米/秒。

佛山市地表径流丰富,西江马口站和北江三水站年径流量总量为2780亿立方米,马口站多年平均流量为7580立方米/秒,三水站多年平均流量为1250立方米/秒。径流年内分配不均匀,年际变化大,汛期(4—9月)径流量约占全年径流量80%以上。最大流量和最小流量悬殊较大,由于受潮汐影响,枯水期最小径流量出现负值,如马口站历史最大流量为47000立方米/秒,历史最枯流量−4450立方米/秒,三水站历史最大流量为16200立方米/秒,历史最枯流量−336立方米/秒。

2. 发展成就

佛山市港口已经成为连接沿海、铁路、公路等多种运输方式的纽带,在促进腹地经济发展、沟通粤港澳地区,特别是在区域集装箱运输及沿海港口集疏运中发挥了不可替代的重要作用。一是有力地支撑和促进了佛山市经济发展。佛山市经济发展所需的能源、原材料大部分由境外调入,产成品大部分行销至其他地区,港口起到了重要的运输保障作用。佛山市地区生产总值由 1978 年的 637 亿元增长到 2017 年的 9549.6 亿元,增长 15 倍;自佛山市港口货物吞吐量有统计数据以来,由 1983 年的 94.3 万吨增长到 2017 年的 7967 万吨,增长 85 倍。水运完成的货物吞吐量几乎全部为佛山市经济服务,可以看出,港口发展对佛山市经济发展的积极促进作用。二是集装箱运输发展迅速,促进了外向型经济发展及对外开放。佛山市集装箱生成量的 82.6% 由水运完成,其中 92.8% 以上运输至港澳或通过深圳港、广州南沙港转口,水运在对外贸易的集装箱运输中占主导地位。三是在能源及原材料等物资运输中作用明显。近年佛山市港口煤炭、石油制品、矿建材料、陶瓷等大宗散货约占全部吞吐量的 67%。四是建设与发展呈现多元化特征。佛山市市场经济发育比较完善,市场化程度高。港口码头的建设与经营表现出非常高的市场化程度,绝大部分港口码头的资金筹措、建设、经营、市场前景的分析、码头的盈亏等由企业、个人承担。五是港口在佛山市综合运输体系中占据了重要地位,港口码头广泛地分布在西江、东平水道、顺德水道、北江航道上,每处码头的存在都为其周围地区的经济发展、城市建设及工业园区开发作出了突出贡献,水运已成为佛山市综合运输体系的主要组成部分。

佛山港港区分布如图 9-9-1 所示,佛山港基本情况见表 9-9-2。

(二)西南港区

1.港区综述

(1)港区建设概况和运营情况

西南港区下辖河口作业区、西南作业区和左田作业区。河口作业区和西南老作业区位于东平水道左岸,河口作业区现有河口码头,港口岸线长度为 350 米;西南作业区现有西南集装箱码头,港口岸线长度为 500 米,受城市发展条件限制,规划维持现状。左田作业区位于北江左岸,主要为周边地区服务,以件杂、散杂货物吞吐为主;码头长度为 550 米,采用顺岸布置形式,共布置 1000 吨级泊位 9 个,陆域纵深 250 米。西南港区占地面积约 15 万平方米。

西南港区 2011—2015 年吞吐量分别为:444.80 万吨、408.78 万吨、407.94 万吨、439.97 万吨、602.08 万吨。

(2)港区地理条件和集疏运概况

西南港区位于佛山市三水区,港区周边公路网密集,为港口货物的集疏运提供了良好的便捷条件,主要疏港公路包括三水二桥公路、321 国道、324 国道、广三高速公路等。

佛山港

乐平港区
官地作业区

狮山港区
南利作业区

大塘港区

西南港区
西南作业区

乐平港区
龙岗作业区

西南港区
河口作业区

西南港区
左田作业区

三水港区
金本作业区

三水港区
白坭作业区

高明港区
富湾作业区

高明港区
荷城作业区

九江港区
南鲲作业区

九江港区
河清作业区

禅城港区
禅城作业区

禅城港区
沙村作业区

禅城港区
光明作业区

九江港区
沙头作业区

九江港区
南丰作业区

乐平港区
三江作业区

乐平港区
华南作业区

狮山港区
官窑作业区

乐从港区

里水港区
金溪作业区

勒流港区
勒流作业区

里水港区
贤僚作业区

大沥港区

云山港区
平洲作业区

云山港区
三山作业区

陈村港区

北滘港区
西海作业区

容奇港区
老作业区

轮教港区

容奇港区
新作业区

北滘港区
北滘作业区

了哥山港区
新涌作业区

勒流港区
下涌作业区

了哥山港区
本港作业区

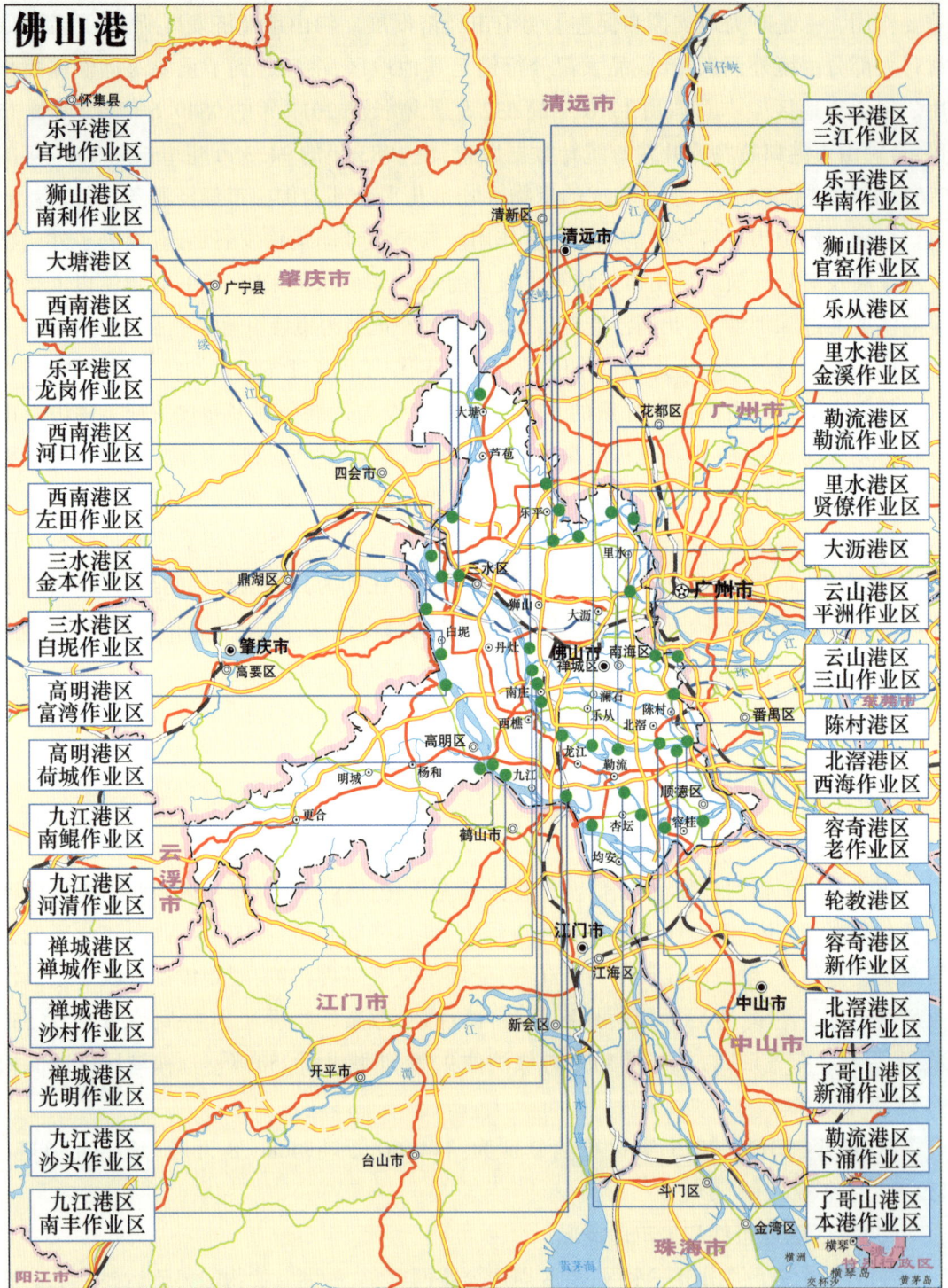

图 9-9-1　佛山港港区分布图

表 9-9-2

佛山港基本情况表

序号	港区名称	港口规划岸线 千米	其中：2015年前已建成岸线 千米	2015年港口生产用泊位 生产用泊位数 个	其中：千吨级及以上 个	生产用泊位长度 米	其中：千吨级及以上 米	其中:1978—2015年建成的生产用泊位 生产用泊位数 个	其中：千吨级及以上 个	生产用泊位长度 米	其中：千吨级及以上 米	2015年港口货物和旅客吞吐量 货物吞吐量 万吨	其中：外贸货物吞吐量 万吨	集装箱吞吐量 万TEU	滚装车辆 数量 万辆	滚装车辆 重量 万吨	旅客吞吐量 万人	其中：国际旅客吞吐量 万人
1	西南港区	1.4	0.55	31	27	550	550	9	9	550	550	60.21	—	—	—	—	—	—
2	三山港区	1.48	0.42	26	26	841	841	26	26	841	841	554.4	—	—	—	—	—	—
3	三水港区	4.39	1.4	29	19	1400	1242	55	45	1000	8146	—	—	—	—	—	—	—
4	九江港区	3.44	0.59	15	15	890	585	15	15	890	585	745.1	—	34.6	—	—	—	—
5	高明港区	4.38	4	20	20	1420	1420	20	20	1420	1420	1284	—	44.3	—	—	—	—
6	容奇港区	1.5	2.1	31	22	2122	2060	31	22	2122	2060	326.5	—	28.1	—	—	—	—
7	北滘港区	1.95	0.57	10	8	570	430	10	8	570	430	168.3	—	25.1	—	—	—	—
8	禅城港区	2.93	1.2	25	25	1240	1240	25	25	1240	1240	886.1	—	—	—	—	—	—
9	勒流港区	2	0.78	11	9	787	762	11	9	787	762	304.2	—	27.2	—	—	—	—
10	大塘港区	0.5	0.46	12	7	446	350	12	7	446	350	78.1	—	—	—	—	—	—
11	西南港区	0.55	1.76	31	27	1766	1416	31	27	1766	1416	602	—	—	—	—	—	—
12	乐平港区	3.15	1.31	16	9	1318	1080	16	9	1318	1080	192.3	—	—	—	—	—	—
13	狮山港区	0.8	0.48	5	5	478	478	5	5	478	478	62.4	—	—	—	—	—	—
14	西樵港区	0.7	1.7	11	11	1700	1700	11	11	1700	1700	105.2	—	—	—	—	—	—
15	大沥港区	0.45	0.37	5	1	369	160	3	0	119	0	30.6	—	—	—	—	—	—
16	乐从港区	1	0.65	8	8	650	650	8	8	650	650	72.6	—	0.2	—	—	—	—
17	陈村港区	0.45	0.14	2	0	140	0	2	0	140	0	53.1	—	—	—	—	—	—
18	伦教港区	0.76	0.36	5	2	358	140	5	2	358	140	34	—	—	—	—	—	—
19	丁蜀山港区	1.77	0.24	5	1	240	38	5	1	240	38	51.8	—	—	—	—	—	—
	合计	33.6	19.08	298	242	17285	15142	300	249	16635	21886	5610.91	2404.24	301	0	0	62.3	31.4

2.港区工程项目

(1)佛山港西南港区桥牌水泥厂码头

项目于1983年12月开工,1994年1月竣工。

项目建设6个1000吨级矿石和成品水泥泊位,岸线长度为1100米,码头采用高桩式结构。码头前沿水深5米。项目后方堆场面积为6万平方米,仓库面积为3万平方米。项目总投资50万元,为企业自筹资金。

项目建设单位为佛山市三水河口桥牌水泥厂有限公司。

(2)佛山港西南港区金浦饲料码头

项目于1989年12月开工,1990年12月竣工。

项目建设3个1000吨级散货泊位,岸线长度为107.8米。码头采用高桩式结构,码头前沿水深4米。项目总投资220万元,为企业自筹资金。

项目建设单位为佛山市金浦饲料实业有限公司。

(3)佛山港西南港区兴盛长力码头

项目于1994年1月开工,1994年12月竣工。

项目建设2个1000吨级泊位,岸线长度为109米。码头采用高桩式结构。项目总投资50万元,为企业自筹资金。

项目建设单位为佛山市三水兴盛长力水泥有限公司。

(4)佛山港西南港区南港码头

项目于1994年4月开工,1995年4月竣工。

项目建设依据:1994年,三水市计划委员会《关于建造货运码头立项报告的批复》(三计工〔1994〕第26号)、《关于建造储运码头项目可行性报告的批复》(三计工〔1994〕第30号)。2005年,三水区人民政府《关于同意确认并出让土地使用权的批复》(三府复〔2005〕第31号)。

项目建设1个500吨级泊位,1个300吨级泊位,1个1000吨级泊位。岸线长度为350米。码头采用高桩式结构。主要装卸设备配置包括船舶起重机8台,场地装卸起重设备13台,中转卡车6台。项目总投资2100万元,为企业自筹资金。

项目建设单位为佛山市三水南港码头有限公司。

(5)佛山港西南港区青岐水泥新厂码头

项目于1996年1月开工,1996年12月竣工。

项目建设依据:1994年,广东省航道局《关于同意三水青岐水泥厂在西江左岸青岐兴建两座码头的复函》(粤航道〔1994〕复字110号)。

项目建设1个1000吨级码头泊位,岸线长度为123米。码头采用高桩式结构,码头前沿水深4米。项目总投资5万元,均为企业自筹资金。

项目建设单位为佛山市三水长力恒盛水泥有限公司。

（6）佛山港西南港区左田码头

项目于 2000 年 2 月开工，2001 年 2 月竣工。

项目建设 2 个 1000 吨级杂货泊位，岸线长度为 100 米。项目总投资 100 万元，为企业自筹资金。

项目建设单位为佛山市三水盈港货运码头有限公司。

（三）乐平港区

1. 港区综述

（1）港区建设概况和运营情况

乐平港区包括龙岗、官地、华南、三江四个作业区，主要为三水中心科技工业园服务，四区的分工各有侧重。

龙岗作业区主要为三水中心科技工业园区服务，以件杂、散杂等通用货物作业为主。码头长度为 1500 米，采用顺岸布置形式，共布置 1000 吨级泊位 25 个，陆域纵深在 150～220 米，因陆域纵深较小，故在港区南侧布置辅助区。港区占地面积约 35.2 万平方米。官地作业区主要为陶瓷工业服务，以陶瓷原材料、产成品进出为主。规划码头前沿线长度为 700 米，布置 500 吨级泊位 14 个，陆域纵深 400 米，占地面积为 28 万平方米。因低水位时水域宽度不能满足要求，规划按照 100 米宽度对水域进行开挖，以满足船舶停靠和调头要求。华南作业区以油品、液化气等危险品运输为主，为三水区及周边地区危险品进出服务。规划码头前沿线 600 米，布置 500 吨级泊位 12 个，陆域纵深 400 米，占地面积为 24 万平方米。三江作业区以件杂、散杂货物吞吐为主，为三水中心科技工业园区建设服务。规划码头前沿线 350 米，布置 500 吨级泊位 7 个，陆域纵深 300 米，占地面积为 10.5 万平方米。

乐平港区 2011—2015 年吞吐量分别为：87.97 万吨、113.23 万吨、174.91 万吨、141.30 万吨、192.32 万吨。

（2）港区地理条件和集疏运概况

乐平港区位于佛山市三水区。龙岗作业区位于北江左岸，规划疏港路与 X521（乐南路）连接，并联系工业区各产业片区。官地作业区位于芦苞涌右岸、在建二环桥的下游，规划疏港路和三花路等市政道路相接。华南作业区位于芦苞涌右岸、益豪化工厂现状码头上游，规划疏港路利用现状道路，连接乐平至范湖公路。三江作业区位于西南涌右岸、三江大桥下游，规划疏港路连接 S361 省道，作为集疏运通道。

2. 港区工程项目

（1）佛山港乐平港区路路通码头

项目于 1994 年 5 月开工，1995 年 12 月竣工。

项目建设 8 个 1000 吨级泊位,岸线长度为 1000 米。码头采用高桩式结构。码头前沿水深 3.2 米。项目总投资 380 万元,均为企业自筹资金。

项目建设单位为佛山市三水路路通水泥有限公司。

(2)佛山市三水庆业盛发货运码头工程

项目于 2008 年 11 月开工,2013 年 5 月试运行,2015 年 12 月竣工。

项目建设依据:2003 年 11 月,佛山市三水区人民政府《关于同意在北江龙岗岸线建设货物码头的批复》(三江复〔2003〕1 号);2003 年 12 月,佛山市三水区发展计划局《关于北江龙岗岸线货物码头项目立项的批复》(三计交〔2003〕14 号);2003 年 12 月,三水区环境保护局《关于佛山市三水庆业盛发管桩有限公司〈建设项目环境影响报告表〉的批复》(三环复〔2003〕474 号);2006 年 4 月,广东省航道局《关于同意在北江南边龙岗河段兴建货运码头的复函》(粤航道函〔2006〕132 号)。

项目建设 5 个 500 吨级货运泊位。码头采用顺岸式布局,高桩式结构。项目后方堆场面积为 2.36 万平方米。

项目建设单位为佛山市三水庆业盛发管桩有限公司。

(3)佛山市三水路路通水泥有限公司多用途码头加固改造工程

项目于 2009 年 12 月开工,2011 年 1 月竣工。

项目建设依据:2007 年 12 月,广东省航道局《关于同意在北江黄塘河段兴建码头的复函》(粤航道函〔2007〕476 号);2008 年 3 月,佛山海事局《关于佛山市三水路路通水泥有限公司码头改建工程选址意见的复函》(佛海事函〔2008〕16 号);2008 年 3 月,原佛山市国土资源局《佛山市三水路路通水泥有限公司码头建设项目用地的预审意见》〔佛国土资(预审)字〔2008〕4 号〕;2008 年 5 月,佛山市发展和改革局《关于佛山市三水路路通水泥有限公司原料装卸码头加固改造工程项目的核准意见》(佛发改工交〔2008〕66 号);原三水区环境保护局《关于佛山市三水路路通水泥有限公司码头改建工程项目竣工环境保护验收申请的批复》(佛环三复〔2008〕15 号)。

项目建设 2 个 500 吨级多用途码头(码头水工结构允许靠泊能力 1000 吨级)。岸线长度为 80 米。码头采用顺岸式布局,高桩式结构。码头前沿水深 3 米。项目后方堆场面积为 2 万平方米。主要装卸设备配置包括固定旋转起重机 2 台,40 吨平板挂车。项目总投资 1308 万元,为企业自筹资金。

项目建设单位为佛山市三水路路通水泥有限公司。

(四)禅城港区

1.港区综述

(1)港区建设概况和运营情况

佛山港禅城港区位于佛山市禅城区,自 1990 年开始大规模建设,并在区内东平水道和顺德水道逐步建设形成一批内河港口码头,目前主要包括佛山新港、澜石港两个口岸码头、南庄码头(内贸集装箱码头)等。主要开通的航线有到达广州南沙港、深圳盐田港、港澳特区等的航线。

禅城港区 2013—2015 年吞吐量分别为:978.22 万吨、947.30 万吨、866.14 万吨。

(2)港区地理条件和集疏运概况

禅城港区位于顺德水道左岸南庄紫南村一带,是禅城区对外经济交流的重要口岸,对外交通可以与广台高速公路、沈海高速公路广州支线及佛山干线公路系统的纵三连接。

2.港区工程项目

(1)佛山新港

项目于 1991 年 12 月开工,1992 年 12 月竣工。

项目建设依据:1990 年,《关于佛山市出口加工区管理委员会拟在东平河道新市河段左岸兴建码头的批复》(粤航道〔90〕复字 088 号);1990 年 11 月,广东省交通厅《关于佛山新港工程初步设计批复》(粤交基〔1990〕808 号)。

项目建设 3 个 300 吨级件杂货泊位,1 个 1000 吨级集装箱泊位(码头水工建筑允许靠泊能力 3000 吨级),岸线长度为 495 米。码头采用突堤式布局,重力式结构。码头前沿水深 4.5 米。项目后方堆场面积为 7.47 万平方米。项目总投资 3000 万元,其中国家交通投资公司投资 1000 万元,企业自筹资金 1250 万元,香港珠江船务有限公司投资 750 万元。

项目建设单位为佛山新港码头有限公司,设计单位为广东省航道勘测设计研究所、佛山市水利水电勘测设计研究院。

项目投产后对佛山市商品进出口产生了良好的经济社会效益,为进出口贸易发展发挥了重要作用。2013—2015 年集装箱吞吐量分别为:25 万 TEU、27 万 TEU、28 万 TEU。

(2)澜石港码头

项目于 1993 年 9 月开工,1994 年 10 月竣工。

项目建设 6 个 1000 吨级泊位(码头水工建筑允许靠泊能力 3000 吨级),岸线长度为 370 米。码头采用突堤式布局,板桩式结构。码头前沿水深 4 米。项目后方堆场面积为 7.56 万平方米,仓库面积为 4 万平方米。项目总投资 1800 万元,其中,企业自筹资金 900 万元,利用外资 900 万元。

项目建设单位为吉宝物流(佛山)有限公司。

项目建设投产后,2013—2015 年集装箱吞吐量分别为:23 万 TEU、25 万 TEU、27 万 TEU。

(3)南庄码头

项目于 1996 年 6 月开工,1997 年 8 月竣工。

项目建设依据:1996年,《关于南庄镇水电所申请在澳边三角滩将油调和厂用地改建为水电码头的批复》(南水字〔1996〕99号);1996年,《关于南庄镇水电所澳边码头建设的批复》(佛交航字〔1996〕58号);1997年,《关于南庄镇水电所兴建南庄码头的批复》(粤佛港监〔1997〕011号);1997年,《关于〈南庄码头环境影响报告表〉的批复》(南环综字〔1997〕135号);1997年,《国有土地使用证》〔南府国用字(97)第110031号〕。

项目建设6个1000吨级泊位(码头水工建筑允许靠泊能力3000吨级),岸线长度为370米。码头采用突堤式布局,板桩式结构。码头前沿水深4.5米。项目后方堆场面积为8000平方米,仓库面积为2000平方米。项目总投资800万元,为企业自筹资金。

项目建设单位为南庄镇水利管理所,施工单位为南庄镇水利水电工程有限公司。

项目建设投产后,2013—2015年码头吞吐量分别为:42万吨、56万吨、77万吨。

(五)大塘港区

1.港区综述

(1)港区建设概况和运营情况

大塘港区以件杂、散杂等运输为主,为大塘工业区服务。港区建设有生产性泊位12个,其中500吨级泊位8个。港口岸线长500米,陆域纵深400米,规划用地20万平方米。

大塘港区2011—2015年完成的吞吐量分别为:128.28万吨、53.26万吨、47.94万吨、70.50万吨、78.09万吨。

(2)港区地理条件和集疏运概况

大塘港区位于佛山市三水区北江左岸,油金大桥上游,原大塘自来水厂上游800米至300米之间,港区主要依托公路开展货物集疏运,通过永大西路与佛清从高速公路、珠三角环线高速公路相接。

2.港区工程项目

(1)佛山港大塘港区芦港航运码头

项目于1993年12月开工,1994年10月竣工。

项目建设依据:1993年,广东省北江航道局《关于兴建芦苞航运码头的批复》(北道发字〔1993〕第065号)。

项目建设1个500吨级件杂货泊位,岸线长度67.25米。码头采用顺岸式布局,高桩式结构。码头前沿水深3米。项目后方堆场面积为2700平方米,项目总投资60万元,为企业自筹资金。

项目建设单位为佛山市三水芦港航运有限公司。

(2)佛山港大塘港区金三角水泥码头

项目于1994年2月开工,1995年2月竣工。

项目建设 3 个 500 吨级泊位,岸线长度为 132.6 米。码头采用高桩式结构。码头前沿水深 3.5 米。项目总投资 283 万元,为企业自筹资金。

项目建设单位为佛山市三水金三角水泥有限公司。

(3)佛山港大塘港区添翼水泥厂北线码头

项目于 2004 年 6 月开工,2005 年 1 月竣工。

项目建设 2 个 500 吨级泊位,岸线长度为 80 米。码头采用高桩式结构。

项目建设单位为佛山市北江实业有限公司。

大塘港区添翼水泥厂北线码头为老旧码头,已关闭并停止使用。2012 年批准该码头重启使用,服务于北江实业有限公司自身原料及产品的装卸需求,政府部门批准使用年限为 3 年。

(4)佛山港大塘港区芦苞恒运码头

项目于 2007 年 1 月开工,2007 年 8 月竣工。

项目建设依据:2004 年,佛山市三水区人民政府《关于要求在北江芦苞村头河滩建简易运输装载点的批复》(三江复〔2004〕4 号)。

项目建设 2 个 500 吨级散货泊位,岸线长度为 158 米。码头采用顺岸式布局,重力式结构。码头前沿水深 3 米。项目后方堆场面积为 4000 平方米。主要装卸设备配置包括固定皮带输送机 2 台。项目总投资 80 万元,为企业自筹资金。

项目建设单位为佛山市三水区芦苞镇大旺恒运装卸点码头,质量监督单位为佛山市交通工程质量监督站。

(六)高明港区

1.港区综述

(1)港区建设概况和运营情况

高明港区位于西江右岸,由富湾作业区和荷城作业区组成。高明港区是以集装箱运输为主,兼顾件杂货、内贸箱、危险品等运输的综合性港区,为高明区经济发展、高明区新材料产业基地及工业发展服务。

富湾作业区位于西江右岸的富湾镇渡头村以下河段,作业区占用岸线长度为 4400 米,作业区范围内有规划的富湾大桥穿过,港区实际占用岸线长度为 3910 米。该作业区内自 20 世纪 80 年代开始陆续有码头建设并投入使用,目前仍在运营的有中油高富码头、富顺码头、海螺水泥码头、腾信码头等 4 座码头,其中含 3 个 3000 吨级泊位、1 个 2000 吨级泊位、3 个 1000 吨级泊位和 2 个 500 吨级泊位。

荷城作业区位于已建成的高明大桥下游、由西江和高明河形成的狭长陆域范围内,规划岸线共 2100 米长,规划由集装箱及件杂码头区和油品码头区两部分组成,安全间距

100米。现状沿江路为荷城作业区的疏港道路,宽度为双向两车道。随着港区规模的扩大、运输量的增加,沿江路按照双向四车道的标准进行规划。该作业区内自20世纪80年代开始陆续有码头建设并投入使用,目前仍在运营的有高力发水泥厂码头、溢达热电厂码头、中央粮库码头、珠江码头以及高棉码头等5座码头,其中含5个3000吨级泊位、1个1000吨级泊位、2个800吨级泊位、1个500吨级泊位。

在规划范围外,高明港区还有高明客运港、食出码头、峰江码头、印染厂码头以及战备码头等5座码头,其中包含2个500吨客运泊位、3个2000吨级泊位和3个1000吨级泊位。

高明港区2013—2017年完成的吞吐量分别为:910.70万吨、950.87万吨、1284.04万吨、1441.54万吨、1522.25万吨。

(2)港区地理条件和集疏运概况

高明港区位于佛山市高明区西江下游出海航道右岸,公路运输为港区的主要集疏运方式,港区通过城市道路可与珠三角环线高速公路、莞佛高速公路及佛山市干线公路系统的纵一、横六连接。

2. 港区工程项目

(1)峰江码头

项目于1984年1月开工,1986年5月竣工。

1990年,广东省西江航道局批复峰江码头工程使用岸线(西航道字〔1990〕第073号)。

项目建设1个1000吨级散货泊位,岸线长度为64米。码头采用顺岸式布局,高桩式结构。码头前沿水深4.3米。项目后方堆场面积为2200平方米。

项目建设单位为佛山市峰江水泥有限公司。

该码头2015—2017年年吞吐量约为3.4万吨,主要经营煤炭散货运输。

(2)高明食出码头及其加固改造

项目于1985年7月开工,1988年5月竣工。

项目建设依据:1985年3月,广东省人民政府口岸办公室《关于同意高明县设立荷城装卸点的批复》(粤府口函〔1985〕24号);2007年2月,佛山市高明区人民政府办公室《千吨级食出码头加固改造批复》(文号:20062250);2016年12月,佛山市环保局《佛山市环境保护局建设项目环保备案登记表》(备案编号:2016007)。

项目建设1个1000吨级食品码头泊位,岸线长度为60米。码头采用顺岸式布局,高桩式结构。码头前沿水深6米。项目后方堆场面积为3.5万平方米,堆存能力为5万吨、1000TEU。项目总投资310万元,均为企业自筹资金。

项目建设单位为高明食出公司,设计单位为广东省航运规划设计院,施工单位为佛山市江河航务工程有限公司,监理单位为广州市海建工程监理公司。

该码头2013—2017年完成180万吨、21万TEU的货运量,为促进地方经济起到了重要作用。

(3)高明县印染厂码头

项目于1990年5月开工,1991年7月试运行,1992年1月竣工。

项目建设1个1000吨级泊位,岸线长度为53.6米。码头采用顺岸式布局,高桩式结构。码头前沿水深5米。项目总投资210万元,均为企业自筹资金。

项目建设单位为高明县印染厂,设计单位为高明县建筑设计室,施工单位为高明县二建公司。

码头建成投产后,主要经营煤炭等散货装卸,2015—2017年完成的吞吐量分别为:10万吨、9万吨、6万吨。

(4)高富石油有限公司油码头

项目于1997年9月开工,1998年8月竣工。

项目建设依据:1997年7月,高明市环境保护局《关于高明市高富石油有限公司建设工程环境影响评价报告的审批意见》;1997年10月,广东省航道局《关于同意在西江右岸富湾镇蓬山河段兴建码头的复函》(粤航道〔1997〕复字072号)。

项目建设2个1000吨级油码头泊位(码头水工建筑允许靠泊能力3000吨级)和2个500吨级油码头泊位,岸线长度为172.8米。码头采用顺岸式布局,高桩式结构。码头前沿水深6.5米。项目储罐容量为30万立方米。项目总投资600万元,均为企业自筹资金。

项目建设单位为高富石油公司,设计单位为广东省航道勘测设计科研所、肇庆西江港口航道工程勘察设计室,施工单位为高明市富湾建筑工程公司、高明市富湾建设委员会,质量监督单位为肇庆市建设工程质量监督站。

该码头为高明区经济发展发挥了重大作用,2013—2017年完成的吞吐量分别为:193.25万吨、184.86万吨、246.73万吨、276.36万吨、253.16万吨。

(5)佛山市高明富顺码头

项目于1998年5月开工,1999年7月试运行,2000年2月竣工。

项目建设依据:1997年5月,高明市环境保护局《关于高明蓬江油料有限公司建设工程环境影响评价报告书审批意见书》(明环字〔1997〕14号)。

项目建设1个1000吨级泊位,岸线长度为30米。码头采用顺岸式布局,高桩式结构。码头前沿水深5.3米。

项目建设单位为佛山市高明富顺燃料化工有限公司。

该码头主要装卸液碱、燃料油等化工油品,2015—2017年完成的吞吐量分别为:1万吨、1.8万吨、3.7万吨。

(6)中央储备粮佛山直属库有限公司码头

项目于1999年3月开工,2000年2月竣工。

项目建设依据:1998年9月,广东省中央粮库建设办《关于佛山高明港口粮食储备库初步设计的批复》(粤中粮建办〔1998〕013号);1998年9月,高明市人民政府办公室《关于划拨土地建设中央直属储备粮库的批复》(明府办复〔1998〕42号);1998年12月,广东省航道局《关于同意在西江右岸高明大桥下游河段新建粮库码头的复函》(粤航道〔1998〕复字191号)。

项目建设1个3000吨级粮食泊位,岸线长度为100米。码头采用顺岸式布局,高桩式结构。码头前沿水深6.5米。项目总投资730万元,均为企业自筹资金。

项目建设单位为中央储备粮佛山直属库有限公司,设计单位为广东省航道勘测设计科研所,施工单位为广东省航务工程公司。

码头投产运营以来,在完成粮库日常粮食装卸的基础上,也进行其他货物的中转,2014—2017年中转量分别为:35.13万吨、45.67万吨、37.55万吨、37万吨。

(7)佛山高明珠江货运码头有限公司码头

项目于2000年1月开工,2002年5月竣工。

项目建设依据:2002年10月,高明市人民政府用地批复(明府办复〔2002〕46号);2007年6月,广东省环境保护局《关于佛山高明珠江货运码头工程环境影响报告书的批复》(粤环审〔2007〕232号)。

项目建设3个1000吨级江海轮泊位,岸线长度为255米。码头采用顺岸式布局,高桩式结构。码头前沿水深6.5米。项目堆场面积为8万平方米。项目总投资1.8亿元,均为企业自筹资金。

项目建设单位为佛山高明珠江货运码头有限公司,设计单位为广东省航道勘测设计科研所,施工单位为广东省航务工程总公司,监理单位为广东南港水运工程监理所。

该码头2016年集装箱吞吐量完成38.8万TEU,2017年集装箱吞吐量完成41.8万TEU,业务、税收在高位上持续保持增长,为高明区经济发展作出积极贡献。

(8)佛山市高明高怡新化工有限公司化工码头工程

项目于2005年3月开工,2008年5月竣工。

项目建设依据:2004年12月,佛山市高明区人民政府《关于同意高怡新化工有限公司兴建码头的批复》(明府办复〔2004〕73号);2005年2月,《关于佛山市高明高怡新化工有限公司码头新建项目选址申请的复函》(粤佛海事函〔2005〕12号);2005年,《关于佛山港高明港区高怡新化工码头使用岸线的批复》(交规划发〔2005〕367号)。

项目建设1个2000吨级化工码头泊位,岸线长度为76米。码头采用顺岸式布局,重力式结构。码头前沿水深 6.5 米。项目后方堆场面积为 2.5 万平方米,堆存能力 5 万吨。项目总投资 500 万元,均为企业自筹资金。

项目建设单位为佛山市高明高怡新化工有限公司,设计单位为广州港湾工程设计院,施工单位为汕头市达濠建筑总公司。

该码头主要经营散货装卸业务,2015—2017 年完成的吞吐量分别为:3.4 万吨、4 万吨、32 万吨。

(9)高明高棉码头

项目于 2006 年 4 月开工,2008 年 1 月竣工。

项目建设依据:2006 年《关于高棉实业发展有限公司兴建码头用地的批复》[佛国土资(建)〔2006〕1 号];2006 年《关于高棉实业发展有限公司使用岸线的批复(明港航〔2006〕3 号)》。

项目建设 1 个 1000 吨级散货泊位,岸线长度为 100 米。码头采用顺岸式布局,高桩式结构。码头前沿水深 4 米。项目后方堆场面积为 5400 平方米。项目总投资 120 万元,均为企业自筹资金。

项目建设单位为高明实业发展有限公司,设计单位为安徽省港航勘测设计院,施工单位为广东中海工程建设局。

该码头 2017 年吞吐量约 75 万吨,主要为陶瓷沙、陶瓷泥等散货。

(10)佛山海螺水泥有限责任公司专用码头工程建设项目

项目于 2010 年 3 月开工,2011 年 8 月试运行,2013 年 8 月竣工。

项目建设依据:2009 年 3 月,佛山市水利局《关于佛山海螺水泥有限责任公司专用码头选址立项的审查意见》(佛市水利〔2009〕80 号);2009 年 9 月,广东省环境保护局《关于佛山海螺水泥有限责任公司专用码头工程建设项目环境影响报告书的批复》(粤环审〔2009〕464 号)。

项目建设 3 个 3000 吨级泊位,岸线长度为 339 米。码头采用顺岸式布局,高桩式结构。码头前沿水深 6.3 米。项目总投资 1.63 亿元,均为企业自筹资金。

项目建设单位为佛山海螺水泥有限责任公司,设计单位为广东省综合交通勘察设计院有限公司,施工单位为中国水产广州建港工程公司,监理单位为广州海建工程监理公司,质量监督单位为佛山市交通工程质量监督站。

项目于 2013 年建成投产,为货主码头,主要装卸经营水泥熟料、水泥成品,2015—2017 年完成的吞吐量分别为:300.13 万吨、272.98 万吨、275.83 万吨。

(11)佛山市公路局高明战备渡口所码头

项目于 2010 年 7 月开工,2010 年 1 月竣工。

项目建设依据:2010 年 3 月,《关于高明战备渡口所平战结合码头加固改造工程可行性研究报告的批复》(佛发改工交〔2010〕27号);2009年11月,《关于高明战备渡口所平战结合码头加固改造工程建设项目环境影响报告表批复的函》(明环工业表〔2009〕65号);2008年9月,《关于将高明发电厂码头输油管通道土地交高明战备渡口所使用问题的复函》(明资函〔2008〕41号);2009年2月,《关于同意佛山市公路局高明战备渡口所在西江右岸水域改建战备码头的复函》(粤航道函〔2009〕59号)。

项目建设3个2000吨级泊位(码头水工结构允许靠泊能力3000吨级),岸线长度为165米。码头采用顺岸布局,高桩式结构。码头前沿水深6.2米。项目堆场面积3万平方米。

项目建设单位为佛山市公路局高明战备渡口所,设计单位为广州建港工程勘察设计院,施工单位为中国水产广州建港工程公司,监理单位为广东南港工程监理咨询公司,质量监督单位为佛山市公路桥梁工程监测站。

该码头2012—2017完成的吞吐量分别为:4.8万TEU、5.3万TEU、5.5万TEU、6万TEU、6.6万TEU、6.9万TEU。

(七)三水港区

1.港区综述

(1)港区建设概况和运营情况

三水港区位于西江左岸,包括金本集装箱作业区和白坭作业区。三水港区以集装箱运输为主,兼顾煤炭、建材、油品、件杂货等运输,为佛山市、珠江三角洲及西江沿线地区经济发展服务。

金本集装箱作业区以外贸集装箱、件杂货运输为主,现状码头岸线长160米,有2个2000吨级泊位,采用顺岸平面布置形式。首先规划将码头现状前沿线向南延伸140米,形成码头岸线300米,可同时停靠2个2000吨级船舶和2个1000吨级船舶。其次,考虑到等深线、大堤走向,再向南延伸770米,布置2000吨级泊位11个,作业区共形成码头岸线1070米,吞吐能力80万TEU,陆域纵深600米,占地面积约64.2万平方米。该作业区通过现状双向4车道的进港大道连接269省道及其他城市道路,规划仍以进港大道为主要的集疏运通道,近期可维持4车道的标准,远期规划为双向6车道。

白坭作业区主要为白坭镇及周边地区经济发展服务,以通用件杂货、内贸箱、工业原材料等运输为主,几乎涉及白坭镇沿西江的全部岸线,码头分布较为分散,既有为社会提供服务的公用码头,也有为沿江企业原材料及产成品运输服务的专用码头,港口涉及岸线范围亦较长,约5850米。在考虑码头现状、水陆域条件及发展潜力的基础上,对白坭作业区的码头适当集中、整合,规划两个码头区:南拓西坦码头区、龙池解放沙码头区。

南拓码头区现状已建成利用岸线长236米的码头,规划码头前沿线在现状基础上继续向上游方向延伸,共形成码头岸线 520 米,从北向南依次布置 4 个 1000 吨级泊位、2 个 3000 吨级泊位。为满足港口的发展需要,大堤内外均布置堆场仓库等码头生产设施,陆域纵深 270～280 米。码头区占地面积约 12 万平方米。集疏运可利用现状已有的进港大道。考虑到南拓码头区上下游均为危险品码头,远期将货运功能调整到西坦码头区或解放沙码头区,从广汇化工厂到富腾油码头的岸线均改造为危险品码头区。

西坦码头区为新开辟作业区,该处有防洪大堤和子堤守护。码头前沿采用顺岸方式,布置在 3 米等深线处,规划码头前沿线长度为 700 米,布置 6 个 3000 吨级泊位。两堤之间布置生产区,码头陆域纵深控制在 200～260 米。考虑到生产区的纵深较小,在堤内规划布置生产辅助区。码头前方平台采用透空式桩基结构,并通过栈桥和陆域连接。为便于码头区的集疏运,规划疏港支线和进港大道连接,道路宽度按照双向 4 车道标准考虑。该码头作业区占地面积约 22.3 万平方米。

龙池解放沙码头区由龙池危险品区和解放沙通用区两部分组成。龙池危险品区位于龙池化工厂和排灌站之间,码头前沿线布置在 3 米等深线处,码头岸线长度为 600 米,由北端依次布置 7 个 1500 吨级泊位,陆域纵深 400 米,占地面积 24 万平方米。规划疏港路和白金大道相接,并沟通周边各地。

解放沙通用区为新开辟作业区,已有大堤守护。由于富湾大桥从解放沙穿过,该区又分桥上和桥下两部分,桥上为预留区,岸线长度为 600 米,桥下为通用区,岸线长度为 1500 米。码头前沿采用顺岸方式,布置 12 个 3000 吨级泊位,陆域纵深控制在 365～590 米,占地面积约 71 万平方米。为便于码头区的集疏运,规划疏港大道和市政道路、广明高速公路连接,道路宽度按照双向 4 车道标准设计。

考虑到白坭沿西江的水域条件,在解放沙规划码头区上游规划布置沿岸锚地,锚地尺度为 560 米×60 米。

（2）港区地理条件和集疏运概况

三水港区位于佛山市三水区西江下游出海航道金马大桥下游,为西部物资水陆中转的主要集散地。港区集疏运主要依托公路方式,通过港口大道、汇金路可与广肇高速公路及佛山干线公路系统的纵一、横三连接。

2. 港区工程项目

（1）佛山市三水长顺燃料有限公司

项目于 1993 年 1 月开工,2004 年 9 月竣工。

项目建设依据:佛山市三水区发展计划局《关于佛山市三水长顺燃料有限公司燃料油库码头配套项目立项的批复》。

项目建设 2 个 2800 吨级油码头泊位,岸线长度为 204 米。码头采用引桥式布局,高桩式结构。项目储罐容量为 8 万立方米。项目总投资 3000 万元,均为企业自筹资金。

项目建设单位为佛山市三水长顺燃料有限公司,设计单位为安徽省港航勘测设计院广州南沙分院、佛山市水利水电勘测设计研究院,施工单位为佛山市江河航务工程有限公司。

(2)佛山港三水港区鸿兴化工码头

项目于 1994 年 1 月开工,1995 年 1 月竣工。

项目建设依据:2004 年,三水区环境保护局《关于鸿兴化工有限公司三水金本水泥二厂码头装卸管道改造工程〈建设项目环境影响报告表〉的批复》(三环复〔2004〕65 号)。

项目建设 1 个 1000 吨级化工码头泊位,岸线长度为 53 米,码头采用顺岸式布局,高桩式结构。码头前沿水深 4 米。项目总投资 400 万元,均为企业自筹资金。

项目建设单位为佛山市三水鸿兴化工有限公司。

(3)佛山市三水恒益火力发电厂有限公司码头

项目于 1994 年 11 月开工,1995 年 5 月竣工。

项目建设 2 个 3000 吨级煤炭接卸泊位。码头采用顺岸式布局,高桩式结构。

项目建设单位为佛山恒益发电有限公司。

(4)佛山港三水港区三水港集装箱码头

项目于 2000 年 1 月开工,2000 年 5 月竣工。

项目建设依据:1993 年,广东省计划委员会《关于三水市金马港工程可行性研究报告的批复》(粤计交〔1993〕945 号);1996 年,三水市人民政府《关于建三水港征地的批复》(三府复〔1996〕123 号)。

项目建设 1 个 3000 吨级泊位,岸线长度为 160 米。码头采用引桥式布局,高桩式结构。码头前沿水深 6.3 米。项目后方堆场面积为 11 万平方米,仓库面积为 2.52 万平方米。

项目建设单位为佛山市三水港吉宝物流有限公司。

(5)佛山港三水港区道达尔石化码头

项目于 2003 年 12 月开工,2004 年 7 月竣工。

项目建设依据:2003 年,《关于阿托菲纳(三水)聚苯乙烯有限公司液体化工码头改扩建工程项目可行性报告的批复》(三计工〔2003〕143 号);2003 年,《关于阿托菲纳(三水)聚苯乙烯有限公司液体化工码头改扩建工程项目(建设项目环境影响报告表)》(三环复〔2003〕332 号);2003 年,《关于同意在西江左岸金本河段兴建化工专用码头的复函》(粤航道〔2003〕115 号)。

项目建设 1 个 2000 吨级液体化工专用泊位,岸线长度为 100 米。码头采用引桥式布局,高桩式结构。码头前沿水深 6.2 米。项目储罐容量为 1 万立方米。项目总投资 1098.5万元,均为企业自筹资金。

项目建设单位为道达尔石化（佛山）有限公司，设计单位为安徽省港航勘测设计院广州分院、中国天辰化学工程公司，施工单位为中港第四航务工程局二公司、中国核工业建设集团核电分公司，监理单位为法利咨询公司、上海东华建设监理所，质量监督单位为佛山市交通工程质量监督站。

该码头2013—2017年吞吐量分别为：15万吨、13.5万吨、11万吨、13万吨、12.5万吨。

（6）佛山港三水港区瑞丰石化码头

项目于2004年4月开工，2005年3月竣工。

项目建设依据：2004年，佛山市三水区发展计划局《关于同意白坭镇中部工业开发区燃料油码头立项的复函》（三计资〔2004〕23号）；2004年，三水区环境保护局《关于三水区白坭中部工业开发区燃料油品码头建设工程〈环境影响报告书〉的审批意见》（三环复〔2004〕266号）。

项目建设3个3000吨级油船泊位，岸线长度为125米。码头采用顺岸式布局，高桩式结构。码头前沿水深7米。项目储罐容量为9.8万立方米。项目总投资8500万元，均为企业自筹资金。

项目建设单位为佛山市瑞丰石化燃料有限公司，设计单位为广州建港工程勘察设计院、佛山市南海南源水利水电勘测设计院，施工单位为佛山市南海水利水电工程有限公司，监理单位为广州石化建设监理公司，质量监督单位为佛山市交通工程质量监督站。

（7）佛山港三水港区富腾燃料油码头

项目于2005年2月开工，2006年1月试运行，2006年4月竣工。

项目建设依据：2004年，佛山市三水区发展和改革局《关于同意白坭镇中部工业开发区燃料油码头立项的复函》（三计资〔2004〕23号）；2004年，佛山市三水区环境保护局《佛山市三水富腾沥青有限公司编制的专用装卸燃料油码头〈环境影响报告书〉的审批意见》（三环复〔2004〕444号）；2004年，佛山市三水区人民政府《关于同意白坭镇在西岸岸线建设燃料油专用码头的批复》（三江复〔2004〕2号）。

项目建设2个1000吨级油码头泊位（水工结构兼顾3000吨级），岸线长度为134米。码头采用顺岸式布局，高桩式结构。码头前沿水深7米。项目储罐容量为13.2万立方米。主要装卸设备配置为装卸臂3座、水平输油管线台6条。项目总投资818万元，均为企业自筹资金。

项目建设单位为佛山市三水富腾沥青有限公司，设计单位为广州建港工程勘察设计院，佛山市南海南源水利水电勘察设计院，施工单位为佛山市江河航务工程有限公司，监理单位为肇庆西江水电监理有限公司。

(8)佛山市三水海盛达道路材料有限公司油码头

项目于 2007 年 11 月开工,2009 年 4 月试运行,2009 年 10 月竣工。

项目建设依据:2004 年,《关于同意白坭镇西岸燃料油专用码头立项的复函》(三发改资函〔2004〕5 号)。

项目建设 1 个 1000 吨级油码头泊位(码头水工结构允许靠泊能力 2000 吨级),岸线长度为 80 米。码头采用顺岸式布局,高桩式结构。项目储罐容量为 23.25 万立方米。

项目建设单位为佛山市三水海盛达道路材料有限公司,设计单位为长江航运设计院,施工单位为汕头达濠建筑总公司,监理单位为佛山市科诚工程监理有限公司。

(9)广东佛山三水恒益电厂"上大压小"扩建工程项目配套码头工程

项目于 2010 年 4 月开工,2011 年 5 月试运行,2016 年 3 月竣工。

项目建设依据:2009 年,国家发展和改革委员会《关于广东佛山三水恒益电厂"上大压小"扩建工程项目核准的批复》(发改能源〔2009〕1313 号);2009 年,交通运输部《关于广东佛山三水恒益电厂"上大压小"扩建工程项目配套码头工程初步设计的批复》(交水发〔2009〕470 号);2008 年,环境保护部《关于三水恒益电厂"上大压小"2×600 兆瓦超临界燃煤发电机组工程环境影响报告书的批复》(环审〔2008〕600 号);2007 年,广东省水利厅《关于恒益电厂建设工程建设方案的批复》(粤水建管〔2007〕88 号);2010 年,广东省航道局《关于同意佛山市三水恒益火力发电厂有限公司在西江左岸波子角河段扩建码头的复函》(粤航道函〔2010〕116 号)。

项目建设 2 个 3000 吨级煤炭接卸泊位(水工结构兼顾 5000 吨级),岸线长度为 255 米。码头采用顺岸式布局,高桩式结构。主要装卸设备配置包括 600 吨/小时桥式抓斗卸船机 2 台,固定式皮带机 2 路。

项目建设单位为佛山恒益发电有限公司,设计单位为中交第二航务工程勘察设计院有限公司,施工单位为广州打捞局,监理单位为中交二航院工程咨询监理有限公司,质量监督单位为佛山市交通运输工程质量监督站。

(八)狮山港区

1. 港区综述

(1)港区建设概况和运营情况

狮山港区位于东平水道左岸,由南利作业区和官窑作业区组成,以内贸箱、散杂货运输为主,为南海区经济发展及南海工业园区服务。

南利作业区位于东平水道左岸,后方陆域比较狭窄,分布有许多厂矿企业,规划向下游方向发展并适当拓宽陆域,岸线长度为 800 米,共布置 1000 吨级泊位 13 个,陆域纵深 100~170 米,占地面积约 20.9 万平方米,利用现状堤顶公路集疏运,官窑和铁路西货场作业区就近接入市政道路。

官窑作业区位于西南涌右岸,规划港口岸线长度为 500 米,以 500 吨级泊位为主,陆域纵深 200～300 米,规划用地 12.5 万平方米。

狮山港区目前主要码头有小塘西货场码头、狮山水泥厂码头,2011—2015 年完成的吞吐量分别为:70.16 万吨、158.36 万吨、51.48 万吨、62.30 万吨、62.38 万吨。

(2)港区地理条件和集疏运概况

狮山港区位于佛山市南海区,主要集疏运方式为公路,通过城市路与佛清从高速公路、广三高速公路等佛山市干线公路网相接。

2. 港区工程项目

(1)小塘西货场码头

项目于 1982 年 7 月开工,1986 年 1 月竣工。

项目建设依据:1984 年,广东省水利电力厅《关于兴建小塘水铁联运码头工程的批复》(粤水电管字〔1984〕021 号)。

项目建设 2 个 1000 吨级集装箱泊位,码头前沿水深 3 米;3 个 1000 吨级散货泊位,码头前沿水深 3.6 米。项目岸线长度为 293 米。码头采用顺岸式布局,重力式结构。项目总投资 50 万元,均为企业自筹资金。

项目建设单位为佛山市南海铁通装卸运输有限公司,设计单位为水电部珠江水利委员会建筑设计室、吴川建筑工程公司。

(2)狮山水泥厂码头

项目于 1987 年 1 月开工,1994 年 12 月竣工。

项目建设依据:1994 年,广东省粤中航道局《关于同意在东平水道狮山水泥厂河段兴建码头的复函》(粤中道发字〔1994〕020 号)。

项目建设 3 个 1000 吨级散货泊位,岸线长度为 185 米。码头采用顺岸式布局,高桩式、重力式结构。码头前沿水深 3.4 米。项目后方堆场面积为 2400 万平方米。项目总投资 301 万元,均为企业自筹资金。

该码头 2011—2015 年完成的吞吐量分别为:6.01 万吨、7.65 万吨、3.07 万吨、3.80 万吨、6.64 万吨。

(九)西樵港区

1. 港区综述

(1)港区建设概况和运营情况

西樵港区位于西江左岸,包括海舟作业区和发电 A 厂码头区,以件杂、散货等货物运输为主,为西樵镇经济发展及电厂服务。海舟作业区规划码头岸线长度为700米,布置1000吨级泊位11个,陆域纵深500米,占地面积约35万平方米。作业区后方为规划的市政道路,可以作为集疏运通道。

西樵港区目前主要码头有南海发电一厂码头、长海电厂码头、京能发电厂码头、洁能码头等,2011—2015年完成吞吐量分别为:173.04万吨、130.05万吨、106.77万吨、103.17万吨、105.26万吨。

(2)港区地理条件和集疏运概况

西樵港区位于佛山市南海区西江左岸,港区规划岸线长度为700米,路域面积为35万平方米。公路是港区的主要集疏运方式,通过城市道路可与广台高速公路、广州绕城高速公路等干线公路网相接。

2.港区工程项目

(1)南海发电一厂码头

项目于1993年7月开工,1996年3月竣工。

项目建设依据:1994年3月,佛山港务监督部门《关于南海市发电A厂建造码头的申请报告的批复意见》;1993年11月,广东省航道局《关于同意在西江高明大桥下游河段兴建油码头和杂件货码头的复函》;1994年4月,广东省水利电力厅《关于南海发电A厂附属油码头、杂件码头以及排水口工程有关问题的批复》;1994年2月,广东省水利电力厅《关于南海市发电A厂新岸线的批复》。

南海发电一厂有限公司一期码头位于西江高明河段左岸,为3000吨级的油品接卸码头,岸线长度为229.4米。码头采用引桥式布局,高桩梁板结构,码头平台宽10.4米。码头前沿水深6.4米。重油储罐占地49255平方米,共有10个油罐,单个容量10000立方米。主要装卸设备配置包括最大起重质量16吨的起重机2台,输煤带输送;卸油臂1台,管道输送。项目总投资600万元,全部为企业自筹资金。引桥长64.8米,宽8米。设计高水位8.13米,设计低水位-0.33米。进出港航道吨级为3000吨级。码头中重油运输方式为船—管—储罐;煤运输方式为船—输煤带—煤场。

2007年4月,对码头进行了改造,改造工程包括设2座起重机墩台,将原码头分为2个泊位,1号泊位进行煤炭的接卸作业,2号泊位进行重油接卸作业。

项目建设单位为南海发电一厂有限公司,设计单位为广东省航道勘测设计研究所,施工单位为交通部二航局南方工程公司,监理单位为广东省西江航道局。

煤炭泊位改造设计单位为西北电力设计院,施工单位为中交四航局第二工程有限公司,监理单位为广西桂能工程咨询有限公司。

(2)西樵恒建码头

项目于 2003 年 3 月开工,2003 年 10 月竣工。

项目建设依据:2004 年,南海区水利局《关于修筑护岸石墙的批复》(南水〔2004〕181号);2008 年,南海区水利局《关于佛山市南海区恒建沙石头场修建水泥储罐及转运设施的批复》;2008 年,佛山市海事处《关于佛山市南海西樵恒建沙石场修建历史靠船墩岸线选址的复函》(粤佛海事〔2008〕55 号);2009 年,广东省航道局《关于同意在西江左岸西樵河段兴建临时码头的复函》(粤航道函〔2009〕269 号)。2004 年,佛山市南海区环境技术中心《佛山市南海西樵恒建沙石场(新建)环境影响报告表》(南环技〔2004〕235 号)。

项目建设 1 个 1000 吨级水泥泊位(码头水工建筑允许靠泊能力 1000 吨级),岸线长度为 156 米。码头采用顺岸式布局,板桩式结构。码头前沿水深 4.5 米。项目后方堆场面积为 6000 平方米,仓库面积 6000 平方米。主要装卸设备配置包括 15 吨固定式卸船机4 台。项目总投资 300 万元,为企业自筹资金。

项目建设单位为佛山市南海区西樵恒建码头,设计单位为佛山市南海南源水利水电勘测设计院有限公司、安徽省港航勘测设计院广州南沙分院。

该码头 2013—2017 年完成的吞吐量分别为:3.30 万吨、3.60 万吨、3.60 万吨、3.60万吨、2.25 万吨。

(3)樵江油库码头

项目于 2004 年 1 月开工,2004 年 7 月竣工。

项目建设依据:2002 年,南海市政府《关于樵江油库扩建项目立项的复函》(南府办函〔2002〕235 号);2003 年,佛山市海事局《关于南海西樵樵江码头技术改造竣工有关通航安全问题的复函》(粤佛海事〔2003〕40 号);2003 年,佛山市海事局《关于樵江码头技术改造的复函》(粤佛海事〔2003〕142 号);2004 年,广东省西江航道局《关于同意补办在西江左岸太平沙河段改建油品装卸码头报批手续的复函》(西航道〔2004〕28 号)。

项目建设 1 个 3000 吨级码头泊位,码头长度为 122.6 米。码头前沿水深 7.7 米。码头采用引桥式布局,高桩钢结构。项目总投资 8500 万元,为企业自筹资金。

项目建设单位为佛山市倍力燃料仓储有限公司,设计单位为广东省广州建港工程勘察设计院,施工单位为南海市大谷土木工程有限公司。

该码头 2013—2017 年完成的油品吞吐量分别为:33.13 万吨、18.41 万吨、20.33 万吨、7.48 万吨、17.61 万吨。

(4)广东兴辉陶瓷集团有限公司简易装卸点工程

项目于 2004 年 1 月开工,2004 年 10 月竣工。

项目建设依据:2004 年 1 月,佛山市南海区发展计划局《关于河道护岸自用简易装卸点工程可行性研究报告的批复》(南计〔2004〕6 号);2004 年,《关于〈佛山市兴辉陶瓷有限公司(新建)环境影响评价报告〉审批意见的函》(南环宗函〔2004〕74号)。

项目建设1个1000吨级泊位。前沿作业区顺水方向岸线长度为80米,宽度20米装卸点工程以加固堤围为前提,依托兴辉陶瓷厂区用地。

项目建设单位为广东兴辉陶瓷集团有限公司,设计单位为广东省水利水电勘测设计研究院、佛山市南海南源水利水电勘测设计院,施工单位为佛山市南海水利水电工程有限公司、佛山市南海区大谷土木工程有限公司,监理单位为南海市南力工程监理有限公司。

(5)佛山市南海京能发电有限公司二期码头项目

项目于2008年4月开工,2017年1月竣工。

项目建设依据:2006年10月,国家发展和改革委员会《关于广东南海发电一厂改扩建工程项目的核准的批复》(发改能源〔2006〕274号);2007年12月,交通部《关于广东南海发电一厂改扩建工程码头工程初步设计的批复》(交水发〔2007〕749号);2007年9月,广东省航道局《关于在西江高明河段左岸水域兴建卸煤专用码头有关意见的复函》(粤航道函〔2007〕372号);2008年3月,佛山市水利局《关于南海发电一厂兴建卸煤工程码头工程的初审意见》(粤市水利〔2008〕37号);2007年10月,珠江水利委员会《关于发送南海发电一厂4×3000吨级卸煤码头工程河道管理范围内建设项目准予水行政许可决定书的函》(珠水建管函〔2007〕395号);2012年,环境保护部批复广东京新电力集团有限公司编制的《关于南海发电一厂"以大代小""热电联供"2×300兆瓦燃煤机组扩建工程竣工环境保护验收意见的函》(环验〔2012〕200号)。

项目建设4个3000吨级码头泊位,岸线长度为472米。码头采用引桥式布局,高桩式结构。码头前沿水深11.5米。两个煤场共储存10万吨煤炭。主要装卸设备配置包括3台450吨/小时桥式抓斗卸船机,最大起重16吨;码头前沿橡胶护舷为DA型,共280套;额定输送量2000吨/小时的带式输送机4条;2台DQL1500/2000·30型悬臂式斗轮堆取料机。项目总投资1.06亿元,全部来源于企业投资。

项目建设单位为佛山市南海京能发电有限公司,设计单位为中交第四航务工程勘察设计院有限公司,联合体施工单位为南海区大谷土木工程有限公司(土建)、西北电力第三工程公司、上海港机公司(设备安装),监理单位为上海华申工程建设监理咨询有限公司,质量监督单位为佛山市交通工程质量监督站。

该码头2012—2017年煤炭吞吐量分别为:156万吨、152万吨、146万吨、145万吨、143万吨、140万吨。

(6)南海洁能燃料有限公司洁能码头改造工程

项目于2009年9月开工,2010年12月竣工。

佛山市南海洁能煤码头和输浆码头为1957年南海糖厂建厂时配套建设。

项目建设依据:2007 年 4 月,中交四航局港湾工程设计院有限公司编制《佛山市南海洁能燃料有限公司码头工程质量评估报告》;2008 年 11 月,广东省航道勘测设计研究院有限公司设计编制《佛山市南海景隆投资控股有限公司 6 处配套码头改造工程施工图设计》(6 处码头分别为长海煤码头、长海输灰码头;洁能原煤码头、洁能输浆码头;景隆造纸码头、景隆港安码头);2008 年 10 月,广东省工程勘察院编制《佛山市景隆投资控股有限公司配套码头改造工程岩土工程勘察报告》;2009 年 8 月,广州市打捞局建筑工程处第三工区编制《佛山市南海景隆投资控股有限公司 6 处码头改造(维护)工程施工方案》;2009 年 9 月,四川省交通厅交通勘察设计研究院编制《佛山市南海景隆投资控股有限公司 6 处配套码头改造工程施工图设计审核意见》。

洁能原煤码头规模为改造 1500 吨级泊位 1 个;洁能输浆码头规模为改造 1500 吨级泊位 1 个,岸线长度为 102.6 米。码头采用顺岸式布局,高桩式结构。码头前沿水深 3.4 米。项目总投资 47.79 万元,来源于企业投资。

项目建设单位为佛山市南海洁能燃料有限公司,设计单位为广东省工程勘察院,施工单位为广州市打捞局建筑工程处第三工区。

洁能原煤码头近年每年吞吐量约为 8 万吨。

(7)南海长海发电有限公司长海煤码头及输灰码头改造工程

项目于 2009 年 9 月开工,2010 年 1 月竣工。

南海长海发电厂煤码头为 1957 年南海糖厂建厂时配套建设。

项目建设依据:2007 年 4 月,中交四航局港湾工程设计院有限公司编制《南海长海发电有限公司码头工程质量评估报告》;2008 年 11 月,广东省航道勘测设计研究院有限公司设计编制《佛山市南海景隆投资控股有限公司 6 处配套码头改造工程施工图设计》(景隆公司 6 处码头分别为长海煤码头、长海输灰码头;洁能原煤码头、洁能输浆码头;景隆造纸码头、景隆港安码头);2008 年 10 月,广东省工程勘察院编制《佛山市景隆投资控股有限公司配套码头改造工程岩土工程勘察报告》;2009 年 8 月,广州市打捞局建筑工程处第三工区编制《佛山市南海景隆投资控股有限公司 6 处码头改造(维护)工程施工方案》;2009 年 9 月,四川省交通厅交通勘察设计研究院编制《佛山市南海景隆投资控股有限公司 6 处配套码头改造工程施工图设计审核意见》。

长海煤码头规模为改造 1500 吨级泊位 2 个,长海输灰码头规模为改造 500 吨泊位 3 个。岸线长度为 313 米,码头采用顺岸式布局,高桩式结构。码头前沿水深 3.5 米。项目总投资 43.83 万元,为企业投资。

项目建设单位为南海长海发电有限公司,设计单位为广东省工程勘察院,施工单位为广州市打捞局建筑工程处第三工区。

该码头近年每年吞吐量约为 50 万吨。

(8)佛山市南海顺兴隆油库码头改造工程

项目于2014年3月开工,2014年7月竣工。

项目建设依据:2013年,广东省航运规划设计院有限公司进行施工设计,广东正方圆工程咨询有限公司编制的《佛山市南海顺兴隆石油有限公司成品油库码头加固改造工程通航安全论证报告》通过评审;2013年,佛山市水务局《关于佛山市南海顺兴隆石油有限公司输油工作平台加固方案的审查意见》(佛市水务〔2013〕209号);2014年,佛山市南海区环境运输和城市管理局《关于〈佛山市南海顺兴隆石油有限公司(技改)环境影响报告表〉审批意见的函》[南环函(樵)〔2014〕4号]。

项目建设为加固改造1个1000吨成品油泊位(水工结构兼顾按3000吨)。码头加固改造工程的桩基工程(灌注桩和钢管桩)为高桩板式结构,长47米,宽5米,引桥长66.95米,宽3.5米,前沿设计水深4.9米。储罐容量1.0万立方米。主要装卸设备有DN150输油臂1座,最大卸油能力200立方米/小时,8条DN200输油管。项目总投资575万元,为企业自筹资金。

项目建设单位为佛山市南海顺兴隆石油有限公司,设计单位为广东省航运规划设计院有限公司、广东星燃石化设计院有限公司,施工单位为广东航达工程有限公司、中国南海工程有限公司,监理单位为广东南港工程监理咨询有限公司,质量监督单位为佛山市交通运输工程质量监督站。

该码头2015—2017年完成的吞吐量分别为:0.92万吨、6.23万吨、7.27万吨。

(十)三山港区

1.港区综述

(1)港区建设概况和运营情况

三山港区是佛山港重要的港区之一,也是近期重点发展港区。随着佛山市南海区经济的发展,对集装箱等外贸运输的需求越来越大,特别是依托三山港区的三山国际物流园区是佛山市规划的物流基地之一,随着物流园区的建设,三山港区的作用越来越重要。

三山港区现状包括三山作业区和平洲作业区,以集装箱吞吐为主。规划三山港区三山作业区积极发展集装箱运输,并兼顾部分件杂货运输,为三山国际物流园区以及南海区等周边地区工业开发服务;平洲受陆域条件限制,规划维持现状,不再扩大规模。

三山作业区后方有较大范围的陆域可布置仓库、堆场等生产设施,码头前沿水深条件好,东平水道已经达到二级航道标准,常年可通航2000吨级船舶,且水域宽阔,大型船舶调头方便。规划以现状集装箱码头417米码头前沿线为基础,沿东平水道向西侧延伸,采用大顺岸平面布置形式,形成集装箱作业区,码头岸线650米,布置1000吨级泊位3个、3000吨级泊位4个,吞吐能力为55万TEU。码头陆域纵深在540~600米之间,占地面积

37.3 万平方米。3000 吨级泊位在建设时,水工结构要考虑 5000 吨级船舶停靠的要求。

沿集装箱作业区继续向西为对岗沙南汊航道,规划为通用作业区,码头前沿线顺应河道走向,采用顺岸折线布置,岸线长度为 920 米,布置 1000 吨级泊位 15 个。码头陆域纵深在 350～440 米之间,占地面积 48.5 万平方米。

现状集疏运道路为三山大道,港区通过三山大道连接佛平路以及其他城市道路。考虑到三山港区及物流园区今后主要通过三山大道集疏运,三山大道按照双向六车道标准规划。三山港区锚地规划采用沿岸布置方式,在对岗沙北侧布置长 300 米、宽 35 米的锚地。目前主要码头有三山港码头、南港码头等。

三山港区 2011—2015 年完成吞吐量分别为:663.09 万吨、596.32 万吨、586.99 万吨、546.90 万吨、554.40 万吨。

（2）港区地理条件和集疏运概况

三山港区位于佛山市南海区东平水道和陈村水道交汇处,是三山国际物流园区的重要节点。公路是三山港区的主要集疏运方式,三山港区可通过三山大道、港口路与光珠西线高速公路及佛山干线公路系统的纵五横四相接。

2.港区工程项目

（1）汇江混凝土有限公司码头

项目于 1985 年 8 月开工,1986 年 6 月竣工。

项目建设依据:2010 年,佛山市交通质量监督局出具《码头工程质量核验意见》(佛交监〔2010〕128 号);广东省海洋与渔业勘测设计院对码头进行质量评估并出具《码头工程质量评估》。

项目建设 1 个 1000 吨级散货泊位,岸线长度为 70 米。码头采用顺岸式布局,斜坡式结构。码头主要建筑物为 2 条龙门架,其中一条仅在龙门架上安装了皮带运输机,用于卸运生产混凝土用砂石。

项目建设单位为佛山市汇江混凝土有限公司。

该码头 2011—2015 年的吞吐量分别约为:28 万吨、25 万吨、27 万吨、36 万吨、49 万吨。

（2）南海南港码头

项目于 1987 年 10 月开工,1988 年 12 月竣工。

项目建设依据:1986 年,广东省人民政府口岸办公室《关于同意南海县平洲三尾冲口设立进出口货物装卸点的批复》(粤府口函〔1986〕31 号);1986 年,广东省航政局佛山分局《关于平洲三尾冲品设立装卸点(码头)的函》(佛航政发字〔1986〕38 号);1986 年,广东省水利电力厅《关于南海县平洲区在佛山大围的四乡联围沙尾段兴建南港进出口仓储集装箱码头的批复》(粤水电管字〔1986〕17 号)。

项目建设 4 个 1000 吨级码头泊位,岸线长度为 193 米。码头采用突堤式布局,重力式结构。码头前沿水深 5 米。项目总投资 2030 万元,其中国企投资 471.98 万元,民企投资 593.78 万元,利用外资 964.25 万元。

项目建设单位为佛山南海南港码头有限公司。

该码头 2011—2015 年完成集装箱运输分别为:118.56 万 TEU、109.73 万 TEU、112.02 万 TEU、110.03 万 TEU、111.70 万 TEU。

(3)佛安油库码头

项目于 1992 年 2 月开工,1993 年 10 月竣工。

项目建设依据:1991 年,广东省粤中航道局《关于佛山市燃料公司拟在东平水道麻洪村河段兴建油库码头的意见》(粤中道发字〔1991〕37 号);1991 年,佛山市计划委员会《关于兴建平洲水路油库的批复》(佛市计资〔1991〕30 号);1991 年,南海环保境保护局《关于油库环境影响报告表的批复》(南环字〔1991〕46 号);1991 年,南海国土局《关于佛山市燃料公司建油库申请征用土地的批复》(南国地征〔1991〕238 号)。

项目建设 1 个 1000 吨级码头泊位,岸线长度为 80 米。码头采用顺岸式布局,重力式结构。码头前沿水深 4.5 米。主要装卸设备配置包括 KCB1500 油泵 4 台,100CY-65 油泵 2 台。项目总投资 150 万元,为企业自筹资金。

项目建设单位为佛山市佛安能源有限公司,设计单位为粤中航道局水工建筑设计室,施工单位为广东省航务工程公司。

该码头 2011—2015 年吞吐量分别为:1.80 万吨、3.08 万吨、15.35 万吨、6.97 万吨、5.28 万吨。

(4)佛山市南海区南海国际货柜码头扩建工程、南海市三山港综合性码头工程

项目于 1992 年 6 月开工,1993 年 9 月竣工。

项目建设依据:1992 年 6 月,原南海县环境保护局《关于同意南海县三山港综合性码头工程立项的批复》(南环字〔1992〕21 号);1992 年,原南海县人民政府《关于规划建设三山港的批复》;1992 年 1 月,原南海县环境保护局《关于〈南海县三山港综合性码头工程环境影响评价大纲〉的批复》(南环字〔1992〕20 号);1992 年 10 月,原南海县环境保护局《关于〈南海市三山港综合性码头工程环境影响评价报告〉的批复》(南环技字〔1992〕163 号)。

项目建设 6 个 1000 吨级码头泊位,其中,集装箱泊位 4 个,散杂货船泊位 2 个,岸线长度为 660 米。码头采用顺岸式布局,高桩式结构。港池设计水深 7 米。堆场面积 40 万平方米;进出港航道 5000 吨级;锚地 1 个,面积 3 万平方米。主要装卸设备配置 35 吨门式起重机 4 台,41 吨轮胎式门式起重机 6 台,41 吨重箱堆高机 5 台,9 吨空箱堆高机 5 台等。项目总投资 2.62 亿元,为企业投资。项目工程总用地 40 万平方米。

项目建设单位为南海国际货柜码头有限公司,设计单位为广东省航道勘测设计科研所,施工单位为交通部二航局第四工程公司,监理单位为广州海荣建设监理有限公司。

该码头2011—2015年完成的吞吐量分别为:36万TEU、30万TEU、29万TEU、28万TEU、23万TEU。

(5)平洲油库码头

项目于1992年6月开工,1993年6月竣工。

项目建设依据:1991年4月,广东省航政局批复同意《关于兴建平洲油库的报告》;1991年4月,广东省粤中航道局批复同意《关于兴建平洲油库的报告》;1991年4月,南海县平洲镇批复同意《关于兴建平洲油库的报告》;1991年4月,南海县公安局批复同意《关于兴建平洲油库的报告》;1991年4月,南海县水电局批复同意《关于兴建平洲油库的报告》;1991年4月,佛山市计划委员会《关于兴建平洲油库的批复》;1991年7月,南海县环境保护局《关于〈华佛能源平洲油库环境影响报告表〉的批复》;1991年11月,南海县国土局出具《关于佛山市华佛能源投资开发公司建平洲油库申请划拨土地使用权的批复》。

项目建设2个1000吨级码头泊位,岸线长度为120米。码头采用顺岸式布局,斜坡式结构。码头前沿水深3.38米,库容3.3万立方米。主要装卸设备配置包括150毫米规格的输油臂2个。项目总投资2700万元,为企业自筹资金。

项目建设单位为佛山市中油平洲油库有限公司,设计单位为佛山市水电局设计室,施工单位为广东省航务工程公司粤中分公司。

该码头2011—2015五年完成的内贸货物作业量为240万吨。

(6)营顺油库成品油码头建设

项目于1994年7月开工,1997年1月竣工。

项目建设依据:1994年7月,南海市水电局《关于三山港经济开发区申请建设油库、码头的批复》(南水字〔1994〕38号);1994年7月,《关于平洲港兴建油库〈建设项目环境影响报告表〉的批复》(南环技字〔1994〕52号)。

项目建设1个1000吨级码头泊位,岸线长度为297米。码头采用顺岸式布局,高桩式结构。码头宽8.1米,长58米,码头前沿水深3.8米。储罐容量2.6万立方米。主要装卸设备配置包括直径219毫米的输油管线3台。项目总投资351万元,为企业自筹资金。

项目建设单位为佛山市南海区营顺油库有限公司,设计单位为广东省南海市水利水电工程勘测设计室,施工单位为南海市水利水电工程公司。

该码头2011—2015年完成吞吐量分别为:34.86万吨、37.52万吨、40.29万吨、38.65万吨、41.5万吨。

(7)佛山市南海燃气发展有限公司南海气库码头

项目于1996年10月开工,1997年3月竣工。

项目建设依据:1995 年 11 月,广东省水利厅《关于南海市燃气公司在三山围兴建油气码头的批复》;1996 年,南海市城乡建设规划局《南海市建设工程规划许可证报批表》;1996 年 7 月,南海市水电局《关于三山储配站液化气码头至库区管线走向设计方案的批复》;1996 年 8 月,南海市燃气公司组织佛山市水利水电设计研究院及南海市水利水电工程公司参与设计图纸会审,会审记录编号为"施1-9"。

项目建设 1 个 800 吨级液化石油气船(LPG 船)(远期停靠 1500 吨级液化石油气船舶),岸线长度为 100 米。码头采用引桥式布局,高桩式结构。码头宽度为 8.8 米,码头前沿设计水深 5.5 米,前沿中部建有一个工作平台,上下游端各设置 3 个船舶靠泊墩。该码头 LPG 卸船采用 LPG 槽船自带烃泵,通过人工操纵手动吊臂来调节输送复合软管位置,使 LPG 槽船与复合软管连接,再由复合软管连接到该码头作业区布置的管道阀门前端,由阀门后的管线将 LPG 卸入库区储罐。复合软管由 DN200 的液相管和 DN100 的气相管组成。该码头卸载的货种是 LPG(液化石油气),该码头只有 LPG 卸船工艺,无装船工艺及业务。项目总投资 200 万元,为企业自筹资金。

项目建设单位为佛山市南海燃气发展有限公司,设计单位为佛山市水利水电设计研究院,施工单位为南海市水利水电工程公司,监理单位为南海市建筑工程质量安全监督站。

该码头 2011 年和 2012 年吞吐量分别为 13620 吨、510 吨。2013 年至今,由于无合适的液化石油气船舶以及佛山市南海区逐步转为使用 LNG(液化天然气),故该码头未进行液化石油气装卸工作,并于 2014 年对码头的输送管线进行了冲洗、置换,对管道进行了清洗及清管,经过测试合格后进行了灌水焊接封死。

(8)南海华创保税油库码头

项目于 1996 年 11 月开工,1999 年 12 月竣工。

项目建设依据:1996 年 10 月,佛山市水利局《关于南海市石油企业集团建设油库和码头的批复》(佛市水利〔1996〕118 号);1996 年 4 月,南海市计划委员会《关于成立南海华创石油化工储运有限公司项目建议书的批复》(南计〔1996〕14 号);1996 年 11 月,佛山港务监督《关于建造油码头申请的批复》(佛监〔1996〕017 号);1996 年 7 月,南海市环境保护局《关于南海市石油企业集团保税油库立项的批复》(南环综字〔1996〕112 号)。

项目建设 1 个 1000 吨级码头泊位,岸线长度约 100 米。码头采用引桥式布局,高桩式结构。码头上设备主要有输油管线。

项目建设单位为广东华创石油化工储运有限公司,设计单位为交通部珠江航运规划设计室,施工单位为交通部二航局南方工程公司佛山公司,监理单位为南海市建筑工程质量安全监督站。

该码头 2011—2015 年吞吐量分别为:14.49 万吨、28 万吨、29.7 万吨、29.84 万吨、34.45 万吨。

(十一)大沥港区

1.港区综述

(1)港区建设概况和运营情况

大沥港区位于水口水道右岸,以件杂、散杂等通用货物为主,主要为大沥等经济发展服务。规划码头前沿线长度为446米,布置500吨级泊位7个,陆域纵深90~185米,占地面积约8万平方米。港区后方为城市道路,可作为集疏运通道。

目前大沥港区主要码头有北村珠江货运码头、北村油库码头等。2011—2015年物吞吐量分别为:37.61万吨、27.88万吨、30.64万吨、46.60万吨、30.56万吨。

(2)港区地理条件和集疏运概况

大沥港区位于佛山市南海区水口水道右岸,公路是港区的主要集疏运方式,可通过港区后方的城市道路,接入广佛江珠高速公路和沈海高速公路广州支线等干线公路网。

2.港区工程项目

(1)佛山北村珠江货运码头有限公司改扩建工程

项目于2005年7月开工,2006年3月竣工。

项目建设依据:2004年,广东省对外贸易经济合作厅工程可行性研究报告批复(粤外经贸字〔2004〕684号);2006年,广东省交通厅岸线批复(粤交规〔2006〕480号)。

项目建设3个500吨级件杂货泊位(水工结构兼顾800吨件杂货船舶),扩建后码头岸线长119.5米。码头采用顺岸式布局,高桩式结构。码头前沿水深为5米。码头占地面积为19784平方米,堆场面积为15790平方米,仓库面积为362平方米。主要装卸设备配置包括40吨码头固定式起重机1台,5吨码头固定式起重机2台,40吨吸污车1台,10吨叉车1台,8吨叉车1台,5吨叉车1台。项目总投资1183万元,为企业自筹资金。

项目建设单位为佛山北村珠江货运码头有限公司,设计单位为广州港湾工程设计院,施工单位为佛山市南海区九江镇樵桑水利水电工程有限公司,监理单位为南华建设监理所。

该码头2011—2015年港口吞吐量分别为:14.8万吨、9.6万吨、19.5万吨、19.2万吨、19.8万吨。

(2)北村油库码头隐患治理工程

项目于2009年7月开工,2009年10月竣工。

2008年,佛山市交通工程质量监督站印发《关于中国石油化工股份有限公司广东石油仓储分公司北村油库码头质量核验意见》(佛交监〔2008〕57号);2009年,中国石油化工股份有限公司广东石油分公司下发《关于下达2009年第二批油库隐患治理项目计划的通知》(石化股份粤安〔2009〕95号)。

项目建设1个1000吨级油库码头泊位和1个700吨级油库码头泊位,岸线长度为250米。码头采用引桥式布局,高桩式结构。上游泊位(1000载重吨)码头前沿设计水深3.6米,下游泊位(700载重吨,现已停用)码头前沿设计水深2.6米。经2009年隐患治理项目改建后,油库现拥有11个立式油罐,油库总容量28000立方米(其中:2000立方米油罐9个、5000立方米油罐2个),为三级油库。主要装卸设备配置规格型号为RCO6H—0.15/11.5的输油臂2台,规格型号为DN150的输油管道2条,规格型号为DN200的输油管道2条。项目总投资154.60万元,全部由企业自筹。项目用地面积78844平方米,无新增的项目用地。油库配套有发油台、站场、码头等设施,配有先进的电脑发油装置及微机计量装置、安全监控装置等。

项目建设单位为中国石油化工股份有限公司广东石油分公司,设计单位为安徽省港航勘测设计院广州分院,施工图设计技术审查咨询由中交四航局港湾工程设计院有限公司完成,施工单位为江苏华源建设集团有限公司,监理单位为广州海建工程监理公司。

北村油库码头2011—2015年装卸数量合计6371.26万吨。北村油库码头隐患治理工程对码头进行改造和加固,从而消除安全隐患,确保码头作业安全及市场油品供应。北村油库长期承担着佛山地区及广州部分地区的油品供应,是佛山的中心油库,油品供应量大,码头主要用于卸油作业,码头船运来油作为油库来油的及时补充,保障了市场油品供应,有着不可替代的地位。

(十二)九江港区

1.港区综述

(1)港区建设概况和运营情况

九江港区位于西江左岸,共包括南鲲、南丰、河清和沙头等四个作业区。规划为以集装箱及杂货运输为主的综合性货运港区,为九江镇及物流园区发展服务。依托的九江龙江组团是佛山市城市总体规划确定的两大重要物流基地之一,随着佛山市经济及物流业的发展,对港口的需求越来越大,九江港区建设面临着极大的发展机遇。九江港区将发展成为以集装箱、件杂货运输为主的综合性港区。

①南鲲作业区。现状已开工建设的南鲲码头长度为250米,包括2个3000吨级泊位,距离上游南海专用油码头320米。该作业区以件杂货、内贸箱等运输为主。规划将现状码头前沿线向下游方向,采用大顺岸并略呈折线布置形式,两段岸线分别为860米、640米,共形成码头岸线1500米,布置3000吨级泊位12个,形成吞吐能力360万吨。码头前沿线位置以现状码头为准,边滩要进行适当开挖。码头生产区陆域纵深控制在145～250米之间,占地面积36万平方米。该处陆域较窄,为充分利用空间,将生产区上游侧规划为

辅助区。

规划疏港路和113、362省道连接,疏港路宽度按照双向4车道标准设计。

②河清作业区。河清作业区位于拟规划建设的河清大桥(暂名)上游侧,河清大桥的建设是该作业区开发的必要条件之一,特别是其上下游已经有南鲲作业区、南丰作业区,从港口开发的先后顺序、港口岸线资源的合理利用等角度,河清作业区进行远景开发是适宜的,因此,规划河清作业区为预留发展作业区。

河清作业区规划码头岸线长度为1000米,共规划布置3000吨级泊位7个,码头陆域纵深控制在310～440米之间,陆域占地面积46万平方米。为保证码头和河清大桥之间的安全距离,作业区下游侧和大桥留有300米的净距。

河清作业区集疏运通过疏港路连接纵三线,疏港路宽度按照双向4车道标准设计。

③南丰作业区。南丰作业区位于九江大桥下游,现已形成4个1000吨级泊位,实际占用岸线长度为340米。该作业区以外贸集装箱、件杂货运输为主。目前该作业区只剩下下游侧和后方鱼塘可供利用,因此,将作业区范围向下游和后方适当扩大,形成涌口以上码头岸线540米、8个1000吨级泊位,涌口以下码头岸线400米、3个3000吨级泊位,码头陆域纵深225～410米。作业区占地面积28.7万平方米。作业区后方道路主要为港区集疏运及九江镇市政交通服务,由于陆域面积的增加,规划疏港道路向后方相应调整。道路宽度按照双向4车道标准设计。

锚地规划:南丰作业区下游规划为靠岸系泊锚地,锚地尺度为1000米×100米。

④沙头作业区。沙头作业区位于顺德水道右岸、佛开高速公路桥下游,现状码头岸线长300米,该处岸线微弯,后方陆域主要为水田。考虑到保护区的分布等因素,规划维持现状。作业区后方有城市规划的市政道路,可作为集疏运通道。

锚地规划:沙头作业区下游规划为靠岸系泊锚地,锚地尺度为200米×40米。

目前九江港区主要码头有中外运码头、南鲲码头、定安码头等。2011—2015年货物吞吐量分别为:442.21万吨、489.38万吨、603.60万吨、744.68万吨、745.01万吨。

(2)港区地理条件和集疏运概况

九江港区位于佛山市九江镇,西江下游出海航道左岸,港区集疏运主要依托公路方式,可与佛开、广州绕城高速公路及佛山干线公路系统的纵三和横八相接。

2.港区工程项目

(1)广东省广弘九江饲料码头项目

项目于1994年4月开工,1994年9月竣工。

项目建设依据:广东省佛山航道局《关于九江饲料厂在原码头岸线续建码头的复函》(佛道发字第106号);广东省佛山航道局《关于地区食品公司饲料厂在九江沙口建造码头事宜的复函》(佛道发字第140号);1994年,佛山港务监督局《关于九江饲料厂扩建码头的复函》(佛监〔1994〕004 号)。

项目建设 2 个 1000 吨级码头泊位(码头水工建筑允许靠泊能力 1000 吨级),码头长 105.3 米。码头采用引桥式布局,框架式立体结构。筒仓 10 个,储量 1 万吨;平仓 5 个,储量 9300 吨;主要装卸设备配置包括门座式 3 吨起重机 4 台,其中 1 台已报停,余下 3 台编号分别是 2 号、3 号、4 号,规格型号为 K46。项目总投资 229.34 万元,为企业自筹资金。

项目建设单位为广东省广弘九江饲料有限公司,设计单位为广东省重工业设计院,施工单位为开平县土木工程公司,监理单位为澄海县建筑工程监理站。

该码头 2013—2017 年完成的吞吐量约为 6000 吨。

(2)九江战备码头改建工程项目

项目于 1998 年 3 月开工,1999 年 2 月竣工。

项目建设依据:1998 年,广东省航道局《关于同意在西江九江大桥上游左岸河段兴建码头的复函》(粤航道〔1998〕复字 013 号);1997 年,佛山港务监督《关于九江战备渡口北岸改造散货码头的批复》(佛监〔1997〕006 号);1997 年,广东省水利厅《关于南海九江战备码头加固及续建货运泊位码头工程的批复》(粤水管〔1997〕130 号)。

项目建设 2 个 3000 吨级码头泊位,岸线长度为 120 米。码头采用顺岸式布局,高桩式结构。主要装卸设备配置包括:额定起重量 35 吨的固定式门座起重机 1 台,最大变幅 26 米;额定起重量 35 吨的固定式门座起重机 1 台,最大变幅 16 米;额定起重量 45 吨的轨道式门式起重机 1 台。项目总投资 125 万元。

项目建设单位为佛山市公路局九江战备渡口所,设计单位为佛山市公路局公路勘察设计研究所,施工单位为佛山公路工程公司桥梁公司,监理单位为佛山市盛建公路工程监理有限公司。

该码头 2013—2017 年完成吞吐量分别为:35 万吨、38 万吨、35 万吨、37.3 万吨、30 万吨。

(3)九江欧浦码头

项目于 2001 年 9 月开工,2002 年 7 月竣工;2012 年改造。

项目建设依据:2012—2014 年完成了九江欧浦码头维修加固工程,取得《广东省企业基本建设投资项目备案证》(备案项目编号:120605543210675),2013 年,南海水务部门《佛山市南海区国土城建和水务局关于华光新码头设备改造方案的审查意见》(南水务〔2013〕37 号);2001 年,南海市计划局《关于沙头堤围加固及新建木材专用简易分卸点工程可行性研究告别的批复》(南计字〔2001〕42 号);2001 年 10 月,广东省环境保护局《关于顺德市中油龙桥燃料有限公司油库扩建工程环境影响报告书审批意见的函》(粤环函〔2001〕734 号)。

项目建设 3 个 3000 吨级码头泊位,岸线长度为 300 米。码头采用顺岸式、引桥式布局,高桩式结构。仓库面积 5 万平方米。主要装卸设备配置包括 GQ4026 固定式起重机 2 台、GQ4036 固定式起重机 3 台,DRT450 正面起重机 1 台,CPCD70 叉车 1 台,FD30 叉车 2 台,CPCD100 叉车 2 台。项目总投资 1.56 亿元,为企业自筹资金。

2001 年项目建设单位为南海华光装饰板材有限公司,设计单位为广东省水利水电勘测设计院、南海市水利水电勘测设计室,施工单位为南海市水利水电工程有限公司、南海市大谷土木工程有限公司、南海市沙头镇固业水利工程有限公司,监理单位为南海市南力工程监理有限公司。

2012 年加固改造项目建设单位为佛山市南海区固业水路工程有限公司,设计单位为海军南海工程设计院,施工单位为珠海市海骏工程建筑处、广东永通起重机械实业有限公司,监理单位为武汉中澳工程项目管理有限公司。

该码头 2013—2017 年完成港口吞吐量分别为:2.8 万吨、23.5 万吨、65.8 万吨、1.4 万吨、3.2 万吨。

(4)南海区樵桑联围加固及九江配套工业产品装卸码头工程

项目于 2004 年 6 月开工,2008 年 9 月竣工。

项目建设依据:2003 年,佛山市发展计划局《关于南海区樵桑联围加固及九江配套工业产品专用装卸码头工程可行性的批复》(佛计南〔2003〕第 3 号)。2004 年 4 月,佛山市南海区环境保护局《关于〈南海区樵桑联围加固及九江配套工业产品专用装卸码头工程环境影响报告书〉审批意见的函》(南环综函〔2004〕90 号);2005 年 1 月,佛山市发展和改革局《关于新建国防应急保障基地的堆场、仓库等工程项目的批复》(佛发改南〔2005〕2 号)。

项目建设 2 个 1000 吨级码头泊位(码头水工建筑允许靠泊能力 3000 吨级),码头长 250 米。码头采用引桥式布局,码头上部结构为高桩梁板式结构,下部结构采用桩基础;护岸挡土墙采用悬臂式挡土墙,总长 965.9 米。项目后方堆场面积 8 万平方米,堆存能力 8 万吨、0.47 万 TEU。仓库面积 2000 平方米。项目总投资 1 亿元,由企业自筹。

项目建设单位为佛山市九江南鲲码头有限公司,设计单位为广州建港工程勘察设计院、佛山市南海南源水利水电勘测设计院有限公司,施工单位为佛山市南海区大谷土木工程有限公司,监理单位为广州海建工程监理公司。

(5)九江定安货运码头项目改建工程

项目于 2007 年 9 月开工,2008 年 1 月竣工。

项目建设 1 个 3000 吨级件杂货泊位,岸线长度为 110 米。码头采用顺岸式布局,重力式结构。项目后方堆场面积 120 万平方米。主要装卸设备配置包括 GQ35-24A6 型号的 35 吨固定式起重机 1 台,GQ30-26A7 型号的 30 吨固定式起重机 1 台,GQ16/GQ(16-15) 型号的 16 吨固定式起重机 1 台,FD160E-8 型号的 16 吨内燃叉车 4 台,

SMV32-1200B 型号的 32 吨内燃叉车 2 台。项目总投资 300 万元,为企业自筹资金。

项目建设单位为佛山市南海九江定安货运码头公司,2007 年改建工程项目设计单位为中交广州水运工程设计研究院有限公司、安徽省港航勘测设计院,施工单位为佛山市南海区九江镇樵桑水利水电工程有限公司,监理单位为佛山市科诚工程监理有限公司。

(6)佛山仓码公司一期码头结构加固改造工程

佛山仓码公司一期码头加固改造工程于 2008 年 8 月开工,2014 年 6 月竣工。

1985 年 4 月,《关于扩建南海九江外贸码头泊位的复函》(粤航道字〔1985〕134 号)同意由南海县外贸局九江办事处在南海九江进出口货物综合装卸点下游约 65 米处新建外贸码头泊位 1 个,东西长 60 米、宽 20 米,码头结构形式为高桩码头。1988 年 7 月,经(外经贸合资证字〔1988〕392 号)批准,由广东省食品分公司、广东省食品分公司南海支公司、广东海外经济贸易南海分公司、香港万顺船务有限公司、丰成货运(香港)有限公司合资成立南丰货运有限公司,主要经营进出口集装箱装卸、货物仓储、报关、报验等业务。九江口岸下游码头改建为 67.7 米集装箱码头,码头前沿水深满足 500 吨集装箱船吃水。2001 年 5 月,《关于同意西江九江河段扩建外贸码头的复函》(粤航道复字〔2001〕76 号)同意在原 67.7 米集装箱码头基础上,往下游顺沿续建护岸疏水码头,长度为 85.6 米。

项目建设依据:2008 年 1 月,交通部《关于佛山中外运仓码有限公司一期码头结构加固改造方案核准的函》(水运基建函〔2008〕20 号);2008 年 5 月,交通运输部《关于调整佛山中外运仓码有限公司一期码头结构加固改造方案有关核准内容的函》(水运基建函〔2008〕253 号);2016 年,佛山市环境保护局《建设项目环保备案登记表》(备案编号:2016003);1973 年,南海县革命委员会《关于九江外贸出口站征用土地的批复》(南革字〔1973〕第 78 号)。

项目建设 5 个 1000 吨级码头泊位,岸线长度为 330 米。码头采用顺岸式布局,高桩式结构。码头前沿水深 6 米。项目后方堆场面积 12 万平方米。仓库面积 2200 平方米,堆存能力 1 万吨。主要装卸设备配置包括规格为 MQ4535 及 MQ4035 的轨道式门式起重机共 5 台,MJ45T-45M 轨道式门式起重机共 6 台,DRF450-60S5K 集装箱正面起重机 3 台,DCT80 集装箱堆高机 2 台,FD100Z8 叉车 3 台。项目总投资 130 万元,为企业自筹资金。

项目建设单位为佛山中外运仓码有限公司,勘察单位为中交四航局港湾工程设计院有限公司,设计单位为中交四航局港湾工程设计院有限公司,施工单位为中交第四航务工程局有限公司,监理单位为广州海建工程监理公司。

一期(一阶段)180 米码头于 2008 年 8 月 1 日开工,2009 年 7 月 13 日完工,2010 年 6

月 11 日通过佛山市交通运输局的初步验收;一期(二阶段)150 米码头于 2011 年 11 月 9 日开工,2012 年 9 月 10 日完工,2013 年 11 月 26 日通过佛山市交通运输局的初步验收;一期(330 米)码头整体加固改造工程于 2014 年 6 月 22 日正式通过中华人民共和国交通运输部的竣工验收,并取得竣工验收证书。

项目投产后,码头前沿的年通过能力从原来的 8 万 TEU 大幅提升至 40 万 TEU,2013—2017 年吞吐量分别为:21.58 万 TEU、27.39 万 TEU、31.83 万 TEU、33.37 万 TEU、37.08 万 TEU。

(十三)勒流港区

1.港区综述

(1)港区建设概况和运营情况

勒流港区是顺德区七大港区之一,功能以集装箱运输为主,兼顾部分件杂货运输,主要为勒流街道及周边地区的企业原材料进口及产成品出口提供运输服务。早期勒流港区运输主要是利用区内丰富的自然岸坡码头,港口设施简陋,船舶吨位小,码头分散,规模小,以短途的件杂货、农资运输为主。改革开放以后,随着外向型经济快速发展、改革开放力度的进一步加大和区内航道的整治,相继建设了为满足外贸集装箱运输的勒流港货柜码头,以及永顺饲料、联动混凝土等粮食、矿石专用内贸货主码头。

截至 2015 年底,勒流港区共有 3 座码头、11 个泊位,其中 500 吨级泊位 1 个,1000 吨级及以上泊位 9 个,500 吨级以下泊位 1 个,泊位长度共 787 米。码头包括公用的外贸集装箱码头 1 个,内贸货主专用码头 2 个。开通的货运航线为从香港、深圳、广州、云浮进港,将货物运往香港、深圳、广州。

(2)港区地理条件和集疏运概况

勒流港区位于顺德区的西北部,广州市的南部,珠江三角洲中部,正北方是广州市,西北方为禅城区,东连番禺区,北接南海区,西邻新会区,南界中山市;距广州 32 千米、香港 127 千米、澳门 80 千米;地处北回归线以南,属亚热带海洋性季风气候,日照时间长,雨量充沛,常年温暖湿润,四季如春,景色宜人,冬短夏长,春秋两季长短相当,夏季自 4 月中旬至 10 月下旬,长达半年之久。勒流港区位于顺德水道右岸,岸线范围为勒流港上边界—黄连水闸下 720 米,长度为 1300 米,现状码头占有岸线 787 米,河道顺直,水面宽 410 米,5 米等深线近岸,后方陆域主要为农田。进出港航道有三级及四级航道。

顺德区集疏运经市政道路与高速公路、国道、省道衔接。境内有高速公路 2 条(佛开高速公路、广珠西线高速公路),国道 2 条(G105、G325),省道 5 条(S112、S268、S269、S362、S363)。勒流港区内下涌码头区通过规划疏港公路与广州绕城高速公路衔接,甘竹溪码头区通过规划疏港公路与九容快速路或广州绕城高速公路衔接。

2.港区工程项目

(1)佛山市顺德区勒流港货柜码头有限公司码头

项目于2000年2月开工,2001年4月试运行。

项目建设依据:1999年11月,顺德市水利局《关于申报在集装箱码头位置建设吊机平台的批复》(顺水利管字〔1999〕127号);2000年1月,顺德市水利局《关于申报在勒流港范围堤段设置堤面通道闸口、砌筑码头区域围墙的批复》(顺水利管字〔2000〕06号);2004年5月,佛山市顺德区交通局《关于顺德区勒流港货柜码头扩建问题的批复》(顺交复〔2004〕29号);2005年5月,广东省航道局《关于同意补办在顺德水道已建勒流港二期码头审批手续的复函》(粤航道复字〔2005〕136号);2000年1月,顺德市计划局《关于中港合资经营顺德市勒流港货柜码头有限公司项目可行性报告的批复》(顺计资字〔2000〕5号)。2000年1月,项目建设取得顺德市环境保护局《顺德市建设项目环境影响报告批准证》(编号:20000200)。

项目建设9个1000吨级集装箱泊位,岸线长度为612米。码头前沿水深6米,码头结构形式为墩式结构与桩基梁板式结合。项目后方堆场面积22万平方米,主要装卸设备配置包括固定式起重机、龙门式起重机、正面起重机、叉车。项目总投资2.64亿元,为企业自筹资金。

项目建设单位为佛山市顺德区勒流港货柜码头有限公司,设计单位为顺德建筑设计院,施工单位为顺德市勒流建筑工程有限公司,监理单位为广东省建设委员会,质量监督单位为佛山市交通工程质量监督站。

该码头在2001年建成投入使用,码头主要为勒流街道及周边地区的企业原材料进口及产成品出口运输服务,以集装箱运输为主,是顺德区对外经济交流的重要口岸,是珠三角沿海集装箱运输的喂给港,是珠三角中部地区及西、北江流域国民经济发展的重要依托,促进了顺德区经济的快速发展。

(2)佛山市顺德区联动商品混凝土有限公司码头(已弃用)

项目于2004年1月开工,2004年12月试运行。

项目建设1个1000吨级码头泊位,岸线长度为150米。码头前沿水深4米,采用顺岸式布局,码头结构形式为直立式。

项目建设单位为佛山市顺德区联动商品混凝土有限公司。

该码头在2004年建成投入使用,主要装卸水泥、沙石,是企业自用的专用码头,并不对外经营。2017年6月5日,该码头《港口经营许可证》到期,2017年6月28日,企业已注销《港口经营许可证》,并已弃用码头。

(十四)乐从港区

1.港区综述

(1)港区建设概况和运营情况

乐从港是顺德区七大港区之一,乐从港区主要服务于乐从镇周边北围物流园、华南钢铁交易中心、佛山新城采购展贸中心等开展商贸物流业,以及规划中的乐从钢铁世界、乐从塑料市场、龙江亚洲国际材料城等生产资料专业市场,主要货种为钢铁。改革开放以后,随着外向型经济快速发展、改革开放力度的进一步加大和区内航道的整治,乐从港区相继建设了以满足内贸钢铁运输为主的和乐港公用码头以及和乐商品混凝土、和乐仓储等矿石专用内贸货主码头。

截至 2015 年底,乐从港区共有 3 座码头、8 个泊位,均为 1000 吨级泊位,泊位长度共 650 米,包括公用内贸件杂货码头 1 个、内贸货主专用码头 2 个。开通的货运航线为从广州至广西柳州。

(2)港区地理条件和集疏运概况

乐从港区位于顺德区的北部,广州市的南部,珠江三角洲中部,正北方是广州市,西北方为禅城区,东连番禺区,北接南海区,西邻新会区,南界中山市;距广州 32 千米、香港 127 千米、澳门 80 千米;地处北回归线以南,属亚热带海洋性季风气候,日照时间长,雨量充沛,常年温暖湿润,四季如春,景色宜人,冬短夏长,春秋两季长短相当,夏季自 4 月中旬至 10 月下旬,长达半年之久。乐从港区位于顺德水道左岸,岸线范围为德兴水闸上 280 米—东风水闸下 130 米,长度为 1000 米,河道顺直,水面宽 400 米以上,3 米等深线近岸,陆域主要是利用联围两堤之间的土地,纵深 220～270 米。进出港航道有三级航道。

顺德区集疏运经市政道路与高速公路、国道、省道衔接。境内有高速公路 2 条(佛开高速公路、广珠西线高速公路),国道 2 条(G105、G325),省道 5 条(S112、S268、S269、S362、S363)。乐从港区内乐从码头区通过规划疏港道路、乐从路与一环南路衔接。

2.港区工程项目

(1)佛山市顺德区和乐商品混凝土有限公司码头(已弃用)

项目于 2002 年 1 月开工,2003 年 12 月试运行。

项目建设 1 个 1000 吨级码头泊位,岸线长度为 150 米,码头采用直立式结构。码头前沿水深 3.8 米,主要装卸设备配置包括铲车 2 台。

项目建设单位为佛山市顺德区和乐商品混凝土有限公司。

该码头在 2003 年建成投入使用,主要装卸水泥、沙石,是企业自用的专用码头,并不对外经营。2016 年 9 月 16 日,《港口经营许可证》到期,2016 年 11 月 24 日,企业申请注销《港口经营许可证》,并已弃用码头。

(2)佛山市顺德区和乐仓储有限公司码头(已弃用)

项目于 2005 年 1 月开工,2005 年 12 月试运行。

项目建设 1 个 1000 吨级码头泊位,岸线长度为 150 米,码头采用直立式结构。码头前沿水深 3.8 米。主要装卸设备配置包括斗式提升机 2 台。

项目建设单位为佛山市顺德区和乐仓储有限公司,质量监督单位为佛山市交通工程质量监督站。

该码头在 2005 年建成投入使用,主要装卸水泥、沙石,是企业自用的专用码头,并不对外经营。2016 年 9 月 13 日,《港口经营许可证》到期,2016 年 11 月 24 日,企业申请注销《港口经营许可证》,并已弃用码头。

(十五)容奇港区

1. 港区综述

(1)港区建设概况和运营情况

容奇港区是顺德区七大港区之一,港区内的容奇港(原称顺德货柜码头),位于广珠公路容桂段容奇大桥东侧。码头 1986 年经国务院批准建设,1987 年 12 月通过国家验收正式对外开放,是顺德区的第一个客货运港口,也是当时广东省第三大内河港口。1995 年经广东省人民政府同意,将容奇港客运口岸从容奇搬迁至德胜区德胜河板沙尾岸段,并更名为顺德港(以客运为主),原容奇港保留货运功能。

容奇港区主要服务于容桂街道、大良街道的生产与生活物资需求,货种以集装箱和煤炭、矿建材料为主。早期容奇港区运输主要是利用区内丰富的自然岸坡码头,港口设施简陋,船舶吨位小,码头分散,规模小,以短途的件杂货、农资运输为主。改革开放以后,随着外向型经济快速发展、改革开放力度的进一步加大和区内航道的整治,相继建设了以满足外贸集装箱运输为主的容奇港货柜码头、大型客运码头顺德港,以及五沙热电、金纺、新港兴、新业、飞鹅油库、兴顺等煤炭、矿石、石油天然气、成品油专用内贸货主码头。

截至 2015 年底,容奇港区共有 17 座码头、31 个泊位,其中 500 吨级泊位 4 个,1000 吨级泊位 22 个,500 吨级以下泊位 5 个,泊位长度共 2122 米,包括公用的外贸集装箱码头 1 个,客运码头 1 个,内贸货主专用码头 15 个。开通的客运航线为往返香港;货运航线为货物主要从香港、深圳、广州、东莞、惠州进港,运往香港、深圳、广州、东莞。

(2)港区地理条件和集疏运概况

容奇港区位于顺德区的东南部,广州市的南方,珠江三角洲中部,正北方是广州市,西北方为禅城区,东连番禺区,北接南海区,西邻新会区,南界中山市;距广州 32 千米、香港 127 千米、澳门 80 千米;地处北回归线以南,属亚热带海洋性季风气候,日照时间长,雨量充沛,常年温暖湿润,四季如春,景色宜人,冬短夏长,春秋两季长短相当,夏季自4月中旬至10月下旬,长达半年之久。容奇港区位于西江下游的容桂水道,容桂水道两岸沉积层的柱状综合特征,大体可分为六组,容桂水道由龙涌沙顶起,经容奇至板沙尾,汇入洪奇沥水道,长19.5千米,河宽250～500米。进出港航道有一级及四级航道。

顺德区集疏运经市政道路与高速公路、国道、省道衔接。境内有高速公路2条(佛开高速公路、广珠西线高速公路),国道2条(G105、G325),省道5条(S112、S268、S269、S362、S363)。容奇港区内五沙码头区通过规划疏港道路与东新高速公路衔接;新业、飞鹅油库等码头区通过规划疏港路与南国中路、伦桂路及规划佛山纵五快速路衔接;兴顺、宏基等码头区通过规划疏港公路与碧桂路、广珠西线衔接。

2.港区工程项目

(1)广东白燕粮油实业有限公司码头

项目于1985年1月开工,1986年12月试运行。

项目建设依据:根据《关于开展港口码头工程质量核验工作的通知》(佛港航〔2006〕14号)要求,广东白燕粮油实业有限公司于2008年7月23日取得了佛山市交通工程质量监督站《关于广东省白燕粮油实业有限公司码头工程质量核验意见》(佛交监〔2008〕77号)。

项目建设3个1500吨级泊位,码头总长49米,前沿水深3.5米,码头结构形式为高桩框架结构。泊位主要装卸小麦。主要装卸设备配置包括起重机、吸粮机、刮板机、提升机。项目总投资200万元,为企业自筹资金。

项目建设单位为广东白燕粮油实业有限公司。

该码头在1986年建成投入使用,主要装卸小麦,是企业自用的专用码头,并不对外经营。

(2)佛山市顺德区容奇港集装箱码头有限公司码头

项目于1986年1月开工,1987年12月试运行。

项目建设依据:1986年6月,容奇港务监督《函复同意容奇港集装箱码头建造规划》(容港监发字〔1986〕012号);1986年6月,广东省水利电力厅《关于顺德县外经委兴建集装箱码头的批复》(粤水电管字〔1986〕058号);1989年12月,容奇港务监督《关于广顺运输公司续建码头泊位的批复》(容港监督字〔1989〕043号);1987年12月,广东省人民政府口岸办公室《关于同意顺德县容奇装卸点综合性码头启用的批复》(粤府口函〔1987〕103号);1991年6月,广东省粤中航道局《关于顺德县广顺运输有限公司拟在容桂水道扩建容奇货柜码头的批复》(粤中道发字〔1991〕41号);1991年7月,广东省水利电力厅《关于顺德县容奇港口岸码头扩建工程的批复》(粤水电管字〔1991〕64号)。

项目建设7个2000吨级集装箱泊位,岸线长度为560米,前沿水深4.5米。码头结构形式为高桩式。项目后方堆场面积 10 万平方米。主要装卸设备配置包括叉车、龙门式起重机、吸污车。项目总投资 1818 万元,为企业自筹资金。

项目建设单位为佛山市顺德区容奇港集装箱码头有限公司。

根据《关于开展港口码头工程质量核验工作的通知》(佛港航〔2006〕14 号)要求,容奇港集装箱码头有限公司于 2008 年 7 月 7 日取得了佛山市交通工程质量监督站《关于佛山市顺德区货柜码头有限公司码头工程质量核验意见》(佛交监〔2008〕69 号)。

该码头在 1987 年建成投入使用,主要为容桂街道及周边地区的企业原材料进口及产成品出口运输服务,以集装箱运输为主,是顺德区对外经济交流的重要口岸,促进了顺德区经济的快速发展。

(3)广东省顺德土产进出口有限公司码头(已弃用)

项目于 1987 年 1 月开工,1989 年 12 月试运行。

项目建设依据:2009 年 3 月,佛山市顺德区环境保护局《顺德区建设项目环境影响报告批准证》(批准号:20090184)。

项目建设 1 个 1000 吨级泊位,泊位长度为 48 米,前沿水深 2.5 米,码头结构形式为直立式。主要装卸设备配置龙门式起重机 1 台。

项目建设单位为广东省顺德土产进出口有限公司。

该码头在 1989 年建成投入使用,主要是公司自有出口船装运货物,是企业自用的专用码头,并不对外经营。在 2007 年 5 月,由于该公司已没有出口船只,申请停用,2013 年 11 月 2 日,《港口经营许可证》到期,无再续期,并已弃用码头。

(4)中国石油化工股份有限公司广东佛山顺德石油分公司码头

项目于 1987 年 9 月开工,1988 年 5 月试运行。

项目建设依据:1987 年 3 月,佛山市水利电力局《关于顺德县石油公司在顺德支流扩建卸油码头的审批意见》(佛市水电〔1987〕031 号)。

项目建设 1 个 500 吨级成品油泊位,码头水工结构容许靠泊能力 500 吨,设码头总长 28.8 米,前沿水深 4.0 米,码头结构形式为框架梁板式结构。主要装卸设备配置包括输油泵、输油管道、输油臂。项目总投资约 50 万,为企业自筹资金。

项目建设单位为中国石油化工股份有限公司广东佛山顺德石油分公司,设计单位为顺德县水利电力勘测设计室,施工单位为顺德县水电建设工程公司。

该码头在 1988 年建成投入使用,主要装卸汽油、柴油,为社会经济稳定增长作出了贡献。

(5)广东冠华饲料实业有限公司码头

项目于 1987 年 11 月开工,1988 年 4 月竣工。

项目建设依据:1987 年 10 月,广东省佛山市水利电力局《关于在容桂水道德胜河段右岸兴建粮库、饲料厂及码头工程的批复》(佛市水电〔1987〕133 号);2008 年 4 月,佛山市顺德区环境保护局《顺德区建设项目环境影响报告批准证》(批准号:20080510)。

项目建设 2 个 1000 吨级散货泊位,2 个泊位共长 90 米,前沿水深 15 米,码头结构形式为高桩式。主要装卸设备配置包括固定起重机 2 台。

项目建设单位为广东冠华饲料实业有限公司;施工单位为开平县土木工程公司第一施工队;质量监督单位为顺德县建筑工程质量安全监督站。

该码头在 1988 年建成投入使用,主要装卸饲料,是企业自用的专用码头,并不对外经营。2016 年 3 月 1 日,《港口经营许可证》到期,无再续期,并已弃用码头。

(6)佛山市顺德区储备粮管理总公司容奇粮库码头

项目于 1988 年 1 月开工,1988 年 12 月试运行,1988 年 12 月竣工。

项目建设依据:1987 年 10 月,佛山市水利电力局《关于在容桂水道德胜河段右岸兴建粮库、饲料厂及码头工程的批复》(佛市水电〔1987〕133 号)。2004 年 10 月,佛山市顺德区环境保护局《顺德区建设项目环境影响报告批准证》(批准号:20043290)。

项目建设 1 个 1000 吨级散装粮食泊位,岸线长度为 76 米。码头结构为高桩式,采用顺岸式布局。主要装卸设备配置包括 3 吨起重机 1 台,2 吨起重机 1 台。项目总投资 205 万元,为政府投资。

项目建设单位为佛山市顺德区储备粮管理总公司容奇粮库,施工单位为湛江市建筑安装工程公司第三分公司,质量监督单位为顺德县建筑工程质量安全监督站。

该码头在 1988 年年底建成投入使用,主要用于顺德区粮食轮换出入库装卸稻谷和大米,是企业自用的专用码头,不对外经营。

(7)佛山市顺德区有利建筑构件有限公司码头(已弃用)

项目于 1992 年 10 月开工,1995 年 6 月试运行。

项目建设 1 个 1500 吨级散货泊位,泊位长度为 289 米,前沿水深 4 米。码头结构形式为直立式。

项目建设单位为佛山市顺德区有利建筑构件有限公司,设计单位为顺德市水利水电勘测设计院,承建单位为顺德市德胜建筑工程公司,质量监督单位为顺德市建筑工程质量安全监督站。

1995 年 6 月码头工程通过顺德市建筑工程质量安全监督站工程质量鉴定,等级核定合格,同意竣工验收,并取得《单位工程竣工验收证明书》(施 1—12)。

该码头在 1995 年建成投入使用,主要装卸水泥、沙石,是企业自用的专用码头,并不对外经营。2016 年 3 月 1 日,《港口经营许可证》到期,无再续期,并已弃用码头。

(8)佛山市顺德区德胜电厂有限公司码头(已弃用)

项目于 1993 年 1 月开工,1993 年 12 月试运行。

项目建设依据:1992 年 8 月,广东省水利电力厅《关于顺德市兴建五沙电厂油码头工程的批复》(粤水电管字〔1992〕104 号)。

项目建设 1 个 1000 吨级泊位,泊位长度为 120 米,前沿水深 4 米,码头结构为直立式。

项目建设单位为佛山市顺德区德胜电厂有限公司。

根据《关于开展港口码头工程质量核验工作的通知》(佛港航〔2006〕14 号)要求,德胜电厂有限公司于 2009 年 8 月 13 日取得了佛山市交通工程质量监督站《关于佛山市顺德区德胜电厂有限公司码头工程质量核验意见》(佛交监〔2009〕71 号)。

该码头在 1993 年建成投入使用,主要装卸柴油,公司利用柴油发电,为顺德市及珠三角地区民用、工业用电稳定供给提供保障,为社会经济稳定增长作出贡献。2013 年 11 月 9 日,《港口经营许可证》过期,无再续期,并已弃用码头。

(9)广东新港兴混凝土有限公司码头(已弃用)

项目于 1994 年 1 月开工,1994 年 12 月试运行。

项目建设依据:2009 年 12 月,佛山市顺德区环境运输和城市管理局《顺德区建设项目环境影响报告批准证》(编号:20091682)。

项目建设 1 个 1000 吨级散货泊位,泊位长度为 100 米,前沿水深 7.5 米。码头结构形式为直立式。

项目建设单位为广东新港兴混凝土有限公司。

该码头在 1994 年建成投入使用,主要装卸水泥、沙石,是企业自用的专用码头,并不对外经营。2016 年 2 月 1 日,《港口经营许可证》到期,2016 年 12 月 6 日,企业已注销《港口经营许可证》,并已弃用码头。

(10)佛山市顺德兴顺燃气有限公司码头

项目于 1995 年 5 月开工,1995 年 9 月竣工。

项目建设依据:1994 年 4 月,顺德市计划委员会《关于桂洲镇扁滘液化石油气库、码头项目的批复》(顺计资字〔1994〕35 号);1994 年 8 月,顺德市水利电力局《关于在扁滘丁字河堤段河滩地建设石油站码头的批复》(顺水政字〔1994〕57 号);1995 年 10 月,顺德市水利电力局《关于扁滘石油站码头修改设计方案的批复》(顺水政字〔1995〕52 号);1998 年 7 月,广东省航道局《关于对桂洲水道液化石油气专用码头复审意见的复函》(粤航道〔1998〕复字 74 号);1994 年 6 月,顺德市规划国土局《关于同意使用土地的批复》(国征字〔1994〕168 号)。

项目建设 1 个 1000 吨级液化石油气泊位,码头总长 78 米,前沿水深 5.2 米。码头结构形式为高桩梁板式,码头平面布局形式采用顺岸式。主要装卸设备包括装卸臂。项目总投资 3195.5 万元,为企业自筹资金。

项目建设单位为佛山市顺德兴顺燃气有限公司,现更名为佛山市顺德兴顺燃气有限公司,设计单位为顺德市水利水电勘测设计院,承建单位为顺德市水电建设工程公司,质量监督单位为顺德市建筑质量安全监督站。

该码头在1995年建成投入使用,主要装卸液化石油气,为顺德区及珠江三角洲地区液化石油气的稳定使用提供了保障,为社会经济稳定增长作出贡献。

(11)佛山市顺德区顺港客运联营有限公司码头

项目于1996年4月开工,1996年12月检修泊位通过竣工验收。

项目建设依据:1995年9月,顺德市水利电力局《关于申报建设顺德港的批复》(顺水政字[1995]47号)。1995年11月,广东省水利厅《关于在容桂水道板沙尾建设顺德客运港的批复》(粤水电管字[1995]123号)。

项目建设2个客运泊位、1个检修泊位,码头总长224米,前沿水深3.4米(珠基)。码头结构形式为浮趸式。主要装卸设备包括叉车2台、起重机2台。码头项目总投资约1.80亿元,企业自筹。

项目建设单位为佛山市顺德区顺港客运联营有限公司,施工单位为中交四航局第一工程公司,质量监督单位为顺德市建设工程质量安全监督站(检修泊位)。

该码头在1998年建成投入使用,主要是发往香港的航班。顺德港拥有3艘设备先进、豪华舒适的大型快速客轮,每日有10个常规航班往返顺德与香港之间,旅途方便快捷。随着人们生活水平的日益提高,对旅游休闲的消费需求也不断扩大。在港澳航线上,由于过关便捷、悠闲舒适等因素,水路客运仍具有一定的竞争力。顺德港的快速发展促进了内地及香港特区的交流。

(12)佛山市顺德区宏基燃料有限公司码头

项目于1997年1月开工,1997年12月试运行。

项目建设依据:1995年8月,顺德市水利电力局《关于申报在华口堤段河滩地建设油库、油码头的批复》(顺水政字[1995]040号);2000年6月,广东省航道局《关于同意补办在桂洲水道华口细沙头河段兴建油码头审批手续的复函》(粤航道[2000]复字100号);2004年8月,中华人民共和国佛山海事局《关于顺德宏基油码头竣工通航安全有关问题的复函》(粤佛海事函[2004]59号)。2003年11月,佛山市顺德区环境保护局《顺德区建设项目环境影响报告批准证》(编号:20033256)。

项目建设1个1000吨级成品油泊位,码头总长49米,前沿水深4.2米,码头结构形式为高桩式。主要装卸设备配置起重机。码头项目总投资100万元,为企业自筹资金。

项目建设单位为佛山市顺德区宏基燃料有限公司,设计单位为顺德区建筑设计院,施工单位为顺德水运公司,质量监督单位为佛山市交通工程质量监督站。

该码头在 1997 年建成投入使用,主要装卸柴油、燃料油,为顺德区及珠江三角洲地区油和天然气的稳定使用提供了保障,为社会经济稳定增长作出贡献。

(13)佛山市顺德区昌力清污服务有限公司码头(已弃用)

项目于 2001 年 1 月开工,2001 年 12 月试运行。

项目建设 1 个 1500 吨级泊位,泊位长度为 114.3 米,前沿水深 6 米,码头结构形式为高桩墩式。

项目建设单位为佛山市顺德区昌力清污服务有限公司,质量监督单位为佛山市交通工程质量监督站。

该码头在 2001 年建成投入使用,主要用于船舶残余油类物质、污油水清除回收和水域污染防备,是企业自用的专用码头,并不对外经营。在 2013 年 10 月 26 日,《港口经营许可证》到期,无再续期,并已弃用码头。

(14)广东新业混凝土有限公司码头

项目于 2002 年 1 月开工,2002 年 6 月试运行。

项目建设依据:2009 年 7 月 20 日,佛山市顺德区水利局《关于申报广东新业混凝土有限公司码头螺旋机改造及河岸加固工程设计方案的批复》(顺水利字〔2009〕223 号)。2009 年 9 月 28 日,项目(广东新业混凝土有限公司码头螺旋机改造及河岸加固工程)取得佛山市顺德区水利局《佛山市顺德区河道管理范围内建设项目验收意见书》(顺水政验字〔2009〕008 号)。

项目建设 2 个 800 吨级泊位,码头总长 100 米,前沿水深 3.3 米。码头结构形式为重力式,码头平面布局形式采用顺岸式。主要装卸设备包括螺旋机。项目总投资资金约113 万元,来自企业自筹。

项目建设单位为广东新业混凝土有限公司。

该码头使用后,主要装卸沙石、水泥。原材料能通过水路运输,成本低、污染小、安全经济。

(15)佛山市顺德区桂盛油料有限公司码头(已弃用)

项目于 2004 年 1 月开工,2005 年 12 月试运行。

项目建设 1 个 1000 吨级码头泊位,泊位长度为 30 米,前沿水深 6 米,码头结构形式为直立式。

项目建设单位为佛山市顺德区桂盛油料有限公司。

该码头在 2005 年建成投入使用,主要装卸油料,是企业自用的专用码头,并不对外经营。在 2013 年 11 月 2 日,《港口经营许可证》到期,无再续期,并已弃用码头。

(十六)北滘港区

1. 港区综述

(1)港区建设概况和运营情况

北滘港区是顺德区七大港区之一,北滘港区主要货种为集装箱,主要为北滘和伦教企业生产原料进口及产品出口提供运输服务,适当兼顾部分散件杂货。

早期北滘港区运输主要是利用区内丰富的自然岸坡码头,港口设施简陋,船舶吨位小,码头分散,规模小,以短途的件杂货、农资运输为主。改革开放以后,随着外向型经济快速发展、改革开放力度的进一步加大和区内航道的整治,相继建设了以满足外贸集装箱运输为主的北滘港货运联营有限公司码头,以及锦峰、丰华、利宝、鸿业管桩等专用粮食、矿石内贸货主码头。2007年6月交通部同意在原北滘港区上游,码头前沿线距原北滘码头前沿线约350米处建设佛山港北滘港区扩建工程,该工程在2016年正式建成并投入使用。

截至2015年底,北滘港区共有5座码头,10个泊位,其中四级航道建设500吨级泊位2个,三级及以上航道建设1000吨级泊位8个,泊位长度共570米,包括公用的外贸集装箱码头1个,内贸货主专用码头4个。开通的货运航线为货物主要从香港、深圳、广州、东莞、肇庆进港,运往香港、深圳、东莞。

(2)港区地理条件和集疏运概况

北滘港区位于顺德区的北部,广州市的南方,珠江三角洲中部,正北方是广州市,西北方为禅城区,东连番禺区,北接南海区,西邻新会区,南界中山市;距广州32千米、香港127千米、澳门80千米;地处北回归线以南,属亚热带海洋性季风气候,日照时间长,雨量充沛,常年温暖湿润,四季如春,景色宜人,冬短夏长,春秋两季长短相当,夏季自4月中旬至10月下旬,长达半年之久。北滘港区位于顺德水道三洪奇大桥下游左岸,顺德水道东西向横贯顺德境内中部,自杨滘起经大坝、三漕口、大洲口分流入沙湾水道和李家沙水道,长33.5千米,河宽350~800米。进出港航道有三级及四级航道。

顺德区集疏运经市政道路与高速公路、国道、省道衔接。境内有高速公路2条(佛开高速公路、广珠西线高速公路),国道2条(G105、G325),省道5条(S112、S268、S269、S362、S363)。北滘港区内北滘码头区通过105国道、三乐公路与一环东路或广珠西线高速公路衔接。

2. 港区工程项目

(1)佛山市顺德锦峰饲料厂有限公司码头

项目于1989年11月开工,1990年7月竣工。

项目建设依据:1989年1月,容奇港务监督《关于申建三洪奇粮库码头的批复》(容港监字〔1989〕5号);1989年1月,顺德县水利电力局《关于在顺德水道左岸三洪奇大桥下兴建装卸作业码头工程的申报》(顺水电管字〔1989〕7号);1990年1月,广东省佛山市水利电力局《关于在三洪奇大桥下游左岸兴建粮食码头的初审意见》(佛市水电〔1990〕3号)。

项目建设2个1000吨级码头泊位,泊位长度为106米,前沿水深6米,码头采用顺岸式布局,码头结构形式为直立式。

项目建设单位为佛山市顺德锦峰饲料厂有限公司,设计单位为顺德县水利电力勘测设计室,承建单位为湛江市建筑安装工程公司第三分公司,质量监督单位为顺德县建筑工程质量安全监督站。

1990年7月码头工程通过顺德县建筑工程质量安全监督站工程质量鉴定,等级核定优良,同意竣工验收,并取得《单位工程竣工验收证明书》(施1—12)。

该码头在1990年建成投入使用,主要装卸粮库,是企业自用的专用码头,并不对外经营。

(2)广东鸿业管桩有限公司码头

项目于1994年1月开工,1994年6月试运行。

项目建设依据:2003年4月,佛山市顺德区水利局《关于对申报在北滘镇逆龙围堤段堤外位置建设顺德鸿业水泥制品有限公司二期设施的工程设计方案的意见》(顺水利管字〔2003〕41号)。2008年6月,佛山市顺德区环境保护局《顺德区建设项目环境影响报告批准证》(批准号:20080783);1993年8月,顺德市规划国土局《关于同意征用土地的批复》(顺国征字〔1993〕371号)。

项目建设1个1000吨级通用散货泊位,前沿水深5米,码头结构形式为斜坡式,码头平面布局形式采用顺岸式。主要装卸设备包括码头散货卸船机。项目总投资305.9万元,为企业自筹资金。

项目建设单位为广东鸿业管桩有限公司,设计单位为东莞市灿兴趣钢结构有限公司广州分机构,施工单位为东莞市灿兴趣钢结构有限公司广州分机构。

2011年4月28日,项目取得佛山市顺德区市场安全监督局《核准变更登记通知书》,将佛山市顺德区鸿业水泥制品有限公司变更为广东鸿业管桩有限公司。根据《关于开展港口码头工程质量核验工作的通知》(佛港航〔2006〕14号)要求,该公司于2012年8月17日取得了佛山市交通工程质量监督站《关于佛山市顺德区鸿业水泥制品有限公司码头工程质量核验意见》(佛交监〔2012〕73号)。

该码头在1994年建成投入使用,主要装卸沙石,在2007年申请增加了水泥装卸,是企业自用码头,并不对外经营,为公司创造了经济效益。

（3）佛山市顺德区北滘港货运联营有限公司码头

项目于1994年1月开工,1994年12月试运行。

项目建设依据:1992年12月,容奇港务监督《关于拟建北滘港口岸码头的复函》(容港监督字〔1992〕60号);1993年7月,容奇港务监督《关于北滘港口岸货运码头重新选址的复函》(容港监督字〔1993〕017号);1994年6月,广东省航道局《关于同意补办顺德水道白鸽咀河段口岸码头审批手续的复函》(粤航道〔1994〕039号);1993年11月,广东省水利电力厅《关于顺德市北滘港码头的批复》(粤水电管字〔1993〕139号);1994年11月,广东省计划委员会《关于中外合资建设经营顺德市北滘港工程可行性研究报告的批复》(粤计交〔1994〕806号);2007年5月,广东省环境保护局《关于佛山市顺德区北滘港码头扩建工程环境影响报告书的批复》(粤环审〔2007〕176号);1996年4月,顺德市规划国土局《关于同意划拨用地的批复》(顺国划字〔1996〕6号)。

项目建设5个1000吨级集装箱泊位,泊位长度为269米,前沿水深4米,码头结构形式为高桩梁板式,码头平面布局形式采用顺岸式。主要装卸设备配置包括10~45吨岸边集装箱起重机7台、45吨集装箱正面起重机6台、堆高机5台、2~25吨叉车30台。项目后方堆场面积18.6万平方米。码头项目总投资4302万元,为企业自筹资金。陆域面积11.53万平方米。

项目建设单位为佛山市顺德区北滘港货运联营有限公司,设计单位为顺德建筑设计院,施工单位为顺德市恒昌建设集团公司,质量监督单位为佛山市交通工程质量监督站。

因佛山市顺德区北滘港货运联营有限公司码头属于老码头,未能提供相关政府部门关于港口固定设施竣工验收证(明)书。根据《关于开展港口码头工程质量核验工作的通知》(佛港航〔2006〕14号)要求,该公司于2009年1月14日取得了佛山市交通工程质量监督站《关于佛山市顺德区北滘港货运联营有限公司码头工程质量核验意见》(佛交监〔2009〕11号)。

该码头在1994年建成投入使用,是北滘镇及周边企业进出口业务的重要物流枢纽,顺德海关提供的高效、快捷的通关环境,使北滘港的业务每年都在以双位数增长率增长,2013年投入H986(X光机查验系统)以加快通关时效,为企业节省了查验时间和查验成本,进一步加强了北滘港的竞争力。

（4）佛山市顺德区丰华饲料实业有限公司码头

项目于2000年5月开工,2000年10月试运行。

项目建设依据:2000年3月,顺德市水利局《关于申报建设丰华饲料实业有限公司码头的批复》(顺水利管字〔2000〕33号);2000年5月,顺德市水利局《关于申报丰华饲料实业有限公司码头设计方案的批复》(顺水利管字〔2000〕57号);2000年10月,顺德市水利局《关于申报在丰华饲料实业有限公司码头位置设置输送设施工程设计方案的批复》（顺水利管字〔2000〕120 号）；2008 年 10 月，佛山市顺德区环境保护局《顺德区建设项目环境影响报告批准证》（批准号：20081160）。

项目建设 1 个 500 吨级泊位，码头水工建筑允许靠泊能力 500 吨，岸线长度为 40 米，前沿水深 3.86 米，码头结构形式为高桩梁板式，码头平面布局形式为顺岸式。主要装卸设备包括 K69 固定式起重机 1 台、皮带输送机、提升机 1 套。项目总投资 300 万元，为企业自筹资金。

项目建设单位为佛山市顺德区丰华饲料实业有限公司，设计单位为顺德市水利水电勘测设计院，施工单位为北滘水利工程队，质量监督单位为佛山市交通工程质量监督站。

该码头 2000 年 12 月正式运行以来，主要装卸粮食玉米，是企业自用的专用码头，为丰华饲料实业有限公司取得了良好的经济效益，降低了公司物流成本，减少了物流的油料使用，有利于环境保护及持续发展。

（5）佛山市顺德区利宝饲料有限公司码头

项目于 2002 年 2 月开工，2002 年 10 月竣工。

项目建设依据：2000 年 1 月，广东省航道局《关于同意顺德市利宝饲料有限公司在陈村水道兴建码头的复函》（粤航道复字〔2000〕9 号）；2000 年 1 月，顺德市水利局《关于申报建设利宝饲料有限公司码头的批复》（顺水利管字〔2000〕16 号）；2001 年 12 月，广东省航道局《关于同意调整顺德市利宝饲料有限公司陈村涌码头平面位置的复函》（粤航道复字〔2001〕266 号）；2002 年 2 月，顺德市水利局《关于申报调整利宝饲料有限公司码头位置、码头及穿堤运输涵管工程设计方案的批复》（顺水利管字〔2002〕13 号）；2012 年 5 月，佛山市顺德区环境保护局《顺德区建设项目环境影响报告批准证》（批准号：20120082）。

项目建设 1 个 500 吨级散装粮食泊位，码头总长 50 米，前沿水深为 2.5 米。码头结构形式为高桩式，码头平面布局形式采用顺岸式。主要装卸设备配置包括 3 吨门座起重机 2 台。项目总投资 89 万元，为企业自筹资金。

项目建设单位为佛山市顺德区利宝饲料有限公司，设计单位为顺德市水利水电勘测设计院，施工单位为顺德市北滘镇水利建筑安装工程队，质量监督单位为佛山市顺德区水利局。

该码头在 2002 年建成投入使用，主要装卸玉米、高粱、大麦、小麦等，是企业自用的专用码头，并不对外经营，码头的正常使用减轻了陆运压力，降低运输费用，提高了公司综合竞争能力。

（十七）伦教港区

1.港区综述

（1）港区建设概况和运营情况

伦教港区是顺德区七大港区之一，伦教港区主要服务于伦教工业区、伦教世龙工业区和伦教木工机械制造业，主要货种为散货与油气品运输。改革开放以后，随着外向型经济快速发展、改革开放力度的进一步加大和区内航道的整治，伦教港区相继建设了明洋、华兴、伦教港兴、伦丰复合肥、天天、伦教粮库、燃料石油等煤炭、矿石、粮食、成品油专用内贸货主码头。

截至 2015 年底，伦教港区共有 5 座码头，5 个泊位，其中，三级及以上航道建设 1000吨级泊位 2 个，三级及以上航道建设 1000 吨级以下内河码头泊位 3 个，泊位长度共 358米，包括内贸货主专用码头 5 个。开通的货运航线为由深圳、广州、中山、南沙、广西北海进港，运往上海、番禺。

（2）港区地理条件和集疏运概况

伦教港区位于顺德区的东部，广州市的南方，珠江三角洲中部，正北方是广州市，西北方为禅城区，东连番禺区，北接南海区，西邻新会区，南界中山市；距广州 32 千米、香港127 千米、澳门 80 千米；地处北回归线以南，属亚热带海洋性季风气候，日照时间长，雨量充沛，常年温暖湿润，四季如春，景色宜人，冬短夏长，春秋两季长短相当，夏季自 4 月中旬至 10 月下旬，长达半年之久。伦教港区位于顺德水道右岸，岸线范围为沙亭—鳗鱼场的760 米，后方陆域基本为农田和电厂，考虑到电厂今后的转型，该段岸线规划为港口岸线。进出港航道有三级及七级航道。

顺德区集疏运经市政道路与高速公路、国道、省道衔接。境内有高速公路 2 条（佛开高速公路、广珠西线高速公路），国道 2 条（G105、G325），省道 5 条（S112、S268、S269、S362、S363）。伦教港区内伦教码头区通过规划疏港公路与环镇东路、三乐路及广珠西线高速公路衔接。西海码头区通过三乐公路与广珠西线高速公路衔接。

2.港区工程项目

（1）佛山市顺德区华兴建筑材料有限公司码头

项目于 1989 年 1 月开工，1989 年 12 月试运行。

项目建设依据：2008 年 6 月，佛山市顺德区环境保护局《顺德区建设项目环境影响报告批准证》（批准号：20080784）。

项目建设 1 个 1000 吨级散货泊位，泊位长度为 50 米，前沿水深 3.9 米。码头采用顺岸式布局，码头结构形式为重力式。

项目建设单位为佛山市顺德区华兴建筑材料有限公司,质量监督单位为佛山市交通工程质量监督站。

该码头在1989年建成投入使用,主要装卸水泥、沙石,是企业自用的专用码头,并不对外经营。

(2)佛山市顺德燃料石油化工有限公司码头

项目于1996年4月开工,1996年10月竣工。

项目建设依据:1995年8月,广东省港务监督局《关于顺德燃料石油化工公司油气码头工程设计图纸的批复》(粤港监督〔1995〕106号);1992年11月,容奇港务监督《关于顺德市燃料石油化工总公司拟建液化石油气专用码头的意见》(容港监督字〔1992〕054号);1995年1月,广东省航道局《关于同意在顺德水道右岸火烧头上游河段兴建码头的复函》(粤航道复字〔1995〕013号);1998年5月,佛山市人民政府口岸办公室《关于同意开设顺德伦教大洲油、气进口专用码头的批复》(佛府口字〔1998〕16号);1993年8月,广东省水利电力厅《关于顺德市燃料石油化工码头工程的批复》(粤水电管字〔1993〕102号);1992年11月,顺德市水利电力局《关于液化石油站迁建建设码头及所需用地的批复》(顺水政字〔1992〕041号);1994年12月20日,顺德市规划国土局《关于同意划拨用地的批复》(顺国征字〔1994〕707号)。

项目建设1个1000吨级成品油泊位,岸线长度为90米。前沿水深6.1米,码头结构形式为高桩式,码头平面布局形式采用引桥式。码头采用突堤式填挖,陆域用地8489平方米。主要装卸设备配置输油管。项目总投资330万元,为企业自筹资金。

项目建设单位为佛山市顺德燃料石油化工有限公司,设计单位为顺德市水利水电勘测设计院,施工单位为顺德市水电建设工程公司,质量监督单位为顺德市建设工程质量安全监督站。

1993年8月16日,项目取得广东省水利电力厅部门批复(粤水电管字〔1993〕102号),工程由顺德市水电局负责施工监督。1996年10月,码头工程通过顺德市建设工程质量安全监督站工程质量鉴定,等级核定合格,同意竣工验收,并取得《单位工程竣工验收证明书》(施1-12)。

该码头在1996年建成投入使用,主要装卸燃料油、卸液化石油气,为顺德区及珠江三角洲地区天然气和油的稳定使用提供了保障,为社会经济稳定增长作出贡献。

(十八)陈村港区

1.港区综述

(1)港区建设概况和运营情况

陈村港区是顺德区七大港区之一,陈村港区吞吐量以油品为主,其中中油龙桥码头为顺德区主要油品调入码头之一，"十二五"后方油库拟扩建。改革开放以后，随着外向型经济快速发展、改革开放力度的进一步加大和区内航道的整治，陈村港区建设了中油龙桥成品油专用内贸货主码头。

截至2015年底，陈村港区仅有1座码头，2个泊位，为四级航道建设500吨级泊位，泊位长度共140米。开通的货运航线为从深圳、珠海、江门、东莞进港，运往东莞、广州。

（2）港区地理条件和集疏运概况

陈村港区位于顺德区的北部，广州市的南方，珠江三角洲中部，正北方是广州市，西北方为禅城区，东连番禺区，北接南海区，西邻新会区，南界中山市；距广州32千米、香港127千米、澳门80千米；地处北回归线以南，属亚热带海洋性季风气候，日照时间长，雨量充沛，常年温暖湿润，四季如春，景色宜人，冬短夏长，春秋两季长短相当，夏季自4月中旬至10月下旬，长达半年之久。陈村港区位于陈村水道右岸，岸线范围为厘涌水闸上游750米至300米，河道微弯，陆域平坦，航道水深4米左右，可供1000吨级以下船舶停靠作用。进出港航道为四级航道。

顺德区集疏运经市政道路与高速公路、国道、省道衔接。境内有高速公路2条（佛开高速公路、广珠西线高速），国道2条（G105、G325），省道5条（S112、S268、S269、S362、S363）。陈村港区内镇南码头区通过规划疏港公路与华阳路、魁奇路衔接。

2. 港区工程项目

（1）佛山市顺德区陈村供销集团石油供应站码头

项目于1996年1月开工，1996年12月试运行。

项目建设依据：1999年5月，广东省佛山港务监督局《关于陈村供销集团石油供应站简易油类码头使用的批复》（粤佛港监〔1999〕048号）。

项目建设1个500吨级成品油泊位，泊位长度为100米，前沿水深9米，码头结构形式为浮式结构。

项目建设单位为佛山市顺德区陈村供销集团石油供应站，质量监督单位为佛山市交通工程质量监督站。

根据《关于开展港口码头工程质量核验工作的通知》（佛港航〔2006〕14号）要求，佛山市顺德区陈村供销集团石油供应站于2008年4月14日取得了佛山市交通工程质量监督站《关于佛山市顺德陈村供销集团石油供应站陈村油库码头工程质量核验意见》（佛交监〔2008〕36号）。

该码头在1996年建成投入使用，主要装卸汽油、柴油。该码头建成后，为顺德区及珠江三角洲地区汽油、柴油的稳定使用提供了保障。2013年10月28日，《港口经营许可证》到期，无再续期，并已弃用码头。

(2)佛山市顺德区中油龙桥燃料有限公司油库码头

项目于 1999 年 1 月开工,2002 年 6 月试运行。

项目建设依据:1997 年 7 月,广东省航道局《关于同意在陈村水道韦冲河段兴建简易码头的复函》(粤航道复字〔1997〕055 号);2001 年 10 月,广东省环境保护局《关于顺德市中油龙桥燃料有限公司油库扩建工程环境影响报告书审批意见的函》(粤环函〔2001〕734 号),其中工程环境影响报告书评价范围包括码头内容。

项目建设 2 个 1000 吨级成品油泊位,泊位长度为 140 米,前沿水深 4.3 米,码头结构形式为高桩式。主要装卸设备配置包括输油钢管 6 根,均设有紧急切断阀。项目总投资 300 万元,为企业自筹资金。

项目建设单位为佛山市顺德区中油龙桥燃料有限公司。

该码头在 2002 年建成投入使用,主要装卸柴油、汽油,为顺德区及珠江三角洲地区柴油和汽油的稳定使用提供了保障,为社会经济稳定增长作出贡献。

(十九)了哥山港区

1. 港区综述

(1)港区建设概况和运营情况

了哥山港区是顺德区七大港区之一,改革开放以后,随着外向型经济快速发展、改革开放力度的进一步加大和区内航道的整治,了哥山港区相继建设了金丰热能、华粤、东方面粉、粤星等煤炭、粮食专用内贸货主码头。未来,了哥山港区将成为顺德区最大等级船舶靠泊的港区,本港作业区是顺德区规划新建的一个枢纽港区,主要为佛山市机电生产基地及周边地区服务。了哥山港区主要货种为集装箱、件杂货,兼顾散货运输。

截至 2015 年底,了哥山港区共有 5 座码头,5 个泊位,其中四级航道建设 500 吨级及以上泊位 4 个,三级及以上航道建设 1000 吨级以下内河码头泊位 1 个,泊位长度共 240 米,包括内贸货主专用码头 5 个。开通的货运航线为从深圳、广州进港。

(2)港区地理条件和集疏运概况

了哥山港区位于顺德区的西部,广州市的南方,珠江三角洲中部,正北方是广州市,西北方为禅城区,东连番禺区,北接南海区,西邻新会区,南界中山市;距广州 32 千米、香港 127 千米、澳门 80 千米;地处北回归线以南,属亚热带海洋性季风气候,日照时间长,雨量充沛,常年温暖湿润,四季如春,景色宜人,冬短夏长,春秋两季长短相当,夏季自 4 月中旬至 10 月下旬,长达半年之久。了哥山港区位于容桂水道左岸、七滘大桥上游,岸线范围为仰船岗至南华砖厂,后方陆域平坦,以水田为主,河道微弯,6 米等深线近岸,水深条件好。进出港航道有一级及四级航道。

顺德区集疏运经市政道路与高速公路、国道、省道衔接。境内有高速公路2条（佛开高速公路、广珠西线高速公路），国道有两条（G105、G325），省道5条（S112、S268、S269、S362、S363）。了哥山码头区通过规划的九容快速路、百安路与珠二环高速公路衔接。星槎码头区通过规划路与规划佛山纵四路衔接。

2.港区工程项目

（1）佛山市顺德区华粤饲料实业有限公司码头

项目于1990年2月开工，1990年6月竣工。

项目建设依据：1989年9月，容奇港务监督《关于在杏坛新涌口申建装卸码头的批复》（容港监字〔1989〕036号）；1990年2月，顺德市水利电力局《关于在顺德支流左岸兴建装卸码头工程的批复》（顺水电管字〔1990〕003号）。

项目建设1个800吨级散货泊位，泊位长度为40米，前沿水深3米。码头采用顺岸式布局，码头结构形式为直立式。主要装卸设备配置包括固定式起重机。

项目建设单位为佛山市顺德区华粤饲料实业有限公司，施工单位为湛江市第三建筑工程公司，质量监督单位为顺德县建筑工程质量安全监督站。

1990年6月，码头工程通过顺德县建筑工程质量安全监督站工程质量鉴定，等级核定合格，同意竣工验收，并取得《单位工程质量综合评定表》。

该码头在1990年建成投入使用，主要装卸小麦，是企业自用的专用码头，并不对外经营。

（2）广东粤星实业发展有限公司码头

项目于1996年1月开工，1997年12月试运行。

项目建设依据：2008年9月，佛山市顺德区环境保护局《顺德区建设项目环境影响报告批准证》（批准号：20081041）。

项目建设1个1000吨级码头泊位，码头总长38米，前沿水深8米。码头结构形式为重力式，码头平面布局形式为顺岸式。主要装卸设备配置包括起重机2台。项目总投资100万元，为企业自筹资金。

项目建设单位为广东粤星实业发展有限公司。

根据《关于开展港口码头工程质量核验工作的通知》（佛港航〔2006〕14号）要求，2009年3月，项目取得了佛山市交通工程质量监督站《关于广东粤星实业发展有限公司码头工程质量核验意见》（佛交监〔2009〕25号）。

该码头在1997年建成投入使用，为企业自用，投产后主要用于饲料成品及原料的装卸作业，降低了企业的陆路运输成本。

（3）广东东方面粉有限公司码头

项目于2000年4月开工，2000年10月试运行。

项目建设依据:2000 年 1 月,顺德市水利局《关于申报扩建东方面粉有限码头设计方案的批复》(顺水利管字〔2000〕17 号);2000 年 5 月,广东省航道局《关于同意补办在甘竹溪右岸兴建码头审批手续的函》(粤航道复字〔2000〕66 号);2007 年 10 月,佛山市交通工程质量监督站《关于广东东方面粉有限公司码头工程质量核验意见》(佛交监〔2008〕97 号)。

项目建设 1 个 500 吨级码头泊位,前沿水深 3.5 米。码头为墩式结构与桩基梁板式结合的结构形式。主要装卸设备配置包括固定吸粮机、输送带。项目总投资 200 万元,资金来源于企业。

项目建设单位为广东东方面粉有限公司,设计单位为顺德市水利水电勘测设计院,监理单位为顺德市水利水电勘测设计院,质量监督单位为佛山市交通工程质量监督站。

该码头主要装卸小麦,把原来的人工运输作业方式改为自动化设备生产作业,减轻了员工劳动强度,降低了安全事故的发生,同时降低了公司成本。

(4)佛山市顺德区金丰热能有限公司码头

项目于 2002 年 4 月开工,2003 年 12 月试运行。

项目建设依据:2001 年 12 月,顺德市水利局《关于申报在齐杏联围新涌堤段堤外建设码头、设置取水泵船及建设穿堤输送涵管、敷设穿堤输水管的批复》(顺水利管字〔2001〕91 号);2002 年 3 月,顺德市水利局《关于申报调整在齐杏联围新涌堤段堤外建设码头、设置取水泵船及建设穿堤输送涵管、敷设穿堤输水管的工程设计的批复》(顺水利管字〔2002〕19 号);2002 年 4 月,广东省航道局《关于同意在顺德支流新冲桥下游河段兴建煤码头和泵船码头的复函》(粤航道复字〔2002〕57 号)。

项目建设 1 个 1000 吨级煤炭泊位,码头总长 46 米,前沿水深 4 米。码头结构形式为高桩墩式码头。主要装卸设备配置包括抓斗式塔式起重机 2 台。项目总投资 450 万元,为企业自筹资金。

项目建设单位为佛山市顺德区金丰热能有限公司,设计单位为顺德市水利水电勘测设计院,质量监督单位为佛山市交通工程质量监督站。

根据《关于开展港口码头工程质量核验工作的通知》(佛港航〔2006〕14 号)要求,该公司于 2009 年 3 月 15 日取得了佛山市交通工程质量监督站《关于佛山市顺德区金丰热能有限公司煤码头工程质量核验意见》(佛交监〔2009〕24 号)。

该码头主要装卸煤,是企业自用的专用码头。

三、肇庆港

(一)港口概况

1.港口综述

肇庆港位于广东省中西部,东邻广州、深圳、香港、澳门等经济发达地区,背靠大西南,地理位置优越,是连接珠江三角洲核心区和大西南的重要枢纽。肇庆港是全国内河主要港口之一,是肇庆市经济社会发展和对外开放的重要依托,是珠江三角洲西部地区联系国内外市场的重要口岸。肇庆港历史悠久,水上运输一直占有比较重要的地位。改革开放以来,特别是进入20世纪90年代,肇庆港得到了较快的发展,相继建成高要、三榕、南江等码头,肇庆港从旅客运输为主逐渐向货物运输转变。21世纪前10年,肇庆港又先后建成肇庆新港一期工程(2个5000吨级江海直航码头)、肇庆三榕港二期工程(2个2000吨级码头)和封开华润水泥配套码头一、二期工程。

肇庆境内有西江、北江、绥江、贺江等主要通航河流,其中西江、北江为主要航道。西江由广西梧州流入,在肇庆市境内长约225千米,流经封开、德庆、高要、端州、鼎湖;北江由清远流入,经大旺、四会,肇庆境内长约23.5千米。根据肇庆港到港船舶情况和进港安全航行需要,共设有马房、沙浦等6处锚地。肇庆港现有封开港区、德庆港区、高要港区、三榕港区、新港港区、四会港区和大旺港区共七大港区。截至2017年底,肇庆港共有生产性泊位88个,码头岸线长度为6666米。

2.港口水文气象

肇庆市地处西江、北江下游,属亚热带季风气候区,多年平均气温20.8~21.9摄氏度,平均相对湿度为80%~83%,平均降雨量1650毫米,每年4~9月为汛期,降雨量约占全年降雨量的80%。肇庆市处亚热带季风区,风况有明显的季节性变化,夏季盛行偏南风,冬季盛行偏北风,平均风速1.3~2.7立方米/秒,最大风速32立方米/秒。肇庆是台风活动侵袭经过的地区之一,台风从珠江口附近登陆,主要影响高要、四会、端州、鼎湖等市区,过境的台风如果强度较大,则北部及西北部的广宁、怀集、封开、德庆等县也会受到影响。各区市县雾日不同,高要区年平均雾日2.5天,年最多雾日6天;封开县雾日较多,平均22天,年最多雾日31天。肇庆境内主要河道均属感潮河道,西江、北江受南海潮汐影响,但以径流动力为主,西江干流枯水期潮区界可达梧州,潮流界可到三榕峡;北江潮区界可达芦苞一带,潮流界可到马房。肇庆市境的河流均属少沙河流,西江高要水文站多年平均输沙量为7060万吨,多年平均含沙量为0.32千克/立方米;绥江石狗站的多年平均输沙量为111.4万吨,多年平均含沙量为0.18千克/立方米。

3.发展成就

港口基础建设不断发展。肇庆市历史悠久,水路运输长期以来都比较发达。改革开放以来,相继建成高要、三榕、南江等码头。高要集装箱码头于1990年建成,1998年随着经营主体的变化,对原有的设施进行了改造;三榕港2个集装箱泊位于1991年建成投产;南江集装箱码头于1997年建成投产,可靠泊1000吨级船舶。2007年建成肇庆新港码头一期工程,建成2个5000吨级集装箱泊位,码头岸线长度为264米,一期工程港区用地239亩(约15.9万平方米),标志着肇庆港开始向专业化、集约化方向发展。

港口货物吞吐量高速增长。2015年肇庆港完成货物吞吐量3330万吨。

到港船舶大型化趋势明显。2013年肇庆进出港船舶1700载重吨以上的共计17016艘次、2463万载重吨,2014年肇庆进出港船舶1700载重吨以上的共计27062艘次、3236万载重吨,船舶大型化趋势非常明显。

肇庆港港区分布图如图9-9-2所示,肇庆港基本情况见表9-9-3。

(二)新港港区

1.港区综述

(1)港区建设概况和运营情况

肇庆新港港区现状有珠江船务集团控股的2个5000吨级泊位新港码头。肇庆新港工程前期工作始于1992年3月。肇庆市交通局以《关于筹建3000~5000吨级港口码头的报告》(肇交〔1992〕第49号),向肇庆市人民政府提出建港建议,经(肇府函〔1993〕9号)文批复同意后,于当年5月委托广东省航运规划设计院编制肇庆新港可行性研究报告。1994年1月经(省计委交〔1994〕23号)文批准立项。原建设规模为码头建设5000吨级江海轮泊位2个,码头长度为388米。1995年1月广东省航运规划设计院完成了肇庆新港的初步设计并通过由广东省交通厅组织的评审,码头长度调整为263.8米,投资规模由11065万元调整为11535.44万元。码头水工部分的施工图设计于1998年7月完成,其余部分施工图陆续至2004年完成。2007年12月,经有关部门批准同意,肇庆新港工程2个5000吨级泊位投入试营运。目前肇庆新港是交通运输部确定的全国28个内河主要港口之一,是3000吨级以上江海轮能够到达的西江最上游港口,5000吨级江海轮常年绝大部分时间可通航。

(2)港区地理条件和集疏运概况

肇庆新港在羚羊峡下游6千米处,位于肇庆市鼎湖区广利镇塘口村上游西江的左岸,面对墨砚洲,码头地理坐标23°11′05″~23°11′08″N、112°38′25″~112°38′17″E。港区位置为珠江三角洲平原西北边缘,属于典型的河谷平原。本区地质复杂度中等,没有不良地质构造现象,场地较稳定。

图 9-9-2　肇庆港港区分布图

　　新港港区地属肇庆市鼎湖经济开发区,水陆交通方便,三茂铁路距港区约 7 千米,广佛肇高速公路、321 国道、S362 省道、广贺高速公路、珠三角外环高速公路、南广铁路、贵广铁路、珠三角城际轻轨等主要交通干线交织在下游永安镇,形成立体的交通网络。

　　2.港区工程项目

肇庆新港

项目于 2003 年 12 月开工,2007 年 12 月试运行,2014 年 1 月竣工。

表 9-9-3

肇庆港基本情况表

序号	港区名称	港口岸线		2015 年港口生产用泊位				其中:1978—2015 年建成的生产用泊位					2015 年港口货物和旅客吞吐量								
		港口规划岸线	其中:年前2015已建成岸线	生产用泊位数	其中:千吨级及以上	生产用泊位长度	其中:千吨级及以上	生产用泊位数	其中:千吨级及以上	生产用泊位长度	其中:千吨级及以上	货物吞吐量	其中:外贸货物吞吐量	集装箱吞吐量	滚装车辆		旅客吞吐量	其中:国际旅客吞吐量
															数量	重量		
		千米	千米	个	个	米	米	个	个	米	米	万吨	万吨	万 TEU	万辆	万吨	万人	万人
1	三榕港区	—		6	6	471	471	4	4	303	303	470.13	118.00	—	0	0	0	0
2	新港港区	—		4	4	437	437	4	4	437	437	193.49	39.24	—	0	0	0	—
3	高要港区	—		25	10	1471	691	24	9	1411	631	87.10	35.74	—	0	0	0	0
4	大旺港区	—		4	4	288	288	4	4	288	288	19.20	0	—	0	0	0	0
5	德庆港区	岸线规划还在报批中		18	18	1307	1307	19	19	1307	1307	340.29	2.41	—	—	—	0	0
6	封开港区	—		19	17	1439	1351	19	17	1379	1351	1218.38	0	0	0	0	0	0
7	四会港区	—		18	13	1200	740	18	13	1200	740	615.71	112.81	—	0	0	0	0
	合计	—		94	72	6613	5285	92	70	6325	5057	2944.3	308.2	70.49	0	0	0	0

项目建设依据:1994 年 1 月,广东省计划委员会批复广东省航运规划设计院编制的《肇庆新港工程可行性研究报告》(粤交计〔1994〕23 号);1995 年 8 月,广东省交通厅批复广东省航运规划设计院编制的《肇庆新港工程初步设计》(粤交基函〔1995〕1406 号)。2007 年 6 月,广东省肇庆市环境保护局批复《关于肇庆新港建设项目环境影响报告书审批意见的函》(肇环函〔2004〕47 号);2002 年,广东省国土资源厅批复《关于肇庆新港建设项目用地的预审意见》[粤国土资(建)字〔2002〕32 号];1993 年,肇庆市人民政府《关于肇庆深水港选址问题的批复》(肇府函〔1993〕9 号)。

项目建设 2 个 5000 吨级江海轮泊位,码头水工建筑允许靠泊能力 5000 吨级,码头岸线长度为 263.8 米。主体工程(码头、栈桥)按 Ⅱ 级安全等级设计、建设。码头采用顺岸式布局,高桩式结构。码头前沿水深 7 米。项目后方堆场面积 5.54 万平方米,仓库面积 2900 平方米,堆存能力 2.5 万吨。主要装卸设备配置包括额定起重量 < 10 吨的港口门座起重机 2 台,额定起重量 > 25 吨的港口门座起重机 2 台。批复总投资估算为 1.15 亿元,本项目实际总投资为 1.24 亿元。项目包括堆场 45000 平方米、道路 18377 平方米、综合办公楼 4666.7 平方米、仓库 2880 平方米、电房 230 平方米。

项目建设单位为肇庆新港码头有限公司,设计单位为广东省航运规划设计院、肇庆市城市规划设计院、郑州粮油食品工程建筑设计院,施工单位为中交广州航道局有限公司、肇庆恒锋建设有限公司、茂名市建筑集团有限公司、肇庆市建筑安装工程有限公司、肇庆市肇罗商业装饰公司、中国长江航运集团红光港机厂,监理单位为广州海监工程监理公司、上海华申工程建设监理咨询有限公司,质量监督单位为广东省交通厅工程质量监督站、肇庆市交通工程质量监督管理站、鼎湖区建设局质监站、广东省肇庆市特种设备检验所。

肇庆新港建成后一直致力于为客户提供最低的物流总成本解决方案,利用新港便利的水路、陆路交通优势服务肇庆进而辐射珠江三角洲地区,带动区域经济的高速发展。作为全国重要内河码头之一,将 5000 吨级航道的优势进行有效发挥,在吸引周边地区形成产业集聚的同时,进一步汇集商流、资金流、信息流和技术流,推动交通运输业、商贸业、金融业、信息业和旅游业等多种产业的发展。

(三)德庆港区

1.港区综述

(1)港区建设概况和运营情况

德庆港区现有集装箱运输码头——肇庆康州珠江货运码头(以下简称康州港)。康州港是由珠江内河货运码头有限公司投资的内河货运码头,投资总额为 3600 万元人民币,注册资本为 2500 万元人民币,为国家二类进出口口岸。康州港由 1 号泊位码头和 2

号泊位码头两部分组成,1号泊位码头建于1988年。康州港码头总长度为102.50米,其中1号泊位码头长64.5米,可满足原设计500吨级船舶靠泊作业,也可以满足离岸抛锚1000吨级船舶作业,泊位主要用途为散货、通用件杂货泊位;2号泊位码头长38米,可满足2000吨级船舶靠泊与装卸使用,泊位主要用途为集装箱专用泊位。

码头主要经营港口装卸,集装箱拆装、储运,散货、船舶货物装卸业务及相应配套完善生产、生活设施。主要货种为粮食、石材、煤炭、白水泥、中纤板、松香,通过利用20尺或40尺集装箱对货物进行运输装卸。近5年来康州港码头最大年吞吐量120万吨,其中集装箱8.9万TEU(外贸1000TEU),散杂货吞吐量为45万吨。2015年吞吐量为340.29万吨。

(2)港区地理条件和集疏运概况

德庆港区位于肇庆中西部,工程所在地为西江中上游北岸,现状为内河三级航道,港口水域条件良好,河宽700~900米,水深9~15米,可常年通航3000吨级船舶。

德庆港区内肇庆康州珠江货运码头有限公司地处广东省西江北岸的德庆县德城镇321国道旁,陆路上接广西、贵州、云南等省(自治区),下通珠江水网经香港可到世界各地,经南沙、黄埔等港口可到达全国沿海各大港口。腹地范围为德庆、封开、南江口、罗定、岑溪,主要客户有大亚木业、威利邦木业、悦城陶瓷城、盈启水泥厂,均通过水路和公路两种运输方式装载货物。

2. 港区工程项目

康州港集装箱码头

项目于1997年11月开工,1998年4月竣工。

项目建设依据:1995年10月,广东省计划委员会《关于德庆县对外口岸码头扩建工程可行性报告的批复》(粤计交〔1995〕693号);1995年7月,德庆县环境保护局《关于德庆县康州港码头工程的环境保护意见》,同意该项目立项;1987年3月,广东省人民政府口岸办公室《关于同意德庆县在县城设立装卸点的批复》(粤府口函〔1987〕29号);1987年4月,广东省航道局《关于德庆县在西江左岸三元塔附近兴建外贸码头的复函》(粤航道复字〔1987〕050号),同意在三元塔附近兴建外贸码头。

项目建设1个2000吨级集装箱泊位和1个1000吨级通用散货泊位(水工结构兼顾2000吨级),占用岸线长度为102.5米。码头采用引桥式布局,高桩式结构。码头前沿水深3.2米。项目后方堆场面积3.3万平方米,堆存能力70万吨,2800TEU。仓库面积1000平方米,堆存能力2500吨,停车场面积1500平方米,停车数量16个标准车位。主要装卸设备为10吨的港口门座起重机2台,25吨的港口门座起重机2台。康州港码头原有土地1.11万平方米,项目建设用地5600平方米,扩建堆场建设先后用地1.99万平方米,合计用地3.66万平方米。

项目建设单位为德庆康州港集装箱有限公司,设计单位为德庆县建筑设计室,施工单位为广东省长大公路工程有限公司二公司,质量监督单位为德庆县工程质量监督站。

康州港属广东省二类口岸,是西江黄金水道的重要进出口港之一。地处广东西江北岸的德庆县,321 国道旁,上接广西、贵州、云南等省(自治区),下通珠江水网经香港可到世界各地,经南沙、黄埔等港口可到达全国沿海各大港口。

(四)三榕港区

1.港区综述

(1)港区建设概况和运营情况

1985 年,根据肇庆市城规局总体规划中关于今后市内的港口要逐步搬迁的要求和三茂铁路建成通车,以及西江航道已纳入国家"七五"重点整治计划,1000 吨级的内河驳船可以从广州经肇庆直达梧州,肇庆市将逐渐成为肇庆地区的交通枢纽等情况,经肇庆市计划委员会研究后拟在三榕峡口东新建肇庆三榕港,1991 年建成并投入使用,由广东省肇庆三榕实业总公司负责建设、管理、经营。2005 年,由肇庆市福加德投资控股有限公司全资控股,并改名为肇庆港务有限公司。在 2003—2007 年,货物吞吐量从 61 万吨增长至 180 万吨,特别是集装箱运输业务发展迅猛,集装箱吞吐量由最低 3.7 万 TEU 增长到最高 18 万 TEU。码头实际吞吐量已经远远超过设计能力。因此经公司讨论研究后开展三榕港二期工程建设工作,在 2012 年建成投入使用。三榕港区现有泊位 4 个,岸线长度为 316米,陆域面积 25 万平方米。

三榕港区完成货物吞吐量为 572 万吨,其中集装箱为 23.5 万 TEU,占全肇庆市的42.3%。

(2)港区地理条件和集疏运概况

三榕港位于肇庆市的西郊,珠江三角洲地区的西北部,国家内河高等级航道西江航运干线三榕峡出口的左岸,距肇庆市端州区 5 千米。港区处于西江三榕峡出口弯道,西江在此由南转向东,河道由窄变宽,水流流速减慢,三榕港区位于弯道的凸岸,西江所挟带的泥沙较易在此沉积,形成淤积。港区附近已形成一个长约 1500 米,宽约 300 米的河心沙洲——桂林沙。

近年来,交通运输部和广东省大力整治西江航道,目前 2000 吨级江海轮可常年通航肇庆大桥,肇庆—梧州航道可常年通航 1000 吨级船舶;陆上已有的三茂铁路、国道 321 线和 324 线、广梧高速公路、肇庆公路、珠外环高速公路,以及即将规划建设的广茂铁路、贵广铁路等交通大动脉在肇庆境内交汇。因此,肇庆港三榕多用途码头直接腹地是肇庆市和云浮市,同时通过西江及陆路通道可将间接腹地扩大至粤西北地区以及以广西为主的大西南地区。

肇庆水路距离广州 129 千米,距离澳门 207 千米,距离香港 263 千米。内河船舶通过西江上溯可达广西的梧州、南宁、柳州等地,还可以到达云南、贵州等大西南地区,距离梧州 173 千米,距离南宁 722 千米。

国道 321(广州—成都)和 324(福州—昆明)横贯市域。境内公路交通以肇庆市区为中心,可达全市各县(市、区)、乡镇。经广(州)肇(庆)高速公路,1 小时可达广州。

2.港区工程项目

(1)肇庆市三榕港集装箱码头

项目于 1987 年 10 月开工,1989 年 10 月试运行,1991 年 6 月竣工。

项目建设依据:1985 年 8 月,广东省肇庆地区计划委员会批复广东省航运规划设计院编制的《肇庆三榕港及下河铁路专线计划任务书》(肇地计基〔1985〕101 号);1985 年 9 月,广东省计划委员会批复广东省航运规划设计院编制的《肇庆三榕港及下河铁路专线计划任务书》(粤计交字〔1985〕406 号);1987 年 4 月,广东省肇庆地区建设委员会批复广东省航运规划设计院编制的《肇庆三榕港初步设计》(肇地建工字〔1987〕50 号);1987 年 12 月,广东省肇庆地区建设委员会批复肇庆市环境保护监测站编写的《肇庆三榕港环境现状调查和影响分析报告》(肇地环管字〔1987〕5 号);1989 年,广东省国土厅《关于三榕港建设征地的批复》(粤地政〔1989〕249 号);1987 年 2 月,广东省水利电力厅《关于三榕港码头的审批意见》(粤水电管字〔1987〕19 号)。

肇庆港三榕港区位于西江中上游,肇庆市的西郊,珠江三角洲地区的西北部。项目建设 2 个 1000 吨级综合性泊位,岸线长度为 133 米。码头采用顺岸式布局,高桩式结构。码头前沿水深 3 米。项目后方堆场面积 24.6 万平方米,堆存能力 50 万吨、10 万 TEU。仓库面积 5000 平方米。主要装卸设备配置包括皮带输送机 1 台,散货装船机 1 台,港口门座起重机 1 台。项目总投资 3000 万元,其中地方投资 1500 万元,国企投资 1500 万元。陆域用地面积 24.6 万平方米。

项目建设单位为广东省肇庆三榕实业总公司,设计单位为广东省航运规划设计院,施工单位为广州建港总公司。

1988 年因遭遇特大洪水,项目暂停施工,到 1989 年方完工。项目建设后于 1991 年正式投入使用,吞吐量约为 50 万吨/年,带动了肇庆地区经济发展,提高了经济效益。

(2)肇庆港务有限公司二期码头工程

项目于 2011 年 1 月开工,2012 年 10 月试运行。

项目建设依据:2011 年 5 月,广东省交通厅批复交通运输部水运科学研究所编制的《肇庆港三榕港区二期工程可行性研究报告》(厅规划字〔2011〕44 号);2017 年 8 月,肇庆市交通运输局批复中交四航局港湾工程设计院有限公司编制的《肇庆港三榕港区二期工程初步设计》(肇交基函〔2017〕1128 号);2016 年 4 月,肇庆市环保局《关于肇庆港三榕港区二期码头工程现状环境影响报告的备案意见》(肇环建〔2016〕32 号);2012 年 2 月,交通运输部《关于肇庆港三榕港区二期工程使用岸线的批复》(交规划发〔2012〕37号)。

工程的建设地点位于肇庆市三榕港区,在原有一期工程的基础上,进行二期建设。项目建设2个2000吨级多用途泊位(码头结构兼顾靠泊3000吨级),岸线长度为183米。码头采用引桥式布局,高桩式结构。码头前沿水深4米。主要装卸设备配置包括轮距20~30米的轮胎式集装箱门式起重机4台,额定起重量>25吨的港口门座起重机3台。该码头为业主投资,总投资9800万元。该工程位于原有一期工程的下游并与一期码头相接,后方陆域利用原有设施,不重新建设。

项目建设单位为肇庆港务有限公司,设计单位为中交四航局港湾设计院有限公司,施工单位为广州四航盛华工程有限公司,监理单位为武汉四达监理工程有限公司。

二期码头的建成,不仅缓解了肇庆港务有限公司在肇庆地区发展带来的装卸不足的压力,同时也为周边市场的企业发展带来了便利,减少了物流成本,提高了经济效益,进一步实现了可持续发展的目标。2015年肇庆港务有限公司货物吞吐量达370万吨,占肇庆地区港口吞吐量50%以上,其中集装箱吞吐量为23万TEU。

(五)封开港区

1. 港区综述

(1)港区建设概况和运营情况

封开港于1950年建港,各码头当时主要分布县城江口镇,主要码头有江口装卸点和江口客运码头。1989年建成的江口装卸点配套设备完善,功能齐全,是西江重要的开放口岸之一。但是随着时代发展,封开港区已经不能满足现有的经济需要。港口泊位、靠泊能力低,信息服务水平、经济效益不高等问题突出。江口装卸点和江口客运码头相继取消。现如今封开港区的重点移向长岗作业区,已建成长岗作业区华润水泥(封开)有限公司码头500~2000吨级共11个泊位、肇庆市恒丰德昌物流有限公司码头1000吨级共3个泊位、封开县联峰水泥制造有限公司码头600~1000吨级共4个泊位,其他为3个1000吨级简易装卸作业点码头。货运码头主要集中在长岗作业区,为以水泥工业为主体的沿江工业和周围地区经济发展服务,以原材料、水泥产品、散杂货物等运输为主。营头作业区以水泥、建材、砂石料等大宗散货为主,主要为沿江、县中、高水片工业园区以及后方矿山等服务。界首料塘作业区主要为粤桂合作特别试验区服务,以散货、件杂货为主,兼顾集装箱等。

(2)港区地理条件和集疏运概况

封开港区处于广东省西北部,濒临西江和贺江中下游,毗邻广西梧州市,是"西江走廊"经济区域的重要组成部分。封开港区地理位置优越,水路与陆路交通便利,邻近321国道,紧靠广梧高速公路。封开港区境内西江通航里程33千米(封开县长岗镇龙湾至界首)。2015—2018年,完成西江航道3000吨级扩能升级主体工程。西江(界首至肇庆)航道进行扩能升级工程,整治里程全长 171 千米,其中界首至封开江口段航道 12 千米,航道设计通航尺度为 4.1 米×90 米×670 米。西江(界首至肇庆)航道扩能升级工程中清礁工程、护岸工程、疏浚工程、筑坝工程、航标工程已基本完工。封开县西江都乐滩河段(长岗—龙湾)至马鬃上角之间的左岸凹形河段,水域宽阔,枯水期河宽约 600 米,水深情况良好,长岗作业区属于内河水域,掩护条件良好,不收潮波的影响,船舶泊稳及作业条件良好;气候条件良好,码头年作业天数在 300 天以上。封开港区主要集疏运方式为水路运输,集运货种主要是熟料、散装水泥、石子矿建材料,疏运货种主要是火山灰、硫酸渣(铁粉)、石膏(脱硫石膏)和煤。2017 年度港口集运 1355 万吨,疏运 397 万吨。

2.港区工程项目

华润水泥(封开)有限公司熟料新型干法水泥生产线配套码头二期工程

项目于 2008 年 10 月开工,2013 年 6 月试运行。

项目建设依据:2014 年,肇庆市发展和改革局《关于华润水泥(封开)有限公司新型干法水泥生产线配套码头二期工程项目的意见》(肇发改审批〔2014〕97 号);2015 年,肇庆市交通运输局批复中铁建港航局集团勘察设计院有限公司编制的《华润水泥(封开)有限公司熟料新型干法水泥生产线配套码头二期工程初步设计》(肇交字〔2014〕74 号);2010 年,广东省肇庆市环境保护局《同意华润水泥(封开)有限公司配套码头二期工程环境影响报告书的评估意见及结论》(肇环建〔2010〕276 号);2009 年,广东省国土资源厅《同意华润水泥(封开)有限公司配套码头工程用地 5.93 公顷》〔粤国土资(预)函〔2009〕1 号〕;2012 年,交通运输部《同意华润水泥(封开)有限公司配套码头二工程岸线 880 米》(交规划发〔2012〕504 号)。

华润水泥(封开)有限公司熟料新型干法水泥生产线配套码头二期工程(一阶段)建于封开县西江都乐滩河段(长岗、龙湾)马鬃角至马鬃上角之间的左岸凹形河段。项目建设 8 个 2000 吨级通用散货码头泊位,码头水工建筑允许靠泊能力 3000 吨级,其中 1 号、10 号、11 号、12 号泊位水工结构按 3000 吨级预留,1 号、2 号、3 号泊位码头为水泥装船泊位,8~9 号连片式泊位码头为粉煤灰、石膏、原煤等御船泊位,10 号泊位为熟料装船泊位,11 号泊位为辅料、原煤卸船泊位,12 号泊位为远期规划泊位,暂时缓建。7 个泊位码头结构形式为高桩框架式结构,接岸引桥采用高桩梁板结构。7 个泊位的岸线长度为 721.5 米(二期工程总长 880 米),占地面积 13846 平方米。码头前沿水深 3.4 米。主要装卸设备配置包括额定生产率 500~1000 吨/小时的桥式抓斗起重机 4台,额定生产率 1000~3000 吨/小时的散货装船机 4 台。项目总投资 28021.45 万元,为企业自筹资金。

项目建设单位为华润水泥(封开)有限公司,设计单位为中铁建港航局集团勘察设计院有限公司,施工单位为广西壮族自治区航务工程局柳州航务工程处、中国铁建港航局集团有限公司,监理单位为广州海建工程监理公司,质量监督单位为肇庆市交通工程质量监督管理站。

(六)大旺港区

1.港区综述

(1)港区建设概况和运营情况

大旺港区位于肇庆高新区内,港区直接依托大旺高新技术产业开发区,同时为周围地区经济发展服务。港区内现有码头为广东国电肇庆"上大压小"热电项目配套码头,港区水路运输航道为北江航道。随着高新技术产业开发区工业项目的进驻,临港工业也将逐步发展起来,对原材料、产成品及外资物资运输的需求逐渐增加,港区货种以件杂、集装箱等装卸为主,兼顾散货。

(2)港区地理条件和集疏运概况

港区地处肇庆市东北部,广东省中部,珠江三角洲北部。地处北江下游一级河流冲积地,场地平坦开阔,地层分布较均匀,冲积、冲淤层呈韵律沉积,砂土层分选性较好。

大旺港区水路运输航道为北江航道,现状为内河四级航道,可通航500吨级船舶,规划为1000吨级航道。货物中转为水上中转及水陆中转,现规划两条疏港道路,即港区中部和南部分别规划一条疏港路连接高新区的主干道——大旺大道。

2.港区工程项目

广东国电肇庆"上大压小"热电项目配套码头工程

项目于2011年5月开工,2012年11月试运行,2016年12月竣工。

项目建设依据:2014年,国家发展和改革委员会《关于广东国电肇庆"上大压小"热电新建工程项目核准的批复》(发改能源〔2014〕991号);2010年,广东省交通运输厅批复中交四航局港湾工程设计院有限公司编制的《国电肇庆大旺热电联产(2×300兆瓦级)工程配套码头工程可行性研究报告》(粤交规〔2010〕1783号);2015年,广东省交通运输厅批复中交四航局港湾工程设计院有限公司编制的《广东国电肇庆"上大压小"热电项目配套码头工程初步设计》(粤交基〔2015〕1097号);2013年,环境保护部《关于国电肇庆大旺2×300兆瓦级"上大压小"热电联供项目环境影响报告书的批复》(环审〔2013〕146号);2013年,国土资源部《关于广东国电肇庆大旺"上大压小"新建工程建设用地预审意见的复函》(国土资预审字〔2013〕49号)。

项目建设3个1000吨级煤炭码头泊位(水工结构兼顾2000吨级),岸线长度为190米。码头采用顺岸式布局,高桩式结构。码头作为电厂配套码头工程,工程总平面布置与电厂布置相衔接,码头前沿线位于航道整治线岸测,其走向与北江通航主航道大体一致。码头前沿水深 4.1 米。主要装卸设备配置包括额定生产率 <500 吨/小时的桥式抓斗起重机 3 台,额定生产率 <500 吨/小时的皮带输送机 1 台。项目总投资 8594.17 万元,为企业自筹资金。

项目建设单位为国电肇庆热电有限公司,设计单位为中交四航局港湾工程设计院有限公司,施工单位为中交一航局第二工程有限公司,监理单位为安徽省建设监理有限公司,质量监督单位为肇庆市交通工程质量监督管理站。

建设国电肇庆 2×350 兆瓦燃煤热电联产项目,是贯彻落实国务院《珠江三角洲地区改革发展规划纲要》和保持广东省经济平稳较快增长的需要,也是促进广东省产业结构优化调整,实现可持续发展的迫切要求。本项目建设符合国家"上大压小""热电联产"能源产业政策,有利于节约能源和环境保护,有利于促进新型现代化工业园区建设,满足经济发展对用热、用电增长需求,有效减轻珠江三角洲地区电网建设压力,提高电力系统安全可靠性。

四、广州内河港

(一)港口概况

1. 港口综述

广州内河港位于广东省中部,广州市南部、北部和东部,濒临南海,地处珠江三角洲北缘,北接清远、韶关,东与东莞、惠州接壤,西与佛山、中山相邻。2017 年 1 月,广东省人民政府同意批准《广州内河港总体规划》,广州内河港划分为番禺、五和、新塘 3 个港区。番禺港区主要为番禺区和南沙区临港产业、物流园区的发展服务,以发展集装箱和散杂货运输为主,并积极发展港口物流,兼顾港口滨水休闲功能,逐步成为多功能、综合性的内河港区。五和港区主要满足白云区和花都区产业发展所需能源、原材料、外贸物资的水运需求,以集装箱、水泥运输为主,兼顾矿物性建筑材料、汽车滚装等物资运输,积极发展港口物流,逐步发展为广州市北部地区经济发展的重要口岸。新塘港区主要为腹地工业企业提供能源、原材料及制成品运输服务,以集装箱、干散货、化工原料及制品等装卸为主,兼顾发展汽车滚装运输,同时发展内河客运及观光航线,逐步发展成为增城区地区经济发展的重要口岸。

广州内河港航道主要指广州市域范围内、广州港港界范围之外的内河通航水道,共43 条,通航总里程约 601 千米,主要分布在广州番禺、南沙、荔湾、花都、白云、增城等地。其中番禺港区包括东平水道、花地河、佛山水道、大石水道、陈村水道、石壁河、紫坭河、顺德水道、市桥水道、沙湾水道、大九沥、石楼河、骝岗水道、西樵水道、榄核河、浅海、高沙河、蕉门水道、容桂水道、大岗沥、潭洲沥、上横沥、下横沥、洪奇沥水道共24 条通航水道;五和港区的内河航道主要包括白坭水道、九曲水、国泰水、新街水、流溪河、石井水、增埗河共7 条通航水道;新塘港区主要包括东江北干流、菠萝滘、南岗涌、厦浦水、小迳河、久裕涌、白石涌、仙村水道、仙村涌、西福河、紧水河、增江共12 条通航水道。其中沙湾水道、下横沥、容桂水道、洪奇沥水道上段为内河一级航道;东平水道为内河二级航道;陈村水道、顺德水道、洪奇沥水道下段、白坭水道、流溪河、东江北干流为内河三级航道。

2. 港口水文气象

广州内河港位于北回归线附近,属于亚热带海洋性气候,春夏长、秋冬短,光照充足,雨量充沛,气候温暖湿润。本区域多年平均气温为 22 摄氏度,年均气温的年际变化不大。本区域为台风影响区,台风一般发生在 7—9 月,年均受影响次数 2.85 次。广州内河港各港区分属珠江流域不同水系范围,番禺港区处于北江片区蕉门上段,主要受来自北江和部分西江径流分配控制;五和港区主要受白坭水道、流溪河的径流变化影响;新塘港区属于东江北干流河段,受控于东江流域径流变化。珠江河口属于不规则半日潮,各港区水系由于地理环境差别、径潮流作用强弱不同等因素,潮汐特征也存在较大差异。番禺港区对港区河段潮汐影响最大的是沿蕉门及部分洪奇门上溯的潮汐。五和港区根据白坭水道中段老鸦岗水位站潮汐资料,白坭水道最大潮差 3.26 米,平均潮差 1.81 米。新塘港区枯水期受潮汐影响较大。

3. 发展成就

广州内河港是广州市综合交通体系的重要组成部分,广州港发展江海联运的重要物流节点,广州地区与港澳地区物资交流的重要基础设施。广州内河港已具备一定的生产规模,形成广州市南部、北部、东部三大河网片区分布的空间格局,以内河港口为依托,沿江已经形成电厂、大型加工制造业基地等工业走廊,临港产业布局态势初现端倪。

截至 2015 年,广州内河港共有生产性泊位 127 个,观光旅游码头 1 个,利用岸线长度 8.21 千米,主要分布在番禺、南沙、荔湾、花都、白云、增城等地区。2015 年,广州内河港完成货物吞吐量 2042.6 万吨,其中外贸货物 124.4 万吨,内贸货物 1918.2 万吨;集装箱完成 22.83 万 TEU。

广州内河港基本情况见表 9-9-4。

(二)番禺港区

1. 港区综述

(1)港区建设概况和运营情况

广州内河港番禺港区主要为番禺区和南沙区临港产业、物流园区的发展服务,以发展集装箱和散杂货运输为主,并积极发展港口物流,兼顾港口滨水休闲功能,逐步成为多功能、综合性的内河港区。广州内河港番禺港区划分为东沙、沙湾、蕉门、大岗和万顷沙等作业区(图 9-9-3)。广州内河港番禺港区码头分布呈现离散型的特点,业主码头比例较大,且多为通用泊位。主要工程项目有:番禺合兴油脂有限公司 5000 吨级码头、广州市莲港船舶清油有限公司 5000 吨级码头等。

广州内河港基本情况表

表9-9-4

序号	港区名称	港口岸线		2015年港口生产用泊位				其中:1978—2015年建成的生产用泊位				2015年港口货物和旅客吞吐量						
		港口规划岸线	其中:2015年前已建成岸线	生产用泊位数	其中:千吨级及以上	生产用岸线长度	其中:千吨级及以上	生产用泊位数	其中:千吨级及以上	生产用岸线长度	其中:千吨级及以上	货物吞吐量	其中:外贸货物吞吐量	集装箱吞吐量	滚装车辆		旅客吞吐量	其中:国际旅客吞吐量
															数量	重量		
		千米	千米	个	个	米	米	个	个	米	米	万吨	万吨	万TEU	万辆	万吨	万人	万人
1	番禺港区	33.95	3.72	48	20	3718	1941	48	20	3718	1941	676.66	—	7.85	—	—	—	—
2	五和港区	4.46	2.56	45	0	2559	0	45	0	2559	0	483.01	102.56	12.79	—	—	—	—
3	新塘港区	2.52	1.82	32	7	1786	514	32	7	1786	514	883.00	21.88	2.19	—	—	—	—
	合计	40.93	8.10	125	27	8063	2455	125	27	8063	2455	2042.67	124.44	22.83	—	—	—	—

图 9-9-3　番禺港区作业区分布图

（2）港区地理条件和集疏运概况

广州内河港番禺港区北至花地河、东平水道东沙大桥、大石水道，东至沙湾水道与浮莲岗水道交汇口，南至洪奇沥入海口及蕉门口，西至佛山水道、陈村水道、顺德水道、容桂水道及洪奇沥水道。

广州内河港番禺港区境内有南北走向的华南快速干线、番禺大道、京珠高速公路（番禺段)、广州中部快速干线、新光快速路、东新高速公路、新化快速路一期及东西走向的金山大道、黄榄快速干线(西线)等。广州内河港番禺港区现有通航水道 24 条,目前通航条件较优越的水道有:沙湾水道和容桂水道均为内河一级航道,可通航 3000 吨级船舶;东平水道上段西贤滘至紫洞口规划为内河限制性二级航道,下段紫洞口至广州规划为内河二级航道并兼顾港澳航线,可通航 2000 吨级内河普通船舶及 1000 吨级多用途集装箱船;陈村水道、顺德水道下游(濠滘口—火烧头段)、下横沥和洪奇沥水道均为内河三级航道,可通航 1000 吨级船舶;市桥水道下游段(市桥大桥—观音沙)、骝岗水道、西樵水道、蕉门水道均为内河四级航道,可通航 500 吨级船舶。

2. 港区工程项目

(1)广州珠江面粉厂码头

项目于 1988 年 12 月开工,1989 年 10 月竣工。

项目建设依据:1995 年 10 月,番禺市计划委员会批复广州珠江面粉厂《关于技改配套建造码头及成品仓库项目立项的申请》;1989 年 2 月 25 日,番禺县水利电力局批复广州珠江面粉厂编制的《关于面粉厂建造码头的申请报告》(番水电第 11 号);1995 年 10 月 6 日,番禺水利电力局向广州珠江面粉厂码头(正和码头前身)颁发《番禺市占用河道许可证》[番(登)水河占字[95]第 7 号],附件批文:番机电[1995]第 24 号文件;1997 年 3 月,番禺市人民政府换发《国有土地使用证》(番府国用[1995]第 11-000236,第 11-000053)。

项目建设 1 个 500 吨级通用散货码头泊位,岸线长度为 46.5 米。码头采用引桥式布局,高桩式结构。码头前沿水深 2.8 米。项目总投资 135 万元,为企业自筹资金。

项目建设单位为广州珠江面粉厂,设计单位为番禺市水利电力局,施工单位为番禺市水利电力局,监理单位为番禺市水利电力局,质量监督单位为番禺市水利电力局。

码头建设后,一直沿用至今,在 2009 年以前,作为珠江面粉厂厂区主要装卸码头,而面粉厂是政府储备粮及应急供应粮的储粮点,码头取得较好的经济效益,也为稳定粮价、提供社会粮食供应作出一定的贡献。2009 年至今,厂区主要是作为政府储备粮食的承储点,码头作为散粮的主要装卸点,码头的使用,对承担政府储备粮任务作出较大的贡献。2011 年完成的吞吐量为 1.77 万吨。2012—2014 年码头停用。2015 年完成的吞吐量为 8589 吨。

(2)番禺市横沥镇工业公司液化气专用码头

项目于 1993 年 8 月开工,1994 年 4 月竣工。

项目建设依据:1992 年 12 月 3 日番禺市计划委员会《关于横沥镇建设小型液化石油气站项目的批复》(番计[1992]209 号);1993 年 2 月 21 日,番禺市劳动局批复横沥镇经济发展总公司《关于申请建立番禺横沥油气公司的报告》;1993 年 6 月 1 日,番禺市交通局《关于横沥油气公司建造液化气码头的批复》(番交〔1993〕28 号);1993 年 10 月 29 日,番禺市水利电力局《关于建造液化气码头的批复》(番水电〔1993〕68 号);1994 年 9 月 23 日,番禺市人民政府环境保护办公室《建设项目环境保护设施竣工验收申请表》(番环管验字〔1994〕22 号);1993 年 2 月 8 日,番禺市人民政府环境保护办公室及番禺市公安局批复番禺横沥油气公司编制的《番禺县村镇建设用地规划许可证申请书》;1993 年 12 月 18 日,番禺市计划委员会批复番禺市横沥油气公司编制的《番禺县建设项目选址意见书》;1994 年 1 月 6 日,广东省航道局《关于同意补办下横沥水道油气专用码头审批手续的复函》(粤航道〔94〕复字 002 号);1994 年 12 月 28 日,广州市燃气管理处《关于番禺市横沥油气公司申请城市燃气工程建设的批复》(穗燃管字〔1994〕61 号);1994 年 12 月 28 日,广州市燃气管理处《关于番禺市横沥油气公司申请城市燃气工程建设的批复》(穗燃管字〔1994〕63 号);1994 年 9 月 6 日番禺市公安局《建筑消防验收登记表》〔〔94〕番公消建验字(113)号〕;1995 年 7 月 21 日,番禺市公安局《建筑消防验收登记表》〔〔95〕番公消建验字(133)号〕;1994 年 9 月,番禺市人民政府环境保护办公室《建设项目环境保护设施竣工验收申请表》(番环管验字〔1994〕022 号);2012 年 9 月,广州市国土资源和房屋管理局《房地产权证》(粤房地产权证穗字第 0450024820 号)。

项目建设 1 个 1000 吨级液化气码头泊位,岸线长度为 48 米。码头采用引桥式布局,高桩式结构。码头前沿水深 6.8 米。项目总投资 73 万元。

项目建设单位为番禺市横沥镇工业公司,设计单位为广州航道局设计研究室,施工单位为广东省电白县第二建筑工程有限公司。

2011—2015 年吞吐量分别为:10.05 万吨、8.58 万吨、7.24 万吨、6.96 万吨、7.87 万吨。

(3)华隆石化万顷沙油库码头

项目于 1994 年 8 月开工,1995 年 5 月竣工。

项目建设依据:1994 年 8 月 18 日,番禺市交通局《关于建造万顷沙油库码头的批复》(番交〔1994〕字第 28 号)。1994 年,广州南沙经济区管理委员会计划办公室《关于兴建"广州南沙经济技术开发区华隆石油化工有限公司万顷沙油库"立项报告的批复》(穗南区计〔1994〕4 号);1994 年,番禺市水利电力局《关于申请使用码头岸线的报告的批复》(番水电〔1994〕第 35 号);1994 年,广东省航道局《关于同意在洪奇沥水道洪奇沥二桥河段兴建码头的复函》(粤航道〔94〕复字 32 号);1995 年,广东省航道局《关于同意在洪奇沥水道左岸十二涌与十三涌间河段兴建码头的复函》(粤航道〔95〕复字 158 号);番禺市占用河道许可证号为:番(登)水河占字〔96〕第 007 号;国土使用证号为:穗府国用〔2012〕第 00004 号。

项目建设 1 个 3000 吨级成品油码头泊位,岸线长度为 140 米。码头采用引桥式布局,高桩式结构。码头前沿水深9米。储罐容量2.6万立方米。主要装卸设备配置包括港口流动机械1台。项目总投资3480万元,为自企业自筹资金。

项目建设单位为广州南沙经济技术开发区华隆石油化工公司,设计单位为交通部第四航务工程设计院,施工单位为交通部第二航务工程局南方工程公司。

该码头2011—2013年完成的吞吐量分别为:17.27万吨、30.98万吨、3.04万吨。

(4)华隆石化万顷沙液化气码头

项目于1995年12月开工,1996年4月竣工。

项目建设1个2000吨级液汽化码头泊位。码头采用引桥式布局,高桩式结构。码头前沿水深7米。储罐容量3000立方米。主要装卸设备配置包括港口输送机械2台。项目总投资3000万元,为企业自筹资金。

项目建设单位为广州南沙经济技术开发区华隆石油化工公司,设计单位为广州港湾工程设计院,施工单位为广州(四航)盛华工程公司,监理单位为深圳市新招华建设监理有限公司。

该码头2011—2015年完成的吞吐量分别为:3.13万吨、8.11万吨、11.71万吨、12.03万吨、13.01万吨。

(5)番禺合兴油脂有限公司植物油码头

项目于1996年5月开工,1996年12月竣工。

项目建设依据:1994年11月,广东省航道局批复同意在下横沥水道旧南围河段兴建码头的复函(粤航道〔94〕复字128号);1995年8月10日,番禺市交通局批复了兴建番禺合兴油脂有限公司兴建专用码头(番交〔1995〕第26号);1996年5月29日,番禺建设委员会审批《建设工程规划许可证》(编号:027639);1995年6月27日,番禺市水利水电局批复占用河道许可证[番(登)水河占字〔95〕第6号];1995年,番禺水利水电局批准在下横沥大桥下游750米处兴建码头(番水电〔1995〕第14号);1997年1月7日,通过番禺市建设项目环境保护"三同时"验收(番环管控〔1999〕1号)。

项目建设3个5000吨级多用途码头泊位,岸线长度为150米。码头前沿水深8.6米。主要装卸设备配置500吨/时的输送机1台。项目总投资1700万元,为企业自筹资金。

项目建设单位为番禺合兴油脂有限公司,设计单位为中山水电勘测设计室,施工单位为交通部第四航务局二公司,监理单位为广东省交通厅质监站,质量监督单位为横沥水利局。

项目的建成投产节省了中间转驳物流费用,便于与香港总公司的衔接,方便了进出口业务。2011年和2013年的吞吐量分别为1171吨和984吨。

(6)番禺市裕丰钢铁有限公司1号码头、2号码头

项目于1998年4月开工,2002年11月竣工。

1号码头建设依据:1997年,番禺市交通局《关于建造钢铁厂码头的批复》(番交〔1997〕第67号);1997年,广州港务监督局番禺港务监督《关于番禺市裕丰钢铁有限公司申请建设码头的批复》(番港监字〔1997〕第53号);1997年,番禺市水利局《关于番禺市裕丰钢铁有限公司建设货物装卸码头请示的批复》(番水〔1997〕第14号)。

2号码头建设依据:2001年,广州市番禺区水利局《关于同意在骝岗水道右岸大乌河段兴建码头的复函》(番水函〔2001〕第20号);2001年,广州航道局《关于同意在骝岗水道右岸大乌河段兴建码头的复函》(粤航道复字〔2001〕第150号);1997年9月,番禺市水利局《占用河道许可证》(番登水河占字〔97〕第5号);2001年11月,广州市番禺区水利局《占用河道许可证》(番登水河占字〔2001〕第1号);1997年3月,番禺市国工局《关于番禺市裕丰钢铁有限公司申请工业用地的批复》(番国土地批字〔1997〕第29号)。

项目建设2个5000吨级码头泊位,岸线长度为110米。码头采用顺岸式布局,高桩式结构。码头前沿水深4米。项目后方堆场面积1000平方米,主要装卸设备配置10吨的港口门座起重机3台。项目总投资60万元,为企业自筹资金。

项目建设单位为番禺市裕丰钢铁有限公司,设计单位为番禺市水利局。

项目主要用途是公司自用,不对外开放,主要是用于装卸公司的钢坯、钢材,船运成本相对汽运有所下降,对公司正常的生产经营提供了一定的助力。2011—2014年完成的吞吐量分别为:1.38万吨、6616吨、1.95万吨、4152吨。

(7)广州南宝饲料有限公司码头

项目于1998年6月开工,1998年11月试运行,1998年12月竣工。

项目建设依据:1998年6月,番禺市水利局《关于番禺市南宝饲料有限公司申请建设码头报告的批复》(番水〔1998〕第7号);1998年6月21日,广东省航道局《关于同意在焦门水道左岸亭角大桥上游河段兴建码头的复函》(粤航道〔98〕复字70号);1998年6月20日,番禺港务监督管理局《关于番禺市南宝饲料有限公司申请建设码头的批复》(番港监〔1998〕20号);2001年11月,广州市番禺区环境保护局《广州市番禺区建设项目环境保护"三同时"验收投产许可证》(番环管控字〔2001〕143号);1998年1月,番禺市规划局《建设用地规划许可证》(编号:080025)。

项目建设2个500吨级通用散货码头泊位。码头采用顺岸式布局,高桩式结构。码头前沿水深2.6米。主要装卸设备配置10吨的港口门座起重机2台。项目总投资200万元,为企业自筹资金。

项目建设单位为广州南宝饲料有限公司,设计单位为番禺市水利局水电工程勘测设计室,整个工程包括施工、监理、质量监督都由番禺水利局承担。

该码头2011—2015年完成的吞吐量分别为:6.67万吨、5.59万吨、5.43万吨、3.20万吨、2.55万吨。

(8)广州市番禺区东涌先进油料服务站油码头

项目于 2001 年 12 月开工,2000 年 6 月试运行,2002 年 6 月竣工。

项目建设依据:2000 年 6 月,广东省港务监督局《关于广州市番禺区东涌先进油料服务站建设码头的批复》(粤港监安〔2000〕53 号);2000 年 6 月,广东省港务监督局《关于广州市番禺区东涌先进油料服务站建设码头的批复》(粤穗港监〔2000〕110 号);2000 年 6 月,广州港务监督局番禺港务监督《关于广州市番禺区东涌先进油料服务站兴建油码头使用岸线的批复》(粤港番港监〔2000〕35 号);2000 年 6 月,广东省航道局《关于同意在沙湾水道右岸三沙口河段兴建油码头的复函》(粤航道〔2000〕复字 091 号);2000 年 12 月,广州市番禺区环境保护局对《东涌先进油料服务站码头建设项目环境影响报告表》批复(番禺环管影字〔2001〕009 号);2002 年 6 月 12 日,番禺区公安消防大队《关于同意广州市番禺区东涌先进油料服务站规划消防设计的审核意见》;2008 年 1 月,广州市番禺区国土资源和房屋管理局《国有土地使用证》(穗府国用〔2008〕第 04502049 号)。

项目建设 1 个 3000 吨级油品码头泊位,岸线长度为 127 米。码头采用引桥式布局,高桩式结构。码头前沿水深 8.35 米。项目总投资 680 万元,为企业自筹资金。

项目建设单位为广州市番禺区东涌先进油料服务站,设计单位为交通部珠江航运规划设计室,施工单位为中交四航局第四工程公司,质量监督单位为广州水运工程质量监督站。

该码头 2011—2015 年吞吐量分别为:31.15 万吨、27.75 万吨、26.90 万吨、35.76 万吨、22.83 万吨。

(9)广州市番禺水泥厂有限公司粉磨站码头

项目于 2005 年 11 月开工,2006 年 9 月试运行,2007 年竣工。

项目建设依据:2005 年,广州海事局《中华人民共和国广州海事局水工通航安全审核意见》(穗海事通〔2005〕285 号);2005 年,广州市水利局《关于番禺水泥厂在西樵水道左岸鱼窝头大简村段建设码头工程的复函》(穗水函〔2005〕63 号);2003 年,广州市番禺区计划发展局《关于番禺水泥厂有限公司迁建生产厂区工程项目的批复》(番计〔2003〕408 号);2007 年,广州港务局《关于广州市番禺水泥厂有限公司粉磨站码头工程通过竣工验收的复函》(穗港局函〔2007〕251 号);2005 年,番禺市环境科学研究院《番禺水泥厂有限公司粉磨站码头建设项目环境影响报告表》;2006 年,广州市番禺区公安消防大队《关于番禺水泥厂有限公司年产 60 万吨水泥粉磨站消防设施消防设计的审核意见》(番公消审〔2006〕第 0345 号);2006 年,广州市番禺区公安消防大队《关于对番禺水泥厂有限公司消防验收合格的意见》(番公消验〔2006〕第 0236 号)。

项目建设 2 个 5000 吨级通用散货码头泊位(码头水工建筑允许靠泊能力 8000 吨级),岸线长度为 121 米。码头采用引桥式布局,高桩式结构。码头前沿水深 3.9 米。仓库面积 2000 平方米。主要装卸设备配置包括 10 吨的港口门座起重机 1 台。项目总投资 436.34 万元，为企业自筹资金。

项目建设单位为广州市番禺水泥厂有限公司，设计单位为广东省海洋与渔业勘测设计院，施工单位为中国水产广州建港工程公司，监理单位为南华建设监理所，质量监督单位为广州港建设工程质量监督站。

该码头 2011—2015 年完成的吞吐量分别为：16.90 万吨、13.74 万吨、10.05 万吨、9.38 万吨、10.19 万吨。

（10）广州植之元油脂实业有限公司配套码头

项目于 2005 年 11 月开工，2006 年 9 月试运行，2017 年 1 月竣工。

一期项目建设依据：2005 年 9 月广州南沙开发区经济发展局《关于植之元油脂生产配套码头立项核准批复》（穗南批经复〔2005〕105 号）；2005 年 9 月，广州海事局《关于洪奇沥水道广州植之元油脂有限公司配套码头项目水工通航安全审核意见》（穗海事通〔2005〕263 号）；2005 年 9 月，交通部水运安全评审中心《关于广州植之元油脂有限公司配套码头工程安全预评价报告通过备案审核函》（交水评审函〔2005〕75 号）；2005 年 9 月，广州港务局《关于广州植之元油脂有限公司配套码头工程环境影响报告书预审的意见》（穗港局函〔2005〕151 号）；2005 年 5 月，水利部珠江水利委员会《关于广州植之元油脂有限公司企业专用码头工程的批复》（珠水规计〔2005〕36 号）；2005 年 9 月，广州港务局《关于广州植之元油脂有限公司配套码头使用港口岸线的复函》（穗港局函〔2005〕148 号）。2007 年广州市国土资源和房屋管理局《土地使用证》〔证号：07 国用（04）第 000011 号、第 000023 号〕。

二期项目建设依据：2011 年 11 月，广州南沙开发区发展和改革局《关于广州植之元油脂实业有限公司二期码头大豆加工配码头项目的批复》（穗南发改项目〔2001〕235 号）；2011 年 12 月，广州港务局《广州植之元油脂实业有限公司二期项目配套码头工程初步设计的批复》（穗港局〔2011〕414 号）；2011 年 3 月，中水珠江规划勘测设计有限公司《广州植之元油脂实业有限公司二期项目配套码头工程工程预可研报告》；2011 年 11 月，广州南沙开发区发展和改革局《关于广州植之元油脂实业有限公司二期码头大豆加工配码头项目的批复》（穗南发改项目〔2001〕235 号）；2011 年 6 月，水利部珠江水利委员会《关于广州植之元油脂有限公司二期项目配套码头工程建设方案的批复》（珠水规计函〔2011〕293 号）；2011 年 6 月，广东航道局《关于同意在洪奇沥水道兴建广州植之元油脂有限公司二期项目配套码头函》（粤航道函〔2011〕258 号）；2011 年 6 月，交通运输部水运安全评审中心《关于广州植之元油脂有限公司二期项目配套码头安全预评价报告通过备案审核的函》（交水安评审核函〔2011〕038 号）；2011 年 11 月，广州海事局《关于广州植之元油脂有限公司配套码头项目水工通航安全审核意见》（穗海事通〔2011〕322 号）；

2012年3月,广州市南沙区海洋与渔业局《关于广州植之元油脂实业有限公司二期项目配套码头申请使用海域的复函》(无文号)2011年5月,广州港务局《关于广州植之元油脂实业有限公司二期项目配套码头工程岸线使用的批复》(穗港局〔2011〕168号)。

项目建设2个3000吨级和2个1000吨级通用散货码头泊位(水工结构兼顾3000吨级),岸线长度为465.5米。码头采用引桥式布局,高桩式结构。码头前沿水深8.5米。主要装卸设备配置10~25吨的港口门座起重机2台、500吨/小时的皮带输送机2台、其他港口输送机械3台。项目总投资18740万元,其中企业自筹12820万元,其余部分来自银行贷款。

项目建设单位为广州植之元油脂实业有限公司,设计单位为武汉港湾工程设计研究院广州分院、中水珠江规划勘测设计有限公司,施工单位为珠海市腾步工程有限公司、中国水产广州建港工程公司,监理单位为广州进水工程监理公司、广州港工程管理有限公司,质量监督单位为广州市水利水电工程质量安全监督站、广州港建设工程质量监督站。

配套码头的建成有助于与国际接轨并积极参与国际市场的竞争,促进农产品转化增值,不断扩大规模,提高综合实力,增强抗风险能力,提高带动能力,最终达到提高经济效益和社会效益。该码头2011—2015年完成的吞吐量分别为:129.44万吨、155.65万吨、195.90万吨、199.98万吨、181.49万吨。

(11)广州市莲港船舶清油有限公司船舶污水污油处理项5000吨级配套码头

项目于2005年12月开工,2006年8月竣工。

项目建设依据:2005年,广州建港工程勘察设计院编制完成《广州市莲港船舶清油有限公司船舶污水、污油处理项目5000吨级配套码头工程工程可行性研究报告》,并通过可研专家评审;2005年,安徽省港航勘察设计院南沙分院完成初步设计文件编制,并通过初步设计专家评审;2005年,广州港务局《关于对广州市莲港船舶清油有限公司船舶污水、污油处理项目5000吨级配套码头工程环境影响专题报告预审意见的函》(穗港局〔2005〕88号);2004年,广东省航道局《关于同意在洪奇沥水道十一涌上游河段兴建油码头的复函》(粤航道复字〔2004〕191号);2005年,水利部珠江水利委员会《关于莲港船舶清油有限公司万顷沙油码头工程项目的批复》(珠水规计〔2005〕6号);2003年,广州市环境保护局《关于广州市莲港船舶清油有限公司年处理45万吨船舶污水污油工程建设项目环境影响报告书审批意见的函》(穗环南管影〔2003〕6号);2005年,广州市国土资源和房屋管理局南沙分局《国有土地使用证》(编号:010371451);2014年,广州市南沙区海洋与渔业局《中华人民共和国海域使用权批准通知书》;2005年,广州港务局《关于广州市莲港船舶清油有限公司建设5000吨级配套码头使用港口岸线的复函》(穗港局函〔2005〕110号)。

项目建设1个5000吨级港作船码头泊位,岸线长度为137米。码头采用引桥式布局,高桩式结构。码头前沿水深7.1米。项目总投资1373.26万元,为企业自筹资金。

项目建设单位为广州市莲港船舶清油有限公司,施工单位为广州打捞局,监理单位为广州石化建设监理有限公司,质量监督单位为广州港建设工程质量监督站。

码头项目为广州市莲港船舶清油有限公司年处理 45 万吨船舶污水污油项目的重要组成部分,本码头可将船舶产生的含油污水装卸进入陆域环保设施处理,是水上交通环境保护的重要一环,本码头的投产运营有利于促进水上交通环境保护的发展,有较好的社会环境效益。本码头 2011—2015 年完成的吞吐量分别为:19.94 万吨、15.53 万吨、7.63 万吨、5.78 万吨、2730 吨。

（12）东方国际集装箱（广州）有限公司（15 万 TEU/年）集装箱生产基地配套码头（3000 吨级泊位）

项目于 2007 年 10 月开工,2008 年 3 月试运行,2008 年 10 月竣工。

项目建设依据:2006 年 8 月,广州港务局《东方国际集装箱（广州）有限公司配套码头工程可行性研究报告评审会评审意见》;2007 年 1 月 9 日,广州港务局《东方国际集装箱（广州）有限公司配套码头工程初步设计评审会审意见》;2006 年 10 月 30 日,广州港务局批复广东省航道勘测设计研究院有限公司编制的设计文件（穗港局函〔2006〕318 号）;2005 年 9 月 17 日,广州南沙开发区经济发展局批准东方国际集装箱（广州）有限公司立项（编号:LX05 - 021）;2007 年 4 月,广州市环境保护局《关于东方国际集装箱（广州）有限公司（15 万 TEU/年）集装箱生产基地配套码头（3000 吨级泊位）环境影响报告书审批意见函》（穗环管影〔2007〕148 号）;2006 年 1 月,广州市城市规划局《建设用地规划许可证》（穗南规地证〔2006〕6 号 ）;2007 年 1 月,广州港务局《关于东方国际集装箱（广州）有限公司配套码头工程使用岸线的复函》（穗港局函〔2007〕13 号）。

项目建设 1 个 3000 吨级通用码头泊位,岸线长度为 110 米。码头采用引桥式布局,高桩式结构。码头前沿水深 5.75 米。主要装卸设备配置包括港口门座起重机 2 台。项目总投资 3021.02 万元,为企业自筹资金。

项目建设单位为东方国际集装箱（广州）有限公司,设计单位为广东省航道勘测设计研究院有限公司,施工单位为广州打捞局,监理单位为广州海建工程监理公司。

该码头 2011—2015 年完成的吞吐量分别为:3.35 万吨、15.32 万吨、23.26 万吨、29.78 万吨、32.27 万吨。

（13）广州市华鸿油品有限公司 2000 吨级油码头

项目于 2007 年 4 月开工,2008 年 3 月试运行,2009 年 3 月竣工。

项目建设依据:2007 年 2 月,广东省水利厅《广州市华鸿油品有限公司 2000 吨级油码头工程建设方案》（粤水管〔2007〕7 号）;2006 年 3 月,广州市环保局批复中国科学院南海海洋研究所编制的《广州市华鸿油品有限公司 2000 吨级（水工结构兼顾 3000 吨油船）油码头工程环境影响报告书》;2005 年,广州市国土资源和房屋管理局南沙分局《建设用地批准书》(穗南国土用字〔2005〕第44号);2006年4月,广州港务局《关于广州市番禺华鸿油品有限公司建设2000吨级油码头使用港口岸线的复函》(穗港局函〔2006〕80号)。

项目建设1个2000吨级成品油码头泊位(水工结构兼顾3000吨级),岸线长度为120米。码头采用引桥式布局,高桩式结构。码头前沿水深7.2米。主要装卸设备配置包括输油臂2台。项目总投资1642.11万元。

项目建设单位为广州市华鸿油品有限公司,设计单位为安徽省港航勘测设计院,施工单位为汕头市达濠建筑总公司,监理单位为广州海荣建设监理公司,质量监督单位为广州港建设工程质量监督站。

项目的建设是符合国家能源优先发展及扩大能源储备需要的,投产后给地方经济发展作出了一定的贡献,解决了一部分地方劳动力就业问题。2011—2015年码头吞吐量分别为:47.22万吨、21.96万吨、35.65万吨、8.76万吨、2.15万吨。

(14)广州市骏宝饲料有限公司500吨级散杂货码头

项目于2007年11月开工,2008年11月竣工。

项目建设依据:2007年4月25日,广州港务局《关于广州市骏宝饲料有限公司500吨级临时散杂货码头工程使用岸线的复函》(穗港局函〔2007〕102号);2007年12月11日,广州港务局《关于对广州市骏宝饲料有限公司500吨级散杂码头工程施工图设计审批的复函》(穗港局函〔2007〕258号);2006年,广州市水利局《关于骏宝饲料有限公司在西樵水道番禺区榄核镇上泥村段右岸建设临时散杂货码头的复函》(穗水函〔2006〕166号);2007年12月,广州港务局文出具了码头的安全设施设计审查意见(穗港局〔2007〕255号);2008年,广州市番禺区环境保护局批复广州市骏宝饲料有限公司编制的《广州市骏宝饲料有限公司自用简易码头建设项目环境影响报告表》〔穗(番)环管影字〔2008〕467号〕;2008年,广州市番禺区发展和改革局在广州市骏宝饲料有限公司编制的《广州市骏宝饲料有限公司500吨级散杂货码头工程项目立项》批复了码头的用地审批(番发改〔2008〕20号);2007年,广州海事局批复广州市骏宝饲料有限公司编制的《广州市骏宝饲料有限公司500吨级散杂货码头工程项目水工通航安全审核》(穗海事通〔2007〕211号);2007年,广州港务局批复广州市骏宝饲料有限公司编制的《广州市骏宝饲料有限公司500吨级临时散杂货码头工程使用岸线》(穗港局函〔2007〕102号)。

项目建设1个500吨级散杂货码头泊位,岸线长度为50米。码头采用引桥式布局,高桩式结构。码头前沿水深3.8米。主要装卸设备配置10吨的港口门座起重机1台。项目总投资200万元,为企业自筹资金。

项目建设单位为广州市骏宝饲料有限公司,设计单位为广州港工程设计所,施工单位为梅州市怡通建设工程有限公司,监理单位为广州港水运工程监理公司,质量监督单位为广州港建设工程质量监督站。

项目建成投产后,明显节省了劳动力和提高了生产力,节省了原料采购的运输成本、提高了公司的生产效益。2011—2015年码头吞吐量分别为:3.96万吨、4.03万吨、6.69万吨、7.43万吨、6.97万吨。

(15)互太(番禺)纺织印染有限公司热电联产码头扩建工程

项目于2009年12月开工,2015年9月竣工。

项目建设依据:2009年4月,广州海事局,广州市环保局,广州市安监督局,南沙区安监局、水务局和环境保护局《互太(番禺)纺织印染有限公司热电联产配套码头扩建工程初步设计评审会专家评审意见》;2009年11月,广州港务局《关于互太(番禺)纺织印染有限公司热电联产码头扩建工程施工图设计审批的复函》(穗港局函〔2009〕292号);2008年8月,广东省航道局《关于同意在洪奇沥水道扩建互太(番禺)纺织印染有限公司码头的复函》(粤航道局〔2008〕324号);2008年11月,广州南沙开发区发展和改革局《关于互太(番禺)纺织印染有限公司热电联产配套码头扩建工程项目的复函》(穗南发改项目〔2008〕115号);2013年9月,广州南沙开发区环境保护局《关于互太(番禺)纺织印染有限公司热电联产配套码头建设项目环境影响报告书审批意见的函》(穗南开环管影〔2013〕139号);2012年8月29日,广州市国土资源和房屋管理局《国有土地使用证》(穗府国用〔2012〕第04100039号);2008年6月,广州港务局《关于互太(番禺)纺织印染有限公司热电联产配套码头扩建工程调整使用岸线的复函》(穗港局函〔2008〕122号)。

项目建设2个1000吨级通用散货码头泊位,岸线长度为162米。码头采用引桥式布局,高桩式结构。码头前沿水深3.8米。堆存能力为4000吨。主要装卸设备配置10吨的港口门座起重机2台、皮带输送机3台。项目总投资1831.45万元,为企业自筹资金。

项目建设单位为互太(番禺)纺织印染有限公司,设计单位为中交四航局港湾工程设计院有限公司,施工单位为汕头市达濠建筑总公司,监理单位为广州粤科工程建设监理咨询有限公司,质量监督单位为广州港建设工程质量监督站。

该码头2011—2013年完成的吞吐量分别为:15.64万吨、15.68万吨、21.84万吨。

(16)中船广州低速柴油机生产基地建设项目一期工程配套及辅助设施码头(港池)工程

项目于2011年5月开工,2011年12月竣工。

项目建设依据:2011年,广州港务局《关于中船广州低速柴油机生产基地建设项目一期工程配套及辅助设施码头(港池)工程初步设计的批复》(穗港局〔2011〕178号);2011年,广州港务局《关于中船广州低速柴油机生产基地建设项目一期工程配套及辅助设施码头(港池)工程施工图设计的批复》(穗港局〔2011〕349号);2011年,广东省水利厅《关于中船广州低速柴油机生产基地(一期工程)港池工程建设方案的批复》(粤水建管

〔2011〕81号）；2010年番禺区发改局《广东省企业基本建设投资项目备案证》（备案项目编号：100181375410583）；2011年广州海事局《水上通航安全审核意见》（穗海事通〔2011〕182号）；2011年广州港公安局《建设工程消防设计备案受理凭证》（备案号：440000WSJ110031434，竣工验收消防备案号：440000WYS120012021）；2008年，广东省环境保护局《关于中国船舶工业集团公司广州低速柴油机生产基地建设项目（一期工程）环境影响报告书的批复》（粤环审〔2008〕441号）；2011年12月，广州市国土局《土地使用证》（证号：G17-001133）；2011年，广州港务局《关于中船广州低速柴油机生产基地建设项目一期工程配套及辅助设施码头（港池）工程岸线使用的批复》（穗港局〔2011〕151号）。

项目建设1个1000吨级杂货码头泊位（码头水工建筑按靠泊能力1500吨级设计），岸线长度为55米。码头采用突堤式布局，板桩式结构。码头前沿水深6米。主要装卸设备配置包括额定起重量＞25吨的港口门座起重机1台。项目总投资7653.41万元，为企业自筹资金。

项目建设单位为广州中船船用柴油机有限公司，设计单位为中船第九设计研究院工程有限公司，施工单位为中交四航局第二工程有限公司，监理单位为广州港工程管理有限公司，质量监督单位为广州港建设工程质量监督站。

该码头2013—2015年完成的吞吐量分别为：4833吨、7099吨、2425吨。

（17）广州中船船舶钢构有限公司码头

项目于2011年7月开工，2012年8月竣工。

项目建设依据：2011年，广州港务局《关于广州中船船舶钢构有限公司码头改造工程初步设计的批复》（穗港局〔2011〕163号）；2011年，广州港务局《关于广州中船船舶钢构有限公司码头改造工程施工图设计的批复》（穗港局〔2011〕226号）；2012年，广东省水利厅《关于广州中船船舶钢构有限公司码头加固改造工程建设方案的批复》（粤水建管〔2010〕296号）；2012年，广州港务局《关于广州中船船舶钢构有限公司码头加固改造工程安全设施设计审查的意见》（穗港局函〔2012〕363号）；2011年，码头通过广州市公安消防局的消防设计备案（备案表编号：440000WSJ110044820）；2009年，广州市番禺区发展和改革局《广东省企业基本建设投资项目备案证》（编号：090181375410477）；2010年，广州市番禺区人民政府《对广州中船船舶钢构有限公司关于原广州祈美燃料有限公司油码头所有权归属中船申请的复函》（番府函〔2010〕268号）；2010年，广州市卫生局《关于中船柴油机核心部件及舾装件配套基地项目职业病危害预评价报告书进行审批的复函》（穗卫函〔2010〕464号文）；2011年，广州港务局《关于广州中船船舶钢构有限公司码头改造工程使用港口岸线的批复》（穗港局〔2011〕152号文）；2012年，广州海事局《水工通航安全审核意见》（穗海事通〔2012〕76号）。

项目建设 1 个 1000 吨级码头泊位，岸线长度为 126 米。码头采用引桥式布局，高桩式结构。码头前沿水深 5.7 米。主要装卸设备配置 25 吨的港口门座起重机 1 台。项目总投资 1450 万元。

项目建设单位为中船重型装备有限公司，设计单位为中船第九设计研究院工程有限公司，施工单位为江苏神龙海洋工程有限公司，监理单位为广州港工程管理有限公司，质量监督单位为广州港建设工程质量监督站。

（18）广州市粮食储备加工中心码头工程

项目于 2013 年 8 月开工，2014 年 12 月竣工。

项目建设依据：2012 年 3 月 1 日，水利部《关于建设广州市粮食储备加工中心码头建议的复函》（水文站管函〔2012〕13 号）2012 年 4 月，南沙开发区发展和改革局《关于广州市粮食储备加工中心配套码头项目的批复》（穗南发改项目〔2012〕47 号）；2012 年 3 月 31 日，广东省水利厅《关于广州市粮食储备加工中心码头工程建设方案的批复》（粤水建〔2012〕58 号）；2011 年 11 月 9 日，广东省航道局《关于同意在洪奇沥水道左岸建设广州市粮食储备加工中心码头的复函》（粤航道函〔2011〕513 号）；2012 年 1 月 5 日，广州海事局《关于广州市粮食储备加工中心码头工程通航安全影响有关意见的复函》（粤海事函〔2012〕2 号）；2012 年 3 月，广州南沙开发区环境保护局《关于广州市粮食储备加工中心配套码头建设项目环境影响报告书的审批意见》（穗南开环管影〔2012〕23 号）；2011 年广州市国土资源和房屋管理局《国有土地使用证》（穗府国用〔2011〕第 04100057 号、第 04100058 号）；2012 年，广州市国土资源和房屋管理局《国有土地使用证》（穗府国用〔2012〕第 04100030 号）；2012 年 3 月，广州港务局《关于广州市粮食储备加工中心码头工程使用港口岸线的批复》（穗港局〔2012〕86 号）。

项目建设 3 个 1000 吨级散粮码头泊位（码头水工建筑允许靠泊能力 3000 吨级），岸线长度为 214 米。码头采用引桥布局，高桩结构。码头前沿水深 5.1 米。筒仓容量为 7 万吨。项目总投资 8733.32 万元，其中，企业自筹 5240 万元，银行贷款 3493.32 万元。

项目建设单位为广州市粮食集团有限责任公司，设计单位为中交四航局港湾工程设计院有限公司，施工单位为中交第四航务工程局有限公司，监理单位为广州港工程管理有限公司，质量监督单位为广州港建设工程质量监督站。

广州市粮食储备加工中心码头自 2015 年 9 月份投入使用，使小麦运输成本降低了 50% 以上，并大幅提高了小麦进出仓效率。2015 年吞吐量为 5.62 吨。

（三）五和港区

1. 港区综述

（1）港区建设概况和运营情况

　　截至 2015 年,广州内河港五和港区有港口码头企业 16 家,集装箱码头 4 家、散货码头 12 家。拥有生产性码头泊位共 39 个,岸线长度 2175.2 米。最大泊位等级为 800 吨级。五和港区码头作业区分布图如图 9-9-4 所示。

图 9-9-4　五和港区码头作业区分布图

　　五和港区 2011—2015 年货物吞吐量分别为:495.5 万吨、472.0 万吨、428.5 万吨、461.5 万吨、483.0 万吨。

（2）港区地理条件和集疏运概况

广州内河港五和港区在地理上属于广州北部港区。从地理位置来看，其位于广州港珠江口出港航道以北，与广州市区核心经济圈相连、毗邻香港和澳门。五和辖区港口区域内交通运输条件优越，其中广州港的传统主力港区黄埔、新沙港区就位于该区域内，与国内 100 多个港口通航。通过密集的珠江水系以及公路、铁路与珠三角地区、广东省乃至华南地区等广大经济腹地相连。

公路：花都区主骨架路网规划形成四纵四横的高快速路网体系、环形加网格结构的一级主干道系统和不规则方格网结构的二级主干道系统。"四横"指北二环高速公路、北三环高速公路、平步快速路、赤炭—白云六线快速路，"四纵"指广清高速公路、京珠高速公路、机场高速公路北延线和街北高速公路、广花快速路。白云区内有广佛、广深、广州环城三条高速公路，广汕、广从、广花三条公路，105、106、107、205、324 等国道穿境而过。铁路：白云区内京广、广三两条铁路穿境而过，白云区京广铁路江高编组站为华南地区最大的客货火车编组调配站。水路：五和港区现有通航水道 7 条，目前通航条件较优越的水道有白坭水道（赤坭荷塘—珠江大桥东桥段）以及流溪河下游段（江村铁路桥—文漖口），现状为内河三级航道，可通航 1000 吨级船舶。

2.港区工程项目

广州皇上皇饲料厂码头工程

项目于 1997 年 1 月开工，1998 年 1 月竣工。

项目建设依据：《关于新建码头的批复》（穗五和港监字〔1997〕23 号）。

项目建设 1 个 800 吨级码头泊位，岸线长度为 100 米。码头采用顺岸式布局，重力式结构。码头前沿水深 2.85 米。项目后方堆场面积 1500 平方米，项目总投资 1500 万元，为企业自筹资金。

码头工程建成之后，主要运用于农副食品加工业务，货物种类主要为玉米等。2011—2015 年的吞吐量分别为：2.18 万吨、1.54 万吨、3.51 万吨、1.82 万吨、1.57 万吨。

（四）新塘港区

1.港区综述

（1）港区建设概况和运营情况

新塘港在 20 世纪 90 年代以前，主要建有港务站码头、物资部门自建码头及一些简易的煤炭、建材码头。据 1984 年统计记载，港内建有码头 12 座，泊位 14 个，码头总长 247 米，最大靠泊能力 300 吨，其中港务站码头 6 个，泊位 8 个，物资部门自建码头 6 个。港内有起重机 4 台，最大起重能力 3 吨，仓库 15 座，总面积 11049.7 平方米，容量 1.49

万吨;有堆场 2 处,总面积 870 平方米,容量 974 吨。客运站 1 座,有效面积 42.24 平方米,主要的货物为河沙、农资等。1987 年,于仙村水道建成本港第一个煤炭码头——增城市仙村下境码头,泊位 2 个,最大靠泊能力为 300 吨级,开始发展煤炭运输;1989 年,于东江新塘镇内建成本港第一个集装箱码头——新塘口岸码头,泊位 2 个,靠泊能力为 1000 吨级,开通新塘至香港的外贸航线,开办外贸运输业务,开展集装箱进出口运输,新塘港成为国家二类口岸。进入 20 世纪 90 年代后,于 1992 年建成南方油料有限公司码头 1 个泊位,靠泊能力为 500 吨级。新塘港开始发展石油码头,2007 年,广州港务局新塘分局根据港口发展及安全生产的需求,引导 4 家石油码头维修改造,把本港之前简易的石油码头改造成全部达到安全生产标准的石油码头;截至 2009 年,增城、新塘港辖区内,已建有 9 个油品码头,油品泊位 9 个、最大靠泊能力为 1000 吨级。1993 年,建成规模较大的货主码头——南方制碱有限公司码头,包括 4 个泊位,最大靠泊能力为 500 吨级,2015 年其吞吐量约占新塘港(内河)总吞吐量的 30%。1994 年建成规模较大的集装箱码头——东洲湾码头,最大靠泊能力为 1000 吨级,目前与新塘口岸码头合并改名为广州新塘仓码港口服务有限公司。1996 年增城市新港客运有限公司码头建成,开通新塘至香港客运航线,成为一类客运口岸,直到 2002 年因客运市场萎缩停运。2005 年建成规模较大的货主煤码头——旺隆电厂煤炭码头,靠泊能力为 500 吨级,2015 年其吞吐量约占新塘港(内河)总吞吐量的 32%。新塘港区作业区分布图如图 9-9-5 所示。

截至 2015 年,新塘港有 18 家码头企业,2015 年完成货物吞吐量 883 万吨、集装箱吞吐量 2.19 万 TEU。其中主要的货类有集装箱(2.19 万 TEU)、煤炭(274.76 万吨)、石油产品(62.61 万吨)、石灰石(97.81 万吨)等。

2003—2015 年新塘港吞吐量发展变化发展情况:港口货物吞吐量从 2003 年的409.36 万吨发展到 2015 年的 883.01 万吨,年平均增长率为 6.62%,集装箱吞吐量从 2003 年的 2.23 万 TEU 发展到 2015 年的 2.19 万 TEU。

截至 2015 年,新塘港有港口码头企业 18 家,其中二类口岸集装箱码头 3 家、内贸石油产品码头 7 家、其他内贸码头 8 家。泊位数量 27 个,泊位合计长度 1619 米,泊位最大靠泊能力为 1000 吨级。

截至 2015 年,新塘港建立有珠三角内河、港澳等航线,货运量较大的港口航线主要有新塘港与香港及新塘港与珠三角各港口间的航线,主要货类有集装箱、煤炭、石灰石、石油产品等。

(2)港区地理条件和集疏运概况

新塘港在地理上属于广州东部港区。从地理位置来看,其位于广州港珠江口出港航道以北、广州港黄埔老港作业区以东、东莞和惠州以西,与广州市区核心经济圈相连、毗邻

图 9-9-5 新塘港区作业区分布图

香港和澳门,是广东省七大海河交叉的河港之一。目前,在这一片区范围内集聚了包括广州港出港航道沿线的广州集装箱码头、西基、黄埔、新港、新沙等众多实力雄厚的港口企业,也包括了东江口沿岸的众多中小港航企业。新塘港经济腹地可辐射到周边的广州开发区、增城、东莞、惠州等地。港口区域内交通运输条件优越,其中广州港的传统主力港区黄埔、新沙港区就位于该区域内,国际海运通达80多个国家和地区的300多个港口,并与国内100多个港口通航,通过密集的珠江水系以及公路、铁路与珠三角地区、广东省乃至华南地区等广大经济腹地相连。其中通过珠江水系内连通我国广西、云南、贵州等地;通过京广、京九、广深和广三、广梅汕等铁路与全国铁路网相连;通过105、106、107国道,广深、广佛、广惠、京珠高速公路、华南快速干线等形成了以广州为中心的放射状集疏运网络。制约因素:港区内部分航道河床浅,航线受水深、桥高限制(东江口铁路桥的净空只有8米左右),在船舶大型化高速发展的今天,吨级大的船舶都无法驶入,而港区内的增江河为半封闭航道,限制了港口和水运事业发展。

新塘港区2011—2015年集运量分别为:506.52万吨、523.68万吨、674.82万吨、707.40万吨、741.56万吨。

2. 港区工程项目

(1)增城县口岸经济发展总公司口岸码头建设工程

项目于1987年3月开工,1989年12月试运行,1989年12月竣工。

项目建设依据:2017年,新塘口岸码头基础设施改造工程建设项目竣工环境保护验收报告(增环评〔2017〕115号/116号)。

项目建设2个1000吨级杂货码头泊位,岸线长度为104米。码头采用顺岸式布局,重力式结构。码头前沿水深4.7米。项目后方堆场面积3.87万平方米,堆存能力1.5万吨。主要装卸设备配置25吨港口门座起重机1台。项目总投资1890万元,为政府投资。项目用地面积3.87万平方米。

项目建设单位为增城县口岸经济发展总公司口岸码头建设工程部。

增城县口岸经济发展总公司口岸码头建成后,成为新塘港内河第一家集装箱码头,为国家二类口岸,从1989年起开展集装箱进出口运输业务,多年来为周边经济发展发挥了相当重要的作用。该码头因经营管理、政府资源整合重组等原因于2005年12月29日转让给"永霸公司",产权性质转变为私营,名称变更为"广州凯运进出口贸易发展有限公司"。2012年,该码头因债务等原因被法院拍卖(2012年7月—2014年11月停产),之后该码头产权转属增城国资委所有,码头名称变更为"广州东部便捷现代物流发展有限公司"。2018年开始,码头的权属部门委托"广东中外运华南有限公司"接手码头的生产经营管理工作,颁发的港口经营许可证为"广州新塘仓码港口服务有限公司",经营范围包括口岸码头和东洲湾码头(广州凯航运输有限公司)。

多年来由于码头权属、经营人的不断变换,交接过程中导致码头建设历史资料基本丢失,也导致了新塘口岸码头多年来的发展基本处于停滞不前甚至倒退的状态。2011—2015年货物吞吐量分别为:14.79万吨、2.05万吨、0万吨、1.72万吨、4.08万吨;2011—2015年集装箱吞吐量分别为:1.27万TEU、0.29万TEU、0TEU、0.14万TEU、0.28

万 TEU。

(2)省农资新塘西洲码头

项目于 1989 年 8 月开工,1990 年 4 月试运行,1990 年 4 月竣工。

项目建设 1 个 1000 吨级杂货码头泊位,岸线长度为 76 米。码头采用顺岸式布局,高桩式结构。码头前沿水深 4 米。项目后方堆场面积 5000 平方米,堆存能力 1 万吨。主要装卸设备配置 10 吨的港口门座起重机 1 台。项目总投资 81 万元,为企业自筹资金。项目用地面积共 5.94 万平方米。

项目建设单位为广东省农业生产资料总公司。

码头建成于 1990 年,对当地经济发展,特别是农资流通方面起到一定带动作用。码头主要从事尿素的到港货物装卸,年吞吐量逐年上升,2011—2015 年的吞吐量分别为:0.43 万吨、1.15 万吨、3.16 万吨、4.28 万吨、3.50 万吨。

(3)增城市新塘镇港口经济发展总公司东洲湾码头

项目于 1993 年 7 月开工,1994 年 8 月竣工。

项目建设依据:1992 年,广州市航运管理局《关于建设东洲湾码头的批复》(穗航字〔1992〕第 47 号)。

项目建设 1 个 1000 吨级和 3 个 500 吨级杂货码头泊位,岸线长度为 174 米。码头采用顺岸式布局,高桩式结构。码头前沿水深 4 米。项目后方堆场面积 3.2 万平方米,堆存能力 1.5 万吨。主要装卸设备配置包括额定起重量 >25 吨的港口门座起重机 2 台。项目总投资 1200 万元。项目用地面积 3.32 万平方米。

项目建设单位为增城市新塘镇港口经济发展总公司。

(4)增城市海滔燃料实业有限公司码头工程

项目于 1998 年 8 月开工,1999 年 5 月竣工。

项目建设依据:2001 年,建设项目环境影响报告表(增环影〔2001〕109 号);2007 年,国土使用证(增国用〔2007〕第 B0401532 号)。1999 年,广东省航道局批复(粤航道〔1999〕复字 130 号)。

项目建设 1 个 1000 吨级成品油码头泊位(码头水工建筑允许靠泊能力 2000 吨级),岸线长度为 96 米。码头采用顺岸式布局,高桩式结构。码头前沿水深 5.85 米。项目总投资 2950 万元,为企业自筹资金。项目用地面积 8000 平方米。

项目建设单位为增城市海滔燃料实业有限公司,设计单位为广东省航运工程设计室,施工单位为新塘工业加工区建筑工程公司,质检单位为武汉港湾工程质量检测有限公司。

(5)广州中油天泓油库改扩建工程

项目于 2003 年 3 月开工,2003 年 9 月试运行,2003 年 9 月竣工。

项目建设依据:2001 年 10 月,广东省经济贸易委员会以(粤经贸资源〔2001〕873 号)批复北京中航油建筑工程设计研究院编制的《广东中油新塘西洲油库改扩建工程可行性研究报告》[设计号(2001)20-11];2002 年 5 月,增城市建设局以《广东省建筑工程施工图设计文件审查批准书》(增建社审字〔2002〕63 号)批准该设计;2001 年 6 月,增城市环保局以(增环影〔2001〕234 号)批复广东中油新塘天泓石油仓储有限公司编制的《建设项目环境影响报告表》;2001 年 6 月,增城市规划局批复广东中油新塘天泓石油仓储有限公司提交的《关于建设燃料油仓储项目申请报告》;2002 年 1 月,广东省航道局《关于同意补办东江广深高速公路桥下游河段高桩油码头审批手续的复函》(粤航道复字〔2002〕14 号);1997 年 8 月,新塘港务监督《关于西洲陶瓷有限公司建码头使用岸线的批复》(新港监字〔1997〕32 号)。

项目建设 1 个 1000 吨级成品油码头泊位,岸线长度为 96 米。码头采用引桥式布局,高桩式结构。码头前沿水深 3.5 米。储罐容量 2.9 万立方米,主要装卸设备配置 1000 吨/时的输油臂 1 台。项目总投资 6000 万元,为企业自筹资金。建设燃料油仓储项目占地面积 29028.4 平方米,其中办公综合用房 1450 平方米,监控系统配套设施建设面积 500 平方米,整个储罐区建筑占地面积 4200 平方米,码头面积 800 平方米。

项目建设单位为广州中油天泓石油仓储有限公司,设计单位为广州港工程设计所,施工单位为辽河油建一公司,监理单位为广州市崇科工程建设监理所。

项目投产后为中石油公司在珠三角地区能源供应布局发挥了重要作用,为当地经济建设提供了能源保障,取得了很好的经济社会效益。2017 年,由于当地政府对公司周边企业环保污染实施整治,码头被列入关停行列,2017 年 12 月 31 日正式关停。该码头 2011—2015 年吞吐量分别为:23.87 万吨、29.71 万吨、13.43 万吨、19.14 万吨、19.91 万吨。

(6)广州加盛沥青有限公司码头

项目于 2003 年 9 月开工,2006 年 8 月试运行,2006 年 8 月竣工。

项目建设依据:2000 年,广东省航道局《关于同意在东江右岸新塘西洲河段兴建油码头的复函》(粤航道〔2000〕复字 252 号);增城市国土资源和房屋管理局批复增国用(2011)第 GY000002 号。

项目建设 1 个 1000 吨级成品油码头泊位。码头采用引桥式布局,高桩式结构。码头前沿水深 4 米。项目总投资 310 万元,为企业自筹资金。项目用地面积 1.45 万平方米。

项目建设单位为广州加盛沥青有限公司码头。

码头经过多年的经营,取得了一定的经济社会效益,2011—2015 年的吞吐量分别为:14.05 万吨、12.39 万吨、10.19 万吨、4.93 万吨、18.08 万吨。

2017 年增城地方政府开展环保整治工作,该码头是被列入整治范围的一家港口码头企业,已于 2017 年 9 月起关停。

五、云浮港

(一)港口概况

1.港口综述

云浮市位于珠江河网地带,水运资源丰富,西江"黄金水道"从西向东沿云浮市北部通过,罗定江和新兴江在境内自南流向东北注入西江。云浮港位于西江中下游主干流南岸,西邻矿产资源丰富的大西南地区,东接经济发达的珠江三角洲地区,是珠三角地区通往大西南地区的重要通道。

云浮港原称六都港,始建于20世纪50年代中期。1969年,国家为便于出口云浮的硫铁矿,决定在六都港兴建码头,直至20世纪末,六都港先后建成了码头的坑道皮带输送系统、码头前沿窄轨铁路等设备服务于云浮市的硫铁矿出口。1994年,云浮市设立地级市,六都港正式改为云浮港,下辖六都港区、都杨港区、南江口港区和都城港区,云浮港也随之发展为一个货物吞吐量较大的专业港口,带动了云浮市乃至整个西江流域的经济发展。2006年5月,云浮市港航管理局正式成立,标志着云浮港航事业走上规范化管理轨道。2007年12月,云浮新港四围塘码头动工兴建,建设千吨级泊位7个,总投资3.9亿元。2009年9月,正式建成开港投入营运。

云浮港包括六都港区、都杨港区、南江口港区和都城港区,现有码头泊位主要分布在西江干流南岸沿线。其中,六都港区主要进出口货物为水泥、煤炭、矿物性建筑材料、金属矿石、其他货类等;都杨港区主要进出口货物为煤炭和其他货类等;南江口港区主要进出口货物为水泥、煤炭、金属矿石、粮食、石油、天然气及制品和农林牧渔产品等;都城港区主要进出口货物为水泥、金属矿石、化肥及农药、木材等。

2.港口水文气象

云浮市位于广东省西南部,地处亚热气候,冬季以东北风为主,夏季以西南风为主,夏长冬短,年平均气温21.5摄氏度,1月平均气温12.8摄氏度,7月平均气温28.5摄氏度,年平均降雨量1529.3毫米,多集中在4—9月。自然灾害有秋末寒露风、春季低温雨、秋旱和局部洪涝。

西江洪水的特点是来势猛、峰高量大、持续时间长,而且年际变化很大。由于降雨降水量在年内分配不均匀,冬春少,夏秋多,每年4—10月是西江流域的洪水期,11月—次年3月是枯水期,洪水期和枯水期径流动力作用差别显著。洪水期的洪水主要是港区上游西江流域集水区域的降雨造成的,经常一场大雨之后汛情迅速发展,水位显著急增,流速明显加大,此时西江流域完全受径流控制。根据德庆(二)水文站1954—2007年资料显示,多年平均降雨量为1417.5毫米,历年最大降雨量为2282.5毫米(1961年),最小降雨量为 993.5 毫米(1958 年),其中,4—10 月降雨量可占全年降雨量的 84%。

六都港区、都杨港区、南江口港区及都城港区水域的泥沙来源主要是西江干流径流夹沙,以悬移质为主。另外,南江口港区还承接罗定江的汇流,但其来水来沙量较小,挟沙能力也不强。

各港区均位于西江干流的右岸,港区水域宽阔,航道水深可达 15 米,一般为 5 米,河宽约 600 米;当洪峰过境时,水流通畅,根据德庆水文站资料显示,洪水期悬移质含沙量最大为 0.604 千克/立方米,洪峰过境时会带来大量的悬沙,枯水期上游来水含沙量较低,受潮流界向上移动的影响,泥沙相对较易在港池沉积。

3. 发展成就

改革开放以来,特别是云浮设市以后,云浮港也得到快速发展。截至 2015 年底,已建成包括件杂货、散货、油气化工、集装箱、通用泊位等各类码头泊位 147 个,其中千吨级以上泊位 25 个,泊位年通过能力 2779 万吨。2015 年,云浮港完成货物吞吐量 2002.4 万吨,形成了以金属矿石、水泥、煤炭为主的货类结构。

(二)六都港区

1. 港区综述

(1)港区建设概况和运营情况

六都港区现有码头泊位 68 个,岸线总长度为 5275 米。其中 2000 吨级泊位 10 个、1000 吨级泊位 7 个、其余均为千吨级以下泊位。六都港区现有多用途泊位 1 个、集装箱泊位 2 个、散装水泥泊位 1 个、通用件杂货泊位 8 个、液体化工泊位 2 个、其他泊位 3 个,其余均为通用散货泊位。

六都港区主要进出口货物为水泥、煤炭、矿物性建筑材料、金属矿石、其他货类等。云浮市的硫铁矿、铁矿、石灰石三大矿含量为全国之冠,硫铁矿储量、品位均居世界首位,被誉为"硫都",因此,六都港区是我国重要的矿物出口港之一。

(2)港区地理条件和集疏运情况

六都港区位于云安县六都镇,西江中游南岸,陆路距云浮市区 20 千米,至肇庆 85 千米,至广州 195 千米,至广西岑溪 184 千米,并且有总长 16 千米的地方企业铁路连接云浮硫铁矿。集疏运主要以公路为主,可通过 S368 省道、广昆高速公路、汕湛高速公路、广佛肇高速公路实现进出港货物的集疏运。铁路运输有三茂铁路、南广铁路穿过云浮市境内。

2. 港区工程项目

云浮港六都四围塘码头工程

项目于 2007 年 12 月开工,2010 年 5 月竣工。

项目建设依据:2007 年 4 月,广东省发展改革委《关于云浮港六都四围塘码头项目建设有关问题的复函》(粤发改交函〔2007〕702 号);2007 年 11 月,广东省交通厅《关于云浮港六都四围塘码头工程初步设计的批复》(粤交基〔2007〕1041 号)。

项目建设 2 个 1000 吨级集装箱泊位、4 个 1000 吨级件杂货泊位和 1 个 1000 吨级散货泊位,码头水工结构均按 2000 吨级预留,码头长度为 420 米,工程总投资约 39272.37 万元。

工程建设单位为云浮新港港务有限公司,设计单位为中交第二航务工程勘察设计有限公司,监理单位为华海达(北京)工程管理咨询有限公司,施工单位为中交二航局,质量监督单位为云浮市交通工程质量监督站。

(三)都杨港区

港区综述

(1)港区建设概况和运营情况

都杨港区现有码头泊位 9 个,其中 1000 吨级泊位 2 个,其余为 900 吨级以下泊位,均为通用散货泊位,泊位总长 845 米。都杨港区主要进出口货物为煤炭和其他货类等。

(2)港区地理条件和集疏运情况

都杨港区位于云城区都杨镇,西江中游南岸,陆路距云浮市区约 22 千米,交通方便,水路至肇庆 63 千米,至广西梧州 119 千米。集疏运主要以公路为主,可通过 S368 省道、G321 国道、广昆高速公路、汕湛高速公路、广佛肇高速公路实现进出港货物的集疏运。铁路运输有三茂铁路、南广铁路穿过云浮市境内。

(四)南江口港区

港区综述

(1)港区建设概况和运营情况

南江口港区现有码头泊位 20 个,岸线总长度为 2670 米。其中 1000 吨级及以上泊位 6 个。港区现有煤炭专业泊位 1 个、成品油泊位 1 个、客运泊位 1 个,其余均为通用散货泊位。

南江口港区主要进出口货物为水泥、煤炭、金属矿石、粮食、石油、天然气及制品和农林牧渔产品等。

(2)港区地理条件和集疏运情况

南江口港区位于郁南县南江口镇附近、西江干流中游南岸,此处为西江与南江(罗定江)的交汇点。南江口港区水路至肇庆约 88 千米,至广州约 198 千米,至广西梧州约 85 千米,至郁南都城镇 36 千米。南江口港区是罗定市货物主要的进出口港。集疏运主要以公路为主,可通过 S368 省道、G321 国道、南江大道、广昆高速公路、广佛肇高速公路等实现进出港货物的集疏运。铁路运输有三茂铁路、南广铁路穿过云浮市境内。

(五)都城港区

港区综述

(1)港区建设概况和运营情况

都城港区现有码头泊位共 13 个,泊位岸线总长 1500 米,最大靠泊能力为 800 吨。港区现有粮食泊位 1 个、散装水泥泊位 1 个,其余均为通用散货泊位。都城港区主要进出口货物为水泥、金属矿石、化肥及农药、木材等。

都城港区周围矿产资源丰富,主要有钛铁矿、硅线石、白云石、花岗石,其中钛铁矿储量全广东省第一,硅线石储量全国第二,并有高岭土和煤等矿产资源。农林土产资源主要有松脂、桂皮、木薯、蚕茧、水果、竹笋、药材、茶叶等,郁南县木材蓄积量达 300 万立方米,是广东省用材林基地之一。

(2)港区地理条件和集疏运情况

都城港区位于西江干流中游南岸,郁南县都城镇附近,该处为黑河注入西江交汇点。都城港区是郁南县主要货物进出口码头,水陆交通方便。水路上通梧州、南宁,下达广州、港澳地区和华南地区,都城港区陆路至梧州约 49 千米,至肇庆 124 千米,至六都 59 千米。集疏运主要以公路为主,可通过 S368 省道、G321 国道、南江大道、广昆高速公路、广佛肇高速公路等实现进出港货物的集疏运。铁路运输有三茂铁路、南广铁路穿过云浮市境内。

六、清远港

(一)港口概况

1.港口综述

清远市地处广东省中北部,珠江三角洲与粤北山区的接合部,东及东北和韶关交界,南连广州、佛山,北接湖南、广西,西及西南与肇庆相邻,全境位于东经 111°55′~113°55′,北纬 23°23′~25°12′。清远市所处地理位置十分优越,历来为粤、湘、桂三省区通衢要地,珠江三角洲地区与内地连接的重要经济走廊,有"珠三角后花园"和"泛珠三角桥头堡"之美誉。北江、连江是本区域最大的通航河流,通往西江、东江、珠江三角洲地区各港口城市和香港、澳门特区。

清远市港口发展有较长历史,早在汉代时期,清远连江口就建有简易码头,进行水陆货物中转、商旅往来。随着时代变迁,规模不等的大小港口相继建成,特别是新中国成立后,地区政府十分重视港口的发展,先后多次拨款加强港口的建设。目前清远港较大码头作业区有:清远珠江货运码头、清远中央直属粮库码头、婆角作业区、英德建材码头、台泥码头、海螺码头、连江口皇城口码头等。

根据辖区各县、市的历史发展沿革和所处的地理位置,清远市港口基本形成了按行政区划分的总体布局,共分四大港区:清远港区、英德港区、阳山港区、连州港区,各港区依托的航道条件、产业布局不尽相同,因此,港区发展规模及程度存在差异,现有生产性泊位主要集中在清远大桥下游新港作业区、英德市海螺作业区、台泥作业区、英城作业区等区域。

2. 港口水文气象

北江流域雨量丰沛,是广东省五个高值区之一,北回归线通过清远南部边缘,太阳辐射强,年平均气温较高。四季分明,夏热冬暖,霜小雪稀,雨季较长,秋季受台风影响雨水较为频繁,春天潮湿雾较多。北江流域多年平均气温为 21.7 摄氏度,最热为七月,平均气温为 28.7 摄氏度、最低为 1 月,平均气温 12.8 摄氏度;流域多年平均降水量在 1400 ~ 2500 毫米之间;北江流域气候湿润,平均相对湿度在 66% ~84% 之间;北江流域年平均雷暴天数为 95 天,一般雷暴日多集中在 5—9 月,以 6—8 月为高峰期,一般雷雨天对航运影响不大,但特大雷暴造成山洪暴发,冲毁良田、村庄、公路、桥梁、水利设施,对航运会造成影响。

北江流域干支自成体系,九大支流如叶脉分布于粤北各县,水量充沛,含沙量小,属于少沙河流。北江的暴雨具有范围较广、强度大、历时不长的特点。北江流域的洪水是由暴雨形成的,洪水发生的时间和地区分布与暴雨一致,据横石、石角水文站资料统计,洪水主要发生在 5—6 月,约占 80%。一次连续降雨形成的洪水过程为 7 ~ 20 小时,洪峰持续时间为 6 ~ 10 小时;一般洪水过程涨水历时 2 ~ 3 小时,退水历时 6 ~ 10 小时。每年汛期发生洪水 3 ~ 4 次。

北江的水沙特性,水沙峰一般相适应,一次洪峰过程伴随着一次大的输沙过程,但有时沙峰落后于洪峰。在时间上,年内输沙量分布不均,汛期(4—9 月)输沙量约占全年输沙量的 92.1%,其中 4—6 月的输沙量占全年总输沙量的 75.0%,1 月及 2 月的输沙量很小,有不少年份为零,非汛期(10 月—次年 3 月)平均输沙量占全年输沙量的 7.9%。

3. 发展成就

改革开放以来,伴随着清远市经济社会的快速发展和北江通航条件的逐步改善,清远港也取得了较快的发展。截至 2015 年底,全市港口共有生产性泊位 123 个,年综合通过能力货物 1419 万吨,其中集装箱 10 万 TEU,客运吞吐能力达 353 万人次。2015 年港口统计实际完成货物吞吐量 2926.3 万吨,主要进出港口货物有非金属矿石、水泥、木材、粮食、农药化肥、日用品、沙石建材等,完成集装箱吞吐量 12.17 万 TEU,完成客运量为 454 万人次。

(二)清远港区

港区综述

(1)港区建设概况和运营情况

清远港区主要位于北江下游,为适应地区水运发展,1993 年在新北江大桥下游左岸建设清远新港,承担本地区对外交流的水上运输任务。清远新港(清远珠江货运码头有限公司)为清远市目前规模最大的港口,地处北江大桥下游左岸,占地 41000 平方米、港池设计水深 3 米,现有 500 吨级泊位 6 个,集装箱堆场面积 1319.8 平方米、物资堆场面积 20000 平方米。清远珠江货运码头现进行升级改造,将 6 个 500 吨级泊位改造为 4 个 1000 吨级集装箱泊位,改扩建后码头占用岸线 240 米。清新区现有婆角货运码头,位于清新区回澜镇北江北岸的塔脚村至告星村之间。

近年来,随着人民生活水平的提高,地区旅游资源的不断开发,到清远旅游观光的游客不断增多,其中主要形成了北江飞来峡沿岸水上观光旅游航线,2014 年水运客运量达 195 万人次,主要上落客码头为飞来峡峡口的五一码头、白庙码头、翠竹园码头、渔人码头及江口客运码头。

(2)港区地理条件和集疏运情况

清远港区主要位于北江下游,清远新港(清远珠江货运码头有限公司)为清远市目前规模最大的港口,地处北江大桥下游左岸。

清远中心城区已形成了以京港澳高速公路、清连高速公路、广清高速公路和广乐高速公路为主骨架,以 G106 国道、G323 国道为主干线,以省道、县乡村道为联络线、分支线,以京广铁路、武广客运专线为主动脉,以北江为主航道,以清远火车站、清远市汽车客运北站、清远港为主枢纽,连通市域大小城镇,覆盖广大农村并连接珠三角地区的四通八达的立体交通网络新格局,为融入广佛肇经济圈奠定了一定的基础。

(三)英德港区

港区综述

(1)港区建设概况和运营情况

目前英德港区的建设规模位于全清远市前列,主要有建材码头、明珠码头、台泥码头、龙山水泥厂码头、连江口码头及一些厂矿专用码头。据统计,全港区主要码头泊位共 48 个,最大靠泊能力最大为 1000 吨级,综合通过能力为 807 万吨,其中集装箱 8.5 万 TEU。

(2)港区地理条件和集疏运情况

英德市位于清远市的东北部,北江流域中游,东邻韶关翁源、新丰,南连佛冈、清新,西与阳山接壤,北与乳源、曲江相连,是目前广东省面积最大的县级市。市内地势从北向南倾斜,山地丘陵占土地面积 56% 。北江纵贯英德市南北,区内流程 76 千米;连江由西北往东南于连江口注入北江,境内河流长度 80 千米。英德河流呈树枝状发布,水网发达,北江、连江为等级航道,常年可通航船舶。优越的水运资源,为地区水运发展奠定了良好的基础。

英德港区水陆交通方便,京广铁路自北向南贯穿市境,公路有京珠高速公路、乐广高速公路、G358 国道、G240 国道、英佛公路等主干公路。

(四)阳山港区

港区综述

(1)港区建设概况和运营情况

依托连江梯级水道,阳山县积极发展水运事业,开展连江—珠江三角洲的水上运输,20 世纪 90 年代前,水上运输曾是本地区对外的主要运输方式,在满足人民群众生活、推动地区经济发展中起着不可替代的作用。近年随着陆路运输的发展,水运货源的减少,原有码头已有部分被遗弃或改造他用,全区现无正规装卸作业码头。

(2)港区地理条件和集疏运情况

阳山县位于清远市中部,南岭山脉南麓,连江中游。东邻英德市和乳源瑶族自治县,南靠清新县、广宁县,西与怀集县、连南瑶族自治县接壤,北接连州市、湖南省宜章县等。全县国土总面积 3418 平方公里。连江河从西北到东南贯穿本县,境内流长 81 千米。

主要通过公路运输方式实现港口货物的集疏运,包括许广高速公路、国道 107 等。

(五)连山港区

港区综述

(1)港区建设概况和运营情况

经济的蓬勃发展有力地促进了港口的建设,从 1959—1974 年,先后投资建设了双溪亭码头,改善后方堆场及仓储、装卸设备,20 世纪 90 年代再投资建成了城东码头,港口成为地区内外物资交往的重要通道,在改善山区投资环境、推动山区经济发展中作出了应有的贡献。近年随着陆路运输的发展,通过连江河的水运货源减少,原有城东码头与港务局东岸作业区已被改作他用。

(2)港区地理条件和集疏运情况

连州市位于清远市西北部,东北面及西北面与湖南省相接,南面及东南面与阳山县交界,西南面与连南县为邻,地处粤桂湘三省区的交界处,是三省边陲各县经济交往的要道。

主要通过公路运输方式实现港口货物的集疏运,包括二广高速公路、G234 国道、G323 国道等。

第十节　广西壮族自治区

一、综述

(一)港口概况

1.港口历史沿革

广西"八山一水一分田",水网发达,江海相连,水路运输历史悠久。新中国成立前夕,广西内河港口共有码头48座,主要分布在梧州、贵港、南宁、柳州等港,码头设施简陋,大多为石砌步级或天然河滩土坡。新中国成立后,逐步进行内河航道整治和港口建设,港口机械化、半机械化操作比重逐年提高。"文化大革命"初期,很多港口设施受到严重破坏,港口生产发展缓慢,各主要港口吞吐量曾倒退到新中国成立初期的水平。1970年后,港口生产和建设逐渐恢复。1978年全区内河港口吞吐量498.6万吨,为1950年(39.8万吨)的12.5倍。

1978年12月党的十一届三中全会至1992年1月邓小平南方谈话之前,这一时期,为适应对外开放和外贸运输发展的需要,广西加强对内河港口的技术革新和扩建,主要建设南宁港、梧州港、贵港港、桂林港等。港口试行经济承包,装卸工和装卸机械司机实行计件工资制度,港口管理以企业管理为主。截至1991年底,全区内河港口码头泊位总长14995米,生产用码头泊位400个。1991年全区内河港口吞吐量857万吨。

1992年1月邓小平南方谈话至2002年11月,这一时期,广西港航部门贯彻落实党中央确定的"要充分发挥广西作为西南地区出海通道的作用"战略决策,多方筹措资金,加快港口设施建设步伐。南宁港、贵港港、梧州港、柳州港、来宾港、百色港、桂林港、崇左港、贺州港、河池港建成一批码头泊位工程。其间,《广西水运运输管理条例》于1997年10月1日起实施,港口经营行为有法可依,但港口管理主要还处于政企合一状态。2002年底,全区内河港口码头泊位总长29369米,生产用码头泊位668个。2002年全区内河港口吞吐量1679.62万吨。

2002年12月至2015年12月,这一时期,广西港航部门坚持以科学发展观为指导,紧紧抓住西部大开发、建设中国—东盟自由贸易区、构建泛珠三角经济区等重大战略机遇,紧紧围绕自治区党委、政府打造西江黄金水道和实施广西北部湾经济区发展规划的战略决策,狠抓港口建设和生产,重点建设南宁港、贵港港、梧州港、柳州港、来宾港码头泊位工程。港口管理也上了新台阶,2011年1月1日起施行的《广西壮族自治区港口条例》,为打造西江黄金水道、保护和合理开发利用港口资源、维护港口经营秩序提供了法律保障。

《中华人民共和国港口法》实施以前，广西内河港口，属于国有水运企业经营的码头由该企业所属的各港务（总）公司、港埠公司、港务所、港务站具体管理，属于集体水运企业经营的码头和货主码头，由当地交通主管部门直接管辖。2004 年 10 月，自治区人民政府依据《中华人民共和国港口法》，明确自治区交通厅作为全区港口行政管理部门，主管全区港口工作。自治区航务管理局（自治区港航管理局、自治区北部湾港口管理局的前身）具体负责港口行政管理工作。全区内河 11 个地级市也依照港口法的要求，于 2005 年底前全部明确了独立于港口企业之外的港口行政管理部门（各市交通局成立的航务、港口、港航管理机构），并按实际需要进一步建立县级港口行政管理部门，全区内河港口行政管理体系初步建立，并保持至今（2018 年）。

2007 年 6 月，《全国内河航道与港口布局规划》公布；2007 年 9 月，广西印发《广西壮族自治区内河水运发展规划》；2008 年，自治区党委、政府提出实施打造西江黄金水道促进区域经济协调发展战略。这些都为广西内河港口发展奠定了基础。2010 年《广西西江黄金水道建设规划》开始实施。该规划在港口方面，规划到 2012 年，新增内河港口吞吐能力超过 7700 万吨，总吞吐能力达到 1 亿吨以上。2020 年前，形成以贵港、梧州、南宁主要港口为核心，百色、来宾、柳州、崇左等地区性港口为重要补充，布局合理、层次分明、功能明确、设施完善的内河港口体系。

2015 年，全区内河港口生产性泊位共 507 个，其中千吨级泊位 143 个，最大靠泊能力 3000 吨，综合通过能力货运 10319 万吨、客运 1583 万人次，其中集装箱 154.03 万 TEU。全区内河港口完成货物吞吐量 11011 万吨，其中集装箱吞吐量 63 万 TEU。

2. 气候及岸线情况

广西地处低纬度地区，北回归线横贯中部，南临热带海洋，北接南岭山地，西延云贵高原，属亚热带季风气候区，气候温暖，雨水丰沛，光照充足。夏季日照时间长、气温高、降水多，冬季日照时间短、天气干暖，受西南暖湿气流和北方变性冷气团的交替影响，干旱、暴雨、热带气旋、大风、雷暴、冰雹、低温冷（冻）害气象灾害较为常见。各地年平均气温17.5 ~ 23.5 摄氏度，年平均降水量 841.2 ~ 3387.5 毫米，年日照时数 1213.0 ~ 2135.2 小时。

截至 2015 年，全区内河港口规划岸线 330.14 千米。其中已开发使用 31.88 千米，占规划港口岸线的 9.66%；未开发利用 298.26 千米，占规划港口岸线的 90.34%。

3. 港口布局规划情况

广西内河港口直接经济腹地覆盖广西全境，间接经济腹地包括云南、贵州、四川、重庆、湖南、湖北等相邻省（直辖市）的大部分地。根据广西"一干三通道"航道网络，按照 2007 年 6 月《全国内河航道与港口布局规划》和 2007 年 9 月广西印发的《广西壮族自治区内河水运发展规划》，以及 2010 年实施的《广西西江黄金水道建设规划》，广西共建设南宁港、贵港港、梧州港、柳州港、来宾港、百色港、崇左港、桂林港、河池港、玉林港和贺州港共 11 个内河港口。其中，南宁港、贵港港和梧州港为全国内河主要港口，柳州港、来宾港、百色港和崇左港为广西地区性重要港口，其余为一般港口。广西壮族自治区内河港口基本情况见表 9-10-1。

（1）全国主要港口

南宁港：我国 28 个内河主要港口之一，国家对外开放二类口岸，西江航运干线的龙头港，是面向东盟国际大通道的重要组成部分，是对接珠江—西江经济带和广西北部湾经济区"双核驱动"的重要纽带，是南宁市打造北部湾城市群核心城市和"一带一路"有机衔接的重要门户城市的重要依托。南宁港将发展成为以集装箱、件杂货、大宗散货、矿建材料和工业原材料及产成品运输为主，兼顾旅客运输的综合性港口，具备现代物流、装卸储存、临港工业、多式联运、保税商贸、客运等功能。

贵港港：我国 28 个内河主要港口之一，国家对外开放一类口岸，是贵港市建设港口城市、发展临港工业和沿江产业带的重要依托，是贵港市发展外向型经济、加强与粤港澳地区经济交流的重要支撑，是促进玉贵经济走廊及其他地区经济协调发展的重要基础设施。贵港港将发展成为以中转水泥制品和西南地区的煤炭等大宗散货为主，件杂货、集装箱等综合发展的大型专业化内河港口。

梧州港：我国 28 个内河主要港口之一，国家对外开放一类口岸，位于梧州市桂江、浔江和西江的汇合处，扼广西内河水运咽喉，素称"水上门户"。梧州港是区域综合运输体系的重要枢纽和我国西南、中南部分地区对外物资交流的重要口岸，是梧州市城市建设、经济发展和资源开发的重要基础，是珠江—西江经济带中东西部合作发展示范区的重要支撑，是促进肇云梧贵产业承接区形成与协调发展的重要依托。梧州港将发展成为以集装箱、件杂货、矿石、能源物资和矿建材料运输为主，具备装卸仓储、多式联运、临港工业、现代物流、航运服务、商贸服务等功能的现代化综合性港口。

（2）地区性重要港口

柳州港：国家对外开放一类口岸，是广西内河地区性重要港口和区域综合运输体系的重要枢纽，柳州市城市建设、经济发展和资源开发的重要基础，珠江—西江经济带柳来转型发展区形成与协调发展的重要依托。柳州港将发展成为以集装箱、钢铁、矿建材料、大宗散货和商品汽车运输为主，相应发展临港工业和现代物流，兼顾旅游客运，同时具备装卸储存、临港工业、现代物流、中转换装、保税商贸、旅游客运等功能的综合性、现代化港口。

来宾港：广西内河地区性重要港口，是发展铁、公、水联运的重要枢纽，是来宾市现代物流和沿江经济发展的重要基础，是促进贵州地区资源开发和流域经济发展的重要依托。来宾港将发展成为以原材料、工业产品、矿建材料、集装箱等货物运输为主，具有装卸储存、中转换装、运输组织、临港开发、商贸物流、旅游服务等功能的综合性现代化港口。

表 9-10-1

广西壮族自治区内河港口基本情况表

序号	港区名称	港口岸线		2015年港口生产用泊位				其中:1978—2015年建成的生产用泊位				2015年港口货物和旅客吞吐量						
		港口规划岸线	其中:2015年前已建成岸线	生产用泊位数	其中:千吨级及以上	生产用泊位总长	其中:千吨级及以上	生产用泊位数	其中:千吨级及以上	生产用泊位总长	其中:千吨级及以上	货物吞吐量	其中:外贸货物吞吐量	集装箱吞吐量	滚装车辆 数量	滚装车辆 重量	旅客吞吐量	其中:国际旅客吞吐量
		千米	千米	个	个	米	米	个	个	米	米	万吨	万吨	万TEU	万辆	万吨	万人	万人
1	南宁港	47.23	5.8	91	45	5796	3590	85	44	5551	3530	1003.87	0	0.04	0	0	0	0
2	柳州港	26.51	1.56	28	9	1556	685	28	9	1556	685	233.64	0	0.01	0	0	0	0
3	贵港港	64.3	7.75	106	40	7745	3695	94	40	7225	3695	5334.26	27.4	12.51	0	0	0	0
4	梧州港	39.58	5.15	82	27	5152	2486	66	26	2580	2336	3201.53	135.66	47.03	0	0	0	0
5	来宾港	57.61	3.1	54	7	3104	691	52	7	2904	691	1165.6	0	3.38	0	0	0	0
6	崇左港	20.9	0.84	14	7	837	441	14	7	837	441	0	0	0	0	0	0	0
7	百色港	35.44	2.8	45	8	2798	795	43	8	2658	795	28.23	0	0.01	0	0	0	0
8	桂林港	7.68	3.69	67	0	3690	0	0	0	0	0	0.82	0	0	0	0	0	0
9	贺州港	3.02	1.08	18	0	1076	0	180	0	1076	0	42.94	0	0	0	0	0	0
10	玉林港	10.14	0	0	0	0	0	0	0	0	0	0	0	0	0	0	0	0
11	河池港	17.74	0.13	2	0	128	0	2	0	128	0	0	0	0	0	0	0	0
	合计	330.15	31.9	507	143	31882	12383	564	141	24515	12173	11010.89	163.06	62.98	0	0	0	0

(规模以上:序号1~7;规模以下:序号8~11)

百色港:广西内河地区性重要港口,是百色市综合运输体系及西南水运出海南线通道建设的重要组成部分,是西南内陆地区与西南、华南沿海地区物资交流的重要口岸,是百色市资源开发、沿江产业布局、经济和旅游发展的重要支撑。百色港将发展成为具有装卸储存、中转换装、运输组织、临港开发、商贸物流、信息服务、客运旅游服务等功能的综合性、现代化港口。

崇左港:广西内河地区性重要港口,是桂西南地区、中国—东盟自由贸易区、泛珠三角经济区综合运输体系上的重要节点,是崇左市及左江流域资源开发、建设面向东盟开放合作新高地、沿边开发开放桥头堡、边关风情旅游核心区的重要依托。崇左港将发展成为以集装箱、件杂货、矿建材料、大宗散货和工业原材料及产成品运输为主,相应发展临港工业、现代物流和旅游客运的综合性港口,并具备装卸储存、临港开发、运输组织、保税商贸、旅游客运等功能。

(3)一般港口

桂林港:广西内河一般港口,是我国极具特色的具有国际知名度的旅游港口,是桂北地区和桂林市主要口岸,是桂北地区和桂林市现代物流的重要基地,是腹地经济社会发展的重要依托,是桂林市旅游客运的枢纽。桂林港将以国内外旅游客运为主,兼顾工农业生产的物资运输,发展旅游业、临港工业及物流业,发展成为具备旅游运输、客流集散、区间物流、综合服务功能的现代化港口。

河池港:广西内河一般港口,是西南水运出海中线及北线通道上的重要运输节点,是腹地发展沿江经济、现代物流和旅游的重要支撑,是河池高龄构建和谐社会、方便沿江群众出行的重要保障。河池港将以原材料、工业产品、矿建设材料等货物运输为主,逐步发展成为具有装卸储存、中转换装、运输组织、临港开发、商贸服务、旅游服务等功能的综合性港口。

玉林港:广西内河一般港口,是广西西江黄金水道建设和玉林市综合运输体系的组成部分,是玉林市承接东部产业转移、发展沿江经济带和旅游产业的重要依托。玉林港将发展成为具有装卸储存、运输组织、临港开发、商贸物流、客运旅游服务等功能的综合性现代化港口。

贺州港:广西内河一般港口,是广西内河航运网络的重要节点,是珠江—西江经济带中东西部合作的重要支撑,是贺州市发展经济、发展沿江经济带及旅游产业的重要依托。贺州港将发展成为以集装箱、件杂货、煤炭、碳酸钙粉体和矿建材料运输为主,具备装卸仓储、临港工业、现代物流、旅游客运、商贸服务等功能的现代化综合性港口。

(二)港口发展成就

1978年底,全区内河港口规模以上港口4个(南宁港、贵港港、梧州港、柳州港),其码头泊位总长4981米,生产用码头泊位101个。由于机械化程度低、设施简陋、泊位少,全区内河港口吞吐量完成498.6万吨。

1978—2002 年,重点建设南宁港的北大作业区集装箱码头、陈东码头,梧州港的河西码头、李家庄集装箱码头、富民重件码头,贵港港的中转港码头、集装箱专用泊位、平南武林港,柳州港的鹧鸪江码头、河东码头,来宾港的忻城、合山、象州、武宣码头,百色港煤码头、田阳港区,崇左港的宁明、龙州、崇左、扶绥港,贺州港的八步、富川港,河池港的罗城、都安港,桂林港的磨盘山、竹山码头等。2002—2015 年重点建设南宁港的广西金鲤水泥有限公司专用码头、六景港区六景转运站作业区、六景港区八联联营厂作业区、横县鹿鸣码头等项目,贵港港的罗泊湾作业区二期工程、中心港区石卡郁水作业区永泰码头工程、平南水泥厂专用码头、华润水泥(贵港)专用码头等项目,梧州港的中心港区李家庄作业区仓码码头三期工程、塘源紫金村码头一期工程等项目,柳州港的双龙码头、鹧鸪江作业区等项目,来宾港的滨港作业区项目。

截至 2015 年,广西共有内河港口 11 个,其中规模以上港口 5 个(新增来宾港)。全区内河港口码头总长 31882 米,生产泊位 507 个,其千吨级以上泊位 143 个,最大靠泊能力3000 吨。南宁港、贵港港、梧州港三个全国主要港口分布在西江航运干线(广西)的上、中、下游,完成吞吐量占全区内河港口吞吐量的 86.6%,成为广西经济社会发展的重要依托和区域开发的重要窗口,可谓珠江—西江经济带上的明珠。

基本区情和综合运输内容见《实录》第三卷沿海港口与航道工程第十节广西壮族自治区综述。

二、南宁港

(一)港口概况

1.港口综述

南宁为广西壮族自治区首府,是面向东盟开放合作的区域化国际城市。南宁港是我国 28 个内河主要港口之一,是西南水运出海通道和规划打造西江亿吨黄金水道的重要枢纽。

1959—1979 年,南宁港发展处于起步阶段,共建设 300 吨级以上泊位 6 个。改革开放之后至 1999 年,南宁港进入稳步发展阶段,其间共建设 300 吨级以上泊位 31 个。1981年,南宁港北大作业区在斜坡式码头的基础上建成 98 米直立式漫水码头,1992 年 5 月建成集装箱码头,可停靠 2 艘 500 吨级集装箱船,并早于 1987 年便开通南宁港澳航线。进入 2000 年之后,随着城市发展的需要,港区发展陆续转向城市周边,南宁港中心城港区陈东、良庆、三津、西江、青龙和上尧等 6 个老旧码头在 2014 年底已全部关闭。随着西江黄金水道建设的深入,南宁港港口建设迅速发展,逐步向大型化、规模化发展,泊位吨级不断增大,2014 年 7 月 10 日,南宁港中心城港区牛湾作业区一期工程顺利开港试运营,2014

年 9 月 23 日，南宁港六景港区八联联营厂作业区和六景转运站作业区顺利开港试运营。西江航运干线南宁至贵港二级航道工程整治完成，南宁至珠三角地区全线航道具备了通航 2000 吨级船舶的能力。截至 2018 年底，南宁港具有在册生产性泊位 55 个，其中 2000 吨级泊位 24 个，1000 吨级泊位 24 个。

南宁港现划分为六景港区、中心城港区、横县港区和隆安港区四个港区。截至 2018 年底，南宁港现有生产性泊位 55 个，港口年货运通过能力 1749 万吨（含集装箱 23.8 万 TEU），岸线长度 4280 米，其中 2000 吨级泊位 24 个、1000 吨级泊位 24 个、500～800 吨级泊位 6 个，500 吨级以下泊位 1 个。2018 年南宁港完成货物吞吐量 736.40 万吨，货物主要在中心城港区和横县港区完成，以散货、件杂货为主。出港货物主要流向是南宁至广州、深圳，主要货类是水泥、非金属矿石、煤炭和轻工医药产品等；进港货物主要来自梧州、贵港、广州、百色和深圳，主要货类是矿建材料、煤炭和粮食等。

右江：右江百色澄碧河口至南宁宋村三江口段 317.9 千米为三级航道，航道尺度 (2.4～3.0) 米×60 米×480 米（水深×宽度×弯曲半径，下同）。郁江：老口航运枢纽至牛湾作业区段 82.9 千米为 1000 吨级航道（2.3 米×50 米×480 米），牛湾作业区至梧州界首段 521.1 千米为 2000 吨级航道（3.5 米×80 米×550 米），待西津和贵港二线船闸建成后，2000 吨级船舶可从南宁经贵港和梧州直航至粤港澳。左江：崇左至宋村三江河口段 194.5 千米为 1000 吨级航道（3.0 米×60 米×480 米）。红水河：红水河蔗香两江口至桥巩段 554.5 千米为 500 吨级航道（2.5 米×50 米×330 米），桥巩至石龙三江口段 101.6 千米为 300 吨级航道（1.5 米×22 米×150 米），桥巩至石龙三江口段航道按 1000～2000 吨级建设项目已进入设计阶段。

南宁市境内的金鸡滩、老口、邕宁、西津等枢纽均在其上下游规划建设有候闸锚地。截至 2018 年底，南宁港有牛湾作业区：上游锚地位于作业区上游约 740 米航道左侧外，锚地尺度 540 米×65 米×4.5 米（长×宽×水深，下同）；下游锚地位于作业区下游 2500 米航道右侧外，锚地尺度 720 米×65 米×4.5 米，每个锚地设置 2 座专用浮标。六景转运站和八联联营厂作业区：位于六景转运站作业区下游约 2000 米航道右侧外，锚地尺度 600 米×65 米×4.5 米，锚地设置 2 座专用浮标，夜间发光，配置 RTU 遥测遥控终端。周塘作业区金锂水泥有限公司专用码头：锚地尺度 300 米×90 米×4.4 米，位于作业区下游 3600 米处右岸。

港口向北通过铁路湘桂线连接黔桂线、枝柳线，可至贵州、湖南、湖北等地；向西经南昆线通至西南地区；向东经湘桂线接黎湛线达湛江市，转三茂线后至广东珠江三角洲地区；向南经南防线达钦州、防城港，转钦北线可达北海。目前，南宁港各作业区尚无铁路装卸专线。南宁港各主要作业区通过临港公路至临近市、县，通过公路网通达区内外各地。

自 2008 年后，随着西江黄金水道的建设，南宁港港口建设取得了飞速发展，港口吞吐量由 2008 年的 233.28 万吨增加到 2017 年的 1380 万吨，年均增长 21.8%。

2. 港口水文气象

南宁位于北回归线南侧,属湿润的亚热带季风气候,阳光充足,雨量充沛,集中的雨季是在夏天,霜少无雪,气候温和,夏长冬短,夏季潮湿,而冬季稍显干燥,干湿季节分明。年平均气温为 21.6 摄氏度;多年平均风速为 1.8 米/秒;每年降雨量主要集中在 6—9 月份,约占全年降水量的 71.2%,在此期间出现暴雨天气,其主要是台风与热带低压所致,多年平均降雨量为 1301.2 毫米;年平均雾日 10.1 天。南宁市境内河流主要有右江、郁江、左江和红水河等,右江、郁江、左江含沙量不大。红水河洪水主要由暴雨形成,最高水位多数出现在 6—8 月,以 7 月份最多。

3. 发展成就

南宁港是我国内河主要港口之一,是西江航运干线的龙头港,是西南水运出海通道和珠江—西江经济带的重要组成部分,担负着南宁市临江产业运输、南宁市及周边地区货物集疏运、西南中南地区货物中转进出广西北部湾经济区和珠江—西江经济带的任务。

自 20 世纪 90 年代以来,南宁港水运吞吐量发展平衡,2002 年吞吐量达到 276.14 万吨的高峰,之后由于城市建设的需要,整顿城市内的码头泊位,调整岸线功能,港口吞吐量发展较缓慢,基本保持在 220 万吨左右。2008 年后随着西江黄金水道的建设,南宁港港口建设取得了飞速发展,港口吞吐量由 2008 年的 233.28 万吨增加到 2015 年的 1003.87 万吨,年均增长 23.2%。2010 年 12 月,交通运输部和广西壮族自治区人民政府联合批复了《南宁港总体规划》,明确了南宁港的性质功能、发展目标和规划方案,有效指导了南宁港的建设和发展。2010 年以来,随着广西和西南地区社会经济的发展,国家西部大开发战略的进一步实施,中国—东盟自由贸易区、"泛珠三角"区域合作的稳步推进,南宁市经济社会发展迅速。同时,为贯彻落实《国务院关于进一步促进广西经济社会发展的若干意见》(国发〔2009〕42 号)和《中共广西壮族自治区委员会广西壮族自治区人民政府关于打造西江黄金水道促进区域经济协调发展的若干意见》(桂发〔2009〕242 号)精神,进一步提升西江黄金水道航运能力和水平,充分发挥西江黄金水道的水运优势,促进区域经济协调发展,广西壮族自治区人民政府于 2010 年 3 月印发实施《广西西江黄金水道建设规划》。2014 年西江航运干线南宁至贵港二级航道工程整治完成,南宁至珠三角地区全线航道具备了通航 2000 吨级船舶的能力。2017 年南宁港港口吞吐量达到 1380 万吨,规模化港区建设取得显著进展,港口对区域经济发展尤其是沿江临港产业发展的带动作用正日渐明显。

随着珠江—西江经济带上升为国家发展战略,自治区实施"双核驱动、三区统筹"发展战略,广西沿江经济迎来了千载难逢的发展机遇,大量工业产业沿西江布局,西江经济带迅速启动并加快形成。南宁市紧紧围绕中央"五位一体"总体布局和"四个全面"战略布局,以及自治区"两个建成"战略目标,坚持发展第一要务,积极践行创新、协调、绿色、开放、共享的发展理念,加快建设面向东盟开放合作的区域性国际城市、"一带一路"有机衔接的重要门户城市,对全区经济社会发展具有较强支撑和带动作用的首府城市、具有浓郁壮乡特色和亚热带风情的生态宜居城市,勇当广西"两个建成"排头兵。南宁市崇尚创新、注重协调、倡导绿色、厚植开放、推进共享,大力实施产业转型、"南宁渠道"、绿城品质、深化改革、法治南宁和民生福祉"六大升级"工程,实现经济社会持续健康发展。南宁市正在积极推进铁路、公路、航空、航运等交通方式有效衔接,构建面向东盟和西南中南地区,畅达、安全、高效的综合立体交通运输体系。加快南宁市水运基础设施建设,积极拓展沿江产业带发展,将南宁港打造成服务于南宁现代综合物流体系和西南中南地区货物联系广西北部湾经济区和泛珠江三角洲经济区的重要交通、中转运输基地,以及开发沿江产业带重要的物流平台,通过水铁联运、江海联运、水陆换运,实现连接黔、滇、桂、粤等省区的内河高等级航道与广西北部湾经济区沿海三大港口全面对接,建立西南中南地区货物"通江达海"的立体水运交通网络,提升南宁面向东盟、联动珠三角、沟通西南中南腹地的服务功能和辐射能力。

南宁港港区分布图如图 9-10-1 所示,南宁港基本情况见表 9-10-2。

图 9-10-1　南宁港港区分布图

表 9-10-2

南宁港基本情况表

序号	港区名称	港口岸线		2015年港口生产用泊位				其中:1978—2015年建成的生产用泊位					2015年港口货物和旅客吞吐量					
		港口规划岸线	其中:2015年前已建成岸线	生产用泊位数	其中:千吨级及以上	生产用泊位总长	其中:千吨级及以上	生产用泊位数	其中:千吨级及以上	生产用泊位总长	其中:千吨级及以上	货物吞吐量	其中:外贸货物吞吐量	集装箱吞吐量	滚装车辆 数量	滚装车辆 重量	旅客吞吐量	其中:国际旅客吞吐量
		千米	千米	个	个	米	米	个	个	米	米	万吨	万吨	万TEU	万辆	万吨	万人	万人
1	中心城港区	9.51	2.43	39	29	2426	2002	36	28	2286	1942	460.81	—	—	—	—	—	—
2	六景港区	8.92	1.24	14	10	1235	1078	14	10	1235	1078	0	—	—	—	—	—	—
3	横县港区	18.43	2.00	37	6	2001	510	34	6	1896	510	516.22	—	—	—	—	—	—
4	隆安港区	2.08	0.13	1	0	134	0	1	0	134	0	26.84	—	—	—	—	—	—
5	马山岸线	2.5	—	—	—	—	—	—	—	—	—	—	—	—	—	—	—	—
6	客运岸线	4.51	—	—	—	—	—	—	—	—	—	—	—	—	—	—	—	—
7	支持系统岸线	1.3	—	—	—	—	—	—	—	—	—	—	—	—	—	—	—	—
	合计	47.25	5.80	91	45	5796	3590	85	44	5551	3530	1003.87	0	0.04	0	0	0	0

注:集装箱数量0.04万TEU为全市总标箱数,无各港区单独统计数据。

（二）中心城港区

1. 港区综述

（1）港区建设概况和运营情况

截至 2018 年底，南宁港中心城港区有生产性泊位 18 个，岸线长 1532 米，其中 2000 吨级泊位 8 个、1000 吨级泊位 5 个、500 吨级泊位 5 个，2018 年完成货物吞吐量 207.90 万吨，主要以矿建材料、水泥、粮食、轻工医药产品等散货、件杂货装卸为主。2018 年，南宁港中心城港区的码头主要集中在牛湾作业区。南宁港中心城港区牛湾作业区一期工程位于南宁市邕宁区，邕江一桥下游 40 千米处邕江南岸，港址距离蒲庙镇约 10 千米，距南宁市约 30 千米。项目建设规模为：新建 3 个 1000 吨级多用途泊位、3 个 2000 吨级件杂货泊位、5 个 2000 吨级多用途泊位，上述 11 个泊位水工结构受力及停泊区水深均按靠泊 3000 吨级船舶预留，码头泊位总长 1132 米。概算总投资 10.30 亿元。建设主要内容包括码头水工建筑物、港区场地土石方工程、陆域形成、护坡、道路、堆场及仓库、供电照明工程、给排水、消防、通信、环保、装卸设备等生产及配套设施等。

在南宁市区郁江上游的陈东、良庆、三津、西江、青龙和上尧 6 个老旧码头已于 2014 年底全部关闭。

2018 年底，民生旅游码头开通试运营，码头岸线长 200 米，其中 200 座游船泊位 3 个。

（2）港区地理条件和集疏运概况

南宁是广西壮族自治区的首府，地理位置优越，位于广西南部，中国华南、西南地区和东南亚经济圈的接合部，是环北部湾沿岸重要经济中心；面向东南亚，背靠大西南，东邻粤港澳，西接中南半岛，具有得天独厚的区位优势和地缘优势。

公路：南宁市将以实现"高速公路网络化、干线公路标准化、农村公路等级化"为目标，基本形成适应全市经济和社会发展要求、满足不同层次需求的公路网。围绕建成"二环五射一横一纵"高速公路主骨架，改造提升国省干线公路标准。大力改造县乡公路和建设农村公路，全面改善公路交通。到 2020 年，全面建成以南宁为中心向外辐射、出区出海出边的广西高速公路"四纵六横三支线"路网格局；实现正常条件下公路"一小时交通圈"能覆盖市域范围内所有县城和大部分重点镇；中心城至市域内县城实现一级公路以上连接；70% 以上乡镇连通二级公路；乡镇与行政村之间连接四级公路；全部行政村通沥青或水泥路。牛湾作业区周边主要对外公路有桂海高速公路、南梧高速公路、横六二级公路和邕宁至横县公路。现有的桂海高速公路穿越镇区，是主要的对外交通通道。

航道：目前,郁江南宁市至百色市河段航道里程约 372 千米,航道等级为四级。郁江自南宁市起经横县、贵港市、桂平市至桂平航运枢纽,航道里程约 382.4 千米,全线达到三级航道标准。桂平航运枢纽至梧州市及以下航道已达到三级航道标准。南宁市至广州市水上运输全线已能全年通航 1000 吨级船舶。

铁路：湘桂线、南昆线、南防线在此交会,通过湘桂、黔桂、枝柳、黎湛等干线,北与全国各干线相连接,向东可达湛江、广州,向南可达钦州、防城港、北海,西南可至越南河内。南昆线与钦北线、南防线在南宁接轨,是大西南出海通道的主要部分。湘桂线经南宁可直抵越南首都河内。

2.港区工程项目

(1)南宁港中心城港区牛湾作业区银泉码头工程

项目于 2005 年 2 月开工,2008 年 4 月竣工。

项目建设依据：2011 年 5 月,广西壮族自治区发展和改革委员会《关于南宁港中心港区牛湾作业区银泉码头项目核准的批复》(桂发改交通〔2011〕694 号);2011 年 10 月,南宁交通运输局《关于南宁港中心城港区牛湾作业区银泉码头工程初步设计的批复》(南交建管复〔2011〕7 号);2004 年 11 月,邕宁县环境保护局《关于广西银泉化工有限责任公司银泉码头(一期)项目环境影响审查的批复》(邕环建字〔2003〕137 号);2010 年 11 月,南宁市规划管理局《关于核定银泉码头建设用地规划定点情况的复函》(南规函复〔2010〕956);2010 年 1 月,南宁市国土资源局"中华人民共和国国有土地使用证"(南宁国用〔2009〕515927、515928 号);2013 年,交通运输部《关于南宁港中心城港区牛湾作业区银泉码头工程使用港口岸线的批复》(交规划发〔2013〕49 号)。

项目建设 2 个 1000 吨级泊位,其中 1 号泊位为多用途、2 号泊位为件杂货,岸线长度为 135 米。码头采用高桩连续梁板结构形式,码头前沿水深 6 米,堆场面积 120 亩(8 万平方米),堆场容量 15 万吨。码头配备有固定式起重机、通用门式起重机、皮带装货传输机、轮式装载机、集装箱正面起重机、叉车等先进的装卸设备,并配套有 2.5 万平方米大型堆货场和 3000 平方米货仓,以及 10 万吨罐库,可承接件杂货、集装箱的装卸储运,仓储能力超过 20 万吨,年货物吞吐量超过 100 万吨。项目总投资 3818 万元,其中：企业自筹1000 万元,银行贷款 2818 万元。项目占地面积 120 亩(8 万平方米)。

项目建设单位为广西银泉化工有限责任公司,设计单位为广西航务管理局航务综合设计室,施工单位为广西航务工程局南宁航务工程处,监理单位为广西八桂工程监理咨询有限公司,质量监督单位为广西壮族自治区交通工程质量安全监督站。

项目于 2008 年 4 月竣工,通过验收后投入使用,运营正常,货源逐年增长,收入也不断增长。2013—2017 年各年吞吐量分别为：40 万吨、50 万吨、45 万吨、70 万吨、147 万吨。

（2）南宁港中心城港区牛湾作业区一期工程

项目于 2011 年 8 月开工，2014 年 6 月试运行，2018 年 1 月竣工。

项目建设依据：2010 年 7 月，广西壮族自治区发展和改革委员会《关于南宁港中心城港区牛湾作业区工程可行性研究报告的批复》（桂发改交通〔2010〕531 号）；2010 年 9 月，《关于南宁港中心城港区牛湾作业区一期工程初步设计的批复》（桂交基建函〔2010〕661 号）；2011 年 5 月，广西壮族自治区发展和改革委员会《关于南宁港中心城港区牛湾作业区一期工程项目调整投资规模的复函》（桂发改交通函〔2011〕740 号）；2011 年 6 月，广西壮族自治区交通运输厅《关于调整南宁港中心城港区牛湾作业区一期工程初步设计概算的批复》（桂交水运函〔2011〕495 号）；2011 年 7 月，南宁市交通运输局《关于南宁港中心城港区牛湾作业区一期工程施工图设计的批复》（南交建管复〔2011〕3 号）；2010 年 5 月，广西壮族自治区环境保护厅《关于南宁港中心城港区牛湾作业区工程环境影响报告书的批复》（桂环管字〔2010〕50 号）；2010 年 4 月，广西壮族自治区水利工程管理局《关于南宁港中心城港区牛湾作业区工程防洪评价报告的审查意见》（水管〔2010〕38 号）；2010 年 5 月，广西壮族自治区国土资源厅《关于南宁港中心城港区牛湾作业区一期工程用地预审的批复》（桂国土资源审字〔2010〕47 号）；2011 年 3 月，南宁市规划管理局《关于南宁港开发投资有限公司申请南宁港中心城港区牛湾作业区一期工程建设用地的批复》（南规管〔2011〕100 号）；2012 年 12 月，广西壮族自治区国土资源厅印发《关于转发〈国土资源部关于南宁港中心城港区牛湾作业区一期工程建设用地的批复〉的函》（桂国土资函〔2012〕1825 号）；2011 年 4 月，交通运输部《关于南宁港中心城港区牛湾作业区工程使用港口岸线的批复》（交规划发〔2011〕193 号）。

项目共建设 11 个泊位，其中 1000 吨级多用途泊位 3 个、2000 吨级件杂货泊位 2 个、2000 吨级多用途泊位（水工结构兼顾 3000 吨级）5 个。3～5 号泊位为 1000 吨级，泊位长 95 米，6～13 号泊位均为 2000 吨级泊位，泊位长 1132 米。工程选择满堂式高桩码头，接岸结构为挡土墙；码头前沿水深 4.5 米；主要装卸设备有多用途门式起重机 11 台、集装箱正面起重机 2 台、轮胎式起重机 3 台、叉车 10 台、牵引车 4 台、平板车 12 台、地磅 4 台。项目批准建设用地 57.85 万平方米，陆域总面积 47.15 万平方米，道路面积 18.78 万平方米，堆场面积 17.41 万平方米。项目总投资 10.30 亿元，其中交通运输部水运建设专项资金 1.43 亿元，地方政府投资 2.96 亿元，银行贷款 5.9 亿元。

项目建设单位为南宁港开发投资有限公司，设计单位为福建省港航勘察设计研究院，施工单位为广东宏大广航工程有限公司、中交第二航务工程局有限公司、中交一航局第五工程有限公司，监理单位为广西八桂工程监理咨询有限公司、广西大通建设监理咨询管理有限公司，质量监督单位为广西壮族自治区交通工程质量安全监督站。

(三)六景港区

1.港区综述

(1)港区建设概况和运营情况

六景港区分为七个作业区进行建设,即六景转运站作业区、八联联营厂作业区、覃寨村作业区、杨村作业区、新兴村作业区、鹤笋作业区及飞龙作业区。规划岸线长度为8195米,其中修造船岸线长280米,支持系统岸线长300米,预留岸线长515米。码头高程取值为68.5米。港区位于邕江一桥下游80千米处,距南宁至柳州高速公路出口约1000米,主要发展散货、件杂货和集装箱的铁公水路综合联运,主要为南宁市及周边地区和六景工业区服务,积极拓展物流功能。同时,在该港区规划有一类口岸功能作业区、联检单位办公区域以及海关特殊监管区域等。

截至2018年,六景港区有生产性泊位12个,码头岸线长1198米。其中2000吨级泊位10个、1000吨级泊位1个、500吨级以下泊位1个,2018年完成货物吞吐量120万吨,港区主要从事矿建材料、煤炭、非金属矿石、粮食、轻工医药类产品等货物的装卸。目前,六景港区的码头主要集中在六景转运站作业区和八联联营厂作业区。

六景港区于2014年9月23日取得"中华人民共和国港口经营许可证",六景转运站作业区、八联联营厂作业区投入试运营,2018年1月正式全面通过验收,目前正在运营。鹤笋作业区已顺利开工建设,杨村作业区和新兴村作业区未开工,飞龙作业区正在规划中。

近年来,南宁港公司深入把握港口建设与运营的新常态,狠抓货源拓展,优化生产流程,着力推进港口提质增资。2015—2018年,港口吞吐量年均增幅达33.4%,港口营收年均增幅达40.4%。作业货种逐年增加,2015—2018年,在港作业货种由20种增至27种,增幅达35%。水铁联运货量增速较快,2016—2018年水铁联运量分别为5万吨、13万吨、22万吨,年均增幅达114%。集装箱业务积极拓展,2016—2018年集装箱办理量分别为1591吨、6350吨、11470吨,年均增幅达189%。2018年,由于港口区域市场内外部条件的变化,港口上量工作面临着较大的压力和挑战,总体呈现"结构优化、货种拓宽,总量下滑、发展失衡"的基本特点,港口吞吐量完成235.6万吨,同比下降27.5%。但在吞吐总量下滑的情况下,由于货类结构得以优化,港口营收逆势上扬,全年完成2492.47万元,同比增长14.7%。

(2)港区地理条件和集疏运概况

六景港区位于南宁市六景镇六景大桥下游282.5米处至峦城镇高村承露塔之间,场地地势平坦。根据钻探揭露,场地自上而下揭露的第四系地层为人工素填土、种植土、冲积而成的淤泥、淤泥质土、粉细砂、粉质黏土及残积形成的红黏土,下伏泥盆系上统榴江组微风化灰岩。

六景港区交通网络四通八达,具有公路、铁路、水路、航空"四位一体"的交通优势。这种优越的区位交通条件,有利于直接接受南宁、柳州等重要城市的经济辐射,有利于发展"大西南出海通道"和"东盟—泛珠三角通道"的通道经济。同时,南柳高速公路、广昆高速公路、六钦高速公路在此汇聚,湘桂铁路、黎钦铁路均在此设站(点)。

铁路:湘桂铁路(国家铁路)、黎钦铁路(地方铁路)穿过六景镇。六景镇内湘桂铁路段设有六景火车站,该火车站设有可容纳数千吨货物的新货站,是客运和货运的标准中间站,年进出站货物达百万吨。近年来,由于六景镇有了铁路支线、货场和仓库站台,原来由贵港港口流向广东的煤炭、水泥等大宗货物运输,频频转道六景。目前南昆线上煤、矿、焦炭、肥料等源源不断地流入六景站,再由该站转销运往横县、灵山、浦北等县。随着湘桂双线的建成通车,六景火车站的客货运输将更繁荣,客货流量将是现在的几倍,市场发展前景良好。此外,在六景镇南部、良圻街区的西侧,黎钦铁路上还设有横州火车站。六景镇与北部湾的联系极为密切。

公路:六景港区周边主要对外公路有桂海高速公路、南梧高速公路、横六二级公路和邕宁至横县公路。桂海高速公路穿越镇区,是主要的对外交通通道。南(宁)广(州)高速公路穿过六景,与桂海高速公路在六景交会,通过高速公路六景可北达桂林,南达钦州、北海,东达广州、深圳,西至南宁。其中,到首府南宁只需要半个小时。

六景镇离广西工业重点城市柳州市160千米左右,离广西沿海的北海、钦州、防城港三市180～250千米,桂海高速公路提供了便捷的交通条件,给柳州市机械和汽车等工业、沿海重化工业向六景镇辐射影响创造了条件。

另已定线的六钦高速公路在距六景镇西面约20千米处有一出口,建成通车后六景与北部湾的联系将更加密切。

水运:六景镇西临郁江河道,上通南宁、百色、龙州,下达广州、深圳、香港,常年可通航1000吨级轮船。六景港口地处横县各大厂矿和钦州地区个别县市部分厂矿及广东各地长航水路运输的必经之道,有湘桂铁路和桂海高速公路经过,具有发展水陆联运枢纽的潜力,地位十分重要。

机场:六景镇距南宁机场约70千米,镇区与机场间有便捷的高速公路相接,仅45分钟车程。

2. 港区工程项目

(1)南宁港六景港区六景转运站作业区工程

项目于2011年8月开工,2014年9月试运行,2018年1月竣工。

项目建设依据:2010年7月,广西壮族自治区发展和改革委员会《关于南宁港六景港区六景转运站作业区工程可行性研究报告的批复》(桂发改交通〔2010〕529号);2010年

8月,广西壮族自治区交通运输厅《关于南宁港六景港区六景转运站作业区初步设计的批复》(桂交基建函〔2010〕662号);2011年7月,南宁市交通运输局《关于南宁港六景港区六景转运站工程施工图设计的批复》(南交建管复〔2011〕5号);2010年5月,广西壮族自治区环境保护厅《关于南宁港六景港区六景转运站作业区工程环境影响报告书的批复》(桂环管字〔2010〕52);2009年9月,广西壮族自治区国土资源厅《关于南宁港六景港区一期工程建设用地压矿情况的函》(桂矿资〔2009〕295号);2011年7月,交通运输部《关于南宁港六景港区六景转运站作业区工程使用港口岸线的批复》(交规划发〔2011〕372号);2010年4月,广西壮族自治区水利工程管理局《关于南宁港六景港区六景转运站作业区工程防洪评价报告的审查意见》(水管〔2010〕35号)。

项目建设4个2000吨级件杂货泊位(水工结构兼顾3000吨级)。岸线长度为520米;工程为高桩梁板码头,接岸结构为挡土墙;码头前沿水深4.5米。主要装卸设备包括:项目一阶段共采购门式起重机3台,牵引车1台,平板车3台,轮胎式起重机1台,叉车2台,地磅1台;多用途泊位码头前沿采用通用性较强的、既可装卸集装箱又可装卸件杂货的2台多用途门式起重机;件杂货泊位采用通用门座起重机(轨距均为10.5米);仓库装卸作业采用5吨叉车作业。完成陆域总面积29.51万平方米,堆场面积3.86万平方米,道路面积5.50万平方米。项目总投资4.00亿元,其中交通运输部水运建设专项资金4890万元,地方政府投资1.01亿元,银行贷款2.5亿元。建设用地规模为40.3万平方米。

项目建设单位为南宁港开发投资有限公司,设计单位为福建省港航勘察设计研究院,施工单位为中交三航局第三工程有限公司、葛洲坝集团第五工程有限公司、广西建工集团第一建筑工程有限责任公司,监理单位为广西八桂工程监理咨询有限公司、中国轻工业南宁设计工程有限公司,质量监督单位为广西壮族自治区交通工程质量安全监督站。

(2)南宁市六景港区八联联营厂作业区工程

项目于2011年9月开工,2014年9月试运行,2018年1月竣工。

项目建设依据:2010年7月,广西壮族自治区发展和改革委员会《关于南宁港六景港区八联联营厂作业区工程可行性研究报告的批复》(桂发改交通〔2010〕530);2010年8月,广西壮族自治区交通运输厅《关于南宁港六景港区八联联营厂作业区初步设计的批复》(桂交基建函〔2010〕667号);2011年5月,广西壮族自治区发展和改革委员会《关于南宁港六景港区八联联营厂作业区工程项目调整投资规模的复函》(桂发改交通函〔2011〕738号);2011年6月,《关于调整南宁港六景港区八联联营厂作业区工程初步设计概算的批复》(桂交水运函〔2011〕496号);2011年7月,南宁市交通运输局《关于南宁港六景港区八联联营厂工程施工图设计的批复》(南交建管复〔2011〕4号);2010年5月,广西壮族自治区环境保护厅《关于南宁港六景港区八联联营厂作业区工程环境影响报告书的批复》(桂环管字〔2010〕52 号);2009 年 9 月,广西壮族自治区国土资源厅《关于南宁港六景港区一期工程建设用地压矿情况的函》(桂矿资〔2009〕295 号);2010 年 4 月,广西壮族自治区水利工程管理局《关于南宁港六景港区八联联营厂工程防洪评价报告的审查意见》(水管〔2010〕36 号);2011 年 7 月,交通运输部《关于南宁港六景港区八联联营厂作业区工程使用港口岸线的批复》(交规划发〔2011〕373 号)。

项目建设 6 个 2000 吨级泊位,其中件杂货泊位 3 个、多用途泊位 3 个,岸线长度为 925 米。项目为满堂式高桩码头,接岸结构为挡土墙;码头前沿水深 4.5 米。主要装卸设备包括:项目一阶段共采购门式起重机 5 台,集装箱牵引车 1 台,集装箱半挂车 1 台,牵引车 2 台,平板车 6 台,轮胎式起重机 2 台,叉车 6 台,地磅 2 台;多用途泊位码头前沿采用通用性较强的、既可装卸集装箱又可装卸件杂货的多用途门式起重机;件杂货泊位采用通用门座起重机(轨距均为 10.5 米)。集装箱采用集装箱牵引车+集装箱半挂车(平板式)在堆场与码头平台之间进行水平运输。件杂货采用牵引车+平板车在堆场与码头平台之间进行水平运输。集装箱堆场采用 40 吨集装箱正面起重机作业,件杂货堆场采用 8 吨或 16 吨轮胎起重机作业。仓库装卸作业采用 5 吨叉车作业。陆域总面积 27.09 万平方米,堆场面积 11.46 万平方米。项目总投资 5.14 亿元,其中交通运输部水运建设专项资金 6400 万元,地方政府投资 1.31 亿元,银行贷款 3.2 亿元。建设用地规模为 29.3 万平方米。

项目建设单位为南宁港开发投资有限公司,设计单位为福建省港航勘察设计研究院,施工单位为中交一航局第二工程有限公司、葛洲坝集团第五工程有限公司、广西建工集团第一建筑工程有限责任公司,监理单位为广西八桂工程监理咨询有限公司、中国轻工业南宁设计工程有限公司;质量监督单位为广西壮族自治区交通工程质量安全监督站。

(四)横县港区

1. 港区综述

(1)港区建设概况和运营情况

横县港区主要建设区域为石村作业区(正在规划),位于南宁市横县那阳镇石村、那阳公路桥下游约 2.4 千米处的郁江左岸。作业区规划为集装箱、件杂货和散货作业区。规划河段河岸顺直,水域条件好,后方陆域较平整。作业区岸线长度为 1925 米,其中上游规划生产泊位岸线 1800 米,下游规划工作船泊位岸线 125 米,规划布置 17 个 3000 吨级泊位;结合陆域地形考虑,码头前沿顶高程 55.0 米,陆域纵深 149 ~ 500 米,陆域面积约 90.6 万平方米,年通过能力 850 万吨;作业区后方设置一类口岸功能区、联检单位办公区域以及海关特殊监管区域等。

截至 2018 年底,横县港区有生产性泊位 25 个,码头岸线长 1550 米。其中 2000 吨级泊位 6 个、1000 吨级泊位 18 个、800 吨级泊位 1 个,2018 年完成货物吞吐量 369.56 万吨,港区主要从事水泥、煤炭、矿建材料、非金属矿石等货物的装卸。

(2)港区地理条件和集疏运概况

横县港区位于南宁市东部,属于南宁市 1 小时经济圈。东连贵港市,南接灵山县、浦北县,西接邕宁县,北和宾阳县接壤,是北部湾经济区近海靠城的重点县城,也是北部湾经济区和西江黄金水道的重要交通节点。县城与南宁距离 102 千米,距沿海经济开发城市北海 200 千米。水路距梧州 436 千米,距广州 746 千米,距香港 872 千米,距澳门 820 千米。桂海、南广、六钦高速公路,209 国道,湘桂铁路等多条交通要道贯通县境,交通运输极为便利。

2.港区工程项目

广西金鲤水泥有限公司专用码头工程

项目于 2010 年 7 月开工,2012 年 4 月试运营,2014 年 1 月竣工。

项目建设依据:2009 年 6 月,广西壮族自治区发展和改革委员会《关于外商独资广西金鲤水泥有限公司日产 4500 吨熟料新型干法水泥生产线项目核准的批复》(桂发改工业〔2009〕428 号);2009 年 11 月,广西壮族自治区经济委员会《关于同意广西金鲤水泥有限公司二期技改工程补充建设内容的复函》(桂经重工函〔2009〕1510 号);2010 年 5 月,广西壮族自治区发展和改革委员会《关于广西金鲤水泥有限公司专用码头问题的批复》(桂发改交通〔2010〕360 号);2010 年,广西壮族自治区交通运输厅《关于广西金鲤水泥有限公司专用码头工程初步设计的批复》(桂交基建函〔2010〕338 号);2011 年 1 月,南宁市交通运输局《关于广西金鲤水泥有限公司专用码头工程施工图设计的批复》(南交基建复〔2011〕7 号);2011 年 4 月,广西壮族自治区环境保护厅《关于同意广西金鲤水泥有限公司 2×9 兆瓦纯低温余热发电工程变更为 1×18 兆瓦纯低温余热发电工程的函》(桂环函〔2011〕534 号);2011 年 7 月,广西壮族自治区安全生产监督管理局《关于同意〈广西金鲤水泥有限公司专用码头工程安全预评价报告〉备案的通知》(桂安监管〔2011〕34 号);2008 年 9 月,南宁市国土资源局《关于 4500 吨/天熟料新型干法水生产线带纯低温余热发电项目用地的初审意见》;2011 年 12 月,交通运输部《关于南宁港横县港区周塘作业区广西金鲤水泥有限公司专用码头工程使用港口岸线的批复》(交规划发〔2011〕786 号)。

项目建设 6 个 2000 吨级泊位,其中 2000 吨级散货泊位 5 个、2000 吨级件杂货泊位 1 个,岸线长度为 530 米。码头水工 1~4 号泊位为桩基框架独立墩式结构形式,5~6 号泊位为连片式高桩梁板结构形式,码头前沿水深 4.4 米。项目总投资 11821.13 万元。

项目建设单位为广西金鲤水泥有限公司,设计单位为广西交通规划勘察设计研究院、中交四航局港湾工程设计院、南京凯盛水泥技术工程有限公司,施工单位为中国水产广州建港工程公司、广西新港湾工程有限公司、广西南宁市航道局、南京凯盛国际工程有限公司,监理单位为广西八桂工程监理咨询有限公司,质量监督单位为广西壮族自治区交通工程质量安全监督站。

三、柳州港

(一)港口概况

1. 港口综述

柳州港上溯可达贵州从江县,下航可抵梧州、广州、香港等地,历来便是沟通地区间经济文化交流的重要通道。柳州港是广西内河地区性重要港口和区域综合运输体系的重要枢纽,是柳州市城市建设、经济发展和资源开发的重要基础,是珠江—西江经济带柳州转型发展区形成与协调发展的重要依托。

(1)港口发展沿革

柳州港作为广西地区性重要港口,与区域内其他重要港口相比,港口建设长期呈滞后状态,仅有一些小规模、小吨位码头,如太阳村码头、柳州客运码头、黄村码头、南车渡码头、北车渡码头、河东码头、白沙码头、洛埠码头、社湾码头、鸡喇码头、洛维码头、河表码头等,码头设备简陋,堆场、仓库不足甚至无堆存设施。20世纪90年代初期,柳州港才建成鹧鸪江码头2个泊位(1个1000吨级泊位、1个500吨级泊位),2005年底在鹧鸪江码头上游建成台泥公司散货专用1000吨级泊位1个。2005年底红花枢纽建成投产后,黄村码头、白沙码头、河东码头、洛埠码头、河表码头已被淹没或在城市总体规划中被取消、拆除,南、北车渡码头为战备码头。

红花水利枢纽建成后,柳江河段通航条件得到较大改善,2010年,广西壮族自治区人民政府提出实施广西西江黄金水道建设规划发展战略后,柳州港的港口与航道建设进入了全面快速发展期,2011年柳江红花枢纽至石龙三江口段航道整治工程完成,柳江红花库区及坝下红花枢纽至石龙三江口段航道达到四级航道标准,2013年鹧鸪江作业区和阳和作业区6个1000吨级泊位相继建成投产,另有鹧鸪江作业区和官塘作业区的9个1000~2000吨级泊位正在加快建设,目前柳州港的港口设施已初具规模。

(2)港区组成现状

柳州港划分为三江港区、融安港区、融水港区、柳城港区、中心城港区、柳江港区和鹿寨港区共7个港区,各港区的基本定位如下。

三江港区:发展成为水上旅游服务中心,同时兼顾为三江县生产、生活提供货物运输及客圩渡服务。规划建设件杂货、散货作业区及旅游码头。

融安港区:发展成为临港工业物资服务中心,同时兼顾为融安县生产、生活提供货物运输、客圩渡服务及库区旅游服务。规划建设件杂货、散货作业区及旅游码头。

　　融水港区:发展成为临港工业物流服务及旅游服务中心,同时兼顾为融水县生产、生活提供货物运输及客圩渡服务。规划建设件杂货、散货作业区及旅游码头。

　　柳城港区:发展成为临港工业物流服务中心,同时兼顾为柳城县生产、生活提供货物运输、客圩渡服务及旅游服务。规划建设件杂货、散货作业区及旅游码头。

　　中心城港区:发展成为桂中地区的现代综合物流中心及沿江临港工业物资服务中心。规划建设件杂货、集装箱、散货作业区及旅游码头,主要为桂中区域物资需求及产品出口提供货物运输服务。

　　柳江港区:配合中心城港区为城市建设和临港工业提供货物运输服务。规划建设件杂货、散货和集装箱作业区。

　　鹿寨港区:配合中心城港区为城市建设和临港工业提供货物运输服务。规划建设件杂货、散货、集装箱和危险品作业区。

　　(3)航道及锚地

　　都柳江目前按50吨级航道维护,航道尺度为0.8米×(8~10)米×90米(航深×航宽×转弯半径,下同)。融江按六级航道维护,航道尺度为1.0米×15米×180米,可常年通航100~120吨级船舶。2009年10月,柳江红花枢纽至石龙三江口段按四级航道标准实施整治建设,设计航道尺度为2.0米×40米×330米,红花库区航道同步进行航标及配套工程建设。2011年6月,柳江航道整治工程通过交工验收,柳江红花库区(露塘至红花段)及坝下红花枢纽至石龙三江口101.2千米段航道已达到四级航道标准,枯水期可通航500吨级船舶,中洪水期可通航500吨级以上船舶。柳州辖区内的麻石、浮石、古顶、大埔和红花枢纽均在其上下游设有候闸锚地。

　　2.港口水文气象

　　柳州港地处桂中北部,属中亚热带季风气候,影响港口的大气环流主要是季风环流,夏半年盛行偏南风,高温、高湿、多雨,冬半年盛行偏北风,寒冷、干燥、少雨。夏长冬短、雨热同季,光、温、水气候资源丰富,但地区差异较大,北部各县具有较明显的山地气候特征。河段属南亚热带北缘气候和南亚热带北缘向中亚热带南缘过渡带气候。多年平均气温在20.5~20.7摄氏度之间,年平均气温为20.5摄氏度;多年平均风速在1.6~2.0米/秒之间;多年平均降水量为1319~1470毫米;柳江流域气候湿润,多年平均相对湿度为75%。春季至初夏期间阴雨较多,空气中水汽含量很高,月平均最大相对湿度出现在此期间,冬季湿度较小。柳州市雾多发生于冬季11月至次年4月的冬春季节。

　　3.发展成就

　　柳州港先后规划建设东堤旅游码头、鹧鸪江作业区、官塘作业区、阳和作业区、江口作业区、导江作业区和疏浚整治柳江二级航道工程。截至2011年,完成了500吨级航道疏浚整治,常年可通航 500 吨级船舶;建成了东堤旅游客运码头,满足设计年旅客吞吐量为 110 万人次。截至 2012 年,完成了阳和作业区一期工程和鹧鸪江作业区 1 号、4 号泊位建设,全市新增港口吞吐能力 360 万吨。2011—2015 年柳州港吞吐量分别为:124.09 万吨、196.69 万吨、238.75 万吨、252.3 万吨、233.64 万吨,合计 1045.47 万吨。主要货物是钢材和矿建材料,2011—2015 年柳州港钢材吞吐量分别为:82.38 万吨、125.64 万吨、120.23 万吨、140.82 万吨、146.08 万吨,合计 615.15 万吨。2011—2015 年柳州港矿建材料吞吐量分别为:28.21 万吨、42.68 万吨、61.8 万吨、82.55 万吨、71.48 万吨,合计 286.71 万吨。

柳州港港区分布图如图 9-10-2 所示,柳州港基本情况见表 9-10-3。

(二)中心城港区

1.港区综述

(1)港区建设概况和运营情况

中心城港区位于露塘至红花水电站之间。20 世纪 90 年代前码头均由航运总公司分散为小型码头,以缆车式装卸为主;20 世纪 90 年代初,鹧鸪江码头建成 1 个 500 吨级和 1 个 1000 吨级通用件杂货泊位;2004 年红花水电站蓄水,黄村码头、白沙码头、河东码头、洛埠码头、河表码头被淹没,河东码头和白沙码头均已回建;2009 年以《广西西江黄金水道建设规划》为蓝图,鹧鸪江码头建成 1 个 1000 吨级专业化散装水泥专用泊位;2015 年鹧鸪江码头建成 2 个 1000 吨级通用件杂货泊位,阳和码头建成 5 个 1000 吨级通用件杂货泊位,东堤旅游码头建成 5 个 300 吨级旅游客运泊位;目前鹧鸪江 6 ~ 9 号泊位在建设中。中心城港区现有在册生产性泊位 25 个,其中 1000 吨级泊位 9 个、500 吨级泊位 11 个、300 吨级泊位 5 个,年通过能力 503 万吨。港区主要开通的航线为柳州港至广东珠江三角洲地区,1995 年开通港澳航线,但现今货运量几乎已经没有。

(2)港区地理条件和集疏运概况

中心城港区位于露塘至红花水电站之间,主要有鹧鸪江、官塘、阳和三大作业区。在公路方面,货物利用进港道路连接柳州市城市路网,通过柳州环城高速公路与国家高速公路网连接。在铁路方面,通过湘桂、黔桂、焦柳铁路与国家铁路网连接,完成货物集疏运。

根据中心城区地址位置及经济发展特点,中心城港区主要发展矿石、机械设备、电器、汽车、化工类产品、建材、轻工医药产品等货运功能及旅游客运功能。

2.港区工程项目

(1)柳州港鹧鸪江作业区 1 号、4 号泊位工程

项目于 2010 年 10 月开工,2013 年 8 月试运行,2018 年 6 月竣工。

柳州港

湖南省

贵州省

城步苗族
自治县

黎平县

通道侗族
自治县

五团

独峒

林溪

榕江县

三江侗族自治县

龙胜各族自治县

从江县

程村

斗江

梅林

富禄

洋溪

老堡

和平

杆洞

良寨

白云

灵川县

洞头

大浪

板榄

桂林市

安太

丹洲

桂林市

滚贝

香粉

雅瑶

两江机场

怀宝

三防

融安县

| | 三江港区 |

寻石

| | 融安港区 |

融水苗族
自治县

泗顶

永福县

| | 融水港区 |

永乐

东起

| | 柳城港区 |

河池市

罗城仫佬族
自治县

大良

龙头

太平

古砦

平山

中渡

黄冕

冲脉

柳城县

寨沙

宜州区

马山

沙埔

东泉

石碑坪

四排

三岔

洛满

雒容

鹿寨县

| | 鹿寨港区 |

长塘

柳州市
柳北区

导江

| | 中心城港区 |

土博

柳南区
城中区

鱼峰区

里雍

| | 柳江港区 |

三都

柳江区

白莲机场

里高

百朋

穿山

忻城县

象州县

合山市

来宾市

南宁市

来宾市

贵港市

图 9-10-2　柳州港港区分布图

表 9-10-3

柳州港基本情况表

序号	港区名称	港口岸线		2015年港口生产用泊位				其中:1978—2015年建成的生产用泊位				2015年港口货物和旅客吞吐量							
		港口规划岸线	其中:2015年前已建成岸线	生产用泊位数	其中:千吨级及以上	生产用泊位总长	其中:千吨级及以上	生产用泊位数	其中:千吨级及以上	生产用泊位总长	其中:千吨级及以上	货物吞吐量	其中:外贸货物吞吐量	集装箱吞吐量	滚装车辆		旅客吞吐量	其中:国际旅客吞吐量
															数量	重量		
		千米	千米	个	个	米	米	个	个	米	米	万吨	万吨	万TEU	万辆	万吨	万人	万人
1	中心城港区	9.31	1.2	28	9	1556	685	28	9	1556	685	233.64	0	0.01	0	0	0	0
2	三江港区	3.39	0	0	0	0	0	0	0	0	0	0	0		0	0	0	0
3	融安港区	2.02	0	0	0	0	0	0	0	0	0	0	0		0	0	0	0
4	融水港区	3.03	0.36	0	0	0	0	0	0	0	0	0	0		0	0	0	0
5	柳城港区	3.09	0	0	0	0	0	0	0	0	0	0	0		0	0	0	0
6	柳江港区	3.14	0	0	0	0	0	0	0	0	0	0	0		0	0	0	0
7	鹿寨港区	2.53	0	0	0	0	0	0	0	0	0	0	0		0	0	0	0
	合计	26.51	1.56	28	9	1556	685	28	9	1556	685	233.64	0	0.01	0	0	0	0

项目建设依据:2010 年 10 月,广西壮族自治区交通厅《关于柳州港鹧鸪江作业区 1#、4#泊位工程初步设计的批复》(交基建函〔2010〕765 号);广西壮族自治区环境保护厅《关于柳州港鹧鸪江作业区 1 号、4 号泊位工程环境影响报告书的批复》(桂环管字〔2010〕81 号);广西壮族自治区水利厅《关于柳州港鹧鸪江作业区二期工程水土保持方案的函》(桂水水保函〔2010〕39 号);水利部珠江水利委员会《关于发送柳州港鹧鸪江作业区 1#—4#泊位工程〈河道管理范围内建设项目准予水行政许可决定书〉的函》(珠水建管函〔2010〕435 号);广西海事局《关于柳州港鹧鸪江作业区 1#至 4#泊位工程通航安全评估报告审批意见的函》(桂海通航函〔2010〕276 号);广西壮族自治区港航管理局《关于柳州港鹧鸪江作业区 1#—4#泊位码头航道技术问题的复函》(航道函〔2010〕89 号)。

项目建设 2 个 1000 吨级通用件杂货泊位,岸线长度为 165 米。码头采用顺岸式布局,直立式结构,码头前沿水深 4 米,堆场面积 1.37 万平方米。装卸设备配备两台跨度 55 米额定起重量 40 吨的门式起重机。项目总投资 5901.15 万元,为企业自筹资金。项目用地面积 1.56 万平方米。

项目建设单位为柳州市瑞中运钢材储运有限公司,勘察设计单位为广西壮族自治区交通规划勘察设计研究院,施工单位为中交一航局第四工程有限公司,监理单位为广西八桂工程监理咨询有限公司,质量监督单位为广西壮族自治区交通工程质量监督站。

该码头 2013—2016 年完成的吞吐量分别为:109.64 万吨、128.26 万吨、146.09 万吨、64.40 万吨。

(2)柳州港阳和港区码头工程(一期)

项目于 2011 年 3 月开工,2014 年 1 月试运行。

项目建设依据:2007 年 6 月,广西壮族自治区国土资源厅《关于柳州港阳和港区码头工程建设用地预审的批复》(桂国土资预审字〔2007〕22 号);2007 年 12 月,广西壮族自治区发展和改革委员会《关于柳州港阳和港区码头项目工程可行性研究报告的批复》(桂发改交通〔2007〕900 号);2007 年 2 月,广西壮族自治区发展和改革委员会《关于柳州港阳和港区码头工程项目建议书的批复》(桂发改交通〔2007〕45 号);2010 年 11 月,广西壮族自治区交通运输厅《关于柳州港阳和港区码头项目工程初步设计的批复》(桂交基建函〔2010〕834 号);2018 年 7 月,柳州市北部生态新区行政审批局《关于柳州东城交通投资发展有限公司柳州港阳和港区码头工程(噪声或者固体废物)环境保护设施竣工验收申请的批复》(北审批环城验字〔2018〕3 号);2011 年 4 月,交通运输部《关于柳州港阳和港区码头工程使用港口岸线的批复》(交规划发〔2011〕197 号)。

项目新建 5 个 1000 吨级货物泊位(水工结构兼顾 2000 吨级)和 2 个工作船泊位,岸线长度为 462.5 米。码头前沿顶高程为 88.2 米,前沿停泊地水域底高程为 69.69 米、宽度为 25.6 米,回旋水域垂直水流方向的宽度,货船泊位为 102 米、工作船泊位为 30 米。

后方陆域工程纵深 146～550 米,共布置 7 个件杂货堆场、1 个集装箱堆场、1 个冲洗箱堆场和 1 个拆装箱场,件杂货堆场总面积 2.84 万平方米,集装箱堆场面积 2.05 万平方米,仓库总面积约 9100 平方米,项目使用权面积为 14.02 万平方米。主要装卸设备配置门式轨道起重机 7 台。项目总投资 3.01 亿元,资金来源为业主自筹。

项目建设单位为柳州东城交通投资发展有限公司,设计单位为广西壮族自治区交通规划勘察设计研究院,施工单位为中交一航局第四工程有限公司,监理单位为广西八桂工程监理咨询有限公司,质量监督单位为广西壮族自治区交通工程质量监督站。

项目位于红花枢纽库区内,水位受水库调节影响,库区水位特征值如下:坝上设计最高通航水位为水库正常蓄水位 77.5 米,坝上设计最低通航水位为电站敞泄运行最低水位72.5 米,回水到港区河段时的水位为 72.73 米。

2010 年前,柳州港原有的港点多位于市区和作业区,难以扩展,不适应柳州市社会经济及交通运输的发展,与城市规划发展不协调。此外,原有码头等级低、规模小,前沿平台高程低。靠泊能力低,易受淹,设施不配套,特别是装卸设备、库场、环保设施不配套。柳州港阳和港区工程项目的建设,将形成同铁路、公路、水运港口集疏运的良好衔接,充分发挥水路运输运量大、运费省的优势,完善柳州市的交通体系,进一步提升柳州市作为桂中地区交通枢纽的地位。柳州港阳和港区工程项目的建设,既是目前柳州辖区内建设规模最大的现代化内河港区,也是目前柳州市内河港口最大的集装箱码头。受航道限制,近几年柳州港阳和港区码头年吞吐量保持在 20 万吨左右。面对困难与挑战,码头运营团队盘活码头现有资源,切实提高营业收益,不断加大业务开发力度,探索及开发适合码头作业的新货种。一是组织码头操作人员就各类货种装卸作业工艺方式进行了分析优化,提高了码头装卸的作业效率,满足了市场客户的需求。二是对码头泊位进行了合理规划利用,在原有烟煤、饲料、台泥等基本货种基础上成功争揽到柳州腹地企业的预应力钢筒混凝土(PCCP)水泥管、中纤板、辉绿岩、大方原石等新货种,为码头带来新收益。

四、贵港港

(一)港口概况

1. 港口综述

贵港港位于中国—东盟经济圈、华南经济圈、西南经济圈的接合部,具有东连珠三角、南接东盟、西接大西南的重要战略地位,是大西南物资东向出海的传统便捷通道。贵港港是国家对外开放一类口岸和全国内河 28 个主要港口之一,也是华南地区最大的内河港口,分为中心港区、桂平港区、平南港区三个港区。

1978 年以来,贵港市水运持续发展。国营、集体、个体纷纷注入资金建码头、造船舶。

截至1996年地级贵港市成立后,先后实施了"港口带动工程""以港兴市、以港富市""港口强市"、打造西江流域核心港口和区域性战略产业城战略,贵港市港航行业迎来了迅猛发展的"黄金时期",港航基础设施极大改善,港航实力不断增强,港口经济不断强大。码头装卸由改革开放初期的人力肩挑背扛发展到罗泊湾、猫儿山、华润水泥、台泥等大作业区具备较高的机械化程度。为做强做大港口,贵港市解放思想,大胆让利,于2006年3月引入实力雄厚、拥有先进港口管理、物流经营经验的印度尼西亚爱凯尔股份有限公司,通过股份合作、收购重组的方式,将原贵港港务总公司、贵港中转港有限公司、贵港市贮木场、贵港市民运港、贵港市红联港5个港口企业收购,重组成广西贵港爱凯尔港务有限公司,下设广西贵港爱凯尔集装箱港务有限公司、爱凯尔(贵港)中转港有限公司、爱凯尔(贵港)港务有限公司三个公司,从2006年5月1日开始运行。该公司投入资金4亿多元扩建和改造罗泊湾作业区和猫儿山作业区二、三期工程,建成后形成集装箱25万TEU、件杂货400万吨、散货800万吨的吞吐能力。贵港港配置有我国内河最先进的专业化起吊45吨的集装箱岸桥,是广西内河机械化程度最高的港口。至今,贵港港港口规模化发展,专业化程度提高,具有一定规模的港口企业有60家,其中民营、个体企业有51家,占总数的85%。截至2015年12月,贵港港有码头泊位162个,其中2000吨级以上泊位31个,全港年吞吐能力为5048万吨和25万TEU。

2015年,贵港港货物吞吐量达5334万吨,比2014年增长1.76%,占全区内河港口货物吞吐总量的48.45%,是广西第一个吞吐量突破5000万吨的内河大港。

2. 港口水文气象

贵港市属亚热带季风气候,季风盛行,高温多雨,空气潮湿。年平均气温21.4摄氏度;多年平均风速为2.49米/秒,常强风向为N、NE、ENE;降水主要集中在4—8月,多年平均降水量为1505.0毫米,年平均日降水量大于25毫米的天数为18天;多年平均有雾天数为1.8天;历年平均相对湿度为80%。郁江、黔江、浔江属丘陵地区河流,洪枯季节水位及流量的变幅较大。一般6—10月为汛期,12月至次年4月为枯水期。

贵港市流域内有贵港、大湟江口2个基本水文站。郁江、浔江流域植被较好,上游有西津电站拦截,多年平均含沙量为0.20千克/立方米,河流含沙量较少。流域来沙的年内过程与径流过程大体相同,来沙主要集中在汛期,输沙以悬移质为主。

3. 发展成就

一是水运投资实现多元化格局。1978年,贵港市水运体制改革,国家鼓励国营、民营、个体经济组织和个人投资兴业,打破了水运一直由国营、集体两种主体经营的局面,民营、个体投资建设港口、建造船舶势头迅猛,港航发展突飞猛进。

二是港口基础设施极大改善,机械化程度提高。投资2.43亿元的贵港港罗泊湾作业区二期工程于 2008 年 10 月建成,投资 3 亿元的贵港港猫儿山作业区二期工程正在加紧建设中。华润、华电等一批大型专用码头已投产。

三是港口对外开放能力和吸引力增强。目前,贵港拥有至香港深圳的集装箱航线、广州港"穿梭巴士"广西贵港支线、贵港至南沙集装箱定期班轮、贵港至珠海集装箱班轮航线、贵港至粤港澳地区的水路常年货运航线以及贵港至昆明铁路集装箱快运班列等多条货运线路,经香港、澳门与世界各国相通,促进了地方外贸发展。港口吸引力扩大,货源腹地扩展到了广西各地、云贵川、粤港澳,货物中转量不断扩大。目前,贵港港有货主单位 782 家,其中常驻货主单位 516 家。

贵港港港区分布图如图 9-10-3 所示,贵港港基本情况见表 9-10-4。

图 9-10-3　贵港港港区分布图

贵港港基本情况表

表 9-10-4

序号	港区名称	港口岸线		2015年港口生产用泊位				其中:1978—2015年建成的生产用泊位				2015年港口货物和旅客吞吐量						
		港口规划岸线	其中:2015年前已建成岸线	生产用泊位数	其中:千吨级及以上	生产用泊位总长	其中:千吨级及以上	生产用泊位数	其中:千吨级及以上	生产用泊位总长	其中:千吨级及以上	货物吞吐量	其中:外贸货物吞吐量	集装箱吞吐量	滚装车辆		旅客吞吐量	其中:国际旅客吞吐量
															数量	重量		
		千米	千米	个	个	米	米	个	个	米	米	万吨	万吨	万TEU	万辆	万吨	万人	万人
1	中心港区	41.83	11.1	65	26	5443	2667	53	22	4502	2351	2469.9	27.39	8.4	—	—	—	—
2	桂平港区	32.95	3.7	17	11	1054	140	17	11	1054	140	750.3	—	—	—	—	—	—
3	平南港区	31.15	3.7	16	11	1116	856	16	11	1116	856	2114.1	—	4.1	—	—	—	—
	合计	105.93	18.5	98	48	7613	3663	86	44	6672	3347	5334.3	27.39	12.5	—	—	—	—

(二)中心港区

1.港区综述

(1)港区建设概况和运营情况

贵港港中心港区以煤炭、水泥等散货、件杂货和集装箱运输为主,主要为西南地区资源开发、物资中转和贵港市经济发展、临港工业开发服务,具有散货、集装箱、件杂货、散装水泥、石油等货物中转功能和所需的各类设备、设施。2015年港区完成货物吞吐量2469.85万吨,同比增长0.07%。

(2)港区地理条件和集疏运概况

贵港港中心港区位于贵港辖区郁江河段,码头、作业区主要分布在贵港市港北区。水路溯郁江279千米达南宁,顺江而下可到达梧州、广州、香港、澳门。公路方面,通过209国道、324国道、南梧二级公路、南宁至广州高速公路与西南、华南、华中各地相通。陆路往西150千米至南宁,往东220千米至梧州,往北91千米至来宾,往南200千米至合浦。铁路方面,通过黎湛铁路、南广高铁与全国各地相连。

2.港区工程项目

(1)贵港港罗泊湾作业区二期工程

项目于2004年11月开工,2007年12月试运行,2009年7月竣工。

项目建设依据:2003年1月,广西壮族自治区发展计划委员会《关于贵港港罗泊湾作业区二期工程可行性研究报告的批复》(桂计交通〔2003〕6号);2003年9月,广西壮族自治区交通厅《关于贵港港罗泊湾作业区二期工程初步设计的批复》(交基建函〔2003〕790号);2003年10月,广西大学水利水电研究所《贵港港罗泊湾作业区二期工程对郁江行洪影响研究报告》;2003年12月,广西壮族自治区环境保护局《贵港港罗泊湾作业区二期工程环境影响报告书》(桂环管字〔2003〕406号)。

工程建设7个泊位,其中,1号、2号、3号、7号泊位为1000吨级,4号、5号、6号泊位为2000吨级,岸线长度570米。港池设计水深为3.3米,设计底高程为25.3米,1~6号泊位港池宽度均为21.6米。仓库堆场面积92600平方米、堆场面积65608平方米;码头结构形式为高桩式码头,主要装卸设备1号、2号、3号、7号泊位配置桥式起重机,4号、5号、6号泊位配置低架门式起重机。进出港口的航道等级目前为二级(常年可通行2000吨级货船)。总投资2.39亿元,其中地方投资2297万元,业主自有资金1.23亿元,银行贷款8320万元。项目建设用地总面积为20.35万平方米。

项目建设单位为广西贵港港务总公司,设计单位为广西壮族自治区交通规划勘察设计研究院,施工单位为广西壮族自治区航务工程局、广西建工集团第二建筑设备安装工程有限责任公司等,监理单位为广西八桂工程监理咨询有限公司,质量监督单位广西壮族自治区交通工程质量安全监督站。

项目建设单位广西贵港港务总公司(2004 年 11 月—2006 年 5 月)后更换为广西贵港爱凯尔集装箱港务有限公司(2006 年 5 月—2017 年 9 月)。

从 2007 年 12 月开始试运行,截至 2015 年 10 月,该港口码头累计完成集装箱船舶装卸操作 8378 艘次,合计 51.64 万 TEU,其中,进口操作量为 26.02 万 TEU,出口操作量为 25.62 万TEU;完成件杂货作业总量约为 311.32 万吨,其中,进口 55.05 万吨,出口 256.28 万吨。港口码头的实际靠泊装卸能力和管理水平较高,无论是白天还是晚上均能对靠泊船舶进行快速处理,得到了客户满意的评价。

(2)华润水泥(贵港)有限公司专用码头工程

项目于 2005 年 5 月开工,2006 年 11 月竣工。

项目建设依据:2004 年 1 月,广西壮族自治区经济贸易委员会《关于华润水泥(贵港)有限公司水泥制成技术改造项目可行性研究报告的批复》(桂经贸投资函〔2004〕136号);2005 年 3 月,广西壮族自治区交通厅《关于华润水泥(贵港)有限公司水泥制成技术改造工程专用码头初步设计的批复》(交基建函〔2005〕87 号);2005 年 3 月,广西壮族自治区环境保护局《关于华润水泥(贵港)有限公司专用码头煤炭泊位工程环境影响报告表的批复》(桂环管字〔2005〕79 号);2004 年 3 月,贵港市建设局《中华人民共和国建设用地规划许可证(区熟料生产线技改项目)附审批单》(贵地规管字 04015 号);2005 年 1 月,广西壮族自治区人民政府《关于华润水泥(贵港)有限公司日产 4000 吨熟料项目建设用地的批复》(桂政土批函〔2005〕1 号)。

项目建设 4 个泊位,其中,1~3 号泊位为 2000 吨级熟料和散装水泥出口泊位,4 号泊位为 1000 吨级燃煤进口泊位,岸线长度为 525 米。码头为高桩框架结构,采用厂区与码头直联装卸,不设置仓库和堆场。项目总投资 4000 万元,为业主自筹资金。项目占地面积 100 亩(约 66666 平方米)。

项目建设单位为华润水泥(贵港)有限公司,设计单位为广西壮族自治区交通规划勘察设计研究院,施工单位为广西壮族自治区港航工务局,监理单位为广西八桂工程监理咨询有限公司,质量监督单位为广西壮族自治区交通工程质量安全监督站。

截至 2015 年,该港口共装卸货物 2743.72 万吨,装卸船只 11820 艘,满足自用装卸货物。

(3)贵港港中心港区郁水作业区一期码头工程

项目于 2008 年 3 月开工,2009 年 7 月竣工。

项目建设依据:2007 年 6 月 22 日,广西壮族自治区经济委员会《关于确认台泥(贵港)水泥有限公司专用白沙码头建设规模的函》(桂经重工函〔2007〕706 号),2007 年 11月,广西壮族自治区交通厅《关于台泥(贵港)水泥有限公司专用白沙码头工程初步设计的批复》(交基建函〔2007〕964号);2007年11月,国家环境保护总局《关于台泥(贵港)水泥有限公司2×6000吨/日带余热大点熟料水泥生产线(二期)环境报告书的批复》(环审〔2007〕474号);2008年9月,广西壮族自治区人民政府《关于贵港市第二期日产6000吨熟料新型干法水泥线项目建设用地的批复》(桂政土批函〔2008〕262号);2007年9月,交通部《关于台泥(贵港)水泥有限公司白沙码头工程使用港口岸线的批复》(交规发〔2007〕520号)。

项目建设6个2000吨级泊位,码头岸线长708米。主要装卸设备:1~3号泊位每个泊位设回转式水泥装船机1台,装船机装船能力为500吨/小时;4~6号泊位每个泊位设回转式熟料装船机1台,装船机装船能力为500吨/小时。项目总投资4.85亿元,为业主自筹资金。码头占地面积170亩(约11.3万平方米),为高桩框架结构散装泊位,靠泊能力2000吨,采取厂区与码头直联装卸,不设置仓库和堆场。

项目建设单位为台泥(贵港)水泥有限公司,设计单位为广西壮族自治区交通规划勘察设计研究院,施工单位为中国水产广州建港工程公司,监理单位为广西八桂工程监理咨询有限公司,质量监督单位为广西壮族自治区交通工程质量安全监督站。

(4)贵港港猫儿山作业区二期工程

项目于2010年11月开工,2014年10月试运行,2014年10月竣工。

项目建设依据:2003年3月,广西壮族自治区发展计划委员会《关于贵港港猫儿山作业区二期工程工程可行性研究报告的批复》(桂计交通〔2003〕121号);2010年9月,广西壮族自治区交通运输厅《贵港港猫儿山作业区二期工程初步设计》(桂交基建函〔2010〕719号);2006年11月,广西壮族自治区环境保护局《关于贵港港猫儿山作业区(二期)工程环境影响报告书的批复》(桂环管字〔2006〕305号);2007年10月,国土资源部《关于贵港港猫儿山作业区二期工程建设用地的批复》(国土资函〔2007〕818号);2012年4月,广西壮族自治区人民政府《关于贵港市2011年第二十五批次城市建设用地的批复》(桂政土批函〔2012〕308号)。项目建设用地面积为22.11万平方米,基本上在原使用岸线上建设,没有进行岸线申报。

工程新建2个3000吨级泊位(3号、6号)、1个2000吨级泊位(5号),并完善原1号、2号、4号泊位装卸设施。工程建成后,1号、2号、4号泊位可常年靠泊1000吨内河货船,3号、5号、6号可常年靠泊3000吨内河货船。1~6号泊位均为散货泊位,泊位长942.5米,港池设计水深为4.39米,设计底高程为24.7米(黄基)。1号、2号、4号泊位为一期工程设计建设的栈桥及墩柱水工结构,配置可升降式带式输送机进行装船作业,泊位长度分别为150米、138米和172米;3号、5号、6号泊位均设计为单组双悬臂钢箱梁墩式水工结构,配置抓斗桥式起重机进行装卸作业,并考虑移船作业方式,泊位长度分别为180米、130米和172.5米。仓库、堆场面积17.7万平方米。项目总投资29998.29万元,其中,业主自有资金1.36亿元,银行贷款1.08亿元。项目堆场面积为18.26万平方米。

项目建设单位为爱凯尔(贵港)中转港有限公司,设计单位为中交第四航务工程勘察设计院有限公司,施工单位为广西远长公路桥梁工程有限公司、中国水产广州建港工程公司,监理单位为广西八桂工程监理咨询有限公司,质量监督单位为广西壮族自治区交通工程质量安全监督站。

从2014年10月15日获准试运行起,截至2017年7月31日,该作业区共完成货物吞吐量219.48万吨。

(5)贵港港中心港区猫儿山作业区东山多用泊位工程

项目于2011年开工。

项目建设依据:2010年12月,广西壮族自治区发展和改革委员会《关于贵港港中心港区猫儿山作业区东山多用途泊位项目可行性研究报告的批复》(桂发改交通〔2010〕1240号);2012年11月,广西壮族自治区交通运输厅《关于贵港港中心港区猫儿山作业区东山多用泊位工程预可研报告的批复》(桂交水运函〔2012〕976号);2012年,广西壮族自治区环境保护厅《关于贵港港中心港区猫儿山作业区东山多用泊位码头工程环境影响报告书的批复》(桂环审〔2012〕54号);2009年11月,广西壮族自治区国土资源厅《贵港港中心港区猫儿山作业区东山多用途泊位工程建设用地压覆矿的函》(桂矿资〔2009〕367号);2010年10月,广西壮族自治区国土资源厅《贵港港中心港区猫儿山作业区东山多用途泊位工程用地预审的批复》(桂国土资源厅〔2010〕107号);2012年,广西壮族自治区国土资源厅《关于贵港港中心港区猫儿山作业区东山多用泊位码头工程项目建设用地预审的批复》(桂国土资预审〔2012〕20号)。

项目新建2个2000吨级(水工结构兼顾3000吨级)多用途泊位,岸线长度为270米。项目为高桩框架结构,设置10吨和40吨门座起重机。项目总投资28347万元。项目占地面积241.03亩(约16.1万平方米)。

项目建设单位为广西贵港市西江投资有限公司,设计单位为广西壮族自治区交通规划勘察设计研究院,施工单位为长江重庆航道工程局有限公司,监理单位为广西八桂工程监理咨询有限公司,质量监督单位为广西壮族自治区交通工程质量安全监督站。

(6)贵港港中心港区石卡郁水作业区永泰码头工程

项目于2012年8月开工,2014年12月竣工。

项目建设依据:2010年7月,广西壮族自治区环境保护厅《关于贵港港中心港区郁水作业区一期码头工程环境影响报告书的批复》(桂环管字〔2010〕82号);2011年4月,广西壮族自治区国土资源厅《关于贵港港中心港区郁水作业区一期码头工程项目建设用地预审的批复》(桂国土资预审字〔2011〕31号);2011年5月,广西壮族自治区发展和改革委员会《关于贵港港中心港区石卡郁水作业区永泰码头工程项目核准的批复》(桂发改交通〔2011〕495 号）；2011 年 8 月，广西壮族自治区交通运输厅《关于贵港港中心港区石卡郁水作业区永泰码头工程初步设计的批复》（桂交水运函〔2011〕706 号）；2011 年 11 月，交通运输部《关于贵港港中心港区石卡郁水作业区永泰码头工程使用港口岸线的批复》（交规划函〔2014〕979 号）。

项目建设 9 个 2000 吨级泊位（水工结构兼顾 3000 吨级），其中，多用途泊位 1 个，件杂货泊位 7 个，散装水泥出口泊位 1 个，岸线长度为 880 米。项目设计高水位 48.8 米（50年一遇洪水位），低水位 41.1 米（最低通航水位）。项目为高桩框架结构，码头前沿水深 6米，护岸挡土墙长 880 米。仓库面积 10 万平方米，堆场面积 5 万平方米。码头前沿主要装卸设备配置 50 吨门座式起重机 1 台，60 吨港口轮胎式起重机 1 台，集装箱正面起重机 1 台，皮带机 2 台等。项目总投资 5.01 亿元，业主自有资金 4.5 亿元，银行贷款 5100 万元。项目占地面积 38 万平方米，库场面积 18 万平方米。

项目建设单位为广西贵港市永泰仓储物流有限公司，施工单位为广东省宏大广航工程有限公司，监理单位为武汉项目工程管理有限责任公司，设计单位为长江航运规划设计院，质量监督单位为广西壮族自治区交通工程质量安全监督站。

（三）桂平港区

1. 港区综述

（1）港区建设概况和运营情况

目前桂平港区港口岸线长度为 2613 米，货运泊位 20 个，客运码头和渡口泊位 35 个。货运泊位中 1000 吨级泊位 5 个、800 吨级泊位 6 个、500～650 吨级泊位 9 个，港口岸线长 863米，年综合通过能力 222 万吨，2007 年完成货物吞吐量 169 万吨，主要从事水泥、矿建材料、非金属矿石等货物的装卸。现有便民圩渡口 23 个（泊位 35 个），泊位岸线长 1750 米。

（2）港区地理条件和集疏运概况

桂平港区位于贵港港中心港区下游，郁江、黔江交汇后的浔江河段（郁江、黔江在桂平交汇后称浔江）。顺浔江可至梧州、广州，以至港澳；溯郁江、黔江可达南宁、柳州。水路距贵港 105 千米，距平南 50 千米，距梧州 170 千米。陆路距自治区首府南宁 220 千米，距北部湾 188 千米。南广高铁通过桂平。

2. 港区工程项目

桂平港区棉宠作业区一期码头

工程于 2012 年 8 月开工，2018 年 9 月竣工。

项目建设依据：2012 年 4 月，广西壮族自治区发展和改革委员会《关于贵港港桂平港区蒙圩棉宠作业区一期码头工程项目核准的批复》（桂发改交通〔2012〕380 号）；2012 年 6

月,广西壮族自治区交通运输厅《关于贵港港桂平港区蒙圩棉宠作业区一期码头工程初步设计的批复》(桂交行审〔2012〕26 号);2012 年 3 月,广西壮族自治区环境保护厅《关于贵港港桂平港区蒙圩棉宠作业区一期码头工程环境影响报告书的批复》(桂环审〔2012〕54 号);2012 年 2 月,广西壮族自治区国土资源厅《贵港港桂平港区蒙圩棉宠作业区一期码头工程项目建设用地预审的批复》(桂国土资预审〔2012〕20 号);2013 年 11 月,交通运输部《关于贵港港桂平港区棉宠作业区一期工程使用港口岸线的批复》(交规划发〔2013〕649 号)。

项目建设 3 个 2000 吨级多用途泊位(水工结构按 3000 吨级设计),码头岸线长 330米。设计高水位为 42.8 米(20 年一遇洪水位),低水位为 29.09 米(最低通航水位),宽 25米,拟建护岸长 370 米。码头前沿主要装卸船配置 45 吨低门架门式起重机 3 台。项目投资 3.06 亿元,为业主自筹资金。

项目建设单位为广西广源物流有限公司,设计单位为安徽省交通勘察设计院,施工单位为广西远长公路桥梁工程有限公司,监理单位为华海达(北京)工程管理咨询有限公司,质量监督单位为广西壮族自治区交通工程质量安全监督站。

项目 1 号泊位已于 2018 年 9 月通过竣工验收合格,并于 2019 年 4 月取得了经营许可。

(四)平南港区

1. 港区综述

(1)港区建设概况和运营情况

目前平南港区港口岸线长度为 2496.5 米,货运泊位 59 个,客运码头和渡口泊位 31个。现有货运泊位中 2000 吨级泊位 5 个、1500 吨级泊位 3 个、1000 吨级泊位 8 个、500 ~800 吨级泊位 6 个、500 吨级以下泊位 37 个,码头岸线长 1146.5 米,年综合通过能力 1023万吨,2007 年完成货物吞吐量 811 万吨,主要从事水泥、矿建材料、煤炭等货物的装卸。现有便民圩渡口和客运码头 23 个(泊位 27 个),泊位岸线长 1350 米。

(2)港区地理条件和集疏运概况

平南港区位于桂平港区下游的浔江河段,水路距桂平港区 50 千米,距梧州 120 千米。公路到广州、深圳、珠海、香港、澳门等地区仅需 6 ~ 10 小时,距南宁 300 多千米。水路到香港、澳门分别为 540 千米和 490 千米,上溯郁江、黔江,可直达柳州、南宁。南广高铁穿过平南。

2. 港区工程项目

(1)平南港区华润水泥专用码头一、三期工程

项目于 2003 年 10 月开工,2005 年 10 月试运行,2006 年 11 月竣工。

2010年2月,广西壮族自治区发展和改革委员会《关于华润水泥(平南)有限公司专用码头二、三期工程建设问题的批复》(桂发改交通〔2010〕99号);2010年6月,广西壮族自治区交通运输厅《关于华润水泥(平南)有限公司专用码头二、三期工程一阶段施工图设计的批复》(交基建函〔2010〕501号);2007年12月,广西壮族自治区环境保护局《关于华润水泥(平南)有限公司专用码头二期2×4000吨/天水泥熟料及水泥粉磨、发运系统技改工程暨一、二期纯低温余热发电、矿山、码头工程项目竣工环境保护验收申请报告的批复》(桂环验字〔2007〕77号)。

项目建设9个2000吨级散装泊位,岸线长度为580米。码头前沿水深5米,进出港航道为2000吨级航道,主要装卸设备配置水泥熟料装船机5台,卸料起重机5台,厂区与码头直联装卸,不设置仓库和堆场。项目总投资8207.39万元,为业主自筹资金。

项目建设单位为华润水泥(平南)有限公司,设计单位为广西壮族自治区交通规划勘察设计研究院,施工单位为广西壮族自治区航务工程局,监理单位为广西八桂工程监理咨询有限公司,质量监督单位为广西壮族自治区交通工程质量安全监督站。

(2)贵港港平南港区武林作业区二期码头工程

项目于2014年4月开工,2017年5月26日至2018年5月25日试运行,2019年4月竣工。

项目建设依据:2010年1月,广西壮族自治区发展和改革委员会《关于贵港港平南港区武林作业区二期工程项目可行性研究报告的批复》(桂发改交通〔2010〕34号);2011年7月,广西壮族自治区交通运输厅《关于贵港港平南港区武林作业区二期工程初步设计的批复》(桂交水运函〔2011〕635号);2009年12月,广西壮族自治区环境保护局《关于贵港港平南港区武林作业区二期工程环境影响的批复》(桂环管字〔2009〕301号);2014年10月,交通运输部《关于贵港港平南港区武林作业区二期工程1#~2#泊位 通航安全报告平南港区武林作业区二期工程使用港口岸线的批复》(交规划函〔2014〕845号),广西壮族自治区人民政府《关于贵港港平南港区武林作业区二期工程建设用地的批复》(桂政土批函〔2010〕356)。

项目水工平台长223.1米,宽25米;采用高桩框架结构形式,主要装卸设备配置包括45吨低门架门式起重机。后方陆域生产区总面积6.04万平方米,包含1个集装箱堆场、1个件杂货堆场、1个散货堆场及配套港区道路。其中堆场面积20865平方米、道路面积26847平方米、泊位岸线长500米。项目总投资4.16亿元,为业主自筹资金。

项目建设单位为广西平南通洲物流有限公司,设计单位为广西壮族自治区交通规划勘察设计研究院,施工单位为中交二航局,监理单位为广西八桂工程监理咨询有限公司、广西西华建设监理有限公司,质量监督单位为广西壮族自治区交通工程质量安全监督站。

2013年12月,广西壮族自治区交通运输厅以《关于同意高速贵港港平南港区武林作业区二期工程码头面工程的批复》(桂交行审〔2013〕159号)同意调整本工程码头面高程。同意将初步设计批复的码头面高程由原来的34.5米调整为33.3米。

五、梧州港

(一)港口概况

1.港口综述

梧州港位于梧州市桂江、浔江和西江的汇合处,扼广西内河水运咽喉,素称"水上门户"。往东下航可达广州、香港、澳门,溯浔江西上可通南宁、百色、柳州,沿桂江北上可至桂林。

梧州港是全国内河主要港口,一类开放口岸,是区域综合运输体系的重要枢纽和我国西南、中南部分地区对外物资交流的重要口岸,将发展成为以集装箱、件杂货、矿石、能源物资和矿建材料运输为主,具备装卸仓储、多式联运、临港工业、现代物流、航运服务、商贸服务等功能的现代化综合性港口。2008年,交通运输部和广西壮族自治区人民政府联合批复了《梧州港总体规划》;2014年,梧州市启动新一轮《梧州港总体规划》修编工作,至2019年10月尚未得到自治区人民政府批复。《梧州港总体规划》修编规划梧州港分为藤县港区、苍梧港区和中心港区。其中,藤县港区规划为长洲水利枢纽坝上以散货和集装箱运输为主的综合性港区,为桂东南地区大宗型物资运输和藤县经济发展服务,具备铁水联运和水水中转功能,积极拓展物流功能;苍梧港区以散货和件杂货运输为主,为苍梧县及其周边地区经济发展服务;中心港区规划以集装箱和件杂货运输为主,为桂东南地区物资运输、梧州市城市中心区经济发展和现代物流服务,积极拓展商贸功能。

(1)港口发展沿革

梧州港水运历史悠久。清代,梧州发展为广西内河最大的港口。清光绪二十三年(1897),梧州开埠,外轮开始进入,梧州成为广西内河最大的对外贸易口岸,是广西各地以及云、贵、川等地进出口货物的集散地。

新中国成立后,梧州港成为广西的对外经济贸易口岸和广西进出口贸易的货物集散地。1984年,梧州港口货物吞吐量达到了344万吨,是全国内河吞吐量最大的港口之一,造就了梧州航运的辉煌历史,当时对促进梧州乃至广东、广西的经济发展起到了重要的作用。20世纪80年代后期到90年代是公路建设的高速发展时期,广东、广西大批高等级公路相继建成并投入使用,梧州港口货物集散地的功能虽然受到了冲击,港口货物吞吐量以及水路货运量略有下降,但是梧州市的经济发展为交通运输业提供了较为充足的货源,港口货物吞吐量以及水路货运量仍分别保持在年均230万吨和310万吨的水平。2004年10月,梧州港口列入全国内河主要港口。进入21世纪后,随着长洲水利枢纽的建成和西江干线航道等级的不断提升,流域的通航条件和能力得到较大提升,以及受国家多重政策的支持和推动,尤其是自治区党委和人民政府提出打造西江亿吨黄金水道的发展战略,西江航运干线的货运开始复苏并且发展迅猛。

近年来,梧州港以长洲水利枢纽为节点,全力开展坝上坝下港口码头建设。坝上重点规划建设赤水圩作业区码头、东胜作业区码头、三坡码头等3个码头;坝下重点规划建设李家庄码头、紫金村码头、中储粮码头、大利口码头、塘源综合码头等5个码头。2008年以来,梧州市水运建设项目累计投入建设资金约65.2亿元。2018年,全梧州市已建成投入使用的生产性泊位有81个,其中3000吨级泊位6个,2000吨级泊位10个,1000吨级泊位21个,港口货物实际吞吐能力达5700万吨,集装箱吞吐能力达到130万TEU。"十三五"期间致力打造珠江—西江经济带和西江黄金水道,积极推进国内区域性综合交通运输枢纽建设。加快西江黄金水道开发,大力推进航道设施建设,加快提升西江航道的通过能力、枢纽的过船能力和港口的吞吐能力;加快港口基础设施建设,加强铁水、公水联运设施建设,实现无缝对接;全力建设中心港区,继续加快推动大利口码头3~6号泊位、塘源综合码头等项目建设,积极协调推动贵港至梧州3000吨级航道梧州段整治工程、梧州至界首3000吨级航道整治工程。至"十三五"期末,基本建成西江黄金水道区域性现代化综合联运龙头大港,形成畅通高效、平安绿色、江海联运的亿吨级黄金水道,将梧州港全面提升为西江重要的货物"枢纽港""出海集散地"的现代化综合性港口。

(2)港区组成现状

根据2008年批复的《梧州港总体规划》,梧州港划分为中心港区、苍梧港区和藤县港区3个港区。中心港区以集装箱和城市生活物资运输为主,主要为梧州市经济发展和城市建设服务;苍梧港区以通用散杂货运输为主,主要为梧州市经济发展和临港工业开发服务;藤县港区是以件杂货、集装箱和大宗散货运输为主的综合性港区,主要为腹地内大宗散货中转、外贸物资运输和临港工业开发服务。

(3)港口航道

西江:西江航运干线南宁至广州已全线建成三级以上高等级航道,是两广交通运输的大动脉。其中,西江航运干线贵港至梧州界首全长291.7千米,航道已按二级双线航道标准建成通航,航道尺度为3.5米×80米×550米(水深×宽度×弯曲半径,下同),通航保证率98%。

桂江:昭平电站至梧州桂江河口全长150.8千米。目前,莲花大桥至桂江河口为三级航道,航道设计尺度为3.0米×60米×480米;莲花大桥至昭平电站为七级航道,航道维护尺度为0.6米×8米×80米。昭平至梧州航段有下福、金牛坪、京南、旺村四个电站枢纽,成下福、金牛坪、京南、旺村四个库区,其中昭平电站至下福电站17.9千米、下福电站至金牛坪电站35.2千米、金牛坪电站至京南电站31.3千米、京南电站至旺村电站42.4

千米。旺村枢纽以下全长 21 千米,莲花大桥以上段基本为天然航道,航道条件一般,以下段因受西江水位顶托,航道条件较为优良。

绣江:玉林北流至梧州河口段 177 千米为七级航道。由于绣江上圭江、深柳、黄金洲等水电站的通航建筑物未建成,以及容城、浪水、交口等水电站的通航建筑物因设计不合理而无法使用,形成碍航闸坝,导致绣江于 1988 年彻底断航,现仅有客船、渡船和砂船在各梯级库区内航行。

(4)锚地分布

梧州港现有锚地 5 个,分别设置于长洲水利枢纽的上、下游,面积约 62.2 万平方米。长洲水利枢纽上游锚地分洪水期、枯水期设置。其中,枯水期锚地 2 个,位于浔江一桥下游至泗化州岛上游之间水域,面积分别为 220 米×300 米、200 米×100 米,其中靠下游侧锚地为危险品船舶锚地。洪水期锚地位于洛湛铁路浔江特大桥上游约 800 米航道左、右侧水域,其中左侧为危险品船舶锚地,面积为 400 米×100 米,右侧锚地面积为 1150 米×350 米。长洲水利枢纽下游锚地位于下游引航道下游的 10～11 号丁坝边、在建的西江三桥上游约 600 米的航道左侧,面积为(1195～1236)米×(69.5～80)米。

2. 港口水文气象

梧州港地处桂东,属亚热带季风气候区,年平均气温 21.4 摄氏度;风速一般以冬季较大,夏季较小,但夏季受台风入侵影响时,风速剧增,3—9 月出现大风的概率较大,年均出现大风日数为 3.5 天;降水年内分配极不均匀,汛期 4—9 月降水量约占全年的 70%～80%;雾有平流雾和辐射雾 2 类,年均雾日数为 25 天。

西江:贵港至梧州河段洪水主要由暴雨形成,主要特点是峰高量大、历时长、洪水过程多呈复峰型,一般较大的洪水过程都在 30～40 天;其中 7 天洪量占整个洪水过程总量的 30%～50%,15 天洪量占 60% 以上。干流河段的洪水期为 5—10 月,大洪水多出现在 6—8 月。一般每年 9 月进入后汛期,到 10 月下旬汛期基本结束。

桂江:桂江属山区性河流,洪水一般是由暴雨引起的。洪水多发生在 4—7 月,6—7 月发生年最大洪水次数最多,约占 74%。流域内大暴雨持续时间一般为 1～3 天,持续时间短,加上流域呈羽毛状、支流短而且河道为峡谷型河槽,因而洪水过程线多呈单峰型或双峰型且暴涨暴落,一般一次洪水过程历时 7 天左右。

绣江:据统计资料,绣江流域雨量较充沛,年平均降雨量 1643 毫米,年最大降雨量 286.4 毫米,年最小降雨量 1032 毫米。雨量分配不均匀,大多集中在 4—9 月,约占全年降雨量的 79%。绣江属山区河流,枯洪水位及流量的变幅较大,河中滩险多为沙质滩险,河床冲淤变化较大。

3. 发展成就

梧州港依托西江航运干线,港口历史悠久,经过近 10 年来的开发建设,目前港口设施已初具规模。截至 2015 年底,梧州港有货运泊位 72 个,其中深水泊位 37 个,货物年通过能力 1537.7 万吨,其中集装箱年通过能力 72 万 TEU;2015 年完成港口货物吞吐量 3201.53 万吨,同比增长 2%,约占广西内河港口货物吞吐量的 29%,广西港口货物吞吐量的 10%。2008 年 10 月,自治区党委、自治区政府提出"打造西江亿吨黄金水道"的重大战略部署,随着该战略的提出,梧州水运事业得到了新的发展机遇。趁势而为,梧州市先后开工并建成赤水、李家庄(三期)、紫金村、大利口等码头作业区,码头布局日趋合理,长洲水利枢纽三线四线船闸建成通航更是彻底打通了西江航运咽喉。目前,梧州市以长洲水利枢纽为节点,初步形成了坝上 2000 万吨、坝下 3000 万吨货物吞吐量的港口布局。

目前,梧州市现有货运船舶 534 艘,载重量 65.22 万载重吨,平均吨位 1221 吨/艘,货运船舶大型化发展趋势明显,其中 1000 吨级以上船舶 306 艘、载重量 53.42 万载重吨,分别占总量的 57.3%、81.9%,船舶运力有较大增长。梧州港开通有南宁至梧州、贵港至梧州、梧州至广东珠江三角洲地区、梧州至香港等多条航线,水运可直达自治区区内主要港口及广东、香港和澳门等地区。2016 年到港货运船舶 104811 艘次,其中 600 ~ 1600 吨货船 12601 艘次,1600 吨以上货船 896 艘次。

梧州港港区分布图如图 9-10-4 所示,梧州港基本情况见表 9-10-5。

(二)中心港区

1. 港区综述

(1)港区建设概况和运营情况

中心港区以集装箱和件杂货运输为主,为桂东南地区物资运输、梧州市城市中心区经济发展和现代物流服务,积极拓展商贸功能,港区下辖李家庄、塘源、龙圩及大利口 4 个作业区。

中心港区现有货运泊位 65 个,其中 1000 吨级以上深水泊位 24 个,码头岸线长 4387 米,2017 年完成吞吐量 2034.7 万吨。中心港区目前较具规模的李家庄作业区已建成 7 个 1000 ~ 3000 吨级泊位,码头岸线长 598 米,年通过能力 277 万吨。此外,大利口作业区于 2015 年建成 2 个 1000 吨级泊位,码头岸线长 121 米,年通过能力 78.4 万吨。塘源作业区亦于 2016 年建成 5 个 2000 ~ 3000 吨级泊位,码头岸线长 534 米,年通过能力 313.2 万吨。

(2)港区地理条件和集疏运概况

中心港区包括浔江、西江段从长洲岛尾附近至界首航标站,重点发展中心港区的李家庄作业区、塘源作业区和平浪作业区等公用码头作业区,李家庄码头、塘源中储粮码头、塘源紫金村码头均依托市政道路作为疏港公路,大利口码头位于梧州市工业园区,疏港公路为园区内市政道路。

图 9-10-4　梧州港港区分布图

2. 港区工程项目

(1)梧州港河西综合码头第三期扩建工程

项目于 1989 年 4 月开工,1992 年 9 月竣工。

项目建设依据:1988 年,广西壮族自治区交通厅《关于梧州港河西综合码头第三期扩建工程初步设计审查意见》(交计字〔1988〕506 号);1988 年,广西壮族自治区计划委员会《关于梧州港河西综合码头第三期扩建工程项目建议书的批复》(桂计字〔1988〕276 号);1988 年,梧州市规划局《关于建设河西综合码头的定点通知》(梧州城规〔1988〕133 号);1988 年,广西壮族自治区计划委员会《关于梧州港河西综合码头第三期扩建工程设计任务书的批复》(桂计规〔1988〕306 号);1989 年 2 月,梧州市人民政府《梧州市人民政府关于将市糖厂范围内的土地纳入河西综合码头的陆域用地规划问题的批复》(梧政函〔1989〕29 号)。

表 9-10-5

梧州港基本情况表

序号	港区名称	港口岸线		2015 年港口口生产用泊位			其中:1978—2015 年建成的生产用泊位					2015 年港口货物和旅客吞吐量							
		港口规划岸线	其中:2015 年前已建成岸线	生产用泊位数	其中:千吨级及以上	生产用泊位总长	其中:千吨级及以上	生产用泊位数	其中:千吨级及以上	生产用泊位总长	其中:千吨级及以上	货物吞吐量	其中:外贸货物吞吐量	集装箱吞吐量	滚装车辆		旅客吞吐量	其中:国际旅客吞吐量
															数量	重量		
		千米	千米	个	个	米	米	个	个	米	米	万吨	万吨	万 TEU	万辆	万吨	万人	万人
1	中心港区	11.78	3.13	66	15	3950	1973	35	10	109	1029	1166	135.6	47	—	—	—	—
2	苍梧港区	6.32	—	—	—	—	—	10	4	390	210	417.9	—	—	—	—	—	—
3	藤县港区	21.48	0.83	16	12	1202	513	21	12	1097	1097	1617.64	—	—	—	—	—	—
	合计	39.58	3.96	82	27	5152	2486	66	26	1596	2336	3201.54	135.6	47	—	—	—	—

项目建设 2 个 1000 吨级集装箱泊位,岸线长度为 156 米。前沿停泊水域水深取 4.6 米,采用双级直立式(16 米及 25.6 米高程平台)码头,设有 16 米和 25 米水位的二级装卸平台。项目投资 1769 万元,为专项补助资金及企业自筹资金。

项目建设单位为梧州港口运输联合总公司,设计单位为广西壮族自治区交通规划勘察设计院、武汉水运工程学院,施工单位为广西航务工程处、广西公路局第三工程处、华中重型机械集团公司;施工监理单位为梧州港口设计室。

1999 年,梧州港口运输联合总公司对原有的集装箱码头配套进行完善。随着市中心的西移,原河西集装箱码头地址已成为市中心,梧州市政府决定将河西集装箱码头迁至苍梧县龙圩下仄河一带。

(2)梧州市李家庄码头扩建工程

项目于 1994 年 12 月开工,1996 年 3 月竣工。

项目建设依据:1993 年 12 月,梧州市计划委员会《关于梧州市李家庄码头扩建工程项目可行性研究报告的批复》(梧计字〔1998〕第 56 号);1994 年 2 月,广西壮族自治区交通厅《关于梧州港李家庄码头工程初步设计的批复》(交计划〔1994〕59 号);1995 年,李家庄一期工程取得广西壮族自治区建设工程施工许可(桂建施许梧州市子 95010 号)。

项目建设 2 个 1000 吨级的大件杂货及集装箱泊位,岸线长度为 130 米。主要建设钢筋混凝土两级框架平台工程,其中 18 米高程装卸平台面积为(13 米×47 米),24.5 米高程中台面积为(112 米×31 米);配门座式起重机 2 台。第一期工程仓库 3900 平方米、货场 6200 平方米。累计完成投资额 2373.13 万元,股东自筹 1337.13 万元,银行贷款 200 万元,自治区交通厅借款 800 万元。

项目建设单位为梧州李家庄码头工程指挥部,设计单位为广西壮族自治区航务管理局综合设计室,施工单位为南宁航务工程处,监理单位为广西八桂水运工程监理有限责任公司,质量监督单位为广西壮族自治区交通工程质量安全监督站。

项目于 1996 年 3 月初正式投入使用。但由于公路运输迅速发展,部分出口货物改道由汽车运至广东蛇口等地转口,港口货源十分短缺,港口生产效益下降。梧州李家庄集装箱码头有限公司注重经营管理和优质服务工作,积极争取货源,采取"边经营、边投入,逐步扩大生产规模"的措施,从港口生产盈利积累中不断投入资金购置生产设备,改善生产设施,投入 50 多万元购置新铲车、工具、通信及消防设备,铺设 2350 平方米混凝土港区堆场,保证了李家庄集装箱码头生产发展的后劲。码头在投产半年内即完成货物吞吐量 6.55 万吨,集装箱吞吐量 1734TEU,经营效益逐日上升,成为梧州港经济效益较好的装卸码头。

(3)富民码头扩建工程(富民重件码头工程)

项目于 1995 年 3 月开工,1996 年 6 月竣工。

项目建设依据:1995年,广西壮族自治区交通厅《关于梧州港口运输联合总公司富民港集装箱装卸作业线技术改造项目可行性研究报告的批复》(交科技函〔1995〕672号);1995年,广西壮族自治区交通厅《关于梧州港富民码头扩建工程初步设计的批复》(交总办函〔1995〕877号);1994年12月,梧州市港口管理处批复《关于梧州港口运输联合总公司申请富民扩建集装箱装卸作业码头及使用岸线》(梧港管〔1994〕011号)。

项目建设1个500吨级码头集装箱泊位。码头前沿为4跨×7.3米,长30米,面积为1548平方米,配备有起重能力为40吨的固定旋转起重机。项目总投资496.09万元,为企业贷款及自筹资金。

项目建设单位为梧州港口运输联合总公司,设计单位为梧州市交通建筑设计室,施工单位为梧州航务工程处,监理单位为广西八桂水运工程监理有限责任监理公司,质量监督单位为广西壮族自治区交通工程质量安全监督站。

梧州港联交通实业有限公司富民码头被列入梧州市万秀区富民片区棚户改造拆迁范围内,已于2017年11月停止经营。

(4)中石油梧州新恒丰油库、油站改造工程工程

项目于1999年开工,2002年5月试运行,2002年10月竣工。

项目建设依据:2002年4月,取得梧州市环保局关于梧州新恒丰油库维修改造建设项目"三同时"验收表;2002年12月,梧州海事局《关于中油新恒丰码头申请使用水域的批复》(梧海通航〔2002〕93号)。

项目建设1个1200吨级油品泊位,岸线长度为150米。码头前沿水深3.8米,码头为斜坡式砖混结构,设施有1艘接卸油趸船,建有输油斜坡道和人行步道1条,斜坡道垂直河岸、水流方向布置。项目总投资200万,为企业自筹资金。

项目建设单位为中国石油天然气股份有限公司广西梧州销售分公司,设计单位为广西化工规划设计院,施工单位为辽阳石化安装公司,监理单位为广东石油化工建设监理有限公司,质量监督单位为广东石油化工建设监理有限公司。

中国石油广西梧州新恒丰油库是中国石油广西销售仓储分公司下属油库。位于梧州市东郊321国道旁,距梧州市区约8千米。该油库建于1999年,2000年建成投产,原属于中国石油华东公司,在2002年9月划归中国石油西南公司广西分公司。

(5)李家庄集装箱码头二期扩建工程

项目于2004年2月开工,2006年6月竣工。

项目建设依据:2003年11月,梧州市发展计划委员会《关于李家庄集装箱码头二期扩建工程项目建议书的批复》(梧计字〔2003〕409号);2004年5月,梧州市发展和改革委员会《关于李家庄集装箱码头二期扩建工程可行性研究报告的批复》(梧计交通〔2004〕150号);2005年11月,梧州市发展和改革委员会《关于李家庄集装箱码头后方堆场道路

工程可行性研究报告》（梧计交通〔2005〕299 号）；2005 年 9 月,梧州市环保局《关于梧州李家庄码头扩建工程项目环境影响报告表》（梧环验字〔2005〕51 号）；2007 年 6 月,梧州市环保局《关于梧州李家庄码头书建一期码头 1#泊位及后方堆场工程竣工环境保护验收》（梧环验字〔2007〕9 号）；2003 年 12 月,码头二期扩建工程取得梧州市建设规划委员会工程用地规划许可证（2003 城规管地定字第 135 号）；2006 年 5 月,梧州海事局《关于征求梧州李家庄集装箱码头有限公司申请岸线意见的函》,（梧海事函〔2006〕13 号）。

项目建设 2 个 2000 吨级泊位。码头平面布局形式为顺岸式紧邻一期码头西侧,泊位长 70 米,宽 48 米。港池水深在 3.8 米以上,二期码头为二级平台,水上建筑物采用现浇梁板桩框架式结构,第一级平台高程 18 米,第二级平台高程 24.3 米。水平运输配备 4 吨叉车 1 台,3 吨叉车 2 台,集装箱专用拖车 1 台,2 号泊位装卸工艺配置 50 吨固定式起重机。项目总投资 8000 万元,为企业自筹资金。堆场面积 2.27 万平方米。

项目建设单位为广西梧州中外运仓码有限公司,设计单位为广西航务管理局航务综合设计室、梧州市住宅建筑设计室、梧州市交通建筑设计室,施工单位为地矿梧州地质工程勘察公司、广西河池水利电力建筑工程处、梧州市港口建设工程公司,监理单位为广西八桂工程监理咨询有限公司、广西西华建设监理有限公司;质量监督单位为梧州市交通基建工程质量监督站。

广西梧州中外运仓码有限公司码头二期扩建工程的竣工投产,有利于促进中国外运集团广西梧州与广东深圳、黄埔的进出口转关"一站式"的水路运输业务和与长江以北沿海港口的集装箱国内水路运输业务,为广西和西南三省的工商企业提供优质的水路运输服务,促进广西与珠江三角洲地区的经济交流和融合,加快共同发展。

（6）梧州港中心港区塘源紫金村码头一期工程

项目于 2012 年 1 月开工,2014 年 1 月试运行,2018 年 8 月竣工。

项目建设依据:2012 年,广西壮族自治区发展和改革委员会《关于梧州港中心港区塘源紫金村码头一期工程项目核准的批复》（桂发改交通〔2012〕139 号）；2012 年 4 月,广西壮族自治区交通运输厅《关于梧州港中心港区塘源紫金村码头一期工程初步设计的批复》（桂交行审〔2012〕10 号）；2011 年 10 月,广西壮族自治区环境保护厅《梧州港塘源作业区紫金村码头一期工程环境影响报告书》（桂环审〔2011〕236 号）；2011 年 12 月,广西壮族自治区国土资源厅《关于梧州港塘源作业区紫金村码头一期工程项目用地预审的请示》（桂国土资预审字〔2011〕159 号）；2013 年 3 月,交通运输部《关于审批广西梧州港中心港区塘源紫金村码头一期工程使用港口深水岸线的请示》（交规划发〔2013〕207 号）。

项目建设 4 个 3000 吨级多用途泊位,岸线长度为 420 米。码头结构形式为现浇高桩梁板式框架结构,前方装卸平台长度为 420 米,码头前沿水深 4.24 米。装卸工艺为:1 号、2 号泊位码头前沿各配置 2 台 45 吨—25 米低架门座式起重机;3 号、4 号泊位码头前沿配置 45 吨—19 米轻型岸边集装箱起重机。堆场采用 45 吨—40 米轨道式集装箱门式起重机完成重箱、空箱堆场作业。堆场面积为 3.37 万平方米,仓库面积为 1.59 万平方米。项目总投资为 6.58 亿元,来自企业自筹资金。码头区域总面积为 9.92 万平方米。

项目建设单位为广西梧州通州物流有限公司,设计单位为广东省综合交通勘察设计有限公司、广西壮族自治区交通规划勘察设计研究院,施工单位为中交一航局第五工程有限公司、中交天津航道局有限公司、中铁七局集团电务工程有限公司,监理单位为广西八桂工程监理咨询有限公司,质量监督单位为广西壮族自治区交通工程质量安全监督站。

紫金村码头坐落于粤桂合作特别试验区,在坚持“东融”战略中依托梧州市的交通基础设施建设与全市经济发展新一轮高潮,以及梧州市和粤桂合作特别试验区相关政策的优惠。优势资源以紫金村码头的区位优势(紫金村码头位于梧州市西江南岸的云龙桥下游约 550 米处,上游 2000 吨级船舶可直达贵港,下游 3000 吨级船舶可直达肇庆、珠三角地区及港澳特区,陆路交通发达,交通网可通往广西区内各地,港区后方新规划的进港道路与梧州环城高速公路、南梧高速公路、二级公路及广梧高速公路连接,完全满足进出港口货物陆路运输)为基础,致力打造区域优势物流平台行业品牌。2014—2017 年该码头完成吞吐量分别为:4.26 万 TEU、9.37 万 TEU、11.05 万 TEU、11.01 万 TEU。

(7)李家庄码头三期工程

项目于 2012 年 2 月开工,2015 年 7 月试运行,2015 年 10 月竣工。

项目建设依据:2011 年 10 月,广西壮族自治区发展改革委员会《关于梧州中心港区李家庄作业区仓码码头三期工程核准的批复》(桂发改交通〔2011〕1296 号);广西壮族自治区交通运输厅《关于梧州中心港区李家庄作业区仓码码头三期工程初步设计的批复》(桂交行审〔2012〕3 号);2011 年 4 月,广西壮族自治区环保厅《关于梧州仓码李家庄码头三期扩建工程环境影响报告书的批复》(桂环审〔2011〕82 号);2011 年 9 月,广西壮族自治区国土资源厅《关于梧州仓码李家庄码头三期扩建工程建设项目用地预审的批复》(桂国土资预审〔2011〕108 号);2012 年 12 月,交通运输部《关于梧州港中心港区李家庄作业区仓码码头三期使用港口岸线的批复》(交规划发〔2012〕770 号)。

项目新建 1 个 2000 吨级和 2 个 3000 吨级多用途泊位,岸线长度为 328 米。项目建设内容还包括港区的陆域形成及地基处理、道路堆场、后方的生产生活辅助建筑物等码头的配套设施。码头前沿常年水深 5~10 米。2000 吨级泊位长度为 118 米,码头采用连片式布置,2 个 3000 吨级泊位码头长度为 210 米。码头平面分两级,第一级平台(装卸平台)高程为 18.0 米,宽度为 20.25 米,第二级平台(堆场平台)高程为 24.46 米,宽度为 36.41~40.35 米。三期码头港区总面积为 8.99 万平方米,集装箱堆场面积 2.77 万平方米。码头前沿安装门座式起重机 2 台,后方堆场安装门式起重机 3 台。项目建设资金由企业自筹。

项目建设单位为广西梧州中外运仓码有限公司,设计单位为广东省综合交通勘察设计院有限公司,施工单位为中铁港航局集团有限公司,监理单位为广西八桂工程监理咨询有限公司,质量监督单位为广西壮族自治区交通工程质量安全监督站。

该工程试运行期间吞吐量为 30.9 万 TEU,试运行期间靠泊的最大船舶为"桂平南货666",船舶载重量 4500 吨,船长 62 米,船宽 62 米,型深 9.64 米。

(8)梧州港中心港区塘源中储粮码头工程

项目于 2012 年 3 月开工,2016 年 2 月试运行,2018 年 10 月竣工。

项目建设依据:2012 年 2 月,广西壮族自治区发展和改革委员会《关于梧州港中心港区塘源中储粮码头工程项目核准的批复》(桂发改交通〔2012〕200 号);2012 年 6 月,广西壮族自治区交通运输厅《关于梧州港中心港区塘源中储粮码头工程初步设计的批复》(桂交行审〔2012〕25 号);2011 年 11 月,广西壮族自治区国土资源厅《关于梧州塘源中储粮码头项目用地预审的批复》(桂国土审字〔2011〕144 号);2011 年 1 月,广西壮族自治区环境保护厅《关于梧州塘源中储粮码头工程环境影响报告书的批复》(桂环审〔2011〕18号);2012 年 12 月,交通运输部《关于梧州港中心港区塘源中储粮码头工程使用港口岸线的批复》(交规划发〔2012〕765 号)。

项目新建 1 个 2000 吨级多用途泊位(水工结构按照靠泊 3000 吨级设计),岸线长度为 114 米。码头为高桩框架透空形式,前沿水深 4.6 米。码头前沿配置 1 台 45 吨移动式门座式起重机及其他设备。码头堆场面积为 2.67 万平方米。工程投资 6936 万元,中央财政专项补助资金 1500 万元,其余资金由企业自筹。港区陆域面积为 3.09 万平方米。

项目建设单位为中央储备粮梧州直属库有限公司,设计单位为中铁建港航局集团勘察设计院有限公司,施工单位为中交二航局第三工程有限公司,监理单位为广西八桂工程监理咨询有限公司,质量监督单位为广西壮族自治区交通工程质量安全监督站。

中储粮码头运营以来,总体运行安全、平稳,装卸船舶共计 350 艘次,累计吞吐量93.75万吨。码头另有配套齐全的中转仓库,可为粮食中转客户提供中转业务。中储粮码头正努力打造广西内河运输双向物流及粮食贸易平台,为服务国家宏观调控、稳定粮食市场及服务地方经济的发展作出新的贡献。

(9)梧州港中心港区大利口作业区码头一期工程(1 号、2 号泊位)工程

项目于 2013 年 12 月开工,2015 年 12 月试运行,2019 年 8 月竣工。

项目建设依据:2012 年 2 月,广西壮族自治区发展和改革委员会《关于梧州港中心港区大利口作业区码头一期工程项目核准的批复》,同意建设梧州港中心港区大利口作业区码头一期工程;2012 年 12 月,广西壮族自治区交通运输厅《关于审批梧州港中心港区大利口作业区码头一期工程初步设计的请示》(桂交行审〔2012〕93 号);2012 年 5 月,广西壮族自治区环境保护厅《梧州港大利口作业区码头工程环境影响报告书(报批稿)》(桂

环审〔2012〕101 号）;2012 年 12 月,交通运输部《关于梧州港中心港区大利口码头一期工程使用港口岸线的批复》(交规划发〔2012〕721 号）。

梧州港中心港区大利口码头工程一期工程建设 6 个 1000 吨级多用途泊位(水工结构按 2000 吨级设计），先期建设 2 个泊位(分别为 1 号、2 号泊位）。码头平面布局形式为顺岸式,采用高桩框架结构形式,平台宽 25 米,长 129.2 米,码头水域水深 3.6 米,码头面高程 26.2 米。后方陆域面积为 10.26 万平方米。集装箱装卸船作业采用轻型集装箱装卸桥和单臂多用途门式起重机,水平运输采用集装箱拖挂车,堆场装卸作业采用轨道式集装箱门式起重机。项目总投资为 3.91 亿元,为业主自筹资金。本工程面积为 15.45 万平方米。

项目建设单位为珠海港(梧州)港务有限公司,设计单位为中交第二航务工程勘察设计院有限公司,施工单位为中国水产广州建港工程公司,监理单位为广东正方圆工程咨询有限公司,质量监督单位为广西壮族自治区交通工程质量安全监督站。

项目投产后带动梧州港口经济多元化发展,扩大梧州港口货物吞吐量,刺激梧州港口行业竞争性,引导其向积极方向发展,增加就业率和税收,取得良好的经济社会效益。2016—2018 年 8 月该码头集装箱总吞吐量为 11.93 万 TEU。

(三)藤县港区

1.港区综述

(1)港区建设概况和运营情况

藤县港区重点发展的是东胜作业区和赤水圩作业区,该港区是以件杂货、集装箱和大宗散货运输为主的综合性港区,主要为桂东南地区大宗物资运输和藤县经济发展服务。

藤县港区现有货运泊位 16 个,其中 1000 吨级以上泊位 13 个,码头岸线长 1202 米。2013—2017 年完成吞吐量分别为:1458.2 万吨、1495.1 万吨、1617.4 万吨、1614.5 万吨、1599 万吨。

藤县港区目前较具规模的赤水圩作业区已建成 5 个 2000 吨级泊位,码头岸线长 513米,年通过能力 223.2 万吨。

(2)港区地理条件和集疏运概况

藤县港区通过 321 国道连接 207 国道、包茂高速公路、贵梧高速公路、广昆高速公路,主要为梧州临港经济区以及藤县、岑溪、贺州等地的货物运输服务;藤县港区的赤水圩作业区后方有铁路专用线,该铁路专用线已于 2016 年 10 月建成和开通运营,货物公路、铁路集疏运便捷。

2．港区工程项目

梧州港赤水圩作业区码头（一期）工程

项目于 2009 年 3 月开工，2010 年 12 月试运行，2015 年 8 月竣工。

项目建设依据：2004 年 4 月，梧州市发展计划委员会《关于梧州新港码头工程预可行性研究报告的批复》（梧计交通〔2004〕93 号）；2005 年 11 月，广西壮族自治区发展和改革委员会《关于梧州港赤水圩作业区码头工程项目可行性研究报告的批复》（桂发改交通〔2005〕515 号）；2006 年 10 月 28 日，广西壮族自治区交通厅《关于梧州港赤水圩作业区码头工程初步设计的批复》（交基建函〔2006〕866 号）；2006 年 3 月，广西壮族自治区环境保护局《关于梧州港赤水圩作业区码头工程建设项目环境影响报告表的批复》（桂环管字〔2006〕58 号）；2005 年 9 月，梧州市国土资源局《关于梧州新港码头项目建设用地预审的复函》（梧国土资函〔2005〕525 号）；2011 年 6 月，广西壮族自治区人民政府《关于梧州港赤水圩作业区码头项目建设用地的批复》（桂政土批函〔2011〕333 号）；2006 年 7 月，交通部《关于广西梧州港赤水圩作业区码头使用港口深水岸线批复》（交规划发〔2006〕346 号）；2011 年 11 月，广西壮族自治区发展和改革委员会《关于梧州港赤水圩作业区码头工程项目调整建设规模和投资的复函》（桂发改交通函〔2011〕1682 号）的批复；2015 年 7 月，广西壮族自治区交通运输厅《关于梧州港赤水圩作业区码头工程概算调整的批复》（桂交行审〔2015〕60 号）的批复；2013 年 9 月，交通运输部《关于赤水岸线使用权人变更的批复》（交规划发〔2013〕524），同意赤水岸线使用人由梧州市交通建设开发总公司变更为梧州市越新赤水码头有限公司。

项目建设 5 个 2000 吨级泊位（其中，多用途泊位 3 个，散货泊位 2 个），岸线长度为 513 米。码头平面布局形式为顺岸式，码头水工平台为直立式桩基梁板式结构形式，码头前沿水深 20.6 米。堆场面积为 9.17 万平方米，仓库面积为 3960 平方米。装卸主要工艺为配备 40 吨门座式起重机 5 台、10 吨门座式起重机 3 台、45 吨门式起重机 6 台。项目总投资约 6.1 亿元，为企业自筹资金。港区陆域面积为 38.66 万平方米。

项目建设单位为广西西江临港赤水港务有限公司，设计单位为广西壮族自治区交通规划勘察设计研究院，施工单位为中交一航局第二工程有限公司、中交一航局第三工程有限公司、梧州市雄起重工机械制造有限公司，监理单位为广西八桂工程监理咨询有限公司，质量监督单位为梧州市交通基本建设工程质量监督站。

赤水港的主要货源有煤炭、玉米、木材、陶瓷、陶土、碳酸钙、方解石、钛白粉等。2012 年，货物总吞吐量为 41.41 万吨，其中，集装箱吞吐量为 1.87 万 TEU，散货为 1.3 万吨。

六、来宾港

(一)港口概况

1. 港口综述

来宾港依托的来宾市位于广西中部,历史悠久,是壮族的发祥地,2002 年来宾设立为地级市,现辖兴宾区、合山市、忻城县、象州县、武宣县和金秀瑶族自治县。来宾市北与柳州市、桂林市、河池市交界,东与梧州市、桂林市、贵港市相邻,西与河池市、南宁市相交,南与贵港市、南宁市毗邻,位于西南、华中各省份与华南沿海的连接带上,区位优势明显,是建设大西南出海通道和西江亿吨黄金水道不可或缺的组成部分。来宾市位于广西壮族自治区中部,处于桂中经济区、桂东经济区和广西北部湾经济区的接合部,既是西南各省份出海的重要通道,又是广西壮族自治区内连接南北、承接东西的重要通道,是桂中地区的重要中心城市和交通枢纽,已形成铁路、公路、水路融为一体的综合交通运输体系,区位优势明显。来宾港依托来宾市,水路逆红水河和柳江而上可达贵州,下航经黔江可直达桂平、梧州和珠江三角洲地区,是广西内河地区性重要港口,是打造珠江—西江经济带和实施柳州、来宾、河池区域一体化发展的重要基础。

来宾港包括忻城港区、合山港区、兴宾港区、象州港区和武宣港区 5 个港区。其中,忻城港区以资源型货物运输为主,主要为忻城县及周边地区经济发展服务;合山港区以散货、杂货运输为主,主要为合山市及周边地区经济发展服务;兴宾港区为重点发展的综合性枢纽港区,主要为西南地区大宗物资中转和来宾市经济发展服务,以矿建材料、煤炭等大宗散货、件杂货和集装箱运输为主;象州港区以件杂货、集装箱和散货运输为主,主要为象州县及周边地区经济发展服务;武宣港区为以散货和集装箱运输为主的综合性港区,为桂中地区大宗物资运输和武宣县经济发展服务。

红水河龙滩枢纽至桥巩枢纽河段长 430.5 千米,已渠化为库区航道,达到四级 500 吨级航道标准,通航条件优良。沿河已建成龙滩、岩滩、大化、百龙滩、乐滩和桥巩等枢纽,其中,岩滩枢纽建有 250 吨级的垂直升船机,大化、百龙滩、乐滩和桥巩等枢纽建有 500 吨级船闸。红水河桥巩枢纽至石龙三江口河段长 99.7 千米,目前仍为天然河流航道,经过 2000—2003 年的大规模整治,航道条件得到一定改善,达到五级(单线)航道标准。柳江自柳城县凤山镇龙江口至象州县石龙三江口全长 202.8 千米。其中,柳江柳州新圩至红花枢纽段航道长 71.6 千米,现为库区航道,通航条件优良;红花水电站至石龙三江口段为四级航道,长 101.2 千米,可常年通航 500 吨级船舶。黔江自石龙三江口至桂平郁江口全长 124.2 千米,现航道维护等级为五级(单线),属一类维护航道。由于流量大,目前该段航道水深及宽度基本满足要求,存在的主要问题是险滩多、流态较差、流速急、海事多发。其中勒马段航道长 12 千米,为单向航道,目前不能夜航。来宾港现有码头作业点大部分没有固定锚地。宾港作业区锚地布置在作业区下游约 260 米处,锚地长 300 米、宽 50 米,底高程 51.0 米。

2. 港口水文气象

来宾港地处中亚热带向南亚热带过渡的季风气候区,北回归线从市内南缘通过,具有太阳辐射强、日照充足、气候温和、雨量充沛、无霜期长、干湿季分明等特点。境内河流属珠江流域西江水系,水系发达,水资源丰富,河流纵横呈树枝状向中央汇集,主要河流有红水河、清水河、柳江、黔江,流域面积 100 千平方米以下的小河和溪涧遍布全市。流域内雨量充沛,多年平均降雨量在 1500 ~ 1800 毫米之间,雨季集中在 5—9 月,枯水期在 10 月至次年 3—4 月。柳江、黔江水位受降雨影响极大,洪枯水位变幅大。黔江多年平均含沙量 0.12 千克/立方米,最大含沙量 4.25 千克/立方米,最小含沙量 0.00 千克/立方米。含沙量在年内变化显著,洪水期大、枯水期小。

3. 发展成就

新中国成立初期至 20 世纪 90 年代初,受航道通航条件影响,来宾港码头建设滞缓,仅建有几个简易的货运码头。随着交通部门在 2000—2003 年对红水河进行较大规模的整治建设和维护,以及龙滩、岩滩、大化、百龙滩、乐滩、桥巩等枢纽的相继建成,红水河航道的航行条件得到了较大改善,有力地促进了来宾市的港口发展。尤其是在 2002 年设地级来宾市后,港口码头建设加快,目前已建成 54 个货运泊位,港口吞吐量由 2003 年的 158 万吨平稳快速增长至 2015 年的 1165.64 万吨,年均增长率达到 15.2%。其中港口吞吐量的主要货种为:煤炭 197.99 万吨,钢铁 244.48 万吨,非金属矿石 222.12 万吨,矿建材料 138.57 万吨,水泥 76.05 万吨,化工原料制品 2.51 万吨。来宾港象州港区猛山作业区一期工程于 2013 年 12 月 10 日正式开工建设,1 号泊位于 2015 年 12 月交工验收。该项目是来宾港总体规划建设的重要项目,直接为象州工业园区的工业原材料和产品提供运输服务,其建设对完善来宾市综合交通运输体系、促进区域经济发展具有重要的意义。根据《珠江流域综合规划(2012—2030 年)》,规划国家高等级航道北盘江—红水河百层至来宾为 500 吨级航道、通航 500 吨级船舶,来宾至石龙三江口为 2000 吨级航道、通航 2000 吨级船舶。柳江—黔江规划 2020 年前,结合航道整治与大藤峡水利枢纽的建设,使柳江柳州至石龙三江口达到二级航道、通航 2000 吨级船舶标准,扩建红花枢纽二线 2000 吨级船闸,疏浚整治大藤峡—桂平航道,建成石龙三江口至桂平二级航道、通航 2000 吨级船舶。黔江下游的大藤峡水利枢纽工程已于 2014 年开工建设,其船闸规模为 3000 吨级。

来宾港港区分布图如图 9-10-5 所示,来宾港基本情况见表 9-10-6。

图 9-10-5　来宾港港区分布图

(二)兴宾港区

1. 港区综述

(1)港区建设概况和运营情况

兴宾港区现有迁江大村石灰厂码头、兴宾区新龙码头、兴宾区大湾建兴码头、来宾港宾港作业区、兴宾区航务码头等 29 个货运泊位,其中 1000 吨级泊位 6 个,500 吨级及 500 吨级以下泊位 23 个,泊位长度为 1785 米,年通过能力为 350 万吨。主要经营煤炭、非金属矿石、化工原料制品、轻工医药产品、白泥、白糖、蔗渣、石膏粉等散货、件杂货运输业务。

兴宾港区重点作业区为来宾港宾港作业区。该作业区已建成 3 个 250 吨级泊位、2 个 500 吨级泊位和 6 个 1000 吨级泊位,码头泊位长度为 867 米,年通过能力为 286 万吨,主要经营煤灰、白泥、白糖、集装箱等运输业务。

表 9-10-6

来宾港基本情况表

序号	港区名称	港口岸线 港口规划岸线 千米	其中:2015年前已建成岸线 千米	2015年港口生产用泊位 生产用泊位数 个	其中:千吨级及以上 个	生产用泊位总长 米	其中:千吨级及以上 米	其中:1978—2015年建成的生产用泊位 生产用泊位数 个	其中:千吨级及以上 个	生产用泊位总长 米	其中:千吨级及以上 米	2015年港口货物和旅客吞吐量 货物吞吐量 万吨	其中:外贸货物吞吐量 万吨	集装箱吞吐量 万TEU	滚装车辆 数量 万辆	重量 万吨	旅客吞吐量 万人	其中:国际旅客吞吐量 万人
1	兴宾港区	12.34	0.57	29	6	1785	628	27	6	1585	628	317.6	0	0	0	0	0	0
2	武宣港区	16.78	1.26	10	0	408	0	10	0	408	0	656.8	0	3.38	0	0	0	0
3	象州港区	11	0.71	4	1	296	63	4	1	296	63	191.2	0	0	0	0	0	0
4	合山港区	8.03	0.38	2	0	200	0	2	0	200	0	0	0	0	0	0	0	0
5	忻城港区	7.48	0.18	9	0	415	0	9	0	415	0	0	0	0	0	0	0	0
	合计	57.63	3.10	54	7	3104	691	52	7	2904	691	1165.6	0	3.38	0	0	0	0

(2)港区地理条件和集疏运概况

兴宾港区将发展成为以矿建材料、非金属矿石、煤炭和集装箱运输为主,相应发展现代物流和临港工业,兼顾旅游客运的综合性港口,具备装卸储存、中转换装、临港工业、现代物流、旅游客运、港航综合服务等功能。重点发展综合性枢纽港区,主要为西南地区大宗物资中转和来宾市经济发展服务,以矿建材料、煤炭等大宗散货、件杂货和集装箱运输为主。

2.港区工程项目

(1)兴宾区航务码头工程

项目于1988年3月开工,1988年11月项目投产试运行。

项目建设3个500吨散货泊位,岸线长度为150米,堆场纵深50米,码头前沿作业地带宽度为150米。码头结构形式为重力式,有2个平台,作业平台斜坡路经过简单硬化处理。堆场面积3800平方米,主要装卸设备有起重机、装载车、汽车。项目总投资800万元,为单位自筹资金。码头所有地为自用地,码头占地面积为4000平方米。

项目建设单位为来宾市兴宾区航务管理所。

项目建成以来至2005年,以装卸白糖、矿渣、水渣、矿产品为主,年吞吐量10万吨。2005年至今以装卸河沙为主。

(2)兴宾区迁江镇大村石灰厂码头工程

项目于1992年5月开工,1993年12月竣工。

项目建设2个500吨级泊位,岸线长度为112米。码头前沿作业地带宽度为31米,码头有1个平台,建有1个溜槽,作业平台经过水泥硬化处理。码头岸边水深25米,堆场纵深320米。项目总投资500万元,为业主自筹资金。项目占地面积为2.2万平方米。

项目业主为个人。项目竣工后,以装卸原煤、脱硫石膏、矿渣为主,年吞吐量36万吨。

(3)兴宾区新龙码头工程

项目于1993年9月开工,1994年3月竣工。

项目建设2个500吨级散货泊位,岸线长度为300米,设计年通过8万吨。码头为重力式结构,设有2个平台,作业平台斜坡路没有经过简单硬化处理。岸边水深25米,堆场纵深50米,码头前沿作业地带宽度为30米。堆场面积3000平方米。主要装卸设备有起重机、装载机、汽车。项目总投资300万元,为企业自筹资金。码头占地面积为3200平方米。

项目业主为来宾市壮大实业有限责任公司,由其投资建设。

项目以装白糖、桔水、矿渣、水渣、矿产品为主。

(4)兴宾区来宾管理段铁路福利公司码头工程

项目于1997年9月开工,1997年11月竣工。

项目建设 2 个 500 吨级散货泊位,岸线长度为 150 米,年通过能力 40 万吨。码头为重力式结构,布置有 1 个作业平台,作业平台建有 1 个溜槽,堆料场场地经过水泥硬化处理。码头岸边水深 30 米,堆场纵深 50 米,前沿作业地带宽度为 30 米。堆场面积 7000 平方米。主要装卸设备有铲车、装载车、汽车。项目总投资 300 万元,为业主自筹资金。码头占地面积为 8000 平方米。

项目业主为兴宾区来宾管理段铁路福利公司,以装原煤、脱硫石膏、煤灰等为主。

(5)兴宾区建兴码头工程

项目于 2000 年 12 月开工,2002 年 12 月竣工。

项目建设 1 个 500 吨级散货泊位,岸线长度为 100 米,年吞吐量 8 万吨。码头为重力式结构,码头前沿作业地带宽度为 30 米。码头岸边水深 25 米,堆场纵深 50 米,堆场面积 350 平方米。主要装卸设备有铲车、汽车。项目总投资 200 万元,为业主自筹资金。项目占地面积为 400 平方米。

项目以装石膏粉、矿渣、水渣、白泥为主。

(6)兴宾区迁江镇大村扶济码头工程

项目于 2007 年 9 月开工,2009 年 11 月竣工。

项目建设 2 个 500 吨级散货泊位,岸线长度为 150 米,设计年通过 36 万吨。码头为重力式结构,码头有 1 个平台,建有 1 个溜槽,作业平台经过水泥硬化处理。码头岸边水深 25 米,堆场纵深 400 米,堆场面积 60000 平方米。主要装卸设备有起重机、铲车、装载车、汽车。项目总投资 800 万元,为单位自筹资金。项目占地面积为 3 万平方米。

项目建设单位为兴宾区港航管理所,设计单位为广西纳海交通设计咨询有限公司,施工单位为广西新港湾工程有限公司。

项目货种以装卸原煤、脱硫石膏、矿渣为主。

(7)宾港作业区二期工程

项目于 2010 年 9 月开工,2012 年 12 月竣工。

项目建设依据:2009 年 7 月 23 日,广西壮族自治区发展和改革委员会《关于来宾港二期作业区工程项目可行性研究报告的批复》(桂发改交通〔2009〕651 号);2009 年 9 月 27 日,广西壮族自治区交通运输厅《关于来宾港宾港作业区二期工程初步设计的批复》(桂交基建函〔2009〕861 号);2009 年 9 月 27 日,广西壮族自治区环境保护局《关于来宾港宾港作业区二期环境影响报告书的批复》(桂环管字〔2009〕275 号);2009 年 7 月 31 日,广西壮族自治区国土资源厅《关于来宾港宾港二期作业区工程项目用地预审的批复》(桂国土资预审字〔2009〕118 号);2009 年 11 月 24 日,交通运输部《关于来宾港宾港作业区工程使用港口岸线的批复》(交规划发〔2009〕719 号)。

项目建设 6 个 1000 吨级泊位(水工结构兼顾 2000 吨级),其中 3 个 1000 吨级散货泊位（1 号、4 号、5 号泊位）、2 个 1000 吨级多用途泊位（8 号、9 号泊位）、1 个 1000 吨级件杂货泊位（10 号泊位），岸线长度为 648 米。码头水工结构形式采用 C20 混凝土重力式挡墙结构，1 号泊位长 105 米，4 号、5 号泊位总长为 228.4 米，8 号、9 号、10 号泊位总长为 295 米。后方陆域库场共布置 6 个散货堆场、3 个件杂货堆场、1 个集装箱堆场、1 个冲洗箱场、1 个拆装箱库、1 个件杂货仓库、1 个停车场；散货堆场面积约 15225 平方米，件杂货堆场面积约 11340 平方米，集装箱堆场面积约 12130 平方米，仓库面积约 5040 平方米。工程概算投资 3.32 亿元，其中交通运输部补助资金 6510 万元，自有资金 9965 万元，银行贷款 2.2 亿元。项目建设用地为 471 亩（约 31.4 万平方米）。

项目建设单位为广西来宾市西江投资有限公司，设计单位为广西壮族自治区交通规划勘察设计研究院，施工单位为广西壮族自治区航务工程处、广西建工集团第一建筑工程有限责任公司、广西华硕建设工程有限公司，监理单位为广西八桂工程监理咨询有限公司，质量监督单位为广西壮族自治区交通工程质量安全监督站。

宾港作业区计划建设成为红水河流域最大的集装箱、散件杂货综合性港口，红水河流域的基本港，红水河中上游的中转港，主要承接柳州、河池地区陆路运输货源，以及红水河上游至贵州的水路货源及下游上水货物的中转；利用后方仓储设施大力发展物流贸易业务，为港口生产提供稳定货源；集装箱货源主要喂给梧州赤水港，大藤峡枢纽蓄水后可直航珠三角地区。2012 年 12 月开港至 2017 年底，完成货物总吞吐量 205.13 万吨，集装箱 12741TEU。

（三）合山港区

1. 港区综述

（1）港区建设概况和运营情况

合山港区现有合山港码头、合山市敬德有限责任公司泊位等 9 个货运泊位，港口岸线长度为 478 米，为 500 及其以下吨级泊位，年通过能力为 101 万吨。重点作业区为合山港码头，该作业区已建成 4 个 500 吨级泊位（水工结构按 1000 吨级设计），设计年吞吐能力 72 万吨，其中散货 46 吨、件杂货 26 万吨，岸线长度为 261 米。

（2）港区地理条件和集疏运概况

合山港区位于红水河下游，港区所在河段岸线顺直，通过水路上可至贵州省，下可至梧州、广州、港澳特区。桥巩枢纽未建成前，港址河段航道等级为五级航道，可通航 250 吨级机动驳。桥巩枢纽建成后（已于 2009 年建成），港址河段的航道等级为四级。本港至下游的桥巩枢纽约 10 千米，桥巩枢纽至石龙三江口长 99.7 千米。该航段在下游黔江大藤峡杠枢纽建成前仍为天然河流航道，经过 2000—2003 年的大规模整治，航道通航条件得到根本改善。2005 年前，合山港口的主要货源基本上都是煤炭，货源较单一，主要流向桂平、梧州、广东各地。2005年后由于煤炭资源逐渐枯竭,货源由原来单一的煤炭逐渐被水泥、石灰粉、细粉碳酸钙、大理石等大宗货物所取代,主要流向广东及经转海运到沿海各省。

2.港区工程项目

合山港口码头工程

项目于2009年1月开工,2012年12月竣工。

项目建设依据:2009年4月,广西壮族自治区发展和改革委员会《关于合山港码头工程可行性研究报告的批复》(桂发改交通〔2009〕248号);2011年7月,广西壮族自治区交通运输厅《关于合山港码头初步设计的批复》(桂交水运函〔2011〕617号);2008年12月,来宾市环境保护局《关于合山港码头工程环境影响报告表的批复》(来环管〔2008〕69号);2009年3月,广西壮族自治区国土资源厅《关于合山港码头工程建设项目用地预审的批复》(桂国土资预审字〔2009〕17号);2012年7月,广西壮族自治区交通运输厅《关于合山港码头使用港口非深水岸线的批复》(桂交行审〔2012〕29号)。

项目新建4个500吨级散杂货泊位(水工结构兼顾1000吨级),岸线长度为260.72米。码头采用顺岸式布置,结构形式为衡重式挡墙结构,前沿设计水深3.5米。堆场面积11607平方米,仓库面积1584平方米。主要装卸设备配置3台16吨—18米电动轮胎式起重机,3台25吨—18米电动轮胎式起重机,3台5吨叉车,2台8吨轮胎式起重机,3台ZL50装载机,3台15吨自卸车,1台80吨地磅。项目概算投资4691万元。项目占地面积79.49亩(5.3万平方米)。

项目建设单位为合山市水路货运服务站,设计单位为广西壮族自治区交通规划勘察设计研究院,施工单位为广西远长公路桥梁工程有限公司,监理单位为厦门港湾咨询监理有限公司,质量监督单位为广西壮族自治区交通工程质量安全监督站。

(四)象州港区

1.港区综述

(1)港区建设概况和运营情况

象州港区自新中国成立初期发展至今,从无到有,慢慢发展壮大。现有主要港口为象州港区猛山作业区一期工程及石龙货运码头,猛山作业区为2个1000吨级泊位,泊位长度为174米,年通过能力为102万吨。主要经营钢铁、水泥、矿建材料、木材、非金属矿石等散货、件杂货运输。石龙码头有500吨级泊位2个,300吨级泊位1个,锚泊区1处,平面尺寸为200米×80米。该码头主要从事钢材等普通货物装卸,船舶为国内普通货船运输。

(2)港区地理条件和集疏运概况

象州港区位于来宾市象州县,地处广西中部的大瑶山西麓,东靠金秀瑶族自治县,西邻广西工业重镇柳州市,南接武宣县,北接鹿寨县。象州港区距柳州市70千米、桂林市200千米、南宁市270千米;场地属柳江低缓丘陵地貌,勘探点中有12个位于水中,6个位于柳江右岸地段,河床底部多为第四系淤积、冲积物覆盖,局部河床底部基岩裸露,基岩为石炭系中统南丹组。

参照象州水文站监测点记录,最高洪峰水位为75.42米,最枯水位为47.52米,百年一遇洪水位为79.10米,五十年一遇洪水位为77.06米,二十年一遇洪水位为74.20米,十年一遇洪水位为71.86米。波浪小于1米,潮流平稳,年平均流量2000立方米/秒,年平均含泥量0.12千克/立方米。年平均气温20.7摄氏度;年均降雨量1353.7毫米,10年一遇最大24小时、6小时、1小时设计暴雨成果分别为185毫米、123毫米、74.2毫米;年平均风速2.4米/秒,少雾无雪,偶遇过境台风。

2.港区工程项目

(1)来宾港象州港区石龙货运码头工程

项目于2006年6月开工,2009年8月竣工。

项目建设依据:2008年,来宾市发展和改革委《关于象州港石龙作业区500吨级内河货运码头建设项目立项的批复》(来发改规划〔2008〕34号);2009年,来宾市交通局《关于来宾港象州港区石龙码头施工图设计的批复》(来交函〔2009〕62号);2007年8月4日,来宾市环境保护局《关于象州港石龙作业区500吨级内河货运码头建设环境报告表的批复》(来环管〔2007〕24号);2015年9月24日,广西壮族自治区交通运输厅《关于来宾港象州港区石龙货运码头工程使用港口非深水岸线的批复》(桂交行审〔2015〕70号)。

项目建设1个300吨级和2个500吨级泊位,岸线长度为178米。码头结构形式为重力式,前沿水深2.7米。码头装卸平台面积4000平方米、堆场面积4000平方米。主要装卸设备为轮胎式可移动起重机作业。项目计划总投资2000万元,为企业自筹资金。项目占地面积63719平方米。

项目建设单位为柳州市永兴金港码头货运服务站,施工单位为柳州市永兴金港码头货运服务站。

项目投产以来,取得了良好的社会效益和经济效益。2011—2015年,港口货物吞吐量在500万吨以上,为提升象州水运经济产能发挥着重要作用。

(2)来宾港象州港区猛山作业区一期工程

项目于2013年8月开工,2015年12月竣工。

项目建设依据:2012年1月31日,广西壮族自治区发展和改革委员会《关于来宾港象州港区猛山作业区一期工程可行性研究报告的批复》(桂发改交通〔2012〕84号);2013

年3月29日,广西壮族自治区交通运输厅《关于来宾港象州港区猛山作业区一期工程初步设计的批复》(桂交行审〔2013〕25号);2012年8月14日,广西壮族自治区环境保护厅《关于来宾港象州港区猛山作业区一期工程环境影响报告书的批复》(桂环审〔2012〕173号);2011年12月30日,广西壮族自治区国土资源厅《关于来宾港象州港区猛山作业区一期工程项目用地预审的批复》(桂国土资预审字〔2011〕171号);2013年12月3日,交通运输部《关于来宾港象州港区猛山作业区一期工程使用港口岸线的批复》(交规划发〔2013〕709号)。

项目新建2个1000吨级通用泊位(水工结构兼顾2000吨级),泊位总长度为174米。码头泊位顶高程为69.92米,码头停泊水域港池底高程为41.6米,后方陆域工程布置高程为70.42~72.8米,陆域平均纵深约220米,宽度为173米,后方陆域库场共布置1个散货堆场、3个件杂货堆场、1个仓库。散货堆场面积约6527平方米,件杂货堆场面积约8967平方米,仓库面积约为1728平方米。工程概算投资1.37亿元,其中自治区政府补助资金1350万元,自有资金4347万元,银行贷款8000万元。项目建设用地为57亩(3.8万平方米)。

项目建设单位为象州县交通运输局,设计单位为广西壮族自治区交通规划勘察设计研究院,主要施工单位为广西八桂工程监理咨询有限公司、北海海湾工程建设有限公司、南卫华重型机械股份有限公司,监理单位为江西交通咨询公司,质量监督单位为广西壮族自治区交通工程质量安全监督站。

（五）武宣港区

1.港区综述

（1）港区建设概况和运营情况

武宣港区港口岸线长度为1090米,现有武宣县武宣镇双狮溜槽码头、武宣港务所码头、武宣县武宣镇独岭码头、武宣西江港务龙兴码头1号/2号泊位、武宣县双狮码头、武宣巨龙港务码头等15个货运泊位,为500吨级及500以下吨级泊位。主要经营集装箱、煤炭、钢铁、金属矿石、非金属矿石、矿建材料、水泥、桔水、白糖、木制品材料、轻工医药产品等业务。

（2）港区地理条件和集疏运概况

武宣港区为以散货和集装箱运输为主的综合性港区,为桂中地区大宗物资运输和武宣县经济发展服务。

2.港区工程项目

（1）武宣县武宣镇双狮溜槽码头工程

项目于 1993 年 4 月开工,1993 年 10 月竣工,1993 年 8 月试运行。

项目建设 3 个 500 吨级泊位,岸线长度为 178 米,为简易溜槽码头,无堆场,码头前沿水深 2.5 米,占地面积 34400 平方米。项目总投资 420 万元,为业主自筹资金。

(2)武宣县武宣镇独岭码头工程

项目于 1995 年 8 月由武宣县武宣镇企业办公室开工建设,1996 年 4 月竣工。

项目建设 2 个 500 吨级泊位,泊位长度为 150 米。港区面积 26400 平方米。项目总投资 200 万元,为单位自筹资金。

项目主要经营石粉,重晶石矿、白坭装卸等。

2003 年 3 月由租借经营的私营企业进行扩改建。

(3)武宣县双狮码头工程

项目于 1995 年 11 月开工,1996 年 12 月竣工。

项目建设 2 个 500 吨级泊位,年吞吐量 10 万吨。项目总投资 209.7 万元,资金来源为政府拨款和单位自筹。

项目建设单位为武宣县港航管理所。

港口码头装卸桔水、白糖、矿粉、铅锭、锌锭、钢材等散货,年吞吐量 10 万吨,2010 年以来基本没有货物装卸。

(4)武宣巨龙码头泊位工程

项目于 2002 年 1 月开工,2003 年 8 月试运行,2010 年 12 月竣工。

项目建设 2 个 500 吨泊位,岸线长度约 330 米。码头港区面积 4.5 万平方米,包括 2 个 500 吨泊位,泊位使用长度为 500 米,年吞吐量 30 万吨。项目总投资 1.2 亿元,均来自业主自筹。

项目建设单位为武宣县巨龙港务公司。

项目建成后,港口码头装卸桔水、白糖、矿粉、铅锭、锌锭、钢材等散货,集装箱年吞吐量约 3 万 TEU。

(5)广西武宣西江港务物流有限公司码头工程

项目于 2002 年 3 月开工,2003 年 5 月竣工。

项目建设 8 个 500 吨级泊位(水工结构兼顾 2000 吨级),其中件杂货泊位 4 个,散装水泥泊位 3 个,溜槽泊位 1 个,岸线长度为 850 米。码头水工结构形式采用重力式结构,码头前沿水深约 5 米,堆场面积 1.3 万平方米,堆存容量 8000 吨,主要装卸设备为 40 吨电动轮胎式起重机共 4 台。项目总投资 6340 万元,为国有企业和民营企业合资,广西来宾市西江投资有限公司出资 3804 万元,占股 60%,广西武宣龙兴港务物流有限公司出资 2536 万元,占股 40%。港口土地总面积 61 亩(约 4.07 万平方米),建设面积 37.49 亩(2.5 万平方米)。

项目建设单位为广西武宣西江港务物流有限公司。项目投产后,为武宣港区码头装卸中转和仓储发挥了较大作用,取得良好的经济社会效益,为社会提供60多个工作岗位,为当地社会作出了应有的贡献。2015年下半年该码头完成钢材吞吐量83.59万吨,散货约200万吨。

(6)武宣港务所码头工程

项目于2003年9月开工,2005年6月试运行,2008年6月竣工。

项目建设4个3000吨级泊位(分别为1号、2号、3号、4号泊位),1号泊位长56米,2号泊位长52米,3号泊位长41米,4号泊位长90米。码头泊位总长为239米。4个泊位自南向北顺岸排布,码头泊位前沿水深4~6.5米。码头的作业平台为重力式浆砌石结构,平台及路面经过硬化处理,码头的前沿作业地带宽30~40米。码头后方设置堆场,堆场占地约30亩(2万平方米)。主要装卸设备有轮胎式起重机3台,装载机、正面起重机、叉车各1台,溜槽2套。码头总投资8000万,由企业自筹资金。

项目建设单位为广西柳州泰升航运有限责任公司,施工单位为武宣县水电局。

项目投产后,对武宣县及周围地区的经济发展起了很大的促进作用,2013—2017年年平均吞吐量50万吨。

第十一节　重　庆　市

综述

(一)基本市情

重庆位于中国内陆西南部、长江上游地区,东临湖北、湖南,南接贵州,西靠四川,北连陕西,辖区东西470千米,南北450千米,面积8.24万平方公里,辖38个区县(26区、8县、4自治县),常住人口3124万人,城镇化率66.8%。重庆人口以汉族为主,少数民族主要有土家族、苗族,地貌以丘陵、山地为主,有"山城"之称。

重庆是中西部唯一的直辖市、国家重要中心城市、长江上游地区经济中心、国家重要的现代制造业基地和内陆开放高地,是全国统筹城乡综合配套改革试验区和成渝经济区的核心城市,也是中国六座超大型城市之一。重庆深入贯彻落实习近平总书记对重庆提出"两点"(西部大开发的重要战略支点,"一带一路"和长江经济带的联结点)定位、"两地"(内陆开放高地,山清水秀美丽之地)"两高"(推动高质量发展,创造高品质生活)目标、发挥"三个作用"(努力在推进新时代西部大开发中发挥支撑作用、在推进共建"一带一路"中发挥带动作用、在推进长江经济带绿色发展中发挥示范作用)和营造良好政治生态的重要指示要求,注重从全局谋划一域、以一域服务全局,加快融入"一带一路"建设和长江经济带发展新格局,努力在西部地区带头开放、带动开放,全面开启社会主义现代化建设新征程。

重庆境内江河纵横,水运资源富集,70%以上的区县依江建城。三峡工程成库后,重庆水运优势更加突出,航道总里程达到4451千米,长江由西至东横贯全境691千米,涪陵以下河段可常年通行万吨级船队和5000吨级船舶,嘉陵江、乌江、渠江、涪江、小江、大宁河、梅溪河、綦江等主要支流纵贯南北,形成"一干两支六线"为骨架的叶脉状航道网络。

(二)综合运输

重庆是集铁路、水路、公路、航空、管道等运输方式于一体的特大型城市。1978年改革开放后,重庆交通步入了正常发展时期,初步形成了公路、水路、铁路、航空同步发展的新格局;1997年重庆直辖后,在中共重庆市委、重庆市人民政府的坚强领导下,重庆交通建设驶入了"快车道",特别是"十一五"以来,重庆交通实现了从"瓶颈制约"向"初步适应"的重大跨越。2015年,重庆市铁路营业总里程达到1929千米,其中高速铁路109千米;公路总里程140551千米,其中高速公路2525千米;内河航道总里程4451千米,其中四级及以上高等级航道里程1400千米,港口通过能力1.8亿吨,集装箱通过能力400万TEU;江北国际机场实现"双跑道、双航站楼"运营。

铁路方面。1978年,重庆市铁路仅有成渝、川黔两条铁路,里程仅为356.1千米。随着襄渝铁路、渝怀铁路、渝遂铁路、渝利铁路、成渝高速铁路等项目相继建成通车,2015年,全市铁路总里程达到1929千米,其中高速铁路109千米。铁路完成客运量3994万人次,旅客周转量146.6亿人千米;货运量1756万吨,货物周转量151.4亿吨千米。

公路方面。1978年,重庆市公路总里程为15421千米,完成客运量5294万人次,旅客周转量29.4亿人千米;货运量4816万吨,货物周转量119亿吨千米。2015年,全市公路总里程为14.06万千米,其中高速公路2525千米,"4小时重庆"全面实现,高速公路面积密度位列西部第一,对外出口通道达到13个。全市公路完成客运量6.4亿人次,旅客周转量789.6亿人千米;货运量10.4亿吨,货物周转量2704.5亿吨千米。

航空方面。1978年,重庆市还没有民用机场,重庆江北机场于1990年建成投入使用,1993年进入中国十大机场之列,2001年启动了二期扩建,2005年全面竣工。2008年机场启动三期扩建工程,2010年完工,率先在西部地区迈入两座航站楼、两条跑道同时运营的"双跑道时代"。2015年,机场旅客吞吐量突破3000万人次,稳居中国十大机场第九位。

水运方面。1978年,重庆市完成水路客、货运量分别为1343万人次、1436万吨,货物周转量56亿吨千米,港口货物吞吐量370万吨,水路货物周转量占全社会总量的30%。

2015 年,全市完成水路客、货运量分别为 732 万人次、1.55 亿吨,货物周转量 1810 亿吨千米,水运货物周转量连续 10 年占全社会货物周转量比例超过 60%。

2003 年三峡工程开始分期蓄水以来,特别是 2008 年三峡工程 175 米蓄水后,库区航道条件得到极大改善。同时,随着国家对内河水运发展一系列支持政策的出台,极大地促进了航道、港口、船舶等水运要素全面快速发展,"一干两支、干支联动"航道网络基本形成,"港口""物流""产业"相结合模式的枢纽型港口体系初步构建,5000 吨级船舶成为主力船型,以重庆航运交易所为载体,初步构建了现代航运服务体系。这一时期,重庆港对周边地区的聚集辐射能力不断增强,成为长江上游地区最大的集装箱集并港、大宗散货中转港、滚装汽车运输集疏港、长江三峡旅游集散地以及游轮母港,长江上游航运中心的建设取得了重大进展。2015 年,重庆市水路货运量、货物周转量分别达 1.55 亿吨、1810 亿吨千米,水路平均运距约 1300 千米,水运货物周转量连续 10 年占全社会货物周转量比例超过 60%,全市 90% 以上的外贸货运量由水运完成,周边省份到重庆中转货运量占全市港口吞吐量的 45%。

1. 航运中心发展历程

2002 年,按照中共重庆市委、重庆市人民政府关于"建设长江上游航运中心"的决策,在时任中共重庆市委书记黄镇东同志的关心指导下,重庆市编制完成了《重庆航运中心发展规划》,2002 年 12 月中共重庆市委常委会议审议通过《重庆航运中心发展规划》,规划提出加快把重庆建设成长江上游航运中心。《重庆航运中心发展规划》是交通运输发展中的一类新的规划,具有探索性和创新性,填补了内河航运中心规划的空白,为重庆水运建设发展奠定了坚实基础,为重庆航运中心的未来发展指明了方向。

2009 年,重庆长江上游航运中心建设上升为国家战略。之后,国家在不同时期要求重庆加快推进长江上游航运中心建设。2009 年,国务院出台《关于推进重庆市统筹城乡改革和发展的若干意见》(国发〔2009〕3 号),重庆长江上游航运中心建设上升为国家决定。2011 年,国务院出台《关于加快长江等内河水运发展的意见》(国发〔2011〕2 号),明确要求重庆进一步加快推进长江上游航运中心建设。2014 年,国务院出台《关于依托黄金水道推动长江经济带发展的指导意见》(国发〔2014〕39 号),要求加快重庆长江上游航运中心建设。

同时,重庆水运发展和航运中心建设得到历届重庆市委、市政府的高度关注和重视,研究出台了多个支持重庆航运中心建设的规划、决定和意见,有力推动了重庆长江上游航运中心的加快建设和不断向前发展。2007 年 4 月,重庆市政府审议并通过了《关于充分发挥长江黄金水道作用进一步加快建设长江上游航运中心的决定》(渝府发〔2007〕66 号),要求全面实施航运中心发展规划,尽快将重庆市建成长江上游交通枢纽。2010 年,交通运输部和重庆市政府联合批复了《重庆港总体规划》。2010 年 8 月,重庆市政府决策成立了重庆航运交易所,加快航运中心服务体系建设。2011 年 8 月,重庆市政府研究出台《关于进一步加快重庆水运发展的意见》(渝府发〔2011〕71 号),并出台了一系列支持水运发展的政策措施。2015 年 11 月,重庆市政府研究通过了《关于加快建设长江上游航运中心的实施意见》,提出到 2020 年,建成"服务 + 辐射"型长江上游航运中心。

2 航运中心发展成就

重庆长江上游航运中心建设初见雏形。一是干支联动、畅通高效的航道体系基本形成。截至 2015 年,航道总里程达到 4451 千米,其中四级及以上航道里程达到 1400 千米。二是结构合理、功能齐全的港口集群基本建立。截至 2015 年,全国内河最大的铁公水联运枢纽港——主城果园建成投用,主城寸滩、东港、万州神华等一批 5000 吨级港口陆续建成,万州新田、涪陵龙头等港口加快建设,全市港口货物通过能力达到 1.8 亿吨,集装箱吞吐能力达到 400 万 TEU。三是先进高效、节能环保的船舶体系基本构建。截至 2015 年,全市货运船舶总运力达到 660 万吨,平均载重吨达到 2660 吨,船型标准化率达到 77%,货运船舶平均单位能耗降到 1.9 千克/千吨千米,"黄金一号"等一批大型豪华游轮投入运行。四是要素集聚、功能完善的服务体系初步建立。以重庆航运交易所为载体,积极推进内河航运交易中心、信息中心、人才中心、结算中心建设,基本实现长江上游地区航运货运量的 50%、集装箱交易的 80% 以上、长江中上游地区船舶交易的 70% 以上通过航运交易所完成,截至 2015 年,累计完成航运交易额超过 200 亿元。五是主体活跃、生产高效的市场体系加快形成。截至 2015 年,全市运输企业 445 家(其中运输企业 329 家,运输服务企业 116 家),10 万载重吨以上运力的企业 12 家,20 万载重吨以上运力的企业 6 家,30 万载重吨以上运力的企业 3 家,全市水运企业平均运力规模达到 2.6 万吨,企业规模明显提升。

(三)港口概况

重庆港历史悠久,从巴国建都江州开始发展水运,到秦国张仪开城建港,历来是西南地区商贸物资最大的转运港。1891 年,重庆正式开埠通商,腹地范围扩大,港口运量大幅度上升,发展成为川江第二大港口。抗日战争期间,重庆成为战时首都,水运航线数量增加,重庆港成为西南大后方的交通枢纽。新中国成立以后,结合腹地经济社会、综合运输等发展变迁以及航道条件的逐步改善,重庆港主要经历了以下阶段。

第一阶段:新中国成立以后至改革开放前。1949 年重庆解放以后,水运设施开始重建,生产逐步恢复,经过国家多年资金投入,境内长江干线和嘉陵江、乌江航道通行条件得到了局部改善,长江干线实现了夜航;随着钢铁、化工等重大产业沿江布局,这一时期重点建设了九龙坡、梁沱、猫儿沱、兰家沱等专业化码头,港口原始落后的面貌得到改善,初步具备了集装箱、矿石运输和铁水联运功能。例如当时西南地区最大、重庆港第一座水铁联运多功能机械化的九龙坡码头,年通过能力达 211 万吨;建成了建筑面积 7500 平方米的朝天门客运大楼;建成了重庆港最早的低水位差直立式岸壁梁沱码头,重庆港第一次集装箱装卸作业即在该码头进行;建成了长江南岸唯一的水铁联运码头猫儿沱磷矿码头;建成了承担部分水铁联运物资换装的兰家沱码头。

第二阶段:改革开放以后至三峡工程蓄水期间。改革开放以后,西部地区经济加快发展,国务院于 1980 年批准重庆成为长江沿线首批开放的 8 个港口之一,重庆港成为长江上游唯一的外贸口岸,水路运输需求逐步增大。由于在三峡工程论证期间,禁止在三峡库区 175 米以下开展基础设施建设,全市港口仅在原有基础上进行适应性改造,大部分码头仍处于原始落后状态,港口功能弱、规模小、机械化程度低,装卸工艺落后。进入"九五"时期后,1994 年举世瞩目的长江三峡工程正式开工建设,1997 年全国人大批准设立重庆直辖市,为重庆港发展创造了良好的内外部条件。重庆市先后编制完成了《重庆市内河航运发展规划》和《重庆长江上游航运中心发展规划》。在三峡工程蓄水前,重庆以三峡库区码头淹没复建为契机,在巫山、奉节、云阳、万州、涪陵等区县复建了一批专业化客货运码头,全港形成年货运通过能力 667 万吨,客运通过能力 2177 万人次的规模,全市港口面貌得到一定改善。

第三阶段:三峡库区蓄水以后至"十一五"末。随着 2003 年三峡工程开始分期蓄水,库区航道得到显著改善,西部大开发战略的实施,进一步促进重庆市经济社会快速发展,腹地水路运输需求更加旺盛,促进重庆港也迈入了一个全新的发展时期。这一时期,建成了寸滩一期、万州江南一期、黄旗一期等一批以集装箱、滚装运输为主的机械化、专业化装卸工艺比较先进的码头,港口面貌进一步改善。截至 2010 年,全港共有生产性泊位 853 个,客、货综合年通过能力分别为 6085 万人次、1.36 亿吨(其中集装箱 200 万 TEU、汽车滚装 139 万辆),实际完成客、货吞吐量分别为 1527 万人次、9668 万吨,其中集装箱 56.5 万 TEU,港口规模基本满足腹地经济社会发展的需求。

第四阶段:"十二五"以来至今。随着国家加快长江等内河水运发展意见和依托黄金水道推动长江经济带发展指导意见等的出台,重庆紧紧抓住战略机遇,在 2010 年交通运输部和重庆市人民政府联合批复的《重庆港总体规划》指引下,重庆港向规模化、大型化、专业化港口发展,其对腹地经济社会发展的运输保障能力进一步增强。2011 年,重庆水路货运量、港口吞吐量双双突破亿吨大关,重庆港成功跻身亿吨大港;2014 年,集装箱吞吐量首次突破 100 万 TEU。2015 年,我国内河最大的铁、公、水联运枢纽港果园港建成投入运营,并相继建成主城东港、万州神华等一批 5000 吨级大型化、专业化港口。同时,依托两路寸滩保税港区,不断拓展港口服务功能,加快完善港口集疏运通道,港口吞吐能力和服务能力取得跨越式发展,引领水运经济持续快速增长,为服务西部内陆地区经济社会发展起到积极作用;结合城市发展、产业布局、生态环保等要求,着力推进集约化港口集群建设,推动全市散小码头整合搬迁,提档升级沿江旅游码头。

港口布局及建设。2010年2月,交通运输部和重庆市政府联合批复《重庆港总体规划》,提出重庆港是全国内河主要港口和区域综合运输体系的重要组成部分,是重庆市建设长江上游地区经济中心和航运中心的重要基础,是我国西南部分地区对外交流的重要门户。将重庆港划分为20个港区:主城、万州、涪陵等3个为核心港区,是重庆港发展和建设的重点;江津、永川、合川、奉节、武隆5个为重点港区;丰都、忠县、石柱、云阳、巫山、巫溪、彭水、酉阳、开县、铜梁、潼南、綦江12个为一般港区。规划港口岸线213.14千米,规划利用岸线61.44千米,到2020年,形成生产性泊位636个,客货综合年通过能力分别为3460万人次、3.6亿吨(其中集装箱1200万TEU、汽车滚装306万辆)。2015年,全港生产性泊位已开发利用岸线69.98千米,生产性泊位812个,客货综合年通过能力分别为5829万人次、1.8亿吨(其中集装箱400万TEU、汽车滚装152万辆)。

港口功能作用。重庆港以公路、铁路、航空及管道综合运输体系为依托,以重庆自贸区为重要基础平台,以拥有重庆市域及川、黔、陕、滇、甘、鄂等邻近地区为纵深的港口腹地,形成以旅游客运、集装箱、汽车滚装、危化品和大宗散货运输为主,是长江上游地区唯一具有四个"三合一"口岸功能的综合性枢纽港口,是重庆融入"一带一路"建设、长江经济带发展的重要载体,是内陆地区开放开发以及功能区生态文明建设的重要支撑,是重庆市经济社会发展和建设内陆开放高地、山清水秀美丽之地的重要依托。

港口水文气象

重庆港位于青藏高原与长江中下游平原的过渡地带,气候属亚热带季风性湿润气候,年均气温16~18摄氏度,最热月份平均气温26~29摄氏度,最冷月份平均气温4~8摄氏度;年平均降水量较丰富,大部分地区在1000~1350毫米,降水多集中在5—9月,占全年总降水量的70%左右;年均相对湿度多在70%~80%,属高湿区;年均日照时数1000~1400小时,日照百分率仅为25%~35%,为中国年日照最少的地区之一,冬、春季日照更少,仅占全年日照时数的35%左右;无冰冻史。

长江:三峡枢纽正常运行后,重庆涪陵以下为常年回水区(高程145米),涪陵至江津羊角滩160千米为回水变动区(高程145~175米),其控制站为寸滩水文站,干流上游有朱沱水文站,支流嘉陵江有北碚水文站。

嘉陵江:为长江上游的主要入汇支流,其径流主要来源于降水,降水主要集中于每年4—9月,径流量约占寸滩站的18.6%;三峡枢纽正常运行后,三峡回水至北碚峡门口55千米处,其水文主要受三峡工程回水影响和嘉陵江草街枢纽下泄流量的影响。北碚峡门口以上至草街枢纽坝下为天然河道。

乌江:在酉阳黑濑堡从贵州进入渝境,在渝境内长188千米,为乌江下游段,河谷深切,河道弯曲,滩多流急,峡谷与宽谷交替出现,其中70%是峡谷,落差大,坡降陡,平均比降 0.45‰,具有典型的山区河流特征。当三峡枢纽正常运行后,乌江白涛网背沱以下 22 千米为常年库区,白涛网背沱至中咀 58 千米为回水变动区,中咀以上为天然河道。其水文主要受三峡工程回水和乌江梯级渠化水位调度影响。

(四)港口发展成就

2010 年以来,《重庆港总体规划》在重庆港口码头建设中发挥了重要的指导作用。港口基础设施建设不断加快,相继建成主城果园、东港一期、长寿新恒阳、龙头一期、丰都东方希望、忠县海螺、万州神华、新田一期等一批大型化、专业化、机械化的干散货、件杂货、集装箱、危化品码头,发展形成了多个集中连片规模化港区,新增 3000 吨级以上泊位 52 个,利用港口岸线 8900 米,新增港口货物吞吐能力 6859 万吨(集装箱 242 万 TEU)。完善的港口基础设施也促进了全港货物吞吐量的快速增长。全港货物吞吐量由 2010 年的 9668 万吨增长到 2015 年的 15680 万吨,是 2010 年的 1.6 倍,年均增长率达 10.7%;周边地区经重庆港中转的货运量占比由 2010 年的 30% 提高至 2015 年的 45%。其中,集装箱由 2010 年的 56 万 TEU 发展到 2015 年的 101 万 TEU,年均增速达到 12.7%,港口发展能力和服务水平显著提升,极大地促进了重庆经济社会快速发展。

为适应三峡成库水位落差增大以及船舶大型化发展,提升重庆港口货物装卸效率,重庆市以《重庆港寸滩集装箱码头建设关键技术研究》等国家西部课题研究成果为支撑,在寸滩建设了全国内河首个大于 30 米水位差条件下的直立式高桩梁板码头,其水工结构、装卸工艺在全国内河大水位落差港口建设上取得重大突破,改变了长江上游地区港口建设普遍采用斜坡式结构形式的传统模式。随后按照这种结构形式和装卸工艺相继建设了万州沱口、江津玖龙、永川理文、主城果园等一批大型化、专业化、机械化码头;在奉节宝塔坪建设了人行自动扶梯工艺方式的旅游码头,库区旅游码头向人性化、便利化发展,带动沿长江重要景点客运码头逐步向旅游码头转型,港口面貌得到显著改善。

2015 年,全港共有生产性泊位 812 个,客、货综合年通过能力分别为 5829 万人次、1.8 亿吨(其中集装箱 400 万 TEU、汽车滚装 152 万辆),1000 吨级及以上泊位 553 个(3000 吨级及以上泊位 184 个),客、货综合年通过能力分别为 4812.5 万人次、1.67 亿吨。2015 年,全港实际完成货物吞吐量 1.57 亿吨,位列全国 19 位,其中集装箱 101 万 TEU,位列全国 15 位;周边省份中转量占全市港口货物吞吐量的 43% 以上;水路进出口货物 895.4 万吨,占全市国际物流总量 923 万吨的 97%。重庆港连续五年位居长江沿线亿吨大港之列,集装箱吞吐量再次突破 100 万 TEU,重庆航运对长江上游地区经济社会发展的助推作用进一步增强。

重庆港港区分布图如图 9-11-1 所示,重庆港港口基本情况见表 9-11-1。

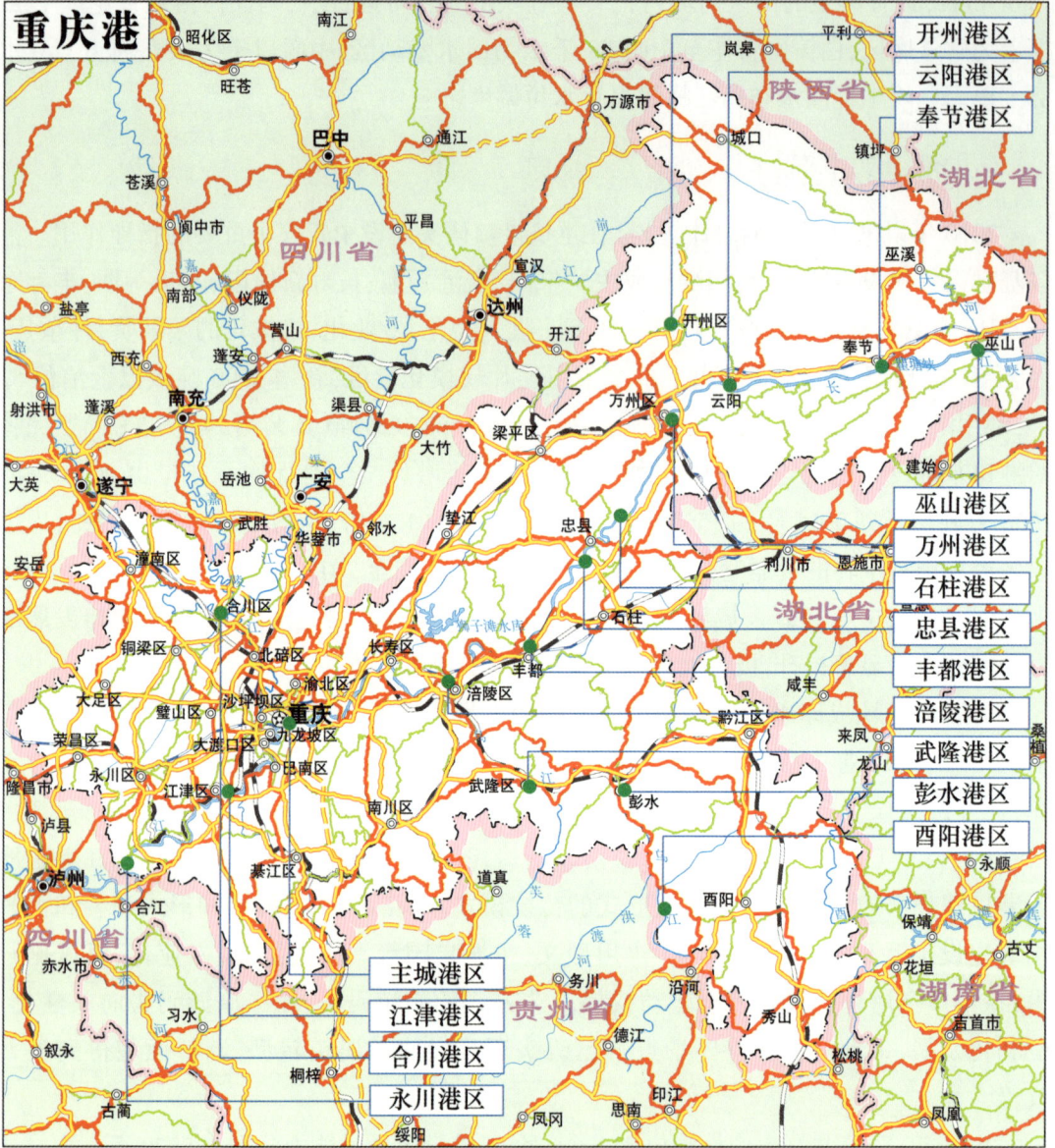

图 9-11-1　重庆港港区分布图

（五）主城港区

1. 港区综述

（1）港区建设概况和运营情况

主城港区的发展主要经历了三个阶段。第一个阶段是 20 世纪 60 年代以前在长江干线先后建成了朝天门、九龙坡等机械化码头泊位。第二个阶段是 20 世纪 60 年代中期至 70 年代初期随着川江航道整治工程的结束，长江干线航道条件有了较大改善，部分工厂沿江

表 9-11-1

重庆港港口基本情况表

序号	港区名称	港口岸线 — 港口规划岸线（千米）	其中:2015年前已建成岸线（千米）	2015年港口生产用泊位 — 生产用泊位数（个）	其中千吨级及以上（个）	生产用泊位总长（米）	其中千吨级及以上（米）	其中:1978—2015年建成的生产用泊位 — 生产用泊位数（个）	其中千吨级及以上（个）	生产用泊位总长（米）	其中千吨级及以上（米）	2015年港口货物和旅客吞吐量 — 货物吞吐量（万吨）	其中:外贸货物吞吐量（万吨）	集装箱吞吐量（万TEU）	滚装车辆 — 数量（万辆）	重量（万吨）	旅客吞吐量（万人）	其中:国际旅客吞吐量（万人）
	重庆港	213140	90920	812	517	69344	53380	518	462	62119	50943	15679	48.1	101.1	75.3	1282	776	—
一	核心港区	128595	57680	421	334	41324	35235	280	256	37144	31475	11550	43.1	94.1	65.7	1090	108	—
1	主城	80460	34582	236	193	21965	19115	158	151	20028	16715	5597	35.2	75.3	56.2	900	51	—
2	万州	18475	10963	83	65	7789	6428	49	49	5174	5174	3016	5.5	11.8	9.5	190	57	—
3	涪陵	29660	12135	102	76	11570	9692	73	56	11942	9586	2937	2.4	7	0	0	0	—
二	重点港区	43810	11681	134	77	9951	7031	101	79	11366	7283	2391	5	7	0.1	2	162	—
1	永川	2050	1028	11	8	1028	793	8	8	794	794	312	1.8	2.5	0	0	0	—
2	江津	17270	5123	54	43	4863	4228	46	41	5645	3262	1418	3.2	4.5	0	0	8	—
3	奉节	7640	2570	26	26	2010	2010	27	27	2947	2947	330	0	0	0.1	2	106	—
4	合川	13700	2100	33	0	1190	0	20	3	1980	280	331	0	0	0	0	48	—
5	武隆	3150	860	10	0	860	0	0	0	0	0	0	0	0	0	0	0	—
三	一般港区	40735	21559	257	106	18069	11114	137	127	13609	12185	1738	0	0	9.5	190	506	—
1	丰都	6350	2275	18	18	1825	3006	25	18	3246	3006	272	0	0	0	0	30	—
2	忠县	7200	4280	36	32	3355	3375	40	36	4278	3375	840	0	0	9.5	190	74	—
3	石柱	3655	760	6	4	650	490	5	5	640	640	37	0	0	0	0	3	—
4	云阳	7130	3903	39	28	2938	2123	25	25	1915	1915	71	0	0	0	0	71	—
5	巫山	9230	3911	41	20	3031	1756	33	32	2986	2885	339	0	0	0	0	162	—
6	巫溪	1170	400	4	2	400	200	2	2	200	200	0	0	0	0	0	10	—
7	开州	1400	920	16	2	880	164	2	2	164	164	179	0	0	0	0	0	—

续上表

序号	港口名称	港口岸线		2015年港口生产用泊位				其中:1978—2015年建成的生产用泊位				2015年港口货物和旅客吞吐量						
		港口规划岸线	其中:2015年前已建成岸线	生产用泊位数	其中:千吨级及以上	生产用泊位总长	其中:千吨级及以上	生产用泊位数	其中:千吨级及以上	生产用泊位总长	其中:千吨级及以上	货物吞吐量	其中:外贸货物吞吐量	集装箱吞吐量	滚装车辆		旅客吞吐量	其中:国际旅客吞吐量
															数量	重量		
		千米	千米	个	个	米	米	个	个	米	米	万吨	万吨	万TEU	万辆	万吨	万人	万人
8	彭水	2610	210	3	0	210	0	1	0	80	0	0	0	0	0	0	0	—
9	酉阳	730	190	4	0	190	0	2	0	100	0	0	0	0	0	0	3	—
10	潼南	460	0	0	0	0	0	0	0	0	0	0	0	0	0	0	90	—
11	铜梁	500	4170	68	0	4170	0	0	0	0	0	0	0	0	0	0	39	—
12	綦江	300	540	22	0	420	0	0	0	0	0	0	0	0	0	0	24	—

注：按照交通运输部2010年批复的《重庆港总体规划》（交规划发〔2010〕82号），重庆港划分为20个港区，其中主城、万州、涪陵等3个港区为核心港区，江津、永川、合川、奉节、武隆等5个港区为重点港区，丰都、忠县、石柱、云阳、酉阳、彭水、巫溪、巫山、铜梁、潼南、綦江等12个港区为一般港区。

建设,川维等企业码头也同步发展,货运量的增长带动了公用码头的发展。第三阶段是从"九五"时期开始,在三峡工程结束了长达30多年的论证后,港口迎来了以淹没复建为契机的发展新时期。重庆直辖后,在长江上游航运中心发展战略指导下,先后新建和改扩建了九龙坡、郭家沱、新港、朱家坝、寸滩、果园等专业化码头,港口面貌大为改善。

经过多年建设,截至2015年,主城港区已经形成了朝天门、九龙坡、新港、郭家沱、寸滩、果园、东港等专业化客货作业区布局。2015年,主城港区共有生产性泊位236个,综合年通过能力1114.7万人次、8366万吨(其中集装箱338万TEU、汽车滚装129万辆),分别占全市的29.1%、19.1%、46.1%;主城港区完成客运吞吐量51万人次,货运吞吐量5982万吨(其中集装箱75.3万TEU、汽车滚装56.2万辆),分别占全市的6.5%、38.1%(74.5%、74.6%)。

①果园作业区。

果园作业区主要分为果园一期工程、果园二期工程、果园二期扩建工程,并打造为长江上游地区内外贸集装箱中转中心、散杂货中转服务中心、汽车运输中转中心。一期工程于2008年4月开工,于2010年12月建成并投入运行,形成吞吐能力200万吨;二期及扩建工程于2010年9月开工,2015年全面建成投产。项目建设单位为重庆港务物流集团。

果园作业区占地面积4平方公里,利用岸线2800米,总投资105亿元。果园港按照"港口、物流、产业"三结合的功能布局,规划建设16个5000吨级泊位(其中多用途泊位10个、散杂货泊位3个、商品汽车滚装泊位3个)及相应配套设施;规划建设港区铁路专用线,采用双线电气化整列直达企业站,主线约5.3千米,企业站内拥有13条装卸与待发线;规划建设配套仓储项目,建设仓库约25万平方米。

②寸滩作业区。

随着我国加入世界贸易组织(WTO)和西部大开发的深入,重庆市及西南地区外向型经济发展日益加快,对内对外贸易规模不断扩大,大量适箱货物需通过集装箱运输,重庆市集装箱运量迅猛增长。当时重庆市已有的港口集装箱运输能力远远不能适应重庆市集装箱运输发展需要,建设新的集装箱码头已迫在眉睫。中共重庆市委、重庆市人民政府为贯彻党的"十六大"精神、实现把重庆建设成为长江上游经济中心的战略目标,将港口建设列入重要议事日程,决定选址寸滩修建集装箱码头和滚装码头,并将寸滩港区工程列为长江上游航运中心建设的重中之重,以适应不断增长的经济需要。根据寸滩港区总体规划,工程建设采取一次规划、分期实施的原则。2002年12月,重庆市政府文件批准了《重庆市寸滩港区规划方案》(渝府〔2002〕224号)。2002年10月,重庆港组建筹建组,同年12月26日在重庆市工商行政管理局注册成立了重庆寸滩集装箱有限责任公司,主要负责寸滩港的建设。

（2）港区地理条件和集疏运概况

主城港区处于重庆核心，位于四川盆地东南缘，三峡库区库尾，现有主要港口主要分布在长江沿线，可通过市政道路与内环快速路及绕城高速公路等道路相连接。

2. 港区工程项目

（1）九龙坡作业区一期工程

项目于 1988 年 12 月开工，1994 年 4 月竣工验收。

项目建设依据：1986 年 10 月，交通运输部以"交计字〔1986〕772 号"文批复；1987 年 10 月，交通运输部《关于九龙坡码头总体技术改造一期工程初步设计的批复》（交港字〔1987〕737 号）。

项目改造 6 个 1000 吨级码头泊位，新增大中型设备 59 台（件），新增堆场 57537 平方米，道路 19251 平方米、铁路线 5240 米。增加主要设备有 10 吨—30 米门式起重机 2 台、10 吨—25 米门式起重机 2 台、40 吨—22 米台架式起重机 1 台、5 吨—35 米及 10 吨—35 米门式起重机各 1 台，以及煤码头皮带机、装船机、装卸桥、电子轨道衡等。项目总投资 5719.92 万元。

项目设计单位为交通部第二航务工程勘察设计院，施工单位为交通部第二航务工程局航务二公司、重庆港建筑工程公司。

项目一期工程完成后，九龙坡码头年通过能力由 181 万吨提高到 265 万吨。

（2）新港作业区 3 号和 1 号、2 号码头工程

新港作业区 1 号、2 号码头工程于 2000 年开工，2004 年 6 月竣工验收并投入使用。

项目建设依据：2000 年，重庆长江港航监督局《关于重钢集团公司 1、2 号码头工程初步设计有关通航管理的批复》（渝长督通〔2000〕136 号）；2001 年，水利部长江水利委员会《关于重钢集团公司利用长江岸线建设码头工程的批复》（长江务〔2001〕565 号）；2004 年，重庆市发展和改革委员会《关于重庆新港公司 1、2 号码头工程可行性研究报告的批复》（渝发改交〔2004〕590 号）；2004 年，重庆市交通委员会《关于重钢集团公司续建 1、2 号泊位使用岸线的批复》（渝交委计〔2004〕59 号）。1986 年 1 月，重庆市经济委员会、重庆市计划委员会《关于重庆钢铁公司扩建码头初步设计的批复》（重经发〔1986〕技 16 号）；2000 年 12 月，重庆市规划局《建设工程规划许可证》（重规建证〔2000〕局字第 0231 号）；2001 年，水利部长江水利委员会《关于重庆钢铁集团公司利用长江岸线建设码头工程的批复》（长江务〔2001〕565 号）；2003 年 7 月，重庆市大渡口区国土资源局《建设用地批准书》（渡公字〔2003〕17 号）；2004 年 4 月，重庆市交通委员会《关于重庆钢铁集团有限责任公司续建 1 号 2 号码头使用岸线的批复》（渝交委计〔2004〕59 号）；2006 年 3 月，重庆市环境保护局《重庆市建设项目竣工环境保护验收意见》〔渝（市）环验〔2004〕31 号〕。

新港作业区 3 号码头工程由重庆新港装卸运输有限公司建设，重庆长江港航监督局

以《关于重庆新钢公司修建 3 号码头初步设计的批复》、长江重庆航道局以《关于重钢 3 号码头补办航道手续申请的批复》(渝道航管〔1998〕239 号)的文件,同意工程设计方案。

项目建设 5 个 3000 吨级泊位,包括 3000 吨级多用途类型泊位 2 个,3000 吨级散货类型泊位 2 个,3000 吨级件杂货类型泊位 1 个,岸线长度为 460 米。码头采用双下河公路结构形式的平面布置形式。项目堆场总面积 2.2 万平方米,其中集装箱堆场面积 1.1 万平方米。项目配置起重能力 40 吨的桥式起重机 2 台,件杂货、机电设备、汽车等货物堆场 3 个,面积共计 9000 平方米;配置起重能力为 40 吨的门式起重机 2 台、20 吨的门式起重机 1 台,室内货场面积 2000 平方米。

重庆钢铁集团公司(简称重钢)搬迁后,其码头只保留 3000 吨级多用途泊位 2 个,年通过能力 5 万 TEU、50 万吨,码头结构形式为下河公路和直立式。陆域维持现有范围,纵深 50 ~ 100 米,用地面积 2.5 万平方米。

(3)寸滩作业区工程一期工程

项目于 2003 年 12 月开工,2006 年 1 月试运行,2009 年 8 月竣工。

项目建设依据:2003 年 9 月,重庆市发展计划委员会《重庆市寸滩港区一期工程可行性研究报告的批复》(渝计委交〔2003〕163 号);2003 年 10 月,重庆市交通委员会《重庆市寸滩港区一期工程初步设计的批复》(渝交委港〔2003〕23 号);2003 年 3 月,重庆市环境保护局《重庆市寸滩港区一期工程环境影响报告表》[渝(市)环评审〔2003〕53 号];2004 年 10 月,重庆市人民政府《关于重庆市寸滩港一期工程划拨国有土地使用权的批复》(渝府地〔2004〕770 号);2003 年 11 月,重庆市交通委员会《关于寸滩港区一期工程使用岸线的批复》(渝交委计〔2003〕225 号);2004 年 6 月,水利部长江水利委员会《关于重庆市寸滩港区一期工程建设涉及河道管理有关问题的批复》(长江务〔2004〕268 号)。

项目建设 2 个 3000 吨级(水工结构兼顾 5000 吨级)集装箱泊位,1 个 3000 吨级(水工结构兼顾 5000 吨级)滚装泊位,岸线长度为 1000 米。集装箱泊位采用直立式码头布置及阶梯式陆域布置,滚装泊位采用直线式顺岸斜坡布置。集装箱泊位码头前沿水深 4.0 米,滚装泊位码头前沿水深 3.3 米。项目后方集装箱堆场面积 37282 平方米,容箱能力 8500TEU;滚装车堆场面积 4.7 万平方米,堆存能力 0.4 万辆;仓库(拆装箱库)面积 7500 平方米。主要装卸设备配置包括 50 吨—22 米的岸边集装箱起重机 2 台。项目总投资 8.65 亿元,实际到位资金为 7.91 亿元,其中银行贷款 4.97 亿元,交通部补助资金 3920 万元。项目用地面积 57.27 万平方米。

项目建设单位为重庆国际集装箱码头有限责任公司,设计单位为中交第二航务工程勘察设计院,施工单位为长江航道局、中国水产广州建港工程公司、重庆港久建司,监理单位为重庆双源建设监理咨询有限公司,质量监督单位为重庆市交通局工程质量安全监督局。

科技创新方面,该项目在大水位差条件下创新采用直立式桩柱梁板码头结构。

项目获得荣誉方面:2011 年 2 月,中交第二航务工程勘察设计院重庆市寸滩港区一期工程荣获"2010 年度水运交通工程优秀设计一等奖"(中国水运建设行业协会);2004年 8 月,中交第二航务工程勘察设计院编制的《重庆市寸滩港区一期工程可行性研究报告》荣获"交通部优秀咨询成果一等奖";2004 年 5 月,中交第二航务工程勘察设计院编制的《重庆港寸滩港区一期工程可行性研究报告》荣获"中国工程咨询协会全国优秀工程咨询成果一等奖";2008 年 3 月,重庆港寸滩集装箱码头建设关键技术研究荣获"重庆市政府科技进步三等奖";2009 年 4 月 22 日取得专利:大水位差直立式框架梁板码头。

(4)寸滩作业区工程二期工程

项目于 2007 年 9 月开工,2010 年 2 月试运行,2017 年 3 月竣工。

项目建设依据:2006 年 9 月,重庆市发展计划委员《重庆主城港区寸滩作业区二期工程可行性研究报告的批复》(渝发改交〔2006〕845 号);2006 年 10 月,重庆市交通委员会《重庆港主城港区寸滩作业区二期工程初步设计的批复》(渝交委港〔2006〕49 号);2006年 4 月,重庆市环境保护局《重庆港主城港区寸滩作业区二期工程环境影响报告表》[渝(市)环评审〔2006〕81 号];2005 年 11 月,重庆市人民政府《关于重庆国际集装箱码头有限责任公司划拨国有土地的批复》(渝府地〔2005〕990 号);2006 年 11 月,重庆市交通委员会《关于重庆主城港区寸滩作业区二期工程使用岸线的批复》(渝交委计〔2006〕180 号)。

项目建设 3 个 3000 吨级(水工结构兼顾 5000 吨级)多用途泊位,1 个 3000 吨级(水工结构兼顾 5000 吨级)滚装泊位,岸线长度为 950 米。集装箱泊位采用直立式码头布置及阶梯式陆域布置方案,高桩梁板结构;滚装泊位采用直线式顺岸斜坡布置,实体斜坡道结构。集装箱泊位码头前沿水深 3.4 米,滚装泊位码头前沿水深 3.3 米。项目后方集装箱堆场面积 30 万平方米,拆装箱库面积 2965 平方米,容箱能力 4.5 万 TEU。仓库面积4600 平方米。主要装卸设备配置包括 50 吨—22 米岸边集装箱起重机 2 台,40 吨—22 米岸边集装箱起重机 1 台。项目总投资 14.36 亿元,实际到位资金为 14.14 亿元,其中项目资本金为 6.74 亿元(自筹),银行贷款 7.40 亿元。项目用地面积 58.67 万平方米。

项目建设单位为重庆国际集装箱码头有限责任公司,设计单位为中交第二航务工程勘察设计院,施工单位为长江航道局、中国水产广州建港工程公司、重庆港久建司,监理单位为重庆双源建设监理咨询有限公司,质量监督单位为重庆市交通局工程质量安全监督局。

为增加集装箱堆存能力,将寸滩二期西侧堆场的商品车停车场和空箱堆场调整为重箱堆场;为避开沿江顺层滑坡,增加过洪能力和与寸滩三期的连接道路,滚装码头部分进行了设计变更,该重大设计变更于 2011 年 1 月经重庆市交通委员会批复同意(渝交委港

〔2010〕42 号）。寸滩作业区二期工程原批复概算为 11.01 亿元，先后经历了两次概算调整，第一次是 2011 年 1 月经重庆市交通委员会批复同意将概算调整为 15.15 亿元；第二次是在 2013 年 9 月 10 日，重庆市交通委员会批复了《重庆港主城港区寸滩作业区二期工程西侧堆场设计变更概算的批复》，最终调整为 15.51 亿元。

寸滩港区二期工程质量荣获重庆市交通委员会"2011 年度重庆市交通路港杯优质工程一等奖"。

寸滩作业区是长江上游航运中心标志性工程，也是重庆两路寸滩保税港区的重要基础设施。作为长江上游集装箱主枢纽港，寸滩作业区已开通至下游上海港、至上游宜宾港的定期航线。2015 年完成货物吞吐量 1084.45 万吨，其中：集装箱吞吐量 48.01 万 TEU，商品汽车滚装 25.86 万辆，钢材 52.56 万吨。重庆 70% 以上进出物资从此通过，成为构筑服务重庆、辐射西部、承东启西、沟通南北的区域性物流中心。

（5）郭家沱滚装码头工程

项目于 2006 年 2 月开工，2007 年 2 月交工验收，2006 年 11 月开港运行。

项目建设依据：2005 年 11 月，重庆市发展与改革委员会《关于郭家沱作业区滚装码头改扩建工程可行性研究的批复》（渝发改交〔2005〕1141 号）；2005 年 12 月，重庆市交通委员会《关于郭家沱作业区滚装码头改扩建工程初步设计的批复》（渝交委港〔2005〕43 号）；2005 年 3 月，重庆市环境保护局《重庆市建设项目环境影响评价审批意见》〔渝（市）环评审〔2005〕055 号〕；2016 年 10 月，重庆市环境保护局《重庆市建设项目竣工环境保护验收批复》〔渝（市）环验〔2016〕038 号〕；2001 年 2 月，重庆港航管理局《关于国营望江机器厂专用码头改设为重庆市轮船总公司滚装船专用码头的批复》（渝港航发〔2001〕92 号）；2005 年 3 月，重庆市交通委员会《关于郭家沱作业区滚装码头使用岸线的批复》（渝交委计〔2005〕43 号）。

项目建设 1 个 3000 吨级滚装码头泊位，岸线长度为 750 米。码头采用实体坡道式结构。项目后方堆场面积 6000 平方米，项目总投资 2900 万元，用地面积 3.78 万平方米。

项目建设单位为重庆郭家沱港埠有限公司，设计单位为浙江省交通规划设计研究院，施工单位为重庆渝航交通工程有限公司，监理单位为重庆长信工程建设监理有限公司，质量监督单位为重庆市交通委员会基本建设工程质量监督站。

郭家沱滚装码头工程位于江北区长江左岸，距宜昌航道里程 642.5 千米，在望江机械制造厂范围内，由望江机械制造厂修建，为该厂生产提供水运服务。2001 年初，重庆轮船总公司租用望江机械制造厂码头组建重庆郭家沱港埠有限公司，并投入 300 万元，全面翻修唐家沱月亮湾到重庆制药九厂近 44 米的路面，在溜石壁新建停车场，于 2001 年 12 月 29 日正式开始载货汽车滚装营运。为了适应滚装运输发展、船舶不断增加的需要，2005 年，重庆郭家沱港埠有限公司投资对码头进行改扩建，增加泊位 1 个。建成后郭家沱码头拥有 3000 吨级泊位 2 个,年通过能力汽车滚装 30 万辆。2005 年,郭家沱滚装码头实际吞吐量 120449 辆,其中进港 54357 辆、出港 66092 辆。

(6)佛耳岩作业区一期工程

项目于 2006 年 9 月开工,2008 年 12 月试运行,2016 年 1 月竣工。

项目建设依据:2005 年 4 月,重庆市发展和改革委员会《关于佛耳岩作业区工程项目建议书的批复》(渝发改交〔2005〕357 号);2006 年 4 月,重庆市发展和改革委员会《关于佛耳岩作业区工程可行性研究报告的批复》(渝发改交〔2006〕237 号);2006 年 4 月,重庆市交通委员会《关于佛耳岩作业区工程初步设计的批复》(渝交委港〔2006〕13 号);2005 年 10 月,重庆市环境保护局《重庆市建设项目环境保护批准书》(渝〔市〕环准〔2005〕300 号);2006 年 12 月取得建设用地规划许可证,2008 年 7 月取得土地使用权证;2006 年 8 月,重庆市交通委员会《关于佛耳岩作业区工程使用岸线的批复》(渝交委计〔2006〕119 号)。

项目建设 1 个 3000 吨级多用途码头泊位和 1 个 3000 吨级汽车滚装泊位,岸线长度为 315 米。码头采用上游布置滚装泊位、下游布置多用途泊位、后方设置陆域堆场的布局,多用途泊位前沿采用架空斜坡道结构。滚装泊位码头前沿设计河底高程取 166.50 米;多用途泊位按 3000 吨级驳船控制,高程取 165.60 米。项目后方堆场面积 5.88 万平方米,堆存能力 350 万吨。仓库面积 6300 平方米,堆存能力 38 万吨。主要装卸设备配置:多用途泊位作业采用斜坡缆车道方式作业,前方趸船上采用浮式起重机进行装卸船作业,斜坡运输采用横向缆车作业,坡顶、堆场作业配备 50 吨—40 米和 40.5 吨—40 米集装箱门式起重机各 1 台,另配有集装箱正面起重机 1 台、堆高机 1 台、叉车 4 台等专业设备,能完成 40 吨以内各种货物装卸作业。港口设有专业卡口,配备有 100 吨电子地磅。项目总投资 1.33 亿元,资金来源为申请交通部水运专项资金、市级交通专项资金和业主自筹,其中政府投资 4457 万元。

项目建设单位为重庆航运建设发展有限公司,设计单位为中交第二航务工程勘察设计院有限公司,施工单位为上海三航奔腾建设工程有限公司(承建重庆港佛耳岩作业区 FEY-I 工程、重庆港佛耳岩作业区 FEY - Ⅱ工程)、重庆市渝航交通工程有限公司(承建重庆港佛耳岩作业区进港道路施工)、中十冶集团有限公司(承建重庆佛耳岩作业区综合楼及生产用房施工),监理单位为广州南华工程管理有限公司,质量监督单位为重庆市交通局工程质量安全监督局。

项目于 2009 年 4 月底开港试运行,试运行期间,码头结构稳定,位移、沉降量很小,达到设计要求,各种机械设备运行正常,满足设计需要,总体运营情况良好。

(7)佛耳岩作业区二期工程

项目于 2014 年 12 月开工,2019 年 9 月试运行。

项目建设依据:2014年3月,重庆市发展和改革委员会《关于重庆港主城港区佛耳岩作业区一期工程可行性研究报告的批复》(渝发改交〔2014〕2561号);2014年4月,重庆市交通委员会《关于重庆港主城港区佛耳岩作业区二期工程初步设计报告的批复》(渝交委港〔2014〕6号);2012年11月,重庆市环境保护局《重庆市建设项目环境保护批准书》[渝(市)环准〔2012〕174号];2007年4月,重庆市人民政府《关于重庆航运建设发展有限公司行政划拨国有土地的批复》(渝府地〔2007〕161号);2015年3月,重庆市交通委员会《关于佛耳岩二期工程使用港口岸线的批复的通知》(渝交委计〔2015〕16号)。

项目建设1个3000吨级件杂码头泊位(码头水工建筑允许靠泊能力5000吨级)和1个5000吨级件杂码头泊位,岸线长度为250米。码头前沿由2艘钢质趸船和4条架空缆车斜坡道组成,码头陆域采用二级平台布置方案,设计河底高程165.40米。项目后方堆场面积3.47万平方米,堆存能力208万吨。仓库面积8600平方米,堆存能力52万吨。每个泊位前趸船上设置浮式起重机2台,1台浮式起重机对应1对缆车(一上一下)。随水位变化,缆车由缆车提升机收放,每对缆车斜坡道坡顶布置轨道式门式起重机装卸缆车。堆场作业采用轨道式门式起重机及轮胎式起重机,仓库作业采用桥式起重机。水平运输采用牵引车、平板车完成。项目总投资3.62亿元,资金来源为申请交通运输部水运专项资金、市级交通专项资金及业主自筹,其中政府投资1.03亿元。项目用地面积11.73万平方米。

项目建设单位为重庆航运建设发展有限公司,勘察设计单位为重庆市交通规划勘察设计院,施工单位为中国铁建港航局集团有限公司(承建重庆港主城港区佛耳岩作业区二期工程一标段施工)、广东打捞局(承建新重庆港主城港区佛耳岩作业区二期工程陆域面层施工)、重庆易成建设工程有限公司(承建重庆港耳岩作业区二期工程生产管理用房施工),监理单位为重庆双源监理咨询有限公司,质量监督单位为重庆市交通局工程质量安全监督局。

2015年3月,重庆市交通委员会印发《关于重庆港主城港区佛耳岩作业区二期工程概算调整的批复》(渝交委港〔2015〕9号),调整项目概算总投资为36185.31万元;2016年11月,重庆市交通委员会以《关于重庆港主城港区佛耳岩作业区一期工程(总体设计、总平面、道堆、装卸工艺、配套建筑、电气及给排水消防)施工图设计的批复》(渝交委港〔2016〕32号)同意佛耳岩二期工程施工图设计。

(8)长寿冯家湾作业区工程

项目于2007年2月28日开工,2009年3月试运行,2012年12月竣工。

项目建设依据:2006年3月,重庆市发展和改革委员会批准该项目项目建议书(渝发改交〔2006〕224号);2006年7月,获得重庆市发展和改革委员会工可批复(渝发改交〔2006〕595号);2006年11月,获得重庆市交通委员会工程初步设计批复(渝交委港

〔2006〕58 号);2006 年 9 月,获得重庆市交通委员会转发的岸线批复(渝交委计〔2006〕148 号);2007 年 12 月,获得重庆市交通委员会施工图设计批复(渝交委港〔2007〕19 号);2007 年 10 月,取得建设用地规划许可证;2006 年 12 月 29 日,取得土地使用权证。

项目建设 3 个 3000 吨级泊位,岸线长度为 900 米。散货泊位采用斜坡道及半直立式码头形式,钢引桥直接搁置在陆域挡墙上,煤炭装船采用单斗装船机,通过漏斗喂料给堆场移动皮带机、钢引桥和趸船上的移动皮带机装船。多用途泊位采用斜坡道码头形式,采用浮式起重机吊至 18.15 平台上的载货车,然后运到堆场,拆装箱库采用叉车作业,件杂仓库作业采用桥式起重机,堆场采用轨道式龙门起重机。液体化工泊位采用斜坡道码头形式,管道连接。陆域堆场面积 39000 平方米,仓库面积(含生产管理用房)5500 平方米。项目总投资为 3.6 亿元,资金来源为三峡淹没补助资金和业主自筹、银行贷款。

项目建设单位为重庆化工码头有限公司,设计单位为中交第二航务工程勘察设计院有限公司;建设—移交(BT)业主为重庆建工集团、中交第二航务工程局(承建土建工程)、重庆工业设备安装集团有限公司(承建安装工程),监理单位为长航监理有限公司,质量监督单位为重庆市交通建设工程质量监督局。

项目 2009 年 3 月试运行期间,码头工艺合理,达到设计能力,各泊位采用的工艺完全可行,经济且效率高,能耗小,满足设计需要。

(9)茄子溪作业区工程项目

项目于 2008 年 2 月开工,2010 年 8 月通过交工验收,2010 年 12 月开港运行。

项目建设依据:2006 年 9 月,重庆市发展和改革委员会《关于茄子溪作业区工程的工程可行性报告的批复》(渝发改交〔2006〕906 号);2008 年 2 月,重庆市交通委员会《关于茄子溪作业区工程初步设计的批复》(渝交委港〔2006〕13 号);2008 年 2 月,重庆市交通委员会《关于重庆主城港区大渡口茄子溪码头工程初步设计的批复》(渝交委港〔2008〕5 号);2008 年 5 月,重庆市交通委员会《关于重庆主城港区大渡口茄子溪码头工程斜坡道施工图设计的批复》(渝交委港〔2008〕14 号);2010 年 3 月,重庆市交通委员会《关于大渡口作业区茄子溪码头一期陆域工程施工图设计的批复》(渝交委港〔2010〕10 号);2006 年 3 月,重庆市环境保护局《重庆市建设项目环境影响评价审批意见》〔渝(市)环评审〔2006〕52 号〕;2011 年 9 月,中交茄子溪码头取得《重庆市建设项目竣工环境保护验收批复》〔渝(市)环验〔2011〕97 号〕;2006 年 8 月,中交茄子溪码头取得《关于重庆港主城港区大渡口作业区茄子溪码头工程使用港口岸线的批复》(交规划发〔2006〕458 号);2008 年 10 月,交通运输部《关于重庆港主城区大渡口茄子溪码头工程调整使用港口岸线的批复》(交规划发〔2008〕378 号);2006 年 12 月,重庆市规划局《建设用地批准书及建设用地规划许可证》(编号:渝规地证〔2006〕局市政字第 1518 号)。

项目建设 4 个 3000 吨级斜坡式装卸码头泊位,岸线长度为 460 米。码头采用架空斜坡道结构。装卸区总面积约 13.6 万平方米、项目后方集装箱重箱堆场面积 7 万平方米、空箱堆场面积 1.5 万平方米、件杂货堆场面积 4 万平方米,件杂货一次性堆存能力 30 万吨。主要装卸设备配置包括 50 吨的双浮式起重机趸船 3 台,40 吨门式起重机 3 台。

项目建设单位为重庆中交港口发展有限公司,设计单位为中交水运规划设计院有限公司,施工单位为中交四航局,监理单位为重庆双源建设监理咨询有限公司、黑龙江黑航工程监理咨询有限公司,质量监督单位为重庆市交通局工程质量安全监督局。

项目开港运行以来,码头结构稳定,位移、沉降量很小,达到设计要求,各种机械设备运行正常,满足设计需要,总体运营情况良好。

（10）果园作业区工程一期工程

项目于 2008 年 4 月开工,2010 年 12 月试投产,2014 年 1 月竣工验收。

项目建设依据:2008 年 10 月,重庆市发展和改革委员会《关于重庆主城港区果园作业区一期工程可行性研究报告的批复》(渝发改交〔2008〕1238 号);2009 年 2 月,重庆市交通委员会《关于重庆港主城港区果园作业区一期工程初步设计的批复》(渝交委港〔2009〕3 号);2008 年 1 月,重庆市环境保护局《关于果园作业区一期工程项目环境影响评价的批复》[渝(市)环准〔2008〕001 号];2008 年 1 月 22 日,重庆海事局《关于重庆果园港埠有限公司果园作业区一期码头工程有关通航安全事宜的批复》(渝海指挥〔2008〕51 号);2008 年 6 月,水利部长江水利委员会《关于重庆港主城港区果园作业区一期工程涉河建设方案的批复》(长许可〔2008〕72 号);2010 年 7 月,重庆市人民政府《关于重庆果园港埠有限公司建设重庆主城港区果园作业区一期工程划拨国有建设用地使用权的批复》(渝府地〔2009〕573 号);2019 年 5 月,交通运输部《关于重庆港主城港区果园作业区一期工程岸线的批复》。

项目建设 1 个 5000 吨级散货出口泊位和 1 个 5000 吨级散货综合泊位,岸线长度为 364 米。码头采用架空斜坡道布置,浮趸结构。码头前沿水深 4.17 米,设计靠泊能力 3000 吨级,码头水工结构容许靠泊能力 5000 吨级。项目后方堆场面积 32354 平方米,堆存能力 8.55 亿吨。仓库面积 2592 平方米,容量 2528 万吨。主要装卸设备配置包括 500 吨/时的弧式摆动装船机 1 台,堆场的卷扬机 5 台,带宽 1 米和带速 1.6 米/秒的固定皮带机 1 台。项目总投资 2.92 亿元,用地面积 13.34 万平方米。

项目建设单位为重庆港务物流集团有限公司,设计单位为中交第四航务工程勘察设计院有限公司、山东诚基工程建设有限公司,施工单位为中交第二航务工程局有限公司、中交第四航务工程局有限公司,中建筑港集团有限公司,监理单位为重庆双源建设监理咨询有限公司,质量监督单位为重庆市交通局工程质量安全监督局。

项目 2010 年 12 月底开港试运行,试运行期间,码头结构稳定,位移、沉降量很小,达到设计要求,各种机械设备运行正常,满足设计需要,总体运营情况良好。

(11)果园作业区工程二期工程

项目于2011年3月开工,前方码头于2013年12月完工试投产。

项目建设依据:2011年5月,重庆市发展和改革委员会《重庆港主城港区果园作业区二期工程可行性研究报告的批复》(渝发改交〔2011〕608号);2014年3月,重庆市发展和改革委员会《关于果园作业区二期及二期扩建工程可行性研究报告调整的批复》(渝发改交〔2014〕239号);2010年10月,重庆市交通委员会《重庆港主城港区果园作业区二期工程初步设计的批复》(渝交委港〔2010〕36号);2011年9月,重庆市交通委员会《关于重庆港主城港区果园作业区二期工程初步设计补充的批复》(渝交委港〔2011〕23号);2010年9月,重庆市环境保护局《关于重庆港主城港区果园作业区二期工程环境影响评价文件的批复》(渝市环准〔2010〕138号);2013年5月,重庆市人民政府《关于重庆港务物流集团有限公司建设重庆港主城港区果园作业区二期工程划拨国有建设用地的批复》(渝府地〔2013〕498号);2011年7月,交通运输部《关于重庆港主城港区果园作业区二期工程使用港口岸线的批复》(渝交委计〔2011〕66号)。

项目建设4个5000吨级多用途码头泊位,岸线长度为515米。码头采用引桥顺岸式布局,直立式高桩框架结构。码头前沿水深5.0米。项目后方堆场面积38万平方米,重箱地面箱位数为5736TEU,空箱地面箱位数为924TEU。仓库面积1.75万平方米,堆存能力6.94万TEU、16.01万吨。主要装卸设备配置包括轨距16米的岸边集装箱起重机6台、轨距40米的轨道式龙门起重机20台。项目总投资22.96亿元,其中政府投资51810万元。项目用地面积为1143亩(76.2万平方米)。

项目建设单位为重庆港务物流集团有限公司,设计单位为重庆市交通规划勘察设计院,施工单位为长江航道局、中交第二航务工程局有限公司、中交第四航务工程局有限公司,监理单位为重庆双源建设监理咨询有限公司,质量监督单位为重庆市交通局工程质量安全监督局。

项目于2009年12月底开港试运行,试运行期间,码头结构稳定,位移、沉降量很小,达到设计要求,各种机械设备运行正常,满足设计需要,总体运营情况良好。

(12)果园作业区工程二期扩建工程

项目于2011年8月开工,2013年12月试运行,2018年1月竣工。

项目建设依据:2011年8月,重庆市发展和改革委员会《重庆港主城港区果园作业区二期扩建工程可行性研究报告的批复》(渝发改交〔2011〕869号);2014年3月,重庆市发展和改革委员会《关于重庆港主城港区果园作业区二期及二期扩建工程可行性研究报告调整的批复》(渝发改交〔2014〕239号);2011年8月,重庆市交通委员会《重庆港主城港区果园作业区二期扩建工程初步设计的批复》(渝交委港〔2011〕9号);2011年5月,重庆市环境保护局《关于果园二期扩建工程环境影响评价文件批准书》〔渝(市)环准〔2011〕

081 号〕;2011 年 1 月,重庆市水利局《关于重庆港主城港区果园作业区二期扩建水土保持方案的批复》(渝水许可〔2011〕10 号);2013 年 1 月,重庆市人民政府《关于重庆港务物流集团有限公司修建重庆港主城港区果园作业区二期扩建工程划拨国有建设用地的批复》(渝府地〔2013〕17 号);2012 年 2 月,重庆市交通委员会《关于转发重庆港主城港区果园码头二期扩建工程使用岸线批复的通知》(渝交委计〔2012〕8 号)。

项目建设 6 个 5000 吨级多用途码头泊位、1 个 5000 吨级散货进口泊位、3 个商品汽车滚装泊位,岸线长度为 1431 米。码头多用途泊位采用引桥连片式布局,框架式桩基梁板结构,引桥采用排架式梁板,散货及滚装泊位采用斜坡式布置,架空斜坡结构板结构。多用途及散货码头泊位前沿水深为 5.1 米,滚装码头泊位前沿水深为 3.6 米。项目后方堆场面积 65 万平方米,堆存能力重箱箱位数 7429 个、空箱箱位数 1218 个、冷藏箱位数 88 个。主要装卸设备配置包括多用途泊位码头前沿配备 9 台集装箱岸桥,堆场采用轨道式集装箱门式起重机;散货泊位码头前沿配备 1 台 1650 吨/小时弧形轨道装船机,堆场配备 4 台 DQL2000/2950 斗轮堆取料机。项目总投资 45.83 亿元,其中政府投资 6.73 亿万元。项目用地面积 2250 亩(1.5 万平方米)。

项目建设单位为重庆港务物流集团有限公司,设计单位为中交第二航务工程勘察设计院有限公司,施工单位为中交第二航务工程局有限公司、中交第四航务工程局有限公司、中建筑集团有限公司、长江航道局、中交第四航务工程局有限公司、宁波交通工程建设集团有限公司,监理单位为重庆双源建设监理咨询有限公司,质量监督单位为重庆市交通局工程质量安全监督局。

原设计方案中,二期及二期扩建后方陆域场地间在港区中部用隧道方式衔接,下穿绕城高速公路。初步设计完成后,整体工程弃土土方量、边坡挡墙工程量较大。为减少土石方外弃、优化边坡挡墙设置,设计单位对场地布局、陆域高程、边坡结构等做了大量优化。优化调整后,对原隧道方案有较大影响。原隧道方案难以满足实际情况,存在较大的弊端。解决措施为在距离原拟建隧道北侧约 254.1 米处,设连接二号桥上跨绕城高速公路。港区二号桥全长 122.1 米,桥梁上部结构为 32 米 + 42 米 + 32 米钢箱梁。桥梁下部结构桥墩采用双柱式桥墩,承台桩基础。桥台采用 U 形桥台,扩大基础。在不破坏陆域整体布局、方案不进行大的调整前提下,采用立交方案满足港区的通道需求。

二期扩建水工结构 A 标段施工水域河床无覆盖层,岩层破碎,裂隙多,最大水深 35 米,水流流速大,平台 400 根桩基均处于深水区,受三峡水位调节影响,采用全钢平台作为作业平台。钢平台搭投是本工程成功实施的关键。无覆盖层深水平台设计、施工为本项目重点,施工单位实施的钢板凳平台搭设法满搭施工工艺,成功实施了钻孔钢平台。

二期扩建水工结构 B 标段主要为斜坡道施工,受长江水位影响较大,工期紧,施工范围内征地拆迁难度大,导致前期施工延缓,后期工期压力大。基于本工程特点,项目部采用流水作业和平行作业相结合的方式进行施工组织管理，整个项目分六个区，即1号滚装泊位斜坡道、2号滚装泊位斜坡道、散货进口泊位斜坡道、纵梁预制安装、陆域前沿护岸、港池疏浚。1号滚装泊位0-1号~0-4号段原设计为实体段，因地形变化，淤泥层较厚，变更为架空结构。当筑岛施工到0-4号墩时，因该区域原为冲沟前沿，长江水流急，坡度陡，筑岛连续发生坍塌，难以形成及稳定，为确保施工安全，决定更改原施工措施方案，对0-4号跨停止筑岛回填，采用钢平台及钢便桥施工措施方案。

中交第二航务工程勘察设计院有限公司联合长江水利委员会长江科学院开展了"加筋边坡离心模型试验研究"。高陡填方边坡均利用港区陆域形成的弃土方。设计方案采用高强高密度聚乙烯（HDPE）土工格栅+石笼的处理方案，设计方案及实验手段均为技术创新点；另外，形成的高陡填方边坡在国内少见，本方案具体技术要点也申请了多项专利。

重庆交通大学根据项目取得7项重要科技创新：①首次提出了钢护筒和钢筋混凝土联合受力桩基计算方法、钢护筒和钢筋混凝土组合构件计算理论，获得了深水码头基础工作性状及其施工控制技术，并据此编制完成了《重庆港大水位差架空直立式码头基础设计及施工技术指南》。②首次采用数值散斑技术对大水位差架空直立式码头结构、施工平台等开展了无损检测，并提出了这类结构的安全性能评估方法，获得国家发明专利3项，正申报专利中6项；研究成果在分析和评估码头、施工结构的安全工作性状上属于国内首创。③首次提出了重载钢抱箍施工工法。完善并形成了整套大水位差高桩框架梁系结构钢抱箍双向悬空支撑系统的施工工艺及质量、安全控制措施。④首次获得了钢护筒—钢筋混凝土组合构件极限轴压承载力和极限受弯承载性能的计算方法。⑤首次获得了大直径钢护筒嵌岩桩简化计算公式。通过钢护筒与钢筋混凝土单桩模型试验、钢护筒与钢筋混凝土双桩模型试验、钢护筒—混凝土界面力学特性试验、钢护筒—地基土体界面力学特性试验系列试验，得到了大直径钢护筒嵌岩桩简化计算公式。⑥对钢护筒钢筋混凝土桩大水位差深水码头开展了试验研究和数值模拟研究，首次获得了这类大水位差码头静力破坏模式和薄弱环节。⑦开发了基于可靠度的内河大水位差架空直立式码头钢与钢筋混凝土组合构件安全性能检测指标与评估体系研究。

重庆港主城港区果园作业区二期扩建工程获得中国水运建设行业协会"2014年度水运工程优秀咨询成果一等奖"。"内河大水位差码头抗震技术"获得中国航海协会科技进步二等奖（HG12-02-16-10-04）。

该项目获得的专利如下。

一种高陡加筋边坡结构，专利号：ZL201220731395.9；

一种锚杆格构式挡墙结构，专利号：ZL201420002419.6；

一种岩质边坡格构生态防护结构，专利号：ZL201520087367.1；

变形长期监测方法及装置，专利号：201710839394.3；

缺陷检测方法及装置，专利号：201710839395.8；

质量检测方法及装置，专利号：201710839431.0。

建设项目投产后的运营情况：随着果园港建成投产，特别是果园进港铁路开通运行，果园港已成为周边四川、贵州、云南、陕西、广西等地货物的中转站，大大减少了以往"水、铁、公"运输方式之间的长距离中转，节约了企业物流成本，缩短了物流时间。同时，重庆港务物流集团有限公司积极进行深入的调查和了解，在构建公正、合理、透明的大宗商品交易规则体系下，有效联动上游资源客户和下游终端市场，打通了海江铁联运通道。2017年，以海江联运的模式经果园港中转铁矿石22万吨；12月，成功引进北京五矿贸易矿（卡粉）3万吨，实现了果园港现货市场零的突破。煤炭、矿石、钢材运输、交易节点逐步聚集到果园港，果园港的钢材、煤炭、矿石交易市场已逐渐成形，从2016年交易煤炭44万吨、钢材105万吨、矿石58万吨，到2017年交易煤炭105万吨、钢材151万吨、矿石124万吨。

（13）东港作业区一期工程

项目于2009年9月24日开工，2014年12月投入试运营，2016年4月竣工。

项目建设依据：2008年10月，重庆市发展和改革委员会《关于东港作业区一期工程建议书的批复》（渝发改交〔2008〕357号）；2008年4月，重庆市发展和改革委员会《关于东港作业区一期工程可行性研究报告的批复》（渝发改交〔2008〕1286号）；2009年11月，重庆市交通委员会《关于东港作业区一期工程初步设计的批复》（渝交委港〔2009〕29号）；2009年7月，重庆市环境保护局《关于重庆东港作业区一期工程建设项目环境影响报告书的批复》〔渝（市）环准〔2009〕116号〕；2009年1月，重庆市国土资源和房屋管理局《关于重庆东港作业区一期工程项目用地的预审意见》（渝国土房管预审〔2009〕10号）；2009年4月，重庆市交通委员会《关于东港作业区一期工程岸线选址的通知》（渝交委航〔2009〕6号）。

项目建设2个3000吨级（泊位长度与水工结构按5000吨级设计）多用途泊位和1个60车位载货汽车滚装泊位，岸线长度为1517.2米。多用途泊位采用架空斜坡道结构，载货汽车滚装泊位采用下河公路结构。项目后方堆场面积14.9万平方米，仓库面积1.31万平方米。主要装卸设备配置：多用途泊位作业采用斜坡缆车道方式作业，前方趸船上采用浮式起重机进行装卸船作业，斜坡运输采用横向缆车作业，坡顶、堆场作业采用小轨距轻型轨道式门式起重机，起重量为40吨，轨距为16米，单悬臂，共4台；拆装箱库作业采用45吨集装箱正面起重机1台和箱内3吨叉车2台。项目总投资11.91亿元，用地面积44.69万平方米。

项目建设单位为重庆东港集装箱码头有限公司，设计单位为中交水运规划设计院有限公司、重庆市交通规划勘察设计院，施工单位为上海港务工程公司（承建水工码头标段、道路堆场及配套工程和房屋配套设施工程)、湖南省第三工程有限公司(承建陆域土石方标段),监理单位为上海远东水运工程建设监理咨询公司,质量监督单位为重庆市交通委员会基本建设工程质量和安全监督站。

项目于2014年11月进行试运营生产,试运行期间,整体运营良好;试运营期间部分堆场出现沉降问题,现沉降已稳定,水工结构观测每年均进行。

(14)长寿江南重钢码头工程

项目于2011年3月开工建设,2011年10月试投产。重钢原料码头1号、2号、3号泊位于2016年12月22日竣工,重钢成品码头4号泊位于2017年4月14日竣工,重钢成品码头5号、6号泊位于2011年11月18日竣工。

项目建设依据:2007年10月,重庆市交通委员会《关于对重庆钢铁(集团)有限责任公司长寿新区港口工程工程可行性研究报告意见的批复》(渝交委计〔2007〕145号);2009年5月31日,重庆市交通委员会《关于重钢长寿新区港口工程初步设计的批复》(渝交委港〔2009〕15号);2008年8月1日,重庆市环境保护局《重庆市建设项目环境保护批准书》〔渝(市)环准〔2008〕123号〕;2008年5月,国土资源部《关于重庆钢铁(集团)有限责任公司实施节能减排环保搬迁项目建设用地预审意见的复函》(国土资源预审字〔2008〕270号);2009年8月31日,重庆市交通委员会《关于重庆钢铁(集团)有限责任公司长寿新区港口码头使用岸线的批复》(渝交委港航〔2009〕32号)。重钢环保搬迁于2007年3月7日由重庆市发展和改革委员会核准(渝发改工〔2007〕160号),核准内容包括原料成品码头。

项目建设6个3000吨级散货码头泊位(码头水工建筑允许靠泊能力5000吨级),岸线长度为900米。码头采用顺岸连续布置,斜坡式结构(码头采用斜坡式平面布置形式,结构形式为汽车下河和斜坡皮带机结构形式)。码头前沿水深145.08米。项目堆场面积利用重钢厂区,码头前沿主要装卸设备为堆取料机,仓库面积4.4万平方米。项目总投资4100万元。

项目建设单位为重庆钢铁股份有限公司,设计单位为长江航运规划设计有限公司,施工单位为中交第三航务工程局、长江航道工程局,监理单位为重庆双源监理有限公司;质量监督单位为长寿区交通局质监站。

改造的2号码头系统能力平衡及计量系统改造,获重钢集团科技进步一等奖;趸船靠泊能力适应性改造获重钢集团科技进步三等奖。

项目于2011年10月开港试运行,试运行期间,码头工艺合理,达到设计能力。2012—2015年吞吐量分别为:104.42万吨、165.18万吨、125.27万吨、134.83万吨。

(15)巴南麻柳LNG加注码头工程

项目于2013年3月开工,2015年1月通过交工验收。

项目建设依据：2012 年 2 月，重庆市发展和改革委员会《关于巴南麻柳 LNG 加注码头工程开展前期工程的函》（渝发改油气〔2012〕82 号）；2014 年 3 月，重庆市发展和改革委员会《关于重庆港主城港区麻柳作业区船用液化天然气加注项目（一期）核准的批复》（渝发改能〔2014〕228 号）；2013 年 1 月，重庆市交通委员会《关于重庆港主城港区麻柳作业区液化天然气加气码头工程行业审查意见的函》（渝交委计〔2013〕6 号）；2014 年 11 月，重庆市交通委员会《关于重庆港主城港区麻柳作业区船用液化天然气加注项目（一期）初步设计的批复》（渝交委港〔2014〕31 号）；2012 年 7 月，重庆市环境保护局《重庆市建设项目环境影响评价文件批准书》〔渝（市）环准〔2012〕119 号〕；2016 年 12 月，重庆市规划局《建设用地规划许可证》（地字第市政 500113201600049 号）；2018 年 4 月，交通运输部《关于重庆港主城港区麻柳作业区船用液化天然气加注码头工程使用港口岸线的批复》（交规划函〔2018〕196 号）。

项目建设 1 个 3000 吨级加气码头泊位（码头水工建筑允许靠泊能力 5000 吨级），岸线长度为 240 米。码头采用架空斜坡式布置，趸船和船用跳板结构。项目后方设 12 台 150 立方米的 LNG 储罐，共 2000 立方米，一期堆存能力 1050 立方米。储罐区围堰面积 2093 平方米，堆存能力 420 吨。主要装卸设备配置包括尺寸 80 米×14 米×2.8 米的趸船 1 艘。项目总投资 1.2 亿元，资金来源为业主自筹和银行贷款。项目用地面积 21574 平方米。

项目建设单位为重庆富江能源科技有限公司，设计单位为重庆长航东风工业公司长江船舶设计研究院（趸船设计）、中国船级社（进行第三方审核）、西南水运科学研究所（水工工程设计）、中国市政工程华北设计研究院（陆域及工艺）、中国市政工程华北设计研究院（总图设计）、中国煤炭研究设计院（进行施工图第三方审核），施工单位为重庆市渝航交通工程有限公司（水工）、重庆渝康建设（集团）有限公司（土建）、重庆工业设备安装集团有限公司（设备），监理单位为黑龙江黑航工程监理咨询有限公司重庆分公司、重庆大地建设监理有限责任公司，质量监督单位为重庆市巴南区公路工程质量监督站。

（16）长寿长明码头工程

项目建设 2 个 3000 吨级码头泊位。其中，多用途泊位和散货泊位各 1 个，大件卸船平台 1 个，可卸 300 吨内水运大件货物。拥有配套的露天仓储堆场 2 万平方米、室内仓储库房 3000 平方米，具有 40/20 吨双浮式起重机作业趸船、40 吨门式起重机、300 吨/时的皮带运输机等主要港口作业设施；后又完成进港道路建设、散货堆场与煤仓改扩建，散货堆存能力可达 10 万吨，室内仓储、危化品专用堆场等配套设施也已完备。

长明码头由重庆长江轮船公司和台湾阳明集团好好物流有限公司合资建设经营，位于长江北岸重庆市长寿区晏家镇。2007 年投产后，港区背靠长寿经济技术开发区，紧邻川维火车站，疏港公路与重庆渝长高速公路直接相连，具有集水路、铁路、公路等运输方式于一体的物流集散地雏形,已成为重庆长寿区主要的港口物流基地。

(六)万州港区

1. 港区综述

(1)港区建设概况和运营情况

万州历史悠久,以"万川毕汇""万商毕集"而得名。万州建县始于东汉建安二十一年,具有独特区位优势和长江黄金水道优势的万州帆樯林立、百舸争流,成为渝、川、陕、鄂等省的物资集散地和驿道交会中心。1902年万州成为长江上游继重庆之后的第二个对外通商口岸,1917年设立海关,1951年港口成立装卸运输公司,1952年成立长航万县港务局,主要以客运为主,利用简易码头或自然岸坡开展货运业务。万州抓住三峡工程兴建契机,加快码头淹没复建,先后建成了红溪沟、红花地、鞍子坝、猴子石等一批专业化码头,其运输能力和服务水平得到了有效提升。2002年重庆市万州区港口航务管理局成立,原长航万州港务管理局通过改制组建了重庆市万州港口(集团)有限责任公司,2006年,重庆市万州港口(集团)有限责任公司整体划入新成立的重庆港务物流集团有限公司。随着三峡枢纽建成运行,处于库区腹心的万州港区成为可靠泊万吨级船队的常年深水港,港口整体功能得到全面增强,达万铁路、五桥机场、万渝高速公路的建成贯通,使万州港区集疏能力大大提高,川西、川北、青海、陕南等地区的物流经万州港进出成了最经济的运输线路,万州港区已成为川北、渝东、鄂西、陕南的物资集散中心。

截至2015年,万州港区形成以红溪沟、江南沱口等码头为代表的生产性泊位83个,综合年通过能力1248万人次、1619万吨,其中集装箱20万TEU、汽车滚装10万辆,分别占全重庆市的10.2%、13.7%、21.0%、8.4%;完成客、货运吞吐量分别为30.7万人次、3201.1万吨,其中集装箱13.1万TEU、汽车滚装9.9万辆,分别占全市的4.1%、18.4%、11.4%、9.7%。

(2)港区地理条件和集疏运概况

万州港区所在万州区地处长江中上游接合部,渝东三峡库区腹心地带,现有长江干线一级航道80.4千米,可常年通行5000吨级以上机驳船和万吨级船队,是渝东、川东北、湘鄂、陕南、黔北等西南地区重要的物资出海通道。

万州港区所在地交通运输体系较为完善,渝宜高速公路中万渝、万宜高速公路,银白高速公路中万忠(南线)、万开高速公路已建成通车,恩广高速公路万州至利川段加速建设,新田至高峰高速公路项目正在开展前期工作,境内高速公路通车里程已达到143千米。万州国道5条共277千米,省道5条共406千米。达万、万宜铁路及渝万城际铁路建成通车,万州火车站至红溪沟货运港区的铁路支线建成通车,万州至郑州客运专线获国家发展改革委批准并于2015年底开工建设,铁路营业里程已达到158千米。

2. 港区工程项目

(1) 红溪沟作业区工程

红溪沟作业区工程分为一期工程、二期工程、铁路专用线工程和技改工程。

① 红溪沟作业区一期工程。

项目于 1997 年 12 月 28 日开工建设,2000 年 12 月建成并投入试生产。

项目建设依据:1993 年 8 月,一期工程经交通部批准立项;1995 年 5 月,交通部《关于万县港红溪沟港区一期工程可行性研究报告的批复》(交计发〔1995〕35 号);1995 年 9 月,交通部《关于万县港红溪沟港区一期工程初步设计的批复》(交基发〔1995〕836 号);2008 年 10 月,重庆市万州区环境保护局《重庆市建设项目竣工环境保护验收批复》〔渝(万)环验〔2008〕14 号〕;1994 年 12 月,四川省建设委员会《四川省建设工程选址意见书》(万县市建规字〔086〕号);2005 年 9 月,重庆市交通委员会《关于万州港区红溪沟铁水联运作业区使用岸线的批复》(渝交委行政审批〔2005〕16 号)。

项目建设 6 个泊位,其中包括 3000 吨级多用途泊位 2 个,3000 吨级件杂货和散货泊位各 1 个,2000 吨级件杂类货泊位 2 个。分为一期工程、淹没复建工程、改扩建(牌楼异地迁建)工程和铁路专用线工程。装卸作业线 2 条,年通过能力 100 万吨。工程总投资 10293 万元,其中交通部专项资金 5462 万元,移民补偿资金 1400 万元。

② 红溪沟作业区二期工程。

项目于 2000 年 12 月 28 日开工建设,2004 年基本建成并投入试生产。

项目建设 3 个 3000 吨级泊位,其中包括多用途码头泊位 1 个、件杂货码头泊位 1 个和散货码头泊位 1 个,岸线长度为 712.11 米。其中散货 124 万吨,件杂货和集装箱通过能力 49 万吨、集装箱 1.5 万 TEU。码头采用顺岸式布局,斜坡道结构。码头前沿水深 3.9 米。项目后方堆场面积 9.4 万平方米,项目总投资 19323 万元,其中交通部专项资金 7330 万元,自筹资金 6500 万元,移民补偿资金 5952 万元。项目用地面积 13.6 万平方米。

③ 红溪沟作业区铁路专用线工程。

项目于 2002 年 12 月 28 日开工建设,2005 年 7 月正式通车。

为形成铁水联运综合运输网络,更好地发挥达万铁路和红溪沟码头的整体功能,万州港自筹资金 6500 万元修建该工程。该工程全长 3300 米,其中隧道长 1810 米,由成铁工程集团施工。

④ 红溪沟作业区技改工程。

项目于 2006 年 3 月 16 日开工建设,2007 年 11 月试运行,2009 年 9 月竣工。

2005 年,三峡蓄水至 156 米水位后,原万州港牌楼货运港区被淹没。根据万州城市总体布局,牌楼货运作业区复建工程调整到红溪沟作业区东部重庆渝东金属建材总公司、山钢管厂、太安铝材厂 3 个单位地址。红溪沟技改工程建设规模为 2 个 2000 吨级件杂泊位。工程总投资 6252 万元,其中交通部专项资金 2126 万元,移民补偿资金 1430 万元。技改工程以牌楼港区淹没复建为主。

红溪沟作业区码头长 1600 米,纵深 100 米,已建成 2000 吨级泊位 9 个,装卸作业线 11 条,库场面积 80000 平方米,主要设备有 10～40 吨浮式起重机 7 艘、门式起重机 4 门(其中 30 吨集装箱起重机 3 门)、150 吨/小时装卸桥 1 门、450 吨/小时卸煤机 1 台、5 吨及 10 吨缆车各 2 台。年通过能力 730 万吨(滚装 10 万辆,200 万吨)。项目总投资 4.23 亿元,其中交通部专项资金 1.49 亿元,移民补偿资金 8782 万元。

（2）万州港红花地作业区淹没复建工程

项目于 2000 年 9 月开工,2004 年 11 月完工。

项目建设依据:1999 年 3 月,重庆市计划委员会《关于万州港红花地港区淹没复建项目建议书的批复》(渝计委能〔1999〕261 号);1999 年 7 月,重庆市计划委员会《关于万州港红花地港区淹没复建工程可行性研究报告的批复》(渝计委能〔1999〕761 号);1999 年 11 月,重庆市交通局《关于万州港红花地港区淹没复建工程初步设计的批复》(渝交局〔1999〕944 号);2000 年 6 月,重庆市万州交通局《关于印发〈万州港红花地作业区淹没复建工程施工图设计审查意见〉的通知》(万交建〔2000〕240 号)。

项目建设 1 个 470 客座码头泊位、1 个 3000 吨级件杂货码头泊位、1 个 3000 吨级通用泊位、1 个 1000 吨级件杂货泊位。其泊位布置为:上游端布置 1 号过渡期区间短途客运泊位及 2 号货运泊位,两泊位并列布置,2 号货运泊位下游布置 3 号通用泊位,下游端为 4 号件杂货泊位。3 号泊位布置于 4 号泊位上游侧,为 3000 吨级泊位,采用直立式码头。前沿为框排架结构,为便于到港船舶的进出和停靠,前沿框架处设置专用靠泊囤船。后方采取回填形成,前沿高程 175 米。4 号泊位布置于作业区最下游侧,原设计为 500～1000 吨级件杂货泊位,采用多级平台方案,呈"之"字形布置,低水平台高程 145 米,高水平台高程为 175 米。陆域布置一级平台,前沿高程 175 米,堆场面积 4650 平方米。主要装卸工艺:通用泊位采用直立式方案,船岸间装卸通过固定式起重机完成,水平运输和堆码则通过叉车、门式起重机完成。件杂货泊位利用港船舶直接停靠在各平台或连接道路上,由轮胎式起重机进行作业。项目陆域堆场面积 13730 平方米,建筑面积约为 590 平方米。项目总投资为 10982.8 万元,改建工程全部由公司出资。

项目建设单位为重庆航运建设发展有限公司(2003 年 4 月前为万州航务管理所),设计单位为四川省交通运输厅交通勘察设计研究院,施工单位为中港第二航务工程局第二工程公司、四川路桥集团路航有限责任公司、重庆渝航交通工程有限公司、万州路桥总公司,监理单位为四川水运工程监理咨询有限公司,质量监督单位为重庆市交通委员会工程质量安全监督局。

（3）鞍子坝客运作业区淹没复建工程

项目于 2001 年 10 月开工，2007 年 7 月试运行，2014 年 12 月竣工验收。

项目建设依据：2000 年 8 月，交通部批复项目工可（交规划发〔2000〕428 号）；2001 年 1 月，交通部批复项目初步设计（交水发〔2001〕22 号）；2008 年 10 月，重庆市万州区环境保护局《重庆市建设项目竣工环境保护验收批复》（渝万环验〔2008〕15 号）；1999 年 8 月，重庆市万州区建设委员会《关于万州港务管理局客运港区工程的选址意见通知书》（重规选万字〔1999〕122 号）；2005 年 9 月，重庆市交通委员会《关于万州区鞍子坝客运作业区工程使用岸线的批复》（渝交委行政审批〔2005〕15 号）。

项目建设 2 个 3000 吨级客运泊位，3 个 1000 吨级客运泊位以及相应的配套设备，利用岸线长 511 米，码头采用顺岸式布局，斜坡道结构。码头前沿水深 3.9 米。客运站房建筑面积 2.3 万平方米，采用架空平台形成客运区陆域，架空平台为在灌注桩基础上现浇钢筋混凝土梁板结构。停车场面积为 3884 平方米。项目总投资为 15587 万元，资金来源包括：交通部专项资金 3972 万元，移民补偿资金 3770 万元（按 1998 年度移民补偿投资价格指数计算），企业自筹 3651 万元。项目用地面积 1.97 万平方米。

项目建设单位为重庆市万州港口集团有限责任公司，设计单位为中交水运规划设计院，施工单位为中港二航局二公司、重庆万港工程建设有限公司，监理单位为重庆双源建设监理咨询有限公司，质量监督单位为长江航务工程质量监督中心站。

（4）万州青草背码头工程

项目于 2003 年 1 月 20 日正式开工，由于规划调整和万州城市发展，该项目未建成。

青草背作业区位于长江左岸，距宜昌航道里程 326 千米，是当时万州港 1500 万吨深水港 12 个作业区之一，被交通部列为地方交通重点支持项目，被重庆市列为"十五"期间内河航运重点项目。从 2000 年 3 月起，万州区港口管理处委托开展现场踏勘和前期准备工作，2001 年 8 月经重庆市计划委员会"渝计委交〔2001〕716 号"文批复工程可行性研究报告，2001 年 8 月经重庆市交通委员会"渝交委港〔2001〕19 号"文批复初步设计，2002 年 3 月完成施工设计图的审查，2003 年 1 月完成监理招投标及施工招投标。项目监理单位是重庆市长信监理工程公司，施工单位是四川省路桥集团路航公司。

项目建设 2000 吨级货运泊位 1 个，3000 吨级多用途泊位 1 个。

青草背货运码头总投资 6500 万元，其中移民补偿资金 1000 万元，交通部补助资金 503 万元，其余为自筹、招商或贷款。

（5）江南沱口作业区工程

项目于 2005 年 3 月开工，2008 年 12 月试运行，2016 年 1 月竣工验收。

项目建设依据：2005 年 3 月，重庆市发展和改革委员会《关于江南沱口作业区工程可行性研究报告的批复》（渝发改交〔2005〕36 号）；2005 年 1 月，重庆市万州区交通委员会转发岸线批复(交规划发〔2006〕345号)。

项目建设2个3000吨级多用途码头泊位,岸线长度为230米。码头采用顺岸布置,高桩直立式结构。码头前沿水深3.9米。项目后方堆场面积5.88万平方米,仓库面积6300平方米。主要装卸设备配置为:多用途泊位采用岸边集装箱起重机(45吨两台)装卸船,中间水平运输采用集装箱拖挂车,重箱堆场采用轨道式集装箱门式起重机(40吨—40米1台、30.5吨—40米1台)、空箱堆场采用空箱堆高机作业(2台),后方拆、装箱库采用站台式,配置集装箱箱内叉车(8台)进行箱内货物拆、装箱作业。项目总投资3.63亿元,资金来源为申请交通部水运专项资金、银行贷款和业主自筹,其中交通部专项资金9620万元。项目用地面积34万平方米。

项目建设单位为重庆港务物流集团有限公司,设计单位为中交第二航务工程勘察设计院有限公司,施工单位为中港二航局二公司、重庆万港工程建设有限公司、无锡华东重型机械有限公司,监理单位为武汉华通工程建设监理有限公司,质量监督单位为交通部长江航务工程质量监督站。

(6)新田作业区工程

项目于2015年5月开工,2020年11月竣工。

项目建设依据:2012年6月,重庆市发展和改革委员会《关于重庆港万州港区新田作业区一期工程可行性研究报告的批复》(渝发改交〔2012〕2361号);2012年12月,重庆市交通委员会《关于重庆港万州港区新田作业区一期工程初步设计报告的批复》(渝交委港〔2012〕35号);2015年11月,重庆市交通委员会《关于重庆港万州港区新田作业区一期工程施工图设计的批复》(渝交委港〔2015〕32号);2011年8月,重庆市环境保护局《建设项目环境影响评价文件批准书》[渝(市)环准〔2011〕131号];2011年9月,重庆市国土资源和房屋管理局《关于万州港区新田作业区一期工程建设项目用地的预审意见》(渝国土房管规〔2011〕137号);2012年12月,重庆市交通委员会《关于转发重庆港万州港区新田作业区一期工程使用港口岸线批复的通知》(渝交委计〔2012〕122号)。

项目规划建设19个泊位,包括5000吨级集装箱专用泊位10个,5000吨级散货泊位8个,5000吨级大件泊位1个。码头水工建筑物主要包括作业平台及引桥,作业平台均采用高桩框架直立式结构,陆域布置两级平台,第一级平台高程为180米,第二级平台高程为205米。第一级平台顺岸布置集装箱重箱堆场,第二级平台上布置件杂货堆场和空箱堆场。码头前沿河底高程138.6米。项目后方堆场面积3.3万平方米,堆存能力20万吨。仓库面积1.17万平方米,堆存能力7万吨。主要装卸设备配置:5个多用途泊位配置6台起重量40.5吨(吊具下)、轨距16米的岸边集装箱起重机加2台起重量50吨—30米、轨距16米的多用途门座式起重机,堆场布置了15台40.5吨(吊具下)—40米、30.5吨(吊具下)—40米,"堆四过五"的轨道式集装箱门式起重机作业。项目批复概算总投资为 24.43 亿元,其中政府投资 7.11 亿元。项目用地面积 961 亩(约 64.07 万平方米)。

项目建设单位为重庆航运建设发展有限公司,设计单位为重庆市交通规划勘察设计院,施工单位为广东航盛建设集团有限公司、中建筑港建设集团有限公司、中交第二航务工程局有限公司、广州打捞局、中铁建港航局、江西中金建设集团有限公司,监理单位为日照港建设监理有限公司。

(七)涪陵港区

1.港区综述

(1)港区建设概况和运营情况

涪陵港区于 1923 年停靠机动船舶,1927 年民生公司在长江荔枝园设囤船,1938 年又设龙王沱、官码头囤船,1951 年地方修建乌江人民、曙光码头。重庆港涪陵港区由重庆市涪陵区港航管理局所属港口、地方港口和企业码头组成,主要承担乌江流域以及重庆、丰都、万州及以下长江沿线城市煤炭、水泥、非金属矿石、化肥农药、钢材、木材、粮食、盐、矿建材料及日用生活物资的进出口和中转,同时还承担部分外贸物资的出口,历来是长江上游重要的港口,在三峡库区占有十分重要的地位。

"十五"期间,涪陵港区以三峡水库淹没移民复建为契机,配合城市规划和滨江路建设,对港口进行了重新布局和调整,形成了长江龙王沱、乌江大东门的客运区,长江糠壳湾和乌江乌杨树的件杂货作业区,长江天子殿的建材货运作业区,长江马鼻梁红石堆一线的煤炭及干散货作业区,长江黄桷嘴的燃料和危险品作业区,长江新涪公司的粮食专业码头,长江左岸黄旗的滚装、多用途码头,乌江白涛 816 厂码头化肥出口作业区。以镇安、石沱、清溪、珍溪、南沱、百汇、网背沱为代表的集镇港点已初步形成。

截至 2015 年,涪陵港区形成以黄旗、李渡等码头为代表的生产性泊位 102 个,综合年通过能力 730 万人次、2655 万吨,其中集装箱 22 万 TEU、汽车滚装 18 万辆,分别占全市的 12.6%、12.6%、12.3%、12.5%;完成货运吞吐量 3224.0 万吨,其中集装箱 3.6 万 TEU,分别占全市的 18.6%、3.1%。

(2)港区地理条件和集疏运概况

涪陵港区所在涪陵区地处长江、乌江交汇处,素有渝中南大门之称,是乌江流域 20 多个县市区的物资集散地。境内长江里程 77 千米,乌江里程 31 千米,是重庆大都市区和渝东北城镇群、渝东南城镇群对接的支点。

涪陵港区所在地初步具备水路、公路和铁路综合集疏运方式。水路以长江、乌江航运为主,公路有涪—丰—石线、川—汉线、涪—长—渝线、涪—垫线、涪—南线、涪—武线、湘—川线等;渝怀铁路从境内通过。

2.港区工程项目

(1)壳湾作业区工程(2013年底已拆除)

项目于2001年4月开工建设,2005年10月投产,2005年5月竣工。

项目建设1个1000吨级多用途码头泊位和1个1000吨级件杂货驳船泊位(兼顾3000吨级分节驳),岸线长度为2842米。项目后方集装箱堆场面积2800平方米,空箱堆场面积600平方米,件杂货堆场面积3700平方米。土建工程、件杂仓库、拆装箱库、综合楼、变电所等生产及生产辅助建筑物总建筑面积7600平方米。主要装卸设备配置件杂码头10吨—25米的浮式起重机1台和25吨—25米的浮式起重机1台、10吨的件杂仓库桥式起重机2台、10吨—40米的一线件杂堆场装卸桥1台、10吨—40米的二线堆场装卸桥式起重机1台;30.5吨—40米的一线堆场轨道式集装箱龙门起重机2台和10吨—40米的装卸桥水侧悬臂1台;集装箱吊具为自动吊具和简易吊具各1套;多用途泊位缆车采用双绳牵引方式,并妥善解决了同步问题。项目总投资1.19亿元。

(2)涪陵龙王沱旅游码头工程

项目于2001年12月开工建设,2005年12月完成交工验收。

在涪陵区龙王沱,项目复建3个江渝型干线客轮泊位和1个简易高速客轮泊位,年客运量113万人次,建设客运站房5000平方米和站前广场以及相应配套设施工程。干线客运泊位采用横向客运缆车方案。客运缆车载重量6吨,缆车设置坡顶保护装置、断缆保护装置及断电安全设施。干线客运船舶压舱货物装卸作业、缆车与趸船的连接方式优化,增设1吨叉车2台。客运中心大楼于2005年6月26日奠基,已完成缆车道主体工程。龙王沱客运码头复建工程总概算核定为7421.02万元。

(3)黄旗作业区工程

一期工程2004年底正式开工,2016年3月竣工验收。

项目建设依据:2004年12月,重庆市发展和改革委员会《关于重庆港涪陵港区黄旗作业区一期工程可行性研究报告的批复》(渝发改交〔2004〕1451号);2005年1月,重庆市发展和改革委员会《关于重庆港涪陵港区黄旗作业区一期工程初步设计报告的批复》(渝交委港〔2005〕1号);2007年12月,重庆市交通委员会《关于重庆港涪陵港区黄旗作业区一期工程施工图设计的批复》(渝交委港〔2007〕25号)。

项目建设3个泊位,其中,3000吨级集装箱泊位2个,3000吨级滚装类型泊位1个。一期工程占用岸线长度为712米。黄旗集装箱滚装码头为重庆市三峡库区3个集装箱码头之一,集装箱码头采用直立式高桩梁板结构,滚装码头采用下河引道形式结构。一期工程批准投资4.7亿元,占地面积340亩(约22.7万平方米)。

项目建设单位为新田港口物流有限公司(2004年12月前为涪陵区港航管理局),勘察设计单位为四川省交通运输厅交通勘察设计研究院,施工单位为大连警通路港工程处、上海三航奔腾建设工程有限公司、中港一航局三公司,监理单位为重庆长信工程建设监理有限公司。

工程于2004年底开工,由于拆迁及方案变更,滚装和集装箱码头停工至2005年10月,12月继续施工。已完成临时滚装码头和停车场建设,同时集装箱码头开始建设。2005年,作业区的集疏运条件为涪丰北线,作业区与渝涪高速公路通过连接道路相接。

（4）天原化工码头工程

白涛天原化工码头为2005年重庆市环保整体搬迁单位——重庆市天原化工有限公司搬迁到白涛后的化工原材料及产品专用码头。

项目建设500吨级液体危化品泊位1个,500吨级固体危化品泊位1个。占用岸线长度为240米,码头固体泊位采用架空斜坡缆车浮式起重工艺,液体泊位采用管道装船工艺,主要货种为烧碱、固盐、盐酸、氯甲烷和卤水等。工程概算投资2196.38万元,于2006年2月正式开工。

（5）涪陵白涛码头工程

项目于2006年开工建设,2008年交工投产。

白涛建峰化工厂码头在三峡水库175米蓄水后,原有码头全部被淹没。根据移民进度安排,淹没码头必须在2005年底开工,2007年建成并具备清库验收条件。其中,化肥码头1个、泊位2个,占用岸线189米;大件码头1个,占用岸线242米;散货码头1个、泊位1个,占用岸线370米。复建码头均为原址复建,结构形式与原码头基本一致,最大靠泊能力1000吨级,概算总投资8318.87万元。

项目建设单位为建峰化工厂。

（八）江津港区

1.港区综述

（1）港区建设概况和运营情况

江津港区所在地江津区历来水路交通发达,是区域重要运输方式之一,长江东西向横贯全境127千米,航道等级三级;綦江河从北渡由南向北流经区内69千米,至江口汇入长江,航道等级七级。

江津区港口码头主要分布在长江和綦江沿岸,其中朱杨和兰家沱、珞璜等港口实现了铁水联运。截至2015年,江津港区形成以兰家沱、五举沱、珞璜等码头为代表的生产性泊位54个,综合年通过能力47万人次、1076万吨,其中集装箱10万TEU,分别占全市的6.7%、0.8%、5.3%;完成货运吞吐量1418万吨,其中集装箱4.5万TEU,分别占全市的8.7%、9.3%。

(2)港区地理条件和集疏运概况

江津珞璜作业区公路集疏运通道为绕城、渝黔、渝泸、江习等高速公路,铁路集疏运通道为渝黔、渝昆等铁路。白沙货运作业区集疏运公路与成渝环线高速公路及城市道路相连。兰家沱作业区集疏运公路与合璧津高速公路、绕城高速公路相连,集疏运铁路与成渝铁路相连。

江津港口普遍存在集疏运条件差、港区内部通道简陋狭窄、外部集疏运通道与城市道路干扰严重、港口铁路专用线能力严重不足等问题,制约港口功能拓展,影响港口服务能力和水平。

2.港区工程项目

(1)玖龙码头一期工程

项目于2007年1月开工,2007年11月主体建成,2011年12月竣工。

项目建设依据:2006年12月,重庆市江津区发展计划委员会核准(津计委投〔2006〕197号);2006年12月,重庆市交通委员会《关于玖龙码头(重庆)公司修建货运码头岸线选址意见的通知》(渝交委计〔2006〕195号);2007年1月,江津区交通委员会《关于玖龙码头一期工程初步设计的批复》(津交发〔2007〕28号);2007年4月,重庆市规划局《建设用地规划许可证》(渝规划证〔2007〕区县市政字第0322号);2007年5月,重庆市交通委员会《关于江津港区玖龙码头一期工程使用岸线的批复》(津交发〔2007〕55号);2007年8月,重庆市江津区环境保护局《重庆市建设项目环境保护批准书》〔渝(津)环准〔2007〕158号〕。

项目建设2个1000吨级泊位(水工结构兼顾3000吨级),其中,多用途泊位和散货进出口泊位各1个,岸线长度为300米。多用途泊位采用顺岸式布置,高桩直立式结构形式;散货泊位采用顺岸式布置,斜坡皮带机结构形式。码头前沿水深4米。项目后方堆场面积4万平方米,堆存能力8万吨。仓库面积5000平方米,堆存能力1万吨。主要装卸设备配置情况:散货泊位配置DTⅡ型斜坡式皮带机1台,多用途泊位配置36.5吨—22米岸边集装箱起重机1台。项目总投资14863万元,为企业自筹。项目用地面积2.9万平方米。

项目建设单位为玖龙码头(重庆)有限公司,设计单位为重庆市交通规划勘察设计院,施工单位为中交二航局第二工程有限公司,监理单位为重庆双源建设监理咨询有限公司,质量监督单位为江津区交通工程质量监督站。

玖龙码头一期工程自建成投产以来运行稳定,截至2019年12月,已累计装卸集装箱70万TEU、煤炭200万吨,其中2017—2019三年共装卸集装箱25万TEU、煤炭105万吨。

项目投运以来获得的荣誉包括:2008年度江津区港航工作先进单位,2010年度江津区港口管理工作先进单位,2011年度江津区安全工作先进单位,2012年江津区抗洪救灾先进集体,2012 年度江津区水运安全工作先进集体,2016 年度重庆市港航系统优秀企业。

（2）珞璜作业区及改扩建工程

项目于 2015 年 1 月开工,前沿码头 2 个泊位 2018 年 12 月试运行。

项目建设依据:2018 年 1 月,重庆市江津区交通委员会《关于珞璜作业区改扩建工程可行性研究的批复》(津交委函〔2018〕11 号);2018 年 4 月,重庆市江津区交通委员会《关于珞璜作业区改扩建工程项目初步设计的批复》(津交委发〔2018〕60 号);2018 年 10 月,重庆市江津区交通委员会《关于珞璜作业区改扩建工程项目施工图设计的批复》(渝交委发〔2018〕193 号);2016 年 12 月,重庆市江津区环境保护局《重庆市建设项目环境影响评价文件批准书》[渝(津)环准〔2016〕193 号];2019 年 6 月,重庆市江津区规划和自然资源局《建设用地规划许可证》(地字第市 500116201900506 号);1999 年 6 月,重庆港口管理局《关于完善猫儿沱港埠公司使用岸线请示的批复》(渝港港政〔1999〕202 号)。

项目建设 4 个泊位,其中,5000 吨级散货码头泊位 1 个、5000 吨级多用途码头泊位 3 个、下河公路临时转运泊位 1 个,使用岸线长 724.5 米;16 条铁路装卸作业线共 10 千米。码头采用顺岸式布局,直立式结构。码头前沿水深大于 6 米。项目后方件杂货堆场面积 5.36 万平方米,散货堆场面积 18.91 万平方米,堆存能力为干散货 150 万吨、件散货 15 万吨、集装箱 1000TEU。仓库面积 2.5 万平方米,堆存能力 15 万吨。主要装卸设备配置包括散货泊位 1650 吨/时—16 米的直线轨道装船机 1 台、多用途泊位 50 吨—22 米的岸边集装箱起重机 6 台、浮式码头现有的浮式起重机 1 台。项目总投资 27.4 亿元,资金来源为市级水运建设发展专项资金和业主自筹。项目用地面积 11 万平方米。

项目建设单位为重庆珞璜港务有限公司,设计及施工单位为中交第二航务工程勘察设计院有限公司,监理单位为重庆双源建设监理咨询有限公司,质量监督单位为重庆市江津区交通建设工程质量监督局。

2016 年 5 月,重庆市政府专题会议纪要(2016—46 号)调整珞璜港建设规模,对码头结构、作业方式、工程规模均做了调整,工程建设手续需重新进行办理。

珞璜作业区位于江津区珞璜镇境内长江右岸,距宜昌航道里程 703.0～705.8 千米。进港货物以赤水天然气化工厂生产的尿素为大宗,经铁路运往贵州等省,其次还有煤、日用百货等;出港货物主要以水泥、沙砖、建材、磷矿等为主运,销往沿江各地,出港货物占货物吞吐量的 72.5%。20 世纪 80 年代,重庆华能电厂落户珞璜镇。由于建厂需要,电厂自建大件码头,专门用于建厂所需大件运输。1987 年 8 月,码头投入使用。该电厂投产后,大量的粉煤灰通过此码头运往各大型水电站工地。2005 年底,作业区有珞璜客运码头、华能电厂重件码头、地维公司码头、珞璜货运码头,包括作业泊位 8 个,最大靠泊能力 1000 吨。年货物综合通过能力 25 万吨,年旅客通过能力 5 万人次。

(九)永川港区

1. 港区综述

(1)港区建设概况和运营情况

永川港区所在地永川区地处重庆市西部,是四川省经水运进入重庆市的第一港区。永川是一座古城,长江黄金水道自上而下流经永川区朱沱镇和松溉镇。民国时期,永川县和邻县的物资利用长江朱沱、松溉两镇码头作为转运集散地,1934年,民生公司有趸船1艘停靠松溉码头,方便接送乘客和装卸货物。1983年朱沱码头上设置了1套吊装2吨的动滑轮。1985年,朱沱、松溉两港货物吞吐量4万吨,客运量6.3万人次。近年来,随着香港理文造纸有限公司、渝西货运公司等企业入住,港口迎来了较好的发展时期,截至2015年,永川港区形成以理文、渝西等码头为代表的生产性泊位11个,综合年通过能力23万人次、481万吨(其中集装箱10万TEU)。

(2)港区地理条件和集疏运概况

永川港区所在永川区位于重庆市西南部,水路上距四川泸州港107千米,下距重庆朝天门138千米,是重庆西部和川东南地区重要的交通、通信枢纽和人流、物流、信息集散中心。

永川港区现有码头主要通过简易道路连接干线公路。朱沱作业区集疏运公路与三环高速公路相连,集疏运铁路与沿江铁路相连。

2. 港区工程项目

(1)渝西码头工程

项目于2006年2月开工建设,2007年1月竣工。

项目建设依据:2004年12月,重庆市发展和改革委员会《关于渝西码头工程项目的建议书批复》(渝发改交〔2004〕1339号);2006年9月,重庆市交通委员会《关于渝西码头工程项目初步设计的批复》(渝交委港〔2006〕47号);2006年11月,获得永川区交通局施工图设计批复(永交通发〔2006〕267号)。

项目建设2个1000吨级散货泊位,岸线长度为263米。码头采用分级直立式平面布置形式,浮式+下河公路结构。码头前沿水深4.2米。项目后方堆场面积15059平方米,项目总投资4250万元。

项目建设单位为重庆渝西货运码头港口发展有限公司,设计单位为重庆市交通勘察设计院,施工单位为重庆市新世纪路桥建设有限公司,监理单位为上海华升工程建设监理咨询有限公司,质量监督单位为永川市公路工程质量检查站。

项目于2007年1月开港运行以来,码头结构稳定,达到设计要求。

（2）理文码头工程

项目于2006年10月开工建设,2008年2月试投产,2008年1月竣工。

项目建设依据:2004年12月,重庆市发展和改革委员会《关于理文码头工程项目建议书的批复》(渝发改交〔2004〕1340号);2006年7月,永川区交通局《关于理文码头工程项目初步设计的批复》(永交通发〔2006〕158号);2006年9月,永川区交通局批复施工图设计(永交通发〔2006〕192号)。

项目建设2个1000吨级多用途泊位,岸线长度为171米,项目总设计年通过能力为76万吨(含集装箱4万TEU)。码头采用空间框架结构形式,引桥为排架式结构。码头前沿水深为5.6米。项目后方堆场面积1.89万平方米。项目总投资12405.69万元。

项目建设单位为重庆理文码头开发有限公司,设计单位为中交第二航务工程勘察设计院,施工单位为四川路航建设工程有限责任公司,监理单位为重庆双源建设监理咨询有限公司,质量监督单位为重庆市永川区公路工程质量监督站。

项目于2008年1月开港运行以来,码头结构稳定,达到设计要求,各种机械设备运行正常,满足设计需要。

（十）合川港区

1.港区综述

（1）港区建设概况和运营情况

合川因三江物资集散转运而形成繁荣的港埠。北宋治平四年(公元1067年),合州(合川)知州光禄卿单熙倡修合州护城堤于馆驿门外嘉陵江边,现仍雄踞城东,这是合川首次大规模建设。明成化八年(公元1472年)合川港进行了第二次大规模的建设,明崇祯年间合川港进行了第三次大规模的建设。1956年在南津街官渡码头和鸭嘴码头修建了下河公路。1959—1960年修建了管驿门、南津街、小南门、泥巴嘴等处绞车,并修建了小南门至鸭嘴的码头,长114米,阶梯式,8级堆货平台;1959年还修建了东水门至管驿门码头的下河引道。1983年扩建了嘉陵江鸭嘴至溪子口码头下河公路路面,新建了堤湾至文星阁的下河公路及沿岸堆货场。1985年对南津街官渡码头进行了扩建,并修建了500平方米的货场。从2003年开始,合川市港口部门为规范港区作业,将港区的所有路上、船上沙石装卸改为机械化输送带运输,结束了人力装卸的历史,使安全可靠性大为提高。到2004年,中心港区11处码头共有混凝土、砌石及天然地面堆场41180平方米,输送带19条;机动船舶自带输送带45条。截至2015年,港区形成以石盘沱等码头为代表的生产性泊位33个,综合年通过能力16万人次、1080万吨,分别占全市的4.1%、0.3%、5.6%;完成客、货运吞吐量分别为48万人次、269万吨,分别为占全市的6.2%、1.7%。

（2）港区地理条件和集疏运概况

合川港区位于合川区境内，港区泊位分布在嘉陵江草街（距朝天门71千米）至利泽（距朝天门133.0千米）沿江两岸，港口集疏运通道等级低，港口集疏能力较差。内口作业区集疏运公路与207省道相连。双槐作业区集疏运公路与208省道相连。太和作业区集疏运公路与合川至潼南二级公路相连，远期规划与合潼高速公路相连。

2. 港区工程项目

（1）双槐电厂码头工程

项目于2009年2月开工，2010年10月完工。

项目建设依据：2008年7月，重庆市合川区发展和改革委员会《关于合川双槐码头建设工程项目核准的通知》（合川发改发〔2008〕380号）；2008年9月，重庆市合川区交通局《关于双槐电厂煤炭码头工程初步设计的批复》（合川交发〔2008〕160号）；2007年11月，重庆市合川区环境保护局《关于双槐电厂煤炭码头环境保护设计审查意见》（渝合川环设备〔2009〕10号）；2008年12月，重庆市人民政府《关于新建合川双槐码头工程农用地转用和土地征收的批复》（渝府地〔2008〕875号）；2008年12月，重庆市交通委员会《关于重庆荣泰装卸运输有限责任公司双槐码头使用岸线的批复》（渝交委港航〔2008〕49号）。

项目建设3个500吨级煤炭进口码头泊位（码头水工建筑允许靠泊能力1000吨级），岸线长度为600米。码头采用一般港口布局，斜坡栈桥式结构。码头前沿水深6.78米。主要装卸设备配置皮带机走廊3套。项目总投资4384.84万元。项目用地面积3.30万平方米。

项目建设单位为重庆荣泰装卸运输有限责任公司，设计单位为长江航运规划设计院，施工单位为重庆顺鹏建筑工程有限公司，监理单位为黑龙江黑航工程建设监理有限公司，质量监督单位为重庆市合川区交通基本建设工程质量和安全监督站。

（2）石盘沱码头一期工程

项目于2010年1月开工，2012年5月试运行，2018年2月竣工。

项目建设依据：2003年12月5日，国家发展和改革委员会批复项目建议书（发改交运〔2003〕2125号）；2005年1月，国家发展和改革委员会《关于石盘沱码头工程可行性研究报告的批复》（发改交运〔2005〕98号）；2009年7月，交通运输部《关于石盘沱码头工程初步设计的批复》（厅水字〔2009〕157号）；2009年12月，合川环境保护局《合川区建设项目环境影响评价文件批准书》〔渝（合川）环准〔2009〕56号〕；2007年5月，重庆市人民政府《关于嘉陵江航运开发草街航电枢纽合川区境内建设用地批复的通知》（渝府地〔2007〕266号）；2012年1月，取得建设用地规划许可证（地字第市5003822012012000003号）；2014年12月，重庆市交通委员会《关于重庆港合川港区石盘沱作业区一期工程使用岸线的批复》（渝交委计〔2014〕153号）；2011年1月，获重庆市交通委员会施工图设计批复

(渝交委港〔2011〕3 号)。

项目建设 1 个 1000 吨级多用途码头泊位、1 个 1000 吨级件杂码头泊位和 1 个 1000 吨级散货码头泊位,岸线长度为 440 米。作业区由上游至下游分别布置 1 号件杂泊位、2 号多用途泊位、3 号散货泊位。1 号件杂、2 号多用途泊位前沿采用衡重式挡墙结构,散货泊位布置在下游侧,采用斜坡码头形式。码头前沿河底高程 198.2 米。项目后方堆场面积 12750 平方米,堆存能力 76.8 万吨。仓库面积 4680 平方米,堆存能力 28 万吨。主要装卸设备配置包括:多用途泊位前沿采用 10 吨的门座式起重机 2 台,水平运输采用 10 吨牵引平板车,库场配套 5 吨叉车作业;散货泊位采用自卸船斜坡装卸工艺,水平运输采用 10 吨的自卸汽车,堆场采用 ZL50B 型号的单斗装卸机。项目总投资 1.06 亿元。

项目建设单位为重庆航运建设发展有限公司,设计单位为四川省交通厅交通勘察设计研究院,施工单位为四川蜀通港口航道工程建设有限公司、山东港湾建设有限公司、重庆伟航建设工程有限公司、重庆金凤建筑(集团)有限公司、重庆起重机厂有限责任公司;监理单位为广州华申建设工程管理有限公司,质量监督单位为重庆市交通委员会工程质量安全监督局。

运行期间,码头堆场、下河公路等结构稳固,下河道"坡度比"合适,趸船定位准确,船舶靠离安全稳妥,达到生产经营要求;各型机械设备(特种设备、流动机械等)均能安全、正常运行;码头管理机构及现场操作人员严格按规程操作,总体运行情况良好,达到了预期的效果。

(十一)奉节港区

1. 港区综述

(1)港区建设概况和运营情况

奉节港区所在地奉节县位于重庆市东北部,三峡库区腹心,长江境内 43 千米;三峡水库蓄水后,航运条件得到显著改善,奉节港在综合运输体系中的作用越来越强。同时,随着奉节长江大桥、渝巴省道、巫溪至湖北建始高等级和县域通往周边地区公路的改(新)建以及兰沪高速公路的建设,公路骨架网逐渐形成,奉节的湘、鄂、渝、陕边贸物资集散地和中外旅游胜地的作用显著增强。截至 2015 年,奉节港区形成以梅溪河、宝塔坪等码头为代表的生产性泊位 26 个,综合年通过能力 484 万人次、400 万吨,分别占全市的 3.2%、8.1%、2.1%;完成客、货运吞吐量分别为 102 万人次、220.6 万吨,分别占全市的 13.7%、1.3%。

(2)港区地理条件和集疏运概况

奉节港区各港口由于历史和地形地质原因,港口对外集疏运条件布局不合理,大多位于城区核心,加之港区内部通道简陋狭窄,港口集疏运能力较差。

夔门作业区集疏运公路与渝宜高速公路相连。安坪作业区集疏运公路与规划的市政道路相连。二沱作业区集疏运公路与规划的市政道路相连。寂静(石盘沱)作业区集疏运公路与奉溪高速公路相连。宝塔坪作业区集疏运公路与 103 省道相连。

2. 港区工程项目

(1)三马山码头工程

项目于 2003 年开工,2004 年竣工。

项目复建泊位 3 个,年旅客吞吐量 150 万人次。作业区建设以复建为主,复建总投资 2500 万元,系万港集团投资。

截至 2005 年,作业区有码头 5 个,泊位 9 个,其中非生产用泊位 1 个。岸线长度为 1200 米,利用岸线 980 米,堆场面积 8000 平方米,客运楼面积 5000 平方米,年旅客综合通过能力 360 万人次,出港货物 22 万吨。

2003 年,该码头客运吞吐量 117 万人次;货物吞吐量 7 万吨,年出口货物通过能力 1.6 万吨。

(2)白马货运码头工程

项目于 2003 年开工,2005 年竣工。

白马作业区位于奉节县境内长江左岸,距宜昌航道里程 211 千米,2003 年货物吞吐量 20 万吨,其中出港货物 17 万吨。复建泊位 1 个,年货物吞吐量 20 万吨。截至 2005 年,作业区有码头 10 个,泊位 10 个,其中非生产用泊位 2 个。岸线长度为 2000 米,已利用岸线 1532 米,堆场面积 18600 平方米,年货物通过能力 90 万吨。建设以复建为主,复建工程总投资 1500 万元,系万港集团投资。

(3)宝塔坪旅游码头工程

项目于 2005 年 11 月开工,2007 年 3 月试运行,2015 年 4 月竣工。

项目建设依据:2001 年 2 月,重庆市计划委员会《关于对奉节县三马山和宝塔坪淹没复建工程可行性研究报告的批复》(渝计委交〔2001〕218 号);2006 年 3 月,重庆市交通委员会《关于奉节宝塔坪旅游码头淹没复建工程初步设计报告的批复》(渝交委港〔2006〕27 号);2000 年 5 月,重庆市环境保护局《环境保护局审批意见》〔渝(市)环评表〔2000〕30 号〕。

项目建设 2 个 500 客座旅游客运码头泊位,岸线长度为 120 米。码头采用实体斜坡道结构。码头河底高程 142.1 米。项目总投资 3779.44 万元,其中政府投资 280 万元。项目用地面积 6010 平方米。

项目建设单位为重庆航运建设发展有限公司,设计单位为重庆市交通规划设计研究院,施工单位为重庆对外建设总公司,监理单位为重庆长信工程建设监理有限公司,质量监督单位为重庆市交通委员会质量监督局。

2007年7月,按照重庆市人民政府《关于给予重庆交通旅游集团旅游开发扶持政策的批复》(渝府〔2007〕53号)规定,为有力推进旅游码头整合,重庆航运建设发展有限公司将宝塔坪旅游码头移交给重庆交旅集团。

工程属三峡库区大水位差旅游码头,采用的自动扶梯工艺在国内尚属首次,实现自动扶梯运载旅客工艺线的设备在国内也属首次研制。投入正式营运证明该工艺线具有工艺先进、设备安全可靠、设备投资较少、工艺环节配合巧妙、旅客能享受冷暖空调、输送线扶梯自动识别开停等特点。改变了大水位差码头传统的旅客上、下船步行或乘坐缆车的工艺,使旅游码头设计更具人性化,体现了以人为本、和谐发展的理念。不仅为大水位差旅游码头设计增加了新的工艺形式,也为城市进出口岸的建设增添了一道亮丽的风景线。该项目工艺技术获得了2009年度中国水运建设行业协会科技技术三等奖。

奉节宝塔坪旅游码头改扩建工程建成后,经过试运行,该码头符合设计要求,经受了三峡库区试验性蓄水、浸泡、水位消落的考验,自投入使用以来,码头运行良好,为三峡库区移民搬迁和奉节水运经济发展发挥了重要作用。

(十二)丰都港区

1.港区综述

(1)港区建设概况和运营情况

丰都县水运优势突出,自古以来依水建镇,区位优势独特,是渝东南地区直接借江出海口岸,历史上是西部地区通过长江对外联系交往的唯一进出口和物资集散地,川盐济楚的口岸,也是渝东南地区对外联系的水陆中转枢纽。三峡工程蓄水后,丰都县原有码头全部被淹没,该县抓住三峡淹没复建机遇,先后建设了丁庄溪、高家镇等码头,丰都港区的运输能力得到进一步的提升,为区域经济的发展发挥了十分重要的作用。截至2015年,丰都港区形成以东方希望等码头为代表的生产性泊位18个,主要承担大宗散货、件杂货等运输功能,综合年通过能力475万人次、118万吨,分别占全市的2.2%、0.7%、8.1%;完成客运吞吐量30万人次,货运吞吐量172万吨,分别占全市的3.5%、3.9%。

(2)港区地理条件和集疏运概况

丰都港区港口普遍存在集疏运条件差、港区内部通道简陋狭窄、外部集疏运通道与城市道路干扰严重等缺点。水天坪作业区集疏运公路与沿江高速公路相连。桃源作业区集疏运公路与103省道相连。镇江作业区集疏运公路与103省道相连。名山作业区集疏运公路与景区道路连接。

2.港区工程项目

(1)东方希望码头工程

项目于 2009 年 8 月开工建设,2015 年 7 月建成投产。

项目建设依据:2014 年,项目获得重庆市发展和改革委员会核准(渝发改交〔2014〕44号);2014 年,重庆市交通委员会《关于东方希望工程初步设计的批复》(渝交委港〔2014〕30 号);2015 年,丰都县交通委员会《关于东方希望码头工程施工图设计的批复》(丰交委函〔2015〕10 号、丰交委发〔2016〕1 号)。

项目建设 4 个 3000 吨级散货码头泊位,从上游至下游依次布置 1 号、2 号散货进口泊位,3 号水泥熟料出口泊位和 4 号散水泥出口泊位,岸线长度为 612 米。项目总投资 1.19 亿元。

项目建设单位为东方希望重庆水泥有限公司,设计单位为重庆市交通规划勘察设计院,施工单位为四川路航建设工程有限公司、江苏省路港建设工程有限公司,监理单位为重庆双源建设监理咨询有限公司,质量监督单位为丰都县交通工程质量监督站。

(2)清华紫光码头工程

项目位于重庆市丰都县镇江化工园区,长江左岸。

项目已建成 5000 吨级多用途泊位和 3000 吨级液体危化品泊位各 1 个,使用岸线 300 米。多用途泊位采用钢质趸船和缆车斜坡道组成,散货泊位采用钢质趸船和皮带车斜坡道组成,液体危化品泊位采用钢质趸船和管道斜坡道组成。同时建设港区道路、给排水、通信导航、照明、绿化、环保以及相应的配套工程等。该项目总投资为 13101.37 万元,资金来源于项目法人自有资金 5900 万元,其余资金通过商请重庆农村商业银行贷款等渠道解决。

(3)王家渡码头工程

王家渡作业区位于长江右岸,距宜昌 479.5 ~ 483.5 千米,有王家渡客运、地方客运、乡镇客运 3 个码头,泊位 6 个(其中结构形式为下河梯步的泊位 4 个,斜坡缆车泊位 2个)。王家渡客运码头靠泊能力 5000 吨,地方客运码头靠泊能力 3000 吨,乡镇客运码头靠泊能力 500 吨。年旅客综合通过能力 250 万人次,利用岸线 800 米,通过城市道路与外部连接。

(十三)忠县港区

1.港区综述

(1)港区建设概况和运营情况

忠县拥有优越的水运资源,"十五"期以来凭借三峡蓄水,忠县建成苏家件杂、红星客运等码头,截至 2015 年,忠县港区形成以海螺水泥、石宝寨等码头为代表的生产性泊位 36 个,主要是大宗散货、旅游客运等运输功能,综合年通过能力 414 万人次、1084 万吨(其中汽车滚装 10 万辆),分别占全市的 4.4%、7.1%(13.7%);完成客运吞吐量 74 万人次、货运吞吐量 839 万吨(其中汽车滚装 9.5 万标辆),分别占全市的 9.4%、5.6%(8.9%)。

(2)港区地理条件和集疏运概况

忠县港区新生作业区集疏运方式为铁公水联运。规划沿江铁路从港区西侧经过,集疏运铁路可通过新建进港铁路与沿江铁路相连。集疏运公路可通过对 103 省道进行改造连接至沪渝高速公路。乌杨作业区集疏运公路与 202 省道相连。邓家沱作业区集疏运公路与 202 省道相连。沙田作业区集疏运公路与滨江大道相连。倒脱靴作业区集疏运公路与 302 省道相连。石宝寨作业区集疏运公路与景区道路相连。

2.港区工程项目

(1)红星码头工程

项目于 2001 年 9 月开工,2003 年 10 月试运行,2014 年 12 月竣工。

项目建设依据:2000 年 3 月,获得了交通部的立项批复(交规划发〔2000〕170 号);2000 年 6 月,交通部《关于红星码头工程可行性研究报告的批复》(交规划发〔2000〕427 号);2000 年 10 月,交通部《关于红星码头工程初步设计的批复》(交水发〔2000〕547 号);2007 年 7 月,重庆市交通委员会《关于红星码头工程使用岸线的批复》(渝交委计〔2007〕107 号)。

项目建设 2 个 1000 吨级客运码头泊位,岸线长度为 150 米。客运港区广场、道路铺砌混凝土面层,铺砌面积 4240 平方米。项目总投资 3505 万元,资金来源为申请交通部水运专项资金、银行贷款和业主自筹。

项目建设单位为重庆市万州港口集团有限责任公司,设计单位为长江航运规划设计院,施工单位为中港二航局四公司、长江重庆航道工程局,监理单位为湖南省三湘交通建设监理事务所,质量监督单位为长江航务工程质量监督中心站。

项目 2003 年 10 月开港试运行,试运行期间,码头结构稳定,位移、沉降量很小,达到设计要求,各种机械设备运行正常,满足设计需要。总体运营情况良好。

(2)海螺水泥码头工程

项目于 2010 年 3 月开工,2011 年 3 月交工验收。

项目建设依据:2000 年 3 月,获得了重庆市发展和改革委员会核准批复(渝发改交〔2009〕814 号);2010 年 1 月,获得了重庆市交通委员会初设批复(渝交委港〔2010〕3 号)。

项目建设 5 个 3000 吨级泊位和 1 个 1000 吨级件杂泊位。其中,散货进口 151 万吨、熟料出口301万吨、散水泥出口132万吨和件杂货出口(主要为袋装水泥出口)39万吨。项目1~5号泊位均采用浮趸提升钢引桥的浮码头方案。码头由趸船、浮趸、钢导桩、钢引桥组成。码头前沿布置在137米等高线附近,保证船舶吃水深度要求。码头前沿布置钢趸船,满足船舶靠泊和装卸工艺要求。

项目建设单位为重庆海螺水泥有限责任公司。

(3)乌杨码头工程

项目于2015年9月开工,2020年10月完成竣工验收。

项目建设依据:2015年,重庆市发展和改革委员会《关于重庆港忠县港区乌杨公用码头一期工程可行性研究报告的批复》(渝发改地〔2015〕439号);2015年,重庆市移民局和重庆市交通委员会《关于重庆港忠县港区乌杨公用码头一期工程初步设计的批复》(渝移发规字〔2015〕174号);2015年,重庆市交通委员会《关于重庆港忠县港区乌杨公用码头一期工程使用岸线的批复》(渝交委计〔2015〕23号);2015年,长江水利委员会《关于重庆港忠县港区乌杨公用码头一期工程涉河建设方案的批复》(长许可〔2015〕77号);2015年,忠县环境保护局《重庆市建设项目环境影响评价文件批准书》〔渝(忠)环准〔2015〕055号〕;2014年12月,重庆市国土资源和房屋管理局《关于重庆港忠县港区乌杨公用码头一期工程建设场地地质灾害危险性评估报告》;2014年,忠县水务局《关于重庆港忠县港区乌杨公用码头一期工程水土保持方案的批复》(忠水复〔2014〕84号)。

项目建设5个5000吨级泊位,其中,散货泊位3个、件杂泊位2个,岸线长753米,其中散货570万吨,件杂货130万吨,后方陆域建设面积9.94万平方米,主要布置有煤炭堆场、件杂堆场、件杂仓库、综合办公楼、候工楼、1号中心变电所等配套设施。该工程分近期实施和远期实施两部分进行建设。该工程总投资3.5亿元。

项目由重庆交建集团渝航交通公司和长江勘测规划设计研究公司联合体承担项目可行性研究、设计及施工工作。

(十四)云阳港区

1. 港区综述

(1)港区建设概况和运营情况

云阳港区所在地云阳县地处重庆市东部,三峡库区腹心地带,长江在境内流程68.1千米,终年可停靠3000吨级及以下船舶,云开路、渝宜高速公路云阳段、云利路及一批县内镇际公路已建成。云阳港区码头较为单一,形式主要有斜坡式、下河公路、自然岸坡等,装卸工艺较为落后。泊位最大靠泊能力3000吨。截至2015年,云阳港区形成以张飞庙等码头为代表的生产性泊位39个,综合年通过能力310万人次、527万吨,分别占全市的4.8%、5.3%、2.9%;完成客、货运吞吐量分别为54.0万人次、106.2万吨,分别占全市的

9.1%、0.5%。

(2)港区地理条件和集疏运概况

云阳港区位于云阳县境内,主要作业区分布在长江两岸,北有汤溪河注入长江,南有长江名胜古迹张飞庙,距宜昌航道里程254～306千米之间,陆路交通十分方便,有云阳至奉节、开县、万州、巫溪、湖北利川等公路。

黄岭作业区集疏运公路与规划的市政道路相连。晒经船厂作业区集疏运公路与规划的市政道路相连。黄石作业区集疏运公路与规划的市政道路相连。人和作业区集疏运公路与规划的市政道路相连。张飞庙作业区集疏运公路与规划的市政道路相连。

2.港区工程项目

(1)云阳县青龙咀客货综合码头淹没复建

项目于2001年4月开工建设。

项目建设依据:四川省计划委员会、省交通厅通过《关于云阳县青龙咀综合码头工程审查的批复》,同意在云阳县新县城青龙咀建设综合码头。

码头由四川省内河勘察设计院完成初步设计,初步设计于1999年12月完成并经重庆市交通主管部门审查批准。建设单位为四川省路桥集团路航有限公司,监理单位为四川省水运监理事务所。

青龙咀综合客、货码头复建规模为年货物通过能力15万吨,年旅客通过能力80万人次。1号泊位为客运泊位,2号泊位为货运泊位。2个泊位均为实体斜坡道码头。斜坡道设置客运和货运缆车各1对,以及人行梯步通道。码头平台高程185米,航务港口综合大楼位于平台后方。码头连接道路由滨江大道接入,以9%的纵坡与平台相接,道路长128.33米、宽10米。青龙咀客、货综合码头总投资3273.5万元,资金来源为移民补偿资金、交通部补助资金和自筹资金。

云阳县青龙咀客货综合码头是云阳县港口码头淹没复建的主体工程,也是交通部列为地方交通建设的重点工程。

(2)张飞庙旅游作业区

张飞庙旅游作业区位于云阳县境内长江右岸,距宜昌航道里程292.5千米。作业区以张飞庙旅游景点为依托,是云阳主要旅游专用作业区。截至2005年底,该作业区有1000吨级旅游客运泊位1个,年旅客综合通过能力20万人次。

(3)下岩寺货运作业区

下岩寺作业区位于云阳县境内长江左岸,距宜昌航道里程298.8～291.0千米。为件杂和危化品作业区。截至2005年底,有万州港务集团云阳分公司件杂泊位1个,年综合通过能力23万吨;液体危化品码头1个,年综合通过能力10万吨。

(十五)巫山港区

1. 港区综述

(1)港区建设概况和运营情况

巫山港区所在地巫山县地处三峡腹心,位于重庆东部边缘,是重庆市的东部门户,对外交通以水运和公路运输为主,境内通航河流较多,呈树状结构,其中长江航运里程 56 千米,大宁河 64 千米,其他支流 41.9 千米。截至 2015 年,巫山港区生产性泊位 41 个,综合年通过能力 660 万人次、244 万吨,分别占全市的 5.0%、1.3%、11.3%;完成客、货运吞吐量分别为 162 万人次、339 万吨,分别占全市的 20.9%、2.2%。

(2)港区地理条件和集疏运概况

红石梁作业区集疏运公路与巫山县绕城路相连。葡萄坝作业区集疏运公路与规划的市政道路相连。鳊鱼溪作业区集疏运公路与规划的市政道路相连。江东作业区集疏运公路与规划的江东新城道路相连。神女溪作业区集疏运公路与规划的市政道路相连。大昌作业区集疏运公路与在建的大昌滨湖路相连。

2. 港区工程项目

(1)巫山龙门旅游码头工程

项目于 2002 年 5 月动工,2005 年完工。

复建工程总投资 2623 万元,其中移民淹没补偿投资 402 万元,交通部补偿投资 190 万元,自筹资金 2031 万元。复建泊位 4 个,年旅客吞吐量 200 万人次。项目由中港二航局一公司和四航局中标负责施工。

(2)北门旅游码头工程

项目于 2002 年 6 月动工,由于移民拆迁和城市道路建设影响工程进度,2005 年底前未完工。复建工程总投资 4993 万元,其中移民淹没补偿资金 1300 万元,交通部补偿资金 2130 万元,自筹资金 1563 万元。复建泊位 4 个,年旅客吞吐量 110 万人次。项目业主为万州区港务局,由广州港建工程公司中标负责施工。

(3)大昌旅游码头工程

大昌作业区位于巫山县境内大宁河左岸,距大宁河河口 42 千米。截至 2005 年底,可利用岸线长 1000 米,陆域纵深约 200 米。三峡工程蓄水后,水域条件好,交通便利,依托大昌古镇发展客运。

(4)神女溪旅游码头工程

神女溪作业区位于巫山县境内神女溪河口、神女峰对面长江右岸,距河口不到 1 千米,可利用岸线长 1000 米,水域条件好,陆域纵深约 80 米,地势较为平坦,依托神女溪、神女峰景区发展客运。主要为三峡旅游景区和神女溪特色旅游提供旅客中转运输服务,有旅游客运中转泊位1个。

(十六)彭水港区

1.港区综述

(1)港区建设概况和运营情况

彭水港区乌江境内里程66千米,航道等级三级,常年通航300吨级及以上船舶,最大可通航1000吨级船舶。港区现有码头分布在沿江两岸,主要由地方交通部门、水运企业和厂矿企业码头组成,承担彭水及黔江、湖北咸丰、贵州务川等区县进出口货物中转运输。截至2015年,港区有生产性泊位3个,综合年通过能力4万吨。

(2)港区地理条件和集疏运概况

彭水港区由于地形地质原因,港口集疏能力较差。下塘口作业区集疏运公路与规划道路相连。四楞碑作业区集疏运公路与规划的市政道路相连。

2.港区工程项目

下塘口作业区一期工程

项目于2013年2月开工,截至2020年10月,主体工程基本完工。

项目建设依据:2012年7月,重庆市发展和改革委员会《关于重庆港彭水港区下塘口作业区一期工程可行性研究报告的批复》(渝发改交〔2012〕980号);2013年1月,重庆市交通委员会《关于重庆港彭水港区下塘口作业区一期工程初步设计的批复》(渝交委港〔2013〕2号);2011年1月,重庆市环境保护局《重庆市建设项目环境影响评价文件批准书》[渝(市)环准〔2011〕020号];2010年11月,重庆市国土资源和房屋管理局《关于彭水下塘口作业区一期工程建设项目用地的预审意见》(渝国土房规〔2010〕397号)。

项目建设1个1000吨级件杂货码头泊位和1个1000吨级散货码头泊位,岸线总长700米。码头散货出口泊位采用前沿布置的作业趸船,件杂泊位采用直立岸壁式挡墙形成作业平台的结构形式,陆域布置一级平台。设计河底高程207.5米。项目后方堆场面积3.07万平方米,建筑面积约为7900平方米,堆存能力184.2万吨。仓库面积2376平方米,堆存能力14.25万吨。主要装卸设备配置包括上弧线摆动式装船机1台(散货出口泊位前方趸船)、ZL50型的装载机6台(堆场作业)、×4.0米的移动料斗4个、20吨—30米的轨道式门式起重机及轮胎式起重机2台(件杂堆场)、CPCD5的叉车3台(仓库作业)、Q25型号的牵引车+平板车8台(水平运输)。项目总投资2.36亿元,资金来源为申请交通部水运专项和市级交通专项资金,其中政府投资5110万元。项目用地面积54万平方米。

项目建设单位为重庆乾阳港口物流有限公司，设计单位为重庆市交通规划勘察设计院有限公司，施工单位为四川省蜀通建设集团有限责任公司（水工）、中国铁建港航局集团有限公司（陆域）、温州交通建设集团有限公司（面层），监理单位为重庆双源建设监理咨询有限公司，质量监督单位为重庆市交通质量安全监督局。

（十七）开州港区

1. 港区综述

（1）港区建设概况和运营情况

开州港区所在地开州区位于重庆市东部，万州西北部，地处长江三峡库区小江支流末端，三峡枢纽坝前水位 145 米时，回水至 51 千米的白家溪；三峡枢纽坝前水位 175 米时，回水至 110 千米的马家沟。2005 年 1 月，长江水利委员会设计院编制完成了《三峡库区开县库尾消落带生态治理工程（前置库）可行性研究报告》，主要解决三峡工程年内水位周期性调度而形成的消落带问题，是小江流域生态环境综合整治工程的重点项目，工程主要包括调节坝、溢洪道、副坝及配套工程，调节坝正常蓄水位 168.5 米。调节坝于 2007 年 8 月开工建设，2012 年 5 月具备下闸蓄水试运行条件，调节坝建成后，改变了三峡水库小江库区的泥沙分布和回水范围，白家溪以下 51 千米河段为常年通航河段，经过近些年的航道整治，该段航道已达到三级航道标准。截至 2015 年，开州港区有生产性泊位 16 个，综合年通过能力 116 万吨。

（2）港区地理条件和集疏运概况

开州港区由于历史原因，对外集疏运条件不佳布局不合理，港口集疏能力较差。开州港作业区集疏运公路与万开高速公路相连。

2. 港区工程项目

开州港一期工程

项目于 2014 年 7 月开工建设，2017 年 12 月试运行。

项目建设依据：2012 年，开县发展和改革委员会《长委设计院编制的工程可行性研究报告》（开发改基〔2012〕243 号）。

项目建成 1000 吨级兼顾 3000 吨级散货、通用泊位各 1 个，利用岸线 164 米。由前沿平台、连接引桥及栈桥和后方陆域等部分组成，前沿平台为钢筋混凝土现浇直立式框架整体结构，件杂泊位码配置 1 台 16 吨—25 米门座式起重机，散货泊位配置 1 台 1000 吨/时直线摆动式装船机。项目距离开州区约 30 千米，通过渠口与县城公路相连。

项目建设单位为重庆开州港务有限公司，设计单位为长江勘测规划设计研究院，施工单位为重庆航源建筑工程有限公司，监理单位为重庆双源建设监理咨询有限公司，质量监督单位为开州区工程质量安全监督站。

第十二节 四 川 省

一、综述

(一)基本省情

四川,简称"川"或"蜀",地处中国西部,是我国西南、西北和中部地区的重要接合部,是承接华南华中、连接西南西北、沟通中亚、南亚及东南亚的重要交汇点和交通走廊。四川面积48.6万平方公里,占全国国土总面积的5.1%,居全国第五;2019年末全省常住人口8375余万,辖21个市(州),183个县(市、区),是一个多民族的省份,有56个民族,是全国最大的彝族聚居区、第二大藏族聚居区和唯一的羌族聚居区。全省经济总量位居全国第六、中西部第二、西部第一,拥有各类产业园区200多个,316家世界500强企业落户四川,其中境外500强企业227家,在四川直接投资总额超过百亿美元。

四川是支撑"一带一路"建设和长江经济带发展的战略纽带与核心腹地,是长江上游重要的生态屏障和水源涵养地,是"稳藏必先安康"的战略要地,是我国经济大省、人口大省、农业大省、资源大省、科教大省。经过历届省委、省政府的接续奋斗和全省上下的艰苦努力,四川经济社会发展取得了历史性重大成就,进入了新的发展时期,呈现出全面建成小康社会进入决胜阶段、经济增长转向高质量发展阶段、全面深化改革进入攻坚阶段、对外开放迈向立体全面开放阶段、民生改善跨入全面提升阶段、社会治理步入共建共治共享阶段的基本特征,正处在转型发展、创新发展、跨越发展的关键时期。未来,四川将认真落实习近平总书记对四川工作系列重要指示精神,紧扣新时代新的实践要求,围绕建设经济强省,加快推动质量变革、效率变革、动力变革,建立经济高质量发展新体系。围绕促进区域协调发展,实施"一干多支"发展战略,构建"一干多支、五区协同"区域发展新格局。围绕全方位提升开放型经济水平,推动"四向拓展、全域开放",形成立体全面开放新态势。

四川拥有内河通航里程1.05万千米,居全国第四、西部首位,长江横贯东西,岷江、嘉陵江和渠江纵贯南北,金沙江蜿蜒西南,沱江、涪江等诸多支流纵横交错,全省航道网络已基本形成"一横五纵多线"半叶脉状形态,为四川省发展内河水运提供了得天独厚的自然条件。

(二)综合运输

四川在历史上因盆地周边多为山区,高山峡谷林立,素有"蜀道难、难于上青天"之称。1978年以来,经过历届省委、省政府的接续奋斗和全省人民的共同努力,四川省交通运输条件有了很大改善,高速铁路从无到有,全省高速公路加密成网,内河港口服务能力持续提升,成都天府国际机场全面加快建设,成都将成为全国第三个拥有双国际枢纽机场的城市,基本实现了从"蜀道难"到"蜀道通"的转变。

截至2015年,四川陆水通道方面已形成进出川大通道30条(高速公路18条、铁路10条、水路2条)。全省铁路营业总里程达4442千米,其中高速铁路营业里程达586千米,成绵乐、成渝高速铁路相继建成通车,实现了高速铁路从无到有的突破;公路总里程达31.5万千米,居全国第一,其中高速公路通车里程6061千米;内河航道总里程10540千米,居全国第四,其中四级及以上高等级航道1532千米,港口年吞吐能力超过1亿吨、集装箱年吞吐能力达233万TEU。以高速铁路、干线铁路、高速公路、长江航运为主骨架的综合交通网络初步形成,四川省与京津冀、长三角、粤港澳大湾区等国内重要经济圈基本实现互联互通。航空枢纽方面,成都国际航空枢纽航线网络不断拓展,现已开通航线328条,成都航空"第四城"地位持续巩固。

2015年,四川省货物运输总量达到15.35亿吨,其中水运完成8688万吨,占5.66%,主要承担省内大宗原材料、矿产资源及矿建材料的运输。同时,水运也是四川省重大技术装备出川的唯一通道。经过多年的发展,四川水运以其运输成本低、通过能力大、建设维护费用少和节能环保等比较优势,逐渐成为四川省综合交通运输体系中不可或缺的组成部分。

(三)港口概况

1.港口历史沿革

四川素有"千水之省"之称,水网纵横,通江达海,水路运输历来是综合交通运输的重要组成部分。新中国成立前,四川港口面貌十分落后,为封建势力控制把持,基本上无设施设备可言,装卸货物主要靠原始的人背肩挑。新中国成立后,四川逐步建立起水运机构,加强航道基础设施建设和管理,长江上游水运日趋繁忙,进出川物资源源不断涌向重庆、宜宾等港口中转集散。但这些港口码头自然坡岸陡,设施落后,泊位少,吞吐量较小,船舶时常发生滞留,不适应国民经济发展的需要。为了扩大港口的通过能力,改变港口的落后面貌,在"大跃进"和民国经济调整时期,四川加快了位于长江宜宾至万县段沿线的重庆、宜宾、涪陵、万县四大港口建设。

1978年改革开放以来,四川省国民经济快速发展,水路运输与日俱增。这一时期,根据全省经济发展情况,四川的港口码头建设仍然以长江干线的各港口码头建设为主,同时在原有的基础上对部分不适应经济发展的港口码头进行改造和扩建。1991年,全省各地(市)设置港口管理处,实行省、地(市)、县分级管理,港口码头进入新一轮建设时期。部分沿江大型工矿企业也先后投资建成一批专用码头。特别是重庆、万县、涪陵、泸州、宜宾、乐山等港口修建了许多现代化装卸码头,并使其与公路、铁路相衔接,实行水公联运、水铁联运,装卸货物实现了机械化和半机械化,从根本上改变了港口码头的落后面貌。

1997 年 3 月,中央设立重庆直辖市,四川的行政区划进行了调整。原四川管辖的涪陵、万县、黔江划归重庆,所辖航道港口一并划出,全省通航河流里程减少 29.55%,通航里程减少 22.96%,港口总量减少 34.37%,养航费减少 69.96%,港口由 160 个减少到 105 个,货物吞吐量从 2806.7 万吨减少到 1144.4 万吨,旅客吞吐量从 5310.6 万人次减少到 1918.9 万人次。四川水运事业发生了深刻的变化,进入了一个新的历史时期。为此,四川水路交通重点从长江干线的重庆、涪陵、万县转移到川内的"八市一线",即泸州、宜宾、乐山、南充、广安、广元、达州、遂宁及长江干线。调整后的四川水运,重点建设了长江、嘉陵江、岷江、渠江等"四江"干线上的泸州港、宜宾港、乐山港、广安港、南充港、广元港、达州港等重点港口码头。

"十一五"以来,四川以国家大力发展内河水运为契机,加快推进四川水运基础设施建设,"四江六港"(长江、嘉陵江、岷江、渠江,泸州港、宜宾港、乐山港、南充港、广安港、广元港)格局逐步形成。

2.气候及岸线情况

受地理纬度和地貌的影响,四川气候的地带性和垂直方向变化十分明显,东部和西部的差异很大,高原山地气候和亚热带季风气候并存。根据水、热和光照条件的差异,四川大致可分为三大气候区:①四川盆地中亚热带湿润气候区,即四川盆地及周围山地。该区全年温暖湿润,年均温度 16~18 摄氏度,日温≥10 摄氏度的持续期 240~280 天,气温日较差小、年较差大,冬暖夏热,无霜期 230~340 天。四川盆地云量多、晴天少,全年日照时间较短,仅为 1000~1400 小时,比同纬度的长江流域下游地区少 600~800 小时。雨量充沛,年降水量达 1000~1200 毫米。②川西南山地亚热带半湿润气候区。该区全年气温较高,年均温度 12~20 摄氏度,年较差小、日较差大,早寒午暖,四季不明显,但干湿季分明。降水量较少,全年有 7 个月为旱季,年降水量 900~1200 毫米,90% 降水集中在 5—10 月。云量少,晴天多,日照时间长,年日照多为 2000~2600 小时。其河谷地区受焚风影响形成典型的干热河谷气候,山地形成显著的立体气候。③川西北高山高原高寒气候区。该区海拔高差大,气候立体变化明显,从河谷到山脊依次出现亚热带、暖温带、中温带、寒温带、亚寒带、寒带和永冻带。总体上以寒温带气候为主,河谷干暖,山地冷湿,冬寒夏凉,水热不足,年均温度 4~12 摄氏度,年降水量 500~900 毫米。天气晴朗,日照充足,年日照 1600~2600 小时。

岸线方面,四川全省共规划宜港岸线长度约 240 千米,其中已利用宜港岸线约 24 千米,规划期内拟新开发利用宜港岸线 50 千米,预留宜港岸线约 166 千米。

3.港口布局规划

四川拥有交通运输部认定的规模以上港口 6 个,规模以下港口 11 个,直接经济腹地覆盖四川全境,间接经济腹地包括陕西、甘肃、云南、贵州、重庆等相邻省(直辖市)大部分地区。根据四川省"一横三纵三线"航道网络,结合省内成都、川南、川东北、攀西四大经济区产业布局、综合交通、水运发展基础和需求,将全省港口划分为全国主要港口、地区重要港口和一般港口三个层次。

(1)全国主要港口

泸州港:是全国 28 个内河主要港口之一,以服务成都、川南经济区为主,拓展腹地范围,大力发展为集装箱运输为主导、其他多种运输为辅的港口。泸州港是腹地发展现代物流、临港工业和沿江经济带的基础,是打造四川新的经济增长极的重要依托,是四川融入全球经济、加强东向开放的战略性资源,将发展成为港区布局合理、功能配套完善、管理科学高效、货种特色明显、货源支撑稳定、综合实力雄厚的港口,具备装卸存储、中转换装、临港工业、运输组织、现代物流等功能。

(2)地区重要港口

宜宾港:在依托本地,服务川南、攀西经济区基础上,面向云南、贵州更广大区域,开拓东盟市场,发展成为散、杂运输为主,集装箱运输同步的港口。宜宾港是腹地资源开发、产业布局和区域经济发展的重要支撑,是四川省和西南地区对外物资交流的重要口岸,是宜宾市发展临港工业和以港兴市的重要依托,具备水陆中转换装功能、现代综合物流平台依托功能、水运行业服务功能。

乐山港:是成都经济区和天府新区最便捷的"通江达海"水运口岸,是国家重型装备和战略资源开发的重要保障,是发展现代物流、临港工业和沿江经济带的重要支撑,是促进旅游经济发展的重要依托。

广安港:是成渝经济区示范区、川渝经济合作"桥头堡",是川东北地区降低综合物流成本、承接产业转移、发展临港工业的重要保障。

南充港:是西北内陆地区和川东北地区出入长江的重要门户,成渝经济区北部发展现代物流、临港工业的基础,也是嘉陵江经济文化产业的依托。

广元港:是西北内陆地区通过嘉陵江联系长江黄金水道的重要水运口岸,是广元融入成渝、对接西北,带动川陕甘接合部经济发展的重要保障。

(3)一般港口

包括达州港、凉山港、攀枝花港、眉山港、遂宁港、自贡港、绵阳港、内江港、资阳港、成都港和巴中港 11 个港口,是腹地对外物资交流的重要节点,主要服务于地方客货运输。

(四)港口发展成就

1978 年,四川仅重点建设了长江宜宾至万县段沿线的重庆、宜宾、涪陵、万县四大港口,港口机械化程度低、设施落后、泊位少,吞吐量较小,船舶时常发生滞留。

截至 2015 年,四川省有港口 17 个,生产性泊位共有 2144 个,1000 吨级泊位 60 个、500 吨级及以上泊位 247 个,港口年吞吐能力 1.03 亿吨,集装箱吞吐能力 233 万 TEU。其中,泸州港集装箱多用途码头已建成 6 个 1000 吨级兼顾 3000 吨级直立框架式多用途泊位,具备集装箱 100 万 TEU、散杂货 300 万吨与汽车滚装 30 万辆的年吞吐能力,重大件吊装单件货物最大重量可达 120 吨,已开通集装箱航线 3 条,每周发班 17 班左右,是全国内河 28 个主要港口之一、全国内河第一个铁路直通堆场的集装箱码头、第一批进境粮食指定口岸、国家多式联运示范工程项目、第一个水运开放口岸,成为成都经济区乃至四川对外开放和交流的口岸和门户。宜宾港作为万里长江第一港,是川南地区、攀西地区和滇东北、黔西北地区重要的物资集散地,长江、金沙江、岷江三条航道为宜宾港的主要水运通道。宜宾港分为 4 个港区 11 个作业区,其中宜宾港志城作业区已具备滚装、重大件、集装箱装卸运输能力,集装箱年吞吐能力 50 万 TEU,已开通集装箱航线 4 条,每周发班 17 班左右。乐山港地处岷江、青衣江、大渡河三江汇合口,距长江 162 千米,是承载成都、德阳地区重特大件出川运输的主要通道。据统计,2001 年以来,乐山大件码头共转运来自成都、德阳等地的重大件共 955 批次、20.9 万吨,并在枯水期多批次承运国家重点工程大件物资,为四川省大型重装设备制造业蓬勃发展和国防军工事业作出了积极贡献。南充港都京作业区、河西化工专用码头,广元港红岩作业区,广安港新东门作业区均已相继建成投运,为服务区域经济发展发挥了重要作用。

四川省内河港口基本情况见表 9-12-1。

二、泸州港

(一)港口概况

1. 港口综述

泸州港地处四川省东南部川滇黔渝接合部,是交通运输部确定的全国 28 个内河主要港口之一、国家临时开放口岸、进境粮食指定口岸,拥有保税物流中心,并且泸州港集装箱多用途码头是中国(四川)自由贸易试验区川南临港片区的组成部分。泸州港共有 5 个港区,分别是纳溪港区、龙江港区(原中心港区)、泸县港区、合江港区和古蔺港区。截至 2015 年底,全港共有生产性货运泊位 188 个,年通过能力约 3710 万吨,其中集装箱泊位 6 个,年通过能力 100 万 TEU。

泸州港区位优势显著,自古以来便是西南要会、军事要塞,也是历朝历代川滇黔三省重要的通商口岸。据史料记载,早在汉代,泸州水运已然兴起,并带动泸州发展成为川滇黔地区煤、盐、米等重要物质的商贸流通中心,入清后更有"川南第一州"之称。至 20 世纪初,泸州已建设了客货轮码头,民生轮船公司也在泸州设立了分公司。新中国成立后,泸州港发展大致经历了以下三个阶段。

表 9-12-1

四川省内河港口基本情况表

序号	港口名称	港口岸线:港口规划岸线(千米)	港口岸线:其中2015年前已建成岸线(千米)	2015年港口生产用泊位:生产用泊位数(个)	其中:千吨级及以上(个)	生产用泊位总长(米)	其中:千吨级及以上(米)	其中1978—2015年建成:生产用泊位数(个)	其中:千吨级及以上(个)	生产用泊位总长(米)	其中:千吨级及以上(米)	货物吞吐量(万吨)	其中:外贸货物吞吐量(万吨)	集装箱吞吐量(万TEU)	滚装车辆数量(万辆)	滚装车辆重量(万吨)	旅客吞吐量(万人)	其中:国际旅客吞吐量(万人)
1	泸州港	39.49	12.35	112	38	7648	2958	100	32	6676	2541	2781.71	46.33	42.04	—	—	—	—
2	宜宾港	44.7	14.8	115	10	13679	1466	115	10	13679	1466	1480.5	—	20	—	—	—	—
3	乐山港	14.3	2.84	23	—	2838	—	23	—	2838	—	258.1	—	—	—	—	—	—
4	广安港	24.3	6.04	185	6	8037	461	185	6	8037	461	448.07	0.02	0.01	0	0	94.44	0
5	南充港	72.71	3.81	246	0	5576	88	246	0	5576	88	504.86	—	—	—	—	34.65	—
6	广元港	4.46	0.3	4	—	306	—	4	—	306	—	—	—	—	—	—	—	—
7	达州港	23.6	3.55	58	0	3548	0	58	0	3548	0	374.44	—	—	—	—	64.22	—
8	凉山港	—	—	0	0	0	0	0	0	0	0	44.75	0	0	0	0	24	0
9	攀枝花港	—	—	7	0	1277	0	7	0	1277	0	16.5	0	0	0	0	34	0
10	眉山港	—	—	24	0	1230	0	24	0	1230	0	0	0	0	0	0	426	0
11	遂宁港	—	—	117	0	3491	0	117	0	3491	0	219.7	0	0	0	0	93	0
12	自贡港	—	—	121	0	3907	0	121	0	3907	0	224	0	0	0	0	102	0
13	绵阳港	—	—	27	0	1207	0	27	0	1207	0	0	0	0	0	0	16	0
14	内江港	—	—	257	0	3979	0	257	0	3979	0	320.8	0	0	0	0	215	0
15	资阳港	—	—	281	0	4925	0	281	0	4925	0	613.3	0	0	0	0	63	0
16	成都港	—	—	145	0	2480	0	145	0	2480	0	0	0	0	0	0	0	0
17	巴中港	—	—	97	0	3042	0	97	0	3042	0	331.8	0	0	0	0	177	0
	合计	223.56	43.69	1819	54	67170	4973	1807	48	66198	4556	7618.53	46.35	62.05	0	0	1343.31	0

第一阶段:新中国成立至改革开放期间。改革开放之前,泸州城市发展几经变革,先后经历了新中国成立初期的"川南行署和泸州专区"时期和 1963—1983 年隶属宜宾专区的"县级泸州市"时期。在国家"三线建设"历史背景下,泸州市布局了相关冶炼、机械等产业,同时依托本地丰富的天然气资源,重点发展了天然气化工产业。但受经济发展水平以及行政体制等因素影响,泸州城市建设发展相对缓慢,港口基础设施处于较为落后的状态,仅在 20 世纪 70 年代建设了泸天化尿素码头。至 20 世纪 80 年代初,泸州港吞吐量约 200 万吨,港口运输业务主要以区间运输为主,货运业务大部分为利用自然岸坡作业。

第二阶段:改革开放至 21 世纪。改革开放之后,川滇黔地区经济社会进入快速发展阶段,尤其是 1983 年成立"省辖泸州市"以后,泸州市城市、交通等建设速度加快,泸州港步入加快发展轨道。这一时期,长江中下游地区煤炭需求增大,泸州港成为川滇黔地区煤炭资源的重要下水中转港。同时,泸州市化工、机械等产业也进一步发展壮大并沿江布局,成为我国最大的氮肥生产基地、我国三大化工城市及九大工程机械基地之一。煤炭中转和临港工业是该阶段泸州港发展的主要运输需求。20 世纪 80 年代,泸州港重点建设了以金鸡渡为代表的一批货运码头,以及泸天化油脂、纳溪一零一、市中区鱼塘湾、王爷庙、新货场、茜草、合江沙湾、密溪沟等小码头,港口逐步发展成为以煤炭中转为主,兼顾件杂货、化工品等货物运输的多功能码头,港口吞吐量稳步上升至 250 万吨。进入 20 世纪 90 年代后,水运受到了公路运输快速发展的较大影响,运量增长步伐放缓,90 年代末港口吞吐量缓慢上升至 300 万吨。这一时期,泸州港超前谋划,开工建设了泸州国际集装箱码头工程,填补了川滇黔地区没有集装箱码头和千吨级泊位的空白,为此后的发展抢占了先机。

第三阶段:21 世纪以来,腹地外向型经济加快发展,泸州港加快向具备集装箱、大宗散货、滚装等货种运输的综合性港口发展。进入 21 世纪,我国西部大开发发展战略全面推进,四川省陆续提出了建设"工业强省"、构建"西部综合交通枢纽"的发展目标,以成都经济区为核心,腹地加快承接化工、装备制造等产业转移,经济外向度大幅提升。同时,长江黄金水道建设受到中央、地方等各级政府的高度重视,2003 年三峡库区蓄水,2007 年长江干线泸州至重庆段航道等级达到了 1000 吨级,水运条件进一步改善,水运对促进腹地产业布局和完善综合交通的作用更加凸显。在此期间,泸州港被国家明确为全国内河 28个主要港口之一,港口地位显著提升,泸州市紧紧抓住发展机遇,主动适应腹地外向型经济发展需要,实施"以港兴城"发展战略,先后建设了泸州港龙溪口国际集装箱码头二期工程以及中海油油品、泸天化甲醇、天华化工、永利煤炭一期、泰安散货、神仙桥综合、密溪沟煤炭二期、中石化油品码头等工程,港口集疏运通道逐步完善,建成了内河首个集装箱进港铁路支线。并已着手开始整合沿江产业园区,依托港口推进"临港产业物流园""江南新区"等沿江重点区域开发建设。

长江航道:长江泸州段航道为1000吨级航道,航标实现一类配布、一类维护,1000吨级船舶昼夜通航,中洪水期可通航2000吨级及以上船舶。

沱江航道:沱江是长江上游左岸一支流,由自贡市富顺县长滩乡碑山村进入泸州市,河道蜿蜒曲折,由西北向东南贯穿全境,直至管驿咀至长江,为沱江下游,左岸流经泸县、龙马潭区,右岸流经江阳区,流域面积289.7平方公里,航道里程43.5千米。

赤水河航道:目前,赤水河白杨坪—合江248千米属通航河段。其中白杨坪—岔角89千米为季节性等外航道,可通航10吨以下机动驳;岔角—狗狮子81千米为100吨级航道,可通航100吨级船舶;狗狮子—合江78千米为300吨级航道(其中泸州市境内鲢鱼溪—合江49千米),可通航300吨级船舶。

泸州港长江干线现有锚地8处。观音堂中坝位于长江左岸,距宜昌约949千米;赵坝大溪沟位于长江左岸,距宜昌约944千米;龙船碛位于长江右岸,距宜昌约901千米;沙溪口位于长江右岸,距宜昌约896千米。

2. 港口水文气象

泸州介于北纬27°40′~29°20′、东经105°09′~106°23′之间,属亚热带湿润季风气候,四季分明,季风气候明显。春季气温回暖早,但不稳定;夏季炎热,降水分布不均,旱涝交错;秋季温光资源充足,偶有冷空气来袭;冬季微寒,多雾寡照,偶有霜雪发生。全年气候温和,雨量充沛,光照一般,无霜期长,雨热同季,昼夜温差小。多年平均气温18摄氏度,多年平均降水量1146.7毫米,平均风速1.6米/秒,常风向为NW,雾日以冬天为最多,年平均雾日为38.7天。

长江:长江洪水具有峰高量大、水位变幅大的特点。长江泸州以上控制流域面积67.4万平方公里,洪水多发生在6—9月,尤以7、8月居多,洪水持续时间较长,一般为10~20天。沱江:流域面积289.7平方公里,航道里程43.5千米,径流年内分配不均匀,汛期6—10月水量占全年的80%以上。赤水河:境内河长229千米,境内流域面积6101平方公里,河口多年平均流量284立方米/秒,夏秋季5—9月温暖湿润,降水量较多,相应径流量也较大;年内最枯月份出现在1月或2月份,最丰月份出现在6月或7月,年内丰枯月径流变化在3~12倍。

3. 发展成就

1991年泸州市率先制订了四川省第一部港口规划——《泸州港总体布局规划》。此后,泸州港建设了长江上游四川省第一座现代化大水位差直立式码头——金鸡渡码头,以其为代表的一批货运码头的新建,使泸州港逐步发展成具有散货、件杂货、化工品中转的多功能港口,港口吞吐量稳步上升至250万吨。1997年泸州港龙溪口国际集装箱码头工程开工,一期、二期工程先后通过竣工验收并投入使用,填补了四川省没有集装箱码头和千吨级泊位的空白。2003—2015 年,随着中海油油品、泸天化甲醇、天华化工、龙溪口集装箱多用途二期、永利煤炭一期、香炉石散货、石龙岩化工、方山散货、石棚航道综合、泰安散货、神仙桥综合、密溪沟煤炭二期、财湾煤炭、中石化油品、新街河散货、泰安件杂货码头等一大批码头的建设和投入使用,港口吞吐量由 600 万吨攀升至 3247 万吨,集装箱吞吐量从零跃升至 42 万 TEU。

班轮航线:2013 年以前已开通"泸州—武汉""泸州—南京""泸州—上海"的内支线班轮,2013 年 9 月 29 日开通第一条近洋外贸航线"泸—汉(武汉)—台(台湾)",2014 年 11 月 21 日开通"泸—宁(南京)—韩(韩国)"近洋外贸航线,2015 年 11 月 17 日开通"泸—宁(南京)—日(日本)"近洋外贸航线,2015 年底开通"泸州—水富"水水中转航线。

铁水联运航线:2013 年 11 月 6 日开通"泸州—昆明"铁水联运班列,2014 年 8 月 19 日开通"泸州—普兴"铁水联运班列,2014 年 8 月 21 日开通"泸州—城厢"铁水联运班列,2014 年 9 月 5 日开通"泸州—乐山"铁水联运班列,2015 年 11 月开通"泸州—攀枝花"铁水联运班列。

随着腹地运输需求的不断增长和沿江产业布局的持续推动,泸州港货物吞吐量呈高速增长态势,其依托区位优势在资源中转运输中的作用逐步凸显。2011—2015 年,辖区进出港船舶总计 89.92 万艘次(进港 45.63 万艘次,出港 44.29 万艘次),其中大型船舶进出港 8.59 万艘次(进港 4.30 万艘次,出港 4.30 万艘次)。2011—2015 年港口吞吐量分别为:2146 万吨、2348 万吨、2707 万吨、3134 万吨、3247 万吨。

泸州港港区分布图如图 9-12-1 所示,泸州港基本情况见表 9-12-2。

(二)龙江港区

1.港区综述

(1)港区建设概况和运营情况

龙江港区(原中心港区)集中了泸州港的大型专业化集装箱、件杂和专用油品码头等,现有货运码头泊位 19 个,其中千吨级以上泊位 18 个,占用岸线长度约 1780 米,年综合通过能力约 1393 万吨。泸州港的主要专业化码头都集中于龙江港区,包括金鸡渡、国际集装箱、中海油等码头。其中国际集装箱码头共有 1000 吨级多用途泊位 6 个,主要为成渝经济带的集装箱运输服务;金鸡渡码头则承担古叙地区煤炭中转业务,中海油码头共有 3 个油品专用泊位,为企业专用码头。另外,港区内还分布着众多的从事煤炭、建材运输的中小码头。2011—2015 年龙江港区货物吞吐量分别为:915 万吨、984 万吨、1136 万吨、1361 万吨、1344 万吨。

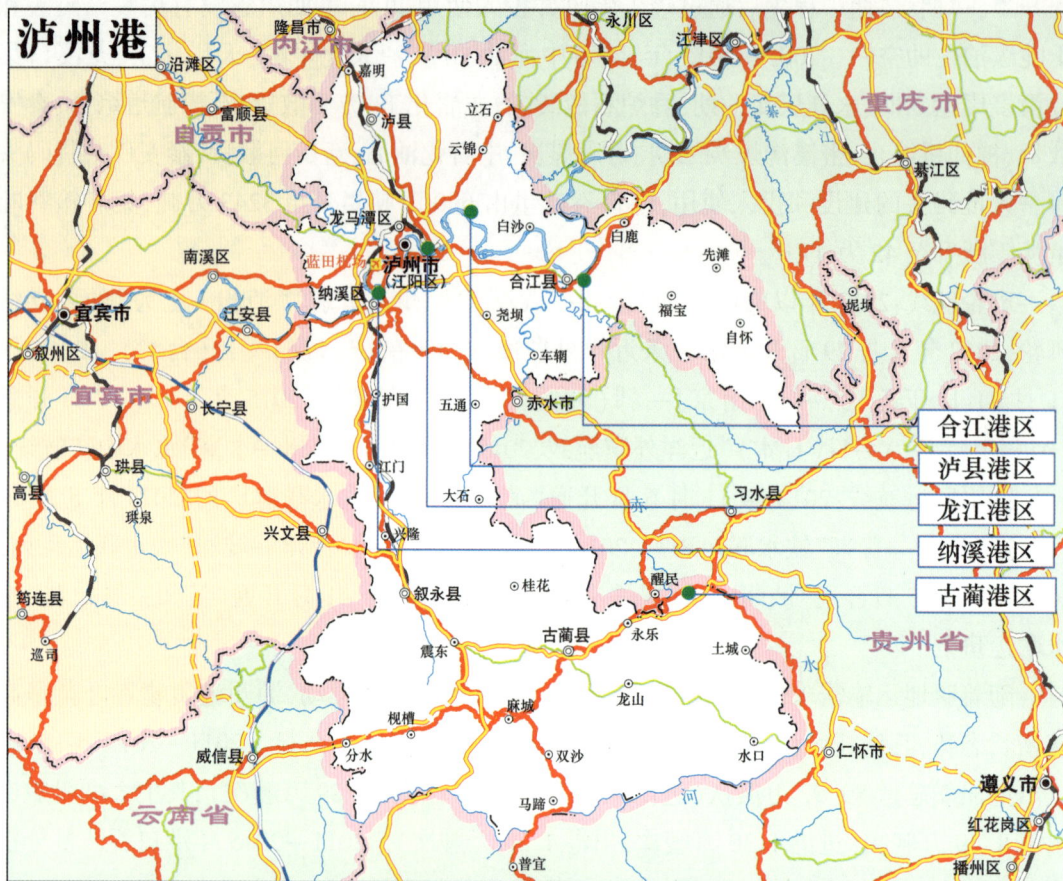

图 9-12-1　泸州港港区分布图

（2）港区地理条件和集疏运概况

龙江港区位于长江左岸董坝码头至石灰溪,长江右岸麻柳坨下游端至弥沱,沱江自沱江一桥至河口,其地形、地貌为长江、沱江一、二级阶地,以"馒头状"浅丘为主,相对高差一般在 20~30 米。港区沿河岸阶地为第四系松散岩类,其余以侏罗系、白垩系陆相红层分布面积最广。

1979 年前龙江港区主要以 321 国道为主要的交通中转方式,随着地区交通的快速发展,现在逐渐形成了成自泸赤高速公路、泸宜高速公路、纳黔高速公路、产城大道、南安大道、二环路环线公路等四通八达的公路交通网。泸州港集装箱码头已形成以泸州港为中心、长江黄金水道为主通道、干支连接的水运体系;通过加强航道整治和航道信息化建设,长江泸州段已达到 1000 吨级航道标准,常年昼夜通航 1000 吨级船舶;对外通过进港道路连接成自泸赤高速公路、利用进港铁路连接隆黄铁路,拓展延伸形成连通云南、重庆、贵州的公水、铁水联运体系。

泸州港基本情况表

表 9-12-2

序号	港区名称	港口岸线		2015 年港口生产用泊位					其中:1978—2015 年建成的生产用泊位					2015 年港口货物和旅客吞吐量							
		港口规划岸线	其中:2015 年前已建成岸线	生产用泊位数	其中:千吨级及以上	生产用泊位总长	其中:千吨级及以上		生产用泊位数	其中:千吨级及以上	生产用泊位总长	其中:千吨级及以上		货物吞吐量	其中:外贸货物吞吐量	集装箱吞吐量	滚装车辆		旅客吞吐量	其中:国际旅客吞吐量
																	数量	重量		
		千米	千米	个	个	米	米		个	个	米	米		万吨	万吨	万TEU	万辆	万吨	万人	万人
1	龙江港区	18.15	3.6	35	18	3225	1555		30	17	2780	1475		878.67	46.33	42.04	—	—	—	—
2	纳溪港区	4.33	3.7	21	15	1333	1003		14	10	806	666		555.24	—	—	—	—	—	—
3	合江港区	12.68	3	29	2	1814	100		29	2	1814	100		718.16	—	—	—	—	—	—
4	泸县港区	1.36	0.7	3	3	300	300		3	3	300	300		462.21	—	—	—	—	—	—
5	古蔺港区	2.97	1.35	24	0	976	0		24	0	976	0		167.42	—	—	—	—	—	—
	合计	39.49	12.35	112	38	7648	2958		100	32	6676	2541		2781.7	46.33	42.04	—	—	—	—

2.港区工程项目

(1)泸州港集装箱多用途码头一期工程

项目于1997年12月开工,2004年11月试运营,2004年11月竣工。

项目建设依据:1995年9月,四川省计划委员会《泸州港集装箱多用途码头和客运港区工程可行性研究报告的批复》(川计〔1995〕交1064号);1996年2月,四川省建设委员会《泸州港集装箱多用途码头和客运港区工程初步设计》(川建设发〔1996〕140号);1997年9月,四川省计划委员会《关于泸州港集装箱多用途码头开工建设的批复》(川计〔1997〕交邮914号);1996年1月,四川省环境保护局《泸州港集装箱码头工程环境影响评价报告书》(川环开发〔1996〕033号);1998年2月,泸州市人民政府《关于请求划拨泸州集装箱码头国有河滩地的请示》(泸市府发〔1998〕41号)。

项目建设1个1000吨级多用途码头泊位,岸线长度为250米。码头结构形式为直立式框架结构。码头前沿水深3米,布置65米×28米水工平台,64米×9米栈桥2座,330米堆场挡土墙。项目后方堆场面积2万平方米,堆存能力5万TEU。仓库面积1680万平方米。后方设有6万平方米堆场道路、2430平方米拆装箱库,还有3070平方米的综合楼、会议室等公用辅助设施以及配套建筑等。主要装卸设备配置包括前方40吨—25米低架门式起重机1台,后方堆场40吨—30米门式起重机1台,拖车2台,全挂车4台,1.5吨叉车4台,50吨汽车起重机1台。项目总投资8517.22万元,其中,四川省港航开发公司资本金3790万元(含交通部投资1440万元),泸州市基础建设投资有限公司资本金970万元,泸州市交通局资本金500万元,国家开发银行贷款2200万元,中国银行泸州分行贷款1000万元,其他投资57.22万元。项目用地面积9.61万平方米。

项目建设单位为四川长通港口有限公司,设计单位为四川省交通厅内河勘察规划设计院,施工单位为中港第二航务工程局二公司和四川路航公司第二工程处,监理单位为四川水运工程监理事务所,质量监督单位为四川省交通厅水运质量监督站。

2003年,泸州港国际集装箱码头(一期工程)建成投产,当年就完成1655TEU集装箱运输业务,开拓了四川、云南、贵州、重庆的水路运输货源市场,实现了货物、班轮的良性互动,凸显了泸州的水运优势。

(2)中海沥青(泸州)项目专用码头工程

项目于2003年3月开工,2004年4月试运营,2006年4月竣工。

项目建设依据:2003年1月,四川省发展计划委员会《关于中海沥青(泸州)有限责任公司专用码头工程可行性研究报告的批复》(川计产业〔2003〕39号);2003年8月,中国海油石油总公司《中海沥青(泸州)项目初步设计》(海油总规〔2003〕434号);2002年12月,四川省环境保护局《中海沥青(泸州)项目环境影响报告书》(川环函〔2002〕493号);2003年10月,获得《建设用地许可证》(泸规地〔2003〕111号);2003年1月,四川省发展计划委员会《关于同意中海沥青泸州有限公司油品码头选用岸线的请示》(川计交〔2003〕2号)。

项目建设3个1000吨级液货码头泊位,岸线长度为325米。码头结构形式为浮码头结构。码头前沿水深3米。主要装卸设备配置包括趸船2台。项目总投资34766万元,其中企业投资(业主自有资金)10430万元,政策性银行贷款24336万元,其余为企业自筹资金。

项目建设单位为中海沥青(四川)有限公司,设计单位为中交第二航务工程勘察设计院,施工单位为中交第二航务工程勘察设计院,监理单位为厦门港湾咨询监理有限公司,质量监督单位为四川省交通厅公路水运质量监督站。

截至2015年,该码头累计加工原油629万吨,实现销售收入252亿元,工业产值254.8亿元,实现利润总额6.92亿元,上缴税金50.49亿元。2011—2015年完成吞吐量分别为:67.4万吨、58.5万吨、51.3万吨、39.5万吨、53.2万吨。

(3)泸州电厂大件运输码头工程

项目于2005年3月开工,2007年11月竣工。

项目建设依据:2005年3月,泸州市发展和改革委员会《关于转发省发改委核准泸州川南发电公司大件运输码头的通知》(泸市计交〔2005〕73号)。

项目建设1个500吨级货运码头泊位,岸线长度为260米。码头前沿采用斜坡式结构,码头前沿水深2.4米。项目装卸能力为最大件340吨,无机械设备和工作船。项目总投资592万元,为企业自筹资金。项目用地面积1.48万平方米。

项目建设单位为四川泸州川南发电有限责任公司,设计单位为重庆交通大学工程勘察设计院,施工单位为四川电力建设监理有限责任公司,监理单位为四川路航建设工程有限责任公司,质量监督单位为泸州市交通局公路水运质量监督站。

该码头为临时码头,仅用于泸州火电厂的大件运输,电厂建成后已闲置不用。

(4)泰安玉龙码头

项目于2005年10月开工,2006年8月试运营,2011年12月竣工。

项目建设依据:2005年10月,四川省交通运输厅勘察设计研究院《泸州市泰安临港工业作业区玉龙码头工程可行性研究报告》;2007年5月,泸州市规划建设局《关于泸州市泰安临港工业作业区玉龙码头建设项目选址申请的批复》(泸规建函〔2007〕144号);2008年3月,四川省发展和改革委员会《关于核准泸州玉龙矿业有限责任公司泰安临港工业作业区玉龙码头项目建设的通知》(川发改交〔2008〕153号);2011年3月,四川省交通运输厅《关于泸州市泰安临港工业作业区玉龙码头工程初步设计的批复》(川交函〔2011〕99号);2011年3月,四川省交通运输厅航务管理局《关于泸州市泰安临港工业作业区玉龙码头工程施工图设计的批复》(川交函〔2011〕36号);2006年7月,泸州市环境保护局《泸州市泰安临港工业作业区玉龙码头工程环境影响报告书》(市环函〔2006〕118号);2007年1月,四川省国土资源厅《泸州市泰安临港工业作业区玉龙码头建设项目用地预审申请报告》(川国土资函〔2007〕15号);2008年5月,交通运输部批复四川省交通厅《关于泸州市泰安临港工业作业区玉龙码头工程使用岸线的请示》(交规划发〔2008〕61号)。

项目建设2个1000吨级散货码头泊位,岸线长度为268米。码头采用斜坡式结构,码头前沿水深3.1米。项目后方堆场面积3077平方米,堆存能力7500吨。仓库面积4320平方米,堆存能力1.3万吨。主要装卸设备配置皮带机1台。项目总投资1834.03万元,全部来自企业自筹。项目用地面积2.25万平方米。

项目建设单位为泸州玉龙矿业有限责任公司,设计单位为四川省交通运输厅交通勘察设计研究院,施工单位为贵州黔航交通工程有限公司,监理单位为四川省水运工程监理事务所,质量监督单位为四川省交通厅公路水运质量监督站。

玉龙码头的建设为泰安工业园区内各类企业原材料中转以及泰安镇周边建筑材料的进出口中转提供服务。

(5)泸州港集装箱多用途码头二期工程

项目于2007年12月开工,2011年1月试运营,2009年6月竣工。

项目建设依据:2007年11月,四川省发展和改革委员会《关于核准泸州港多用途码头二期工程项目的通知》(川发改交〔2007〕711号);2007年11月,四川省交通厅《关于对泸州港多用途码头二期工程初步设计的批复》(川交函〔2007〕764号);2007年10月,四川省环境保护局《泸州港多用途码头二期工程环境影响报告书》(川环建函〔2007〕1323号);2007年11月,泸州市国土资源部批复建设用地批准书(泸市国土资〔2007〕建字第30号);2007年11月,交通部批复四川省交通厅《关于泸州港多用途码头二期工程使用岸线的请示》(交规划发〔2007〕641号)。

项目建设2个1000吨级多用途码头泊位,岸线长度为228米(含一期顺延30米)。码头结构形式为直立式框架结构,码头前沿水深3米,布置栈桥2座,宽16米。堆场道路面积约7.8万平方米,前沿配置120吨固定式起重机1台,以及配套的计算机信息管理及监控系统、口岸监管联检设施及供电照明、给排水及消防、环保绿化等设备。项目后方堆场面积3.9万平方米。仓库面积5000平方米。主要装卸设备配置包括起重机2台、45吨—30米轨道式门式起重机3台、45吨—60轨道式门式起重机1台、120吨固定门座式起重机1台。项目总投资31623.9万元,其中项目资本金8460万元(四川省港航开发有限责任公司7660万元、泸州顺通路桥开发有限公司800万元)、银行贷款18800万元。项目用地面积11.78万平方米。

项目建设单位为四川泸州港务有限责任公司,设计单位为四川省交通厅内河勘察规划设计院,施工单位为四川路航建设工程有限责任公司,监理单位为四川水运工程监理事务所,质量监督单位为四川省交通厅公路水运工程质量监督站。

2010 年开始泸州港二期续建工程建设,已建成 1000 吨级(兼顾 3000 吨级)泊位 6个,空箱及重箱堆场面积 40 万平方米,件杂、大件堆存及加工仓库 3 个,开启了泸州港大宗货物水水转运、江海联运、水路、公路、铁路、航空的立体交通体系。中远海、中外运、民生、重庆长航、重庆太平洋等船公司在泸州港开通了每周 30 余班泸州至武汉、上海集装箱班轮。开行了"泸州—武汉—台湾""泸州—武汉—洋山""泸州—南京—日本""泸州—南京—韩国"等近洋航线,"泸州—南京""泸州—武汉""泸州—上海"等内河航线,开行泸州港—水富的水水中转班轮。马士基、达飞、长荣等世界级海船公司与港口签订合作协议,日韩、港台、东南亚、澳大利亚、欧美等地区的货物畅达川滇黔地区。

(三)纳溪港区

1. 港区综述

(1)港区建设概况和运营情况

1992 年,按照《泸州港总体布局规划》的要求,位于纳溪港区的第一座码头纳溪一零一码头正式开工,紧接着泸天化油脂码头也应运而生;此后数十年间,纳溪港区的码头如雨后春笋般兴建起来,现已有码头货运泊位 23 个,其中千吨级以上泊位 15 个,占用岸线长度约 1903 米,年综合通过能力约 694 万吨。码头集中分布于长江右岸安富镇野鹿溪至麻柳沱一段,主要有泸天化、麻柳沱、立石盘等码头。泸天化为企业专用码头,主要承担化肥等化工产品运输;麻柳沱、立石盘则主要经营煤炭、矿建材料等散货运输业务。泸州油库码头为中国石化销售有限公司四川泸州石油分公司专用码头,主要经营成品油的进出装卸作业。永宁河内码头泊位规模小,设施简易,大多为自然岸坡。

2011—2015 年纳溪港区货物吞吐量分别为:377 万吨、418 万吨、476 万吨、554 万吨、555 万吨。

(2)港区地理条件和集疏运概况

纳溪港区位于长江右岸大渡口王爷庙至纳溪区麻柳沱下游端,境内以坪状、参差状低山和丘陵为主,南高北低。出露地层主要为侏罗系沙溪庙组、遂宁组,白垩系夹关组和第四系新、老冲积组。其中老冲积组为淤积物和冰水沉积物土壤,新冲积组为漫砂石成土,主要分布在长江、永宁河沿岸。该区域地质稳定,宜于建港。

纳溪港区地处云贵川三省接合处,地理位置优越,通过 321 国道、308 省道、纳叙铁路、纳黔高速公路连接云南和贵州两省,交通十分方便。在古代,各项物资都是通过永宁河一站一站用木船转运到达云南和贵州两省,如今公路的发展已将公路延伸到了码头。

2.港区工程项目

(1)泸州安达纳溪永利煤码头

项目于 2006 年 3 月开工,2007 年 6 月竣工。

项目建设依据:2005 年 11 月,四川省发展和改革委员会《关于核准泸州安达港口有限公司纳溪永利煤码头工程建设的通知》(川发改交〔2005〕671 号);2012 年 12 月,四川省交通运输厅《泸州安达港口有限公司纳溪永利煤码头工程初步设计》(川交函〔2012〕1027 号);2005 年 9 月,泸州市环境保护局《泸州安达港口有限公司纳溪永利煤码头建设项目环境影响报告书》(泸市环函〔2005〕139 号);2006 年 3 月,四川省人民政府《关于泸州安达港口有限公司纳溪永利煤码头建设用地的请示》(川府土〔2006〕103 号);2008 年 5 月,交通运输部批复四川省交通厅《关于使用泸州港纳溪港区永利码头岸线的请示》(川交〔2008〕63 号)。

项目建设 1 个 1000 吨级散货泊位,岸线长度为 115 米。码头的结构形式是浮码头,前沿水深 2.7 米。项目后方堆场面积 1 万平方米。主要装卸设备配置包括皮带输送机 2 段、装载机 2 台、趸船 1 艘。项目总投资 2169.15 万元,全部来自企业自筹。项目占地面积 2.86 万平方米。

项目建设单位为泸州安达港口有限公司,设计单位为四川省交通厅交通勘察设计研究院,施工单位为四川路航建设工程有限责任公司,监理单位为四川水运监理事务所,质量监督单位为泸州市交通局公路水运质量监督站。

泸州安达纳溪永利煤码头第一期工程 2009 年 12 月完工并投入运行,现年吞吐量 80万吨。此码头建成投产后,大大减轻了纳溪城区及周边的小码头装卸压力,小码头设施设备差、吞吐量小、环境污染大等问题得到解决。该码头位于 308 省道上,集疏运十分快捷。308 省道连接 321 国道,因水路运输在几项运输方式中价格最低,为减少陆路运输成本,多选择走水路从而带动水上运输这条产业链。

(2)泸州川渝物流有限公司香炉石散货码头工程

项目于 2012 年 4 月开工,2013 年 7 月试运营,2018 年 8 月竣工。

项目建设依据:2014 年 6 月,获得企业投资项目备案通知书(川投资备〔51050314060601〕0056 号);2015 年 1 月,四川省交通运输厅《关于转报泸州川渝物流有限公司香炉石散货码头工程初步设计审批申请的请示》(川交函〔2015〕19 号);2013 年 12 月,四川省环境保护厅《泸州港纳溪港区香炉石散货码头环境影响报告书》(川环审批〔2013〕752 号);2011 年,纳溪区人民政府《土地使用证书》(纳国用〔2011〕第 02031 号);2012 年 12月,交通运输部批复《关于泸州港纳溪港区泸州川渝物流有限公司香炉石码头工程使用岸线的请示》(交规划发〔2012〕764 号)。

项目建设 2 个 1000 吨级散货泊位及相应配套措施,占用岸线长度为 220 米。码头结构形式为直立式,前沿水深为2.7米。项目后方堆场面积8000平方米。主要装卸设备配置包括输送机1台、装船机1台、装载机1台。项目总投资6451.79万元,为企业自筹资金。项目用地面积2.27万平方米。

项目建设单位为泸州川渝物流有限公司,设计单位为重庆交达工程勘察设计有限公司,施工单位为重庆顺鹏建设工程有限公司,监理单位为四川省水运工程监理事务所,质量监督单位为泸州市交通局公路水运质量监督站。

(3)中石化四川泸州石油分公司泸州油库成品油码头工程

项目于2012年4月开工,2014年10月试运营,2015年10月竣工。

项目建设依据:2014年5月,四川省发展和改革委员会《关于泸州油库成品码头项目核准的请示》(川发改基础〔2014〕438号);2014年7月,四川省交通运输厅《关于转报中石化泸州石油分公司关于申请审批泸州油库成品油码头项目初步设计的请示》(川交函〔2014〕298号);2013年,四川省环境保护厅《四川泸州石油分公司泸州油库成品油码头项目环境报告书》(川环审批〔2013〕718号);2013年4月,泸州市纳溪区住房和城乡规划建设局为中石化四川泸州石油分公司泸州油库项目颁发《中华人民共和国建设用地规划许可证》(泸纳住建2013-14);2013年5月,交通运输部《关于中国石油化工股份有限公司四川泸州石油分公司泸州油库成品油码头工程使用岸线的请示》(交规划〔2013〕310号)。

项目建设1个1000吨级(兼顾3000吨级)液体化工泊位及相应配套措施,岸线长度为150米。码头结构形式为浮码头,码头前沿水深2.7米。主要装卸设备配置包括趸船1艘、油泵4台、管道2段约200米。储罐容量3万立方米,停车场面积700平方米。项目总投资1445.70万元,为企业自筹资金。项目用地面积9800平方米。

项目建设单位为中石化四川泸州石油分公司,设计单位为重庆交达工程勘察设计有限公司,施工单位为长江重庆航道工程局,监理单位为重庆川维石化工程有限责任公司,质量监督单位为泸州市交通局公路水运质量监督站。

(四)合江港区

1. 港区综述

(1)港区建设概况和运营情况

合江港区现有货运码头泊位28个,其中千吨级以上泊位7个,占用岸线长度约1746米,年综合通过能力约570万吨。合江港区长江沿线主要有密溪沟、川天化、马街等码头。其中密溪沟和马街沿线的码头主要承担来自古叙和黔北地区煤炭的集散,川天化是企业专用码头,主要运输化肥等化工产品。赤水河沿线九支和先市还有部分简易码头,以砂石和少量的煤炭运输为主。2011—2015年合江港区货物吞吐量分别为:475万吨、518万吨、590 万吨、633 万吨、718 万吨。

(2)港区地理条件和集疏运概况

合江港区位于长江左岸新路口至五马判,长江右岸弥沱至界石盘,赤水河九枝至河口,合江县境内以丘陵和坪状低山形为主,由西北向东南逐渐升高。沿河岸阶地主要为侏罗系地层,属内陆湖相红色碎岩构造,其中以上统蓬莱镇组、遂宁组、上沙溪庙组分布最广。第四系地层断续分布于长江及赤水河两岸,区域内曾有滑坡、崩塌等不良地质现象发生。

合江港区以煤炭和矿建材料转运为主,货种单一。集疏运现状是以水路运输为主,公路运输为辅,目前没有铁路运输。公路运输是通过成渝地区环线高速公路、308 省道等公路与周边区县、乡镇连接,主要转运砂石、水泥等建筑材料。水路运输主要通过赤水河与沿河的城市、乡镇相连,贵州赤水市和泸州市古蔺县、叙永县的煤炭、纸板通过赤水河运至合江的码头,再通过江轮运至重庆、江苏等长江下游省份。近年来95%以上的煤炭通过赤水河运至合江港区进行中转。

2. 港区工程项目

合江县密溪沟码头二期工程

项目于 2007 年 3 月开工,2009 年 1 月试运营,2010 年 12 月竣工。

项目建设依据:2006 年 10 月,四川省发展和改革委员会《关于合江县密溪沟码头二期工程项目申请报告》(川发改交〔2006〕564 号);2006 年 12 月,四川省交通厅《关于申请审批泸州港合江港区密溪沟码头二期工程初步设计方案》(川交函〔2006〕843 号);2005 年 8 月,泸州市环保局《关于四川省川南煤业有限责任公司合江县密溪沟码头二期工程建设项目环境影响报告书的批复》(泸市环函〔2005〕115 号);2006 年 1 月,泸州市规划建设局《关于川南煤业公司密溪沟码头二期工程建设项目选址的申请》(泸规建函〔2006〕3 号);2006 年 11 月,交通部批复四川省交通厅《关于请审批泸州港合江作业区密溪沟码头二期工程使用岸线的请示》(交规划发〔2006〕609 号)。

项目建设 2 个 1000 吨级散货泊位及相应配套措施,岸线长度为 170 米,码头结构形式为浮码头,码头前沿水深 3.2 米。项目后方堆场面积 1.2 万平方米。仓库面积 8000 平方米。主要装卸设备包括铲车 1 台、斜坡皮带 6 套、装船机 1 套、浮式起重机 1 套。项目总投资 4542.13 万元,全部来自企业自筹。项目用地面积 3.5 万平方米。

项目建设单位为泸州嘉禾煤业有限责任公司,设计单位为四川省交通运输厅交通勘察设计研究院,施工单位为四川路航建设工程有限责任公司,监理单位为长航监理有限公司,质量监督单位为四川省交通运输厅公路水运质量监督站。

随着密溪沟二期码头的投产,解决了运煤船只等待时间长的问题,带动了合江当地的经济发展,同时也解决了部分人员的就业问题。

(五)泸县港区

1. 港区综述

港区建设概况和运营情况

泸县港区现有规模化码头1座——神仙桥码头,位于泸县太伏镇,拥有1000吨级以上泊位3个,占用岸线长度约498米,年综合通过能力约140万吨,主要为腹地内煤炭外运服务。

泸县港区开通水上固定航线:南京—神仙桥码头,主营进口石油焦,3天一班次;南通—神仙桥码头,主营铁矿石,每日发班;泰州—神仙桥码头,主营石英砂,5天一班次。2011—2015年泸县港区货物吞吐量分别为:292万吨、331万吨、377万吨、432万吨、462万吨。

2. 港区工程项目

泸州港神仙桥作业区一期码头工程

项目于2009年6月开工,2011年11月试运营,2010年5月竣工。

项目建设依据:2008年3月,四川省发展和改革委员会批复泸州市发改委《关于请求核准泸州港区神仙桥作业区一期码头工程项目申请报告的请示》(川发改交〔2008〕152号);2011年4月,四川省交通厅《关于泸州永昌港埠物流有限责任公司神仙桥一期码头工程初步设计审查的请示的批复》(川交函〔2011〕172号);2007年8月,泸州市环境保护局《关于泸州港神仙桥作业区一期码头工程环境影响报告书》(泸市环建函〔2007〕116号);2009年5月,泸县人民政府为泸州永昌港埠物流有限责任公司颁发土地使用证书(泸县国用〔2009〕第2284号);2007年12月,交通部批复四川省交通厅《关于泸州港神仙桥作业区一期码头工程使用岸线的请示》(交规划发〔2007〕644号)。

项目建设3个1000吨级散货泊位及相应配套措施,岸线长度为498米,码头结构形式为重力式,码头前沿水深4米。项目后方堆场面积10万平方米,仓库面积2万平方米。主要装卸设备配置包括固定式起重机4台。项目总投资4569.59万元,使用业主自有资金1600万元、银行贷款2969万元。项目用地面积10.6平方米。

项目建设单位为泸州永昌港埠物流有限责任公司,设计单位为长江航运规划设计院,施工单位为重庆路港市政工程有限公司,监理单位为重庆双源建设监理咨询有限公司,质量监督单位为泸州市交通局公路水运质量监督站。

神仙桥码头投产后,相继开通了到南通、南京、泰州的固定航班,泸县人民政府随即在港口后方启动建设了一个临港经济园,依托港口引进了8个工业企业,产值已达到

10亿元,利润3000万元,带动了周边区县物流业的快速发展,取得了显著的经济效益,同时解决了几百人的就业问题,为泸县招商引资建立了很好的平台,具有广泛的社会效益。

三、宜宾港

(一)港口概况

1. 港口综述

宜宾港地处长江、金沙江和岷江三江汇合处,有"万里长江第一港"之称。沿金沙江向西通往云南水富、绥江、四川屏山,沿岷江向北通往犍为、乐山、成都及大渡河的沙湾,顺长江而下千吨级船舶通往泸州、重庆,经三峡直下武汉、上海,构成了西南地区通往东南沿海工业区的一条通衢大道。凭借长江"黄金水道"、岷江大件运输航道、金沙江航道,宜宾港已发展成为四川省的重要港口。宜宾港是长江上游以内外贸集装箱运输为主的现代化内河枢纽港;是综合交通运输体系中四川水运主通道上的重要节点;是四川构建西部综合交通枢纽的重要组成;是提升川南区域品牌的重要载体,宜宾市建设港口城市、发展临港工业的重要依托;是国家战略资源开发和重型装备运输的重要保障,建设长江上游经济带与生态屏障的重要支撑;是四川融入全球经济、加强东向开放的战略性资源。

宜宾港的发展主要经历了以下三个阶段。

第一阶段为起步阶段。20世纪50—80年代,在长江、岷江、金沙江建设了宜宾潼关、洋码头、北关、南溪、江安、北关、高场、蕨溪、泥溪、屏山、新市等简易码头,以满足经济发展和人们出行的需要。

第二阶段为公用码头与货主码头同步发展阶段。20世纪80年代后期至21世纪初,国家先后投资建设了合江门、安阜、二龙口、新市镇龙尾等码头,天原化工厂、红光化工厂、长江造纸厂等企业自行投资建设了专用码头,港口面貌得到较大改善(这个阶段建设的码头规模较小,均为500吨级以下泊位)。

第三阶段为建设现代化港口阶段。自2008年以来,政府投巨资建设了宜宾港志城作业区一期工程和重大件泊位工程,建成1000吨级多用途泊位4个、1000吨级滚装泊位3个、1000吨起重能力重大件泊位1个,形成年吞吐能力集装箱50万TEU、重载滚装汽车30万辆、重大件32万吨。

宜宾港划分为翠柏港区、南溪港区、江安港区和新市港区4个港区,重点规划了11个作业区,即翠柏港区的志城、罗龙、盐坪坝、新发、豆坝和马鸣溪作业区,南溪港区的学堂坝作业区,江安港区的阳春坝、白沙湾和二龙口作业区以及新市港区的新市镇作业区。其中,翠柏、南溪、江安等港区依托良好的区位、综合交通、基础设施和资源等优势,在长江上游集装箱、重大件、大宗货物、危化品和外贸等物资运输中作用显著,其他港区和码头则以服务本区域为主。

宜宾境内河流众多,内河运输一直起着非常重要的作用。全市拥有通航河流21条,通航里程963.3千米。

长江干流宜宾段:从水富至王爷庙长121千米,其中水富—合江门30千米为300吨级航道,通行300吨级船舶。岷江航道:月波至合江门79千米为500吨级航道,可常年通行500吨级船舶。金沙江航道:金沙江为川滇界河,宜宾辖新市镇至水富78千米航道,航道等级为300吨级,枯水季节有3个月左右需减载通航。

2.港口水文气象

宜宾市的气候属中亚热带湿润季风气候类型,低丘、河谷兼有南亚热带的气候属性。气候温和,热量丰足,雨量充沛,光照适宜,雨热同季,无霜期长,冬暖春早,夏长湿热,秋多绵雨。极端最高气温39.5摄氏度,极端最低气温－3.0摄氏度,多年平均气温18.0摄氏度。5—10月为雨季,降水量占全年的81.7%;主汛期为7—9月,降雨更为集中,占全年总降水量的51%。历年日最大降水量191.8毫米,多年年平均降水量1157.9毫米。多年年平均风速1.23米/秒,历年最大风速15.0米/秒,最大瞬时风速30.2米/秒。多年年平均雾日14.6天,历年最多雾日30.2天,历年最少雾日7.0天。

多年平均最低水位258.93米,多年平均水位263.11米,多年平均最高洪水位275.57米,历年最低水位258.35米(1978年3月7日),历年最高洪水位283.44米(1966年4月1日)。

3.发展成就

2008年10月28日,四川省政府第18次常务会审查批准《四川宜宾港总体规划》;2012年12月21日,宜宾二类水运口岸正式对外开放;2013年1月,宜宾临港经济技术开发区经国务院批准升级为国家级经济技术开发区;2014年10月,全国内河起重能力最大的1000吨级重大件泊位建成投运;2014年12月16日,宜宾港第一条近洋航线——宜宾—武汉—上海直达日本、韩国航线开通;2015年1月23日,宜宾港与南京港合作开通了至唐山(环渤海湾)、宜宾—南京—日本/韩国集装箱班轮航线。

2011—2015年宜宾港志城作业区进出港大型船舶总计4982艘次(进港2470艘次,出港2512艘次)。2011—2015年宜宾港货物吞吐量分别为:1175.8万吨、1229万吨、1179.9万吨、1427.7万吨、1788万吨。

宜宾港港区分布图如图9-12-2所示,宜宾港基本情况见表9-12-3。

图 9-12-2　宜宾港港区分布图

(二)翠柏港区

1.港区综述

(1)港区建设概况和运营情况

翠柏港区是宜宾港的主要港区,规划区域包括宜宾市翠屏区和宜宾县全境,屏山县的岷江江段,南溪区的长江罗龙江段。已规划志城、罗龙、盐坪坝、豆坝、马鸣溪和新发6个作业区;建成了合江门、安阜等码头,天原化工厂、长江造纸厂等专用码头和宜宾港志城作业区。其中,志城作业区拥有1000吨级多用途泊位4个、1000吨级滚装泊位3个、1000吨起重能力重大件泊位1个,形成年吞吐能力集装箱50万TEU、重载滚装汽车30万辆、重大件32万吨。

表 9-12-3

宜宾港基本情况表

序号	港区名称	港口岸线		2015年港口生产用泊位				其中：1978—2015年建成的生产用泊位				2015年港口货物和旅客吞吐量				
		港口规划岸线	其中：2015年前已建成岸线	生产用泊位数	其中：千吨级及以上	生产用泊位总长	其中：千吨级及以上	生产用泊位数	其中：千吨级及以上	生产用泊位总长	其中：千吨级及以上	货物吞吐量	其中：外贸货物吞吐量	集装箱吞吐量	旅客吞吐量	其中：国际旅客吞吐量
		千米	千米	个	个	米	米	个	个	米	米	万吨	万吨	万TEU	万人	万人
1	翠柏港区	41.6	9.97	82	8	8857	1256	82	8	8857	1256	1189.5	—	20	—	—
2	江安港区	1.29	3.06	18	2	3055	210	18	2	3055	210	36	—	—	—	—
3	南溪港区	1	1.77	15	0	1767	0	15	0	1767	0	255	—	—	—	—
4	新市港区	0.84	—	—	—	—	—	—	—	—	—	—	—	—	—	—
	合计	44.73	14.8	115	10	13679	1466	115	10	13679	1466	1480.5	—	20	—	—

2014年12月16日,宜宾港第一条近洋航线——宜宾—武汉—上海直达日本、韩国航线开通;2015年1月23日,宜宾港与南京港合作开通了至唐山(环渤海湾)、宜宾—南京—日本/韩国集装箱班轮航线。2011—2015年翠柏港区货物吞吐量分别为:712.2万吨、764.4万吨、8122万吨、1054.6万吨、1189.5万吨。

(2)港区地理条件和集疏运概况

宜宾市交通畅达,是川南水陆交通枢纽,具有得天独厚的交通区位优势。

公路:有213国道、307省道、308省道、309省道、206省道以及内宜、宜水、乐宜、宜泸渝、宜叙高速公路等公路干线,从宜宾至成都或重庆均只有约3小时车程。

铁路:内昆线南北贯穿宜宾西北部地区,在内江与成渝铁路相接;宜珙三级铁路线沿宜宾中部地带贯穿芙蓉煤矿等大中型工矿企业,地方金筠铁路与内昆铁路相接。正在加快建设的成贵高铁和规划建设的渝昆高铁、川南城际高铁等,进一步改善了宜宾市的对外交通。

水运:境内长江已经完成1000吨级航道整治,并已实现夜航。沿长江可直达重庆、武汉、南京、上海,沿岷江可直达乐山,沿金沙江可直达新市镇、溪洛渡。

航空:菜坝二级机场是四川省第二大机场,已开通至北京、上海、广州、深圳、拉萨、西安、太原、长春、杭州、厦门、长沙、昆明、北海、海口等航线。

2.港区工程项目

(1)马鸣溪码头工程

项目于1986年1月开工,1987年9月试运行,1988年2月竣工。

项目建设依据:1985年8月,宜宾市计划委员会、宜宾市交通局《关于上报马鸣溪码头工程设计方案的请示》(市交办〔85〕字第125号);1985年9月,四川省宜宾地区计划委员会、四川省宜宾地区公路航道建设办公室《关于马鸣溪码头工程建设方案的批复》(宜地公航办〔85〕字第12号);1986年6月,四川省宜宾地区计划委员会、四川省宜宾地区公路航道建设办公室《关于马鸣溪码头设计方案变更及第二期工程继续进行施工的报告的批复》(宜地航办〔1986〕021号);1984年8月,宜宾市人民政府《关于马鸣溪码头建设工程划拨用地的批复》(市府函〔84〕056号)。

项目建设2个500吨级散货码头泊位(水工结构兼顾3000吨级),岸线长度为110米。码头采用从上游至下游依次布局2个500吨级散货泊位,半直立式斜坡结构。码头前沿水深2.3米。项目后方堆场面积1万平方米,堆存能力2.6万吨。主要配置装载机2台,12吨轮式起重机1台。项目总投资118.87万元。项目建设用地约1.3万平方米。

项目建设单位为宜宾地区贫困山区公路航道建设办公室,设计单位为四川省交通厅第三航道工程处,施工单位为宜宾市第二建筑工程公司和四川省交通厅第三航道工程处,由于该项目建设年代较早,没有聘请监理单位进行监理,质量监督单位为宜宾市交通质监站。项目于1988年2月竣工并通过验收被评为优良工程交付使用。

项目交付后码头一直闲置，2011年8月通过招商引资，由宜宾市航道工程处将码头租赁给珙县唯丰实业有限责任公司。该公司为了现代水运物流发展的需要，自筹资金约1500万元对码头进行了建设改造，购置了相应的机械设备。

（2）宜宾港合江门客运站、安阜货运码头工程

项目于1991年11月开工，1993年7月试投产，1998年4月竣工。

项目建设依据：1989年8月，四川省计划经济委员会《关于宜宾港总体规划暨可行性研究的批复》（川计经〔1989〕交42号）；1990年9月，四川省建设委员会《关于宜宾港合江门客运站、安阜、潼关作业区工程初步设计批复》（川建委发〔1990〕设502号），1991年12月，宜宾地区行政公署《关于宜宾港合江门客运站、安阜码头划拨用地的批复》（宜署国土发〔1991〕96号）；1990年4月，四川省计划经济委员会《宜宾港合江门客运站、安阜、潼关货运码头工程设计任务书》（川计经〔1990〕交296号）。

合江门客运站项目建设2个500客座轮码头泊位，岸线长度为300米。码头在岷江一侧从上游至下游依次布局2个500客座泊位，梯级平台结构。码头前沿水深3米。合江门客运站候船厅面积3100平方米、港务综合楼面积6374平方米、生活设施面积1400平方米，配置钢制客运趸船1艘、改造水泥趸船1艘。

安阜码头项目建设500吨级泊位1个，利用岸线100米。码头前沿水深3米，两级平台和斜坡缆车结构，码头设计靠泊能力枯水期500吨级，洪水期1000吨级。项目后方堆场面积8600平方米，堆存能力1.45万吨。仓库面积800平方米，堆存能力4100吨。办公房面积577平方米，职工宿舍面积780平方米。安阜码头仓库面积823平方米，高水货场面积8600平方米。主要装卸设备配置起重能力5吨浮式起重机趸船1艘、5吨斜坡缆车1台。

合江门客运站和安阜码头项目概算总投资2400万元，中国交通投资公司到位910万元，四川省投资公司到位795万元，宜宾地区到位500万元。项目用地面积7733.37平方米。

项目建设单位为宜宾港口建设指挥部，设计单位为四川省内河设计院，施工单位为四川省第四建筑公司、四川省交通厅航道三处、宜宾市第六建筑公司和宜宾市酒都建筑公司，监理单位为宜宾港口建设工程施工监理组，质量监督单位为四川省交通厅水运工程质量监督站。

宜宾港合江门客运站自1995年7月建成投入运营后，通过归站管理，每天开通航班16班，发往宜昌、重庆、泸州、乐山和宜宾沿江各城镇，每年旅客吞吐量达50余万人次，特别是气垫船"竹海"号、快船"长江人"号的投入运营，使宜宾市成为四川省水上快速客运中心，为宜宾经济建设作出了积极贡献。由于大量高速公路的建设，交通格局发生巨变，

水上客运急剧下降,加之宜宾城市建设飞速发展,城市规模急速扩张,经宜宾市政府批准,合江门客运站于 2005 年 5 月拆除。

安阜货运码头于 1993 年 7 月建成投入试运行,该码头的投入运营,结束了宜宾港无机械化码头的历史,翻开了宜宾港历史的新篇章。码头由宜宾港埠公司负责经营。码头投入运营后,吞吐量逐步上升,到 2000 年,码头年吞吐量超过 10 万吨。随着改革开放的逐步深入以及宜宾五粮液集团公司发展的需要,2004 年,经宜宾市政府批准,宜宾市国有资产管理委员会将安阜货运码头整体划拨给五粮液集团公司,公司名称变更为五粮液安吉物流集团港务公司,主要负责五粮液集团的燃煤、粮食以及社会散货、件杂货的集散。

五粮液安吉物流集团港务公司接收安阜码头以后,先后投资约 7000 万元对码头进行了大规模改造,建设了 2 条缆车道,购置了 2 台 40 吨缆车、1 艘起重能力达 40 吨的浮式起重机趸船、1 艘起重能力 20 吨的浮式起重机趸船、1 台 40 吨门座式起重机等大型机械设备,并于 2006 年成功申报为国家二类水运口岸。

2011 年 5 月,经宜宾市政府批准,宜宾市国有资产管理委员会将安阜码头整体划拨给宜宾临港经济技术开发区,安阜码头正式并入四川宜宾港有限责任公司。

（3）菜园沱作业区一期工程

项目于 2002 年 12 月开工,2005 年 12 月停工。

项目建设依据:2001 年 11 月,四川省计划委员会《关于宜宾港菜园沱作业区一期工程可行性研究报告的批复》(川计交邮〔2001〕1448 号);2001 年 12 月,四川省交通厅《关于宜宾港菜园沱作业区一期工程初步设计的批复》(川交函建〔2001〕802 号);2004 年 4 月,宜宾市人民政府《关于宜宾三江港口建设开发有限责任公司菜园沱码头一期工程划拨用地的批复》(宜府国土发〔2004〕89 号);建设单位于 2004 年 4 月 21 日办理了宜宾市《建设用地批准书》(宜宾市〔2004〕国土字第 23 号)和宜宾市《国有土地划拨决定书》(编号:00117317);1999 年 5 月,四川省计划委员会《关于宜宾港菜园沱作业区一期工程项目建议书的批复》(川计交邮〔2004〕396 号)。

项目建设 1 个 1000 吨级桩基框架直立式码头泊位、1 个 1000 吨级斜坡式散货泊位(水工结构兼顾 3000 吨级),岸线长度为 610 米。项目采用直立式和斜坡式码头方案,从上游至下游依次布局件杂泊位、散货泊位,件杂泊位为栈桥框架结构,散货泊位为分级平台结构;码头前沿水深 3 米。件杂泊位后方堆场面积为 6000 平方米,堆存能力 1.24 万吨;散货泊位后方堆场面积为 1.3 万平方米,堆存能力 1.95 万吨;仓库面积 3500 平方米,堆存能力 1.56 万吨。主要装卸设备配置起重能力 20 英尺 TEU(20 吨)的岸边桥式起重机 1 台。项目总投资 4396.66 万元,其中项目业主注册资本金 300 万元,交通部补助资金 1410 万元,市政府补助资金 182 万元,市交通投资公司借支 500 万元,市国土储备中心借支 701 万元、500 万元。项目用地面积 10.05 万平方米。

　　项目建设单位为宜宾三江港口建设开发有限责任公司(2002年10月以前为宜宾市港口建设指挥部),设计单位为四川省交通运输厅交通勘察设计研究院,施工单位为四川路桥第三航道工程处和四川路桥第二航道工程处,监理单位为四川省水运工程监理事务所,质量监督单位为宜宾市交通质监站。

　　2004年,四川省交通厅以文件《关于宜宾港菜园沱作业区(一期工程)施工图设计变更的批复》(川交函建〔2004〕91号)对项目进行了设计变更;2005年12月,根据《宜宾市人民政府常务会议纪要》(第42期)决定,菜园沱码头工程正式停建。

　　(4)宜宾港志城作业区一期工程

　　项目于2008年12月开工,2010年12月试投产,2016年6月竣工。

　　项目建设依据:2008年12月,四川省发展和改革委员会《关于核准宜宾港志城作业区一期工程项目的通知》(川发改交〔2008〕956号);2009年6月,四川省交通运输厅《关于宜宾港志城作业区一期工程初步设计的批复》(川交函〔2009〕478号);2008年12月,四川省环境保护局《关于宜宾三江港口建设开发有限责任公司宜宾港志城作业区一期工程环境影响报告书的批复》(川环建函〔2008〕1080号);2010年2月,四川省人民政府《关于宜宾市2009年第一批乡镇建设用地的批复》(川府土〔2010〕190号);2009年12月,四川省人民政府《关于宜宾市2009年第二批乡镇建设用地的批复》(川府土〔2009〕228号);2010年2月,四川省人民政府《关于宜宾市2009年第三批建设用地的批复》(川府土〔2010〕170号),批准宜宾港志城作业区一期工程建设用地;2006年,交通运输部《关于宜宾港翠柏港区志城作业区一期工程使用港口深水岸线的批复》(交规划发〔2008〕526号);2008年4月,四川省发展和改革委员会《关于宜宾港志城作业区工程项目前期工作的通知》(川发改交〔2008〕331号)。

　　项目建设4个1000吨级多用途泊位、1个1000吨级斜坡式重载滚装泊位(水工结构兼顾3000吨级)和1个工作船泊位,岸线长度为1120米。码头采用从上游至下游依次布局重载滚装泊位,工作船泊位(后调整为重大件泊位)、1、2、3、4号多用途泊位。多用途泊位采用直立式框架结构,码头前沿水深3.6米。多用途泊位后方集装箱总箱位数3828个,堆存能力53.96万TEU。仓库面积1.93万平方米,堆存能力1.8万吨,拆装箱面积6900平方米。滚装泊位后方停车场面积2.4万平方米,停车场重载滚装汽车车位350个。主要装卸设备配置包括集装箱轨道门式起重机8台、岸边桥式起重机4台、岸边门座式起重机1台。集装箱堆场面积39750平方米、仓库面积12960平方米,滚装泊位采用斜坡下河通道,停车场面积24000平方米。项目总投资13.01亿元,其中,政府资金50000万元(作为企业资本金)、引进上海港集团1500万元(入股资本金)、交通运输部补助资金18200万元、四川省交通运输厅补助1000万元、贷款60000万元。项目用地面积116.15万平方米。

项目建设单位为四川宜宾港有限责任公司(2009 年 8 月前为宜宾三江港口建设开发有限责任公司),设计单位为四川省交通运输厅交通勘察设计研究院,施工单位为中交四航局、长江航道局和四川纳溪建设工程有限公司,监理单位为四川省水运工程监理所、厦门合诚水运监理公司、四川省城建建设工程监理公司、中国华西工程设计建设有限公司,质量监督单位为宜宾市交通质监站、宜宾市质监站。

《宜宾港志城作业区一期工程可行性研究》获 2013 年度四川省优秀工程咨询成果一等奖,"宜宾港志城作业区一期工程"获 2014 年度工程勘察设计"四优"二等奖、2017 年度水运交通优秀设计二等奖。

项目自 2010 年 12 月开港试运行以来,港口集装箱从无到有,2011 年实现集装箱年吞吐量 8055TEU,到 2015 年集装箱吞吐量突破 20 万 TEU,年均增长 90%以上。

2013 年 2 月 16 日,重庆籍货轮"巨航 97 号"载货 4350 吨从重庆涪陵港起航到达宜宾港,2 月 19 日,该轮满载 8013 吨货物,由宜宾港出发,开往上海港。这是进入宜宾港最大的船舶,此后载重 8000 吨的巨航系列货轮,每年都可在宜宾港进行货物装卸作业。2014 年 12 月 16 日,宜宾港第一条近洋航线:宜宾—武汉—上海直达日本/韩国航线开通;2015 年 1 月 23 日,宜宾港与南京港合作开通了至唐山(环渤海湾)、宜宾—南京—日本/韩国集装箱班轮航线。

该项目是宜宾市第一个现代化港口,其建设完善了宜宾港的功能。项目的投入使用完善了宜宾市的交通基础设施,改变了宜宾市的交通格局,使宜宾真正成为川南地区拥有铁、公、水、空的立体综合交通枢纽,成为四川省乃至西南地区贯通南北、连接东西的"桥头堡"。项目的投入使用大大减少了企业的物流成本,很多企业的大宗货物纷纷改走水路,降低了物流成本。如宜宾市丝丽雅集团公司进口的浆箔板、出口的长胶纤维,改走水路后,每年至少节约物流成本 3000 余万元;宜宾五粮液集团公司的酒从酒厂到长江下游城市的水路物流费用不到其他运输方式物流成本的十分之一。

项目的投入使用有力扩大了对外开放。随着项目的建成和使用,先后建设了宜宾港保税物流仓库、宜宾港出口监管仓库、宜宾二类水运口岸、宜宾港粮食进境指定口岸、宜宾港保税物流中心(B 型)等,大大缩短了企业进出口报关通关时间,有力促进了外向型经济的发展。自项目投入使用以来,宜宾市的进出口贸易总额每年都增长 20%以上。

(5)志城作业区重大件泊位

项目于 2011 年 2 月开工,2014 年 10 月试投产,2017 年 1 月竣工。

项目建设依据:2012 年 12 月,四川省发展和改革委员会《宜宾港志城作业区重大件泊位工程项目建议书的批复》(川发改基础〔2012〕1450 号);2013 年 12 月,四川省发展和改革委员会《关于宜宾港志城作业区重大件泊位工程可行性研究报告的批复》(川发改基础〔2013〕1386 号);2014 年 7 月,四川省交通运输厅《关于宜宾港志城作业区重大件泊位工程初步设计的批复》（川交函〔2014〕355 号）;2013 年 12 月,四川省环境保护厅《关于宜宾港志城作业区一期工程工作船泊位变更为重大件泊位环境影响补充报告的批复》（川环审批〔2013〕807 号）;2010 年 2 月,四川省人民政府《关于宜宾市 2009 年第一批乡镇建设用地的批复》（川府土〔2010〕190 号）;2009 年 12 月,四川省人民政府《关于宜宾市 2009 年第二批乡镇建设用地的批复》（川府土〔2009〕228 号）;2010 年 2 月,四川省人民政府《关于宜宾市 2009 年第三批建设用地的批复》（川府土〔2010〕170 号）;2013 年 9 月,交通运输部《关于宜宾港志城作业区一期工程重大件泊位使用港口岸线的批复》（交规划发〔2013〕533 号）。

项目建设 1 个 1000 吨级大件泊位,岸线长度为 136 米。采用直立式码头方案,桩基墩柱结构,码头前沿水深 3.5 米。项目后方堆场面积 1 万平方米,堆存能力 3 万吨。主要装卸设备配置 1000 吨起重机 1 台和起重能力 20 英尺 TEU（20 吨）的岸边桥式起重机 1 台。项目总投资 10559 万元,其中企业自筹 6378 万元,招商引资 4181 万元。项目用地面积 1.3 万平方米。

项目建设单位为四川宜宾港有限责任公司,设计单位为四川省交通运输厅交通勘察设计研究院［合作单位为水科远大（北京）交通设计院有限公司］,施工单位为中交第四航务局工程有限公司和四川三江港口航道工程建设有限公司,监理单位为四川省水运工程监理所和四川元丰建设项目管理有限公司,质量监督单位为宜宾市交通质监站,机械设备制造单位为中铁九桥工程有限公司。

"内河港口 1000 吨多用途重大件起重设备关键技术研究及应用"获中国航海学会 2017 年度科学技术二等奖。2012 年 07 月,取得实用新型专利——新型大起重量固定式门式起重机（专利号:ZL201120099346.3）。

项目的投入使用,增加了四川省重大装备运输通道,完善了水运交通布局。四川省原来只有乐山港有一个大件泊位,最大起重能力为 550 吨,加之岷江航道枯水期只能通航 200 吨级以下船舶,无法满足重大装备发展的需求。此外,乐山港位于岷江上游,难以辐射川南、川中片区。项目自 2014 年 10 月投入试运行以后,四川自贡东锅集团、华西能源集团、中国中车集团资阳机车厂、中国航空工业集团成飞公司、四川宜宾岷江集团等重大装备制造企业产品的进出口,节约了物流成本和时间。项目陆续为中国中车集团资阳机车厂生产出口的内燃机车,自贡东锅集团、华西能源集团生产的大型机械设备完成了吊装任务。

（三）江安港区

1. 港区综述

（1）港区建设概况和运营情况

江安港区分布于江安县长江干线,长江左岸大中坝至王爷庙 38 千米,右岸香炉滩至王爷庙对岸 29 千米的范围。规划了二龙口作业区、白沙湾作业区、阳春坝作业区 3 个作业区,自 20 世纪 80 年代先后建设了江安汽车轮渡码头、二龙口货运码头。2012 年,建设宜宾港江安港区香炉滩码头,项目建设 1000 吨级趸船——实体斜坡道件杂泊位 1 个、1000 吨级液货危化品泊位 1 个,于 2013 年 5 月建成投入试运行。

2011—2015 年江安港区货物吞吐量分别为:241.2 万吨、236.2 万吨、115 万吨、30 万吨、36 万吨。

(2)港区地理条件和集疏运概况

江安港区位于宜宾市东部,东与泸州市相连,是宜宾市的东大门。公路:有 307 省道、308 省道、309 省道、206 省道以及宜泸渝高速公路等公路干线,从江安港区至成都约 3.5 小时、至重庆约 2.5 小时车程。铁路:距在建的成贵高铁长宁站约 30 千米。水运:境内长江目前已完成 1000 吨级航道整治,并实现夜航;沿长江可直达重庆、武汉、南京、上海,沿岷江可直达乐山,沿金沙江可直达新市镇、溪洛渡。航空:距宜宾新机场约 60 千米,距泸州机场约 70 千米。

2. 港区工程项目

宜宾港江安港区长宁县香炉滩码头

项目于 2012 年 10 月开工,2013 年 5 月试投产,2013 年 6 月竣工。

项目建设依据:2012 年 7 月,四川省发展和改革委员会《关于宜宾港香炉滩码头工程可行性研究报告的批复》(川发改基础〔2012〕806 号);2012 年 12 月,四川省交通运输厅《关于宜宾港香炉滩码头工程初步设计的批复》(川交函〔2014〕962 号);2012 年 7 月,四川省环境保护厅《关于长宁县长盛发展有限公司宜宾港香炉滩码头工程项目环境影响报告书的批复》(川环建函〔2012〕433 号);2011 年 4 月,四川省人民政府《关于长宁县 2010 年第一批乡镇建设用地的批复》(川府土〔2011〕406 号);2009 年 7 月,交通运输部《关于宜宾港香炉滩码头使用长江港口深水岸线的批复》(交规划发〔2009〕393 号);2011 年 8 月,交通运输部《关于宜宾港香炉滩码头工程使用长江港口深水岸线延期的批复》(交规划发〔2011〕462 号)。

项目建设 1 个 1000 吨级件杂货泊位和 1 个 1000 吨级液货危化品泊位,岸线长度为 210 米。码头为实体斜坡道结构,上游为件杂泊位、下游为液货泊位布局,码头前沿水深 3 米。项目后方堆场面积 3300 平方米,堆存储罐 6 个,每个 196 立方米,共 1176 立方米,堆场能力 5800 吨;仓库面积 2520 平方米,堆存能力 3700 吨。主要装卸设备配置包括 25 米长、起重能力 5 吨浮式起重机 1 台,5 吨斜坡缆车 1 台,液货码头加压泵 1 台及液货管道 50 米。项目总投资 7108.3 万元,由长宁县政府全额出资。项目建设用地面积约 5.43 万平方米。

项目建设单位为长宁县长盛投资发展有限责任公司,设计单位为四川省交通运输厅交通勘察设计研究院,施工单位为四川三江港口航道工程建设有限公司、自贡市第二建设工程有限公司和长宁县双星建设工程有限公司,监理单位为四川省水运工程监理所,质量监督单位为宜宾市交通质监站和长宁县质监站。

项目建成后投入运行时间较短,经济效益还不明显,但对于发展长宁县地方经济,特别是为长宁工业园区的化工产品、危化品液货提供了最便捷的运输通道,完善了交通网络,对促进宜宾区域协调发展具有重要的意义。2013—2015 年该码头主要货物吞吐量分别为:1.7 万吨、9.4 万吨、11.9 万吨。

四、乐山港

（一）港口概况

1.港口综述

乐山市位于四川盆地的西南部,东邻自贡与宜宾市,南靠凉山彝族自治州,西连雅安市,北接眉山市。乐山下辖市中区、五通桥区、沙湾区、金口河区 4 区,峨眉山市 1 县级市,犍为县、井研县、夹江县、沐川县 4 县,峨边彝族自治县、马边彝族自治县 2 自治县。市政府驻地为市中区。乐山港是四川省地区重要港口之一,是四川省大件运输通道上的重要节点,溯岷江而上可达成都港,顺岷江向下可达宜宾港进入长江,沟通长三角港口群。

乐山古称嘉州,清雍正十二年(1734 年)始设乐山县,新中国成立后乐山为川南行署乐山专署和乐山县二级机关所在地。1978 年改设地辖乐山市(县级市)。1985 年,撤销乐山地区,建立省辖乐山市(地级市)。根据《乐山县志》记载,乐山红十字会于 1927 年,用会员捐款 2000 元修建了 4 处沿江码头(迎春门、福全门、大码头和刘公堤)。1950 年,川南行署交通厅为加强航运管理,在五通桥盐务局设五通桥区航运管理所。1954 年,四川省交通厅决定将各专署(市)所在地的航管站改为中心站,乐山中心航管站成立,1986 年更名为乐山市航务管理处。1997 年,为加强乐山市的水路交通建设和管理,原乐山市航务处、港监处合署办公,对乐山港的港政、航政、海事监管行使统一的行业管理职责,2002 年更名为乐山市航务管理局。在此期间,乐山港的运输业务主要以区间客运为主,并辅以利用自然岸坡开展少量的货运业务。改革开放后,特别是"九五"以来,乐山港先后建成了乐山大件码头、乐山肖坝客运码头等专业化泊位,乐山港的运输能力和服务水平得到了一定的提升。

乐山港现有嘉州、五通桥、犍为、沙湾四个港区。嘉州港区现有迎春门码头、大件码头、肖坝客运码头等,共有泊位 12 个,码头岸线长约 600 米,年综合通过能力 66 万吨、273 万人次,堆场面积 9500 平方米,仓库面积 500 平方米,起重设备 3 台,靠泊能力为 150～750 吨级船舶。嘉州港区目前以旅游客运、重大件和件杂货运输中转为主。五通桥港区现有东风三码头、西坝码头,共有泊位 8 个,占用岸线 522 米,年综合通过能力 80 万吨,陆域总面积 11900 平方米,堆场面积 4500 平方米,靠泊能力为 100 ~ 500 吨级船舶。东风三码头 1990 年批准建设,1994 年竣工,目前主要转运眉山等地的元明粉等件杂货。西坝码头为企业业主码头,目前主要转运眉山等地的元明粉等件杂货。其余码头均为依托自然岸坡形成的简易码头。犍为港区现有下渡码头、盐关码头等,共有泊位 21 个,占用岸线 1716 米,年综合通过能力 200 万吨、100 万人次,陆域总面积 3.39 万平方米,堆场面积 1.5 万平方米,靠泊能力为 300 ~ 500 吨级船舶。这些码头均为企业业主码头,目前主要转运当地的矿建材料、煤炭,夹江等地的瓷砖和眉山等地的元明粉。沙湾港区现仅有潭坝码头和易坝码头等渡口码头。

岷江中段(成都至乐山)航道:岷江中段成都—乐山共 186 千米,历史上为通航河流,20 世纪 70 年代货运量曾达 80 万吨,之后由于多种原因造成间断通航。目前,该河段的渠化工作正在推进,其中,成都至江口航道里程 71 千米,为 50 吨级航道,枯水期航道水深 0.7 米;江口至乐山航道里程 115 千米,为 100 吨级航道,枯水期航道水深 1 米,最大可通行 100 吨船舶。

岷江下段(乐山至宜宾)航道:岷江下段航道里程 162 千米,通过三次较大规模整治后,航道等级从不足 300 吨级提高到 500 吨级。通航保证率 95% 时(相应流量:五通 574 立方米/秒,高场 652 立方米/秒),航道水深为 1.5 米,常年可通行 500 吨级船舶;通航保证率 70% 时(相应流量:五通 890 立方米/秒,高场 1020 立方米/秒),航道水深为 1.8 米,可通行 365 千瓦拖轮和 750 吨级重型专用驳船所组成的大件专用船队。

2. 港口水文气象

乐山市属中亚热带湿润季风气候类型,平原和缓丘平坝年平均气温不低于 16 摄氏度,一月平均气温 6.3 ~ 7.5 摄氏度,七月平均气温 25.7 ~ 26.7 摄氏度。年降水量可达 1000 毫米以上,南部沐川可达 1348.7 毫米,峨眉山则高达 1593.8 毫米,夹江、峨眉山、市中区及五通桥等地是市内多雨和暴雨中心之一。西部山区则属山地气候,海拔 800 米以下尤其是河谷地带气候温和,气温随海拔上升而下降,但降水渐增。海拔 1500 米以上地带气候寒冷,多雨雾,湿度大,霜雪期延长,植被为大片的阔叶林和针叶林。

3. 发展成就

2000 年 6 月,乐山大件码头建设工程竣工。乐山大件码头是四川省政府为三峡工程和产业结构重大调整所建设的交通基础设施配套工程,是四川大型设备(超重、超宽、超长)水陆运输通道枢纽,是纳入四川省政府"2233 项目"的重点工程("2233"是指:竣工投产 20 个重点项目,加快建设 20 个重点项目,争取开工 30 个重点项目,加快前期工作 30 个重点项目)。乐山大件码头建于 1995 年,总投资 4680.66 万元,占地 31.9 亩(约 2.1 万平方米),码头岸线长 115 米,设计 750 吨泊位一个。码头主要设备为 550 吨门式起重机(主梁跨度为 39 米,自重 420 吨,起升高度 24 米),可装卸最大单件重量为 550 吨;另有 50 吨副钩和 10 吨电动葫芦,可用于集装箱、散杂货物吊装。建设有 2.7 千米进港航道,按四级航道标准建设。货物经码头中转,水路可通往岷江、长江沿岸直至上海,实现江海联运。乐山大件码头自 1998 年投入试运行,从最初的每年装卸 4 批次 2366 吨,发展至 2015 年,全年完成装卸 72 批次 16657 吨。

乐山港港区分布图如图 9-12-3 所示,乐山港基本情况见表 9-12-4。

图 9-12-3　乐山港港区分布图

(二)嘉州港区

1. 港区综述

嘉州港区位于四川盆地的西南部,东邻自贡与宜宾市,南靠凉山彝族自治州,西连雅安市,北接眉山市。现有人件码头,位丁距乐山市区 4 千米大渡河左岸肖坝河段,750 吨泊位 1 个,占用岸线长度约 115 米,年综合通过能力约 3 万吨,以重大件和件杂货运输中转为主。主要开通了乐山—上海的大件运输航线,主要运输货物为机械设备。

表 9-12-4

乐山港基本情况表

序号	港区名称	港口岸线		2015 年港口生产用泊位					其中:1978—2015 年建成的生产用泊位				2015 年港口货物和旅客吞吐量							
		港口规划岸线	其中:2015 年前已建成岸线	生产用泊位数	其中:千吨级及以上	生产用泊位总长	其中:千吨级及以上		生产用泊位数	其中:千吨级及以上	生产用泊位总长	其中:千吨级及以上	货物吞吐量	其中:外贸货物吞吐量	集装箱吞吐量	滚装车辆		旅客吞吐量	其中:国际旅客吞吐量
																数量	重量		
		千米	千米	个	个	米	米		个	个	米	米	万吨	万吨	万 TEU	万辆	万吨	万人	万人
1	嘉州港区	7.1	0.6	3	0	600	0		3	0	600	0	64.73	—	—	—	—	—	—
2	五通桥港区	1.85	0.52	8	0	522	0		8	0	522	0	18.24	—	—	—	—	—	—
3	犍为港区	4.35	1.72	12	0	1716	0		12	0	1716	0	60.14	—	—	—	—	—	—
4	沙湾港区	1	—	—	—	—	—		—	—	—	—	115	—	—	—	—	—	—
	合计	14.3	2.84	23	—	2838	—		23	—	2838	—	258.11	—	—	—	—	—	—

嘉州港区地处四川盆地向西南山地过渡地带,总体趋势西南高,东北低,高低悬殊。区内地形地貌特征主要受岩性和构造的控制,其地貌单元主要为构造剥蚀地貌,其次为河流堆积地貌。构造剥蚀地貌表现为不规则馒头山、圆顶山或椭圆形山峰、条形山脊。

2.港区工程项目

乐山大件码头

项目于1995年12月开工,1998年9月试投产,1999年12月竣工。

项目建设依据:1995年2月,四川省计划委员会《关于乐山大件码头工程可行性研究报告批复》(川计〔1995〕交117号);1995年10月,四川省建设委员会、四川省计划委员会、四川省交通厅《关于乐山大件码头工程初步设计审查的批复》(川建委设发〔1995〕交777号)。

项目建设1个750吨级重大件泊位,岸线长度为115米。码头采用顺岸式布局,码头前沿采用重力式岸壁(重力式结构)。码头前沿水深2.2米。项目后方堆场面积7700平方米,堆存能力5000吨。主要装卸设备配置1号、2号桥式起重机支墩和550、50、10吨桥式起重机各1台。项目总投资4681万元,其中,中央投资420万元,地方投资4261万元。项目用地面积1.98万平方米。

项目建设单位为乐山市大件码头建设指挥部,设计单位为四川省内河勘察规划设计院,施工单位为四川省交通厅第二航道工程处,监理单位为四川省水运工程监理事务所,质量监督单位为四川省交通厅水运工程质量监督站。

项目投产后截至2015年底,已完成大件设备吊装1833批次、43.37万吨,其中最大单件重531吨,最长单件为53米,为重装设备进出四川作出了积极贡献。

(三)犍为港区

1.港区综述

犍为港区地处岷江中下游,位于四川省乐山市东南部,东北与荣县交界,东南与宜宾县为邻,西南与沐川县相交,西北与五通桥区、井研县毗邻。现有下渡恒邦码头,位于乐山市以下21千米的岷江下游左岸,500吨泊位1个,占用岸线长度约100米,年综合通过能力约30万吨,主要运输货物为矿建材料、化工产品、金属矿石、件杂货,已开通乐山至上海航线。四川省乐山恒邦港务有限公司是乐山市人民政府招商引资项目,是长江上游及岷江综合性港口和水路运输的骨干企业。该公司始建于2005年,在岷江乐山境内建有犍为下渡综合性货运码头和五通桥区桥沟码头。公司总投资3800万元,其中下渡码头占地面积50亩(约3.3万平方米),码头规划岸线长度为1000米,现已利用岸线520米,共有泊位11个;桥沟码头占地面积约13亩(约8667平方米),码头已利用岸线144.6米,共有泊位3个。两个港口设计年吞吐量100万吨,仓储容量10万吨。

犍为港区地形地貌多样,坝、丘、山皆具,以丘陵为主,浅丘居多,西部边界一带为低山区,境内河流密布,沿江多有平坝;地势东北、西南高,东、南低,最高海拔1047米,最低海拔308米;属于亚热带湿润性气候区;年平均气温为17.5摄氏度,无霜期333天,年平均降水量1141.3毫米,年平均日照957.9小时。

下渡恒邦码头位于乐山市犍为县下渡乡,前临岷江,后靠下渡乡街道,交通便利。五犍沐快速通道和仁沐新高速公路修通后,交通更加通畅。产品通过公路运输至码头,利用塔式起重机对船舶进行装卸载。

2. 港区工程项目

犍为下渡综合性货运码头

项目于2004年4月开工,2006年5月试投产,2007年5月竣工。

项目建设依据:2004年9月,乐山市发展计划委员会《关于犍为下渡综合性货运码头立项的批复》(乐计〔2004〕474号);2005年12月,乐山市发展和改革委员会《关于四川省乐山恒邦港务有限公司犍为下渡综合性货运码头可行性研究报告的批复》(乐发改能交〔2005〕545号);2004年9月,乐山市航务管理局《关于乐山恒邦港务有限公司申请修建下渡综合性货运码头的批复》(乐航局〔2004〕184号);2004年11月,犍为县环境保护局《关于四川省乐山恒邦港务有限公司犍为下渡综合性货运码头环境质量标准污染物排放标准及总量控制的意见》(犍环发〔2004〕43号);2006年1月,犍为县人民政府《关于四川省乐山恒邦港务有限公司补办国有土地使用权出让手续的批复》(犍府土发〔2006〕2号)。

项目建设6个500吨级件杂货、散货泊位,岸线长度为1500米。码头采用顺岸式布局,重力式结构。码头前沿水深2米。项目后方堆场面积1.5万平方米,堆存能力20万吨。仓库面积350平方米,仓储容量3万吨,堆存能力5000吨。主要装卸设备配置包括门座式起重机2台。项目总投资3520万元,来自业主自筹。项目用地面积4.6万平方米。

建设单位为四川省乐山恒邦港务有限公司,设计单位为乐山市水利水电工程勘测设计研究院,施工单位为雅安市三联实业有限公司成都分公司,监理单位为乐山昭益水利工程监理有限责任公司,质量监督单位为乐山市交通基本建设质量监督站。

四川省乐山恒邦港务有限公司货物吞吐量由成立初期的每年约15万吨,逐渐增长,截至2017年达到约每年50万吨。

五、南充港

(一)港口概况

1. 港口综述

南充市位于四川盆地东北部,嘉陵江中游,南北跨度165千米,东西跨度143千米。

南充东邻达州,南连广安,西与遂宁、绵阳接壤,北与广元、巴中毗邻,与西部物流、商贸、金融中心成都和西南最大工业城市重庆形成一个等边三角形的 2 小时经济圈,为南充打造"成渝第二城,全省经济副中心"创造了得天独厚的优越条件。全市面积 1.25 万平方公里,辖顺庆、高坪、嘉陵 3 区和阆中、西充、南部、仪陇、蓬安、营山 6 市县。

南充港是四川省地区重要港口之一,在综合交通体系中发挥着独特作用。南充港是提升南充在川东北区域核心竞争力、构建区域性综合交通枢纽的基础;是川东北城市群发展现代物流、临港工业和嘉陵江沿江经济带,促进外向型经济发展的强力支撑;是承接产业转移,打造成渝经济区经济发展轴的重要依托。南充港将发展成为以内外贸集装箱、化工产品和嘉陵江文化生态旅游为主,具备装卸存储、中转换装、临港工业、现代物流和旅游休闲等功能的区域性综合性港口。

南充位于四川盆地东北部、嘉陵江的中游,有着"西通蜀都、东向鄂楚、北引三秦、南联重庆"的特殊地理位置。南充是悠久历史的文化名城,从公元前 202 年汉朝设安汉县伊始,南充已建城 2200 多年,是川东北地区最大的商品集散地、经济和文化中心,四川八大中心城市之一,享有"川北心脏"之称。南充港于明洪武四年(1371 年)兴建至今,已有近 700 年的历史。初期,船舶停靠自然岸线进行装卸作业。民国 28 年(1939 年)南充—岳池和岳池—广安公路相继建成通车后,始建简易码头。同年,江汉工程局对南充河道进行了分段整治,港口运输呈现一片繁忙。抗日战争胜利后,南充港货源大减,港口日趋衰落。新中国成立后,南充港运输生产开始恢复和发展。1962 年起,港务和物资部门先后修建简易码头 12 座。2000 年,南充滨江大道改扩建,为配合城市建设,建成大河坝作业区,建有 500 吨级客运泊位 1 个,500 吨级货运泊位 4 个。随着城市的发展,南充港大河坝作业区已紧邻中心城区,对城市环境的影响严重。因此,该作业区将物流转换为旅游,货运转换为客运。

南充港共规划了 5 个港区,分别是嘉顺港区、仪陇港区、阆中港区、南部港区和蓬安港区。规划了 11 个作业区,75 个泊位,其中集装箱泊位 8 个,总通过能力可达 2128 万吨,其中集装箱通过能力 56 万 TEU。截至 2015 年,南充港已建成嘉顺港区中的都京作业区、南充化工园区河西作业区、南充大河坝旅游作业区。

南充市的发展是与嘉陵江航运的发展紧密相关的。嘉陵江南充段全长 280.6 千米,从南至北贯穿南充境内,途经阆中市、南部县、仪陇县、蓬安县、高坪区、顺庆区、嘉陵区。20 世纪 90 年代,嘉陵江开始渠化建设,全江 16 梯级中有 9 个梯级位于南充市境内,嘉陵江航道渠化整治后航道等级达到了四级航道标准。根据《四川省内河水运发展规划》,至 2030 年,通过对通航建筑物的和过河建筑物的改扩建,嘉陵江航道等级将提高到三级,1000 吨级船舶和 3000 吨级船队将可从南充、重庆顺江而下直达上海,将为南充发展打造了一条高效、便捷的水上大通道,将为南充市建设大吨位集装箱码头、发展现代水运创造了条件,也将为南充承接产业转移,发展沿江产业提供优越通航环境。

2.港口水文气象

南充市位于典型的中亚热带湿润季风气候区,具有四川盆地底部共同的气候特征:四季分明,冬暖、春早、夏热、秋雨、多云雾;多年平均降水量为987.2毫米,年最大日降水量为161.7毫米;多年平均气温为17.3摄氏度;多年平均风速为1米/秒;多年平均相对湿度为80%;多年平均日照时数为1135.3小时;多年平均无霜日数为306天,年极端无霜日数为342天(最长)、239天(最短)。

南充市位于嘉陵江中游,上游为山区,中游则由深丘过渡到丘陵区。全流域雨量充沛,洪水主要由暴雨形成,陡涨陡落、水位变幅大、持续时间相对较短是该流域洪水的主要特性。南充地区洪水发生时间与暴雨对应,大暴雨以7、9两月发生机会较多,且暴雨强度大。

3.发展成就

南充港嘉顺港区都京作业区一期建设已完工,南充旅游码头和河西化工园区专用码头也已建设完成,都已进入试运行。南充港其他港区作业区规划也已完成。

南充港港区分布图如图9-12-4所示,南充港基本情况见表9-12-5。

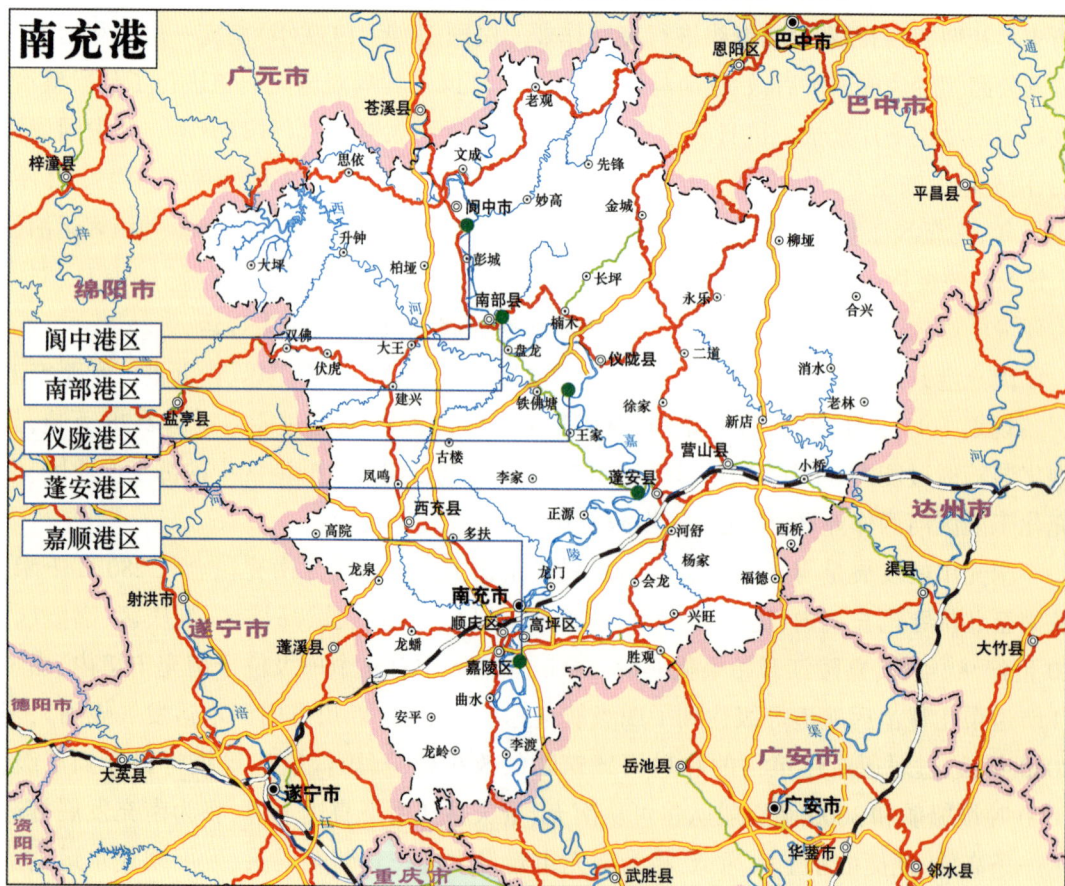

图9-12-4　南充港港区分布图

表 9-12-5

南充港基本情况表

序号	港区名称	港口岸线		2015年港口生产用泊位			其中:1978—2015年建成的生产用泊位				2015年港口货物和旅客吞吐量								
		港口规划岸线	其中:2015年前已建成岸线	生产用泊位数	其中:千吨级及以上	生产用泊位总长	生产用泊位数	其中:千吨级及以上	生产用泊位总长	其中:千吨级及以上	货物吞吐量	其中:外贸货物吞吐量	集装箱吞吐量	滚装车辆		旅客吞吐量	其中:国际旅客吞吐量
														数量	重量		
		千米	千米	个	个	米	个	个	米	米	万吨	万吨	万TEU	万辆	万吨	万人	万人
1	阆中港区	19.9	1.27	34	0	626	34	0	626	0	96.28	—	—	—	—	18.25	—
2	南部港区	9.4	0.2	76	—	1049	76	—	1049	—	97.00	—	—	—	—	3.8	—
3	仪陇港区	6.9	0.15	32	—	657	32	—	657	—	79.38	—	—	—	—	—	—
4	蓬安港区	12.5	0.6	36	—	940	36	—	940	—	102.28	—	—	—	—	—	—
5	嘉顺港区	24.01	1.59	68	88	2304	68	—	2304	88	129.92	—	—	—	—	12.6	—
	合计	72.71	3.81	246	0	5576	246	0	5576	88	504.86	—	—	—	—	34.65	—

(二)嘉顺港区

1. 港区综述

嘉顺港区上起正源,下至南充市与广安市交界处孙家嘴,嘉陵江航道总长90.3千米。嘉顺港区主要为南充3区6市县及遂宁、巴中、绵阳等南充港经济腹地的集装箱运输提供中转服务,结合其他运输方式,大力发展现代物流业;同时还将服务于天然气化工产业带,承担临港工业园区的原材料、产品运输以及城市发展所需散杂货的中转运输;也是南充市发展嘉陵江水上旅游的重要依托。港区可利用岸线长度为28.84千米,其中宜港岸线长24千米,已经建设了河西作业区化学工业园区专用码头和都京作业区。

河西作业区化学工业园区专用码头从2015年12月开始试运行以来,货物吊装方面完成吊装总量约为2010吨,未进行件杂货物和集装箱作业,货物种类主要是精对苯二甲酸,取得了一定的经济效益和社会效益。单台起重机可完成吨袋吊装70袋/时,约85吨/时。试运行期间,码头结构稳固,位移、沉降量均符合设计要求;各机械设备都能安全、正常运行;码头管理机构及现场操作人员均能按规程操作,未出现任何安全事故,试运行总体情况良好,达到了预期的效果。都京作业区自试运行以来,累计完成吞吐量为6575TEU;仓库出租面积为25700平方米,出租使用率为83%;都京作业区运用港口区位优势,积极拓展大宗物流贸易业务。

嘉顺港区地处嘉陵江中游,位于南充市主城区嘉陵江段的青居枢纽库区,上距广元港约400千米,下离重庆港300千米左右,是南充港的主要港区。该港区各作业区与高速公路、铁路站和航空港比邻,交通便捷;水上运输沿嘉陵江上承广元港,下达重庆港,并可转接渠江广安港,是甘、陕和四川北部货物水运进入长江的必经之地。

嘉顺港区内都京作业区距成南高速公路二洞桥互通立交桥和南渝高速公路互通立交桥均约3千米,可通过规划的朱凤寺大桥和江东大道,与成南高速公路和南渝高速公路相接;河西作业区有兰渝铁路分线进入化工园区,可实现铁水联运,规划一条专用4车道与港外在建的化工大道相接。

2. 港区工程项目

(1)南充港都京作业区一期工程

项目于2012年5月开工,2013年12月试运行,截至2015年还没有进行竣工验收。

项目建设依据:2010年7月,四川省交通运输厅《关于南充港都京作业区多用途码头一期工程项目预可行性研究的意见》(川交函〔2010〕510号);2011年12月,四川省发展和改革委员会《关于南充港都京作业区一期工程项目核准的批复》(川发基础

〔2011〕1760 号);2011 年 12 月,四川省交通运输厅《关于南充港都京作业区一期工程初步设计的批复》(川交函〔2011〕1011 号);2011 年 4 月,四川省环境保护厅《关于南充港都京作业区多用途码头一期工程(不含物流园区)环境影响报告书的批复》(川环审批〔2011〕145 号);2011 年 12 月,四川省环境保护厅《关于南充港都京作业区一期工程生产生活辅助区的环保意见》(川环建函〔2011〕479 号);2011 年 12 月,四川省环境保护厅《关于南充港都京作业区多用途码头一期工程生产生活辅助区环境影响补充报告的批复》(川环审批〔2011〕601 号);2011 年 12 月,四川省国土资源厅《关于南充港都京作业区多用途码头(一期)工程用地预审意见的复函》(川国土资函〔2011〕1947 号);2011 年 11 月,四川省交通运输厅《关于南充港都京作业区多用途码头一期工程使用港口岸线的批复》(川交函〔2011〕806 号);2011 年 9 月,水利部长江水利委员会行政许可决定《关于南充港都京作业区一期工程涉河建设方案的批复》(长许可〔2011〕196 号)。

项目建设 4 个 500 吨级集装箱码头泊位,远期停靠 1000 吨级船舶,岸线长度为 800 米。前沿框架平台高程为 270 米,总长 353.5 米,宽 27 米,接岸工程采用梁板结构,长 353.5 米,跨距 8 米。堆场及仓库总面积 21 万平方米,其中仓库占地 2.5 万平方米。主要装卸设备配置轨道式集装箱门式起重机 2 台,岸边集装箱起重机 1 台,集装箱正面起重机 1 台,进箱 3 吨内燃叉车 6 台,进箱 3 吨电动叉车 2 台,空箱堆高机 1 台,双梁吊钩桥式起重机 3 台。作业区占地面积约 28 万平方米,生产生活辅助区占地面积约 23 万平方米。装卸作业区位于前方靠江侧,分为前沿框架、陆域堆场及道路、海关监管及检验检疫场地等。陆域总长 507 米,最大纵深 520 米。项目总投资 13.32 亿元,其中四川省港航公司出资 5.52 亿元,政府出资 8.28 亿元。项目用地面积 500 万平方米。

项目建设单位为四川南充都京港务有限公司,设计单位为四川省交通运输厅交通勘察设计院、山鼎设计股份有限公司,施工单位为中交第四航务工程局有限公司、四川兴港建筑工程有限公司,监理单位为四川省水运工程监理事务所,质量监督单位为南充市交通运输局公路(水运)质量监督分站。

项目 2014—2016 年连续 3 年被四川省交通运输厅考核评为"平安工程"示范项目,2018 年 4 月被四川省交通运输厅推荐参加交通运输部第四届"平安工程"冠名活动并通过评审。

截至 2015 年,由于嘉陵江未能全线实现复航,因此都京作业区暂时未能发挥较大作用。但随着嘉陵江的全面复航,都京作业区将发展成为内外贸易集装箱运输、仓储物流协调发展的西部现代化综合港口,将极人促进嘉陵江沿江经济带的快速形成与发展。为给都京作业区快速发展提供有利条件,南充市政府投资建设了相应港口配套工程。

(2)南充河西作业区化学工业园区专用码头项目

项目于2013年11月开工,2015年11月试运行,2019年11月竣工。

项目建设依据:2013年3月,四川省发展和改革委员会《关于请求审批南充港河西作业区化学工业园区专用码头工程可行性研究报告的请示的批复》(川发改基础〔2013〕291号);2013年8月,四川省交通运输厅《关于南充港河西作业区化学工业园区专用码头工程初步设计的批复》(川交函〔2013〕493号);2012年9月,四川省环境保护厅《南充港河西作业区化学工业园区专用码头工程环境影响报告书》(川环审批〔2012〕556号);2012年1月,四川省国土资源厅《关于南充港河西作业区化学工业园区专用码头用地预审的复函》(川国土资函〔2013〕101号);2012年6月,四川省交通运输厅《关于南充港河西作业区化学工业园区专用码头使用港口岸线批复》(川交函〔2012〕822号)。

项目建设6个500吨级危化品泊位,2个500吨级件杂货泊位,远期兼顾1000吨级,岸线长度850米。专用码头采用直立式方案,主要包括码头水域、前沿框架、后方陆域及进出港道路,后方陆域为二级平台布置,码头前沿采用框架结构,码头前沿水深3米。项目后方堆场面积5.37万平方米。仓库面积22821.72平方米。主要装卸设备配置包括8台门座式起重机和为仓库配备2台行车。项目总投资8.63亿元,由南充市政府自筹。项目用地面积36.16万平方米。

项目建设单位为南充经济开发区投资集团有限公司,设计单位为四川省交通运输厅交通勘察设计研究院,施工单位为中交第二航务工程局有限公司,监理单位为四川省城市建设工程监理有限公司,监督单位为南充市交通运输局公路水运质量监督分站。

六、广安港

(一)港口概况

1.港口综述

广安港地处四川盆地东部,渠江、嘉陵江中下游,由分布在渠江、嘉陵江广安段的广安港区、华蓥港区、岳池港区、武胜港区等4个港区组成,是四川省地区重要港口之一,是川东北经济区第一个现代化港口,是川东北地区通过渠江、嘉陵江进出长江最近的水运口岸,也是川东北经济区规划中最大的一个港口。广安港紧靠襄渝铁路、兰渝铁路、兰渝铁路南高支线,212、310国道和广渝、南渝、遂广、巴广渝等高速公路穿越港区,是连接革命老区巴中、达州与西南重镇重庆、川北重镇南充的重要水路联运港,主要承担广安市及周边地区的煤炭、建材、化工、农用物资以及粮食等大宗物资运输。

广安港建港历史悠久,初期,船舶停靠自然岸线装卸,民国期间,始建简易码头,江汉工程局对河道进行了分段整治,港口运输呈现一片繁忙景象。抗日战争胜利后,货源大减,港口日趋衰落。新中国成立后,广安港开展水上民主改革,运输生产得到恢复和发展。1962 年起港务和物资部门先后修建部分简易码头。进入 21 世纪,广安港得到了较大的发展,修建了邓家、东门、白塔、旧县等一批客货码头,港口初具规模。广安港现有广安、华蓥、岳池、武胜 4 个港区。

渠江流经广安、前锋、华蓥、岳池,境内长 131.2 千米,上游经渠县至达州、巴中,下游在合川渠河咀汇入嘉陵江。四九滩枢纽至达州界 60.3 千米为库区航道,四级航道(除规划的风洞子库区航段),常年通航 500 吨级船舶;四九滩枢纽至重庆界 70.9 千米为库区航道,三级航道,常年通航 1000 吨级船舶。

嘉陵江干流广安境内长 78.5 千米(不包括东西关裁弯取直段 22 千米),流经武胜县、岳池县,航道起于武胜县孙家咀,止于黄帽沱(川渝界)。目前桐子壕枢纽以上为库区航道,为 500 吨级航道,长 59.5 千米;桐子壕枢纽至重庆界 19 千米为天然航道,五级航道,存在北门滩、香炉滩等滩险,滩险处常年仅能通行 300 吨级以下船舶,利泽枢纽蓄水后将成为库区航道。境内自上而下的东西关、桐子壕两座航电枢纽均已建成。

2. 港口水文气象

广安市地处中亚热带湿润季风气候区,冬季少雨,夏季多雨,气候温和,冬无严寒,夏季炎热,雨量多。年平均气温 17.1 摄氏度,最冷月(1 月)平均气温 6 摄氏度,最热月(7 月)平均气温 27.8 摄氏度。无霜期 306 ~ 328 天。年平均降水量 1200 毫米,多年最小降雨量 550 毫米,多年平均风速 1.7 米/秒,最大风速 22 米/秒。

渠江的径流主要是由降雨补给,高山融雪补给较少。5—10 月为汛期,11 月至次年 4 月为枯季。嘉陵江流域径流主要由降雨补给,径流具有年内分配不均和年际变化较大的特点。每年 4 月起径流随降雨的增大而增大,7 月水量最丰,9 月次丰,11 月后由于降雨量的减少,径流逐渐以地下水补给为主。实测最大流量为 28900 立方米/秒,实测最小流量为 38.2 立方米/秒。洪水:渠江的洪水由暴雨形成,具有陡涨陡落、峰高量大、历时短、过程线尖瘦等特点,历时一般在 1 ~ 2 天,水位变幅 10 ~ 20 米。渠江三汇至罗渡溪河段流经浅丘陵区,河道弯曲,河道对洪水的调蓄作用较大。嘉陵江流域的洪水由暴雨形成,暴雨多发生在 5—10 月,流域内的洪水发生时间与暴雨相应,大暴雨以 7、9 月发生机会多、强度大,年最大洪水也多发生在这两月。泥沙:渠江上游含沙量大,中游较少,其中州河的含沙量又较巴河高。

3. 发展成就

广安港的前身是原南充地区的广安县、岳池县、武胜县和代管华蓥市以及达县地区邻水县的原有部分中小型港口。广安撤地建市以来,广安港依托当地经济社会发展,进一步加强港口建设,尤其是嘉陵江及渠江全江渠化后,500 吨级船舶由广安境内可直达长江。

2005 年,广安港共有生产性泊位 213 个,完成货物吞吐量 429.7 万吨。广安港总体规划坚持了"三三联动"的港口发展思路,即港区、城区、园区三区互动,港口物流园区、作业区、综合配套服务区三位一体,新东门作业区和明月作业区三区接力,实现"以港兴市"的发展战略。渠江广安(四九滩—丹溪口)航运建设工程建设采取"一港口、一航道、一船闸、一综合配套服务区"的市企合作建设模式,即:广安市在规划区内划定 3000 亩(200 万平方米)土地交由企业进行一级土地整理,整理成熟后由政府按照招拍挂进行出让,然后将土地出让收益用于广安港新东门作业区建设、广安四九滩至丹溪口航道整治、富流滩二线船闸建设。在建设港口的同时,同步建设航道、船闸。2011 年 12 月,广安港主体工程全面开工,2013 年 1 月,5 号、6 号泊位开港试运行,新增集装箱吞吐能力 15 万 TEU。规划的1000 吨级 6 个泊位全部建成后,集装箱年吞吐能力达到 40 万 TEU。2015 年,广安港货物吞吐量 478 万吨,旅客吞吐量 96 万人次。"十二五"期,广安以下渠江航道达到三级航道标准,1000 吨级船舶从广安顺江而下可直达上海,一个全新的川东北现代化港口崛起于"小平故里",成为通江达海的水上平台。

广安港港区分布图如图 9-12-5 所示,广安港基本情况见表 9-12-6。

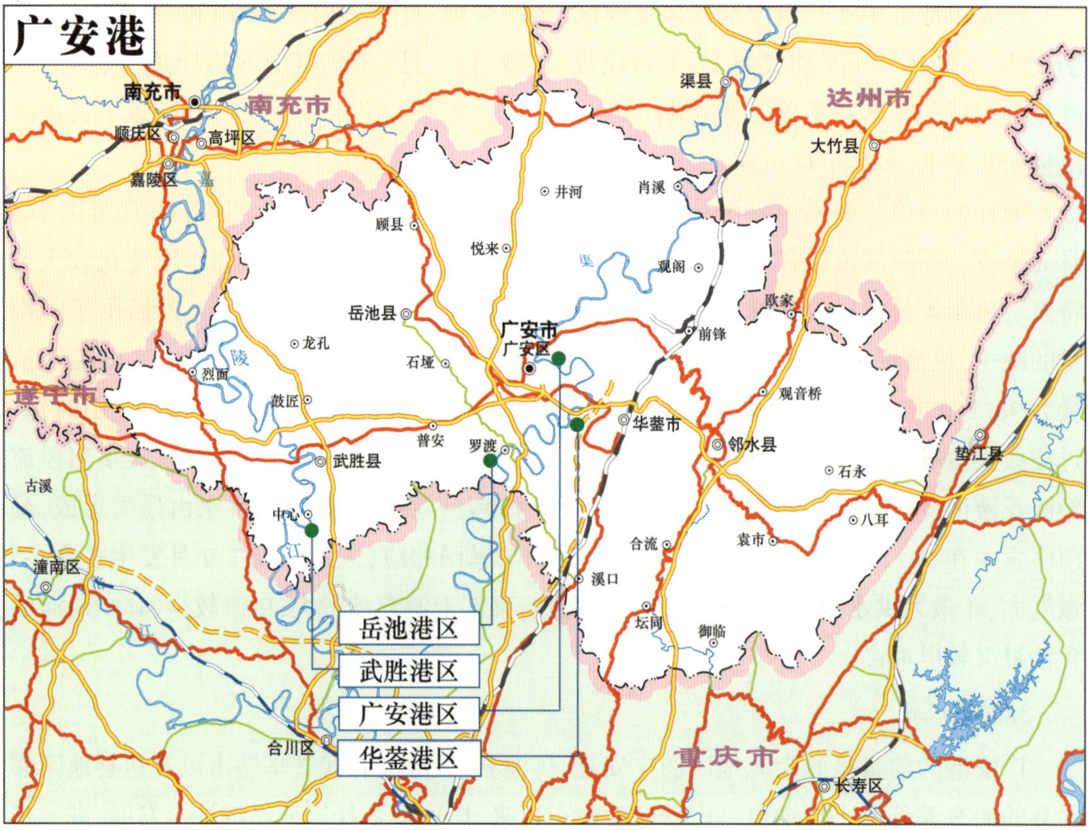

图 9-12-5　广安港港区分布图

表 9-12-6

广安港基本情况表

序号	港区名称	港口岸线		2015年港口生产用泊位				其中:1978—2015年建成的生产用泊位				2015年港口货物和旅客吞吐量							
		港口规划岸线	其中:2015年前已建成岸线	生产用泊位数	其中:千吨级及以上	生产用泊位总长	其中:千吨级及以上	生产用泊位数	其中:千吨级及以上	生产用泊位总长	其中:千吨级及以上	货物吞吐量	其中:外贸货物吞吐量	集装箱吞吐量	滚装车辆		旅客吞吐量	其中:国际旅客吞吐量
															数量	重量		
		千米	千米	个	个	米	米	个	个	米	米	万吨	万吨	万TEU	万辆	万吨	万人	万人
1	广安港区	11.90	3.54	88	6	4215	461	88	6	4215	461	174.74	0.02	0.01	0	0	35.39	0
2	华蓥港区	2.5	0.4	15	0	560	0	15	0	560	0	40.15	0	0	0	0	9.65	0
3	岳池港区	4.05	0.82	43	0	1607	0	43	0	1607	0	137.68	0	0	0	0	41.8	0
4	武胜港区	5.86	1.29	39	0	1655	0	39	0	1655	0	95.5	0	0	0	0	7.6	0
	合计	24.31	6.05	185	6	8037	461	185	6	8037	461	448.07	0.02	0.01	0	0	94.44	0

(二)广安港区

1. 港区综述

广安港区位于四川盆地东部的渠江中游,自宋代开港以来,对渠江水运及川东北地区的经济发展发挥了重要作用。新中国成立前,广安县的交通运输全部依靠水运,直至1975年,广安县的主要进出口物资仍依赖水运,沿江有客货运输繁忙的肖溪、兰子溪、石盘、温江、梭罗、石笋、三溪、太山、蒙溪、花园、浓洄、白塔等自然码头。1979年,襄渝铁路全线通车后,各种物资弃水走陆,水运货源的流量流向发生了根本变化,渠江航运萎缩,企业日趋困难。1993年广安地区成立后,广安县的水运业得到较快的发展,为适应新区建设发展和广安发电厂修建需要,先后修建了邓家湾、梭罗码头,为支撑广安地区的经济发展建设发挥了重要作用。广安港区包括渠江左岸望溪口至扯渡河65.8千米,右岸勤劳村至沙湾108.5千米,是广安港的中心港区,现有新东门、邓家、白塔货码头,东门客运码头等码头,泊位127个,码头岸线长约4336米,堆库场面积12.23万平方米,陆域面积25.54万平方米,靠泊能力为1000吨级以下的船舶,主要承担腹地内的集装箱运输服务,结合其他运输方式,大力发展现代物流业,同时还将承担临港工业园区的原材料、产成品以及城市发展所需散杂货的运输服务。广安港区拥有宜港岸线11895米,已利用岸线3075米。

广安港区主要建设了新东门作业区一期工程,其拥有1.5千米的进港道路(专用一级路)与港区后方的环城公路互通立交连接,从而实现与前锋工业集中区、新桥能源化工集中区和枣山工业集中区的连接,并经环城公路接入公路网实现与岳池、华蓥及邻水的连接。

2. 港区工程项目

(1)广安港白塔货运码头

项目于2002年11月开工,2003年4月试运行,2003年5月竣工。

项目建设依据:2002年1月,四川省计划委员会《关于广安港邓家、东门口码头工程可行性研究报告(代立项)的批复》(川计交〔2002〕1号);2002年2月,四川省计划委员会《关于广安市航务管理处修建广安白塔码头立项的批复》(广市计固投〔2002〕48号);2002年10月,四川省交通厅《关于渠江东门口码头迁址(将东门口码头货运功能迁至白塔码头)的批复》(川交函建〔2002〕754号);2002年5月,四川省环境保护厅《关于对广安港东门口、邓家码头建设工程出具了审查意见》;2001年9月,广安市建设委员会核发了《广安港东门口、邓家码头建设项目选址意见书》(广市建规字第2001001号)。

项目建设10个500吨级散货泊位,岸线长度为500米。码头采用顺岸式布局,前沿水深1.6米,堆场面积2000平方米,管理房面积478平方米。项目总投资106万元,全部来自中央投资。项目用地面积 18 亩(1.2 万平方米)。

项目建设单位为广安市航务管理处,设计单位为广安区渠江航道工程处勘察设计队,施工单位为四川宏云建设有限公司,监理单位为广安通力交通工程监理咨询有限公司。

项目的建设结束了广安区自然岸坡码头的历史,规范了广安城区散、小砂石装卸点,为船舶运输提供了便利条件。2012—2015 年,该码头年均完成货物吞吐量 25 万吨左右。

(2)广安港新东门作业区一期工程

项目于 2011 年 6 月开工,2013 年 1 月试运行。

项目建设依据:2010 年 11 月,四川省交通运输厅《关于渠江广安(四九滩—丹溪口)航运建设工程可行性研究报告审查意见的函》(川交函〔2010〕792 号);2010 年 12 月,四川省发展和改革委员会《关于渠江广安(四九滩—丹溪口)航运建设工程项目核准的批复》(川发改基础〔2010〕1186 号);2010 年 12 月,四川交通运输厅《关于渠江广安(四九滩—丹溪口)航运建设工程新东门作业区一期工程初步设计的批复》(川交函〔2010〕946 号);2010 年 11 月,四川省环境保护厅《关于渠江广安(四九滩—丹溪口)航运建设工程环境影响报告书的批复》(川环审批〔2010〕617 号);2012 年 5 月,国土资源部《关于渠江广安(四九滩—丹溪口)航运工程建设用地的批复》(国土资函〔2012〕408 号);2010 年 12 月,交通运输部《关于广安港广安港区新东门作业区一期工程使用港口岸线的批复》(交规划发〔2010〕750 号)。

项目建设 6 个 1000 吨级泊位,其中多用途泊位 4 个、散货泊位 1 个、液货泊位 1 个,岸线长度为 800 米。码头采用前沿框架＋栈桥＋后方陆域布局,1 号液货泊位采用架空斜坡道形式、2～6 号泊位采用直立式前沿框架,后方用栈桥连接,栈桥采用桩基排架结构,长 60 米。码头前沿水深 3.3 米。项目后方堆场面积 8.5 万平方米。仓库面积 2 万平方米。主要装卸设备配置包括:多用途泊位码头前方共配置 4 台(暂配置 1 台)起重量40.5 吨(吊具下)轨距 16 米的多用途岸边起重机进行装、卸船作业;后方堆场配备 3 台(暂配置 1 台)40.5 吨(吊具下)和 5 台 30.5 吨(吊具下),外伸距均为 10 米的轨道式门式起重机进行堆场装卸作业,配备 1 台空箱堆高机进行堆场空箱装卸作业。散货码头配备2 台(暂未配置)40.5 吨—25 米门座式起重机配抓斗进行卸船作业。项目设计批复总投资概算为 12.60 亿元,其中交通运输部拨资金 3.08 亿元、四川省水运资金 4500 万元、广安市交投集团资本金 200 万元,其他资金按与广安市签订的《市企合作协议》约定,采取市企合作、综合开发、市场运作的方式对配套服务区项目进行综合开发所取得的净收益予以解决。项目永久用地 1014.88 亩(约 67.7 万平方米)、临时用地 292.14 亩(约 19.5 万平方米),总征地面积 1307.02 亩(约 87.1 万平方米)。

项目建设单位为四川广安承平港务有限公司;设计单位为四川省交通运输厅交通勘察设计院、山鼎设计股份有限公司;施工单位中施工Ⅰ、Ⅱ标:四川路航建设工程有限公司,施工Ⅲ标:成都市第二建筑工程公司,堆场仓库Ⅳ标:四川兴港建筑工程有限公司,仓储区办公楼及大门建筑Ⅴ标:四川兴港建筑工程有限公司;监理单位为湖南三湘交通建设监理事务所;质量监督单位为广安市交通建设质量监督管理站和四川省交通运输厅工程质量监督局。

(三)武胜港区

1. 港区综述

港区建设概况和运营情况

武胜港区位于四川盆地中部的嘉陵江干流中游,港区条件优越,经济腹地广阔,自明代中叶开港以来,对嘉陵江水运及四川中部地区的经济发展发挥了重要作用。新中国成立前,武胜县的交通运输全部依靠水运,主要有烈面、龙女、石盘、沿口、中心等码头;20世纪80年代初,嘉陵江航运逐渐萎缩,武胜县组织船队去长江开辟出川运输路线。开港以来至1973年,武胜县各码头均为自然码头。1973年,四川省交通厅内河局拨款23万元修建了沿口码头。在嘉陵江桐子壕枢纽蓄水前,2002年武胜县将沿口码头关闭,并将货运迁至旧县,2003年复建了旧县货运码头。

武胜港区包括嘉陵江左岸乙溪口至贺家溪,右岸孙家嘴至黄帽沱,主要承担武胜县工业功能区及周边遂宁地区的原材料、产品以及城市发展所需散杂货的运输。武胜港区拥有宜港岸线5860米,已利用1290米,现有旧县货码头、沿口客运码头等码头,泊位36个,码头岸线长约1744米,堆库场面积61500平方米,陆域面积95300平方米,装卸设备主要为皮带输送机,靠泊能力为100~500吨级船舶。后方通过进港道路与兰渝高速公路、兰渝铁路、304省道相连。

2. 港区工程项目

广安港旧县货运码头

项目于2002年11月19日开工,2003年6月试运行,2003年7月竣工。

项目建设5个500吨级散货泊位,岸线长度为640米。码头采用顺岸式布局,前沿水深2~6米,堆场面积9600平方米。项目总投资300万元,其中,光明公司赔偿复建款192万元、企业自有资金108万元。项目用地面积25亩(约1.7万平方米)。

项目建设单位为武胜县新苑建筑有限公司和广安市嘉渠港埠有限公司,设计单位为重庆交通学院工程设计所,施工单位为武胜县新苑建筑有限公司和广安市嘉渠港埠有限公司,质量监督单位为武胜县建设工程质量检测所。

七、达州港

(一)港口概况

1.港口综述

达州港地处四川东部,是成渝、关中—天水、大武汉三大经济区的重要连接带,是四川对外开放的东大门和通江达海的东通道,历来为秦巴地区物资集散地和商贸中心。达州港下属中心、宣汉、渠县3个港区,共10个作业区。截至2015年,全港共有生产性泊位(货物装卸作业点)58个,占用岸线长1960米,最大靠泊能力500吨。其中,渠江作业点27个,达川区作业点27个,通川区作业点4个。

根据1998年6月发布的达川地区港口规划,原达川地区港口码头以州河、巴河、渠江水系为主布设,分为宣汉港、达县港、三汇港和渠县港4个港。2003年和2008年达州市分别开展了第二次全国内河航道普查和全省第三次港口普查工作,根据相关普查口径和要求,达州市港口定义为"达州港",由原来宣汉港、达县港、三汇港和渠县港4个港合并为三个港区,分别为渠县港区、宣汉港区和中心港区。为贯彻落实《国务院关于加快长江等内河水运发展的意见》精神,抢抓交通运输部新十年西部水运交通建设的重大机遇,2010年以来,达州市交通运输局先后10余次邀请交通运输部规划设计院和四川省交通运输厅、厅航务局、厅交通规划勘察设计院的领导、专家对渠江水运进行实地调研,专家们对达州水运潜在的优势和发展潜力给予了充分肯定。2010年12月底,达州市交通运输局委托重庆交通规划勘察设计院编制了《达州市内河航运发展规划》,提出了"一干两支"航道、货运港口按"一枢纽三重点"的建设发展思路。2013年8月,经达州市政府批准,达州市交通运输局委托四川省交通勘察设计研究院开展达州港金垭、宕渠两处货运作业区前期建设准备工作。截至2015年,渠江风洞子航电枢纽工程工可研究和金垭、宕渠两作业区的预可行性研究工作正在有序推进。

中心港区:港区主要由大龙爪客货码头、南门作业区、五星、渡市、石梯、桥湾等码头组成。1986年以后,达州港逐步投入资金修建码头,截至2005年,全港已建5座规模较小的码头。港区自然岸线长14.4千米,码头岸线长1550米,泊位24个,堆场6处4100平方米。其水域面积20.25万平方米,陆域面积7.88万平方米,到港船型为客运200座、货运500吨级。立石子、五星、渡市、野茅溪、南门作业区、石梯、桥湾等以原有港点为基础进行改、扩建,使其满足当地客货流量及国民经济发展的需要。而大龙爪客货码头位于达州市新老城区接合部,是城区人流、物流集散的转运站,同时作为达州水上门户,对提升达州城市形象、促进库区水运经济发展、保障水上交通安全等具有重要的作用,该码头客货岸线长度为290米,整体占地面积2.74万平方米,附属设施建筑面积1万平方米。其余各港点仍以自然岸坡为码头。

渠县港区:位于达州市渠县境内,由州河、巴河汇聚渠江横穿全境。渠县为川东农业大县,历来水运繁忙,紧邻襄渝铁路、达成铁路、达万铁路,318 国道跨渠县接入达渝高速公路,水陆交通发达,水陆运输的衔接和转换量大。渠县境内还有丰富的人文景观和秀丽山色,旅游资源也相当丰富。渠江是川东北地区的水运大动脉,全年可通行 500 吨级船舶。渠县港区主要由三汇、临巴、天星、文崇等作业区码头构成,主要承担煤炭、农副产品、水泥、砂建材料等物资运输,2015 年货运吞吐量 251.65 万吨、客运吞吐量 218.21 万人次。渠县境内有渠江四级航道 103 千米,支流及湖泊很多,水资源发达。改革开放以来,渠县境内现有通航河流 3 条,航道等级均达到 7 级以上,而且在渠江风洞子、巴河石佛滩电站形成后,将渠化达到三级航道标准,腹地的机电设备、矿建材料将通过水路出川运到重庆通往全国各地。

宣汉港区:宣汉县东北隅接城口县,东南与开江县为邻,西与达川区、通川区接壤,西北接平昌县,北连万源市。宣汉港区水运历史悠久,水域条件优越,州河贯穿全境,港区内码头分布较为均匀,河流以州河为主干。州河在宣汉县城以上分为前河、中河、后河三条支流,通航里程达 232 千米;在宣汉县城以下至三汇镇称为州河,通航里程 112 千米。其中 500 吨级航道 60 千米,Ⅶ级航道 52 千米。宣汉港区主要承担煤炭、矿建材料、水泥、粮食及其他农副产品等物资运输。2005 年,宣汉港区旅客吞吐量 422.6 万人次,货物吞吐量 328.39 万吨,占全省货物吞吐总量的 9.49%。

渠江干流航道上起达州南门口,下至重庆合川境内渠河嘴,全长 360 千米,其中四川境内长达 283.20 千米。截至 2015 年,达州南门口至冲相寺 500 吨级航道里程 152 千米,已建成金盘子、南阳滩和舵石鼓 3 个航电枢纽,航道水深为 1.9 米。达州港无专用锚地。

2. 港口水文气象

达州港所在地区属亚热带湿润季风气候区,气候温和,冬无严寒,夏季炎热,雨量相对集中,流域气温由北向南呈递增趋势,多年平均气温 14.7 ~ 17.2 摄氏度,极端最低气温 -9.4 ~ -4.0 摄氏度,最高气温 39.2 ~ 42.3 摄氏度,降水在流域内由北向南呈递减趋势,流域平均降雨量 1200 毫米左右,上游区域为四川省著名的大巴山暴雨区,平均年降雨量 1200 ~ 1500 毫米,中、下游降雨量较丰,平均年降雨量为 1000 ~ 1250 毫米,降雨量年分配不均,主要集中在 7—9 月,其他月份相对较少。据达州市气象站气候特征记录:该地多年平均气温为 17.2 摄氏度,多年平均降水量为 1211.3 毫米,多年平均日照时数为 1412.8 小时,多年平均风速为 1.3 米/秒,多年平均积雪厚度少于 10 厘米/天。

达州主要河流有州河、巴河、渠江。州河流域径流主要由降雨补给,东林水文站多年平均流量 167 立方米/秒,径流在年内的变化与降水的年内变化相关 5—10 月为汛期,其中 7—9 月最丰,占年径流量 49.5%;12 月—次年 3 月为枯水期,这段时间径流量约占年径流量的 7.1%,最小月平均流量一般出现在 2 月,其径流量仅占年径流量的 1.2%。洪水主要由暴雨形成,上游有皮窝、峰城、石铁、河口等暴雨区,年降水量在 1400～2000 毫米。州河流域洪水具有陡涨陡落、峰高量大、历时短、过程线尖瘦等特点,洪水过程多为单峰(约占 80%)。一场洪水历时一般 2～3 天,洪峰历时 1～2.5 小时。巴河是渠江的主要支流,洪水由暴雨形成,夏秋两季受米仓山暴雨和大巴山暴雨交替影响。流域内降水多,洪水频繁。5—10 月为汛期,6—9 月为主汛期,年最大流量多出现在 7 月和 9 月,约占年径流量的 71.7%。洪水具有陡涨陡落、峰高量大、历时短、过程线尖瘦等特点。渠江流域内降雨丰沛,是径流的主要来源,多年平均降雨量 1000 毫米以上,从西南向北及东北递增。渠江年径流量 209 亿立方米,最大流量 24000 立方米/秒,最小流量 12.9 立方米/秒,水位变幅 10～20 米,最高水位出现在 5—10 月,最低水位出现 3 月。

3. 发展成就

改革开放以来,达州港新建中心港区大龙爪客货运作业区,系全四川省水运系统第一个采用建设—经营—转让(BOT)方式引用民间资金建设的项目,该客货码头位于渠江州河达州市新老城区接合部,由达州市航务管理局筹建,四川省志达建材有限责任公司参与投资建设。达州港大龙爪客货运作业区的建成,对促进达州市水路货物运输业加快发展和推进船舶标准化、大型化起着重要作用,对达州新城建设、旧城改造和区域经济的发展也起了积极作用。特别是 2000 年后在四川省交通厅航务管理局的大力支持下,达州市加大了达州港水运基础设施的建设力度,截至 2015 年,先后建成农村客运小码头 77 座,建设改造公益性渡口码头 110 座、渡改人行桥 79 座,极大地改变了水上交通安全生产环境,方便了群众出行,确保了水上交通安全形势的持续稳定。

达州港港区分布图如图 9-12-6 所示,达州港基本情况见表 9-12-7。

(二)中心港区

1. 港区综述

(1)港区建设概况和运营情况

中心港区由原达县港演变而来,主要由其境内州河、巴河水域的港点码头构成。20 世纪 50—60 年代,由于襄渝铁路未建成,公路建设亦未形成网络,达州市水上运输曾出现过空前未有的繁荣,故在原达县城区南门形成一个较具规模的码头,但由于时代背景和历史发展的限制,人们对港口码头的基础设施建设未引起高度重视,全港区码头完全是以自然岸坡主。20 世纪 70 年代由于陆上交通的快速发展,公路建设逐步形成网络,特别是襄渝铁路的建成,严重地冲击了达州水上运输的发展。从 20 世纪 80 年代到 90 年代,达州的水运基础设施建设仅建设了零星码头,规模较小且无任何装卸设施,其余仍依托自然岸坡作业。20 世纪 90 年代后期,随着改革开放的深入和达州市江口湖电站、金盘子航电枢

图 9-12-6　达州港港区分布图

纽的建设,航道渠化形成库区,运输船舶数量大增,水路运输也迎来了"春天",同时促进了码头等水运基础设施的建设,截至 2015 年,中心港区共有生产性泊位(货物装卸作业点)7 个,占用岸线总长 468.5 米,其中 300 吨泊位 4 个、500 吨泊位 3 个,2015 年中心港区年通过能力 160 万吨。中心港区主要工程项目为大龙爪客货运作业区。

(2)港区地理条件和集疏运概况

中心港区由达州市通川区和达川区辖区内州河、巴河等水域内码头构成,地处大巴山弧形褶皱带及川东平行褶皱带两大构造单元,形成了由一系列平行的褶皱山系与相隔其间的条带状谷地组成的平行岭谷区。境内低山区海拔一般在 700 ~ 1000 米,丘陵区海拔 300 ~ 500 米。地貌主要以侵蚀堆积地形、构造剥蚀地形、侵蚀构造低山地形为主。

中心港区以大龙爪客货运作业区为主,作业区进出港航道 300 米按四级航道建设和维护,大龙爪客货运作业区进出港道路与 201 和 318 国道相连,靠近达万高速公路、包茂高速公路和襄渝铁路、达成达万铁路。

达州港基本情况表

表 9-12-7

序号	港区名称	港口岸线		2015 年港口生产用泊位				其中:1978—2015 年建成的生产用泊位				2015 年港口货物和旅客吞吐量							
		港口规划岸线	其中:2015 年前已建成岸线	生产用泊位数	其中:千吨级及以上	生产用泊位总长	其中:千吨级及以上	生产用泊位数	其中:千吨级及以上	生产用泊位总长	其中:千吨级及以上	货物吞吐量	其中:外贸货物吞吐量	集装箱吞吐量	滚装车辆		旅客吞吐量	其中:国际旅客吞吐量
															数量	重量		
		千米	千米	个	个	米	米	个	个	米	米	万吨	万吨	万 TEU	万辆	万吨	万人	万人
1	渠县港区	3.75	0.99	15	0	990	0	15	0	990	0	149.74	—	—	—	—	47	—
2	宣汉港区	1.8	2.09	36	0	2090	0	36	0	2090	0	112.3	—	—	—	—	0	—
3	中心港区	18.05	0.47	7	0	468	0	7	0	468	0	112.4	—	—	—	—	17.22	—
	合计	23.6	3.55	58	0	3548	0	58	0	3548	0	374.44	—	—	—	—	64.22	—

2.港区工程项目

达州港大龙爪客货码头项目

项目于 2005 年 11 月开工,2007 年 4 月试投产,2008 年 12 月竣工。

项目建设依据:2004 年 9 月,四川省发展和改革委员会《关于达州港大龙爪客货码头可行性研究报告(代立项)的批复》(川交改交〔2004〕552 号);2004 年 03 月,达州市人民政府《关于达州港总体规划批复》(达市府函〔2004〕60 号);2005 年 6 月,达州市交通局《关于达州港大龙爪客货码头建设项目主体工程施工图设计的批复》(达市交建函〔2005〕194 号);2002 年 11 月,达州市人民政府《关于同意市航务管理处"达州港"建设用地批复》(达市府土函〔2002〕126 号);2002 年 9 月,达州市水利局《关于达州港设计方案的审查同意书》(达市水利〔2002〕河管 255 号)。

项目建设 3 个 500 吨级散货泊位和 2 个客运泊位(客运三等站),岸线长度为 290 米。码头前沿采用顺岸式实体梯步布置,斜坡下河道结构(重力式结构)。码头前沿水深 2.4 米。项目后方堆场面积 2500 平方米,堆存能力 1.6 万吨。主要装卸设备为移动式皮带机和装载机 18 台。项目总投资 1152.45 万元,其中,四川省交通厅航务管理局拨款 219 万元,达州市交通局拨款 130 万元,达州市航务管理局自筹 182.29 万元,引入四川志达建材有限公司 621.16 万元。项目用地面积达 27409.8 平方米(国有河滩地 22582.42 平方米,占用达州市热电厂土地 3689.38 平方米,占用市政预制构件公司土地 757 平方米),其中客货作业区占地 2.04 万平方米。

项目建设单位为达州市航务管理局和四川志达建材有限公司,设计单位为四川省交通厅内河勘察规划设计院,施工单位为达州市新潮航务建筑工程公司,监理单位为四川华通建设工程建设监理有限公司,质量监督和评定单位为达州市公路(水运)工程质量监督站。

八、广元港

(一)港口概况

1.港口综述

广元港位于嘉陵江中上游,地处四川盆地北部边缘,东邻巴中市,南接南充市,西连绵阳市,北倚陕西汉中和甘肃陇南,是四川省地区重要港口之一,是西北内陆地区通过嘉陵江联系长江黄金水道的重要水运口岸,是广元融入成渝、联动川陕、对接西北,建设川陕甘接合部经济强市的重要保障。

广元港古称"嘉陵驿",战国时即为巴、蜀通往中原的水码头之一。东晋孝武帝太元十五年(公元 390 年)在广元兴安县治始建港口。南北朝时改县建州,港口逐渐发展,到隋、唐、五代为"利州"治,盐、粮水运发达。清末民初,西北地区铁路未通前为西北地区各县及豫、晋物资入川循长江外运的中转港。抗日战争时期，当时国民政府交通部门曾在此办理川湘、川陕水陆联运，并试办机动船客运，长江航政局曾设广元办事处进行航政管理。新中国成立后，随着宝成铁路建成通车，国家曾投资对嘉陵江航道进行了初步整治，广元港成为嘉陵江航道的起始港。1951 年广元县成立航运管理站。1992 年由广元市航务处对航道和码头进行管理和规划建设。2010 年，《广元港总体规划》获批，广元港迎来了快速发展阶段，并建设了红岩作业区。

广元港主要由昭化港区、苍溪港区和利州港区组成。昭化港区范围为嘉陵江左岸五佛崖至鸳溪口 98.6 千米，右岸牛寨坝至青牛 99.6 千米。昭化港区规划作业区主要为红岩作业区、桔柏渡客运作业区、元坝作业区和剑阁作业区。苍溪港区范围为嘉陵江右岸青牛乡至涧溪口 78 千米，左岸鸳溪至阆中石子乡 70.6 千米。苍溪作业区主要分为张家坝作业区（一区）、张家坝作业区（二区）、大桥城区客运码头、红军渡旅游码头和鸳溪、亭子、浙水客货码头。利州港区范围为嘉陵江左岸千佛崖至五佛崖 7 千米，右岸为皇泽寺至牛寨坝 5 千米，主要规划作业区为皇泽寺旅游作业区和五郎庙货运码头，主要承担腹地内的旅游、生活游览以及城市发展所需散杂货的运输服务。

嘉陵江广元境内通航河段为广元至涧溪口，全长 192 千米。其中，广元至昭化肖家河航道里程 41 千米，航道等级为 50 吨级，昭化肖家河至涧溪口航道里程 151 千米，航道等级为 500 吨级。广元港目前无专用锚地。

2. 港口水文气象

广元市位于秦岭以南，属于四川盆地北缘亚热带季风气候区，气温由南向北递减。北部受西北寒流影响，气温较低，雨量偏少；南部丘陵区因为秦岭、大巴山的屏障，冬季西北冷空气很难侵入，冬季温暖干燥，夏季湿热多雨。暴雨多发生在 5—9 月，占全年雨量的 76%。根据资料统计，广元多年平均相对湿度 69%，历年最小相对湿度为 7%；多年平均蒸发量为 1480.2 毫米。

嘉陵江流域内径流主要来源于降雨，高山融雪补给甚少，由于流域内植被较差，加之土壤大多为黏土或黏壤土，径流以地表径流为主，地下径流不太丰富。据亭子口站多年径流系列分析，多年平均流量为 619 立方米/秒，折合年径流量 195 亿立方米。5—10 月为丰水期，占全年水量的 80%，枯水期为 11 月至翌年 4 月，仅占年水量的 20%。年最大洪水发生时间以 7、8、9 月最多，6 月次之。年最大流量的年际变化较大，实测年最大洪峰流量为 23700 立方米/秒，最小值为 2090 立方米/秒。

3. 发展成就

广元港 2011—2015 年吞吐量分别为：957.9 万吨、989.6 万吨、1021.5 万吨、1054.4 万吨、1085.9 万吨。

广元港基本情况见表 9-12-8。

表 9-12-8

广元港基本情况表

序号	港区名称	港口岸线		2015 年港口生产用泊位				其中:1978—2015 年建成的生产用泊位				2015 年港口货物和旅客吞吐量						
		港口规划岸线	其中:2015 年前已建成岸线	生产用泊位数	其中:千吨级及以上	生产用泊位总长	其中:千吨级及以上	生产用泊位数	其中:千吨级及以上	生产用泊位总长	其中:千吨级及以上	货物吞吐量	其中:外贸货物吞吐量	集装箱吞吐量	滚装车辆		旅客吞吐量	其中:国际旅客吞吐量
															数量	重量		
		千米	千米	个	个	米	米	个	个	米	米	万吨	万吨	万 TEU	辆	万吨	万人	万人
1	昭化港区	2.4	0.3	4	0	306	0	4	0	306	0	—	—	—	—	—	—	—
2	苍溪港区	1.7	0	0	0	0	0	0	0	0	0	—	—	—	—	—	—	—
3	利州港区	0.36	—	0	—	—	—	—	—	—	—	—	—	—	—	—	—	—
	合计	4.46	0.3	4	—	306	—	4	—	306	—	—	—	—	—	—	—	—

(二)昭化港区

1. 港区综述

(1)港区建设概况和运营情况

昭化港区包括嘉陵江左岸五佛崖至鸳溪口98.6千米,右岸牛寨坝至青牛99.6千米,主要为腹地内工业园区的原材料、产成品运输,城市发展所需的散杂货运输和库区内乡镇物资进出及库区旅游运输服务;同时,为川北地区、陇南、陕南等地区的大宗货物、集装箱运输提供中转服务。昭化港区已建成红岩作业区,其拥有4个500吨级多用途泊位,中远期停靠1000吨级船舶。

2014年12月27日,红岩作业区(一区)开港试运营,2019年6月29日嘉陵江全江通航,标志着广元港正式投入常态化生产作业,主要运输货物为矿石、煤炭、粮食、石材等散杂货,因嘉陵江已断航30余年,缺少适合嘉陵江航道航行的船舶,直接影响嘉陵江航运和广元港的发展,通航初期每月货物吞吐量在5000吨左右。

(2)地理条件和集疏运概况

红岩作业区(一区)位于红岩镇下游侧的嘉陵江右岸,该作业区距广元城区较远,集疏运条件相对较差,可由宝成铁路宝轮货运站引入铁路专线,其铁路距离约28千米;进港快速通道可由绵广高速公路昭化立交接入,距离约25千米。

2. 港口工程项目

广元红岩港项目

项目于2012年9月开工,2014年12月试投产,2016年8月竣工。

项目建设依据:2011年12月21日,四川省发展和改革委员会《关于广元港红岩作业区(一区)一期工程项目核准的批复》(川发改基础〔2011〕1759号);2011年12月,四川省交通运输厅《关于广元港红岩作业区(一区)一期工程初步设计的批复》(川交函〔2011〕1009号文件);2011年11月7日,四川省环境保护厅《关于广元港红岩作业区(一区)一期工程环境影响报告书的批复》(川环审批〔2011〕501号);2011年9月30日,四川省国土资源厅《关于广元港红岩作业区(一区)一期工程用地预审意见的复函》(川国土资函〔2011〕1568号);2011年10月20日,四川省交通运输厅《关于广元港红岩作业区(一区)一期工程使用港口岸线的批复》(川交函〔2011〕733号)。

项目建设4个500吨级多用途码头泊位(中远期停靠1000吨级船舶),岸线长度为306米,码头采用顺岸式布局,码头前沿采用架空直立式框架结构。码头前沿高程462米,项目后方堆场面积12.96万平方米,仓库面积3.24万平方米,主要装卸设备配置岸边桥式起重机2台。项目总投资7.53亿元,资金筹措方案为:项目资本金占总投资的60%,

为4.52亿元,由项目业主负责筹集;其余40%共3.01亿元通过申请银行贷款解决。项目用地面积310亩(约20.7万平方米)。

项目建设单位为广元腾胜港航开发有限公司,设计单位为四川省交通运输厅勘察设计研究院和中交第二航务工程局有限公司,施工单位为葛洲坝集团第五工程有限公司、四川宇禾建设工程有限公司、四川长城建筑(集团)有限公司、四川川能电气安装有限公司、无锡华东重型机械股份有限公司、成都东旭建设工程有限公司、成都西物信安有限公司、四川汉信建设工程有限公司、湖北省宜昌市鼎城工程实验检测有限公司、广元市路桥工程总公司,监理单位为山西建设监理有限公司,质量监督单位为广元市交通工程质量监督站、广元市昭化区住房和城乡建设局。

第十三节　河　南　省

一、综述

(一)基本省情

河南省位于我国中东部、黄河中下游,因大部分地区位于黄河以南,故称河南,简称"豫",省会郑州市。河南省下辖17个省辖市、1个省直管市,21个县级市,83个县,53个市辖区,1791个乡镇,660个街道办事处,2015年末全省总人口10722万人。河南界于北纬31°23′～36°22′和东经110°21′～116°39′之间,东接安徽、山东,北界河北、山西,西连陕西,南临湖北,呈望北向南、承东启西之势。河南省总面积16.7万平方公里,占全国总面积的1.73%,地势西高东低,北、西、南三面太行山、伏牛山、桐柏山、大别山沿省界呈半环形分布,中东部为黄淮海冲积平原,西南部为南阳盆地。平原盆地、山地丘陵分别占全省总面积的55.7%、44.3%。河南省耕地面积12168.34万亩(约8.11万平方千米),人均耕地1.27亩(约847平方米)。

河南省是我国唯一地跨长江、淮河、黄河、海河四大流域的省份,地形地貌和水资源分布情况是中国的一个缩影。省内河流大多发源于西部、西北部和东南部山区,全省流域面积100平方公里及以上河流560条,流域面积1000平方公里及以上河流64条,流域面积10000平方公里及以上河流11条。

河南省是全国重要的矿产资源大省和矿业大省,矿业产值连续多年位居全国前5位。已发现的矿种有144种,已探明资源储量的矿种有110种,已开发利用的矿种有93种。在已探明储量的矿产资源中,资源储量居全国首位的有10种,居前3位的有33种,居前5

位的有 46 种,居前 10 位的有 70 种。灵宝、栾川、桐柏、叶县先后被命名为"中国金城""中国钼都""中国天然碱之都"和"中国岩盐之都"。

河南省 2015 年全省生产总值 37010.25 亿元,比 2014 年增长 8.3%。其中:第一产业增加值 4209.56 亿元,增长 4.4%;第二产业增加值 18189.36 亿元,增长 8.0%;第三产业增加值 14611.33 亿元,增长 10.5%。三大产业结构比例为 11.4∶49.1∶39.5。

河南省是全国重要的区域性综合能源基地,坚持"节能优先、内源优化、外引多元、创新引领"发展导向,统筹做好优化省内能源生产结构、扩大引入省外清洁能源、推动能源绿色低碳消费、激发能源发展活力等工作,发用电量规模、油气管道长度、原煤产量等均居全国前列。

（二）综合交通

河南省交通区位优势明显,是全国承东启西、连南贯北的重要交通枢纽,全国"十纵十横"综合运输大通道中有五个通道途经河南省。郑州是全国重要的铁路枢纽,普通铁路、高速铁路形成"双十字"交会,郑州北站是亚洲作业量最大的列车编组站,郑州东站是全国最大的高铁站之一。郑州"米"字形高速铁路网大格局基本形成,高速公路建设和普通干线公路、农村公路、内河航道升级改造持续加快,路网通达能力和技术等级明显提升,内捷外畅、立体高效的现代综合交通网络基本形成。

铁路:1978 年,河南省铁路营业里程为 3212 千米,年客运量 4319 万人次,旅客周转量 92.62 亿人公里,年货运量 6722 万吨,货物周转量 484.79 亿吨公里。2015 年,河南省铁路营业里程为 5205 千米,年客运量 13068 万人次,旅客周转量 92.62 亿人公里,年货运量 9802 万吨,货物周转量 1666.02 亿吨公里。

公路:1978 年,河南省公路里程为 3.16 万千米,年客运量 6781 万人次,旅客周转量 910.24 亿人公里,年货运量 11321 万吨,货物周转量 21.57 亿吨公里。2015 年,河南省公路里程为 25.06 千米,年客运量 131788 万人次,旅客周转量 898.08 亿人公里,年货运量 19.16 亿吨,货物周转量 5208.16 亿吨公里。

水运:1978 年,河南省内河航道通航里程 2202 千米,年客运量 45 万人次,旅客周转量 0.13 亿人公里,年货运量 133 万吨,货物周转量 2.05 亿吨公里。2015 年,河南省内河航道通航里程 1514 千米,年客运量 280 万人次,旅客周转量 0.54 亿人公里,年货运量 1.05 亿吨,货物周转量 705.29 亿吨公里。

民航:1978 年,河南省民航旅客发送量 19921 人,货邮发送量 1092 吨。2015 年,河南省民航拥有航线 61 条,里程 20.25 万千米;拥有民用机场 3 个,民用飞机 26 架;旅客吞吐量 1860.69 万人次,货物吞吐量 40.58 万吨。

(三)港口概况

历史上河南省水运成网,南通余杭(今杭州),北达涿郡(今河北涿州),战国时期有鸿沟、隋唐两宋时期有南北大运河、元朝时期有贾鲁河、明清时期有伊洛河、卫河等,20世纪60年代,河南省有27条河流通江达海,通航里程达6100多千米,曾呈现"百舸争流天津卫,千帆竞航下江南"的盛景。水运运量曾占河南省社会总运量的48%,对当时社会经济发展作出了积极贡献。之后由于水资源综合利用不到位,在建造拦河闸坝时没有配套过船设施,河南省航道逐年萎缩,运输船舶也被迫退入下游,在淮河中下游、京杭运河、汉江、长江参与运输业务。

改革开放以来,中央先后作出了一系列加快我国内河航运建设、促进内河航运快速发展的决策部署,内河航运在经济社会发展中的地位和作用越来越重要。2011年,河南省出台了《河南省人民政府关于加快我省内河水运发展的实施意见》(豫政〔2012〕68号),提出"利用10年左右的时间,建成畅通、高效、平安、绿色的现代化内河水运体系和比较完备的现代化安全监管、救援体系"。近年来,依托淮河淮滨至三河尖(豫皖界)航运基础设施建设工程、沙颍河周口至漯河航运工程等项目建设,河南省相继建成了淮河信阳港淮滨饮马港区、沙颍河漯河港、沙颍河周口商水港区等港口。截至2015年底,河南省共有港口货运泊位87个,港口货物年吞吐能力1967万吨。

河南省港口大部分地处暖温带,南部跨亚热带,属北亚热带向暖温带过渡的大陆性季风气候,同时还具有自东向西由平原向丘陵山地气候过渡的特征,具有四季分明、雨热同期和气候灾害频繁的特点。近10年全省年平均气温为12.7~16.2摄氏度,年平均降水量为477.8~1167.3毫米,年平均日照时数1468.0~2246.6小时,年无霜期207.9~271.7天。

2013年河南省着手编制了《河南省内河航道与港口布局规划》,根据河南省港口现状、发展前景和层次划分方案,确定河南省港口布局规划方案为"七重要十一一般",即7个重要港口、11个一般港口。以周口港、信阳港、漯河港、商丘港、南阳港、郑州港、平顶山港7个重要港口为依托,以濮阳港、三门峡港、洛阳港、焦作港、驻马店港、许昌港、济源港、开封港、新乡港、安阳港、鹤壁港11个一般港口为基础,形成层次分明、布局合理、大中小结合的全省港口体系。截至2015年,河南省港口的分布情况是:沙颍河沿岸2个,为周口港(29个泊位)和漯河港(11个泊位);淮河沿岸1个,为信阳港(7个泊位)。其他港口泊位均为小浪底、丹江、南湾等通航库区客运泊位。河南省可利用岸线资源较为丰富,规划利用港口岸线总长度为117.2千米,其中已利用港口岸线5.7千米。

河南省港口全部为规模以下港口,主要腹地为港口所在的周口、漯河、信阳等地,辐射带动周边许昌、平顶山、驻马店等地。

周口港:主要腹地周口市位于河南省东南部,地处黄淮平原腹地,东临安徽阜阳市,西接河南省漯河市、许昌市,南与驻马店市相连,北和开封市、商丘市接壤,总面积 11959 平方公里,总人口 1126 万人。周口农产品资源丰富,是国家重要的大型商品粮、优质棉生产基地,常年粮食播种面积 1650 万亩左右,总产量 75 亿千克左右,每年向国家提供商品粮50 亿千克左右,年加工转化粮食 50 亿千克以上。周口粮食、棉花、油料常年产量分别占河南省的 1/7、1/3 和 1/4,是河南省第一产粮大市、全国粮食生产先进市。周口工业快速发展,有规模以上工业企业达 1299 家。

漯河港:主要腹地漯河市位于河南省中南部,伏牛山东麓平原与豫东平原交错地带,属暖湿性季风气候,四季分明。境内河流为淮河流域沙颍河水系,淮河两大支流沙河、澧河贯穿全境并在市区交汇,滨河城市特色明显,总面积 2617 平方公里,总人口283 万人。漯河食品加工主导产业特色明显,培育出了亚洲最大的肉类加工企业双汇集团、全国著名的方便面生产企业南街村集团、全国首家葡萄糖饮料生产企业乐天澳的利集团等一批知名食品企业,是全国首家"中国食品名城"、全国食品安全信用体系和保证体系建设双试点市、全国首家农业标准化综合示范市、全省食品工业基地市、全省无公害食品基地示范市。

信阳港:主要腹地信阳市地处鄂豫皖三省交界,是江淮河汉之间的战略要地,也是我国南北地理、气候、文化的过渡带,全市总面积 1.89 万平方公里,人口 884.63 万人。信阳是中国毛尖之都,信阳毛尖是中国十大名茶之一。信阳市盛产水稻、小麦、油茶、板栗、银杏、红黄麻等作物。信阳市矿产资源丰富,珍珠岩、膨润土、沸石等非金属矿产规模和矿石质量闻名于国内外。信阳珍珠岩资源储量 1.4 亿吨,膨润土资源储量 5.1亿吨,萤石矿资源储量 179 万吨,钛矿资源储量 85.8 万吨,钼矿资源储量 36.2万吨。

(四)港口发展成就

1961 年以后,随着河南省内河航道的逐渐萎缩,河南省港口发展受到较大影响。1978 年,河南省内河港口主要集中于淮河、洪河、黄河、丹江口库区沿岸。淮河上建有淮滨、三河尖两港,是豫东南地区农副产品运往外省各地,以由省外运回的食盐、百杂货等内销物资的货物集散地。洪河建有西平港,装运物资以煤炭等大宗物资为主。黄河建有东坝港,以运送黄河修防石料和沿河地区煤炭为主。丹江口库区有马蹬、宋湾、宋岗、下寺、陶岔、台子山及丹江口河南码头,是当时河南省境内航道条件较好、航运日趋兴旺的航线。

改革开放以来,河南省相继新建、改扩建了周口、信阳、漯河等港口,内河航运迅速发展。近 40 年来,河南省港口建设基本呈现三个阶段:

（1）缓慢恢复期。自20世纪60年代开始，河南省境内多条河流开始兴建水库或引水灌溉工程，但因没有同步配套建设通航设施，形成碍航闸坝，致使部分河道通航里程减少甚至全线断航，河南省航运业收到严重影响，通航里程和水上货运均出现了明显减少。1978年以后，随着国家工作重点逐步转移到经济建设上来，河南省开始以解决闸坝碍航为重点，实施以恢复通航为目的的航道整治，逐步恢复内河航运。在此期间，河南省的港口建设以码头维修养护为主，先后对淮河、沙颍河、丹江口库区等航道码头进行了维修加固。

（2）快速恢复期。1986年，河南省计划委员会批准《河南省交通厅碍航闸坝复航规划的报告》，同年河南省开始建设涡河傅桥船闸，掀开了河南省大规模实施复航工程的序幕。河南省先后实施了沙颍河郑埠口至周口复航工程、淮河淮滨至润河集航道治理工程，相继建成了沙颍河沈丘港区刘湾作业区、淮河信阳港固始港区望岗作业区、洪河驻马店港新蔡港区练村作业区、丹江口库区南阳港淅川港区河南作业区等以100～300吨级泊位为主的码头，港口吞吐能力大幅增加。

（3）加快发展期。进入21世纪，河南省港口建设进入加快发展期。河南省先后启动建设了淮河淮滨至三河尖（豫皖界）航运基础设施建设工程，沙颍河周口至漯河段航运开发工程周口至逍遥段、逍遥至漯河段等航运项目，以500吨级港口建设为重点，相继建成了淮河信阳港淮滨港区饮马港作业区、沙颍河漯河港、沙颍河周口港商水港区等港口，升级改造了淮河信阳港固始港区望岗作业区。港口泊位等级明显提升，港口吞吐能力显著提高，内河水运服务河南省经济社会建设的水平不断增强。

2015年河南省港口完成货物吞吐量721万吨，完成旅客吞吐量53万人次。河南省内河港口基本情况见表9-13-1。

二、周口港

（一）港口概况

1. 港口综述

周口港位于河南省周口市境内，沙颍河上游，是河南省重要的内河港口之一。周口港始兴于明清时代，明永乐元年（公元1403年）开辟淮颍漕运，周口为漕运要冲。明成化年间由于贾鲁河航运日盛，作为朱仙镇与江淮商运必经之地，周口港日益繁荣。新中国成立以后，经过多年建设，周口港现已成为沙颍河沿线的重要港口，是区域综合运输体系的重要组成部分，是周口市及豫东地区经济社会发展和城乡建设的重要依托。周口港下辖川汇港区、商水港区、沈丘港区3个港区，拥有500吨级泊位3个，300吨级泊位29个。

表 9-13-1

河南省内河港口基本情况表

港口名称	港口岸线		2015 年港口生产用泊位				其中:1978—2015 年建成的生产用泊位				2015 年港口货物和旅客吞吐量						
	港口规划岸线	其中:2015 年前已建成岸线	生产用泊位数	其中:千吨级及以上	生产用泊位总长	其中:千吨级及以上	生产用泊位数	其中:千吨级及以上	生产用泊位总长	其中:千吨级及以上	货物吞吐量	其中:外贸货物吞吐量	集装箱吞吐量	滚装车辆		旅客吞吐量	其中:国际旅客吞吐量
														数量	重量		
	千米	千米	个	个	米	米	个	个	米	米	万吨	万吨	万 TEU	万辆	万吨	万人	万人
周口港	20.8	2.7	29	0	2.7	0	29	0	2.7	0	665	0	0	0	0	0	0
漯河港	2.6	1.3	11	0	1.3	0	11	0	1.3	0	0	0	0	0	0	0	0
信阳港	7.2	0.6	7	0	0.6	0	7	0	0.6	0	26	0	0	0	0	0	0
库区码头	1.1	1.1	51	0	1.1	0	0	0	0	0	30	0	0	0	0	53	0
合计	31.7	5.7	98	0	5.7	0	47	0	4.6	0	721	0	0	0	0	53	0

2.港口水文气象

周口港地处中纬度地带,处于暖温带向亚热带过渡的大陆性气候区,属暖温带半湿润性季风气候区。多年平均气温14.5～15.3摄氏度,历年最高气温43.2摄氏度,最低气温 -19.5摄氏度。暴雨多集中在汛期,一般发生在6—9月,以7月份最多,洪水主要由暴雨形成。流域内多年平均降雨量600～800毫米,历年最大降雨量1313.5毫米,历年最小降雨量481.5毫米。受季节影响,风向多变,冬季多偏北风,夏季多偏西南风。多年平均风速3.2米/秒,历年最大风速20米/秒。多年平均雾日17.7天,最多雾日数为31天,最少雾日数11天。

周口港所在沙颍河属淮河水系,由西北向东南注入淮河,5—9月为丰水期,11月—翌年2月为枯水期。流域内地表水位及流量的变化与降水有密切关系。夏季雨量充沛,水位高,流量大;冬季降雨稀少,水位低,流量小。河道最高水位多发生在7—8月,最低水位多发生在每年的11月—翌年2月。多年平均含沙量为1.52千克/立方米,最大平均含沙量达2.74千克/立方米。

3.发展成就

1984—1992年,建成周口港沈丘港区刘湾作业区,有300吨级泊位20个。

2004—2005年,实施沙颍河周口以下至省界复航工程,建成周口港川汇港区,有300吨级泊位4个。2008年,完成沈丘港区改扩建,有300吨级泊位5个。2018年,实施沙颍河周口至漯河段航运开发工程周口至逍遥段建设,建成周口港商水港区,有500吨级泊位3个。

截至2018年,周口港拥有生产用泊位32个。周口港基本情况见表9-13-2。

(二)商水港区

1.港区综述

(1)港口建设概况和运营情况

周口港商水港区位于周口市商水县沙颍河右岸,岸线全长800千米,有500吨级泊位3个。

(2)港区地理条件和集疏运概况

周口港商水港区位于周口市商水县境内沙颍河航道上,港口通过进港公路专用线与商水县境内的漯阜铁路和大广、宁洛、商周等高速公路连接。

2.港区工程项目

沙颍河周口至漯河段航运开发工程——周口至逍遥段周口港商水港区工程

周口港基本情况表

表 9-13-2

序号	港区名称	港口岸线		2015 年港口生产用泊位					其中:1978—2015 年建成的生产用泊位					2015 年港口货物和旅客吞吐量								
		港口规划岸线	其中:2015 年前已建成岸线	生产用泊位数	其中:千吨级及以上	生产用泊位总长	其中:千吨级及以上		生产用泊位数	其中:千吨级及以上	生产用泊位总长	其中:千吨级及以上	货物吞吐量	其中:外贸货物吞吐量	集装箱吞吐量	滚装车辆		旅客吞吐量	其中:国际旅客吞吐量
																数量	重量		
		千米	千米	个	个	米	米		个	个	米	米	万吨	万吨	万 TEU	万辆	万吨	万人	万人
1	商水港区	3.8	0	0	0	0	0		0	0	0	0	0	0	0	0	0	0	0
2	川汇港区	8	0.4	4	0	0.4	0		4	0	0.4	0	222	0	0	0	0	0	0
3	沈丘港区	9	2.3	25	0	2.3	0		25	0	2.3	0	443	0	0	0	0	0	0
	合计	20.8	2.7	29	0	2.7	0		29	0	2.7	0	665	0	0	0	0	0	0

项目于 2012 年 12 月开工建设,2018 年 6 月试运行。

项目建设依据:2011 年 4 月,河南省发展和改革委员会《河南省发展和改革委员会关于河南省沙颍河周口至漯河段航运开发工程可行性研究报告的批复》(豫发改基础〔2011〕423 号);2011 年 10 月,河南省发展和改革委员会《河南省发展和改革委员会关于河南省沙颍河周口至漯河段航运开发工程周口至逍遥段初步设计的批复》(豫发改设计〔2011〕1658 号);2010 年 11 月,河南省环境保护厅《河南省环境保护厅关于河南省沙颍河周口至漯河段航运开发工程环境影响报告书的批复》(豫环审〔2010〕252 号);2011 年 10 月,水利部淮河水利委员会《关于河南省沙颍河周口至漯河段航运工程建设方案的审查意见》(淮委许可〔2011〕87 号);2012 年 2 月,河南省水利厅《河南省水利厅准予水行政许可决定书》〔2011〕87 号,水土保持方案报告书审批(豫水行许字〔2011〕380 号)。

项目建设 3 个 500 吨级泊位,其中件杂泊位 2 个、通用泊位 1 个,岸线长度为 800 米。码头采用顺岸式布置、扶壁挡墙结构。码头前沿水深 2.3 米。项目后方堆场面积 8900 平方米,仓库面积 3900 平方米。主要装卸设备配置包括固定回转支撑式起重机 2 台、轨道式门式起重机 1 台、桥式起重机 3 台、装卸机 1 台。港口工程总投资 5573 万元,为政府投资。项目用地面积 15.1 万平方米。

项目建设单位为周口市交通运输局航务管理处,设计单位为湖北省交通规划设计院,施工单位为海南中晟建设工程集团河南有限公司,监理单位为河南华都工程管理有限公司,质量监督单位为周口市交通基本建设工程质量监督管理站。

工程于 2018 年 6 月开航,建成后每年新增通过能力 55 万吨,有效缓解了周口市铁路、公路运输压力,完善了腹地运输体系,促进了周口市经济的发展。

(三)川汇港区

港区综述

(1)港口建设概况和运营情况

周口港川汇港区位于周口市东的沙颍河右岸,于 2005 年 11 月建成。港区占地 190 亩(约 12.7 万平方米),岸线长 400 米,有 300 吨级泊位 4 个。

(2)港区地理条件和集疏运概况

周口港川汇港区位于周口市中心城规划区外,城区东南部,李埠口乡驻地以东,大广高速公路以西,沙颍河右岸,周项公路北侧。港口通过进港公路专用线与周口市境内的漯阜铁路和宁洛高速、大广高速、商周高速、永登高速等高速公路连接。

(四)沈丘港区

港区综述

(1)港口建设概况和运营情况

沈丘港区位于豫皖两省交界的周口市沈丘县,分为刘湾、纸店两个作业区。刘湾作业区始建于1984年,1987年正式建成投产,现有300吨级泊位20个,岸线长1800米。纸店作业区于2000年正式建成投产,2008年实施改扩建,现有300吨级泊位5个,岸线长500米。

(2)港区地理条件和集疏运概况

沈丘港区位于豫皖两省交界处的周口市沈丘县沙颍河航道上。港口通过进港公路专用线、进港铁路专用线,与漯阜铁路和南洛高速公路连接。

三、漯河港

(一)港口概况

1. 港口综述

漯河港位于河南省漯河市境内,沙河上游,是河南省重要的内河港口之一。自古有"中原商埠"之称的漯河曾以水路贸易繁荣闻名遐迩。21世纪初,随着京汉铁路建成,漯河居沙河与京汉铁路交会处,"水旱码头"交通优势凸显,漯河逐渐成为豫、皖两省的商贸重镇。漯河港源汇港区拥有500吨级港口泊位11个。

2. 港口水文气象

漯河港位于河南省中南部,伏牛山东麓平原与豫东平原交错地带,属暖湿性季风气候。多年平均气温14.5～15.3摄氏度,历年最高气温43.2摄氏度,最低气温-19.5摄氏度。暴雨多集中在汛期,一般发生在6—9月,以7月最多,洪水主要由暴雨形成。流域内多年平均降雨量600～800毫米,历年最大降雨量1313.5毫米,历年最小降雨量481.5毫米。受季节影响,风向多变,冬季多偏北风,夏季多偏西南风。多年平均风速3.2米/秒,历年最大风速20米/秒。多年平均雾日17.7天,最多雾日数为31天,最少雾日数11天。

3. 发展成就

2015年,建成漯河港源汇港区,建有11个500吨级泊位。

漯河港基本情况见表9-13-3。

漯河港基本情况表

表 9-13-3

港区名称	港口岸线		2015 年港口生产用泊位				其中:1978—2015 年建成的生产用泊位				2015 年港口货物和旅客吞吐量									
	港口规划岸线	其中:2015 年前已建成岸线	生产用泊位数	其中:千吨级及以上	生产用泊位总长	其中:千吨级及以上	生产用泊位数	其中:千吨级及以上	生产用泊位总长	其中:千吨级及以上	货物吞吐量	其中:外贸货物吞吐量	集装箱吞吐量	滚装车辆		旅客吞吐量	其中:国际旅客吞吐量
															数量	重量		
	千米	千米	个	个	米	米	个	个	米	米	万吨	万吨	万 TEU	万辆	万吨	万人	万人
源汇港区	2.6	1.3	11	0	1.3	0	11	0	1.3	0	0	0	0	0	0	0	0
合计	2.6	1.3	11	0	1.3	0	11	0	1.3	0	0	0	0	0	0	0	0

（二）源汇港区

1. 港区综述

（1）港口建设概况和运营情况

漯河港源汇港区位于漯河市东郊沙河左岸,岸线全长1300米,有500吨级泊位11个。

（2）港区地理条件和集疏运概况

漯河港源汇港区位于漯河市境内沙河航道上。港口通过进港公路专用线与漯河市境内的国家干线京广铁路,漯平铁路、漯舞铁路、漯阜铁路等地方铁路和京港澳高速、宁洛高速等高速公路连接。

2. 港区工程项目

沙颍河周口至漯河段航运开发工程——逍遥至漯河段漯河港工程

项目于2012年12月开工建设,2018年6月试运行。

项目建设依据:2011年4月,河南省发展和改革委员会《关于沙颍河周口至漯河段航运开发工程可行性研究报告的批复》（豫发改基础〔2011〕423号）;2011年10月,河南省发展和改革委员会《关于沙颍河周口至漯河段航运开发工程逍遥至漯河段初步设计的批复》（豫发改设计〔2011〕1659号）;2010年11月,河南省环境保护厅《河南省沙颍河周口至漯河段航运开发工程环境影响报告书的批复》（豫环审〔2010〕252号）。

项目建设11个500吨级泊位,其中散货(煤炭)出口泊位7个、散货进出口泊位1个、件杂泊位2个、通用泊位1个,岸线总长1300米。码头采用顺岸式布置,散货(出口)码头采用浮码头结构,散货(进出口)码头、件杂货码头、通用码头采用桥式起重机直立结构。码头前沿水深2.3米。项目后方堆场面积8.5万平方米,仓库面积4600平方米。主要装卸设备配置包括弧形轨道装船机7台、链斗卸车机4台、双臂堆料机4台、电动双梁桥式起重机4台、轨道式门式起重机2台、电动单梁桥式起重机5台。项目总投资2.49亿元,全部为政府投资。项目用地面积47.6万平方米。

项目建设单位为漯河市地方海事局,设计单位为湖北省交通规划设计院,施工单位为上海大润港务建设集团有限公司、河南派普建设工程有限公司,监理单位为河南省水运工程建设监理事务所,质量监督单位为漯河市交通工程质量监督站。

工程于2019年7月开航,建成后每年新增吞吐能力460万吨,极大缓解了腹地铁路、公路运输压力,促进了腹地水陆运输发展成网,完善了腹地运输体系,对促进漯河市经济发展具有十分重要的意义。

四、信阳港

(一)港口概况

1. 港口综述

信阳港位于河南省信阳市境内,淮河上游,是淮河沿线重要的内河港口之一。信阳港下辖淮滨港区、固始港区2个港区,拥有500吨级港口泊位2个,300吨级泊位5个。

2. 港口水文气象

信阳港位于河南省南部,位于北亚热带向温带过渡的气候区,气候温和,四季分明,雨量丰沛,属大陆性季风气候。多年平均气温15.2摄氏度,历年最高气温42.0摄氏度,最低气温－12.6摄氏度。流域内多年平均降雨量1050毫米,历年最大降雨量1500毫米,历年最小降雨量658毫米,降雨多集中于夏季,6—8月降雨量占年降雨量的45%。冬、春季多东北风,夏秋季多东南风。雾日多出现于春季,多年平均雾日8.3天。

3. 发展成就

1994年,建成固始港区望岗作业区,有100吨级泊位3个。2010年,建成淮滨港区饮马港作业区,有500吨级泊位2个、300吨级泊位2个;改扩建固始港区望岗作业区,有300吨级泊位3个。

截至2015年,信阳港拥有生产用泊位7个。

信阳港基本情况见表9-13-4。

(二)淮滨港区

1. 港区综述

(1)港口建设概况和运营情况

信阳港淮滨港区位于信阳市淮滨县城关镇,有作业区1个,为饮马港作业区。岸线全长340米,有500吨级泊位2个,300吨级泊位2个。

(2)港区地理条件和集疏运概况

信阳港淮滨港区位于信阳市淮滨县境内淮河航道上。港口通过进港公路专用线与淮滨县境内的国家干线京九铁路和固淮高速公路互联互通,并通过固淮高速公路与大广高速公路、沪陕高速公路、宁西铁路实现连接。

表 9-13-4

信阳港基本情况表

序号	港区名称	港口岸线		2015 年港口生产用泊位				其中:1978—2015 年建成的生产用泊位				2015 年港口货物和旅客吞吐量							
		港口规划岸线	其中:2015 年前已建成岸线	生产用泊位数	其中:千吨级及以上	生产用泊位总长	其中:千吨级及以上	生产用泊位数	其中:千吨级及以上	生产用泊位总长	其中:千吨级及以上	货物吞吐量	其中:外贸货物吞吐量	集装箱吞吐量	滚装车辆		旅客吞吐量	其中:国际旅客吞吐量
															数量	重量		
		千米	千米	个	个	米	米	个	个	米	米	万吨	万吨	万TEU	万辆	万吨	万人	万人
1	淮滨港区	3.2	0.3	4	0	0.3	0	4	0	0.3	0	16	0	0	0	0	0	0
2	固始港区	4	0.3	3	0	0.3	0	3	0	0.3	0	10	0	0	0	0	0	0
	合计	7.2	0.6	7	0	0.6	0	7	0	0.6	0	26	0	0	0	0	0	0

2.港区工程项目

淮河淮滨至三河尖(豫皖界)航运基础设施建设工程——饮马港码头工程

项目于2008年11月开工建设,2010年11月试运行。

项目建设依据:2007年9月,河南省发展和改革委员《关于淮河淮滨至三河尖(豫皖界)航运基础设施建设工程可行性研究报告的批复》(豫发改交通〔2007〕1484号);2007年10月,河南省发展和改革委员会《关于淮河淮滨至三河尖(豫皖界)航运基础设施建设工程初步设计的批复》(豫发改设计〔2007〕1831号);2006年10月,河南省环境保护局《关于淮河淮滨至三河尖(豫皖界)航运基础设施建设工程环境影响报告书的批复》(豫环审〔2006〕231号);2009年9月,河南省人民政府《关于淮河淮滨至三河尖(豫皖界)航运基础设施建设工程淮滨饮马港码头建设用地的批复》(豫政土〔2009〕671号);2008年1月,水利部淮河水利委员会《关于淮河淮滨至三河尖(豫皖界)航运基础设施工程建设项目的审查意见》(淮委建管〔2007〕508号)。

项目建设2个500吨级泊位和2个300吨级泊位,岸线长度为240千米。码头采用顺岸式布置,高桩两办直立式结构。码头前沿水深1.9米。项目后方堆场面积2万平方米,仓库面积1500平方米。主要装卸设备配置包括固定起重机4台、移动式皮带机8台、轮胎式起重机2辆。项目总投资6395万元,全部为政府投资。项目用地面积5.8万平方米。

项目建设单位为信阳市航务管理局。设计单位为交通运输部天津水运工程科学研究院,施工单位为河南省水利第一工程局,监理单位为河南省水运工程建设监理事务所,质量监督单位为信阳市交通基本建设质量检测监督定额站。

工程建成后每年新增通过能力125万吨,完善了当地的交通运输体系,促进了信阳市经济发展。饮马港码头的建设运营,带动了淮滨县造船工业发展。淮滨县从2012年起以造船工业为支柱产业,有规模以上船舶企业7家,从事船舶制造维修服务人员达6000多人,年生产能力500艘,产值30亿元以上,居河南省第一位,占全国内河船舶制造的8%。

第十四节 贵 州 省

一、综述

(一)基本省情

贵州,简称"黔"或"贵",位于中国西部第二阶梯,与重庆、四川、湖南、云南、广西相接壤,是西南交通枢纽。贵州位于中国西南部云贵高原东斜坡山地,东西长约595千米,南北相距约509千米,境内地势西高东低,自中部向北、东、南三面倾斜,平均海拔在1100米左右,河流顺势从西向北、东、南三面分流,以中部的苗岭山脉为界,分属长江和珠江两大水系。

贵州省面积为 17.62 万平方公里,辖贵阳、六盘水、遵义、安顺、毕节、铜仁 6 个地级市,黔东南、黔南、黔西南 3 个自治州,1 个国家级新区(贵安新区),9 个县级市和 79 个县(区、特区),其中少数民族自治县 11 个。2015 年末贵州省常住人口 3529.5 万人。

贵州全省地貌以高原山地居多,山地和丘陵占全省总面积的 92.5%,素有"八山一水一分田"之说,是全国唯一没有平原支撑的省份。贵州是世界喀斯特地貌发育最典型的地区之一,喀斯特地貌出露面积 10.9 万平方公里,占全省总面积的 61.9%。贵州属亚热带湿润季风区,大部分地区年平均气温在 15 摄氏度左右,是典型的夏凉气候,使其成为理想的避暑胜地。贵州是一个山川秀丽、气候宜人、资源丰富、发展潜力巨大的内陆省份。贵州是矿产资源大省,矿种多、储量大、分布广,且成矿地质和组合条件好,易于开发,截至 2015 年,已发现矿种(含亚矿种)127 种,发现矿床、矿点 3000 余处,有 49 种矿产资源储量排名全国前 10 位。贵州具有独特的自然风光与民族文化相结合的旅游资源,是名副其实的自然风光"大公园"和民族文化"大观园"。贵州多类型的土壤、独特的山地环境与光、热、水等条件结合,繁衍出种类繁多的生物资源。截至 2015 年,全省有维管束植物 9982 种,有脊椎动物 1053 种;全省有药用植物 4419 种、药用动物 301 种,享誉国内外的"地道药材"有 50 种,是中国四大中药材产区之一。贵州水力资源丰富,截至 2015 年,水资源总量达 749.16 亿立方米,水能资源蕴藏量为 1874.5 万千瓦,居全国第 6 位。贵州是西南地区连接华南地区的交通枢纽,是西南地区南下出海的大通道,具有独特的交通区位优势和现代物流发展条件。

改革开放以来,贵州经济得到快速发展。改革开放前十年,因交通基础设施薄弱,贵州经济发展缓慢,发展速度及经济总量位居全国倒数第二;20 世纪 90 年代,随着交通基础设施建设加快,贵州经济发展步伐逐步加快;进入 21 世纪以后,国家实施西部大开发战略,贵州"西电东送"工程建设步伐加快,经济发展速度逐步跟上全国发展水平;2011 年以来,贵州经济发展后发赶超,发展速度年增长率达 10% 以上,连续 7 年位居全国第三位,综合实力显著增强,实现了高速公路县县通。自改革开放以来,贵州省地区生产总值从 1978 年的 46.62 亿元提高到 2017 年的 13540.83 亿元,财政收入从 1978 年的 14.2 亿元提高到 2017 年的 2648.31 亿元,社会消费品零售总额从 1978 年的 21.23 亿元提高到 2017 年的 4154 亿元。2017 年全省规模以上工业企业实现利税 1756.78 亿元,是 1996 年的 34.7 倍。经济总量占全国的比例从 1978 年的 1.27% 提高到 2017 年的 1.64%。

农业生产逐年增长。2017 年贵州粮食产量 1242.45 万吨,比 1978 年增长 93.1%;猪牛羊禽肉产量 202.84 万吨,比 1978 年增长 300%;全省粮食和经济作物的种植比例从 1978 年的 83.6∶16.4 调整为 2017 年的 46.2∶53.8;2017 年全省第一产业增加值

2032.27 亿元,是 1978 年的 104.6 倍。

工业经济不断发展壮大。2017 年贵州省规模以上工业 5311 户,比 1998 年增加 3263 户;规模以上工业主营业务收入 10647.55 亿元,是 1978 年的 305 倍。以烟、酒为代表的轻工业发展成为重要支柱产业。以煤、电为代表的能源产业不断发展壮大。计算机、通信和其他电子设备制造业、医药制造业、电气机械和器材制造业、汽车制造业等行业快速发展。

服务业实现长足发展。2017 年,贵州省服务业增加值 6080.4 亿元,是 1978 年的 717.9 倍。其中,交通运输、仓储和邮政业增加值 1070.22 亿元,是 1978 年的 637 倍。旅游产业呈井喷式发展,2017 年全省旅游总人数 7.44 亿人次,是 1978 年的 57 万倍。2017 年全省旅游总收入 7116.81 亿元。

贵州在改革开放中,始终坚持扩需求促发展增活力,投资成为经济增长的重要"引擎",全社会固定资产投资增速总体加快:1979—1988 年年均增长 14.9%,1989—1998 年年均增长 20%,1999—2008 年年均增长 19.2%,2009—2017 年年均增长 28.7%。特别是党的十八大以来,投资对贵州经济增长的贡献率始终保持在 70% 以上。

市场消费在升级中保持较快增长。2017 年,贵州省社会消费品零售总额 4154 亿元,是 1978 年的 195 倍。消费品市场实现从 10 亿级到 100 亿级、再到 1000 亿级的历史性突破。随着"互联网 +"快速发展,网络消费快速增长,2017 年全省消费者通过网络实现的销售额达到 1170.8 亿元,占社会消费品零售总额的 28.2%。

对外贸易快速发展。2017 年,贵州省进出口总额 81.62 亿美元,是 1978 年的 2013.9 倍。贸易结构经历了从以出口初级产品为主,到工业制成品占绝对主导地位的转变。2017 年,机器、电气设备及零件等工业制成品出口 29.13 亿美元,占出口总额的比例提升至 50.3%。

改革开放以来,贵州居民收入大幅提高,全省城镇居民人均可支配收入从 1978 年的 261 元增加到 2017 年的 29080 元,增长 110.3 倍;农村居民人均可支配收入从 1978 年的 109 元增长到 2017 年的 8869 元,增长 80.1 倍。全省贫困人口从 1978 年的 1840 万人减少到 2017 年的 280 万人,贫困发生率下降到 7.75%。

(二)综合运输

改革开放以来,随着经济社会的快速发展,贵州综合交通运输需求强劲增长,针对交通严重制约全省经济社会发展的现实,提出了"交通引领经济"的发展理念,不断加大交通基础设施的投入和建设力度,最终实现了交通基础设施的快速、跨越发展,实现了交通基础设施的后发赶超。至"十二五"期末,贵州省交通基础设施建设取得了辉煌成就,在西部地区率先实现县县通高速公路、在西南地区率先开通高速铁路,干线交通基础设施发展水平基本赶上了全国平均水平，水运"北入长江，南下珠江"的水运主通道初步建成，为贵州实现经济社会赶超发展和与全国同步全面建成小康社会提供了较好的基础支撑，为更加紧密地融入国家"一带一路"、长江经济带的建设发展创造了有利条件。

1978 年，贵州全省铁路通车里程 1366 千米。截至 2015 年底，贵广高铁、沪昆高铁贵阳至长沙段建成通车，在西南地区率先进入高铁时代，实现了贵阳至珠三角地区 4 小时、至长株潭 3 小时、至北京 8 小时的规划目标；铁路营业总里程达到了 3037 千米，其中高铁里程达 701 千米；铁路网覆盖的县达到了 50 个，进出省铁路通道达 12 个。1978 年，贵州公路通车里程仅为 3.06 万千米，无高等级公路。截至 2015 年底，贵州省公路通车里程达到 18.6 万千米，是改革开放前的 6.3 倍，贵州高速公路在改革开放后快速发展，实现了县县通高速公路，贵州省高速公路通车里程超 5128 千米，实现"6 横 7 纵 8 联"的高速公路路网布局，让贵州成为"西南重要陆路交通枢纽"。

1979 年，全国航道普查时，贵州通航里程为 1762 千米，航道等级低。1978 年贵州省水路运输全年完成客、货运量分别为 56.5 万人次、64 万吨，旅客、货物周转量分别为 2049 万人公里、7282 万吨公里。截至 2015 年底，全省通航里程达 3664 千米，较 1979 年增加 1902 千米，其中高等级航道里程达 791 千米，位居 14 个非水网省（市）第一，改写了贵州无高等级航道的历史。2015 年贵州水路运输完成客、货运量分别为 3035.66 万人次和 1316.7 万吨，分别比 1978 年增长了 35.7 倍和 23 倍；完成旅客、货物周转量 5.30 亿人公里和 33.19 亿吨公里，分别比 1978 年增长了 26.9 倍和 51 倍；"十二五"期新建港口码头 23 座，共建设 300 吨级泊位 7 个，500 吨级泊位 30 个，新增客、货通过能力每年 701 万人次、902 万吨。

截至 2015 年底，贵州铁路客运量、货运量、旅客周转量、货物周转量分别达 4901 万人、5376 万吨、229.92 亿人公里、561.27 亿吨公里，公路客运量、货运量、旅客周转量、货物周转量分别达 80621 万人、77341 万吨、422.79 亿人公里、782.47 亿吨公里。贵州航空实现了每个市（州）都有一个机场，形成了以贵阳龙洞堡机场为枢纽的"一枢九支"新格局，随着机场格局改善，支线机场旅客吞吐量呈井喷式增长，2015 年完成旅客吞吐量 238.8 万人次。

贵州水运资源丰富，全省长度在 50 千米以上的河流共有 93 条，总长度达 11270 千米，覆盖 74 个县（市、区）。全省水运北面可通过赤水河、乌江、清水江进入长江通达长三角地区，南面可通过红水河、都柳江进入珠江直通粤港澳大湾区，构筑了"南下北上"水运通道基本格局，独特的地理条件和区位优势形成了发展水运的基础条件。贵州省资源丰富，深度开发、发展工业依然是贵州经济增长的重要支撑，解决好大宗产品物流通畅和降低运输成本是服务产业发展的需要，具有巨大的市场需求，水运作为运量大、成本低的运输方式，以及其占地少、节能、绿色环保的特点，对于恪守发展与生态两条底线具有现实意义。改革开放以来，水运的建设发展对贵州经济社会发展作用巨大，为贵州构建了更加优化的综合运输体系，水运通道的建成提供了大载量、低成本、低能耗的运输方式，为社会提供了更多的运输方式选择。

(三)港口概况

贵州港口发展历史悠久,为推动贵州社会经济发展作出了积极贡献。在改革开放以前,贵州的港口码头多为自然岸坡或依自然岸坡修建的阶梯式码头,装卸设施为人工装卸或简易梭槽(简易梭槽是用木板、铁皮或水泥做成长条形的凹槽形状,上口越宽敞,从陡峭岸坡或港区作业点架设至河边船舶停靠点,下面用木架或水泥架支撑,下口高于船舶舱位。装船时,用人工将装载物从上口倒入梭槽,通过梭槽滑入船舱。简易梭槽一般用于山区河流港口距河边较远、较陡、或较高的港口作业点。)改革开放后,为适应贵州社会经济发展,加大了对港口码头建设力度,特别是国家西部大开发和"西电东送"发展战略实施,贵州水运工程建设进入快速发展时期,通航里程不断增加,高等级航道建设加快。截至2015年,航道通航里程由1979年的1762千米增至3664千米,新增航道1902千米,其中高等级航道791千米,高等级航道占总航道里程的19%,占新增航道里程的41%,改变了贵州没有高等级航道的历史。贵州港口也随着航道条件的改善而加速发展,改革开放以来,贵州港口经过多年发展,逐步由零散码头布局提升为以市(州)为单位的系统港口布局,港口建设与航道建设同步规划、同步设计、同步发展,局部向规模化、大型化、规范化、现代化发展,但是由于贵州水运受制于碍航闸坝等因素的影响,港口发展受到严重制约,尚未形成适应贵州社会经济发展的港口体系。

贵州省地处云贵高原,境内山脉众多,重峦叠嶂,绵延纵横,是一个典型的山区省份。河谷地带多以峡谷为主,港口可利用岸线资源较为宝贵。截至2015年,贵州省港口码头已利用岸线45.98千米,无深水岸线。

贵州港口系内河港口,港口码头分布于各通航河流及水域。自2004年4月1日《中华人民共和国港口法》颁布实施后,贵州港口按照"一城一港"设置,分设9个港口,均为地方重要或一般港口,为交通运输部规模以下港口。由于地域跨水系关系,多个港口在各水系中有交叉。珠江水系有黔南港、黔西南港、安顺港、六盘水港、黔东南港;长江水系有贵阳港、遵义港、铜仁港、毕节港、安顺港、黔南港;沅水水系有铜仁港、黔东南州港。

贵州省9个港口腹地主要根据行政区划、地理条件及水系等情况统筹划分,各港口直接覆盖了贵州9个市州的大部分区域及周边省份的部分区域。其中,地理位置较重要、区位优势较明显,具有一定发展基础和发展潜力,能充分发挥出省水运主通道、辅助通道作用,实现贵州水运北通长江、南达珠江,对港口周边地区经济发展和对外物资交流具有较强辐射带动作用的重点港区有:遵义港赤水港区、播州港区,贵阳港开阳港区,黔南港瓮安港区、罗甸港区,铜仁港思南港区、沿河港区,黔东南港锦屏港区、天柱港区、从江港区,黔西南港贞丰港区、册亨港区、望谟港区13个港区。

遵义港:赤水港区位于长江上游右岸一级支流赤水河下游,是黔北地区重要的规模化港区,是赤水市及周边地区资源开发、沿江经济发展和对外物资交流的重要依托,将逐步发展成为以煤炭、化肥、竹木等物资运输为主,具备装卸存储、中转换装、运输组织、多式联运、现代物流等功能的综合性港区。播州港区位于构皮滩枢纽库区,是黔中地区产业发展和对外物资交流的重要支撑,以煤炭、磷矿、铝土矿、件杂货等运输为主,积极推进集装箱运输,将发展成为具备装卸存储、中转换装、运输组织、多式联运等功能的综合性港区。

贵阳港:开阳港区位于构皮滩水电枢纽库区的乌江支流清水河口24千米范围内,是黔中地区通江达海的北大门,将逐步发展成为以大宗散货、件杂货、集装箱等运输为主,兼为旅游客运服务,具有装卸储存、中转换装、临港开发等功能的综合性港区,并为进一步发展成为黔中地区区域性港口物流中心创造条件。

黔南港:瓮安港区地处黔南、遵义、铜仁地区的交界处,位于乌江构皮滩水电枢纽常年库区,以磷化工、煤化工、农副产批等物资运输为主,兼为旅游客运服务,将发展成为贵阳城市经济圈及瓮福磷化工经济带的重要依托,以及具备装卸存储、中转换装、运输组织、现代物流等功能的综合性港区。罗甸港区位于龙滩库区、红水河及其支流蒙江沿线,是黔中、黔南地区通江达海的南大门,将发展成为以大宗散货、件杂货、旅客运输为主,积极发展集装箱运输,具备装卸存储、中转换装、临港开发等功能的综合性港口,并为进一步发展成为区域性港口物流中心创造条件。

铜仁港:思南港区位于沙沱水电枢纽水库常年回水区,是铜仁市联系湘、渝、川的水运口岸和黔东北地区重要的客运枢纽,将发展成为以建材、煤炭、农副产品、旅客运输为主,具备装卸存储、中转换装、运输组织、临港开发等功能的综合性港区。沿河港区位于铜仁市的沿河县、乌江沙沱水电枢纽下游,是铜仁市联系湘、渝、川的水陆交通枢纽和黔东北部的门户港,将发展成为以建材、煤炭、矿产、农副产品、旅客运输为主,具有装卸存储、中转换装、运输组织、临港开发等功能的综合性港区。

黔东南港:锦屏港区位于清水江的白市水电枢纽库区,是黔东地区重要的水陆交通枢纽,为清水江沿岸城镇居民出行、旅游资源开发和地区间物资交流服务,将发展成为具有装卸存储、中转换装、运输组织等功能的综合性港区。天柱港区位于沅水上游的清水江沿岸,是黔东地区的门户港,以重晶石、石灰石、木材等资源性物资外运为主,兼具旅游客运功能的综合性港区。从江港区位于都柳江沿线黔东南州的从江县、黔桂两省(自治区)的接合部,是腹地经济发展的重要依托和黔东南地区的门户港,将发展成为以件杂货和旅客运输为主,具有装卸存储、中转换装、临港开发等功能的综合性港区。

黔西南港:贞丰港区位于北盘江干流、龙滩水电枢纽库区回水末端,是黔西南地区矿产资源及旅游资源开发利用、腹地经济发展的重要依托,以能源、原材料等货物运输为主,兼具旅客运输,将发展成为具备装卸存储、中转换装、运输组织、临港开发、修造船等功能的综合性港区。册亨港区位于龙滩水电枢纽常年库区的南、北盘江干流沿岸,是腹地经济发展的重要依托和黔西南地区的门户港,将发展成为以能源、原材料等大宗散货运输和旅游客运为主,具备装卸存储、中转换装、运输组织、临港开发等功能的综合性港区。望谟港区位于南、北盘江及红水河的交汇处,是以大宗散货、件杂货、旅客运输为主,积极发展集装箱运输,将发展成为具有装卸存储、中转换装、运输组织、临港开发等功能的综合性港区,并力争逐步发展成为珠江上游第一大港和滇黔桂川四省(自治区)接合部的港口枢纽。

毕节港因乌江上游水电建设形成的库区水运而兴起,水运货物运量较少,多为旅客运输,且作业区均为300吨级以下客货泊位,未单列叙述。截至2015年,毕节港共有生产用泊位停靠点11个,泊位长384米,泊位岸线长760米,完成货物吞吐量5.13万吨。旅客吞吐量162.62万人。

(四)港口发展成就

改革开放之初,贵州航道基础条件均为六级及以下航道,通航里程已萎缩至1762千米,贵州港口基本为零,港口体系尚未形成,全省仅有为数不多的渡口可供停靠作业,大部分停靠点依靠自然岸坡或依自然岸坡修建的人工梯步进行装卸;港口机械化程度极低,仅有赤天化成品输出码头采用人力加皮带机装卸,其余基本均为人力装卸码头;港口集疏运条件极差,基本采用便道连接码头、六级以下航道行船。1978年,贵州省渡口码头数量47处,其中机动船渡口6处;全省水运全年完成货运量64万吨,客运量56.5万人。

改革开放以来,特别是国家实施西部大开发战略,加大了对贵州水运工程建设的支持力度,贵州港口围绕"两主三辅"水运通道、库区民生水运及旅游航道的建设开展同步规划、同步设计、同步建设,结合贵州航道跨越长江、珠江两大水系特点,按照合理布局、突出重点、加强与周边省份水运联系等原则开展港口建设,在投资规模、吞吐能力、靠泊能力、机械化程度、集疏运条件均有大幅提升,港口建设依托航道等级的提升,逐步按"一城一港"格局新建9个区域港口,新开辟了遵义港赤水港区、播州港区,贵阳港开阳港区,黔南港瓮安港区、罗甸港区,铜仁港思南港区、沿河港区,黔东南港锦屏港区、天柱港区、从江港区,黔西南港贞丰港区、册亨港区、望谟港区13个港区。截至2015年,全省共有港口9个,港区88个,港口岸线长45.98千米,生产性泊位416个,其中:300吨级泊位49个、500吨级泊位34个,专业化泊位10个,但尚无深水泊位及集装箱专用泊位。港口集疏运条件主要由进港公路与干线公路连接形成,部分重点港区与高速公路衔接,集疏运条件大为改善,目前尚无与铁路直接连接港口。港口装卸工艺机械化率有所提高,但大部分港口由于闸坝碍航影响,货物运输优势未得到发挥,运量较小,机械设备尚未配备,自动化程度不高。截至2015年,全省港口完成货物运吞吐量1316.7万吨、旅客吞吐量3035.66万人,无外贸货物运输及集装箱运输。

贵州省内河港口基本情况见表9-14-1。

贵州省内河港口基本情况表

表 9-14-1

序号	港口名称	港口岸线		2015 年港口生产用泊位				其中:1978—2015 年建成的生产用泊位				2015 年港口货物和旅客吞吐量						
		港口规划岸线	其中:2015 年前已建成岸线	生产用泊位数	其中:千吨级及以上	生产用泊位总长	其中:千吨级及以上	生产用泊位数	其中:千吨级及以上	生产用泊位总长	其中:千吨级及以上	货物吞吐量	其中:外贸货物吞吐量	集装箱吞吐量	滚装车辆		旅客吞吐量	其中:国际旅客吞吐量
															数量	重量		
		千米	千米	个	个	米	米	个	个	米	米	万吨	万吨	万 TEU	万辆	万吨	万人	万人
1	贵阳港	—	15.5	89	0	7795	0	89	0	7795	0	55	—	—	—	—	38	—
2	遵义港	—	8.60	68	0	4323	0	68	0	4323	0	310	—	—	—	—	137.23	—
3	铜仁港	—	13.70	110	0	6854	0	110	0	6854	0	73.8	—	—	—	—	1340.6	—
4	黔南港	—	1.07	12	0	537	0	12	0	537	0	53.04	—	—	—	—	88.74	—
5	黔西南港	—	2.60	23	0	1304	0	23	0	1304	0	757	—	—	—	—	477	—
6	安顺港	—	0.71	26	0	347	0	26	0	347	0	4.16	—	—	—	—	36.29	—
7	六盘水港	—	0.08	3	0	50	0	3	0	50	0	10.1	—	—	—	—	37.7	—
8	黔东南港	—	2.96	74	0	1481	0	74	0	1481	0	48.47	—	—	—	—	717.48	—
9	毕节港	—	0.76	11	0	384	0	11	0	384	0	5.13	—	—	—	—	162.62	—
	合计	—	45.98	416	0	23075	0	416	0	23075	0	1316.7	—	—	—	—	3035.66	—

二、贵阳港

(一)港口概况

1.港口综述

贵阳港位于贵州省政治、经济、文化中心的贵阳市,黔中山原丘陵中部,苗岭山脉横延港境,系长江与珠江分水岭地带。

20世纪80年代前,贵阳港除鸭池河修有正规的车渡码头外,其余渡口码头均为自然岸坡。随着乌江流域水电枢纽的建成,境内部分河流成为通航河流,贵阳港建设步伐随之加快。1979年乌江渡水电站建成蓄水后,修文、息烽港区逐年建设了顺江、滨江及阳明等300吨级客货物综合码头,水路客货运输开始起步。1980年成立红枫湖轮船公司后,兴建客运码头开展湖区旅游客运,随着贵州旅游客运的发展,贵阳市各主要人工湖区相继修建旅游客运码头,港内旅游客运逐步兴旺。2000年,索风营和东风水电枢纽建成后,修文、清镇两港区分别修建客货运码头,发展库区航运。2008年构皮滩水电站下闸蓄水,回水至乌江支流清水河,改善了航行条件,2014年乌江(乌江渡—龚滩)航运建设工程中建成洛旺河作业区500吨级客货运泊位3个,成为贵阳港在乌江水运通道上的门户港区。

贵阳港辖6个港区,分别为开阳港区、息烽港区、修文港区、清镇港区、乌当港区、花溪港区。港口发展主要以开阳港区为重点,在落旺河作业区现建有500吨级客货运泊位3个,规划将逐步发展成为以大宗散货、件杂货、集装箱等运输为主,兼为旅游客运服务,具有装卸储存、中转换装、临港开发等功能的综合性港区,为进一步发展成为黔中地区区域性港口物流中心创造条件。开阳港区直接腹地包括息烽、瓮安、福泉、贵定、贵阳等地区,腹地内磷矿、铝土、煤炭等资源丰富,分布有开阳磷煤化工生态工业基地、贵阳金石石材工业园等园区。其余港区由于受到区间通航的限制,主要以旅游客运和库区短途物资运输为主。港口内航道主要为库区湖区渠化航道,通航条件较好,其中开阳港区各作业区及息烽港区大塘口作业区航道位于乌江构皮滩水电站库区,为四级航道。

2.港口水文气象

贵阳港水资源主要源于天然雨,年天然径流546~640毫米,平均每平方公里产水56.3万立方米,水资源总量为53.4亿立方米。港域境内10千米以上河流共98条,其中长江流域90条,珠江流域8条,主要河流有长江水系的乌江、南明河、猫跳河、鸭池河、暗流河、鱼梁河、谷撒河、息烽河和清水河以及珠江水系的蒙江。人工湖泊主要有红枫湖、百花湖、阿哈水库、花溪水库等。港口各港区水域基本为渠化库区,水文情势多受上游水电站来流及下游水电站水位调度影响。

贵阳港海拔高度在 1100 米左右,处于费德尔环流圈,常年受西风带控制,属于亚热带湿润温和型气候,年平均气温为 15.3 摄氏度,年极端最高温度为 35.1 摄氏度,年极端最低温度为 -7.3 摄氏度,年平均相对湿度为 77%,年平均总降水量为 1129.5 毫米,年雷电日数平均为 49.1 天,年平均阴天日数为 235.1 天,年平均日照时数为 1148.3 小时,年降雪日数少,平均仅为 11.3 天。

3. 发展成就

贵阳港在改革开放前,由于天然航道条件差,除少量渡口外,港口设施基本为零。改革开放后,随着乌江水电梯级的开发,各水电站大型库区水域的形成,航道条件大为改善,激发了对水运物流的需求,港内修文、息烽、清镇、开阳等港区先后建设了 100~500 吨级货运泊位。截至 2015 年,贵阳港共有生产用泊位 89 个,泊位总长 7795 米,其中 500 吨级泊位 3 个,300 吨级泊位 5 个。

贵阳港的发展极大地促进了贵阳地区旅游业的爆发式增长,带动了沿江百姓脱贫致富,对地方经济社会发展起到了一定作用。贵阳港的成长得益于水资源的综合利用,但又受制于水电站闸坝的阻碍。由于乌江渡、东风、索风营水电站未建设通航设施,构皮滩通航设施 2020 年 12 月才完成三级手动过船调试,各港区货物运输限于库区内运行,严重制约了水运和港口发展。贵阳港要凸显其区位优势及重要地位,尚待贵州省"北入长江"的乌江水运通道真正形成。

贵阳港主要货运港区有开阳港区、息烽港区 2 个港区。开阳港区首个泊位 2012 年在洛旺河作业区开建,2014 年建成投产;息烽港区首个泊位于 1980 年在顺江作业区开建,同年投产。重要航线有毕节港竹林湾、洱海等作业区到贵阳港顺江等作业区的煤炭运输航线等。2015 年贵阳港实现货物吞吐量 55 万吨,旅客吞吐量 38 万人。

贵阳港基本情况见表 9-14-2。

(二)开阳港区

1. 港区综述

(1)港区建设概况和运营情况

开阳港区是一个新兴港区,也是贵阳港的重要港,是黔中地区通江达海的北大门,下辖洛旺河、大塘口、龙水、清水口、宅吉 5 个作业区,其中洛旺河为重点发展作业区。开阳港区是随清水河成为构皮滩水电枢纽回水区域后而兴起,其洛旺河作业区在 2010—2014 年乌江(乌江渡—龚滩)航运建设工程期间修建 500 吨级泊位 3 个,工程主要由码头主体、进港及港内道路、港区办公楼及配套、环境绿化工程等构成。

中国水运工程建设实录（1978—2015）
第五卷·内河港口工程（下）

表 9-14-2

贵阳港基本情况表

序号	港区名称	港口岸线		2015 年港口生产用泊位				其中:1978—2015 年建成的生产用泊位				2015 年港口货物和旅客吞吐量								
		港口规划岸线	其中:2015年前已建成岸线	生产用泊位数	其中:千吨级及以上	生产用泊位总长	其中:千吨级及以上	生产用泊位数	其中:千吨级及以上	生产用泊位总长	其中:千吨级及以上	货物吞吐量	其中:外贸货物吞吐量	集装箱吞吐量	滚装车辆		旅客吞吐量	其中:国际旅客吞吐量
															数量	重量		
		千米	千米	个	个	米	米	个	个	米	米	万吨	万吨	万TEU	万辆	万吨	万人	万人
1	开阳港区	—	0.41	3	0	205	0	3	0	205	0	15	—	—	—	—	10	—
2	息烽港区	—	2.0	9	0	1000	0	9	0	1000	0	23	—	—	—	—	0	—
3	修文港区	—	1.4	9	0	700	0	9	0	700	0	17	—	—	—	—	4	—
4	清镇港区	—	9.2	39	0	4610	0	39	0	4610	0	0	—	—	—	—	4	—
5	花溪港区	—	1.5	13	0	750	0	13	0	750	0	0	—	—	—	—	15	—
6	乌当港区	—	0.99	16	0	530	0	16	0	530	0	0	—	—	—	—	2	—
	合计	—	15.5	89	0	7795	0	89	0	7795	0	55	—	—	—	—	35	—

由于构皮滩水电站通航枢纽尚未建成投入使用,乌江水运通道未形成,港区运输业务局限于库区内各港口码头间,2015 年建成投入试运行以来,尚无大宗货物运输,运量较小,未开通固定货运航线。旅游客运方面主要开通了洛旺河至楠木渡、洛旺河至飞龙湖、洛旺河至龙水、洛旺河至江界河客货航线,以及清水河旅游航线。2015 年开阳港区实现货物吞吐量 15 万吨,旅客吞吐量 10 万人。

(2)港区地理条件和集疏运概况

开阳港区位于开阳县境内构皮滩水电枢纽库区范围内。其中,大塘口作业区位于乌江干流,距构皮滩水电站 120 千米,地处构皮滩水电站库区变动回水区,港区水位受上游乌江水电站调度影响,日水位变幅较大;其余各作业区均位于构皮滩水电站库区死水位范围内,库区正常蓄水位 630 米,死水位 590 米,日水位稳定,但高低水位落差较大,达 40 米。港区重点发展的洛旺河作业区,位于乌江支流清水河 24 千米处,水域开阔,两岸陆域平坦纵深较大,可开发港口岸线约 1.6 千米,具备开发规模化港区的条件;规划作业区面积约 400 亩(约 26.7 万平方米),作业区距省道久铜线约 3 千米,集疏运条件较好。

2.港区工程项目

洛旺河码头项目

项目于 2012 年 3 月开工建设,2014 年 1 月试运行,2016 年 12 月竣工。

项目建设依据:2009 年 11 月,贵州省发展和改革委员会《关于乌江(乌江渡—龚滩)航运建设工程可行性研究报告的批复》(黔发改交通〔2009〕2692 号);2010 年 2 月,贵州省交通运输厅《关于乌江(乌江渡—龚滩)航运建设工程初步设计的批复》(黔交建设〔2010〕20 号);2009 年 1 月,贵州省环境保护局《关于乌江(乌江渡—龚滩)航运建设工程环境影响报告书的批复》(黔环函〔2009〕25 号);2009 年 2 月,贵州省国土资源厅《关于乌江(乌江渡—龚滩)航运建设工程用地预审意见》。

项目建设 3 个 500 吨级客、货运综合泊位,岸线总长 480 米。码头采用实体斜坡结构形式,主要建筑物为码头主体、下河坡道、堆场、管理站房、环境保护水土保持(简称环保水保)及消防等设施。码头前沿水深 2.2 米。项目堆场面积 13360 平方米。装卸设备考虑到构皮滩水电站通航设施尚未建成,无大宗货物,故暂未配备。项目建设投资 1820.1 万元,由交通运输部及贵州省财政资金各占 50%组成。

项目建设单位为贵州省航务管理局,设计单位为贵州顺达水运规划勘察设计院、四川省交通厅交通勘察设计研究院,施工单位为云南路港工程公司,监理单位为贵州兴航水运工程监理所,质量监督单位为贵州省水运工程质量监督站。

项目建成投产后,多艘集旅游、水上娱乐为一体的旅游船相续投入使用,带动了当地旅游业的发展,促进了新农村建设。码头货运由于构皮滩水电站通航设施尚未建成,货运多为当地人民群众提供生活生产物质运输，运量较小，尚未有大宗货物运输。

三、遵义港

（一）港口综述

1.港口综述

遵义港范围内主要通航河流有赤水河、乌江。赤水河通航历史悠久，东汉时期即有水运记载，明、清时已发展成为贵州的一条黄金水道，码头遍及赤水河沿河各主要集镇。1974—1977年，配合赤天化建设了大件码头及成品专用码头；1985—1990年，利用国家粮棉布资金建设了岔角、赤水东门、鲢鱼溪码头；2002—2006年实施的赤水河（岔角—合江）航运建设工程中，分别在岔角、土城新建100吨级货运泊位5个、改建2个，在赤水、鲢鱼溪及合江新建300吨级货运泊位6个、改建1个，各作业区吞吐能力大大提高。乌江通航历史较早，但遵义港所辖水域位于乌江上游，通航条件较差，基本无码头。改革开放后，随着乌江水电枢纽建设，通航水域条件改善，港口逐步发展。1979年，乌江渡水电站建成后，库区内建成三沙码头；2010—2014年实施的乌江（乌江渡—龚滩）航运建设工程，建成乌江渡、楠木渡、沿江渡及河闪渡等500吨级泊位5个。2013—2015年，为配合乌江复航，建设构皮滩翻坝运输系统，在余庆港区建成坝上樱桃井30车位滚装泊位2个及坝下沙湾500吨级（水工结构兼顾1000吨级）泊位6个。

遵义港位于贵州北部遵义市，南临贵阳市，北倚重庆市，西接四川省，是昆筑北上和川渝南下之咽喉。港口地处国家规划长江中上游综合开发区、黔中经济区综合开发区和国家全域旅游示范区内，是西南地区承接南北、连接东西、通江达海的重要交通枢纽。遵义港辖赤水河流域全部港区和乌江流域部分港区。赤水河流域3个港区，分别为仁怀港区、习水港区、赤水港区，共9个作业区；乌江流域4个港区，分别为播州港区、余庆港区、湄潭港区、凤冈港区，共8个作业区。主要港区有习水港区、赤水港区、播州港区、余庆港区，重点发展播州港区。截至2015年底，遵义港共有生产用泊位68个，泊位总长4323米。其中500吨级泊位10个，30车位滚装泊位2个。

遵义港的主要航道为赤水河与乌江。其中赤水河中游岔角—狗狮子段达六级航道标准，狗狮子—合江段达五级航道标准；乌江渡库区为五级航道，乌江渡下游均已建成四级航道。港口未建设专用锚地。

2.港口水文气象

遵义港河流以大娄山山脉为分水岭，将全港河流分为乌江、赤水河和綦江三大水系，均属长江流域。有水流的河长共9148.5千米，河网密度每平方公里0.3千米，河长大于10千米或集雨面积大于20千米的河流有416条。其中干流2条（乌江、赤水河），均有航行之利,内河航程 441 千米,直通长江。长江上游干流区包括赤水河干流及其主要支流如牛渡水、桐梓河、习水河等;乌江区包括偏岩河、湘江河、余庆河、芙蓉江等。遵义市年平均河川径流量为 178.80 亿立方米,地下水径流量为 42.25 亿立方米。赤水河干流基本保持天然状态,二郎坝水文站以上流域的年径流深为 470 毫米,年径流系数为 0.45 左右。赤水河为雨源型山区河流,枯水径流靠地下水补给,水位流量稳定,洪水由降雨形成。每年 5 月进入雨季,以 6—7 月为甚,其间水位涨落频繁,洪峰尖瘦、峰高量小。二郎坝水文站以上流域推移质年输沙量为 12.62 万吨。赤水水文站多年平均输沙量 831 万吨,多年平均含沙量 0.93 千克/立方米,最大含沙量为 1972 年 2.71 千克/立方米,最小含沙量为 1965 年 0.32 千克/立方米。

遵义港受季风影响特别显著。冬春季节多受北半球移来的寒潮或冷空气影响,冬季风一般多为东北风或偏东风。受偏东北季风影响时,云层浓密低厚,一到夜间云顶辐射冷却,常常产生夜雨。4 月中旬西南季风北上,阴云密布的天气减少,晴间多云日数增多,温度显著上升。由于所处纬度低,日光照射强烈,连晴三天温度就可能升至 30 摄氏度以上。而在夏季又常受西南季风影响,历年最热时期极端最高气温也只有 38.7 摄氏度。9 月中旬夏季风逐渐减弱南退,冬季风逐渐增强南下,持续的秋雨天气便开始出现。冬季时,又转入云低阴沉的多小雨天气,季平均温度 5.5 摄氏度左右,极端最低气温出现在 1 月下旬,达 −7.1 摄氏度。全港年平均气温 15.1 摄氏度,冬无严寒,夏无酷暑,雨量丰沛,气候宜人。

3. 发展成就

遵义港的发展主要依托赤水河及乌江。赤水河是贵州境内唯一未梯级渠化的通航河流,航道建设充分利用了赤水河山区小河流的特点,将航运资源极致发挥,是贵州省航运最发达的河流,最高年货运量接近 500 万吨,船舶达 700 多艘。沿河建设的岔角、土城、赤水、鲢鱼溪及合江等作业区为腹地内煤炭、化肥、沙石、竹材等资源提供了便捷经济的运输渠道,极大地带动了地方经济的发展,促进了贵州北部与长江沿岸地区的交流。遵义港辖乌江段属乌江上游,原不通航,随着乌江水电梯级的建设,乌江渡水电站建成后水运始兴,1993 年建成播州港区三沙作业区,成为遵义煤炭供应集运地,构皮滩、思林水电站建成后,建成了余庆、湄潭、凤岗等港区,乌江主通道港区初见雏形。

习水港区首个泊位 1988 年在岔角开建,1989 年投产;播州港区首个泊位 1992 年在三沙开建,1993 年投产;余庆港区首个泊位 1996 年在大乌江开建,2000 年投产;湄潭港区首个泊位 2011 年在沿江渡开建,2012 年投产;凤岗港区首个泊位 2011 年在河闪渡开建,2012 年投产。2015 年遵义港实现货物吞吐量 310 万吨,旅客吞吐量 137.23 万人。

遵义港基本情况见表 9-14-3。

表 9-14-3

遵义港基本情况表

序号	港区名称	港口岸线 港口规划岸线 (千米)	港口岸线 其中:2015年前已建成岸线 (千米)	2015年港口生产用泊位 生产用泊位数 (个)	2015年港口生产用泊位 其中:千吨级及以上 (个)	2015年港口生产用泊位 生产用泊位总长 (米)	2015年港口生产用泊位 其中:千吨级及以上 (米)	其中:1978—2015年建成的生产用泊位 生产用泊位数 (个)	其中:1978—2015年建成的生产用泊位 其中:千吨级及以上 (个)	其中:1978—2015年建成的生产用泊位 生产用泊位总长 (米)	其中:1978—2015年建成的生产用泊位 其中:千吨级及以上 (米)	2015年港口货物和旅客吞吐量 货物吞吐量 (万吨)	2015年港口货物和旅客吞吐量 其中:外贸货物吞吐量 (万吨)	2015年港口货物和旅客吞吐量 集装箱吞吐量 (万TEU)	2015年港口货物和旅客吞吐量 滚装车辆 数量 (万辆)	2015年港口货物和旅客吞吐量 滚装车辆 重量 (万吨)	2015年港口货物和旅客吞吐量 旅客吞吐量 (万人)	2015年港口货物和旅客吞吐量 其中:国际旅客吞吐量 (万人)
1	播州港区	—	2.3	10	0	1156	0	10	0	1156	0	35	—	—	—	—	23.5	—
2	余庆港区	—	0.80	10	0	392	0	10	0	392	0	3.5	—	—	—	—	25.4	—
3	湄潭港区	—	0.54	5	0	270	0	5	0	270	0	5.5	—	—	—	—	5.3	—
4	凤冈港区	—	0.15	1	0	75	0	1	0	75	0	10	—	—	—	—	10.7	—
5	习水港区	—	2.56	22	0	1285	0	22	0	1285	0	131	—	—	—	—	14.5	—
6	赤水港区	—	2.19	19	0	1095	0	19	0	1095	0	125	—	—	—	—	15.6	—
7	仁怀港区	—	0.06	1	0	50	0	1	0	50	0	0	—	—	—	—	32.23	—
	合计	—	8.6	68	0	4323	0	68	0	4323	0	310	—	—	—	—	127.23	—

(二)播州(原遵义县)港区

1.港区综述

(1)港区建设概况和运营情况

播州港区是黔中地区产业发展和对外物资交流的重要支撑,以煤炭、磷矿、铝土矿、件杂货等运输为主,将随着乌江构皮滩水电枢纽通航,积极推进集装箱运输,发展成为具备装卸存储、中转换装、运输组织、多式联运等功能的综合性港区。港区辖三沙、乌江渡、楠木渡等作业区。建设有生产用泊位10个,其中乌江渡、楠木渡作业区建有500吨级泊位3个,三沙码头500吨级泊位在建。

乌江渡水电站1979年11月蓄水发电后,1998年始修300吨级作业区,2017年扩建成为500吨级作业区,2010—2014年乌江(乌江渡—龚滩)航运建设工程中,楠木渡和乌江渡作业区相继修建。播州港区下辖3个作业区,有生产性泊位10个,其中500吨级客货运泊位3个,年货、客综合通过能力为34万吨和40万人次。港区内还规划有旋塘、三星两作业区,将成为遵义港的重点发展作业区。由于构皮滩通航设施未建设通航,播州港区发展与运输受到极大制约,目前仅限库区内区间运行。在构皮滩枢纽建成后,将随着遵义港腹地内铝、锰及煤矿采掘业及铝加工业、锰系合金等相关工业发展和库区旅游规模扩大,播州港区客货吞吐量将持续攀升。2015年,播州港区完成货物及旅客吞吐量分别为35万吨和23.5万人。

(2)港区地理条件和集疏运概况

乌江渡作业区处于构皮滩水电站库区正常蓄水位尾水段播州区乌江镇乌江左岸,是乌江通道的起点,北距遵义城区约34千米,南距贵阳市约95千米,贵遵高速公路、川黔铁路均在此跨越乌江,交通极为便利。楠木渡码头位于播州区尚嵇镇的乌江左岸,码头地段处于构皮滩枢纽水库区的变动回水段,北距播州城区约37千米,距开阳约50千米,距尚嵇50万吨氧化铝厂7千米。三沙作业区位于乌江渡库区支流偏岩河常年回水段三合镇,距播州区15千米。港区各作业区位于黔中腹地过渡带,为乌江流域侵蚀切割低中山区,地形切割强烈,上游河谷横断面呈开阔不对称的"V"字形峡谷,其中三沙作业区地形相对较为平坦,水域较为宽阔,乌江渡、楠木渡地形相对较陡,水域也相对狭窄。

播州港区所辖作业区分属构皮滩枢纽库区及乌江渡电站库区内,川黔铁路和兰海高速(G75)公路在附近交会,有较好的区位交通条件。

2.港区工程项目

(1)楠木渡码头项目

项目于2011年3月开工,2012年5月试运行,2016年12月竣工验收。

项目建设依据:2009 年 11 月,贵州省发展和改革委员会《关于乌江(乌江渡—龚滩)航运建设工程可行性研究报告的批复》(黔发改交通〔2009〕2692 号);2010 年 2 月,贵州省交通运输厅《关于乌江(乌江渡—龚滩)航运建设工程初步设计的批复》(黔交建设〔2010〕20 号);2009 年 1 月,贵州省环境保护局《关于乌江(乌江渡—龚滩)航运建设工程环境影响报告书的批复》(黔环函〔2009〕25 号);2009 年 2 月,贵州省国土资源厅《关于乌江(乌江渡—龚滩)航运建设工程用地预审意见》。

项目建设 2 个 500 吨级泊位,岸线长度为 346.2 米。码头为直立式结构形式,主要建筑物为下河引道与斜坡梯步结合,作业区主要由进港道路、停车场、高中水货物堆场、客货综合泊位、管理站房及环境工程等组成。码头前沿水深 2.2 米,作业区高、中水堆场面积合计 7110 平方米,生产及辅助生产建筑面积 1200 平方米,绿化面积 1212 平方米,港内道路长 818.70 米。由于构皮滩水电站通航设施未建成,作业区暂未配备装卸设备。项目实际完成投资 1613.04 万元,由交通运输部及贵州省财政资金各占 50% 组成。

项目建设单位为贵州省航务管理局,设计单位为四川省交通厅交通勘察设计研究院、贵州顺达水运规划勘察设计院,施工单位为贵州黔航交通工程有限公司,监理单位为贵州兴航水运工程监理事务所,质量监督单位为贵州省水运工程质量监督站。

楠木渡码头建成后,为群众提供了便捷的水上出行方式,带动了旅游产业发展,对促进当地资源优势转化为经济优势及加快沿江地区脱贫致富都具有十分重要的意义。码头建成后,由于构皮滩升船机未建成通航,大宗货物运输极少,主要以旅游客运为主。已有两家旅游公司入驻,200 客位、350 客位游船各 1 艘,20 客位游艇十余艘,乘客以节假日游客居多。

(2)乌江渡码头项目

项目于 2012 年 5 月 30 日开工建设,2014 年 12 月试运行,2016 年 12 月竣工验收。

项目建设依据:2009 年 11 月,贵州省发展和改革委员会《关于乌江(乌江渡—龚滩)航运建设工程可行性研究报告的批复》(黔发改交通〔2009〕2692 号);2010 年 2 月,贵州省交通运输厅《关于乌江(乌江渡—龚滩)航运建设工程初步设计的批复》(黔交建设〔2010〕20 号);2009 年 1 月,贵州省环境保护局《关于乌江(乌江渡—龚滩)航运建设工程环境影响报告书的批复》(黔环函〔2009〕25 号);2009 年 2 月,贵州省国土资源厅《关于乌江(乌江渡—龚滩)航运建设工程用地预审意见》。

项目建设 500 吨级货运泊位和客货综合泊位各 1 个,岸线长度为 234.8 米。码头结构形式为直立式与斜坡梯步相结合,配套建设站房、堆场、进港道路及环保水保等设施。码头前沿水深 2.2 米。码头堆场面积 6870 平方米,停车场面积 2230 平方米,生产及辅助生产建筑面积 390 平方米,港内道路长 624.64 米。考虑构皮滩枢纽通航设施尚未建成,码头暂时未配备装卸设施。码头建设总投资 2368.79 万元,由交通运输部及贵州省财政资金各占 50%组成。

项目建设单位为贵州省航务管理局,设计单位为贵州顺达水运规划勘察设计院,施工单位为贵州黔航交通工程有限公司,监理单位为贵州兴航水运工程监理事务所,质量监督单位为贵州省水运工程质量监督站。

作业区建成投入营运后给腹地内的遵义、金沙、息烽等地提供了新的交通运输方式,对地方经济社会发展起到较好的促进作用。但由于构皮滩水电站通航设施未建成,码头未充分发挥起作用,尚无大宗货物运输,仅有少量旅游客运和小宗物资转运。

(三)湄潭港区

1.港区综述

(1)港区建设概况和营运情况

湄潭港区是一个新兴港区,境内河流属长江流域乌江水系。2009 年前,在仅有的小型通航库区建有 4 座便民码头外,无正规客货运作业区。随着构皮滩水电枢纽建成,湄潭县境内部分靠乌江边的村镇成为回水区域。2010—2014 年乌江(乌江渡—龚滩)航运建设工程中建成了沿江度作业区,建成 500 吨级泊位 1 个。

湄潭港区沿江渡作业区地处湄潭、余庆、瓮安三县交界处,地理位置特殊,是湄潭县唯一进入乌江的水运口岸,是湄潭港区重点发展的作业区。沿江渡作业区建成后,以其特有的区位优势,充分发挥水陆联运功能,保障海事运输安全,为湄潭县社会经济发展服务,成为湄潭县农副土特产品输出的口岸,对湄潭县物资交流和沿江人民群众的安全便捷出行起到极大的作用。由于构皮滩水电站通航设施未建成,港区目前主要航线仅限于库区各作业区间运行,未开通长途运输航线,也没有大宗物资运输,效益未得到充分发挥。2015年,湄潭港区完成货物及旅客吞吐量分别为 5.5 万吨和 5.3 万人。

(2)港区地理条件和集疏运概况

湄潭港区位于遵义市湄潭县境内,位于构皮滩枢纽库区内湄潭县境内乌江左岸,下距构皮滩枢纽 29 千米,上距湄潭县城 76 千米,距离周边县城较近,交通便利。距遵义 58 千米,杭瑞高速公路 326 国道和 204 省道交会于县城,是黔北东部地区重要的交通枢纽。港区辖有作业区 1 个,仅有 500 吨级客货综合泊位 1 个。港区位于构皮滩水电站常年回水区,为四级航道。

2.港区工程项目

沿江渡作业区项目

项目于 2011 年 3 月开工建设,2012 年 11 月试运行,2016 年 12 月竣工验收。

项目建设依据:2009年11月,贵州省发展和改革委员会《关于乌江(乌江渡—龚滩)航运建设工程可行性研究报告的批复》(黔发改交通〔2009〕2692号);2010年2月,贵州省交通运输厅《关于乌江(乌江渡—龚滩)航运建设工程初步设计的批复》(黔交建设〔2010〕20号);2009年1月,贵州省环境保护局《关于乌江(乌江渡—龚滩)航运建设工程环境影响报告书的批复》(黔环函〔2009〕25号);2009年2月,贵州省国土资源厅《关于乌江(乌江渡—龚滩)航运建设工程用地预审意见》。

项目建设1个500吨级客货综合泊位,岸线长度为408米。码头为斜坡码头结构形式,主要建筑物为下河引道+实体斜坡梯步结构,以及管理站房、货物堆场、停车场、高水位梯步泊位、港内连接道路、中水平台、低水梯步泊位及环境工程等。码头前沿水深2.2米。项目堆场面积680平方米,绿化面积160平方米,港内道路长325.18米。码头未配备装卸设备。项目建设投资1067.44万元,由交通运输部及贵州省财政资金各占50%组成。

项目建设单位为贵州省航务管理局,设计单位为四川省交通厅交通勘察设计研究院、贵州顺达水运规划勘察设计院,施工单位为重庆建安建设集团有限公司,工程监理单位为贵州兴航水运工程监理事务所,质量监督单位为贵州省水运工程质量监督站。

该作业区建成后,为湄潭县及周边区域内的工农业产品通过乌江水运输出去提供了良好的平台。但目前因构皮滩通航枢纽尚未建成,作业区效益暂未得到充分发挥,码头未充分发挥其作用,目前无大宗货物运输,仅有少量旅游客运和小宗物资转运。

(四)凤冈港区

1.港区综述

(1)港区建设概况和营运情况

凤冈港区是新兴港区,地处遵义市凤冈县。港区虽河网密布,但均不具备通航条件。2009年乌江思林水电站蓄水发电后,部分河流河口段成为回水区。2010—2014年乌江(乌江渡—龚滩)航运建设工程建设河闪渡作业区,建成500吨级泊位1个,成为凤冈港区唯一一个出乌江水运通道的码头,凤冈县、石阡县等地煤炭、化肥、水泥以及农副产品可通过该港外运。

码头建成后由于受思林水电站和构皮滩水电站大坝的阻拦影响,目前尚未有大规模客货运输,只有少量零星货物及农副土特产品在思林库区(思林—构皮滩)往来,未形成规模化集运。2015年,凤冈港区完成货物及旅客吞吐量分别为10万吨和10.7万人。

(2)港区地理条件和集疏运概况

凤冈港区位于贵州东北部,东临德江、思南,南抵余庆、石阡,西与湄潭接壤,北连务川、正安,距省会贵阳224千米,距名城遵义96千米,是遵义的东大门。河闪渡作业区处于思林枢纽库区,港址位于凤冈县与石阡县交界处的乌江左岸,上距构皮滩枢纽44千米,与凤冈县城相距70千米。思林水电站建成形成库区后,此地形成一个港湾,地形地貌条件好,水域宽阔。港区进出港航道位于思林水电站库区常年回水区,航道条件良好,等级为四级,但可通行更大型的船舶。

港区内326国道和杭瑞(杭州—瑞丽)高速公路横贯凤冈县境,交通便利。河闪渡作业区北侧约150米有凤冈县至石阡县的公路通过,交通便捷,集疏运条件较好。

2. 港区工程项目

河闪渡作业区

项目于2010年1月开工建设,2012年12月试运行,2016年12月竣工验收。

项目建设依据:2009年11月,贵州省发展和改革委员会《关于乌江(乌江渡—龚滩)航运建设工程可行性研究报告的批复》(黔发改交通〔2009〕2692号);2010年2月,贵州省交通运输厅《关于乌江(乌江渡—龚滩)航运建设工程初步设计的批复》(黔交建设〔2010〕20号);2009年1月,贵州省环境保护局《关于乌江(乌江渡—龚滩)航运建设工程环境影响报告书的批复》(黔环函〔2009〕25号);2009年2月,贵州省国土资源厅《关于乌江(乌江渡—龚滩)航运建设工程用地预审意见》。

项目建设1个500吨级客货综合泊位,码头岸线长96.9米。码头为斜坡码头结构形式,主要建筑物为直立式与斜坡梯步,以及管理站房与停车场、进港道路、高水货物堆场、货运泊位、客运泊位及环境工程等。码头前沿水深2.2米,堆场面积2375平方米,绿化面积460平方米,港内道路长688.62米。码头未配备装卸设备。项目总投资1298.46万元,由交通运输部及贵州省财政资金各占50%组成。

项目建设单位为贵州省航务管理局,设计单位为贵州顺达水运规划勘察设计所,施工单位为中海工程建设总局,工程监理单位为贵州兴航水运工程监理事务所,质量监督单位为贵州省水运工程质量监督站。

作业区建成后,为凤冈县及周边区域内的工农业产品通过乌江水运输出去提供了良好的平台。但由于思林水电站通航枢纽尚未建成,作业区效益暂未得到充分发挥,码头尚不能发挥起作用,目前无大宗货物运输,仅有少量旅游客运和小宗物资转运。

(五)余庆港区

1. 港区综述

(1)港区建设概况和营运情况

1995年以前,余庆港区内乌江河道通航条件差,基本处于不通航状况,也没有码头。

随着乌江上游乌江渡、普定、东风三个水电站的建成发电,下游航道水量调节增加,乌江航道具备提高等级的条件后,于1996—2000年实施了乌江(大乌江—龚滩段)航运建设工程。工程建设了余庆港区大乌江码头作为乌江五级航道的起点码头,建成300吨级泊位1个,成为余庆港区形成的起点。2009年构皮滩水电站建成蓄水后,大坝上游航道条件得到改善,经2011—2014年乌江(乌江渡—龚滩段)航运建设工程治理后达到四级航道标准,上游贵阳、遵义及黔南等地区具备了发展航运的条件,对水运需求不断增长。但由于构皮滩水电站通航枢纽建设滞后且通过能力有限,港区内构皮滩翻坝运输系统应运而生。项目于2013年开工建设,2015年建成投入试运行,建设了坝上樱桃井码头2个30车位滚装船泊位、坝下沙湾码头6个500吨级泊位及17.2千米连接公路。

由于构皮滩翻坝运输系统目前刚投入试运行阶段,尚未形成完善的航线和大宗货物运输,但随着乌江航道的全线贯通,将成为贵州省黔中、黔南地区通江达海,更好融入长江经济带的重要节点工程。余庆港区内主要开通航线为大乌江码头至思林库区各码头,属区间运输,运距短、数量小,尚无大宗物资运输。截至2015年底,未开展作业,完成货物及旅客吞吐量分别为3.5万吨和25.4万人。

(2)港区地理条件和集疏运概况

余庆港区位于黔中腹地,遵义东南角,处于遵义、铜仁、黔南、黔东南四地州市接合部,东与石阡县接壤,南接黄平县,东南连施秉县,西南临瓮安县,西北界湄潭县,东北与凤冈县毗邻。港区境内县乡公路交织成网,500吨级船舶通过乌江黄金水道可北入长江、连接长三角地区、直达上海;余凯高速公路、江安高速公路、道瓮高速公路、余遵高速公路贯穿全境,交通十分发达。港区辖有樱桃井、沙湾及大乌江3个作业区,樱桃井作业区建有30车位滚装船泊位2个,沙湾作业区建有500吨级(水工结构兼顾1000吨级)泊位6个,其中多用途泊位1个、件杂泊位3个、通用泊位2个。

2. 港区工程项目

构皮滩翻坝运输系统项目

项目于2013年9月1日开工,2015年9月28日交工验收并投入试运行。

项目建设依据:2013年5月,贵州省发展和改革委员会《关于乌江构皮滩水电站翻坝运输系统工程可行性研究报告》(黔发改交通〔2013〕1123号);2013年5月,贵州省交通运输厅《关于乌江构皮滩水电站翻坝运输系统建设工程初步设计》(黔交建设〔2013〕64号);2013年2月,贵州省国土资源厅《关于乌江构皮滩水电站翻坝运输系统建设工程用地预审申请》(黔国土资预审字〔2013〕17号);2013年3月,贵州省住房和城乡建设厅《关于乌江构皮滩水电站翻坝运输系统建设工程对余庆大乌江风景名胜区影响专题研究报告》(黔建景复〔2013〕5号);2013年4月,贵州省环境保护厅《关于乌江构皮滩水电站翻坝运输系统建设工程环境影响报告书》(黔环审〔2013〕69号)。

项目建设坝上樱桃井码头 2 个 30 车位滚装船泊位,坝下沙湾码头 6 个 500 吨级泊位。坝下 6 个泊位分别为多用途泊位 1 个、件杂泊位 3 个、通用泊位 2 个(水工结构兼顾 1000 吨级),岸线长度为 423 米。坝上樱桃井码头结构形式为下河引道实体斜坡滚装码头,坝下件杂和多用途泊位为高桩直立结构,通用泊位采用下河路形式,坝上、坝下码头配套建有堆场、仓库、办公楼、停车场、变电所、消防水池和门卫室,以及给排水、供电照明、消防、环保等设施。坝上、坝下码头前沿水深均为 3.3 米。坝上码头设计靠泊能力 30 车位滚装船。坝上码头停车场面积 9730 平方米,坝下码头堆场面积 2.11 万平方米,仓库面积 9600 平方米。坝上码头未配备装卸设备,坝下码头配备门式起重机等设备。项目还建成两码头间连接道路 17.13 千米,建设标准为路基宽 10 米的二级公路。项目总概算投资为 6.99 亿元,由交通运输部及贵州省财政资金各占 50% 组成。

项目建设单位为贵州省航电开发投资公司,设计单位为长江航道规划设计研究院,施工单位为云南路港工程公司,监理单位为广西八桂工程监理咨询有限公司,质量监督单位为贵州省水运工程质量监督站。

项目的建成,使乌江构皮滩电站库区以上航道通过翻坝运输与下游航道实现了有效连接,使乌江上游贵阳、遵义、黔南等资源富集的腹地可通过乌江水运连接长江,为贵州黔中地区提供一条便捷、绿色、经济的物资交流通道,即便在构皮滩水电站通航枢纽建成后,仍会是其通过能力不足时的最好补充,将有效带动乌江中上游的产业布局和经济发展。

(六)习水港区

1. 港区综述

(1)港区建设概况和营运情况

习水港区地处遵义市习水县境,港区境内土城作业区形成较早,在明、清时已成为川盐入黔的重要码头。1965 年习水县和赤水县县界新划之后,原长沙、官渡所辖区域划归赤水,土城、醒明、同明所辖区域划归习水,习水县始有赤水河出长江通道。1987 年 10 月,用"粮、棉、布"转换投资 36 万元,修建了岔角煤炭专用直立式码头,建成 60 吨级泊位 4 个,年吞吐能力 10 万吨。1995 年修建土城码头,建成靠泊能力 100 吨级泊位 1 个,年货运吞吐能力 8 万吨。2002—2006 年赤水河(岔角—合江)航运建设工程中再次对岔角、土城作业区进行扩建,岔角作业区通过能力达到 48 万吨,土城作业区通过能力达 46 万吨,作业区航道由 50 吨级提升到 100 吨级。

截至 2015 年,习水港区内主要有进出口作业区岔角、土城 2 个,有 100 吨级泊位 7 个,年通过能力 94 万吨。港区主要航线为煤炭运输航线,主要由岔角、土城至下游赤水合江等地。2015 年,港区完成货物及旅客吞吐量分别为 131 万吨和 14.5 万人。

（2）港区地理条件和集疏运概况

习水港区位于贵州北部，处于大娄山山系西北坡与四川盆地南缘的过渡地带，东连遵义市桐梓县、重庆市綦江区，西接赤水市，南近仁怀市、四川省古蔺县。

港区航道已建成六级，通行 100 吨级船舶，港区内遵义—成都高速公路穿境而过，茅台—土城、习水—赤水沿赤水河相连贯通，集疏运条件十分便利。岔角港位于赤水河右岸，隶属贵州省习水县习酒镇岩寨管理区，与四川省古蔺县二郎镇隔河相望，下距河口（四川省合江县城，赤水河与长江交汇处）158.8 千米，港区有公路与习酒厂至习水县城三级公路相连，至县城陆路里程 20 千米。土城港位于赤水河左岸，隶属贵州省习水县土城镇，港区坐落于原汽车渡口下游，距土城大桥 350 米，与土城镇隔河相望，港区至习水县城 29 千米，下距河口 126 千米，习水至古蔺公路通过港区后方。

2. 港区工程项目

岔角码头项目

项目于 2005 年 8 月开工，2006 年 9 月试运行，2006 年 11 月竣工验收。

项目建设依据：2001 年 12 月，贵州省发展和改革委员会《赤水河（岔角—合江）航运建设工程工可报告》（黔计基础〔2001〕1380 号）；2002 年 10 月，贵州省发展和改革委员会《赤水河（岔角—合江）航运建设工程初步设计》（黔计建设〔2002〕1046 号）；2002 年，贵州省发展和改革委员会《赤水河（岔角—合江）航运建设工程开工报告》（黔计投资〔2002〕1250 号）；2001 年 9 月，贵州省环境保护局《赤水河（岔角—合江）航运建设工程环境影响报告书》（黔环函〔2001〕145 号）。

项目建设 4 个 100 吨级泊位，岸线长度内 146 米。码头采用直立式结构形式，配套建设管理站房、堆场、道路及环保设施等。码头前沿水深 1.6 米，堆场面积为 3680 平方米，道路长 232.38 米，管理站面积 573.08 平方米，装卸设备配备装载机及煤炭梭槽。项目建设总投资为 470.81 万元，其中交通部及贵州省交通厅投资 340.81 万元（部、省各占 50%），岔角煤厂自筹资金 130 万元。

项目建设单位为贵州省航务管理局，设计单位为中交水运规划设计院与贵州顺达水运规划勘察设计所，勘察单位为贵州地矿局 103 地质队，施工单位为贵州黔航交通工程有限公司，监理单位为四川水运监理事务所，质量监督单位为贵州省水运工程质量监督站。

"赤水河（岔角—合江）航运建设工程可行性研究"获贵州省发展计划委员会"贵州省 2002 年度优秀工程咨询成果三等奖"，"赤水河（岔角—合江）航运建设工程测量"获交通部"2007 年度交通部水运工程优秀勘察三等奖"，"赤水河（岔角—合江）航运建设工程初步设计"获交通部"2007 年度交通部水运工程优秀设计三等奖"，"赤水河（岔角—合江）航运建设工程"获交通运输部"2009 年水运工程质量奖"，"赤水河（岔角—合江）航运建设工程"获国家工程建设质量奖审定委员会"2010 年国家优质工程银质奖"。

岔角作业区建成后,煤炭运输船舶和煤炭输出量激增,短短几年内,煤炭输出已超过设计吞吐能力。随着近年来赤水河鱼类自然保护区管理加严和国家环境保护力度加大,岔角煤炭生产和输出量有所减少。

(七)赤水港区

1.港区综述

(1)港区建设概况和营运情况

赤水河流域港区沿河乡镇所建码头在明清时期就已形成,均为依自然岸坡修建的梯步码头。赤水港区清代建有北门梯步码头,20世纪50年代建有麻柳沱梯步轮船码头,1974年始修建现代化的赤天化大件运输码头及化肥产品输出码头,1988年建成鲢鱼溪码头,1989建成当时贵州最大的赤水东门客运码头,2002—2006年扩建东门货运作业区和鲢鱼溪作业区。截至2015年,赤水港区主要有东门、鲢鱼溪、赤天化和合江4个作业区,有生产性泊位19个,最大靠泊能力300吨。

东门作业区主要为客运码头,兼部分建材百货物资输入;赤天化作业区为化肥输出专用作业区,2015年随赤天化集团公司改制停产后而暂停使用;鲢鱼溪为主要货运作业区,是煤炭、建材、百货、工矿产品集疏运的主要码头,现已成为赤水纸浆厂纸板输出的主要码头;合江作业区位于四川省合江县城赤水河河口处,具有集运、仓储、中转、维修等功能,是贵州北入长江的一个水路出口运输的重要门户。2015年赤水港区完成货物及旅客吞吐量分别为125万吨和15.6万人。

(2)港区地理条件和集疏运概况

赤水港区位于贵州省西北部的赤水市,赤水河中下游,东南与贵州省习水县接壤,西北与四川省的古蔺、叙永、合江三县交界。赤水市城区与四川省合江县九支镇隔河相望,水路沿赤水河下行5千米入四川境,再下行49千米入长江;陆路距遵义300千米,距贵阳450千米,距重庆240千米,距成都350千米,距泸州70千米,遵义至成都高速公路和习水至赤水三级公路沿赤水河而过。港区主要有东门客运码头、鲢鱼溪货运码头、赤天化化肥专用码头3个作业区。随着陆路交通条件改善,东门客运码头于2000年后逐渐衰落而停运,赤天化化肥专用码头也因赤天化集团改制停产而终止使用,现只有鲢鱼溪码头仍在使用。

鲢鱼溪作业区位于赤水河下游右岸的贵州省赤水市金华办事处辖区内,港址在鲢鱼溪口与二郎滩之间,紧邻川黔省界,是黔北通向长江的货运门户。码头下距河口49千米,上邻赤天化化肥输出专用码头,上距赤水港东门客运码头5千米,港区现有专用公路与港外联系。作业区原由贵州省赤水轮船公司经营管理,主要为赤天化化肥专线运输船队待港停泊服务,2014年省赤水轮船公司改制后,由赤水市轮船公司经营管理。为适应赤水市轮船公司长江直达煤炭运输需要,2002—2006 年赤水河(岔角—合江)航运建设提升等工程中,列入重点项目再次进行扩建,并因赤水纸浆厂兴建需求而扩大了建设规模。

2.港区工程项目

鲢鱼溪码头项目

2004 年 8 月开工建设,2006 年 9 月建成投入试运行,2006 年 11 月竣工验收。

项目建设依据:2001 年 12 月,贵州省发展和改革委员会《赤水河(岔角—合江)航运建设工程工可报告》(黔计基础〔2001〕1380 号);2002 年 10 月,贵州省发展和改革委员会《赤水河(岔角—合江)航运建设工程初步设计》(黔计建设〔2002〕1046 号);2002 年,贵州省发展和改革委员会《赤水河(岔角—合江)航运建设工程开工报告》(黔计投资〔2002〕1250 号);2001 年 9 月,贵州省环境保护局《赤水河(岔角—合江)航运建设工程环境影响报告书》(黔环函〔2001〕145 号)。

项目建设 4 个 300 吨级货运码头泊位,岸线长度为 247.57 米。码头结构形式为桩承台重力式直立结构,配套建设堆场、仓库、道路、环保消防等设施。码头前沿水深 1.9 米,仓库面积 3447 平方米,堆场面积 10250 平方米,配备 2 台 5 吨双悬臂桥式起重机。项目投资 2900 万元,由交通运输部及贵州省财政资金各占 50% 组成。码头占地约 38 亩(约 2.5 万 平方米)。

项目建设单位为贵州省航务管理局,设计单位为中交水运规划设计院与贵州顺达水运规划勘察设计所,勘察单位为贵州地矿局 103 地质队,施工单位为贵州黔航交通工程有限公司,监理单位为四川水运监理事务所,质量监督单位为贵州省水运工程质量监督站负责质量监督。

鲢鱼溪作业区建成投产后,为赤天化纸浆厂设备及原材料起卸和产品输出发挥了重大作用,并成为煤炭集运的一个重要作业区。2010 年赤水轮船公司改制后,煤炭集运逐渐减少,纸浆厂原材料因乡村道路的改善而改为陆运入厂,吞吐量减少。2014 年,生产经营人更换后,改变了单一的货物经营品种,增加了水泥、石料进出口,吞吐量有所回升,增加了 2 台旋转式吊装设备,吞吐能力提升到 100 万吨。

四、铜仁港

(一)港口综述

1.港口综述

铜仁港水运起源于春秋战国时期,古近代均为贵州东入长江(沅水水系)和北入长江(乌江)的水运主通道。舞阳河、锦江、松桃河、乌江在 20 世纪 60 年代以前码头遍及沿河各乡镇。"文化大革命"期间,舞阳河、锦江、松桃河水利、水电设施建设将三条河长途水运中断,水路运输逐步萎缩。改革开放后,舞阳河、锦江旅游客运兴起,兴建了部分旅游客运码头;乌江经过"九五"期航运建设工程后,新扩建了沿河各码头。2000年以后,乌江流域水电枢纽逐步建成,2011—2014年乌江(乌江渡—龚滩)航运建设工程后,航道等级提升到四级,修建了8个作业区,其中思南太平作业区、德江共和作业区属铜仁港。

铜仁港位于贵州省东北部,武陵山区腹地,东邻湖南省怀化市,北与重庆市接壤,是连接中南地区与西南地区的纽带,享有"黔东门户"之美誉。铜仁港辖有港区7个,分别为沿河港区、思南港区、德江港区、铜仁港区、玉屏港区、松桃港区、石阡港区。其中,货物运输重点发展乌江沿线的思南、德江、沿河港区。截至2015年底,铜仁港共有生产用泊位110个,泊位总长6854米,其中500吨级泊位4个。

思南、德江港区均位于沙沱水电站库区,沿河港区主要位于彭水库区,通过乌江(乌江渡—龚滩)航运建设工程已建成四级航道。目前各港区均未设置专用锚地。

2. 港口水文气象

铜仁港地处铜仁市境内,境内水流属长江流域的沅江水系和乌江水系,其中沅江水系流域面积6879平方公里,占38.2%;乌江水系流域面积11124平方公里,占61.8%。

铜仁港境内河流均属山区雨源型,由降水补给形成地表径流。境内河流流域面积在20平方公里及以上的共有229条,其中,20~99平方公里的172条,100~499平方公里的42条,500~999平方公里的7条,1000平方公里以上的8条。境内最重要的通航河流为乌江,乌江多年平均流量为1600立方米/秒,年径流量505亿立方米。洪水由暴雨形成,具有典型的岩溶山区性河流洪水特点,洪水陡涨陡落,洪峰持续时间短,峰型尖瘦。径流主要由降水形成,还有部分地下溶洞水补给。径流年内变化较大,汛期5—10月来水量占年径流量的77%,12月—次年3月来水量占年径流量的10%左右。乌江是少沙河流,武隆站实测多年平均输沙量3200万吨,仅占长江干流宜昌站多年平均输沙量的6%。目前乌江全线已基本渠化完成,自上游向下游已建的水电枢纽依次有:洪家渡(六冲河)、普定(三岔河)、引子渡(三岔河)、东风、索风营、乌江渡、构皮滩、思林、沙沱、彭水和银盘。

铜仁港境属中亚热带季风湿润气候区,气候特点主要表现为季风气候明显,气候的垂直差异显著。年日照时数1044.7~1266.2小时,年平均气温13.5~17.6摄氏度,日均温大于10摄氏度的初日在3月下旬初,终日为11月下旬初,间隔250天,积温5300摄氏度。年平均降水量1110~1410毫米,无霜期275~317天,热量丰富、光照适宜、降水丰沛。大部分地区温和湿润,山间、河谷气候垂直变化明显,有"一山有四季,十里不同天"的气候特征。

3. 发展成就

铜仁港历史悠久,历经兴衰,现阶段又迎来乌江复航的发展机遇。在经历了乌江多期航运建设后,航道等级已提升为四级,贵州省境内的沙沱、思林等通航设施建成,都极大地激发了沿江地区对水运的需求,促进了铜仁港乌江沿线港区的发展。改革开放以来,在"九五"至"十五"期实施的乌江(大乌江—龚滩)航运建设工程中,新、扩建思南、沿河码头,建成300吨级泊位8个;在2011—2014年实施的乌江(乌江渡—龚滩)航运建设工程中,新建了思南太平、德江共和码头500吨级泊位4个。截至2015年,铜仁港辖沿河港区、思南港区、德江港区、铜仁港区、玉屏港区、松桃港区、石阡港区7个港区,共计建成110个生产用泊位,泊位总长达6854米,其中500吨级泊位4个。

随着港口的建设发展,极大地带动了沿江地区经济发展和产业培育。思南港区的建设,带动沿江政府依托乌江水运条件,沿江重点发展船舶制造业,培育优质石材加工业、特色食品制造业等产业,布局发展工业园区,配套发展仓储物流产业。德江共和码头的建成,有效保障了年产量120万吨德江水泥厂的运输服务,为企业带来更好的效益。目前已有多家长江航运企业追溯到乌江,谋划抢占运输市场。铜仁港区、玉屏港区、松桃港区、石阡港区等港区的建设,极大地促进了当地旅游业的发展。随着乌江复航的步伐逐渐加大,铜仁港即将宏图大展。

2015年铜仁港实现货物吞吐量73.8万吨,旅客吞吐量1340.6万人。

铜仁港基本情况见表9-14-4。

(二)思南港区

1. 港区综述

(1)港区建设概况和运营情况

乌江通航历史较早,港区内的思南县城依乌江而建,自古以来,商贾云集,经贸繁荣,港埠兴盛,是乌江中下游地区商品集散地和重要水陆码头。新中国成立后,曾多次对思南码头进行修扩建。1991年开工建设的乌江(大乌江—龚滩)航运建设工程中,对港区内思南码头进行了扩建,建成300吨级客货运泊位2个。乌江沙沱水电站开工建设后,乌江断航,港区发展停滞。随着乌江各梯级水电站逐步建成蓄水改善了航道条件,乌江航道等级提升为四级。2010年12月,乌江(乌江渡—龚滩)航运建设工程开工建设,提升乌江航道等级的同时,在思南港区思南太平作业区建成500吨级泊位2个,在沿江温泉、长坝石林、邵家桥、思林、何家坳、沙冒山、文家店等乡镇建设了停靠点。

规划的思南港区下辖思塘、赵家坝、江口、思林、文家店5个作业区,重点发展思塘、邵家桥作业区。思塘作业区位于乌江右岸、依托思南县城,以工业颜料、工业产品运输为主,

表 9-14-4

铜仁港基本情况表

序号	港区名称	港口岸线		2015年港口生产用泊位				其中：1978—2015年建成的生产用泊位				2015年港口货物和旅客吞吐量			滚装车辆			
		港口规划岸线	其中：2015年前已建成岸线	生产用泊位数	其中：千吨级及以上	生产用泊位总长	其中：千吨级及以上	生产用泊位数	其中：千吨级及以上	生产用泊位总长	其中：千吨级及以上	货物吞吐量	其中：外贸货物吞吐量	集装箱吞吐量	数量	重量	旅客吞吐量	其中：国际旅客吞吐量
		千米	千米	个	个	米	米	个	个	米	米	万吨	万吨	万TEU	万辆	万吨	万人	万人
1	思南港区	—	1.39	28	0	2195	0	28	0	2195	0	21	—	—	—	375.2	—	—
2	沿河港区	—	5.74	35	0	2674	0	35	0	2674	0	23	—	—	—	426.2	—	—
3	德江港区	—	2.35	14	0	1375	0	14	0	1375	0	12.5	—	—	—	203.6	—	—
4	石阡港区	—	0.07	6	0	30	0	6	0	30	0	6.7	—	—	—	90.5	—	—
5	松桃港区	—	0.42	12	0	210	0	12	0	210	0	5.8	—	—	—	85.4	—	—
6	玉屏港区	—	0.24	2	0	120	0	2	0	120	0	2.5	—	—	—	37.4	—	—
7	碧江港区	—	0.5	13	0	250	0	13	0	250	0	2.3	—	—	—	122.3	—	—
	合计	—	10.71	110	0	6854	0	110	0	6854	0	73.8	—	—	—	1340.6	—	—

主要为关中坝工业园区发展服务。邵家桥港区位于乌江右岸、思林水电枢纽下游，以石材、建材运输为主，为赵家坝工业园区及黔东北石材运输服务。截至 2015 年，思南港区共有生产用泊位 28 个，除思塘作业区建成 2 个 500 吨级泊位及 2 个 300 吨级泊位外，其余均为 100 吨级泊位或客运码头。思南港区的建设极大地推动了水路运输的发展，2015 年港区完成货物及旅客吞吐量分别为 21 万吨和 375.2 万人。

（2）港区地理条件和集疏运概况

思南港区位于黔东铜仁市西部的思南县境，地处武陵山腹地，乌江流域的中心地带。东与国家级自然保护区梵净山毗邻，南与泉都石阡县接壤，西与历史名城遵义交界，北顺乌江至涪陵达重庆入长江。思南县属长江流域乌江水系，乌江干流纵贯县境南北，县境内总长 69 千米。港区腹地可延伸至石阡、江口、思南、印江等地区，腹地内煤炭、磷矿等矿产资源及旅游资源丰富，特色装备制造业、电子信息产品制造业等产业发展态势良好，货源发展前景好。随着乌江航道条件和港口基础设施的全面改善，思南港区将逐步发展成为黔北地区的门户，为进一步发展成为黔北地区区域性水陆物流中心创造条件。

思南港区位于沙沱水电枢纽水库常年回水区，杭州—瑞丽高速公路、思南—剑河高速公路在境内通过，港口的对外集疏运条件较好。

2.港区工程项目

思南太平码头项目

项目于 2011 年 3 月开工建设，2012 年 9 月试运行，2016 年 12 月竣工验收。

项目建设依据：2009 年 11 月，贵州省发展和改革委员会《关于乌江（乌江渡—龚滩）航运建设工程可行性研究报告的批复》（黔发改交通〔2009〕2692 号）；2010 年 2 月，贵州省交通运输厅《关于乌江（乌江渡—龚滩）航运建设工程初步设计的批复》（黔交建设〔2010〕20 号）；2009 年 1 月，贵州省环境保护局《关于乌江（乌江渡—龚滩）航运建设工程环境影响报告书的批复》（黔环函〔2009〕25 号）；2009 年 2 月，贵州省国土资源厅《关于乌江（乌江渡—龚滩）航运建设工程用地预审意见》。

项目建设 500 吨级货运泊位和客货综合泊位各 1 个，岸线长度为 285 米。码头为直立式和下河引道斜坡式结合结构，并配套建设站房、堆场、仓库、道路及绿化等设施。码头前沿水深 2.2 米，堆场面积 7763 平方米，仓库面积 600 平方米。码头占地约 50 亩（约 3.3 万平方米）。码头未配备装卸设备。项目投资 1517 万元，由交通运输部及贵州省财政资金各占 50% 组成。

项目建设单位为贵州省航务管理局，设计单位为贵州顺达水运规划勘察设计所，施工单位为贵州黔航交通工程有限公司，监理单位为贵州兴航水运工程监理事务所，地质勘探单位为中交远洲交通科技集团有限公司，质量监督单位为贵州省水运工程质量监督站。

思南港区的建设极大地推动了水路运输的发展，但是由于上游思林、下游沙沱水电站仍在建设中,运输航线尚只能在沙沱库区各码头区间运行,无大宗物资运输,未能充分发挥码头效益。但随着沙沱水电站通航设施建设的推进,在省级交通主管部门和思南县地方政府的共同努力下,全社会对水运的需求与日俱增,依托乌江水运,沿江发展船舶制造业、优质石材加工业、食品制造业等产业等,布局发展工业园区,配套发展仓储物流产业的态势已基本形成,思南港区复兴指日可待。

(三)德江港区

1.港区综述

(1)港区建设概况和运营情况

德江港区航道经过历次整治,航道等级得到极大提升。2013年沙坨水电站下闸蓄水,形成了库区深水航道。随着航道条件的改善,港区也逐步发展。"七五"期间,建成潮砥、白果沱码头。2010—2014年乌江(乌江渡—龚滩)航运建设工程中建成了共和作业区,建成500吨级泊位2个,同时对长堡、新滩、潮砥等客货运码头进行了淹没复建。

随着德江港区的建设,水路运输得到一定发展,特别是旅游客运激增。但由于下游沙沱水电站通航设施在建设中,仍处于断航状态,港区货物运输航线只能在区间运行,运量较小,尚无大宗货物运输。2015年港区完成货物及旅客吞吐量分别为12.5万吨和203.6万人。

(2)港区地理条件和集疏运概况

德江港区位于贵州省东北角、铜仁市西部,地处黔、渝、湘、鄂四省(直辖市)边区接合部,武陵山、大娄山汇接处,东与印江相邻,南与思南接壤,西与凤冈交界,北接务川、沿河。港区重点作业区共和码头位于德江县共和乡白果沱村乌江左岸,为中低山河谷区地貌,现码头区位于河流冲蚀的凹岸区。

德江港区位于乌江沙沱水电站库区常年回水区,水运航线已形成四级航道,待水电站通航设施建成后,500吨级的船舶可以直驶长江。杭瑞高速公路、沿德高速公路、德务高速公路过境,326国道贯通德江县境。港区水路交通十分便利,集疏运条件较好。

2.港区工程项目

共和作业区项目

项目于2011年4月20日开工,2012年8月试运行,2016年12月竣工。

项目建设依据:2009年11月,贵州省发展和改革委员会《关于乌江(乌江渡—龚滩)航运建设工程可行性研究报告的批复》(黔发改交通〔2009〕2692号);2010年2月,贵州省交通运输厅《关于乌江(乌江渡—龚滩)航运建设工程初步设计的批复》(黔交建设〔2010〕20号);2009年1月,贵州省环境保护局《关于乌江(乌江渡—龚滩)航运建设工程环境影响报告书的批复》(黔环函〔2009〕25 号);2009 年 2 月,贵州省国土资源厅《关于乌江(乌江渡—龚滩)航运建设工程用地预审意见》。

项目建设 2 个 500 吨级货运泊位,岸线长度为 170 米。码头为实体斜坡结构形式,配套建设堆场、机修车间、进港道路、综合楼、停车场和环境绿化等设施。码头前沿水深 2.2 米,堆场面积 1760 平方米,生产及辅助生产建筑面积 3025 平方米,装卸设备配备两条带式输送机。码头陆域占地面积 47 亩(约 3.1 万平方米)。项目总投资 1651.02 万元,由交通运输部及贵州省财政资金各占 50% 组成。

项目建设单位为贵州省航务管理局,设计单位为贵州顺达水运规划勘察设计所,施工单位为贵州远航交通工程有限公司,监理单位为贵州兴航水运工程监理事务所,地质勘探单位为中交远洲交通科技集团有限公司,质量监督单位为贵州省水运工程质量监督站。

码头距县城较近,且德江水泥厂距码头不到 10 千米,年产量达 120 万吨,码头建设主要为该水泥厂水运出口运输服务,码头建成后,满足了产品输出需求,为水泥厂带来较好的经济效益。

五、黔南港

(一)港口综述

1. 港口综述

黔南港水运资源丰富,所辖区域内有珠江水系的红水河、都柳江,长江水系的乌江等贵州省重要通航河流。黔南港早在先秦时期即有水运,都柳江曾是古代贵州沟通粤、桂的水路主通道,沿江港阜码头林立,舟船穿梭,商贸繁荣,盛极一时。贵州的第一辆汽车就是从广东通过水运入都柳江至三都转陆运到贵阳。后因水电大坝碍航,水运逐渐衰落。改革开放后,水运重新得到重视,黔南港逐步开始建设发展。1999 年新建三都码头;1985 年和 1994 年南北盘江红水河一、二期复航工程,分别对羊里码头进行了新建和扩建(龙滩水电站蓄水后被淹没)。改革开放后,荔波港区旅游业发展迅猛,兴建了旅游码头,游人如潮,促进了地方经济和城镇建设的快速发展。随着龙滩库区蓄水,在 2008—2013 年实施的西南水运出海中线通道(贵州段)航运扩建工程中,罗甸港区分别建成 500 吨级泊位羊里作业区 1 个和八总作业区 3 个。随着乌江构皮滩库区蓄水,2010—2014 年乌江(乌江渡—龚滩)航运建设工程中建成了瓮安港区江界河作业区,建成 500 吨级泊位 2 个。

黔南港位于贵州中南部的黔南布依族苗族自治州,北靠省会贵阳和历史名城遵义,东与黔东南苗族侗族州毗邻,西与安顺市、黔西南布依族苗族州接壤,南与广西壮族自治区河池市相连,地处贵州南大门,是整个西南地区通向华南、连接沿海的黄金通道。黔南港地处珠江水系和长江水系分水岭地带,辖有长顺港区、三都港区、荔波港区、罗甸港区及瓮安港区 5 个作业区。

货运重点发展红水河罗甸港区和乌江瓮安港区,其余港区主要发展旅游客运。港境红水河及乌江航道已建成四级航道,港内未建设专用锚地。

2.港口水文气象

黔南港地处贵州高原向广西丘陵过渡的斜坡地带,地势北高南低,境内河流分布主要受苗岭山脉的控制,苗岭山脉过贵定县境后又分出南北两支,北支由云雾山伸出,向东北延展为武陵山脉,成为乌江与清水江、舞阳河等的分水岭。南支出都匀、独山县境,为都柳江与红水河的分水岭。黔南港共有中、小河流 117 条,流程 5000 多千米,河网密度为每平方公里 0.2 千米。除乌江、红水河外,干流河道长度 100 千米以上的河流有 8 条,分别是清水河、重安江、剑江河、都柳江、濛江、曹渡河、六硐河(俗称平舟河)、樟江。红水河的流量由降雨形成,径流的年际变化较平稳,枯水期由地下水补给。红水河蔗香站多年平均流量为 1229 立方米/秒,年径流量为 395 亿立方米,天峨站多年平均流量为 1610 立方米/秒,年径流量为 508 亿立方米。红水河的含沙量(悬移质)以天峨站最大,多年平均含沙量 1.05 千克/立方米,多年平均输沙量为 5240 万吨。乌江水流量主要由上游六冲河、三岔河来水和沿线支流来水汇集,多年平均流量 1600 立方米/秒,年径流量 505 亿立方米,汛期 5—10 月来水量占全年径流量的 77%,12 月—次年 3 月来水量占年径流量的 10% 左右,最大和最小年径流量比约 2.6;泥沙主要来源于沿线支流,重庆武隆站实测多年平均输沙量 3200 万吨。

黔南港境内属典型的亚热带温暖温润的季风气候,冬无严寒、夏无酷暑、雨热同季,平均气温 13.6 ~ 19.6 摄氏度,自北向南,自西向东,逐渐递增。偏北的瓮安为低温区,年均气温 13 摄氏度;高温区为南部河谷低地的罗甸(19.6 摄氏度)和东部三都(18 摄氏度)以及东南部的荔波(18.3 摄氏度)。由于地处东亚季风区,黔南港大部分时间受海洋暖湿气流的影响。每年 4—9 月为多雨期,年降水量平均在 1200 毫米左右,长顺县降雨较多,年降水量 1400 毫米左右;龙里县较少,年降水量接近 1100 毫米。港内大部分地区,日照率在 30% 左右,冬天日照率最小,在 20% 以下;夏季日照率在 35% ~ 45%。各地年均湿度为 80% 左右,以北部瓮安的 83% 为最大,南部的罗甸县 75% 为最小。

3.发展成就

改革开放以来,黔南港逐步建设发展。"两江一河"方面,在"七五""八五"期经过南北盘江红水河一、二期复航工程,红水河达到六级航道标准,建成了罗甸港区羊里码头;西南水运出海中线通道(贵州段)航运扩建工程中,红水河航道等级达到五级;"十一五"期西南水运出海中线通道(贵州段)扩建工程后,航道等级提升到四级,建成罗甸港区八总、羊里等作业区 500 吨级泊位 4 个。在乌江方面,2010—2014 年,乌江(乌江渡—龚滩)航运建设工程中建成乌江四级航道,建成瓮安港区2个500吨级泊位。截至2015年,黔南港共建有生产用12个泊位,泊位总长537米,其中500吨级泊位6个。

黔南港在贵州省内具有独特的区位优势,水运资源丰富,境内有"北入长江"的乌江通道,"南下珠江"的红水河通道和都柳江通道。其罗甸港区位于红水河畔,距贵阳仅百余千米,是贵阳、遵义等黔中地区最为便利的"南下珠江"口岸。

黔南港的建设,极大地带动了地方集镇商贸兴旺发展,最初的羊里作业区建成后,带动了羊里的繁荣和城镇建设,使其成为现在的红水河镇所在地;荔波港区的建设,促进了荔波水上旅游的迅猛发展,为荔波旅游增添了新的光彩;八总港区和瓮安港区的建设,为区域内的货物运输提供了新的方式,促进了沿江产业布局和临港物流园区的建设,为地方经济增长提供了新的动力。但由于受红水河龙滩、乌江构皮滩等水电站通航设施的建设进程影响,黔南港在红水河与乌江均不能实现真正的对外交流,主要航线均在所在库区运行,其优势的真正发挥,尚待闸坝碍航问题得到解决。2015年铜仁港实现货物吞吐量53.04万吨,旅客吞吐量88.74万人。

黔南港基本情况见表9-14-5。

(二)瓮安港区

1. 港区综述

(1)港区建设概况和运营情况

瓮安港区是一个新兴港区,位于黔南布依族苗族自治州瓮安县境。原港区内大小河流均不通航。构皮滩水电枢纽建成后,境内乌江干流57千米均成为四级航道,"十二五"期在乌江(大乌江—龚滩)航运建设工程中,新建江界河作业区,成为瓮安港区唯一进出乌江干流的作业通道,也是瓮安港区唯一一个进出口作业区,港区建有500吨级泊位2个。但由于下游构皮滩水电站通航设施在建设中,仍处于断航状态,港区货物运输只能在区间运行,运量较小,尚无大宗货物运输。2015年瓮安港区完成货物及旅客吞吐量分别为17.6万吨和13.6万人。

(2)港区地理条件和集疏运概况

瓮安港区地处乌江中游黔中腹地,黔南北部,近靠黔中经济区贵阳市。港区东邻黄平县,南连福泉市,西接开阳县,北交遵义市、湄潭县,西距省会贵阳164千米,南距州府都匀120千米,北距遵义市150千米。现有道真至瓮安、贵阳至瓮安、江口至瓮安三条高速公路将港区与外界连接。乌江横贯其全境,境内乌江干流通航里程57千米,由于乌江构皮滩水电站的建成,瓮安县境内乌江干流江界河水位上升150米,使瓮安境内的构皮滩库区乌江航道达到四级航道标准。港区集疏运条件良好。

表 9-14-5

黔南港基本情况表

序号	港区名称	港口岸线 港口规划岸线 (千米)	港口岸线 其中:2015年前已建成岸线 (千米)	2015年港口生产用泊位 生产用泊位数 (个)	其中:千吨级及以上 (个)	生产用泊位总长 (米)	其中:千吨级及以上 (米)	其中:1978—2015年建成的生产用泊位 生产用泊位数 (个)	其中:千吨级及以上 (个)	生产用泊位总长 (米)	其中:千吨级及以上 (米)	2015年港口货物和旅客吞吐量 货物吞吐量 (万吨)	其中:外贸货物吞吐量 (万吨)	集装箱吞吐量 (万TEU)	滚装车辆 数量 (万辆)	滚装车辆 重量 (万吨)	旅客吞吐量 (万人)	其中:国际旅客吞吐量 (万人)
1	瓮安港区	—	0.21	2	0	105	0	3	0	105	0	17.6	—	—	—	—	13.6	—
2	罗甸港区	—	0.52	4	0	261	0	4	0	261	0	24.5	—	—	—	—	53.2	—
3	三都港区	—	0.11	1	0	51	0	1	0	51	0	2.34	—	—	—	—	5.1	—
4	荔波港区	—	0.17	3	0	90	0	3	0	90	0	5.4	—	—	—	—	13.3	—
5	长顺港区	—	0.06	1	0	30	0	1	0	30	0	3.2	—	—	—	—	3.54	—
	合计	—	1.07	11	0	537	0	12	0	537	0	53.04	—	—	—	—	88.74	—

2.港区工程项目

江界河作业区项目

项目于2011年10月开工,2013年8月投入试运行,2016年12月竣工验收。

项目建设依据:2009年11月,贵州省发展和改革委员会《关于乌江(乌江渡—龚滩)航运建设工程可行性研究报告的批复》(黔发改交通〔2009〕2692号);2010年2月,贵州省交通运输厅《关于乌江(乌江渡—龚滩)航运建设工程初步设计的批复》(黔交建设〔2010〕20号);2009年1月,贵州省环境保护局《关于乌江(乌江渡—龚滩)航运建设工程环境影响报告书的批复》(黔环函〔2009〕25号);2009年2月,贵州省国土资源厅《关于乌江(乌江渡—龚滩)航运建设工程用地预审意见》。

项目建设2个500吨级客货综合泊位,岸线长度为210米。码头为实体斜坡道结构形式,主要由实体斜坡道、进港道路、停车场、高水货物堆场、客货运泊位、管理站房及环境工程等组成。码头前沿水深2.2米,堆场面积2100平方米;码头陆域占地33.8亩(约2.6万平方米)。由于构皮滩水电站通航设施未建成,码头暂未配备装卸设备。码头建设投资2639万元,由交通运输部及贵州省财政资金各占50%组成。

项目建设单位为贵州省航务管理局,设计单位为贵州顺达水运规划勘察设计所及四川省交通厅交通勘察设计研究院,施工单位为贵州黔航交通工程有限公司,监理单位为贵州兴航水运工程监理事务所,地质勘探单位为中交远洲交通科技集团有限公司,质量监督单位为贵州省水运工程质量监督站。

江界河作业区地理位置特殊,是黔南州进入乌江唯一的水运门户,瓮安、福泉资源富集,尤以磷矿蕴藏量大且品位高。正在打造的瓮安—福泉煤磷电一体化千亿元园区将为瓮安港区提供足够多的货物运输量。由于构皮滩通航设施尚未建成,码头运输主要以库区内的小宗货物运输和旅游客运为主,运量较小。

(三)罗甸港区

1.港区综述

(1)港区建设概况和运营情况

罗甸港区位于黔南布依族苗族自治州罗甸县境,是黔南州珠江水系的重要门户港,港区内目前辖羊里、八总2个作业区。在"七五""八五"期分别实施的南北盘江、红水河一/二期复航工程中,建成羊里作业区100吨级泊位2个(龙滩蓄水后淹没);在"十一五"期实施的西南水运出海中线通道(贵州段)扩建工程中,在羊里作业区建成500吨级客货综合泊位1个,设计年货物吞吐量29万吨、旅客吞吐量60万人;在八总作业区建成500吨级货运泊位3个。罗甸县规划还将新建茂井、凤亭、罗妥3个作业区。2015年罗甸港区完成货物及旅客吞吐量分别为24.5万吨和53.2万人。

(2)港区地理条件和集疏运概况

罗甸港区位于贵州南部边陲、黔南布依族苗族自治州西南隅和黔桂两省(自治区)接合部的高原千岛湖畔,港区北连惠水、长顺县,西邻紫云、望谟县,东北与平塘县相接,南以红水河为界与广西天峨、乐业两县隔河相望。港区系贵州高原南缘向广西丘陵过渡的斜坡地带,境内以山地为主,河流纵横交错,其间有若干起伏的丘陵和坝子,全境地势北高南低,呈阶梯状下降。罗甸港区目前已处于龙滩水电站库区,库区正常蓄水位为375米,死水位为330米,水位落差大,但水位日变幅相对稳定,泥沙相对天然状况有所减小。

罗甸县境内现有惠罗、罗望等高速公路与港区连接,陆路交通较为方便;港区内红水河航道在龙滩水电站蓄水渠化及整治后已达四级航道标准,航道条件良好。港区内水路运输集疏运条件良好。

2.港区工程项目

(1)八总作业区项目

项目于2008年5月开工建设,2011年8月投入试运行,2013年12月竣工验收。

项目建设依据:2007年9月,贵州省发展和改革委员会《西南水运出海中线通道(贵州段)航运扩建工程可行性研究报告》(黔发改交通〔2007〕1530号);2007年10月,贵州省交通运输厅《西南水运出海中线通道南北盘江、红水河(贵州段)航运扩建工程初步设计》(黔交建设〔2007〕168号);2007年8月,贵州省环境保护局《西南水运出海中线通道(贵州段)南盘江、北盘江、红水河航运建设工程项目环境影响报告书》(黔环函〔2007〕504号);2007年7月,贵州省国土资源厅《关于西南水运出海中线通道南盘江、北盘江、红水河航运建设工程建设项目用地预审申请的复函》(黔国土资预审字〔2007〕67号)。

项目建设3个500吨级客货综合泊位,岸线长422米。码头结构形式为下河引道+梯步的实体斜坡,配套建有堆场、道路、站房及相应环保水保、消防等配套设施。码头前沿水深2.37米,堆场面积7733平方米,配备装卸趸船,码头陆域占地面积为70亩(约4.7万平方米)。项目建设投资1327万元,由交通运输部、贵州省财政资金各占50%组成。

项目建设单位为贵州省航务管理局及嘉禾港务公司,设计单位为贵州顺达水运规划勘察设计院,设计咨询单位为广西交通规划勘察设计研究院,施工单位为贵州远航交通工程有限公司,监理单位为重庆双源建设监理咨询有限公司,试验检测单位为贵州路港交通工程试验检测有限公司,质量监督单位为贵州省水运工程质量监督站。

《西南水运出海中线通道南盘江、北盘江、红水河航运建设工程预可行性研究报告》获中国水运建设行业协会颁发的"2007年度交通部优秀水运工程咨询成果三等奖",获贵州省发展和改革委员会颁发的"贵州省2007年度优秀工程咨询成果二等奖"。《西南水运出海中线通道南盘江、北盘江、红水河航运建设工程可行性研究报告》获中华人民共和国交通运输部颁发的"2008年度交通运输部优秀水运工程咨询成果三等奖"。

码头建成后,虽受龙滩水电站未通航的影响,极大地限制了其优势的发挥,但其运行仍极大地带动了罗甸县的城镇建设,带动了当地货物运输,为当地群众安全便捷出行和交流提供了便利条件。码头建成后运输的物资主要有煤炭、沙石建材及农用物资等,主要运往龙滩坝上及上游黔西南蔗香、岩架作业区,农用物资主要为与周边各乡镇小码头间的交流,运量相对较小。码头运输优势要得以充分发挥,尚待红水河的全面复航。

(2)羊里作业区项目

项目于2008年5月开工建设,2009年12月投入试运行,2013年12月竣工验收。

项目建设依据:2007年9月,贵州省发展和改革委员会《西南水运出海中线通道(贵州段)航运扩建工程可行性研究报告》(黔发改交通〔2007〕1530号);2007年10月,贵州省交通运输厅《西南水运出海中线通道南北盘江、红水河(贵州段)航运扩建工程初步设计》(黔交建设〔2007〕168号);2007年8月,贵州省环境保护局《西南水运出海中线通道(贵州段)南盘江、北盘江、红水河航运建设工程项目环境影响报告书》(黔环函〔2007〕504号);2007年7月,贵州省国土资源厅《关于西南水运出海中线通道南盘江、北盘江、红水河航运建设工程建设项目用地预审申请的复函》(黔国土资预审字〔2007〕67号)。

项目建设1个500吨级客货综合泊位,岸线长265米。码头结构为下河引道+梯步的实体斜坡形式,配套建有堆场、道路、站房及相应环保水保、消防等配套设施。码头前沿水深2.37米,堆场面积1940平方米,码头陆域占地面积为31.7亩(约2.1万平方米);配备装卸趸船。项目建设投资532.75万元,由交通运输部、贵州省财政资金各占50%组成。

项目建设单位为贵州省航务管理局,设计单位为贵州顺达水运规划勘察设计所,设计咨询单位为广西交通规划勘察设计研究院,施工单位为贵州远航交通工程有限公司,监理单位为武汉四达工程建设咨询监理有限公司,试验检测单位为贵州路港交通工程试验检测有限公司,质量监督单位为贵州省水运工程质量监督站。

羊里作业区建成投产后,使由于龙滩水电站回水淹没的码头设施得以恢复,靠泊能力和吞吐能力得到大幅提升,极大地促进了水运的复苏和地方物资交流。码头建成后,沿岸百姓种植的玉米、甘蔗等作物大多通过码头集运销售,成为该地区重要的农用物资交流市场,红水河镇也依港而建,集镇发展欣欣向荣,对当地经济发展促进作用明显。但由于龙滩水电站过程设施未建成,船舶不能直通下游两广地区,严重制约了港区发展,该港区码头要真正成为"南下珠江"的门户,尚待红水河全线复航。

六、黔西南港

(一)港口综述

1.港口概述

新中国成立前,南北盘江红水河航运未受到重视,黔西南港发展近乎为零。20 世纪 80 年代国家修订《珠江流域综合开发规划》,南北盘江红水河战略地位得到提升,黔西南港也从此踏上历史的"舞台"。1985—1991 年实施的"两江一河"近期复航工程及 1994—1996 年实施的"两江一河"近期复航二期工程,建成白层、岩架、坡脚、蔗香等 100 吨级码头泊位,构建了黔西南港基本雏形;2000—2004 年实施的西南水运出海中线通道(贵州段)起步工程,新建了八渡码头,改扩建了坝草、白层码头,建成 250 吨级泊位 5 个,港口能力得到提升;2004 年《中华人民共和国港口法》出台并实施后,2005 年贵州省交通厅依法对贵州港口进行重新界定,其中由原白层、岩架、蔗香、坡脚等港口码头整合而成黔西南港;2005—2007 年,在南盘江上游天生桥一级水电站库区永和、巴结、白云港口建设工程中,建成永和、巴结、红椿、白云、未罗兰堡 5 个码头 300 吨级泊位 6 个;2006 年 9 月 30 日龙滩水电站下闸蓄水后,淹没了大量滩险,使库区航道等级提升为四级成为可能;在 2008—2013 年实施的黔西南水运出海中线通道(贵州段)航运扩建工程中,黔西南港在白层、岩架、板坝、八渡、蔗香建成 500 吨级泊位 9 个;2014 年,在光照库区航运开工建设工程建成中,龙头寨、光照码头 2 个码头 500 吨级泊位 2 个,项目于 2018 年 12 月建成投入试运行。

黔西南港是贵州省西南部通过南盘江北盘红水河南下珠江、连接两广地区的重要枢纽港,其港口直接腹地包括黔西南州的兴义市、普安县、晴隆县、兴仁县、贞丰县、安龙县、册亨县、望谟县 8 个县(市),辖兴义港区、安龙港区、贞丰港区、册亨港区、望谟港区、晴隆港区 6 个港区。截至 2015 年底,黔西南港共有生产用泊位 23 个,泊位总长 1304 米,其中 500 吨级泊位 10 个。

目前龙滩库区航道为四级,天生桥一级库区航道为五级,董箐及光照库区正在建设四级航道,部分作业区配布有简易锚地。

2.港口水文气象

南北盘江、红水河的流量由降雨形成,径流的年际变化较平稳,枯水期由地下水补给。南盘江坡脚站多年平均流量为 704 立方米/秒,年来水量 222 亿立方米;北盘江这洞站多年平均流量为 370 立方米/秒,年来水量 117 亿立方米;红水河蔗香站多年平均流量为 1229 立方米/秒,年来水量为 395 亿立方米。南盘江天生桥水电站坝址多年平均输沙量 1490 万吨,北盘江这洞站多年平均输沙量为 2350 万吨,红水河天峨站多年平均输沙量为 5240 万吨。黔西南港各港区目前建成码头分布于南北盘江红水河上的龙滩、天生桥一级、董箐及光照等水电站库区,各港区码头水位泥沙条件受相应水电站调控影响较大。

南北盘江、红水河流域属亚热带季风湿润气候区,多年平均气温 13.8 ~ 19.4 摄氏度,极端最低气温 −8.9 摄氏度(1968 年 2 月 14 日出现在安龙),极端最高气温 40.2 摄氏度(2006 年 4 月 11 日出现在册亨)。无霜期年平均 317 天,最长 365 天,最短 219 天。平均年降水量 1352.8 毫米,年平均降雨日数为 189 天,最多达 216 天(1981 年),最少为 137 天(2009 年)。极端年最大降水量 2047.8 毫米(1965 年晴隆县),极端年最少降水量 737.1 毫米(1989 年兴仁县)。降雨集中在每年 5—9 月,6 月最多。常年风向多为南风,特别是夏季、冬季盛行。全年静风频率 65%,年平均风速 0.7 米/秒。全年平均雾日数 51.4 天,雾多在上半年出现,历时较短。

3. 发展成就

改革开放以来,黔西南港经历了从无到有、靠泊船舶从 50 吨级到 500 级吨的成长历程,目前已建有 12 个 500 吨级泊位,9 个 300 吨级泊位。随着黔西南港的建设成长,对黔西南州社会经济发展起到了极大的促进作用,加快了沿江临港物流产业园区建设和沿江产业布局,推动了沿江区域的城镇化建设,改善了沿江人民群众安全便捷出行条件,拉动了水上旅游的发展,带动了沿江集中连片贫困地区的脱贫攻坚。

贞丰港区首个泊位 1986 年在白层开建,1987 年建成投产;册亨港区首个泊位 1988 年在岩架作业区开建,1989 年投产;安龙港区、望谟港区首个泊位 1990 年分别在坡脚和蔗香开建,1991 年投产;兴义港区首个泊位 2005 年在巴结开建,2007 年投产;晴隆港区首个泊位 2016 年在龙头寨开建,2018 年投入试运行。黔西南港重要航线有白层一作业区至龙滩坝上码头的煤炭运输航线,岩架作业区、蔗香作业区至八总、羊里作业区间的建筑材料航线等。

2015 年黔西南港实现货物吞吐量 551.9 万吨,旅客吞吐量 477 万人。

黔西南港基本情况见表 9-14-6。

(二)望谟港区

1. 港区综述

(1)港区建设概况和运营情况

望谟港区是黔西南港的重要港区,规划定位以大宗散货、件杂货、旅客运输为主,积极发展集装箱运输,将发展成为具有装卸存储、中转换装、运输组织、临港开发等功能的综合性港区。港区规划建设乐元、油迈、蔗香 3 个作业区,重点发展蔗香作业区,现仅建有蔗香 1 个作业区。1990 年,蔗香作业区在实施的南、北盘江和红水河近期复航工程中建成 100 吨级斜坡式杂货泊位 1 个;1994 年,在"两江一河"第二期复航整治工程中进行了整修维护;2006 年 9 月 30 日龙滩水电站下闸蓄水后,码头被淹没;2013 年 12 月竣工的西南水运

表 9-14-6

黔西南港基本情况表

序号	港区名称	港口岸线		2015 年港口生产用泊位				其中:1978—2015 年建成的生产用泊位				2015 年港口货物和旅客吞吐量							
		港口规划岸线	其中:2015 年前已建成岸线	生产用泊位数	其中:千吨级及以上	生产用泊位总长	其中:千吨级及以上	生产用泊位数	其中:千吨级及以上	生产用泊位总长	其中:千吨级及以上	货物吞吐量	其中:外贸货物吞吐量	集装箱吞吐量	滚装车辆		旅客吞吐量	其中:国际旅客吞吐量
															数量	重量		
		千米	千米	个	个	米	米	个	个	米	米	万吨	万吨	万TEU	万辆	万吨	万人	万人
1	望谟港区	—	0.1	1	0	41	0	1	0	41	0	151	—	—	—	—	58	—
2	册亨港区	—	0.95	6	0	473	0	6	0	473	0	78	—	—	—	—	52	—
3	贞丰港区	—	0.41	4	0	202	0	4	0	202	0	453	—	—	—	—	46	—
4	安龙港区	—	0.4	4	0	218	0	4	0	218	0	32	—	—	—	—	64	—
5	兴义港区	—	0.74	8	0	370	0	8	0	370	0	43	—	—	—	—	257	—
	合计	—	2.6	23	0	1304	0	23	0	1304	0	757	—	—	—	—	477	—

出海中线通道(贵州段)航运扩建工程建成500吨级客货运综合泊位1个,由码头主体、进港及港内道路、港区办公楼及配套、环境绿化工程及其他设施构成。港区目前受龙滩水电站未建设通航设施影响,尚未开通长途运输航线,主要运输线路局限于库区各港区码头之间的短途运输。2015年望谟港区完成货物、旅客吞吐量分别为151万吨和58万人。

(2)港区地理条件和集疏运概况

乐元作业区位于北盘江中游左岸的望谟县乐元镇,下距两江口59千米,处于北盘江龙滩水电站变动回水区;油迈作业区位于北盘江下游左岸的望谟县油迈乡,下距两江口40千米,处于龙滩水电站常年回水区,航道条件良好;蔗香作业区位于望谟县城以南22千米(高速公路距离)南盘江、北盘江交汇处下游约800米的红水河上,处于龙滩水电站常年回水区,其正常蓄水位375米,死水位330米,港区水域宽400~500米。

各作业区进出港航道均与主航道等级相同,为四级航道。自1978年以来,历经"两江一河"复航工程、"两江一河"复航二期工程、西南水运出海中线通道(贵州段)起步工程及西南水运出海中线通道(贵州段)航运扩建工程后,航道等级由七级提升为四级,可通行500吨级船舶,库区常年回水区航段已有2000吨级船舶通行。

乐元作业区可通过S209省道连接望谟县城,里程48.1千米;油迈作业区通过S312省道及望安高速公路连接望谟县城,里程31千米;蔗香作业区目前可通过X660县道连接望谟县城,里程42.4千米;规划的罗望高速公路蔗香支线建成后,将为蔗香作业区提供更快捷的集疏运条件。

2.港区工程项目

蔗香码头项目

项目于2008年5月开工建设,2012年5月投入试运行,2013年12月竣工验收。

项目建设依据:2007年9月,贵州省发展和改革委员会《西南水运出海中线通道(贵州段)航运扩建工程可行性研究报告》(黔发改交通〔2007〕1530号);2007年10月,贵州省交通运输厅《西南水运出海中线通道南北盘江、红水河(贵州段)航运扩建工程初步设计》(黔交建设〔2007〕168号);2007年8月,贵州省环境保护局《西南水运出海中线通道(贵州段)南盘江、北盘江、红水河航运建设工程项目环境影响报告书》(黔环函〔2007〕504号);2007年7月,贵州省国土资源厅《关于西南水运出海中线通道南盘江、北盘江、红水河航运建设工程建设项目用地预审申请的复函》(黔国土资预审字〔2007〕67号)。

项目建设1个500吨级客货运综合泊位,岸线长度为270米。码头为实体斜坡道形式,主要建设进港公路、下河引道、梯步,以及建有相应环保水保、消防等配套设施。码头前沿水深2.37米,堆场面积2100平方米,仓库面积240平方米,配备装卸趸船。码头陆域占地面积为24.6亩(1.64万平方米)。项目建设投资506.5万元,由交通运输部及贵州省财政资金各占50%组成。

项目自 2013 年竣工验收投入运营以来,已成为红水河上最大的船舶集散码头之一,每到赶集之日,百舸争流,十分繁忙,极大地带动了周边的物资交流,对当地经济起到巨大的促进作用。但由于龙滩水电站未同步建设通航设施,红水河航线未开通,码头无大宗长途货运,效益没有充分发挥。贵州省政府对龙滩水电站通航设施建设高度重视,已与中国大唐集团有限公司签订协议,要求龙滩通航设施按照通航 1000 吨级标准建设。龙滩通航设施建成之时,望谟港区将会有更显著效益。

（三）册亨港区

1. 港区综述

（1）港区建设概况和运营情况

册亨港区是黔西南港的重要港区,规划是发展成为以能源、原材料等大宗散货运输和旅游客运为主,具备装卸存储、中转换装、运输组织、临港开发等功能的综合性港区,辖岩架、板坝和八渡 3 个作业区,重点发展岩架作业区。港区现建有岩架作业区 500 吨级泊位 1 个,板坝作业区 500 吨级泊位 2 个,八渡作业区 500 吨级泊位 1 个。港区目前受龙滩水电站未建设通航设施影响,尚未开通长途运输航线,主要运输线路局限于库区各港区码头之间的短途运输。2015 年册亨港区完成货物及旅客吞吐量分别为 72 万吨和 58 万人次。

1989 年,册亨港区中岩架作业区在实施的南、北盘江和红水河近期复航工程中最早建设成 100 吨级件杂货泊位 2 个;1994 年,在"两江一河"第二期复航整治工程中进行了整修维护;在 2003 年实施的西南水运出海中线通道（贵州段）航运建设工程中,开展八渡作业区建设,建成 250 吨级斜坡式货运泊位 2 个;2006 年 9 月 30 日龙滩水电站下闸蓄水后,岩架作业区被淹没;2013 年 12 月竣工的西南水运出海中线通道（贵州段）航运扩建工程中,港区分别在岩架、板坝及八渡作业区建成 500 吨级客货运综合泊位 1 个、货运泊位 2 个、客货综合泊位 1 个。各作业区由码头主体、进港及港内道路、港区办公楼及配套、环境绿化工程及其他设施构成。

（2）港区地理条件和集疏运概况

岩架作业区位于北盘江下游右岸的册亨县岩架镇,下距两江口 40 千米;板坝作业区位于南盘江上游左岸的册亨县巧马镇沿江村上游,下距两江口 120 千米,上距平板水电站 2 千米;八渡作业区位于册亨县八渡镇,下距两江口 78 千米,与广西田林县的旧州镇隔河相望。

册亨港区中岩架作业区位于龙滩库区常年回水区,死水位 330 米时水域宽阔,水深条件好;八渡作业区位于龙滩库区回水变动区,在龙滩水位低于 368.6 米时,航道依靠上游来流维系通航;板坝作业区处于龙滩库区脱水段,常年靠上游来流维系通航。

册亨港区各作业区进出港航道均与主航道等级相同,为四级航道。自 1978 年以来,历经"两江一河"复航工程、"两江一河"复航二期工程、西南水运出海中线通道(贵州段)起步工程及西南水运出海中线通道(贵州段)航运扩建工程后,航道等级由七级提升为四级,可通行500吨级船舶,库区常年回水区航段已有2000吨级船舶通行。

岩架作业区可通过S312省道及望安高速公路连接望谟县城,里程分别为29千米及26千米。板坝作业区通过汕昆高速公路连接兴义,通过望安高速公路连接望谟县城。八渡作业区可通过S312省道连接册亨县城,里程约70千米;贞丰经册亨至八渡高速公路建成后将大大提高作业区的集疏运能力;南宁至昆明铁路在此设有八渡站,西至兴义市140千米,东至广西百色160千米,是目前南盘江、北盘江、红水河整个河系铁、公、水交会的交通要地。

2.港区工程项目

(1)板坝码头项目

项目于2008年5月开工建设,2012年5月投入试运行,2013年12月竣工验收。

项目建设依据:2007年9月,贵州省发展和改革委员会《西南水运出海中线通道(贵州段)航运扩建工程可行性研究报告》(黔发改交通〔2007〕1530号);2007年10月,贵州省交通运输厅《西南水运出海中线通道南北盘江、红水河(贵州段)航运扩建工程初步设计》(黔交建设〔2007〕168号);2007年8月,贵州省环境保护局《西南水运出海中线通道(贵州段)南盘江、北盘江、红水河航运建设工程项目环境影响报告书》(黔环函〔2007〕504号);2007年7月,贵州省国土资源厅《关于西南水运出海中线通道南盘江、北盘江、红水河航运建设工程建设项目用地预审申请的复函》(黔国土资预审字〔2007〕67号)。

项目建设1个500吨级综合泊位,岸线长220米。码头结构形式为重力式结构,配套建设下河道、堆场及相应环保水保、消防等配套设施。码头前沿水深2.37米,堆场面积2000平方米,码头陆域占地面积为20亩(约1.3万平方米)。项目建设投资889.28万元,由交通运输部及贵州省财政资金各占50%组成。

项目建设单位为贵州省航务管理局,设计单位为贵州顺达水运规划勘察设计院,设计咨询单位为广西交通规划勘察设计研究院,施工单位为广东省基础工程公司,监理单位为重庆双源建设监理咨询有限公司,试验检测单位为贵州路港交通工程试验检测有限公司,质量监督单位为贵州省水运工程质量监督站。

码头的建成投产和航道条件的改善,为册亨、安龙等地煤炭和矿产资源外运创造了良好条件,促进了地方资源优势转变为经济优势;有效带动了地方小城镇建设和三产发展,为库区移民脱贫提供了途径。但是,由于龙滩水电站未同步建设通航设施,红水河航线未开通,码头运输航线仅限于库区区间运输,无长途大宗货运,码头效益未得到充分发挥。近年来,贵州省政府对龙滩水电站通航设施建设高度重视,已与中国大唐集团有限公司签订协议,要求龙滩通航设施按照通航1000吨级标准建设。龙滩通航设施建成之时,册亨港区将会有更显著效益。

（2）八渡码头项目

项目于 2008 年 5 月开工建设,2012 年 5 月投入试运行,2013 年 12 月竣工验收。

项目建设依据:2007 年 9 月,贵州省发展和改革委员会《西南水运出海中线通道(贵州段)航运扩建工程可行性研究报告》(黔发改交通〔2007〕1530 号);2007 年 10 月,贵州省交通运输厅《西南水运出海中线通道南北盘江、红水河(贵州段)航运扩建工程初步设计》(黔交建设〔2007〕168 号);2007 年 8 月,贵州省环境保护局《西南水运出海中线通道(贵州段)南盘江、北盘江、红水河航运建设工程项目环境影响报告书》(黔环函〔2007〕504 号);2007 年 7 月,贵州省国土资源厅《关于西南水运出海中线通道南盘江、北盘江、红水河航运建设工程建设项目用地预审申请的复函》(黔国土资预审字〔2007〕67 号)。

项目建设 1 个 500 吨级客货综合泊位,岸线长 270 米。码头为实体斜坡结构形式,配套建设相应进港公路、梯步及环保水保消防等配套设施。码头前沿水深 2.37 米,堆场面积 3569 平方米,码头陆域占地面积为 25 亩(约 1.7 万平方米)。项目建设投资 143.71 万元,由交通运输部及贵州省财政资金各占 50% 组成。

项目建设单位为贵州省航务管理局,设计单位为贵州顺达水运规划勘察设计院,施工单位为广西远长公路桥梁工程有限公司,监理单位为重庆双源建设监理咨询有限公司,质量监督单位为贵州省水运工程质量监督站。

码头投入运营后,为当地物资交流提供了便捷的条件,对八渡的城镇建设起到了极大的带动作用,促进了地方经济建设和脱贫致富。但是,由于龙滩水电站未同步建设通航设施,红水河航线未通,码头运输航线仅限于库区区间运输,无长途大宗货运,码头效益未得到充分发挥。

（3）岩架码头项目

项目于 2008 年 5 月开工建设,2012 年 5 月投入试运行,2013 年 12 月竣工验收。

项目建设依据:2007 年 9 月,贵州省发展和改革委员会《西南水运出海中线通道(贵州段)航运扩建工程可行性研究报告》(黔发改交通〔2007〕1530 号);2007 年 10 月,贵州省交通运输厅《西南水运出海中线通道南北盘江、红水河(贵州段)航运扩建工程初步设计》(黔交建设〔2007〕168 号);2007 年 8 月,贵州省环境保护局《西南水运出海中线通道(贵州段)南盘江、北盘江、红水河航运建设工程项目环境影响报告书》(黔环函〔2007〕504 号);2007 年 7 月,贵州省国土资源厅《关于西南水运出海中线通道南盘江、北盘江、红水河航运建设工程建设项目用地预审申请的复函》(黔国土资预审字〔2007〕67 号)。

项目建设 1 个 500 吨级客货综合泊位,岸线长 89.1 米。码头为实体斜坡式结构,主要建筑物有下河梯步,配套建设堆场、道路及相应环保水保消防等配套设施。码头前沿水深 2.37 米,堆场面积 550 平方米,码头陆域占地面积为 7 亩(约 4667 平方米),未配备装卸设备。项目建设投资309万元,由交通运输部及贵州省财政资金各占50%组成。

项目建设单位为贵州省航务管理局,设计单位为贵州顺达水运规划勘察设计院,施工单位为长江航道局,监理单位为温州港湾工程咨询监理有限公司,质量监督单位为贵州省水运工程质量监督站。

项目自2013年竣工验收投入运营后,对地方经济发展起到了一定的促进作用,带动了岩架的城镇建设,为周边人民群众便捷出行提供了新的途径,为水上运输安全提供了基础保障。但由于龙滩水电站未同步建设通航设施,该码头主要为当地农副产品及农用物资交流运输,运量小、运距短,码头效益没有发挥。

(四)贞丰港区

1.港区综述

(1)港区建设概况和运营情况

贞丰港区是黔西南港的重要港区,位于贞丰县境内,规划为黔西南地区矿产及旅游资源开发利用、腹地经济发展的重要依托,以能源、原材料等货物运输为主,兼具旅客运输,将发展成为具备装卸存储、中转换装、运输组织、临港开发、修造船等功能的综合性港区。辖白层一、二作业区及董箐作业区。港区现在白层一作业区建有4个500吨级货运泊位,在董箐作业区建有1个500吨级综合泊位。港区目前受龙滩及董箐水电站未建设通航设施影响,尚未开通长途运输航线,主要运输线路局限于库区各港区码头之间的短途运输。2015年贞丰港区完成货物吞吐量及旅客吞吐量分别为453万吨和46万人。

1989年,贞丰港区中白层一作业区在南、北盘江和红水河近期复航工程中建设成100吨级客货泊位1个;1994年,在"两江一河"第二期复航整治工程中进行了维护;在2003年实施的西南水运出海中线通道(贵州段)航运建设工程中,对白层一作业区进行了改扩建,建成250吨级货运泊位2个,其中煤炭专用泊位1个及件杂兼客运泊位1个;2013年12月竣工的西南水运出海中线通道(贵州段)航运扩建工程中,改扩建及新建500吨级货运综合泊位4个;2018年12月在北盘江董箐水电站库区航运建设工程项目中,建成董箐作业区500吨级综合泊位1个。各作业区主要由码头主体、进港及港内道路、港区办公楼及配套、环境绿化工程及其他设施构成。

(2)港区地理条件和集疏运概况

白层一作业区位于北盘江中游右岸的贞丰县白层镇这洞村,下距两江口86千米;白层二作业区位于一作业区下游4千米处。两作业区均位于龙滩库区北盘江变动回水区,水文泥沙条件受库区水位和上游来水来沙共同影响,相对较为复杂。董箐作业区位于北盘江上游董箐水电站库区常年回水区,仅受水电站坝前水位调节影响,作业区水位落差小,泥沙沉积量小。

白层一、二作业区港池水域均与主航道衔接，进出港航道等级为四级。自1978年以来，历经"两江一河"复航工程、"两江一河"复航二期工程、西南水运出海中线通道（贵州段）起步工程及西南水运出海中线通道（贵州段）航运扩建工程后，航道等级由七级提升为四级，可通行500吨级船舶。董箐作业区进出港航道在2018年完成的北盘江董箐水电站库区航运建设工程项目中建成四级航道。

贞丰港区距S309省道约1千米，可通过S309省道连接贞丰县城，里程为21千米，与惠兴高速公路相连，集疏运条件较好。

2. 港区工程项目

白层码头项目

项目于2008年5月开工建设，2012年5月投入试运行，2013年12月竣工验收。

项目建设依据：2007年9月，贵州省发展和改革委员会《西南水运出海中线通道（贵州段）航运扩建工程可行性研究报告》（黔发改交通〔2007〕1530号）；2007年10月，贵州省交通运输厅《西南水运出海中线通道南北盘江、红水河（贵州段）航运扩建工程初步设计》（黔交建设〔2007〕168号）；2007年8月，贵州省环境保护局《西南水运出海中线通道（贵州段）南盘江、北盘江、红水河航运建设工程项目环境影响报告书》（黔环函〔2007〕504号）；2007年7月，贵州省国土资源厅《关于西南水运出海中线通道南盘江、北盘江、红水河航运建设工程建设项目用地预审申请的复函》（黔国土资预审字〔2007〕67号）。

项目建成500吨级泊位货运泊位2个，结构形式为直立式衡重结构。码头岸线长120米，码头前沿水深2.37米。配套建设相应堆场、港区道路及环保水保、消防等配套设施。项目堆场面积5985平方米，配备装载机及煤炭梭槽，一、二作业区陆域占地面积均为100亩（约6.7万平方米）。项目建设投资1105.52万元，由交通运输部、贵州省财政资金各占50%组成。

项目建设单位为贵州省航务管理局，设计单位为贵州顺达水运规划勘察设计院，设计咨询单位为广西交通规划勘察设计研究院，施工单位为东北金城建设股份有限公司，监理单位为武汉四达工程建设咨询监理有限公司，试验检测单位为贵州路港交通工程试验检测有限公司，质量监督单位为贵州省水运工程质量监督站。

项目自2013年竣工验收投入运营后，主要开展煤炭运输，将腹地内安顺、黔西南一带的煤炭资源通过该码头，经北盘江、红水河水路运输至龙滩坝上，再由陆路转运至坝下转水路运至合山电厂。这条航线的形成在一定程度上打通了红水河航运，连接了西南少数民族地区与东南经济发达地区，带动了偏远地区经济发展，将资源优势转换为经济效益，使白层码头成为"两江一河"上最重要的货运码头。

(五)晴隆港区

1.港区综述

(1)港区建设概况和运营情况

晴隆港区位于晴隆县境内,腹地主要是黔西南州北部普安、晴隆等县,港区以能源、原材料等货物运输为主,兼具旅客运输。港区辖光照、龙头寨2个作业区,各建有1个500吨级客货综合泊位。两作业区2018年12月投入试运行,主要运输线路局限于光照库区各港区码头之间的短途运输。

晴隆港区为近年来新建港区,其光照及龙头寨作业区均为2016年4月开工建设,2018年12月建成投入试运行。作业区主要由码头主体、进港及港内道路、港区办公楼及配套、环境绿化工程等构成。

(2)港区地理条件和集疏运概况

光照作业区位于晴隆县大田乡佐格村,距光照水电站大坝约3千米,;龙头寨大型停靠点位于晴隆县长流乡,下距光照水电站大坝约32.7千米。两作业区均处于库区常年回水区。光照水电站是一个以发电为主,结合航运,兼顾灌溉、供水及其他综合效益的多年调节水电工程,为北盘江的"龙头"电站。其正常蓄水位745米,死水位691米,水位落差大。

光照水电站自2007年12月蓄水以来,淹没了大量滩险,大部分河段形成了深水航道。经2018年完成的北盘江光照水电站库区航运建设工程系统建设后,库区全面达到四级航道标准。两作业区水域为深水库区,进出港航道条件良好。

光照作业区可通过S309省道连接晴隆县城,里程为43千米。龙头寨作业区可通过X003县道连接晴隆,里程为104千米,集疏运条件较好。

2.港区工程项目

(1)龙头寨码头项目

项目于2014年7月开工建设,2018年12月完工投入试运行。

项目建设依据:2014年5月,贵州省发展与改革委员会《关于光照电站库区航运建设工程可行性研究报告的批复》(黔发改交通〔2014〕861号);2014年6月,贵州省交通运输厅《关于光照电站库区航运建设工程初步设计的批复》(黔交建设〔2014〕151号);2013年11月,贵州省环境保护厅《关于贵州省光照库区航运建设工程环境影响报告书的批复》(黔环评〔2013〕171号);2013年6月,贵州省国土资源厅《北盘江光照库区航运建设工程项目用地预审申请》(黔环评〔2013〕49号)。

项目建设1个500吨级客货运综合泊位,岸线长50米。码头为下河道路实体斜坡结构形式,配套建设进港公路、高水堆场及相应环保水保、消防等设施。码头前沿水深2.1米。项目堆场面积600平方米,未配备装卸设施,码头陆域占地面积为18.22亩(约1.2万平方米)。项目建设投资993.59万元,由交通运输部、省级财政资金各占50%组成。

项目建设单位为贵州省航务管理局,设计单位为贵州顺达水运规划勘察设计院,施工单位为虎峰交通建设工程有限公司,监理单位为贵州兴航水运工程监理所,试验检测单位为贵州路港交通工程试验检测有限公司,质量监督单位为贵州省水运工程质量监督站。

(2)光照码头项目

项目于2014年7月开工建设,2018年12月完工投入试运行。

项目建设依据:2014年5月,贵州省发展与改革委员会《关于光照电站库区航运建设工程可行性研究报告的批复》(黔发改交通〔2014〕861号);2014年6月,贵州省交通运输厅《关于光照电站库区航运建设工程初步设计的批复》(黔交建设〔2014〕151号);2013年11月,贵州省环境保护厅《关于贵州省光照库区航运建设工程环境影响报告书的批复》(黔环评〔2013〕171号);2013年6月,贵州省国土资源厅《北盘江光照库区航运建设工程项目用地预审申请》(黔环评〔2013〕49号)。

项目建设1个500吨级泊位客货运泊位,岸线长50米。码头为下河引道的实体斜坡结构形式,配套建设进港公路、高水堆场及相应环保水保、消防等设施。码头前沿水深2.1米。项目堆场面积2750平方米,未配备装卸设施,码头陆域占地面积为18.18亩(约1.2万平方米)。项目建设投资993.63万元,由交通运输部、贵州省财政资金各占50%组成。

项目建设单位为贵州省航务管理局,设计单位为贵州顺达水运规划勘察设计院,施工单位为贵州远航交通工程有限公司,监理单位为贵州兴航水运工程监理所,试验检测单位为贵州路港交通工程试验检测有限公司,质量监督单位为贵州省水运工程质量监督站。

截至2019年12月,龙头寨、光照两码头仍处于试运营阶段,尚未竣工验收。项目投入试运行后,两码头已成为晴隆县及周边地区至光照库区旅游的主要旅客集散中心,极大地带动了库区旅游业的发展。但由于水电站未同步建设通航设施,库区航运只能区间运行,严重制约了水路货物运输,货运仍主要为小宗农用物资。

七、安顺港

(一)港口综述

1.港口概述

安顺港位于贵州省西南部安顺市。20世纪80年代安顺市仅有清镇县(1992年改为清镇市)境内红枫湖库区通航,建有最大靠泊能力150吨级的码头泊位36个,1996年清镇市划归贵阳市管辖后,安顺港清镇港区也随之划归贵阳。1994—1996年实施的"两江一河"近期复航二期工程,建设了镇宁港区坝草码头;1997年建成普定港区小兴浪码头;2000—2004年实施的西南水运出海中线通道(贵州段)起步工程,改扩建了坝草码头,建成250吨级泊位2个;2008—2013年实施的年西南水运出海中线通道(贵州段)航运扩建工程中,在镇宁港区坝草作业区新建500吨级泊位1个;2016—2018年,在北盘江董箐库区航运建设工程中,关岭港区建成三家寨码头500吨级泊位1个。

安顺港地跨长江及珠江两大水系,长江水系河流主要是乌江支流三岔河,主要通航水域为引子渡、小兴浪水电站库区,珠江水系主要为北盘江及支流打帮河、格凸河,主要通航水域为龙滩、董箐、马马崖、光照等水电站库区及格凸河。这些库区均未建设通航设施,目前只能区间通航。安顺港辖镇宁、关岭、平坝、普定及紫云5个港区。截至2015年底,安顺港共有生产用泊位26个,泊位总长347米,其中500吨级泊位1个。

龙滩库区航道为四级,董箐及光照库区正在建设四级航道,引子渡、小兴浪水电站库区目前为六级航道,格凸河为七级航道。各港区码头未设锚地。

2. 港口水文气象

安顺港地处长江水系乌江流域和珠江水系北盘江流域的分水岭地带,境内河流纵横,落差大,水能资源丰富。安顺港各港区目前建成码头分布于北盘江的龙滩、董箐、光照及三岔河引子渡、小兴浪等水电站库区,各港区码头水位泥沙条件受相应水电站调控影响较大。

安顺港区域属典型的高原型湿润亚热带季风气候,雨量充沛,年平均降雨量1360毫米,年平均气温14摄氏度,历史最高气温34.3摄氏度,最低气温 –7.6摄氏度,年平均相对湿度80%,年平均风速2.4米/秒。

3. 发展成就

安顺港的发展得益于"西电东送"水电站建设,各水电站库区形成通航水域,但又受制于水电站闸坝碍航。但就目前而言,安顺港的建设发展,极大改善了各库区周边人民群众安全便捷出行条件,提升了水路交通的公共服务均等化水平,带动了水上旅游的快速发展和库区沿岸贫困地区的脱贫。

安顺港镇宁港区首个泊位1994年在坝草开建,1996年建成投产;普定港区首个泊位1996年在小兴浪开建,1997年建成;关岭港区首个泊位2016年在三家寨开建,2018年建成;紫云港区格凸河作业区码头2014年开建,2016年建成。目前已建有2个500吨级泊位,25个500吨级以下泊位。安顺港受碍航闸坝影响,航线主要在封闭库区内运行。

2015年安顺港实现货物吞吐量2.6万吨,旅客吞吐量36.3万人。

安顺港基本情况见表9-14-7。

表 9-14-7

安顺港基本情况表

序号	港区名称	港口岸线		2015年港口生产用泊位				其中:1978—2015年建成的生产用泊位				货物吞吐量	2015年港口货物和旅客吞吐量						
		港口规划岸线	其中:2015年前已建成岸线	生产用泊位数	其中:千吨级及以上	生产用泊位总长	其中:千吨级及以上	生产用泊位数	其中:千吨级及以上	生产用泊位总长	其中:千吨级及以上		其中:外贸货物吞吐量	集装箱吞吐量	滚装车辆数量	滚装车辆重量	旅客吞吐量	其中:国际旅客吞吐量
		千米	千米	个	个	米	米	个	个	米	米	万吨	万吨	万TEU	万辆	万吨	万人	万人
1	镇宁港区	—	320	3	0	160	0	3	0	160	0	1.48	—	—	—	—	5.2	—
2	关岭港区	—	50	1	0	25	0	1	0	25	0	0	—	—	—	—	15.37	—
3	平坝港区	—	116	2	0	52	0	2	0	52	0	1	—	—	—	—	3.5	—
4	紫云港区	—	120	10	0	60	0	10	0	60	0	0	—	—	—	—	8.3	—
5	普定港区	—	104	10	0	50	0	10	0	50	0	1.68	—	—	—	—	3.92	—
合计		—	710	26	0	347	0	26	0	347	0	4.16	—	—	—	—	36.29	—

(二)镇宁港区

1.港区综述

(1)港区建设概况和运营情况

安顺港镇宁港区主要辖坝草作业区和坝包作业区,目前主要开发的坝草作业区是安顺港的门户港区,坝包由于董箐大坝碍航影响,主要以便民客运及旅游客运为主。坝草作业区始建于1994年12月动工的南盘江、北盘江、红水河近期复航第二期工程,建成100吨级实体斜坡踏步客货运综合泊位各1个,岸线长105米;2000年12月西南水运出海中线通道(贵州段)起步工程对该作业区进行了改扩建,建成250吨级斜坡道缆车泊位1个,岸线长56.4米;2008年5月28日开工的西南水运出海中线通道(贵州段)扩建工程中,该作业区建成500吨级货运泊位1个。截至2015年,该作业区共建成泊位3个,分别为100吨级1个、250吨级1个及500吨级1个。坝包作业区由于位于封闭的董箐库区,仅建设60客位船舶客运泊位1个。目前由于上游董箐、下游龙滩水电站通航设施未建设完成,坝包作业区主要航线为龙滩库区的黔西南港及黔南港部分港区之间的区间运输线路,基本没有大宗货物运输,运量极小。

(2)港区地理条件和集疏运概况

坝草作业区位于镇宁县良田乡的南面,东与马口洞毗邻,西隔北盘江,与贞丰县白层镇相邻,南与贞丰县鲁容乡接壤,北与乐丰村相邻。作业区坐落于北盘江左岸,总体地貌为低山河谷地貌,属较开阔河段,两岸为山麓斜坡,多有台地分布,且均为一级阶地,地形高程为362~420米之间。坝包作业区位于上游北盘江董箐库区。

坝草作业区港区河段处于北盘江中上游,在西南水运出海通道中线(贵州段)扩建工程中,已建成四级航道(包括进出港航道)。作业区位于北盘江上游镇宁县良田乡坝草村,码头陆路距镇宁县城105千米,水路至两江口97千米。镇(宁)—坝(草)—安(龙)三级公路从码头后方通过,港区经065国道及320国道可直达关岭、兴仁,对外联系较为方便。

2.港区工程项目

坝草码头项目

项目于2008年5月开工建设,2012年5月投入试运行,2013年12月竣工验收。

项目建设依据:2007年9月,贵州省发展和改革委员会《西南水运出海中线通道(贵州段)航运扩建工程可行性研究报告》(黔发改交通〔2007〕1530号);2007年10月,贵州省交通运输厅《西南水运出海中线通道南北盘江、红水河(贵州段)航运扩建工程初步设计》(黔交建设〔2007〕168号);2007年8月,贵州省环境保护局《西南水运出海中线通道(贵州段)南盘江、北盘江、红水河航运建设工程项目环境影响报告书》(黔环函〔2007〕504

号);2007年7月,贵州省国土资源厅《关于西南水运出海中线通道南盘江、北盘江、红水河航运建设工程建设项目用地预审申请的复函》(黔国土资预审字〔2007〕67号)。

项目建设1个500吨级客货运泊位,岸线长50米。码头采用重力式直立结构形式,配套建设进港公路,相应环保水保、消防等配套设施。码头前沿水深2.1米,堆场面积1984平方米,未配备装卸设施,码头陆域占地面积为10.46亩(约697万平方米)。项目建设投资959.29万元,由交通运输部、贵州省财政资金各占50%组成。

项目建设单位为贵州省航务管理局,设计单位为贵州顺达水运规划勘察设计院,施工单位为黔航交通工程有限公司,监理单位为贵州兴航水运工程监理所,试验检测单位为贵州路港交通工程试验检测有限公司,质量监督单位为贵州省水运工程质量监督站。

坝草码头的建成,为安顺市提供了最为便捷的"南下珠江"出海口岸,对当地经济发展和城镇建设起到较大的促进作用。但由于龙滩水电站未同步建设通航设施,红水河航线未开通,码头货物主要局限于库区内的短途运输,运量较小,尚无大宗货物运输,龙滩通航设施建成之时,将真正发挥其区位优势。

八、六盘水港

(一)港口综述

1. 港口概况

六盘水港位于贵州省西部六盘水市,是贵州新兴的港口。该港地处北盘江上游,在20世纪90年代河道尚未渠化,天然航道条件差,只有局部航道可通航。1997年,由于煤炭运输需求,在六枝特区毛口乡建成毛口煤炭专用码头,向黔西南州晴隆县输出煤炭。2007年12月,光照水电站蓄水成库后,毛口码头被淹没,2009年进行复建;由于成库后航道条件得到极大改善,同期在六枝特区凉风洞、水城县野钟分别修建了客货运综合码头2处。2014年开工建设的光照水电站库区航运建设工程中,在毛口作业区建设500吨级客货综合泊位1个,对凉风洞作业区进行了改扩建,建成500吨级泊位1个,该项目于2018年12月交工验收投入试运行。至此,六盘水港的格局基本形成。

六盘水地处滇、黔两省接合部,长江、珠江上游分水岭,南、北盘江流域两岸,矿产资源十分丰富。市境东邻安顺市,南连黔西南布依族苗族自治州,西接云南省曲靖市,北毗毕节市;交通四通八达,是西南重要的铁路枢纽城市和物流集散中心之一。六盘水港规划有六枝、水城、盘县3个港区,目前货运主要发展六枝港区。截至2015年底,六盘水港共有生产用泊位3个,泊位总长130米。

2007年后,港口所在光照水电站库区已蓄水形成深水库区,光照水电站库区航运建设工程实施后,通过整治和配套建设,库区航道已可达四级航道标准,航道条件良好。

2. 港口水文气象

六盘水市地处长江、珠江流域分水岭地带,大致以滇黔铁路为分水岭线,以北属长江流域乌江水系,以南属珠江水系。乌江水系在市境以三岔河为干流,地处北部地区,包括水城县、六枝特区及钟山区的部分地区。珠江水系以北盘江为干流,自西向东贯穿市腹部,南盘江支流分布在南部边缘。全市长 10 千米以上或集水面积 20 平方公里以上的河流 71 条,其中乌江水系 14 条,珠江水系 57 条。境内河流除几条干流外,多属雨源性河流,源匮流短,枯水季节常出现断流。六盘水港目前建成码头主要位于北盘江光照库区,水位泥沙条件受相应水电站调控影响较大,库区正常蓄水位 745 米,死水位为 691 米,水位落差大。

六盘水港所在区域属北亚热带季风湿润气候区,受低纬度高海拔的影响,冬暖夏凉,气候宜人。年均温 13 ~ 14 摄氏度,1 月均温 3 ~ 6.3 摄氏度,7 月均温 19.8 ~ 22 摄氏度;年降水量 1200 ~ 1500 毫米;无霜期 200 ~ 300 天。由于地形起伏较大,局部地区气候差异明显。全市总水量约 142.18 亿立方米,其中地表水体年平均流量 64 亿立方米,地下水体年平均流量 52.68 亿立方米,表水体(不计界河水)25.5 亿立方米。

3. 发展成就

六盘水港直接腹地主要为六盘水市,区域内矿产资源极为丰富,港口发展对地方经济将会有极大的带动作用。但由于北盘江光照、马马崖、董箐水电站未同步建设通航设施,下游红水河也尚有碍航闸坝存在,该港口的区位优势不能发挥,就目前而言,起到了改善各库区周边人民群众安全便捷出行条件,提升水路交通的公共服务均等化水平,带动水上旅游快速发展和沿岸贫困地区脱贫等作用。

六盘水港六枝港区首个泊位 1996 年在毛口开建,1997 年建成投产;水城港区首个泊位 2008 年在野钟开建,2009 年建成。受碍航闸坝影响,航线主要在封闭库区内各码头间运行。

2015 年六盘水港实现货物吞吐量 17.6 万吨,旅客吞吐量 37.7 万人。

六盘水港基本情况见表 9-14-8。

(二)六枝港区

1. 港区综述

(1)港区建设概况和运营情况

六枝港区是六盘水港的重要港区,建有凉风洞、毛口 2 个作业区。1997 年,毛口作业区建成 100 吨级斜坡式煤炭泊位 1 个。2007 年 12 月光照水电站蓄水后毛口作业区被淹没,2009 年进行复建,建成下河道与斜坡梯步结合码头,后因毛口城镇及旅游开发需要,

六盘水港基本情况表

表 9-14-8

序号	港区名称	港口岸线		2015 年港口生产用泊位				其中:1978—2015 年建成的生产用泊位				2015 年港口货物和旅客吞吐量						
		港口规划岸线	其中:2015 年前已建成岸线	生产用泊位数	其中:千吨级及以上	生产用泊位总长	其中:千吨级及以上	生产用泊位数	其中:千吨级及以上	生产用泊位总长	其中:千吨级及以上	货物吞吐量	其中:外贸货物吞吐量	集装箱吞吐量	滚装车辆 数量	滚装车辆 重量	旅客吞吐量	其中:国际旅客吞吐量
		千米	千米	个	个	米	米	个	个	米	米	万吨	万吨	万 TEU	万辆	万吨	万人	万人
1	六枝港区	—	—	2	0	30	0	1	0	30	0	8.7	—	—	—	—	28.0	—
2	水城港区	—	—	1	0	20	—	1	0	20	0	2.0	—	—	—	—	5.7	—
3	盘县港区	—	—	—	—	—	—	—	—	—	—	—	—	—	—	—	—	—
	合计	—	—	3	0	50	0	2	0	50	0	10.7	—	—	—	—	33.7	—

该码头改建为旅游码头。凉风洞作业区建成客货运综合泊位 2 个,于 2010 年 10 月投入运营,货运采用下河道路装卸,未布设货场,客运采用实体斜坡梯步。2016 年开工建设的光照水电站库区航运建设工程中,在毛口作业区建设 500 吨级客货运综合泊位 1 个,目前尚在建设中;对凉风洞作业区进行了改扩建,建成 500 吨级泊位 1 个。两作业区均由码头主体、进港及港内道路、港区办公楼及配套、环境绿化工程及其他设施构成。光照库区为封闭水域,库区航运建设工程未全面完成,目前尚未定制运输航线,无大宗货物运输。2015 年六枝港区完成货物、旅客吞吐量分别为 17.6 万吨和 33.7 万人。

(2)港区地理条件和集疏运概况

六枝港区中毛口作业区位于六盘水市六枝特区牂牁镇,下距光照水电站大坝约 13 千米。凉风洞作业区位于六盘水市六枝特区西南部中寨乡扁朝村,下距光照水电站大坝 23 千米。两作业区均处于光照库区常年回水区,库区正常蓄水位 745 米,死水位 691 米,水位落差大。

六枝港区航道在光照水电站蓄水前为七级航道,蓄水后已成为深水航道,通过光照水电站库区航运建设工程建设,库区 73.2 千米航道将成为四级航道。港区水域水深条件较好,进出港航道均为库区深水航道。

六枝港区中毛口作业区通过 S214 省道、S215 省道连接六枝特区,里程 63 千米;凉风洞作业区通过旅游专用连接水黄公路,集疏运条件较为便利。

2.港区工程项目

(1)凉风洞码头项目

项目于 2014 年 7 月开工建设,2018 年 12 月完工投入试运行。

项目建设依据:2014 年 5 月,贵州省发展与改革委员会《关于光照电站库区航运建设工程可行性研究报告的批复》(黔发改交通〔2014〕861 号);2014 年 6 月,贵州省交通运输厅《关于光照电站库区航运建设工程初步设计的批复》(黔交建设〔2014〕151 号);2013 年 11 月,贵州省环境保护厅《关于贵州省光照库区航运建设工程环境影响报告书的批复》(黔环评〔2013〕171 号);2013 年 6 月,贵州省国土资源厅《北盘江光照库区航运建设工程项目用地预审申请》(黔环评〔2013〕49 号)。

项目建设 500 吨级客货运泊位 1 个,岸线长 50 米。码头为下河引道实体斜坡结构形式,配套建设堆场、梯步及相应环保水保、消防等设施。码头前沿水深 2.1 米,堆场面积 1984 平方米,码头陆域占地面积为 10.46 亩(约 697 万平方米)。项目建设投资 959.29 万元,由交通运输部、贵州省财政资金各占 50% 组成。

项目建设单位为贵州省航务管理局,设计单位为贵州顺达水运规划勘察设计所,施工单位为江苏通航建设工程有限公司,监理单位为贵州兴航水运工程监理所,试验检测单位为贵州路港交通工程试验检测有限公司,质量监督单位为贵州省水运工程质量监督站。

（2）毛口码头项目

项目于 2014 年 7 月开工建设,2018 年 12 月完工投入试运行。

项目建设依据:2014 年 5 月,贵州省发展与改革委员会《关于光照电站库区航运建设工程可行性研究报告的批复》(黔发改交通〔2014〕861 号);2014 年 6 月,贵州省交通运输厅《关于光照电站库区航运建设工程初步设计的批复》(黔交建设〔2014〕151 号);2013 年 11 月,贵州省环境保护厅《关于贵州省光照库区航运建设工程环境影响报告书的批复》(黔环评〔2013〕171 号);2013 年 6 月,贵州省国土资源厅《北盘江光照库区航运建设工程项目用地预审申请》(黔环评〔2013〕49 号)。

项目建设 1 个 500 吨级客货运泊位,岸线长 50 米。码头为下河引道实体斜坡结构形式,配套建设梯步、堆场及相应环保水保、消防等设施。码头前沿水深 2.1 米,堆场面积 2975 平方米,码头陆域占地面积为 19.1 亩(约 1.3 万平方米)。项目建设投资 412.2 万元,由交通运输部、贵州省财政资金各占 50% 组成。

项目建设单位为贵州省航务管理局,设计单位为贵州顺达水运规划勘察设计院,施工单位为贵州远航交通工程有限公司,监理单位为贵州兴航水运工程监理所,试验检测单位为贵州路港交通工程试验检测有限公司,质量监督单位为贵州省水运工程质量监督站。

截至 2019 年 12 月,凉风洞、毛口两码头仍处于试运营阶段,尚未竣工验收。项目投入试运行后,码头已成为六枝特区及周边地区至光照库区旅游的主要旅客集散中心,极大地带动了库区旅游业的发展,促进牂牁镇的小城镇建设。但由于水电站未同步建设通航设施,库区航运只能区间运行,严重制约了水路货物运输,货运仍主要为小宗农用物资。

九、黔东南港

(一)港口概况

1. 港口综述

黔东南港水运历史久远,早在先秦就有"沅系水道"的记载。明代随着商贸发展,沅系清水江、潕阳河及西系都柳江集镇港埠兴起。到民国初年已形成了清水江下司、重安、锦屏,潕阳河旧州、镇远,都柳江榕江等贵州重要的进出口物资码头口岸。后由于水利工程的兴起及对水运的忽视,闸坝碍航阻碍了港口的进一步发展。改革开放后,水运重新得到重视,特别是 2012 年以来,贵州省委、省政府制定了"南下珠江、北入长江"的水运发展战略,致力打通乌江、南北盘江水运主通道及清水江、赤水河、都柳江水运辅助通道。2014 年开工的清水江白市库区高等级航道建设工程,建成锦屏港区排洞和茅坪作业区以及天柱港区垄处、远口、绠洞作业区的一批 500 吨级泊位。

黔东南港位于贵州东南部的黔东南苗族侗族自治州境内,是贵州省的地区重要港口,是黔东地区重要的水陆交通枢纽,为清水江、都柳江、潕阳河等河流沿岸城镇居民出行、旅游资源开发和地区间物资交流服务,将发展成为以煤炭、重晶石、石灰石、木材等货物运输及旅游客运为主,具有装卸存储、中转换装、运输组织等功能的综合性港口。黔东南港由原凯里港、重安江港、镇远港、施秉港、剑河港、锦屏港、瓮洞港、榕江港、从江港等港口整合而成,辖有天柱港区、锦屏港区、从江港区、镇远港区、榕江港区、凯里港区、剑河港区、施秉港区8个港区,其中天柱、锦屏、从江为重点发展港区。截至2015年底,黔东南港共有生产用泊位74个,泊位总长1481米。

黔东南州境内有大小河流2900多条,以清水江、潕阳河、都柳江为主干,呈树枝状展布于各地。河流分属两个水系,苗岭以北的清水江、阳河属长江水系,苗岭以南的都柳江属珠江水系。主要通航河流有清水江、潕阳河及都柳江三条主要河流及其他库区航道,共有航道里程1200余千米,其中,仅有清水江锦屏至白市56千米为四级航道。

2.港口水文气象

清水江为山区型河流,白市以上河段的径流补给主要来源于降水。最小月平均流量121立方米/秒,最大月平均流量814立方米/秒。清水江径流年际变化小,多年平均流量364立方米/秒;白市坝址断面多年平均输沙量约232万吨,平均含沙量0.22千克/立方米。据都柳江石灰厂水文站统计,最小月平均流量84.7立方米/秒,最大月平均流量248立方米/秒;多年平均含沙量0.12千克/立方米,平均输沙率为62.8千克/秒。

黔东南州地属中亚热带季风湿润气候区,具有冬无严寒、夏无酷暑、雨热同季的特点。年平均气温144~18摄氏度,最冷月(1月)平均气温5~8摄氏度,最热月(7月)平均气温24~28摄氏度,总体趋势南部气温高于北部,东部气温高于西部。境内年日照时数为1068~1296小时,无霜期270~330天,降雨量1000~1500毫米,相对湿度为78%~84%。

3.发展成就

改革开放以来随着黔东南港的建设成长,对黔东南州社会经济发展起到了极大的带动作用,有效地促进了沿江区域城镇化建设,改善了沿江人民群众安全便捷出行条件,拉动了水上旅游的发展,带动了沿江集中连片贫困地区的脱贫。在2014年开工建设清水江白市库区航运建设工程,将在近年内建成黔东南第一段高等级航道及一批500吨级泊位,将进一步促进清水江通道的形成;已开工的都柳江从江、大融、郎洞、温寨四级航电枢纽,将加快都柳江通道的形成,届时黔东南港将形成"南下、北上"的双通道格局,迎来新的大发展。

2015年,黔东南港货物吞吐量48.47万吨,旅客吞吐量717.48万人。

黔东南港基本情况见表9-14-9。

黔东南港基本情况表

表9-14-9

序号	港区名称	港口岸线		2015年港口生产用泊位				其中:1978—2015年建成的生产用泊位				货物吞吐量	2015年港口货物和旅客吞吐量		滚装车辆		旅客吞吐量	其中:国际旅客吞吐量
		港口规划岸线	其中:2015年前已建成岸线	生产用泊位数	其中:千吨级及以上	生产用泊位总长	其中:千吨级及以上	生产用泊位数	其中:千吨级及以上	生产用泊位总长	其中:千吨级及以上		其中:外贸货物吞吐量	集装箱吞吐量	数量	重量		
		千米	千米	个	个	米	米	个	个	米	米	万吨	万吨	万TEU	万辆	万吨	万人	万人
1	天柱港区	—	0.5	11	0	250	0	11	0	250	0	8.1	—	—	—	—	87.6	—
2	锦屏港区	—	0.5	7	0	254	0	7	0	254	0	15.1	—	—	—	—	257.3	—
3	从江港区	—	0.4	10	0	200	0	10	0	200	0	7.17	—	—	—	—	51.7	—
4	镇远港区	—	0.23	7	0	116	0	7	0	116	0	0	—	—	—	—	83.6	—
5	榕江港区	—	0.12	1	0	60	0	1	0	60	0	10	—	—	—	—	32.3	—
6	凯里港区	—	0.35	17	0	175	0	17	0	175	0	3	—	—	—	—	53.38	—
7	剑河港区	—	0.7	11	0	346	0	11	0	346	0	5.1	—	—	—	—	117.1	—
8	施秉港区	—	0.1	7	0	50	0	7	0	50	0	0	—	—	—	—	23.2	—
9	黄平港区	—	0.06	3	0	30	0	3	0	30	0	0	—	—	—	—	11.3	—
	合计	—	2.96	74	0	1481	0	74	0	1481	0	48.47	—	—	—	—	717.48	—

(二)锦屏港区

1. 港区综述

(1)港区建设概况和运营情况

锦屏港区地处清水江中下游,位于贵州省东南边隅,依黔面楚,东界湖南省靖州县,南邻黎平县,西毗剑河县,北抵天柱县。港区为清水江沿岸城镇居民出行、旅游资源开发和地区间物资交流服务,将发展成为具有装卸存储、中转换装、运输组织等功能的综合性港区。港区内清水江航道被三板溪、挂治、白市水电站分割为3个库区航段。三板溪库区内建有八受码头和三板溪码头,白市库区内建有排洞码头和茅坪码头,其中白市库区两码头靠泊能力为500吨级。

由于清水江通道受闸坝碍航影响,锦屏港区内码头目前均在三板溪及白市库区区间运行。主要货物运输均为短途农用物资和建筑材料,基本没有大宗货物运输。

锦屏港区现状综合设计年吞吐能力为460万吨,拥有码头3处,泊位10个,占用岸线955米。

(2)港区地理条件和集疏运概况

锦屏港区地处锦屏县,锦屏县属中亚热带湿润季风区。因境内植被条件较好,对气候有了相应的调节,故气候温和、雨量充沛。港区位于渠化河段,目前仍存在闸坝碍航问题,但贵州省已启动打通闸坝前期工作,致力于将清水江建设成经沅水入长江的高等级水运辅助通道,水路运输条件将极大改善。近年来贵州已实现"县县通高速",锦屏已有三黎高速公路连接高速公路网,各作业区码头均与国省干线、县乡公路相连,集疏运条件便利。

2. 港区工程项目

(1)排洞码头项目

项目于2014年11月开工建设,2016年12月交工验收并投入试营运。

项目建设依据:2014年3月,贵州省发展与改革委员会《清水江(锦屏—白市)高等级航道建设工程可行性研究报告的批复》(黔发改交通〔2014〕340号);2014年4月,贵州省交通运输厅《关于清水江(锦屏—白市)高等级航道初步设计的批复》(黔交建〔2014〕70号);2012年12月,贵州省水利厅《关于清水江高等级航道白市库区段航运建设工程水土保持方案的复函》(黔发水保函〔2012〕275号);2013年6月,贵州省国土资源厅《关于清水江(锦屏—白市)高等级航道建设项目用地预审的复函》(黔国土资预审字〔2013〕50号);2013年9月,贵州省环境保护厅《关于白市库区航运建设工程环境影响报告书的批复》(黔环审〔2013〕149号)。

项目建设500吨级货运泊位及60客位客运泊位各1个,岸线长173.8米。码头为下河道实体斜坡结构形式，配套建设进港公路、斜坡梯步、堆场及相应环保水保、消防等设施。码头前沿水深2.1米，堆场面积4433平方米。项目建设资金1285.53万元，其中交通运输部投资241.55万元，贵州省财政投资427.05万元，地方财政投资616.93万元。码头占地面积为20.5亩（约1.4万平方米）。

项目建设单位为黔东南州交通运输局，设计单位为贵州省交通规划勘察设计研究院股份有限公司，双审咨询单位为贵州顺达水运工程勘察设计院，监理单位为贵州兴航水运工程监理事务所，施工单位为重庆伟航建设工程有限公司，质量监督单位为贵州省水运质量监督站。

2016年12月由黔西南州交通运输局组织对该项目进行交工验收。截至2019年12月，由于库区水位持续较高，部分水下配套设施未完善，项目仍处于试运行阶段。

（2）茅坪码头项目

项目于2014年11月开工建设，2016年12月交工验收并投入试营运。

项目建设依据：2014年3月，贵州省发展与改革委员会《清水江（锦屏—白市）高等级航道建设工程可行性研究报告的批复》（黔发改交通〔2014〕340号）；2014年4月，贵州省交通运输厅《关于清水江（锦屏—白市）高等级航道初步设计的批复》（黔交建设〔2014〕70号）；2012年12月，贵州省水利厅《关于清水江高等级航道白市库区段航运建设工程水土保持方案的复函》（黔发水保函〔2012〕275号）；2013年6月，贵州省国土资源厅《关于清水江（锦屏—白市）高等级航道建设项目用地预审的复函》（黔国土资预审字〔2013〕50号）；2013年9月，贵州省环境保护厅《关于白市库区航运建设工程环境影响报告书的批复》（黔环审〔2013〕149号）。

茅坪码头是清水江（锦屏—白市）高等级航道建设工程中的重要建设内容，建设500吨级货运泊位及60座客位客运泊位各1个，岸线长110.6米。码头为梯步护坡结合的实体斜坡结构形式，配套建设进港公路、堆场及相应环保水保、消防等设施。码头前沿水深2.1米，堆场面积734平方米。项目建设资金619.02万元，其中交通运输部投资116.31万元，贵州省财政投资205.64万元，地方财政投资297.07万元。码头占地面积为3.62亩（约2413平方米）。

项目建设单位为黔东南州交通运输局，设计单位为贵州省交通规划勘察设计研究院股份有限公司，双审咨询单位为贵州顺达水运规划勘察设计院，试验检测单位为贵州省质安交通工程监控检测中心有限责任公司，监理单位为贵州兴航水运工程监理事务所，施工单位为重庆伟航建设工程有限公司，质量监督单位为贵州省水运质量监督站。

2016年12月由黔西南州交通运输局组织对该项目进行交工验收。截至2019年12月，由于库区水位持续较高，部分水下配套设施未完善，项目仍处于试运行阶段。

排洞、茅坪两码头建成投入试运行后，极大改善了白市库区落后的水运交通状况，为库区老百姓安全快捷出行创造了条件,对于库区旅游资源的开发及改变库区落后的经济面貌也起到积极的推动作用,成为锦屏县重要的旅客集散地。但由于白市水电站通航设施仅为 50 吨升船机,远不能满足现实通航需要,运输被限于封闭库区内,极大制约了货物运输增长。2017 年,贵州省已针对白市水电站碍航问题,启动白市 500 吨级船闸前期工作,至 2019 年已进入初步设计阶段。

(三)天柱港区

1. 港区综述

(1)港区建设概况和运营情况

天柱港区位于沅水上游清水江沿岸的天柱县内,是黔东地区的门户港区,是以重晶石、石灰石、木材等资源性物资外运为主,兼具旅游客运功能的综合性港区。规划天柱港区辖瓮洞、白市、远口、坌处 4 个作业区,重点发展瓮洞作业区,为沿线地区物资交流提供运输服务。

由于清水江通道受闸坝碍航影响,天柱港区内码头目前均在三板溪及白市库区区间运行。主要货物运输均为短途农用物资和建筑材料,基本没有大宗货物运输。

天柱港区有生产性泊位 17 个,其中 500 吨级泊位 3 个,其余均为 500 吨级以下泊位。

(2)港区地理条件和集疏运概况

天柱港区地处天柱县,与湖南省新晃侗族自治县、靖州苗族侗族自治县、会同县、芷江侗族自治县及贵州省剑河县、锦屏县、三穗县接壤。天柱县地处云贵高原东部向湘西丘陵过渡的斜坡地带,地形复杂,地形以中低山丘为主,冬无严寒,夏无酷暑,降水丰沛,属典型的中亚热带季风性暖湿气候。港区位于渠化河段,目前仍存在闸坝碍航问题,但贵州省已启动打通闸坝前期工作,致力于将清水江建设成经沅水入长江的高等级水运辅助通道,水路运输条件将极大改善,目前白市库区已建成四级航道。

天柱港区北距湘黔铁路、320 国道分别为 64 千米和 74 千米,东距 209 国道 78 千米,集疏运条件便利。

2. 港区工程项目

(1)坌处码头项目

项目于 2014 年 11 月开工建设,2016 年 12 月交工验收并投入试营运。

项目建设依据:2014 年 3 月,贵州省发展与改革委员会《清水江(锦屏—白市)高等级航道建设工程可行性研究报告的批复》(黔发改交通〔2014〕340 号);2014 年 4 月,贵州省交通运输厅《关于清水江(锦屏—白市)高等级航道初步设计的批复》(黔交建设〔2014〕70 号);2012 年 12 月,贵州省水利厅《关于清水江高等级航道白市库区段航运建设工程水土保持方案的复函》（黔发水保函〔2012〕275 号）；2013 年 6 月，贵州省国土资源厅《关于清水江（锦屏—白市）高等级航道建设项目用地预审的复函》（黔国土资预审字〔2013〕50号）；2013 年 9 月，贵州省环境保护厅《关于白市库区航运建设工程环境影响报告书的批复》（黔环审〔2013〕149 号）。

坌处码头是清水江（锦屏—白市）高等级航道建设工程中的重要码头建设工程，配套建成 500 吨级货运泊位及 50 座客位客运泊位各 1 个，岸线长 170 米。码头为下河引道的实体斜坡结构形式，配套建设进港公路、梯步护坡、堆场及相应环保水保、消防等设施。码头前沿水深 2.1 米，堆场面积 2261 平方米。项目建设资金 752 万元，其中交通运输部投资 141.30 万元，贵州省财政投资 249.82 万元，地方财政投资 360.88 万元。码头占地面积为 16.89 亩（约 1.1 万平方米）。

项目建设单位为黔东南州交通运输局，设计单位为贵州省交通规划勘察设计研究院股份有限公司，双审咨询单位为贵州顺达水运规划勘察设计院，试验检测单位为贵州省质安交通工程监控检测中心有限责任公司，监理单位为贵州兴航水运工程监理事务所，施工单位为重庆伟航建设工程有限公司，质量监督单位为贵州省水运质量监督站。

2016 年 12 月由黔西南州交通运输局组织对该项目进行交工验收。截至 2019 年 12 月，由于库区水位持续较高，部分水下配套设施未完善，项目仍处于试运行阶段。

（2）远口码头项目

项目于 2014 年 11 月开工建设，2016 年 12 月交工验收并投入试营运。

项目建设依据：2014 年 3 月，贵州省发展与改革委员会《清水江（锦屏—白市）高等级航道建设工程可行性研究报告的批复》（黔发改交通〔2014〕340 号）；2014 年 4 月，贵州省交通运输厅《关于清水江（锦屏—白市）高等级航道初步设计的批复》（黔交建设〔2014〕70 号）；2012 年 12 月，贵州省水利厅《关于清水江高等级航道白市库区段航运建设工程水土保持方案的复函》（黔发水保函〔2012〕275 号）；2013 年 6 月，贵州省国土资源厅《关于清水江（锦屏—白市）高等级航道建设项目用地预审的复函》（黔国土资预审字〔2013〕50号）；2013 年 9 月，贵州省环境保护厅《关于白市库区航运建设工程环境影响报告书的批复》（黔环审〔2013〕149 号）。

远口码头是清水江（锦屏—白市）高等级航道建设工程中的重要码头建设工程。配套建成 500 吨级货运泊位及 50 座客位客运泊位各 1 个，岸线长 165.9 米。码头为梯步护坡的实体斜坡结构形式，配套建设进港公路、堆场及相应环保水保、消防等设施。码头前沿水深 2.1 米，堆场面积 2141 平方米。项目建设资金 834.15 万元，其中交通运输部投资 156.74 万元，贵州省财政投资 277.10 万元，地方财政投资 400.31 万元。码头占地面积为 24.7 亩（约 1.7 万平方米）。

项目建设单位为黔东南州交通运输局,设计单位为贵州省交通规划勘察设计研究院股份有限公司,施工单位为重庆伟航建设工程有限公司,监理单位为贵州兴航水运工程监理事务所,质量监督单位为贵州省水运质量监督站。

项目于2016年12月由黔西南州交通运输局组织交工验收。截至2019年12月,由于库区水位持续较高,部分水下配套设施未完善,项目仍处于试运行阶段。

(3)绠洞码头项目

项目于2014年11月开工建设,2016年12月交工验收并投入试营运。

项目建设依据:2014年3月,贵州省发展与改革委员会《清水江(锦屏—白市)高等级航道建设工程可行性研究报告的批复》(黔发改交通〔2014〕340号);2014年4月,贵州省交通运输厅《关于清水江(锦屏—白市)高等级航道初步设计的批复》(黔交建设〔2014〕70号);2012年12月,贵州省水利厅《关于清水江高等级航道白市库区段航运建设工程水土保持方案的复函》(黔发水保函〔2012〕275号);2013年6月,贵州省国土资源厅《关于清水江(锦屏—白市)高等级航道建设项目用地预审的复函》(黔国土资预审字〔2013〕50号);2013年9月,贵州省环境保护厅《关于白市库区航运建设工程环境影响报告书的批复》(黔环审〔2013〕149号)。

绠洞码头是清水江(锦屏—白市)高等级航道建设工程中的重要码头建设工程。配套建成500吨级货运泊位及50座客位客运泊位各1个,岸线长109米。码头为进港公路+堆场+梯步护坡+下河引道的实体斜坡结构形式,配套建设相应环保水保、消防等设施。码头前沿水深2.1米,堆场面积750平方米,未配备装卸设施。项目建设资金478.88万元,其中交通运输部投资89.98万元,贵州省财政投资159.08万元,地方财政投资229.82万元。码头占地面积为7.35亩(4900平方米)。

项目建设单位为黔东南州交通运输局,设计单位为贵州省交通规划勘察设计研究院股份有限公司,施工单位为重庆伟航建设工程有限公司,监理单位为贵州兴航水运工程监理事务所,质量监督单位为贵州省水运质量监督站。

截至2019年12月,由于库区水位持续较高,部分水下配套设施未完善,项目仍处于试运行阶段。

坌处、远口、绠洞三码头建成投入试运行后,极大改善了白市库区落后的水运交通状况,为库区老百姓安全快捷出行创造了条件,对于库区旅游资源的开发及改变库区落后的经济面貌也起到积极的推动作用,成为天柱县重要的旅客集散地。但由于白市水电站通航设施仅为50吨升船机,远不能满足现实通航需要,运输被限于封闭库区内,极大制约了货物运输增长。2017年,贵州省已针对白市水电站碍航问题,启动白市500吨级船闸前期工作,至2019年已进入初步设计阶段。

第十五节 云 南 省

一、综述

（一）基本省情

云南，简称"滇"或"云"，地处中国西南边陲，北回归线横贯云南省南部。云南与贵州、广西、四川、西藏为邻，与缅甸、老挝、越南接壤，具有"连4省、邻3国"的地缘特点，国境线长达4060千米。全省面积39.41万平方公里，辖8个地级市、8个自治州。2015年，全省总人口为4742万人，世居少数民族25个，其中哈尼族、白族、傣族、傈僳族等15个民族为云南特有，是我国民族种类最多的省份。云南省是中国通往东南亚、南亚的窗口和门户，拥有国家一类口岸16个、二类口岸7个，历史上著名的"史迪威公路"和"驼峰航线"经过云南境内。

云南属山地高原地形，山地面积33.11万平方公里，占全省国土总面积的84%，有"红土高原""红土地"之称。2019年，云南森林面积为2392.65万公顷，森林覆盖率为62.4%。地势西北高、东南低，北部是青藏高原南延部分，海拔一般在3000~4000米之间，有高黎贡山、怒山、云岭等巨大山系和怒江、澜沧江、金沙江等大河自北向南相间排列，三江并流，高山峡谷相间，地势险峻；南部为横断山脉，山地海拔不到3000米，主要有哀牢山、无量山等，地势向南和西南缓降，河谷逐渐宽广；在南部、西南部边境，山势较矮、宽谷盆地较多，海拔在800~1000米之间，主要是热带、亚热带地区。全省河川纵横、湖泊众多，境内径流面积在100平方公里以上的河流889条，分属长江、珠江、红河、澜沧江、怒江、伊洛瓦底江六大水系。在云南境内的主要河流段，长江称为金沙江，珠江称为南盘江，红河称为元江，伊洛瓦底江称为大盈江；出境河流段澜沧江称为湄公河，怒江称为萨尔温江。全省有高原湖泊40余个，湖泊水域面积约1100平方千米，占全省总面积的0.28%，湖泊中数滇池面积最大，为306.3平方公里；洱海次之，面积约250平方公里。抚仙湖深度全省第一，最深处为151.5米；泸沽湖次之，最深处为73.2米。

云南被誉为"植物王国""动物王国""有色金属王国"。全国近3万种高等植物中，云南占60%以上，列入国家一、二、三级重点保护和发展的树种有150余种；全国见于名录的2.5万种昆虫类中云南有1万余种，云南46种珍稀保护动物属国家一类保护动物、154种为国家二类保护动物；现已发现的矿产有143种，能源资源得天独厚，水资源居全国第3位。

云南以独特的高原风光，热带、亚热带的边疆风物和多彩多姿的民族风情闻名于海内外。全省有国家级 A 级以上景区有 134 个,6 座国家级历史文化名城,其中丽江古城(1997 年 7 月)、红河哈尼梯田(2013 年 6 月)被列入世界文化遗产名录,三江并流(2003 年 7 月)、石林(2007 年 6 月)、澄江古生物化石地(2012 年 7 月)被列入世界自然遗产名录,丽江纳西东巴古籍文献被列入世界记忆遗产名录。

2015 年,云南省实现生产总值 13717.88 亿元,同比增长 8.7%,高于全国 1.8 个百分点。其中,第一产业完成增加值 2055.71 亿元,增长 5.9%;第二产业完成增加值 5492.76 亿元,增长 8.6%;第三产业完成增加值 6169.41 亿元,同比增长 9.6%。全省人均生产总值达 29015 元,比 2014 年增长 8.1%。非公经济增加值实现 6389.69 亿元,占全省生产总值的比例达 46.6%,比 2014 年提高 0.1 个百分点。

(二)综合运输

改革开放以来,云南交通从"瓶颈"制约到目前与经济社会发展初步适应,交通运输生产力得到极大地解放和发展,初步形成以高等级公路为骨架、铁路为动脉、航空为强点、航运及低等级公路为补充的综合交通运输网络。

公路:1978 年,云南公路通车总里程为 4.18 万千米,无高等级公路。1990 年 12 月建成了石林至安宁一、二级公路 120 千米,首次实现高等级公路零的突破;1996 年 10 月 25 日,云南第一条高速公路——昆明至嵩明高速公路建成通车。2015 年底,全省公路通车里程达 23.60 万千米,高速公路 4005 千米,2015 年交通投资首次突破千亿大关,达 1012.03 亿元,基本实现"七出省、五出境"公路通道高速化,其中"七出省"通道中除昆明—拉萨通道(香格里拉至德钦)外,昆明—北京、昆明—银川、昆明—杭州、昆明—上海、昆明—汕头、昆明—广州 6 个通道实现高速化;"五出境"通道中昆明—河口—河内、昆明—磨憨—曼谷、昆明—瑞丽—皎漂、昆明—猴桥—密支那—加尔各答、昆明—清水河—仰光实现高速公路贯通。

航空:1980 年,民航改变领导体制,开始走上企业化道路,按国有企业规范进行管理。自 1985 年底引进第一架波音 737 型飞机后,昆明地区航空运力的布局逐渐改善。1993 年 11 月,昆明巫家坝机场一、二期扩建工程通过国家验收。2012 年 6 月,昆明长水国际机场正式运营,这是继北京、上海和广州之后的第四大国家门户枢纽机场,被定位为中国面向东南亚、南亚和连接欧亚的国家门户枢纽机场,成为云南建设中国面向西南开放桥头堡搭建的空中国际大通道,使云南从内陆边疆变成前沿阵地,初步形成以昆明为中心,覆盖国内外 100 多个城市,连接东南亚、南亚国家的航空网络。截至 2015 年底,云南共有民用运输机场 15 个,初步形成以昆明长水机场 1 个枢纽为中心、14 个支线机场为支撑、通用航空为补充的机场网络体系。全省共开通航线 429 条,其中,国内航线 346 条,国际和地区航线 83 条,至南亚、东南亚国家通航点数量名列全国前列。

水运：1978 年，云南省内河通航里程达 1006 千米，全省拥有运输船只 265 艘，5629 载重吨，2172 载客位，客货运量分别完成 31 万人、93 万吨，客货周转量分别完成 1200 万人公里、2400 万吨公里。20 世纪 80 年代，云南内河航运实现了从短航到长航的突破，金沙江船队驶抵上海港；90 年代开发澜沧江—湄公河国际航运，实现了从国内到国外的飞跃。开展了出境旅游客运，集装箱、成品油、冷藏品运输，高原湖泊大型旅游客运等多元化运输，初步形成了以金沙江至长江长途货运，大理洱海和澜沧江短途旅游客运，澜沧江—湄公河外贸运输为主线的水路交通运输格局。截至 2015 年底，云南省内河通航里程达 4253 千米，全年完成客、货运量 1157 万人、602 万吨，客、货周转量分别为 24975 万人公里、14.08 亿吨公里。

铁路：1978 年云南省铁路营业里程 1705 千米。改革开放以来，云南省铁路建设快速发展，南昆铁路、沪昆铁路、广大铁路、大丽铁路等相继建成。1978 年以后，不断完善和延伸贵昆、成昆、南昆、内昆、沪昆客运专线、云桂、渝昆、滇藏"八出省"和中越、中老泰、中缅（双通道）、中缅孟印"五出境"铁路网，完善铁路通道网络，先后建成南昆铁路、内昆铁路、广大铁路，2014 年，昆河铁路客运正式开通，标志着中越国际铁路国内段全面贯通，云南成为整个东南亚的重要门户，云南由全国铁路网的"边陲末梢"战略性地转变为我国面向南亚、东南亚的铁路枢纽。截至 2015 年年底，云南铁路营业里程 2980 千米，高速铁路尚未建成通车。

（三）港口概况

云南省河流众多，湖泊星罗棋布，具有航运开发价值的主要河流有 63 条，有 46 个可发展航运的库湖区，超过 5500 座水库，地跨长江、珠江、红河、澜沧江（境外称湄公河）、怒江（境外称萨尔温江）、独龙江（境外称伊洛瓦底江）六大水系，水资源总量全国排名第三位，可开发航运里程近 9000 千米。五江一河具有"两出省、三出境、通六国、达两洋"的独特区位优势。金沙江—长江对接成渝经济圈和长江中下游城市；右江—珠江通道联系珠三角地区和粤港澳大湾区；澜沧江—湄公河是云南省连接老挝、缅甸、泰国、柬埔寨、越南的便捷通道；红河水运通道是云南省进入太平洋最近的通道；中缅伊洛瓦底江陆水联运通道是我国唯一可避开马六甲海峡进入印度洋的通道。

1978 年云南省航道通航里程 1006 千米，2015 年增加到 4253 千米，新增航道 3247 千米，其中三级航道 14 千米，四级航道 1403.63 千米，界河航道 566 千米。1990 年前，云南省没有正规的港口，修建的码头多由航运企业自管自用。改革开放以来，云南水运贯彻云南省委、省政府深化改革、扩大对外开放的方针，按照省委、省政府"打开南门、走向亚太"和建设"面向南亚东南亚辐射中心"的战略决策，主动融入"一带一路"建设、长江经济带发展、孟中印缅经济走廊、中国—中南半岛国际经济走廊等，稳步推进金沙江—长江、右江—珠江、澜沧江—湄公河、中越红河航运、中缅陆水联运等"两出省、三出境"水运大通道建设,云南省港口建设围绕出省、出境水运大通道建设进行布局,从无到有,从小到大,呈现较快发展态势,出省通道建成了金沙江—长江水系的水富港、绥江港,右江—珠江水系的富宁港,出境通道建成了澜沧江—湄公河水系的景洪港、思茅港、关累港,在滇池、洱海等湖区建成了昆明港、大理港等港口码头。截至2015年底,云南省有港口12个,28个港区,泊位192个(其中300吨级以上48个),码头泊位使用岸线长度为9060米。

思茅港和绥江港分别因澜沧江景洪水电站和金沙江向家坝水电站建设被淹没和断航多年,截至2015年,云南具有通道运输港口功能的实际只有水富港和景洪港,港口泊位均为生产性泊位。

(四)发展成就

改革开放之初,云南省航道基础条件均为六级及以下航道,通航里程1006千米,云南港口基本为零,港口体系尚未形成,主要以利用自然岸坡装卸货物、上下旅客,仅有部分小码头建有阶梯踏步,港口机械化程度极低,仅有1974年建设的云天化大件码头采用人力加皮带机装卸,其余基本均为人力装卸码头;码头集疏运极差,基本采用便道连接码头。1979年,全省全年完成货运量93万吨,客运量31万人。

改革开放以来,云南省港口围绕"两出省、三出境"水运通道、高原湖泊生态旅游航运及库区民生水运建设同步系统性开展建设。结合云南地跨六大水系、五大干流流经云南的特点,按照合理布局、突出重点、分步实施的原则推动建设,在投资规模、吞吐能力、靠泊能力、机械化程度、集疏运条件上均有大幅提升,港口建设依托航道等级的提升,逐步按出省、出境通道布局和与重点高原湖泊水运旅游格局规划布局5重点港口,重点建成了有一定货运规模的水富港、景洪港、思茅港及一定客运规模的大理港、昆明港。截至2015年,云南省有港口12个,28个港区,泊位192个,其中300吨级以上泊位48个,码头泊位使用岸线长度为9060米。2015年云南省港口完成货物运吞吐量1316.7万吨、旅客吞吐量3035.66万人,无外贸货物运输及集装箱运输。

云南省内河港口基本情况见表9-15-1。

二、水富港

港口概况

1. 港口综述

水富港位于云南省昭通市水富县、金沙江右岸,距离四川宜宾港60千米。2005年交通部制定的《长江干线航道总体规划纲要》将长江干线延伸至水富,水富港正式成为"万里长江第一港"。是云南在长江上唯一可开放的水运口岸,也是全省唯一一座通高速公路、

云南省内河港口基本情况表

表 9-15-1

序号	港口名称	港口岸线		2015年港口生产用泊位				其中:1978—2015年建成的生产用泊位				2015年港口货物和旅客吞吐量			滚装车辆			
		港口规划岸线	其中:2015年前已建成岸线	生产用泊位数	其中:千吨级及以上	生产用泊位总长	其中:千吨级及以上	生产用泊位数	其中:千吨级及以上	生产用泊位总长	其中:千吨级及以上	货物吞吐量	其中:外贸货物吞吐量	集装箱吞吐量	数量	重量	旅客吞吐量	其中:国际旅客吞吐量
		千米	千米	个	个	米	米	个	个	米	米	万吨	万吨	万TEU	万辆	万吨	万人	万人
1	水富港	3.92	1.2	7	7	1200	1200	7	7	1200	1200	157	—	—	—	—	1.2	—
2	景洪港	1.9	1.9	6	—	970	—	5	—	830	—	16.97	16.97	—	—	—	98.71	—
3	思茅港	8.54	0.26	3	—	262.5	—	3	—	262.5	—	43	—	—	—	—	12.4	—
	合计	14.36	3.36	16	7	2432.5	1200	15	7	2292.5	1200	216.97	16.97	—	—	—	112.31	—

铁路、航空和千吨级以上航道的"四通港口"，内昆铁路、213国道经过水富县，使水富港成为云南的"北大门"。水富港使昭通水路、铁路、公路联运优势得到充分发挥，并通过千吨级船舶把云南的褐煤、煤炭、矿产、"两烟"、苹果、花椒、天麻、木材等资源经水富港转运到长江中下游各省份，船舶返航后又可装运机器设备、钢材、粮食等物资经水富港流向云南全省各地，成为云南省加快建设面向南亚东南亚辐射中心及融入和服务长江经济带的重要门户港，以及云南省乃至西南地区物资通过南北高速大通道通江达海的重要节点。

水富港始于1974年云天化大件码头建设。1986年昭通在云天化码头原址全面启动水富港建设，1992年竣工投产。建设500吨级泊位3个，总投资1565万元。2007年，为促进水富港腹地经济建设发展，完善水富港功能以及做好金沙江溪洛渡、向家坝等巨型水电站建设配套工作，对水富港进行扩建。根据交通运输部水运科学研究院编制的《水富港总体规划》，水富港扩能工程包括中心作业区、中嘴作业区、生产辅助区及进港道路（含与G85高速公路的联络线），属码头类二类河港，拟建7个1000吨级（兼顾靠泊3000吨级）泊位（其中，中嘴作业区3个，中心作业区4个），进港道路约2.5千米（含1个664米隧道），占地约400余亩，估算投资24.6亿。2015年11月19日，水富港扩能工程一期初步设计获云南省发展和改革委员会批复同意，第一期建设中嘴作业区包括3个件杂货泊位、生产辅助区、进港道路，概算投资额13.05亿元。

2. 港口水文气象

水富港中心作业区距向家坝水电站大坝下泄口仅2.5千米，水电站每日下泄流量直接关系到港口的作业生产。向家坝水电站正常蓄水位380米，死水位（洪水期未发电消落水位）370米。向家坝水电站日调节流量幅度较大，最大变幅为4.66倍；对应的坝下水位变幅也较大，其中水位最大日变幅为4.33米。

水富港位于水富县城东北端四川盆地南缘，南接乌蒙山麓末端，气候受东南季风影响，具有冬暖、春夏热、秋雨的特点，干湿季明显，气候呈垂直分布。年平均气温18摄氏度，极端最高气温39.5摄氏度，极端最低气温0.4摄氏度。年平均降雨量1221.4毫米，日最大降雨量174.8毫米（1956年8月22日）。全年主导风向为西北风，次多风向为东北风，年平均风速2.5米/秒，最大风速20米/秒，极大风速29.6米/秒。冬季晴天清晨至上午10时左右多有雾，雾量极少可不考虑。年平均相对湿度81%。

3. 发展成就

水富港是在原来的云天化大件码头基础上形成，水富港原港口规模及吞吐量较小，1990年初具规模并投入运行，2005年港口年吞吐量仅为30万吨。受向家坝水电站施工的影响，2008—2010年部分时段处于停港状态。2010扩建完成的水富港吞吐量提升到63万吨，2010年以后连续突破100万吨大关，2012年随着向家坝水电站的建成蓄水，形成的库区深水航道将金沙江流域物资源源不断通过水运运抵水富港。水富港货物吞吐量快速增长,2015 年货物吞吐量突破 150 万吨。2015 年,水富港进、出干散货船 574 艘,占货船总数量的 90% 以上,单船平均载重吨为 3307 吨,其中 5000 吨级及以上船舶到港 107 艘次,运力占 26.5%,干散货船向大型化方向发展趋势明显。集装箱船共 7 艘次、313TEU。2013—2015 年水富港货物吞吐量分别为:87 万吨、74 万吨、157 万吨。

4. 水富港工程项目

(1) 水富港建设工程

项目于 1986 年 11 月 1 日开工,1992 年 1 月 30 日竣工。

项目建设依据:1985 年 2 月 4 日,云南省计划委员会《关于水富港计划任务书的复文》(云计交〔85〕102 号);1986 年 7 月 22 日,云南省计划委员会《对金沙江水富港初步设计的批复》(云计设〔86〕443 号);1988 年 6 月,云南省土地管理局《关于水富港杂货件码头建设征地的批复》(云土建〔88〕132 号);1989 年 7 月云南省建设委员会《关于水富港修正概算的批复》(云建设〔89〕358 号);1990 年 10 月云南省交通厅《水富港煤码头(修改方案)施工图设计及预算的批复》(交航〔1990〕894 号)。

项目建设 3 个 500 吨级泊位,岸线总长 750 米。主要装卸设备配置包括 3 吨固定旋转式岸边吊车 1 台,3—18 起重囤船 1 艘等。项目总投资 1565 万元,其中交通部投资 400 万元,国家交通投资公司投资 380 万元,云南省预算内投资 725 万元,昭通行署自筹 60 万元。

项目建设单位为昭通行署交通局,设计单位为云南省交通厅水运规划设计所,施工单位为水富县港口指挥部。

(2) 水富港扩建工程

项目于 2007 年 1 月开工建设,2010 年 6 月建设完成并开港投入试运行。

项目建设依据:2006 年 10 月,云南省发展和改革委员会《关于金沙江水富港扩建工程可行性研究报告的批复》(云发改交运〔2006〕627 号)和《关于云南省金沙江水富港初步设计的批复》(云发改交运〔2006〕1238 号);2007 年 6 月,昭通市环境保护局《关于云南省金沙江水富港扩建工程环境影响报告书的审查意见》(昭环发〔2007〕32 号)。

项目建设 3 个 1000 吨级码头泊位,岸线总长 350 米。码头前沿水深 3.45 米。港区总面积 39400 平方米,项目后方堆场面积 11583 平方米,仓库面积 2760 平方米,堆场面积 23000 平方米。主要装卸设备配置包括 40 吨高台架起重机 1 台,10 吨高台架起重机 2 台等。项目共计到位投资 1.36 亿元,其中,交通部投资 1500 万元,云南省财政预算投资 1520 万元,云南省交通运输厅划拨前期费用 100 万元,昭通市财政配套投资 500 万元,昭通市政府贷款 1 亿元。

项目建设单位为昭通市水富港工程建设指挥部,设计单位为中交第二航务工程勘察设计院有限公司,施工单位为云南路港工程公司,监理单位为云南水运建设监理咨询有限公司。

水富港作为云南省通往长江流域和参与长江经济带建设的主要港口,云南省及金沙江沿岸经水路进入长江沿岸地区的物资主要在此转运,物流市场前景广阔。水富港改扩建试运行以后,煤炭和矿石等出口货物所占比例迅速增加,出口货物占水富港货物总吞吐量的80%以上,2015年港口完成吞吐量达157万吨。

三、景洪港

(一)港口概况

1. 港口综述

景洪港位于西双版纳傣族自治州景洪市,澜沧江北岸,1993年7月24日由国务院批准为国家一类对外口岸,是澜沧江—湄公河国际航运通道上的一个重要港口。由景洪港中心码头港区、勐罕作业区、关累码头港区组成,其中,景洪港中心码头位于景洪市城区澜沧江左岸,下距中缅243号界碑71千米,建设有100吨级客运和货运2个泊位。中心港区经G8512高速公路可通往勐养镇,并与G8511高速公路相连,可直接通往昆明以及磨憨口岸。从景洪市市中心由G219国道向西可通往普洱市,中途经过嘎洒机场和勐海县,在勐海县经S228省道可通往打洛口岸。勐罕作业区位于中心码头下游30千米处景洪市勐罕镇,景哈大桥上游右岸,现有300吨级(结构兼顾500吨级)货运泊位3个,其中多用途泊位2个,件杂货泊位1个,共占用岸线长度为160米。勐罕作业区现状货运作业区位于勐罕镇,澜沧江右岸,后方为四级公路XK04,经景哈大桥可与左岸G219国道连接,由G219国道向南可通往勐罕镇,经勐罕镇向东可连接至G8511高速公路。关累码头港区位于西双版纳傣族自治州勐腊县,距离景洪83千米,西与缅甸隔江相望,南与老挝陆地相连,是中南半岛腹地和东南亚诸国经湄公河进入我国的第一个港口。关累港区以货运为主、客运为辅,有洪、中、枯水三个综合性泊位,占用岸线长度为365米。关累码头上游续建集装箱泊位1个,占用岸线长度为140米。勐远—关累S341省道是关累码头货物陆路运输的重要通道。

景洪港是云南省乃至西南地区面向东南亚的开放前沿,也是该地区出入境通道的水陆中转枢纽,具有重要的战略地位。景洪港主要承担云南省与东南亚各国的外贸进出口物资运输任务,远期随着航道条件的进一步改善,将有望成为整个西南地区与东南亚各国物资交流的水陆联运枢纽。由于景洪港腹地西双版纳及滇中、滇东地区经济与东南亚各国有较强的互补性,近年来,我国与毗邻的东南亚国家贸易发展较快,主要向东南亚各国进口丰富的矿产品及热带农产品,同时也出口大量的工业制成品及农副产品,借助于澜湄次区域开发,将极大促进贸易量及贸易品种的发展,景洪港将成为公水联运的交汇点及物资转运集散地。

2.港口水文气象

西双版纳各地年平均气温在 18 ~ 22 摄氏度之间。一年内最热月出现在 5、6 月份,最冷月发生在 1 月份,年温差在 8 ~ 12 摄氏度之间。

西双版纳各地历年降雨量在 1138.6 ~ 2431.5 毫米之间,雨量的年内分配是单峰型,月最大值出现于 7—8 月,最小值出现于 2—3 月。一年内干季、雨季分明,5 月中下旬开始进入雨季,雨量迅速增多;雨季一般在 10 月中下旬结束。为期近六个月的雨季降雨量占全年总量的85% ~ 90%;干季 6 个月的降雨量仅占全年降雨量的10% ~ 15%。西双版纳各地平均年降雨日数在 137 ~ 212 天之间,其中多数地区为 170 ~ 200 天。多年平均降雨量 1197.6 毫米,历年最大降雨量 1514.9 毫米,历年最小降雨量 931.0 毫米;历年最长连续降雨极大值 304.6 毫米,历年一日最大降雨量 151.8 毫米,降雨旺季为 6—9 月,占全年降雨量的85%。西双版纳是全国少有的静风区,除独立山头外,年内无(静)风时间占50% ~ 70%或以上。一年之中的大风日数,在河谷及低丘陵区只有 5 天左右,高盆地和山区可达 10 ~ 15 天,主要发生在 3—5 月的春季。

澜沧江属典型的山区河流,主要由雨水和径流补给,江水涨落呈现明显的季节性,一般 7 月下旬至 10 月为雨季,8、9 月份是洪水期,江水暴涨暴落,水流湍急,流态紊乱,有碍航行。1—4 月为旱季(枯水季),因上游建有水电站,水位变化频繁,对航行有一定影响。历年最高水位 552.22 米 (1966 年 9 月 2 日)黄海高程;历年最低水位 534.40 米(1979 年 3 月 16 日)黄海高程。

西双版纳北倚青藏高原,东面、西南临近太平洋、印度洋。整个地形由北向南倾斜迭降,太平洋东南亚季风和印度洋西南季风可以相间影响,加之冬季由极地大陆南下的寒潮,由于长途跋涉和山脉重重阻挡,到达云南时,其势已极其微弱,即使是强寒潮南下,再要翻越云南东西部气候分界线的哀牢山、无量山,即已变性,处于风消阶段。因此,西双版纳比起我国同纬度的东部地区各季热量高。夏季西南季风发展,褥热而富含水汽的海洋气流从太平洋、印度洋北上,带来丰沛的雨水,比起同纬度的东部地区夏季雨水多,且具有以南亚季风气候为主的多种特征。

3.发展成就

景洪港自 1996 年 4 月水工码头投入试营运以来,运输企业和船舶不断发展。港内从事航运的企业,从 1990 年仅有的一家国营航运公司,发展到 2015 年注册的客货运输企业 34 家(其中航运公司 11 家,个体船户 23 家),目前在澜沧江干流西双版纳辖区注册登记船舶 146 艘。2001 年 6 月中国、老挝、缅甸、泰国四国商船正式通航以来,随着澜沧江—湄公河次区域经济合作的不断深入,港口货物吞吐量不断增长。进出港口货物国际运量从 2001 年的 8.4 万吨,到 2015 年累计达到 272.38 万吨,年均 18.16 万吨;进出港口旅客吞吐量从 2001 年的 25607 人次,到 2015 年累计达到 492.32 万人次,年均 192.26 万人次,并开展了成品油、冷冻品等运输。2012 年 2 月 20 日交通运输部以"交水批〔2012〕53 号"文批复同意云投版纳石化有限公司在澜沧江—湄公河开展成品油试运输业务,试运输为期一年。2014 年 8 月 31 日,交通运输部以"交水批〔2014〕201 号"文正式批准同意云南云投版纳石化有限公司开展澜沧江—湄公河成品油运输业务,成品油试运输取得突破,填补了澜沧江—湄公河水路运输货种的空白。同时到港船舶向大型化发展,2015 年,在景洪港中心码头从事水上观光的航运企业有 3 家,600 客位的船舶 2 艘,100~150 客位的船舶 3 艘。

(二)中心码头

1. 码头综述

景洪港中心码头规划占地面积 165 亩(11 万平方米),以客运为主、货运为辅,建设投资 4709 万元,配置客运、货运泊位各 1 个,上距思茅港 85 千米。

水工码头分为两条下江公路和两个靠船装卸货物的平台,陆域建设有货物堆场、仓库、联检楼、客运综合楼等配套功能设施。景洪港建设工程于 1992 年立项,1994 年 12 月景洪港正式开工建设,2001 年 6 月景洪港口岸通过国家验收。2001 年 12 月,基本完成了规划项目建设任务。

港口按远期设计目标,客运国内短途观光游突破每年 150 万人次,国际航运能够满足国内外游客上下、进出口船舶和货物装卸要求。各查验部门在港口均设有办事机构,基础设施建设具备口岸运行条件。

2. 港区工程项目

景洪港中心码头工程

项目于 1994 年 12 月开工,1999 年 3 月竣工。

项目建设依据:1992 年 1 月,云南省计划委员会、云南省交通厅《关于对景洪港总体布局的规划的审查批复》(云交计〔92〕字第 777 号);1993 年 1 月,云南省计划委员会、云南省交通厅《关于对景洪港初步设计报告审查意见的批复》(云交计〔1993〕15 号);1993 年,云南省计划委员会、云南省交通厅《景洪港初步设计报告》(云交计〔1993〕15 号)。

项目建设 2 个 300 吨级件杂货码头泊位,岸线总长 421 米。码头采用斜坡码头布局,重力式结构。码头前沿水深 1.6 米。项目后方堆场面积 5490 平方米,堆存能力 10 万吨。仓库面积 800 平方米,堆存能力 8 万吨。主要装卸设备配置包括 5 台电动轮胎起重机

(8—25 吨)。景洪中心码头资金来源为交通部投资 608 万元、云南省投资 3201 万元、地方土地征用费 900 万元。

项目建设单位为景洪港指挥部、西双版纳州港务局,设计单位为重庆交通学院港航工程规划设计研究所、云南省交通厅水运规划设计所,施工单位为南海工程建设局版纳工程处,监理单位为云南云航交通监理咨询有限公司、西双版纳州工程建设监理有限责任公司,质量监督单位为云南省交通厅工程质量监督站水运分站。

景洪港中心码头位于景洪市澜沧江北岸,距中老缅三国交界处 101 千米,距老缅泰三国交界处的"金三角"334.6 千米,距老挝会晒(泰国清孔)402.1 千米,距老挝琅勃拉邦701.6 千米,距泰国清盛港 345 千米。从景洪港中心码头至泰国清盛港,客船航行只需 9小时、货船航行需 36 小时。

(三)关累码头

1.码头综述

关累码头位于云南省西双版纳傣族自治州勐腊(磨憨)重点开发开放试验区关累水港经济开发区,澜沧江下游中缅界河中方一侧。水路距景洪港 83 千米,中老缅 244 号界桩 18 千米,泰国清盛港 261 千米,码头后方有公路连接小磨高速公路。因关累码头特殊的地理位置,使其成为上湄公河进入澜沧江的第一个港口口岸,是澜沧江—湄公河国际航运重要的枢纽港,是中国航运出境的最后一个码头和国外入境的第一个码头,具有良好区位优势,是目前中老缅泰四国之间经湄公河开展国际货物运输的主要码头。

2.港区工程项目

(1)关累码头项目

项目于 1994 年 3 月 1 日动工,1996 年 8 月竣工。

项目建设依据:1993 年,云南省交通厅《关于对澜沧江景洪港关累码头总体布局规划的审查批复意见》(云交计〔1993〕287 号);1996 年 3 月,云南省交通厅主持对《澜沧江关累码头初步设计报告》进行审查。

项目为直立顺岸下河公路式码头,枯水期提供 2 个泊位,中水期提供 1 个泊位,无洪水泊位,年货物吞吐量 5 万吨。投资概算 1785 万元。

项目建设单位为云南省水运规划设计所(丙级),设计单位为云南省水运规划设计所(丙级)。

(2)关累码头扩建工程

项目于 2000 年 5 月开工建设,2005 年水工工程全面完工。

项目建设依据:1996 年 3 月 1 日,云南省交通厅主持对《澜沧江关累码头初步设计报告》进行审查,同意对原简易码头进行扩建。

项目建设3个300吨级综合性泊位,岸线总长370米。码头采用斜坡码头布局,重力式挡墙结构,码头前沿水深2米,项目后方堆场面积1250平方米,堆存能力5万吨。仓库面积200平方米,堆存能力4万吨。主要装卸设备配置包括5—25吨的5台电动起重机。项目总投资3674万元,用地面积7.98万平方米。

项目建设单位为景洪港建设指挥部关累码头建设管理处,设计单位为云南省水运规划设计所(丙级),施工单位为广东湛江建筑工程集团公司、云南水运联营开发公司,监理单位为云南水运建设监理咨询有限公司(乙级),质量监督单位为云南省交通厅工程质量监督站水运分站负责。

(3)关累码头续建工程

项目于2008年4月开工建设,2014年主体工程全部完工。

项目建设依据:2006年3月27日,云南省发展和改革委员会《关于关累码头续建集装箱泊位工程可行性研究报告的批复》(云发改交运〔2006〕304号);2006年10月23日,云南省发展和改革委员会《关于澜沧江关累码头续建工程初步设计的批复》(云发改交运〔2006〕1234号);2008年5月26日,云南省交通运输厅《关于澜沧江关累码头续建工程施工图设计和预算的批复》(云交基建〔2008〕115号)。

工程建设300吨级多用途泊位1个,设计年通航能力为1.5万TEU,泊位长度为120米,工程概算总投资3956万元。

项目建设单位为西双版纳州澜沧江港口项目建设指挥部,勘察单位为云南地质工程第二勘察院,设计单位为四川省交通厅交通勘察设计研究院,施工单位为云南路港工程公司、十四冶建设集团云南安装工程有限公司、广东省八建集团装饰工程有限公司,监理单位为云南水运建设监理咨询有限公司,质量监督单位为云南省水运工程质量监督站。

景洪港建设工程获交通部2005年度水运工程质量奖。

四、思茅港

港口概况

1. 港口综述

思茅港位于云南省普洱市思茅区西南部,澜沧江—湄公河中段,于1993年7月24日由国务院批准成为国家一类对外开放口岸,是云南乃至大西南地区通往东南亚的重要通道。港口距普洱市87千米,距景洪市85千米(水路),地理位置十分优越,与景洪港一起承担滇中、滇西地区货物进出口任务。1997年,思茅港中心码头开工建设,建设客货泊位2个,港务大楼(4348平方米)、1号、2号仓库(1811平方米)及相关配套设施,设计规模为年旅客吞吐量 10 万人次、货物吞吐量 30 万吨,于 2002 年完成建设。建立了一批以出口贸易为导向的综合工农业开发基地,到 2004 年思茅港已初具规模,港口配套设施臻于完善。进口货种主要为木材和农副产品、热带作物,出口货种主要为农副产品、家用电器、水泥、化肥、日用百货、机电产品和纺织品等。2004—2016 年,由于景洪水电站建设造成澜沧江国际对外开放水域思茅段断航,思茅港暂时停运,只能用于区间运输和渡运码头,从事国际运输的思茅籍船舶全部进入西双版纳境内开展业务。港口无吞吐量、无货物运输及流向,只有部分采沙企业采运砂石。景洪枢纽蓄水成库后,原有码头泊位被淹没。2009 年水电站还建完成,建成 300 吨级高水位泊位 2 个,中低水泊位 1 个。

2. 港口水文气象

思茅港地处亚热带低热河谷区,最高海拔达 1811.2 米,最低海拔 578 米,年均降雨量 1100～1200 毫米,光照 2000～2300 小时,年均气温 20.3～22.8 摄氏度,相对湿度 78.4%,干湿季节分明。思茅港镇境内有大小河流 16 条,年总流量达 402 亿立方米以上,澜沧江过境 64 千米;小黑江流经 24 千米,森林覆盖率达 81.3%。

3. 发展成就

思茅港经过 10 余年的建设,到 2004 年已初具规模,港口配套设施臻于完善。组建了思茅地区澜沧江航运公司等 7 个航运企业和乐山三家造船厂。断航前,思茅籍国际运输船舶共有 35 艘,7200 总吨,6536 吨总重量,全年完成货运量 72055 吨(其中进口 47909 吨,出口 24146 吨)。截至 2015 年底,思茅港有国际航运企业 16 户,国际运输船舶 14 艘。

4. 思茅港工程项目

思茅港建设工程

项目于 1997 年开工建设,2002 年建成。

项目建设依据:1993 年 1 月 7 日,云南省计划委员会、云南省交通厅《关于对思茅港工程可行性研究报告审查会议的批复》(云交计〔1993〕17 号);1993 年 1 月 7 日,云南省计划委员会、云南省交通厅《关于对思茅港初步设计报告审查意见的批复》(云交计〔1993〕18 号)。

项目建设客运、货运 2 个泊位,岸线长 262.5 米。批准概算投资 2297 万元,实际拨款 2277 万元,其中交通部补助 608 万元,云南省拨款 1689 万元。

项目建设单位为思茅地区行署交通局,设计单位为云南省交通厅水运规划设计所、云南工业大学建筑设计研究院,施工单位为云南省思茅地区第一建筑工程公司、思茅消安工程有限公司,监理单位为云南云航交通监理有限公司、思茅地区监理公司,质量监督单位为云南省交通厅质量监督站水运分站。

第十六节 陕 西 省

一、综述

(一)基本省情

陕西省居于国内陆腹地跨黄河、长江两大流域,地处东经105°29′~111°15′,北纬31°42′~39°35′,是中国大西北地区的门户,是连接中国东、中部地区和西北、西南地区的交通枢纽。东起连云港、西至荷兰鹿特丹、跨亚欧的国际经济大通道"新亚欧大陆桥"横贯陕西中部。陕西与山西、河南、湖北、重庆、四川、甘肃、宁夏、内蒙古8省(自治区、直辖市)相邻。陕西辖10个省辖市和杨凌农业示范区、1个省直管市、6个县级市、71个县、30个市辖区,2015年末全省总人口3748万,全省总面积20.58万平方公里,占全国总面积的2.1%。省境南北长约870千米,东西宽200~500千米。

陕西省流域面积100平方公里以上河流583条,其中黄河流域358条,长江流域221条,内陆流域4条。除黄河外,境内河流多呈西北—东南流向。黄河北干流纵贯陕西东部南北,汇集支流100多条,年均径流量115亿立方米,占全省径流量的26%。汉江通贯陕南东西,汇集流域面积100平方公里以上的河流170多条。20年间,陕西处于非水网地区的区位特点依旧,黄河、汉江流域年降水与径流长期变化均不明显,降水季节分配不均、年际变化大的情形亦无明显改善,但受全球气候变化的影响,降水减少与气温升高,加剧了省境内两大流域径流的丰枯交替,总体呈减少趋势。汉江流域告别20世纪80年代丰雨期,90年代进入少雨期,2002年后又进入丰雨期,呈10年左右年代际变化的特点。黄河流域丰枯持续时间较长,起伏变化大,年际间旱涝交替出现,干、支流径流量总体有所减少。这些情况对水资源合理分配和内河水运带来一定影响。同时,极端天气活动频繁,黄河中游局部地区汛期暴雨增多,雨量高度集中,且覆盖面小,往往造成洪水危害和沿河泥沙淤积,对内河航道和行船危害极大。汉江流域每年4—10月多强降水和连续强降水,洪涝频繁,尤以1998年、2002年、2003年、2010年汛期洪涝为烈。洪涝带来河水猛涨,引发泥石流、山体滑塌等自然灾害,内河港航设施、船舶运输首当其冲,频遭水毁。随着流域综合治理加强,实施退耕还林,持续进行水土保持,黄河流域生态得到明显改善,省境内输入黄河的泥沙逐渐明显减少。2010年,输入泥沙量由曾经年均8亿吨减为1.3亿吨,年均减少6.7亿吨。泥沙减少对航道治理和船舶运输创造了有利条件,但并未改变黄河中游水少沙多、水沙异源的特殊河流特征。因常年泥沙淤积带来的河道周期性"揭底 冲刷",仍是影响黄河航道的主要危害之一。同时,泥沙致三门峡大坝库尾淤积,潼关水位高程抬高,河道泥沙增厚,导致船舶无法通行,禹门口至潼关、渭河吊桥至潼关水运相继中断。汉江作为南水北调中线工程水源区,沿江地区加强水源涵养和水资源保护,输沙量亦有减少,有利于航道整治和水运发展。

陕西在黄河、汉江流域,分布着陕北能源化工基地,关中高新技术、装备制造、现代农业、现代服务业等产业集聚区,国家关中—天水经济区,陕南有色金属、贵重金属矿藏区和绿色产业基地。而黄河、汉江等河流流向,与陕北以资源开发利用为主导的重型化工产业结构相吻合,与北煤南运、西煤东运的流向基本一致,与东西部之间加强联系和区域协调发展的要求相适应。利用两大河流的水资源条件,开辟煤炭等大宗物资东运南输的水路运输线路,为陕西乃至西北地区开辟一条沿河借江出海的水上通道,成为社会有识之士的积极主张,也成为政府统筹区域协调发展的战略选择方向。这是陕西省内河水运能够维持并转向恢复发展、加快发展的重要动因。与此同时,黄河沿岸煤炭开发秩序整治和小煤窑关停,使黄河石屏至禹门口间煤炭运输因货源中断而中止。汉江矿物性建筑材料运输的需求与运量,呈现出随重点建设项目变化而涨落的特点。

(二)综合运输

在重视和扶持发展交通运输的方针、政策鼓励下,黄河、汉江流域各种运输方式得到前所未有的发展。铁路、公路路网加速延伸至江河沿岸,改变着沿江河地区交通运输的布局与结构,黄河干流腹地内不再是"交通死角",汉江沿岸交通运输线路也不再稀缺,多种运输方式竞争发展,满足着人们对出行快捷、便利、舒适、安全和经济的多样化需求。

(三)港口概况

1.历史沿革

陕西内河港口发展较早。安康港、旬阳港、白河港、韩城港、延水关港等,先后开埠于汉代及魏晋时期,其他港口大多始于唐、宋、元和明、清时期,而兴于清和民国时期。至20世纪50—60年代,全省港口形成一定规模。

黄河、汉江流域多属贫困地区及革命老区,贫困面积大,贫困人口相对集中。加快内河水运开发建设,成为打破沿江河地区封闭状况,加快开放、开发与扶贫、发展的重要途径。随着人们生活由温饱到小康再向全面小康的不断提升,消费结构中旅游消费尤其水上休闲游览、江河探险等需求不断增加。黄河、汉江流域丰富多彩的自然风光,积淀丰厚的人文历史,独具魅力、享誉天下,促使各地大力开发水上旅游,带动水路旅游客运发展,致水路旅游客运方兴未艾,成为全省内河水运经济新的增长点。在内河水运冷热交替的变迁中,人们没有停止对遏制水运下滑、加速水运恢复发展的探索,未曾中断对内河水运研究、规划与开发的步伐。20世纪80年代,为适应陕北煤炭资源开发和振兴内河水运,陕西省、交通部先后提出开发黄河航运,挽救汉江、恢复汉江航运的方针。20世纪90年代,本着全面规划、积极开发、分期实施、先通后畅、逐步提高的方针,陕西省以黄河、汉江航运开发为重点,改善水运基础设施,提高内河通航能力。贯彻交通部《全国水运主通道总体布局规划》关于汉江湖北丹江口至陕西安康段为长江水运主通道之一的部署,逐步将全省航运开发重心转向汉江。实施西部大开发战略,陕西加强汉江梯级开发,汉江港航基础设施建设明显加快。同时,按照构建综合运输体系和建设资源节约、环境友好型交通的方针,全省内河水运得到更高的重视,以汉江水运开发为重点,水运系统着力推进"大汉江、大水运、大旅游"发展,建设畅通、高效、平安、绿色的水路交通,成为这一时期内河水运发展的主旋律。2007年5月,国务院批准了国家发展和改革委员会和交通部联合编制的《全国内河航道与港口布局规划》,将汉江安康至丹江口373千米航段列为长江水系高等级航道的一支,为加快汉江高等级航道开发建设、发挥汉江水资源综合优势,提供了规划指导。为适应内河水运发展的要求,陕西省编制和修订水系航运规划,加强航运开发前期研究,并先后组织进行黄河通航工程整体模型试验、北干流航道整治建筑物结构形式、壶口通航工程设施及下游航道布置方案、多泥沙船型等多项重点项目研究;在汉江进行山区河流航道整治、航运开发关键技术等多个课题研究;同时,内河水运信息化建设起步。这些为陕西内河水运规划、建设和管理提供了有效的决策支持。

20世纪90年代,按照开发黄河、挽救和恢复汉江航运的方针,在交通部投资支持下,陕西优先安排整治有客货运输需求、治理难度较小的内河航段。按六级航道技术标准,重点实施汉江安康至白河段145千米航道整治,黄河石屏至禹门口段20.5千米航道整治。汉江安康至白河段航道整治以治理滩和滩群为主,炸礁疏浚,调整比降,改善流态,固滩保槽,改善通航条件,维持安康水电站大坝下游船舶运输。黄河石屏至禹门口段航道整治以筑坝、炸礁、清岸、疏浚等为主,调整岸线,控制河势,增加航道水深,摸索开发路径,积累黄河航道治理经验。

2006年起,按照交通部部署,陕西省实施大规模的农村渡口改造工程。渡口改善和改造工程,通过疏浚码头前沿水深,修建码头、引道、客运站或候船亭,设置渡口名牌、系船环和安全警示墩,树立渡口守则牌,配备防撞及防污染等设施,增强船舶停靠作业、人员上下船舶的安全性和便利性,改善渡口环境和运营条件。同时,加强渡口运营管理,形成专业、承包和义务三种渡口运营类型。结合航道整治与港口、渡口建设,先后新建和改扩建一批内河客、货运码头。截至2010年底,陕西省内河有港口28个,辖61个港区,总面积363.64万平方米,其中水域面积245.49万平方米,自然岸线总长30.8千米;港口码头和独立码头共107座(含趸船浮码头1座),码头泊位共295个,其中100吨级泊位89个,50吨级以上(含50吨级)至99吨级泊位194个;港口码头泊位岸线长度为12.9千米。全省有县级以上政府批准设置的渡口371处,分布以汉江干流、黄河干流为主,其中乡镇渡口

276 处、公路渡口 27 处、义渡 68 处。这些渡口中,有 189 处得到规范化改造。水路客运是沿江河陆路交通不便地区人民群众出行的主要方式。

2. 气候条件

(1)黄河水系

黄河是中国第二大、世界第五大河流,为陕、晋两省界河。陕西位居黄河中游上段,黄河干流西岸。黄河水系陕西段流域面积占全省的国土面积最大,包括西安、宝鸡、咸阳、铜川、渭南、延安、榆林和杨凌农业高新技术产业示范区(简称杨凌示范区)七市一区,涉商洛市辖洛南县及上述市(区)除太白县、凤县以外 78 个县(市、区)。周边东邻河南、山西两省,北接内蒙古、宁夏两个自治区,西连甘肃省,南依秦岭毗连长江水系的陕南地区。依地理特点,黄河水系陕西境包括关中平原和陕北黄土高原。流域面积 13.02 万平方公里,占全省面积的 63.26%;流域人口 2878 万人,占全省总人口的 76.78%,其中关中平原人口密度最大。黄河水系陕西境的气象,由于自然地理特性的差异,南北间及年内温差变化大,呈纬度越高气温越低的特点。流域年平均气温 9 ~ 13.4 摄氏度,南黄河壶口瀑布既为闻名遐迩的天下奇观,又为黄河北干流通航的一大瓶颈,因此成为黄河航运开发、研究的重点之一。流域南部气温略高于北部气温,南部韩城最高气温可达 39.3 摄氏度,最低气温可达 –12.4 摄氏度,北部府谷最高气温可达 36 摄氏度,最低气温可达 –22.3 摄氏度,南、北间年度最大温差在 60 摄氏度左右。关中平原属暖温带半湿润气候,年平均气温 12 ~ 14摄氏度,四季分明,无霜期长,年平均降水量 500 ~ 900 毫米。陕北黄土高原辖延安、榆林两市 25 个县(区),地广人稀,山岭连绵,沟壑纵横,地势西北高、东南低,平均海拔 800 ~ 1300 米,除西北部山区外,大部分属暖温带季风气候,年平均气温 7 ~ 12 摄氏度,夏多暴雨,冬少冰雪,总体干旱少雨,年平均降水量 400 毫米左右。

(2)长江水系

陕西境汉江、嘉陵江位于秦岭以南,巴山以北,属长江水系。长江水系陕西境流域面积包括汉中、安康、商洛三市所辖除洛南县南洛河流域外所有县(市、区),以及宝鸡市太白、凤县两县。周边东接湖北、河南两省,西邻甘肃省,北依秦岭与黄河水系的关中地区毗连,南靠巴山与四川省和重庆市接壤。其中,汉江陕西境流域面积 6.57 万平方公里,占陕南总面积的 87%,占全省总面积的 31.92%。按地理特点,流域属秦巴山区,其中山地面积占 50%,丘陵面积占 45%,平原面积只占 5%。

汉江干流位于长江中游左岸,为长江最大支流。其发源于陕西省宁强县蟠冢山,上源玉带河,由宁强东流至勉县汇入褒河后称汉江。河势由西向东,流经宁强、勉县、南郑、汉台、洋县、西乡、石泉、汉阴、紫阳、岚皋、汉滨、旬阳、白河县(区),丁白河县下卡子入湖北境,再经武汉市汇入长江干流。汉江陕西境流长 709 千米,其中汉中市境流长 369 千米,安康市境流长 340 千米。汉江干流陕西境为汉江上游河段,地处南北过渡地带。流域内地势西高东低,山峦层叠,地形复杂。北部秦岭,海拔 2500 米以上;南部大巴山系,走向与秦岭近乎平行,平均海拔 1500～2000 米。两山系北可阻挡西伯利亚寒流,南可屏蔽东南方向季风。汉江流经两山系之间,自西北向东南形成汉江谷地。沿汉江两岸海拔低于 740 米为亚热带,740～920 米为过渡带,920 米以上为暖温带。流域属亚热带季风区,温和半湿润气候带,年平均气温 13～15 摄氏度,山地气温随海拔增高而递减。

3. 岸线情况

陕西省可利用岸线资源较为丰富。规划利用港口岸线总长度为 89.6 千米,其中已利用港口岸线 28.6 千米。

4. 港口布局规划情况

安康中心港、旬阳港、蜀河港、白河港 4 大港口以 7 个泊位为依托,以小北门、老君观等 537 座小码头为基础,形成层次分明、布局合理、大中小结合的陕西省港口体系。

(四)港口发展成就

陕西省港口完成旅客吞吐量 466.3 万人,货物吞吐量 276.6 万吨。全省港口完成的旅客、货物吞吐量中,以安康中心港、紫阳港完成最多。其中,安康中心港完成 212.6 万人、107 万吨,紫阳港完成 160 万人、123.6 万吨,其他港口完成大多在 10 万人和 10 万吨以下。黄河水系港口旅客吞吐量完成最多为神木港,年完成 7 万人,其余港口完成 1 万～4 万人不等;货物吞吐量完成最多为府谷港和神木港,各为 1 万吨,其他港口均为 0.5 万吨。

陕西省内河港口基本情况见表 9-16-1。

二、安康中心港

港口综述

安康中心港位于安康市汉滨区关庙镇汉江左岸,316 国道从码头后方通过。码头位于汉江大桥(安康二桥)下游,设置客货运泊位各 1 个,规划岸线长 1.5 千米,生产泊位总长 455 米,泊位 2 个,按 500 吨级标准年设计货物吞吐量 70 万吨、旅客吞吐量 100 万人次。

安康中心港客运泊位距离汉江大桥(安康二桥)间距约 780 米,货运泊位距离汉江大桥(安康二桥)间距约 660 米。其中客运泊位前沿采用直立式布置,后方通过人行踏步与候船大厅平台相接。

安康中心港设置综合办公楼。办公楼共 4 层,地下 1 层,建筑面积为 656.50 平方米,地上 3 层,建筑面积为 2207.52 平方米,总建筑面积为 2864.02 平方米。建筑为框架结构。

陕西省内河港口基本情况表

表 9-16-1

序号	港口名称	港口岸线		2015 年港口生产用泊位				其中:1978—2015 年建成的生产用泊位				2015 年港口货物和旅客吞吐量						
		港口规划岸线	其中:2015 年前已建成岸线	生产用泊位数	其中:千吨级及以上	生产用泊位总长	其中:千吨级及以上	生产用泊位数	其中:千吨级及以上	生产用泊位总长	其中:千吨级及以上	货物吞吐量	其中:外贸货物吞吐量	集装箱吞吐量	滚装车辆		旅客吞吐量	其中:国际旅客吞吐量
															数量	重量		
		千米	千米	个	个	米	米	个	个	米	米	万吨	万吨	万 TEU	万辆	万吨	万人	万人
1	安康中心港	1.5	1.5	2	0	455	0	2	0	455	0	66.3	0	0	0	0	82	—
2	旬阳港	1.5	1.5	2	0	174	0	2	0	174	0	42.5	0	0	0	0	57.8	—
3	蜀河港	0.3	0.3	2	0	174	0	2	0	174	0	34.9	0	0	0	0	27	—
4	白河港	0.3	0.3	1	0	87	0	1	0	87	0	54.9	0	0	0	0	28.2	—
	合计	3.6	3.6	7	0	890	0	7	0	890	0	198.6	0	0	0	0	195	—

三、旬阳港

港口综述

旬阳港位于旬阳县城，地处关中、成渝、江汉三大经济区接合地带，具有承东启西、连通南北的区位优势。港口规划岸线长 1.5 千米，生产泊位总长 174 米，设置客货运泊位各 1 个，按 500 吨级标准年设计货物吞吐量 50 万吨、旅客吞吐量 60 万人次。设置综合办公楼一栋。共 3 层，总建筑面积为 2133.23 平方米。

四、蜀河港

港口综述

蜀河港位于蜀河镇城区。港口规划岸线长 300 米，生产泊位总长 174 米，设置客货泊位各 1 个，按 500 吨级标准年设计货物吞吐量 40 万吨、旅客吞吐量 30 万人次。设置综合办公楼一栋，共 2 层，总建筑面积为 188.98 平方米。

五、白河港

港口综述

白河港位于白河县城关镇公路村二组，距城区 2 千米，316 国道外侧。该码头主要用于货物运输。港口规划岸线长 300 米，生产泊位总长 87 米，设置客货运综合泊位一个，按 500 吨级标准年设计货运吞吐量 60 万吨，客运吞吐量 30 万人次。综合办公楼一栋，共 2 层，总建筑面积为 283.47 平方米。

港口工程项目

汉江安康至白河航运建设工程

项目于 2011 年 4 月开工建设，2017 年 12 月试运行。

项目建设依据：2010 年 8 月 11 日，陕西省发展和改革委员会《关于汉江安康至白河航运建设工程可行性研究报告的批复》（陕发改基础〔2010〕1278 号）；2010 年 11 月 19 日，陕西省发展和改革委员会《关于汉江安康至白河航运建设工程初步设计》（陕发改基础〔2010〕1814 号）。

项目重点建设了安康、旬阳、蜀河、白河 4 个 500 吨级中心港区 7 个泊位，其中客运泊位 3 个、货运泊位 4 个，岸线总长 3.6 千米。其客货运泊位连体建设、上下分设，并兼顾长远发展需求，根据库区运输实际区别客运、货运泊位分别设计。码头以斜坡道、阶梯踏步为主要结构形式，符合汉江地形、地质条件，满足客货运输使用需求。码头客运泊位前沿亦采用直立式挡墙,货运泊位位于客运泊位下游侧,采用下河公路的结构形式,顺岸式布置。码头前沿水深2.0米。项目后方堆场面积9200平方米,仓库面积5469.7平方米。港口工程总投资8750.84万元,全部为政府投资。项目用地面积252.2亩(约16.8万平方米)。

项目建设单位为陕西省交通运输厅航运管理局,设计单位为天津水运工程勘察设计院,施工单位为华北水利水电工程集团有限公司,监理单位为大连港口监理咨询有限公司,质量监督单位为陕西省交通厅交通基本建设工程质量监督管理站。

工程建成后每年新增吞吐能力220万吨,有效缓解了陕西省安康市铁路、公路运输压力,完善了腹地运输体系,促进了安康市经济的发展。

黑龙江内河港口分布图

额

尔

古

纳

河

呼伦湖

克　鲁　伦　河

贝尔湖

乌尔盖尔河

乌兰盖戈壁

奎干诺尔

达来诺尔

西拉木伦河

红山水库

内蒙古

河

河北

北京

图　例

★　首都

⊛　省级行政中心

🅣　内河规模以上港口

—·—·—　国界

— — —　未定国界

—··—··—　省界

— - — -　特别行政区界

黑

黑河港 ⚓

龙

嫩

江

嘉荫港 ⚓

乌

苏

汤

萝北港 ⚓

齐齐哈尔港 ⚓

黑龙江

旺

河

江

里

佳木斯港 ⚓

饶河港 ⚓

江

肇源港 ⚓

哈尔滨港 ⚓

松

花

哈尔滨

牡

第

丹

二

江

松

花

兴凯湖

长春 ⊗

吉林

江

松花湖

镜泊湖

绥

芬

河

辽

江

河

河

图

们

江

长白山天池

辽宁

（白头山天池）

⊗ 沈阳

绿

日 本 海

鸭

江

江西、湖南、广东、广西、贵州、云南

陕西

四川

⊗ 成都

岷江

嘉陵江

雅砻江

大渡河

青衣江

长江

重庆

⊗ 重庆

乌江

赤水河

铜仁港 ⚓

贵州

遵义港 ⚓

贵阳港 ⚓

清水河

⊗ 贵阳

黔东南港 ⚓

六盘水港 ⚓

安顺港 ⚓

黔南港 ⚓

金沙江

昆明

⊗ 昆明

滇池

云南

北盘江

黔西南港 ⚓

南盘江

红水河

柳州港 ⚓

融江

澜沧江

南宁港 ⚓

黔江

思茅港 ⚓

广西

贵港港 ⚓

景洪港 ⚓

南宁

⊗ 南宁

南宁港 ⚓

北部湾

海

内河港口分布图

河南

安徽

江苏

湖北

上海
上海

汉江

武汉

梁子湖

长江

龙感湖

杭州

浙江

东海

洪湖

九江港

柘林水库

新安江水库

岳阳港

修水

鄱阳湖

南昌港
南昌

常德港

洞庭湖

益阳港

长沙港
长沙

赣江

沅江

柘溪水库

湘潭港

株洲港

湖南

衡阳港

湘江

福州

闽江

福建

台北

台湾

台湾海峡

梧州港

广东

北江

清远港

新丰江水库

肇庆港

广州内河港(五和港)

云浮港

广州

广州内河港(新塘港)

佛山港

广州内河港(番禺港)

西江

澳门
澳门

香港
香港

台湾

南海

海口

海南

图　例

★	首都
✪	省级行政中心
⊕	内河规模以上港口
⊕	内河规模以下港口
—··—··—	国界
———	省界
－ － －	未定省界
－－－－	特别行政区界

注:图中所标港口情况截至2015年